Linguagem, Cultura e Cognição
Estudos de Linguística Cognitiva

Linguagem, Cultura e Cognição
Estudos de Linguística Cognitiva

VOLUME I

Organização de

AUGUSTO SOARES DA SILVA
AMADEU TORRES
MIGUEL GONÇALVES

ALMEDINA

TÍTULO:	LINGUAGEM, CULTURA E COGNIÇÃO: ESTUDOS DE LINGUÍSTICA COGNITIVA
ORGANIZADOR:	AUGUSTO SOARES DA SILVA, AMADEU TORRES, MIGUEL GONÇALVES
EDITOR:	LIVRARIA ALMEDINA – COIMBRA www.almedina.net
LIVRARIAS:	LIVRARIA ALMEDINA ARCO DE ALMEDINA, 15 TELEF.239 851900 FAX. 239 851901 3004-509 COIMBRA – PORTUGAL livraria@almedina.net
	LIVRARIA ALMEDINA ARRÁBIDA SHOPPING, LOJA 158 PRACETA HENRIQUE MOREIRA AFURADA 4400-475 V. N. GAIA – PORTUGAL arrabida@almedina.net
	LIVRARIA ALMEDINA – PORTO R. DE CEUTA, 79 TELEF. 22 2059773 FAX. 22 2039497 4050-191 PORTO – PORTUGAL porto@almedina.net
	EDIÇÕES GLOBO, LDA. RUA S. FILIPE NERY, 37-A (AO RATO) TELEF. 21 3857619 FAX: 21 3844661 1250-225 LISBOA – PORTUGAL globo@almedina.net
	LIVRARIA ALMEDINA ATRIUM SALDANHA LOJAS 71 A 74 PRAÇA DUQUE DE SALDANHA, 1 TELEF. 21 3712690 atrium@almedina.net
	LIVRARIA ALMEDINA – BRAGA CAMPUS DE GUALTAR UNIVERSIDADE DO MINHO 4700-320 BRAGA TELEF. 253 678 822 braga@almedina.net
EXECUÇÃO GRÁFICA:	G.C. – GRÁFICA DE COIMBRA, LDA. PALHEIRA – ASSAFARGE 3001-453 COIMBRA Email: producao@graficadecoimbra.pt
	JULHO, 2004
DEPÓSITO LEGAL:	214078/04

Toda a reprodução desta obra, por fotocópia ou outro qualquer processo, sem prévia autorização escrita do Editor, é ilícita e passível de procedimento judicial contra o infractor.

Nota prévia

A presente obra, em dois volumes, reúne a quase totalidade das conferências e comunicações apresentadas em "Linguagem, Cultura e Cognição: Congresso Internacional de Linguística Cognitiva", promovido e organizado pelo Centro de Estudos Humanísticos da Faculdade de Filosofia da Universidade Católica Portuguesa, em Braga, e realizado na mesma Faculdade, nos dias 16 a 18 de Julho de 2003. O Congresso reuniu em Braga investigadores de cerca de vinte países e alguns dos principais especialistas em Linguística Cognitiva.

Os setenta estudos apresentados, distribuídos por dez secções temáticas, representam quase todas as linhas de investigação em Linguística Cognitiva e exploram as relações entre linguagem, cultura e cognição. A parte inicial do primeiro volume reúne as conferências plenárias dos linguistas convidados.

Queremos agradecer a todos os que estiveram envolvidos na realização do Congresso, especialmente aos membros da Comissão Científica, da qual fizeram parte Antonio Barcelona, José Luis Cifuentes Honrubia, Maria Josep Cuenca, Nicole Delbecque, Isabel Hub Faria, José Mª García-Miguel, Ricardo Maldonado, José Pinto de Lima, Augusto Soares da Silva e Mário Vilela; aos colegas Alfredo Dinis, João Carlos Major e José António Alves, que connosco o organizaram; e à Faculdade de Filosofia da UCP, na pessoa do seu Director, Nuno da Silva Gonçalves, e ao Centro de Estudos Humanísticos, pelo apoio, disponibilidade e empenho.

Em nome da Faculdade de Filosofia da Universidade Católica Portuguesa, exprimimos o nosso reconhecimento à Fundação para a Ciência e a Tecnologia, à Fundação Calouste Gulbenkian e à Fundação Luso-Americana para o Desenvolvimento, pelo apoio à realização do Congresso e à publicação desta obra. Agradecemos igualmente à Livraria Almedina o interesse manifestado e a oportunidade de publicar estes dois volumes.

Finalmente, agradecemos a todos os autores a sua inestimável colaboração.

Augusto Soares da Silva
Amadeu Torres
Miguel Gonçalves
Universidade Católica Portuguesa – Braga
Junho de 2004

Índice

VOLUME I

Nota prévia   v

Introdução: linguagem, cultura e cognição, ou a Linguística Cognitiva   1
Augusto Soares da Silva

Parte I   Teoria e Modelos

Intimate enemies? On the relations between language and culture   21
Enrique Bernárdez

Cultural models of linguistic standardization   47
Dirk Geeraerts

Possession, Location, and Existence   85
Ronald W. Langacker

The representation of spatial structure in spoken and signed language   121
Leonard Talmy

Language, culture, nature: exploring new perspectives   165
Arie Verhagen

Parte II   Categorização e Léxico

"To lead a dog's life" and "dog's loyalty": the role of dogs
in Italian stereotyped expressions   191
Grazia Biorci

The role of metathesis in Hawaiian word creation   207
Kenneth William Cook

The Swedish seal-hunters' conceptual system for seal –
a cognitive, cultural and ecological approach   215
Ann-Catrine Edlund

VIII   *Linguagem, Cultura e Cognição*

Après: de l'espace au temps, la sémantique en diachronie   231
  Benjamin Fagard

Cognitive constructs. Perceptual processing and conceptual
categories between mind, language, and culture   247
  Dylan Glynn

Basque body parts and their conceptual structure:
the case of *oin* 'foot' and *begi* 'eye'   269
  Iraide Ibarretxe-Antuñano e Koldo J. Garai

From entrenchment to conceptual integration: levels of
compositionality and concept structuring   293
  László I. Komlósi e Elisabeth Knipf

Idiom-entrenchment and semantic priming   309
  Sylvia Tufvesson, Jordan Zlatev e Joost van de Weijer

Parte III   Construções e Gramática

Spanish constructions using approximatives   335
  José Luis Cifuentes Honrubia

Totalização e unicidade: divergências e convergências
na análise da definitude   351
  Clara Nunes Correia

Psych verbs with quasi-objects   367
  Patrick Farrell

La expresión lingüística de la idea de cantidad   385
  Ana Mª Fernández Soneira

Verbs of cognition in Spanish: Constructional schemas
and reference points   399
  José Mª García-Miguel e Susana Comesaña

A usage-based analysis of adjectival position in English   421
  Keri Holley

Índice IX

Argument structure and verb synonymy: Illative agreement
of Finnish   435
   Tero Kainlauri

Act, fact and artifact. The "workshop model" for action
and causation   451
   Jean-Rémi Lapaire

Systemic productivity must complement structural productivity   473
   René Joseph Lavie

Estruturação e lexicalização da causação nos lexemas verbais
derivados de *ducere*   487
   António Ângelo Marcelino Mendes

Categorías radiales y gramaticalización: sobre construcciones
y orden de palabras en español   507
   Xose A. Padilla-García

Count vs. mass: prototypes and active zones in nouns   523
   Francisco Rubio Cuenca

Pragmasyntax: Towards a cognitive typology of the attention
information flow in Udi narratives   545
   Wolfgang Schulze

Cultural determinations of causation   575
   Augusto Soares da Silva

A new look at negative raising   607
   Anne M Sumnicht

Dissimilation in Mösiehuali̠ (Tetelcingo Nahuatl):
A Cognitive Grammar perspective   627
   David Tuggy

Prototypical transitivity revisited   651
   Victoria Vázquez Rozas

The position of the adjective in Portuguese: centre and
periphery of the adjective class   661
   Mário Vilela e Fátima Silva

X   *Linguagem, Cultura e Cognição*

VOLUME II

Parte IV   Espaço e Movimento

El desplazamiento como base de la proyección metafórica:
esquemas de movimiento con preposición   3
  Belén Alvarado, Elisa Barrajón, Jaume Climent,
  Susana Rodríguez e Larissa Timofeeva

The container schema in Homeric Greek   25
  Silvia Luraghi

The experiential basis of motion language   43
  Teenie Matlock, Michael Ramscar e Lera Boroditsky

Spatial cognition and language of space: a perspective from Japanese   59
  Yoshihiro Matsunaka e Kazuko Shinohara

Motion in language & cognition   75
  Stéphanie Pourcel

Front/back (frente/trás): space and its verbalization.
The Portuguese case   93
  José Teixeira

Three ways to travel: Motion events in French, Swedish and Thai   119
  Jordan Zlatev e Caroline David

Parte V   Metáfora, Metonímia e Integração Conceptual

More about blends: blending with proper names
in the Portuguese media   145
  Maria Clotilde Almeida

Metonymy in discourse-pragmatic inferencing   159
  Antonio Barcelona

Fatores funcionais e cognitivos na flutuação N/ADJ
no Português do Brasil   175
  Margarida Basilio

Índice XI

The taboo of war and WAR metaphoric conceptualisation:
song lyrics of the Portuguese colonial war 185
Hanna Jakubowicz Batoréo

Thinking and seeing the world through metaphor:
cultural constraints in architectural metaphors 203
Rosario Caballero

Nem todas as cegonhas trazem bebés. Um estudo de metáforas
com nomes de animais em falantes portugueses e chineses 217
Rosa Lídia Coimbra e Urbana Pereira Bendiha

George Lakoff's Theory of Cognitive Models: a metatheoretical
and methodological assessment based on an analysis of abstract
concepts (W-C-PF) 227
Heloisa Pedroso de Moraes Feltes

Metonymy-based metaphors in advertising 245
Rafael Rocamora Abellán

Parte VI   Análise do Discurso

Dans la mémoire des N: introducteur de cadre discursif et espace
mental. Réflexions sur un cas de *compression* 265
Guy Achard-Bayle

Las marcas de primera persona en el debate electoral 279
Àngels Campos, Maria Josep Marín e Maria Josep Cuenca

Speakers, hearers and Cora *ku* 299
Eugene H. Casad

Translating interjections: an approach from grammaticalization theory 325
Maria Josep Cuenca

Visual viewpoint, blending, and mental spaces in narrative discourse 347
Barbara Dancygier

Spanish *ya*: a mental space account 363
Nicole Delbecque

XII *Linguagem, Cultura e Cognição*

Delocutividade e gramaticalização 391
  Miguel Gonçalves

Marcadores discursivos, aspecto y subjetividad 411
  María Jesús González Fernández e Ricardo Maldonado Soto

A polifuncionalidade de *bem* no PE contemporâneo 433
  Ana Cristina Macário Lopes

Ainda ontem aconteceu uma coisa muito engraçada. A introdução de enunciados narrativos em situação de interacção oral 459
  Armindo José Baptista de Morais

Elementos para uma descrição semântico-pragmática do marcador
discursivo *já agora* 477
  Maria da Felicidade Araújo Morais

Parte VII   Poética Cognitiva e Estudos Literários

On the cognitive process of reading Peter Weiss' *The Shadow of
the Coachman's Body* 499
  Ana Margarida Abrantes

Metatext as cognitive metonymy: An experientialist approach
to metafiction 519
  Juani Guerra

Carpe Diem: The study of periods within Cognitive Poetics 527
  Mette Steenberg

Parte VIII   Psicolinguística e Linguagem Gestual

Comunicação *online* síncrona e produção de linguagem escrita 549
  Sónia Vanessa Santos Alves e Ana Maria Roza de Oliveira

Enhebrando el hilo de lo icónico 563
  Inmaculada Báez, Carmen Cabeza e María Ignacia Massone

La metáfora como recurso para la expresión de las emociones
en lengua de signos española 583
  Silvia Iglesias Lago

Índice XIII

Body language in intercultural negotiations 595
Begoña Jamardo Suarez

"🐱🐛🐚 🐌! *Mas porque é que...?*": A expressão de
pensamentos contrafactuais em Português 605
Ana Cristina Carvalho Martins

Parte IX   Linguística Computacional

A distinção entre homógrafos heterófonos em sistemas
de conversão texto-fala 619
*Filipe Leandro de F. Barbosa, Lilian V. Ferrari
e Fernando Gil V. Resende Jr.*

Cognitive anaphor resolution and the binding principles 629
António Branco

Parte X   Fenomenologia e Filosofia da Mente

Crossing the boundaries of time: Merleau-Ponty's phenomenology
and cognitive linguistic theories 643
Margaret H. Freeman

Language and thought (the nature of mind from G. Frege
and J. Fodor to cognitive linguistics) 657
Sofia Miguens

Lista de Autores 669

Índice remissivo 681

Introdução: linguagem, cultura e cognição, ou a Linguística Cognitiva

Augusto Soares da Silva

1. 15 anos de Linguística Cognitiva

A Linguística Cognitiva constituiu-se institucionalmente como paradigma científico há precisamente década e meia, com a criação da *International Cognitive Linguistics Association* e a realização do primeiro *International Cognitive Linguistics Conference* (Duisburg, Alemanha, 1989), a que se têm seguido congressos bianuais (o último em Logroño, Espanha, 2003, e o próximo em Seoul, Coreia, 2005), e com a fundação, em 1990, da revista *Cognitive Linguistics* e da colecção *Cognitive Linguistics Research*. Mas é nos anos 80 que nasce e se desenvolve, em diferentes locais e de diferentes formas, graças sobretudo aos trabalhos dos norte-americanos George Lakoff (Lakoff & Johnson 1980, Lakoff 1987), Ronald Langacker (1987, 1990, 1991) e Leonard Talmy (1983, 1988). Das suas diversas origens (cf. Bernárdez 1999), destacam--se, por um lado, o interesse pelo significado, pela sua flexibilidade e variabilidade, já evidenciado, aliás, pelo extinto movimento heterodoxo da Semântica Generativa (de que G. Lakoff foi um dos líderes), e a insatisfação com os resultados do programa da Gramática Generativa de N. Chomsky e, por outro lado, os resultados da investigação psicológica de E. Rosch sobre o papel dos protótipos no processo de categorização.

Sinal da sua maturidade é o extenso e em rápido crescimento conjunto de publicações: entre muitas outras, as cerca de três dezenas de obras da colecção *Cognitive Linguistics Research* (Mouton de Gruyter, Berlim/Nova Iorque), os 15 volumes da revista *Cognitive Linguistics* (id.), o recente *Annual Review of Cognitive Linguistics* (John Benjamins, Amesterdão), vários estudos e colectâneas publicados por John Benjamins Publishing Company (Amesterdão) e pelo Center for the Study of Language and Information de Stanford (Califórnia), e naturalmente as obras mais recentes dos três fundadores da Linguística Cognitiva – G. Lakoff (Lakoff & Johnson 1999), R. Langacker (1999a) e L. Talmy

2 Augusto Soares da Silva

(2000, no prelo). Do mesmo acervo, fazem parte introduções e manuais de Linguística Cognitiva: Ungerer & Schmid (1996), Cuenca & Hilferty (1999), Janssen & Redeker (1999), Taylor (2002), Lee (2002), Dirven & Verspoor (2004), que inaugura a série de manuais *Cognitive Linguistics in Practice*, Croft & Cruse (2004), Geeraerts & Cuyckens (no prelo), (uma breve introdução em português pode encontrar-se em Silva 1997). Também na Internet a Linguística Cognitiva encontra uma larga expressão, parcialmente documentada na pequena webliografia apensa a esta introdução.

A consolidação da Linguística Cognitiva nos últimos quinze anos reflecte-se também num estimulante pluralismo de teorias, métodos e agendas e ainda na recepção e, nalguns casos, complementação mútuas de outras perspectivas linguísticas actuais, particularmente o funcionalismo linguístico de T. Givón e muitos outros – é a esta vasta tradição *funcionalista*, claramente oposta à tradição *formalista* (leia-se, generativista), que Langacker (1999b) relaciona o novo movimento. Também estas perspectivas funcionalistas, mais umas do que outras, partilham da ideia fundamental da Linguística Cognitiva: a de que a linguagem é parte integrante da cognição (e não um "módulo" separado), se fundamenta em processos cognitivos, sócio-interaccionais e culturais e deve ser estudada no seu uso e no contexto da conceptualização, da categorização, do processamento mental, da interacção e da experiência individual, social e cultural.

2. O que é *cognitivo* na Linguística Cognitiva?

É naturalmente no contexto do *paradigma cognitivo* em psicologia, antropologia, filosofia da ciência, biologia, neurociência e outras disciplinas afins que a Linguística Cognitiva justifica o seu atributo (cf. Geeraerts 1995 e Peeters 2001): ao assumir que a interacção com o mundo é mediada por estruturas informativas na mente, tais como a linguagem, ela é *cognitiva* no mesmo sentido em que o são as outras ciências cognitivas. Mas, por outro lado, distingue-se de todo um vasto conjunto de abordagens da linguagem como fenómeno mental, constituindo também elas outras *linguísticas cognitivas*, como a Gramática Generativa ou ainda as investigações da linguagem no quadro da Inteligência Artificial: à parte aquela e outras compatibilidades genéricas (cf. Newmeyer 1999),

Introdução 3

como bem explica Geeraerts (1995: 113), enquanto a Linguística Cogniti-va toma a linguagem como meio da relação epistemológica entre sujeito e objecto e procura, assim, saber como é que ela contribui para o conheci-mento do mundo, a Linguística Generativa toma a linguagem como objec-to da relação epistemológica e quer saber como é que esse conhecimento da linguagem é adquirido. Consequentemente, a Linguística Cognitiva assume que factores situacionais, biológicos, psicológicos, históricos e sócio-culturais são necessários e fundacionais na caracterização da es-trutura linguística, ao passo que a Linguística Generativa os toma como secundários ou auxiliares – reside aqui, segundo Langacker (1999b: 14), a diferença crucial entre a perspectiva funcionalista (nela incluída o movi-mento cognitivo) e a perspectiva formalista (bem representada no modelo generativista) de estudo da linguagem.

Mais especificamente, a Linguística Cognitiva caracteriza-se por três princípios fundamentais (Geeraerts 1995: 113): o da *primazia da semân-tica* na análise linguística e os da natureza *enciclopédica* e *perspectivis-ta* do significado linguístico. A primazia da semântica decorre da própria perspectiva cognitiva adoptada: se a função básica da linguagem é a categorização, então a significação será o fenómeno linguístico primário. Os outros dois princípios especificam a natureza do fenómeno semântico. Se a linguagem serve para categorizar o mundo, então o significado linguístico não pode ser dissociado do conhecimento do mundo e, por isso mesmo, não se pode postular a existência de um nível estrutural ou sistémico de significação distinto do nível em que o conhecimento do mundo está associado às formas linguísticas. (Perde, assim, sentido a famosa dicotomia entre conhecimento "linguístico" e conhecimento "enci-clopédico"). E se a função categorizadora da linguagem impõe estruturas e formas ao conhecimento do mundo, então este não é objectivamente reflectido na linguagem: em vez de o espelhar, a linguagem é um meio de o interpretar e construir, de organizar conhecimentos que reflectem as necessidades, os interesses e as experiências dos indivíduos e das cultu-ras. Nestes princípios assenta a própria posição filosófica e epistemológi-ca do movimento cognitivo, que Lakoff e Johnson (Lakoff 1987, Johnson 1987, Lakoff & Johnson 1999, Johnson & Lakoff 2002) caracterizam como sendo o *experiencialismo* ou, em versão mais recente, *realismo corporizado* ou *encarnado* ("embodied realism"), (para uma discussão crítica, ver o terceiro fascículo do volume 13 da revista *Cognitive Lin-guistics*, de 2002, nomeadamente a crítica de Rakova 2002 e as respos-

4   *Augusto Soares da Silva*

tas de Johnson & Lakoff, Sinha e Krzeszowski; ver também Martins 2003 e Silva 2004).

Metodologicamente, a Linguística Cognitiva autodefine-se como *modelo baseado no uso* ("usage-based model") – expressão introduzida por Langacker (1988, 2000) e apropriadamente utilizada por Barlow & Kemmer (2000). Uma orientação maximalista, não-redutiva e de baixo para cima (em contraste com o espírito minimalista, redutivo e de cima para baixo do modelo generativista). Daqui, a importância do método da observação do uso real das expressões linguísticas com base em *corpora*. Experiencialismo e análise do uso implicam uma orientação fundamentalmente *hermenêutica*, no sentido atribuído por Dilthey às ciências humanas (Geeraerts 1997: cap. 5). E a resposta ao crucial *problema da interpretação* consistirá, não em encontrar uma espécie de alfabeto do pensamento humano, mas em fundamentar *empiricamente* as interpretações das expressões linguísticas na experiência individual, colectiva e histórica nelas fixada, no comportamento interaccional e social e na fisiologia do aparato conceptual humano. Desta forma "empiricista" (enunciada por Langacker 1999b em termos de princípio de *evidência convergente*), conseguirá a Linguística Cognitiva, como assinala Geeraerts (1999), evitar, por um lado, o subjectivismo radical a que o princípio do experiencialismo poderá conduzir e, por outro, o idealismo para que tendem certas análises em semântica cognitiva.

Segue-se, destes princípios e métodos, uma *estratégia geral de pesquisa* que, por um lado, tem levado dos processos de categorização no léxico aos existentes a nível da gramática e, por outro, às diferentes dimensões da função categorizadora da linguagem. Destas duas opções resultam as principais linhas de investigação em Linguística Cognitiva. Tal como o léxico, a gramática é concebida como um inventário de unidades simbólicas convencionais (pares de forma e significado); as construções (e não as "regras") são o objecto primário de descrição e qualquer construção válida é um par de forma e significado; léxico e gramática constituem um *continuum* e o conhecimento gramatical é uniformemente representado na mente dos falantes. Esta alternativa *simbólica* da gramática tem a sua expressão mais elaborada na Gramática Cognitiva de Langacker (1987, 1990, 1991, 1999a) e na Gramática de Construções (Goldberg 1995, Croft 2001). E a categorização linguística tem sido sistematicamente estudada em três vertentes. Primeiro, o estudo da estrutura interna das categorias tomadas isoladamente, onde se destacam a *teoria do protótipo* (Taylor 1995, Geeraerts 1997; complementarmente, a *teoria da vantagem* de MacLaury 1997) e, com ela, os estudos sobre a polissemia e fenómenos afins (ver Cuyckens & Zawada 2001; Cuyckens, Dirven & Taylor 2003; Silva 2001). Segundo, a investigação de estruturas conceptuais que combinam categorias individuais em modelos mentais coerentes. Destacam-se aqui a *teoria da metáfora conceptual*, protagonizada sobretudo por G. Lakoff (Lakoff & Johnson 1980, 1999; Lakoff 1987, 1993), (para uma visão de conjunto da investigação cognitiva recente sobre metáfora, metonímia e outros mecanismos de linguagem figurada, ver Gibbs & Steen 1999, Panther & Radden 1999, Barcelona 2000, Dirven & Pörings 2002, Panther & Thornburg 2003, Silva 2003), a *frame semantics* (Fillmore 1985), a *teoria dos espaços mentais* e da *integração conceptual* ("blending") de G. Fauconnier e M. Turner (Fauconnier 1985, 1997; Fauconnier & Turner 1996, 1998; Coulson & Oakley 2000; Brandt 2000, 2001; Turner & Fauconnier 2002), o estudo de *modelos culturais* (Holland & Quinn 1987, Palmer 1996, Lakoff 1996) e ainda, embora vinculada ao funcionalismo anglo-saxónico e aos estudos de tipologia linguística, a *teoria da gramaticalização* (Hopper & Traugott 1993, Traugott & Dasher 2002). Finalmente, o estudo da relação entre forma e significado, orientado pelo *princípio da iconicidade*.

A este conjunto de programas, há que acrescentar os (ainda poucos) estudos *neurocognitivos* da linguagem dentro do mesmo movimento, como os de Deane (1992) e os de Lakoff, enquanto membro da equipa interdisciplinar sediada no Instituto Internacional de Ciência da Computação de Berkeley, que ultimamente tem desenvolvido a *teoria neural da linguagem*. Estes e os de outros linguistas, como Lamb (1999), justificarão, como argumenta Peeters (2001), um outro sentido ao adjectivo *cognitiva* ou um outro ramo (que o mesmo baptiza de *Linguística Neurocognitiva*) da Linguística Cognitiva, pelo qual ela poderá ganhar maior visibilidade e integração dentro da comunidade das ciências cognitivas. E muito perto de estudos, com aplicações à linguagem, de neurobiólogos e outros neurocientistas como o Prémio Nobel Gerald Edelman (1992) e o também premiado António Damásio (1995, 2000, 2003), que nos trabalhos de Lakoff, Johnson e Langacker têm encontrado várias afinidades.

6   *Augusto Soares da Silva*

3. A posição da Linguística Cognitiva no contexto da linguística contemporânea

Como já foi referido, Langacker (1999b) relaciona a Linguística Cognitiva à tradição linguística funcionalista e, assim, opõe aquela à tradição formalista. Apesar da multiplicidade das suas agendas, metodologias e modelos teóricos, "the various strands of cognitive and functional linguistics are complementary, synergistically related facets of a common global enterprise" (Langacker 1999b: 14). A arquitectura da linguística cognitivo-funcional envolve, esclarece Langacker, o reconhecimento do estatuto fundacional das funções *semiológica* (cognoscitiva) e *interaccional* da linguagem e dos factores situacionais, biológicos, psicológicos, históricos e sócio-culturais que a determinam; uma agenda complexa e multifacetada, incluindo domínios tão diversos como discurso, variação e mudança, tipologia, aquisição e bases neurológicas da linguagem; e naturalmente diversas metodologias, mas cumprindo todas os princípios de *evidência convergente* a partir de múltiplas origens e de coerência geral.

Geeraerts (2003a) caracteriza o desenvolvimento da linguística do séc. XX em termos de uma sucessão de movimentos descontextualizadores e recontextualizadores, envolvendo *contexto* quer o ambiente sócio--cultural da linguagem, quer o nível performativo (interaccional) do uso linguístico, quer ainda as bases cognitivas e experienciais dos falantes. O movimento *descontextualizador* e autonomista tem a sua expressão mais representativa e elaborada na Gramática Generativa: a perspectiva genética assumida por Chomsky decorre da sua falta de interesse pela dimensão sócio-cultural da linguagem e conduz a uma des-semantização da gramática e focalização nos sistemas de regras formais. A *recontextualização* da gramática, ou recuperação das várias dimensões contextuais rejeitadas pela movimento generativo, tem sido feita, sobretudo nas últimas duas décadas, pela reintrodução do léxico na gramática e assunção da centralidade do significado na arquitectura gramatical, pelo restabelecimento da ligação entre gramática e *performance* e a importância dada ao discurso e à interacção e, embora ainda como tendência minoritária, pelo interesse dado à construção sócio-cultural do significado e pela exploração da interacção entre linguagem e cultura. Para estes quatro processos de recontextualização, muito tem contribuído a Linguística Cognitiva, através dos seus vários programas de investigação, acima referidos, a par de outros contributos que se situam fora do movimento cognitivo, como os das abordagens funcionalistas.

Introdução 7

4. Relações entre linguagem, cultura e cognição – Linguística Cognitiva e Cultural

Contrariamente a uma ideia relativamente generalizada, a focalização na cognição não implica uma perspectiva das mentes como entidades descontextualizadas; dito mais concretamente, a focalização na conceptualização e noutras bases cognitivas da linguagem não implica a exclusão nem a secundarização dos factores interaccionais, sociais e culturais, não implica uma perspectiva descontextualizada da estrutura linguística. Bem pelo contrário. As mentes individuais não são entidades autónomas, mas *corporizadas-encarnadas* e altamente interactivas com o seu meio; e é através desta interacção e acomodação mútua que a cognição e a linguagem surgem, se desenvolvem e se estruturam. Não existe, pois, propriamente linguagem humana independentemente do contexto sócio-cultural. Mas não é menos verdade que a linguagem reside primariamente nas mentes individuais, sem as quais a interacção linguística não poderia ocorrer.

Provavelmente mais do que qualquer outra abordagem contemporânea da linguagem, a Linguística Cognitiva reconhece explicitamente, não só que a capacidade para a linguagem se fundamenta em capacidades cognitivas gerais, como também que todas estas capacidades são culturalmente situadas e definidas. Ela assume e desenvolve uma concepção inteiramente contextualizada (enciclopédica) do significado, claramente exposta em Langacker (1997). Muitos dos principais programas de investigação acima referidos exploram a dimensão sócio-cultural e as relações entre os aspectos cognitivos e os aspectos culturais da linguagem: entre outros, a teoria da metáfora conceptual de G. Lakoff, a Gramática Cognitiva de R. Langacker, o estudo de *modelos culturais* e *teorias populares*, os vários e importantes trabalhos existentes sobre cognição espacial, os estudos das condições cognitivas das inovações linguísticas e das condições sociais da sua propagação, numa linha de biologia evolutiva (Croft 2000), as implicações sociolinguísticas de um modelo baseado no uso (Geeraerts 2003b), estudos de Palmer (1996) e Lakoff (1996) e os reunidos em Hiraga, Sinha & Wilcox (1999) e Dirven, Frank & Pütz (2003). Os resultados destas investigações evidenciam que o conhecimento cultural desempenha um papel fundamental não só no léxico, como aliás é óbvio, mas também, e em idêntica extensão e profundidade, na gramática. É ainda de assinalar o espírito *incorporativo* (Hawkins 2001:

8 *Augusto Soares da Silva*

3) da Linguística Cognitiva, um espaço plural que acolhe e estimula naturalmente estudos especificamente linguísticos mas também estudos especificamente psicológicos ou neurológicos, estudos especificamente antropológicos e interculturais e ainda aqueles que combinam estas e outras orientações. Em síntese, e tomando as palavras de Langacker, "despite its mental focus, *cognitive* linguistics can also be described as *social*, *cultural*, and *contextual* linguistics" (1997: 240) ou "the advent of *cognitive linguistics* can also be heralded as a return to *cultural linguistics*" (1994: 31).

O estudo das relações entre linguagem e cultura e entre linguagem e pensamento tem uma longa história e deu lugar a algumas das propostas mais debatidas da linguística moderna, como a *hipótese da relatividade linguística* de Sapir e Whorf. Mas a influência da linguagem no pensamento, para que esta hipótese aponta, é apenas uma das componentes da complexa teia de relações entre linguagem, cultura e cognição. No essencial, ela acaba por deixar de fora a questão da cultura. Os resultados da investigação em Linguística Cognitiva e as necessárias clarificações conceptuais relativamente aos termos da questão, que alguns dos seus autores mais representativos, em particular R. Langacker, têm oferecido, bem como desenvolvimentos recentes em Antropologia Cognitiva, representam um importante avanço na compreensão desta crucial e perene problemática.

Langacker (1994) propõe a seguinte chave interpretativa das relações entre linguagem, cultura e cognição: linguagem e cultura são "facetas imbricadas" da cognição. Sem a linguagem um certo nível de conhecimento/desenvolvimento cultural não poderia ocorrer e, inversamente, um alto nível de desenvolvimento linguístico só se obtém através da interacção sócio-cultural. Por outro lado, certos aspectos da linguagem são não-culturais, porque capacidades psicológicas provavelmente inatas (como a capacidade para articular sons); e, inversamente, certos aspectos da cultura são basicamente não-linguísticos, na medida em que são apreendidos por meios não-linguísticos e são culturalmente específicos. Mas aspectos linguísticos não-culturais não deixam de ser culturalmente manifestados e convencionalizados e, inversamente, o conhecimento cultural originariamente não-linguístico não deixa de poder ser considerado como fazendo parte da convenção linguística ou do significado convencional, mesmo que não chegue a ser verbalizado. Quer isto dizer que a compreensão correcta das relações entre linguagem e cultura requer,

Introdução 9

como esclarece Langacker, uma perspectiva dinâmica e um entendimento da natureza cíclica do desenvolvimento cognitivo, balanceado entre capacidades psicológicas inatas (como a organização figura/fundo, a reificação conceptual, a categorização, a esquematização, a capacidade de ponto de referência) e estruturas mentais estabelecidas a partir da experiência prévia, umas pré-culturais (as que emergem bastante cedo) e outras marcadamente culturais. Assim se compaginam e se interligam na cognição e na linguagem factores *universais*, directamente ligados ao facto de os indivíduos terem a mesma estrutura biológica e interagirem num mundo basicamente igual para todos (Langacker 1997), e factores *culturalmente específicos*.

Outra importante leitura interpretativa das relações entre linguagem, cultura e cognição é oferecida por Bernárdez neste volume: linguagem e cultura relacionam-se, não só nem sobretudo a nível do sistema cognitivo individual, mas a nível da comum e partilhada *cognição-na-prática* de uma comunidade de indivíduos. Outros contributos interpretativos podem encontrar-se na entrevista de G. Lakoff conduzida por Oliveira (2001: 27--36) e em "The cognitive culture system" de Talmy (2000, vol. 2: 373-415).

Para o problema de como conceber a relação entre o individual (psicológico, universal) e o colectivo (sócio-cultural, variável), alguns autores têm proposto concepções que visam precisamente preencher o buraco da dicotomia. Alguns exemplos. Shore (1996) desenvolve uma teoria etnográfica da mente e uma teoria cognitiva da cultura ou, simplesmente, uma teoria da *cultura-na-mente* e mostra que os modelos culturais são uma parte integrante do processamento mental e são inevitavelmente condicionados por este. Zlatev (1997) combina a perspectiva biológica do significado com a tese da *corporização* ("embodiment") *situada* e, mais recentemente (Zlatev 2003), propõe o conceito de *mimese* (uso intencional do corpo para fins representacionais) para a articulação entre o significado público e convencional e o significado privado e subjectivo. Tomasello (1999, 2003) investiga as origens culturais da cognição humana e desenvolve um modelo baseado no uso sobre a aquisição da linguagem. Bernárdez (2003) e neste volume explora as noções de *cognição colectiva* e *cognição-para-a-acção* e sugere que a maior parte da cognição humana depende da acção humana (pensar e fazer estão intimamente ligados, ao contrário do que a cultura ocidental faz acreditar).

Obviamente que há ainda um caminho interpretativo e descritivo a percorrer, sobretudo no sentido de uma maior integração de linguagem,

10   *Augusto Soares da Silva*

cultura e cognição. As conferências plenárias dos congressos de Braga e de Logroño reflectem bem esta problemática e esta procura. Eis algumas das questões com as quais o linguista, em particular, e o cientista da cognição, em geral, se confrontam (ou continuam a confrontar-se), e que estão em foco nestes dois volumes. Até que ponto é que a linguagem e a cultura influenciam a conceptualização? E até que ponto é que a conceptualização varia entre culturas, comunidades ou mesmo indivíduos? Serão as diferenças de conceptualização entre línguas diferenças superficiais (combinações ou variações de esquemas universais), ou serão diferenças profundas? Poderemos dizer que existem conceitos universais, metáforas universais, sentimentos/emoções universais? Como articular a hipótese dos conceitos universais, empiricamente verificada por alguns autores da Linguística Cognitiva (Lakoff 1987, Lakoff & Johnson 1999), com os recentes resultados de estudos interlinguísticos, nomeadamente os do Grupo de Antropologia Cognitiva do Instituto Max-Planck, que demonstram que falantes de diferentes culturas conceptualizam domínios cognitivos básicos como o espaço de uma maneira completamente diferente (Levinson 2003), dando assim um novo crédito ao velho princípio da relatividade linguística? Como é que metáforas, imagens, protótipos e outros mecanismos cognitivos que têm sido revelados ou confirmados pela Linguística Cognitiva se fundamentam tanto na mente dos indivíduos como nas representações culturais? Poderá a Linguística Cognitiva e poderão outras ciências cognitivas continuar com uma *metalinguagem* de base inglesa? Qual, enfim, a interpretação correcta do princípio da *corporização* ou *encarnação* ("embodiment") e de que modos específicos esta filosofia, partilhada por várias ciências cognitivas, ilumina as relações entre linguagem, cultura e cognição?

5. Os contributos da presente obra

De praticamente todas as linhas de investigação em Linguística Cognitiva, de quase todas as áreas dos estudos linguísticos e sobre diferentes línguas e culturas (incluindo algumas não-indo-europeias) encontrará o leitor valiosos exemplos nos estudos reunidos neste dois volumes. Importantes e diversos fenómenos da cognição e da linguagem são tratados, como modelos cognitivos e modelos culturais, conceptualização e sistemas de estruturação conceptual, corporização, figura/fundo e mecanis-

Introdução 11

mos de proeminência e de atenção, metáfora e metonímia, espaços mentais e integração conceptual, categorização e protótipos, polissemia, imagens mentais, subjectivação e gramaticalização, intersubjectividade, estruturação do espaço, do movimento e do tempo, posse e existência, causação, emoções, entre outros. E, como contributo maior, as questões das relações entre linguagem, cultura e cognição estão no centro de muitos dos estudos.

De acordo com o foco principal de cada um, os 69 estudos reunidos nestes dois volumes são distribuídos por dez secções temáticas, embora alguns pudessem situar-se também noutros lugares da estrutura. A primeira parte, intitulada *Teoria e Modelos*, reúne as conferências plenárias de Enrique Bernárdez, Dirk Geeraerts, Ronald Langacker, Leonard Talmy e Arie Verhagen.

Seguem-se estudos sobre *Categorização e Léxico*, incidindo alguns sobre expressões ididomáticas e questões relacionadas com o significado lexical. A terceira parte, a mais extensa, compreende estudos sobre *Construções e Gramática*, nomeadamente construções com verbos cognoscitivos e emotivos, construções causativas, construções locativas, construções transitivas (e a transitividade prototípica), construções de ponto de referência, construções com aproximativos, ordem de palavras, posição sintáctica do adjectivo, elevação de negação, categorias gramaticais e ainda estudos de fonologia cognitiva. Seguem-se estudos (alguns psicolinguísticos e tipológicos) dedicados à cognição espacial, conceptualização e estruturação de *Espaço e Movimento*, expressa em verbos, preposições, construções e outras categorias, e incluindo o movimento *fictivo* e o movimento metafórico.

A quinta secção reúne estudos sobre *Metáfora, Metonímia e Integração Conceptual* ("blending"), a nível do léxico e da construção de alguns domínios semânticos, mas também a nível da gramática (formação de palavras) e do discurso (metonímia e inferência pragmática) e na construção de determinados discursos (arquitectura, canções de guerra, anúncios turísticos), e incluindo a questão da interacção destes mecanismos cognitivos figurados. A sexta secção ocupa-se da *Análise do Discurso* na sua (necessária) articulação com espaços mentais discursivos e outros processos cognitivos (processos de integração conceptual, subjectivação, ponto de vista) e incidindo sobre diversas categorias, como advérbios, introdutores de enquadramento discursivo, deícticos, interjeições e outros marcadores discursivos, e sobre discursos particulares, como o

12 *Augusto Soares da Silva*

narrativo, a conversação ou o debate político eleitoral. Seguem-se três estudos sobre o texto literário, agrupados na secção de *Poética Cognitiva e Estudos Literários.*

As três últimas secções versam áreas e temáticas variadas, igualmente em expansão em Linguística Cognitiva: estudos de *Psicolinguística* e sobre *Linguagem Gestual*, trabalhos de *Linguística Computacional* e, finalmente, aportações das áreas da *Fenomenologia e Filosofia da Mente.*

Os estudos na perspectiva da Linguística Cognitiva não têm entre nós a projecção alcançada em diversos países. A obra que agora se publica, na sequência das que resultaram de dois encontros anteriores (Silva 2001 e Fátima & Silva 1999), constitui, também, um importante contributo para a Linguística Cognitiva em Portugal (e para o desejado diálogo com outras perspectivas e saberes) e naturalmente para a investigação, o ensino e a política da língua portuguesa.

Referências

Barcelona, Antonio (ed.)
    2000   *Metaphor and Metonymy at the Crossroads: A Cognitive Perspective.* Berlin: Mouton de Gruyter.
Barlow, Michael & Suzanne Kemmer (eds.)
    2000   *Usage-Based Models of Language.* Stanford: CSLI Publications.
Bernárdez, Enrique
    1999   Some reflections on the origins of Cognitive Linguistics. *Journal of English Studies* 1: 9-27.
    2003   Social cognition: Variation, language, and culture. Conferência plenária apresentada no *8th International Cognitive Linguistics Conference.* Logroño: Universidade de La Rioja. 20-25 Julho, 2003.
Brandt, Per Aage
    2000   The architecture of semantic domains. A grounding hypothesis in Cognitive Semiotics. *Revista Portuguesa de Humanidades* 4: 11-51. Braga: Faculdade de Filosofia da UCP.
    2001   Mental space networks and linguistic integration. In: Augusto Soares Silva (org.), *Linguagem e Cognição: A Perspectiva da Linguística Cognitiva*, 63-76. Braga: Associação Portuguesa de Linguística e Universidade Católica Portuguesa.
Coulson, Seana & Todd Oakley (eds.)
    2000   *Conceptual Blending.* Special issue of *Cognitive Linguistics* 11-3/4.
Croft, William
    2000   *Explaining Language Change. An Evolutionary Approach.* London: Longman.

Introdução 13

2001   *Radical Construction Grammar: Syntactic Theory in Typological Perspective*. Oxford: Oxford University Press.

Croft, William & D. Alan Cruse
2004   *Cognitive Linguistics*. Cambridge: Cambridge University Press.

Cuenca, Maria Josep & Joseph Hilferty
1999   *Introducción a la Lingüística Cognitiva*. Barcelona: Ariel.

Cuyckens, Hubert & Britta Zawada (eds.)
2001   *Polysemy in Cognitive Linguistics*. Amsterdam: John Benjamins.

Cuyckens, Hubert, René Dirven & John R. Taylor (eds.)
2003   *Cognitive Approaches to Lexical Semantics*. Berlin: Mouton de Gruyter.

Damásio, António
1995   *O Erro de Descartes. Emoção, Razão e Cérebro Humano*. Mem Martins: Publicações Europa-América.
2000   *O Sentimento de Si. O Corpo, a Emoção e a Neurobiologia da Consciência*. Mem Martins: Publicações Europa-América.
2003   *Ao Encontro de Espinosa. As Emoções Sociais e a Neurologia do Sentir*. Mem Martins: Publicações Europa-América.

Deane, Paul D.
1992   *Grammar in Mind and Brain: Explorations in Cognitive Syntax*. Berlin: Mouton de Gruyter.

Dirven, René & Ralf Pörings (eds.)
2002   *Metaphor and Metonymy in Comparison and Contrast*. Berlin: Mouton de Gruyter.

Dirven, René, Roslyn Frank & Martin Pütz (eds.)
2003   *Cognitive Models in Language and Thought. Ideology, Metaphors, and Meanings*. Berlin: Mouton de Gruyter.

Dirven, René & Marjolijn Verspoor (eds.)
2004   *Cognitive Exploration of Language and Linguistics*, 2ª ed. revista. Amsterdam: John Benjamins.

Edelman, Gerald M.
1992   *Bright Air, Brilliant Fire: On the Matter of the Mind*. New York: Basic Books. (trad. port. *Biologia da Consciência. As raízes do pensamento*. Instituto Piaget, 1995)

Fauconnier, Gilles
1985   *Mental Spaces*. Cambridge, MA: MIT Press.
1997   *Mappings in Thought and Language*. Cambridge: Cambridge University Press.

Fauconnier, Gilles & Mark Turner
1996   Blending as a central process of grammar. In: Adele Goldberg (ed.), *Conceptual Structure, Discourse and Language*, 113-130. Stanford: CSLI Publications.
1998   Conceptual Integration Networks. *Cognitive Science* 22-2: 133-187.

Fillmore, Charles J.
1985   Frames and the semantics of understanding. *Quaderni di Semantica* 6-2: 222-255.

14   *Augusto Soares da Silva*

Geeraerts, Dirk
1995   Cognitive Linguistics. In: J. Verschueren et al. (eds.), *Handbook of Pragmatics*, 111-116. Amsterdam: John Benjamins.
1997   *Diachronic Prototype Semantics. A Contribution to Historical Lexicology*. Oxford: Clarendon Press.
1999   Idealist and empiricist tendencies in cognitive semantics. In: Theo Janssen e Gisela Redeker (eds.), *Cognitive Linguistics: Foundations, Scope, and Methodology*, 163-194. Berlin: Mouton de Gruyter.
2003 a   Decontextualising and recontextualising tendencies in 20th century linguistics and literary theory. In: Ewald Mengel, Hans-Jörg Schmid e Michael Steppat (eds.), *Anglistentag 2002 Bayreuth*, 369-379. Trier: Wissenschaftlicher Verlag.
2003 b   'Usage-based' implies 'variational'. On the inevitability of Cognitive Sociolinguistics. Conferência plenária apresentada no *8th International Cognitive Linguistics Conference*. Logroño: Universidade de La Rioja. 20-25 Julho, 2003.
Geeraerts, Dirk & Hubert Cuyckens (eds.)
no prelo   *Handbook of Cognitive Linguistics*. Oxford: Oxford University Press.
Gibbs, Raymond W. & Gerard J. Steen (eds.)
1999   *Metaphor in Cognitive Linguistics*. Amsterdam: John Benjamins.
Goldberg, Adele
1995   *Constructions. A Construction Grammar Approach to Argument Structure*. Chicago: The University of Chicago Press.
Hawkins, Bruce
2001   Incorporating tensions: On the treatment of ideology in Cognitive Linguistics. In: René Dirven, Bruce Hawkins e Esra Sandikcioglu (eds.), *Language and Ideology*, Vol. I: *Theoretical and Cognitive Approaches*, 1-22. Amsterdam: John Benjamins.
Hiraga, Masako, Chris Sinha & Sherman Wilcox (eds.)
1999   *Cultural, Psychological and Typological Issues in Cognitive Linguistics*. Amsterdam: John Benjamins.
Holland, Dorothy & Naomi Quinn (eds.)
1987   *Cultural Models in Language and Thought*. Cambridge: Cambridge University Press.
Hopper, Paul J. & Elizabeth C. Traugott
1993   *Grammaticalization*. Cambridge: Cambridge University Press.
Janssen, Theo & Gisela Redeker (eds.)
1999   *Cognitive Linguistics: Foundations, Scope, and Methodology*. Berlin: Mouton de Gruyter.
Johnson, Mark
1987   *The Body in the Mind. The Bodily Basis of Meaning, Imagination, and Reason*. Chicago: The University of Chicago Press.
Johnson, Mark & George Lakoff
2002   Why cognitive linguistics requires embodied realism. *Cognitive Linguistics* 13-3: 245-263.

Introdução 15

Lakoff, George
 1987 *Women, Fire, and Dangerous Things: What Categories Reveal about the Mind.* Chicago: The University of Chicago Press.
 1993 The contemporary theory of metaphor. In: Andrew Ortony (ed.) *Metaphor and Thought*, 202-251. Cambridge: Cambridge University Press.
 1996 *Moral Politics: What conservatives know that liberals don't.* Chicago: The University of Chicago Press.

Lakoff, George & Mark Johnson
 1980 *Metaphors We Live By.* Chicago: The University of Chicago Press.
 1999 *Philosophy in the Flesh: The Embodied Mind and its Challenge to Western Thought.* New York: Basic Books.

Lamb, Sydney M.
 1999 *Pathways of the Brain. The Neurocognitive Basis of Language.* Amsterdam: John Benjamins.

Langacker, Ronald W.
 1987 *Foundations of Cognitive Grammar*, Vol. 1: *Theoretical Prerequisites.* Stanford: Stanford University Press.
 1988 A usage-based model. In: Brygida Rudzka-Ostyn (ed.), *Topics in Cognitive Linguistics*, 127-161. Amsterdam: John Benjamins.
 1990 *Concept, Image, and Symbol. The Cognitive Basis of Grammar.* Berlin: Mouton de Gruyter.
 1991 *Foundations of Cognitive Grammar*, Vol. 2: *Descriptive Application.* Stanford: Stanford University Press.
 1994 Culture, cognition, and grammar. In: Martin Pütz (ed.), *Language Contact and Language Conflict*, 25-53. Amsterdam: John Benjamins.
 1997 The contextual basis of cognitive semantics. In: Jan Nuyts e Eric Pederson (eds.), *Language and Conceptualization*, 229-252. Cambridge: Cambridge University Press.
 1999 a *Grammar and Conceptualization.* Berlin: Mouton de Gruyter.
 1999 b Assessing the cognitive linguistic enterprise. In: Theo Janssen e Gisela Redeker (eds.), *Cognitive Linguistics: Foundations, Scope, and Methodology*, 13-59. Berlin: Mouton de Gruyter.
 2000 A dynamic usage-based model. In: Michael Barlow e Suzanne Kemmer (eds.) *Usage-Based Models of Language*, 1-63. Stanford: CSLI Publications.

Lee, David
 2002 *Cognitive Linguistics. An Introduction.* Oxford: Oxford University Press.

Levinson, Stephen C.
 2003 *Space in Language and Cognition.* Cambridge: Cambridge University Press.

MacLaury, Robert E.
 1997 *Color and Cognition in Mesoamerica: Constructing categories as vantages.* Austin: University of Texas Press.

16 *Augusto Soares da Silva*

Martins, Helena
    2003   Sobre linguagem e pensamento no paradigma experiencialista. *Veredas. Revista de Estudos Lingüísticos* 6: 75-90. Juiz de Fora: Universidade Federal de Juiz de Fora.

Newmeyer, Frederick J.
    1999   Bridges between generative and cognitive linguistics. In: Leon Stadler e Christoph Eyrich (eds.), *Issues in Cognitive Linguistics*, 3-19. Berlin: Mouton de Gruyter.

Oliveira, Roberta Pires de
    2001   Language and ideology: An interview with George Lakoff. In: René Dirven, Bruce Hawkins e Esra Sandikcioglu (eds.), *Language and Ideology*, Vol. I, 23-47. Amsterdam: John Benjamins.

Palmer, Gary B.
    1996   *Toward a Theory of Cultural Linguistics*. Texas: University of Texas Press. (trad. esp. de Enrique Bernárdez, *Lingüística Cultural*. Madrid: Alianza Editorial, 2000)

Panther, Klaus-Uwe & Günter Radden (eds.)
    1999   *Metonymy in Language and Thought*. Amsterdam: John Benjamins.

Panther, Klaus-Uwe & Linda Thornburg (eds.)
    2003   *Metonymy and Pragmatic Inferencing*. Amsterdam: John Benjamins.

Peeters, Bert
    2001   Does Cognitive Linguistics live up to its name? In: René Dirven, Bruce Hawkins e Esra Sandikcioglu (eds.), *Language and Ideology*, Vol. I, 83-106. Amsterdam: John Benjamins.

Rakova, Marina
    2002   The philosophy of embodied realism: A high price to pay? *Cognitive Linguistics* 13-3: 215-244.

Shore, Bradd
    1996   *Culture in Mind: Cognition, Culture, and the Problem of Meaning*. Oxford: Oxford University Press.

Silva, Augusto Soares da
    1997   A Linguística Cognitiva. Uma breve introdução a um novo paradigma em Linguística. *Revista Portuguesa de Humanidades* 1: 59-101. Braga: Faculdade de Filosofia da UCP.
    2001   O que é que a polissemia nos mostra acerca do significado e da cognição? In: Augusto Soares Silva (org.), *Linguagem e Cognição: A Perspectiva da Linguística Cognitiva*, 147-171. Braga: Associação Portuguesa de Linguística e Universidade Católica Portuguesa.
    2003   O poder cognitivo da metáfora e da metonímia. *Revista Portuguesa de Humanidades* 7: 13-75. Braga: Faculdade de Filosofia da UCP.
    2004   Protótipos, imagens e metáforas, ou o experiencialismo da linguagem e do pensamento. In: Alfredo Dinis e José M. Curado (orgs.), *Consciência e Cognição*, 79-96. Braga: Publicações da Faculdade de Filosofia da UCP.

Silva, Augusto Soares da (org.)
    2001   *Linguagem e Cognição: A Perspectiva da Linguística Cognitiva*: Braga: Associação Portuguesa de Linguística e Universidade Católica Portuguesa (2ª ed. 2003).

Introdução 17

Talmy, Leonard
1983   How language structures space. In: Herbert Pick e Linda Acredolo (eds.), *Spatial Orientation: Theory, Research, and Application*, 225--282. New York: Plenum Press.
1988   Force dynamics in language and cognition. *Cognitive Science* 12: 49--100.
2000   *Toward a Cognitive Semantics*, 2 vols. Cambridge: The MIT Press.
no prelo   *The Attentional System of Language*. Cambridge: The MIT Press.
Taylor, John R.
1995   *Linguistic Categorization: Prototypes in Linguistic Theory*. Oxford: Clarendon Press.
2002   *Cognitive Grammar*. Oxford: Oxford University Press.
Tomasello, Michael
1999   *The Cultural Origins of Human Cognition*. Cambridge: Harvard University Press.
2003   *Constructing a Language: A Usage-Based Theory of Language Acquisition*. Cambridge: Harvard University Press.
Traugott, Elizabeth Closs & Richard Dasher (eds.)
2002   *Regularity in Semantic Change*. Cambridge: Cambridge University Press.
Turner, Mark & Gilles Fauconnier
2002   *The Way we Think. Conceptual Blending and the Mind's Hidden Complexities*. New York: Basic Books.
Ungerer, Friedrich & Hans-Jörg Schmid
1996   *An Introduction to Cognitive Linguistics*. London: Longman.
Vilela, Mário & Fátima Silva (orgs.)
1999   *Actas do 1º Encontro Internacional de Linguística Cognitiva (Porto, 29/30 - 5 - 98)*. Porto: Faculdade de Letras do Porto.
Zlatev, Jordan
1997   *Situated Embodiment: Studies in the Emergence of Spatial Meaning*. Stockholm: Gotab.
2003   Mimesis: The "missing link" between embodiment and situatedness. Comunicação apresentada no *8th International Cognitive Linguistics Conference*. Logroño: Universidade de La Rioja. 20-25 Julho, 2003.

Webliografia de Linguística Cognitiva

International Cognitive Linguistics Association
     http://www.cognitivelinguistics.org/
8th International Cognitive Linguistics Conference, Logroño 2003
     http://www.unirioja.es/dptos/dfm/sub/congresos/LingCog/
9th International Cognitive Linguistics Conference, Seoul 2005
     http://www.iclc2005.org/
Asociación Española de Lingüística Cognitiva
     http://www.um.es/lincoing/aelco/

18   *Augusto Soares da Silva*

Blending and Conceptual Integration
    http://www.wam.umd.edu/~mturn/WWW/blending.html
Center for the Cognitive Science of Metaphor Online
    http://philosophy.uoregon.edu/metaphor/metaphor.htm
Cognitive Cultural Studies
    http://cogweb.english.ucsb.edu/
Conceptual Metaphor Home Page
    http://cogsci.berkeley.edu/lakoff/
Construction Grammar
    http://www.constructiongrammar.org/
Empirical Methods in Cognitive Linguistics
    http://www.cit.cornell.edu/computer/email/using-lists/
Language, Culture, and Mind (Portsmouth, Julho 2004)
    http://www.port.ac.uk/departments/academic/psychology/lcmconference
Linguagem, Cultura e Cognição (Braga, UCP, Julho 2003)
    http://www.facfil.ucp.pt/LingCog
Neural Theory of Language
    http://www.icsi.berkeley.edu/NTL/

PARTE I

Teoria e Modelos

Intimate enemies? On the relations between language and culture [1]

Enrique Bernárdez

Abstract

Relating language and culture has interested linguists and anthropologists for a long time; however, the results of this quest for connections have been rather meagre. Apart from relations at the levels of the sociology of language and the vocabulary, where language-culture relations are fairly obvious, the many attempts to relate linguistic structures and cultural phenomena have failed. This lead some scholars to propose the independence of the human cognitive systems allegedly responsible for language and culture. In this paper, a new approach is proposed. Instead of seeing language and culture as individual phenomena at the level of cognition, the notions of *collective cognition* and *cognition – for – action* will be discussed. Human beings do not learn or use *language* (in an abstract, general sense) but only *individual languages* in particular cultural settings which can thus be seen as playing a central role in the cognitive development of individuals. This proposal is also put in relation with the processes of self – organisation in the brain, in human action and cognition, as well as in the behaviour of large groups of individuals. Pierre Bourdieu's notion of *habitus* is then examined and seen as a powerful tool for the explanation of language and culture and their interrelation.

Keywords: Situated cognition, distributed cognition, space, habitus, Cha'palaachi language (Cayapa).

1. Introduction: Reality and constructs in language and culture

Children do not learn, or acquire, *language*. No person on earth speaks, or has ever spoken, *language*, *human language*. Children do learn one or more particular languages. Everybody on earth speaks one or more particular languages.

---

1. This is a revised version of the plenary lecture delivered at the Braga Conference. I thank all those who assisted me with their comments and criticism.

22   *Enrique Bernárdez*

Also, people, the peoples, do not have *culture*: culture as such, *human culture*, does not exist, either. All that exists are the particular, individual cultures.

Human Language is an abstraction, a theoretical construct; it is deemed necessary in order to emphasise the apparent fact that, in spite of the differences among the real languages, there seems to exist something common to all of them: in fact, it seems possible to identify a number of universal features of human language. Rather vague and general ones for the most part unless they are relative or merely statistical ones (Dryer 1997), but it seems undeniable that all human languages share a certain family resemblance: the more visible the wider and deeper contact one has with the individual languages.

Something similar happens with culture. No sucessful catalogue of substantive universal features of culture has ever been made and, as anthropologues like to repeat, what really matters is the differences, the peculiarities of the particular cultures (Geertz 2000; Duranti 2003), the possible "human cultural universals" being thus relegated to the background. Moreover, the few attempts to establish such a list of cultural universals, such as George Murdock's proposal (1965), have been disconfirmed by research on both humans and animals, so much that such lists of universals are seldom, if ever, mentioned or cited. Geertz's (2000) critical statement on the usefulness of such universals of culture can be seen as typical in the anthropological field. Also Pascal Boyer (1996) points at the difficulties involved in the identification and postulation of cultural universals: more frequently than not, such apparently universal phenomena and notions as *marriage* do not have much in common, apart from the researcher's own cultural bias which is (usually unconsciously) utilised as the standard of comparison for extremely different cultural phenomena. We could add that the researcher, in fact, takes his own cultural view of the concept in question as the prototypical core of a radial category – in the sense of Lakoff (1987).

However, the more we know about human cultures, the clearer their family resemblance, just as in the case of language. We assume that there have to exist some universal features that, moreover, should have to be identifiable and definable. But things need not necessarily be so simple. That is, it is not necessarily so that human cultures resemble each other because there exists some general *Human culture* which is then reflected or realised in the multiplicity of the real, plural cultures. Let us recall the primate cultures, which are currently being the object of

Intimate enemies? On the relations between language and culture 23

systematic and continuous study (Singleton, Utami & Merrill 2003; Whiten 2000; Tomasello 1999, 2000a).

There exists no such thing as a "chimpanzee culture" or an "orangutan culture" in general terms, i.e., as if there were a number of features common to all cultural phenomena in chimpanzee or orangutan groups. And recall that the total population of these primates – as well as the size of their groups – is very small, nothing comparable to the billions of human beings on earth and the thousands of their languages and cultures. What one finds among chimpanzees and other primates is a number of phenomena which can be assumed to share the main features that serve to characterise a form of behaviour as cultural: geographical variation, autonomy in relation to the environment, and vertical transmission from one generation to the next. But we cannot say that it is typical of chimpanzee culture "to use sticks to fish ants", because not all the groups do it; and the same holds for orangutans and other primates. That is, we have to talk of "primate *cultures*", in the plural:

> Geographic variation in some aspects of chimpanzee behavior has been interpreted as evidence for culture. [W]e document similar geographic variation in orangutan behaviors. Moreover, as expected under a cultural interpretation, we find a correlation between geographic distance and cultural difference, a correlation between the abundance of opportunities for social learning and the size of the local cultural repertoire, and no effect of habitat on the content of culture. (Singleton, Utami & Merrill 2003:102).

No one has been able to come up with the common, identifying set of "substantive universals" that might define any such primate culture. And nobody has tried to do it, because such an idea runs against the very definition of culture as geographically variable forms of socially transmitted behaviour. An important difference separating human and animal culture is moreover the temporal variability of human culture, i.e., the frequency of innovations, sometimes including the abandonment of old, "traditional" forms of behaviour.

In spite of these facts, we have a certain tendency to turn things upside down and see some "universal, substantive" form of culture as the core, while the cross-cultural differences are preferably seen as deviations from that core. Something quite similar happens when considering language, although in this case the substantive universals – although a matter of continuous dispute and research – seem to be somewhat more "real". Instead of such substantive universals, we should

24   *Enrique Bernárdez*

perhaps limit ourselves to some very general principles, which could have some cognitive universality. But we shall come back to this.

1.1. On the universality of human cognition

Of course, if we are interested in learning about human cognition, it might seem mandatory that we look for what is universal and leave particularities aside. Because we assume that cognition is the same in all humans. At the same time, as we assume that it is our – common, universal – human cognition what guides all of our behaviour, we should expect to be able to find that part of our cognition that is responsible for language – in general, but maybe also for the particular languages – and also for culture. It is in this vein, so I think, that we have to understand approaches like Leonard Talmy's to the various "cognitive systems" that are assumed to together form our cognition; and among them, a language cognitive system and a culture cognitive system (Talmy 2000). Talmy's view is clear in these respects:

> **Cognitivism** indicates that cultural patterns exist primarily because of the cognitive organization in each of the individuals collectively making up a society. ... Our general perspective is that there has evolved in the human species an innately determined brain system whose principal function is the acquisition, exercise, and imparting of culture. This system for cultural cognition encompasses a number of cognitive capacities and functions, most of which are either weak or absent in other species (p. 373).

But we are faced before a permanent problem: how to reconcile the (apparently necessary) universality of human cognition with the variety of its supposed or alleged manifestations. We shall have to deal with this problem by considering (a) whether it is really necessary to postulate a homogeneous, uniform, universal human cognition; (b) whether language, culture, etc., are manifestations of that cognition or of something else; (c) what human cognition is. But for now let us park these vital questions until the end and look at things linguistic and cultural as they stand before our eyes, as a necessary step previous to the discussion of much more far-reaching, theoretically significant questions.

1.2. Identifying language-culture relations

Apart from the basic questions posed above, a constant endeavour of linguists, anthropologists and others has been to relate language and culture: linguistic phenomena and cultural phenomena. The reason is fairly obvious: we all speak a particular language and are always members of a particular culture. And when faced with the need to talk about our culture in a different language we immediately feel the existence of gaps, inadequacies, etc., that is, we feel that we are not able to do it properly. This is the old problem of translation, which can itself be seen from two opposing but complementary sides: (a) as translation is principally possible, something common exists to all languages and cultures. This is the stance usually favoured by scholars in the cognitive sciences. But, at the same time, (b) as every translation leaves a clear sense of insatisfaction, because so many important things just cannot be adequately expressed in another language, all languages and cultures seem incommensurate to each other; this is the view favoured by translators, anthropologists, etc. (cf. Lvóvskaya 1997).

More generally, the insiders of any culture tend to see its contents as immediately linked to their language and even feel that this link "is necessary and could not be otherwise". For outsiders, however, things *are* otherwise: there should be no problem in carrying on with a particular culture in another language, as language is then seen as a mere instrument or tool which can be changed without altering the culture that happens to go with it. This idea ultimately favours language extinction, which is taking place at a much faster pace than the extinction of animal species (Sutherland 2003).

We assume – and mankind has always assumed – that language and culture go together. So there has to be something that links them. For quite a long time, scholars of different theoretical persuasion and practical interest have devoted much attention to the issue. With results that have to be deemed as fairly unsatisfactory (Bernárdez 1978 [1973]). Alessandro Duranti (2003) has recently published an interesting and well-documented historical and conceptual review of the study of "language as culture" in U.S.A. anthropology, so that it is not necessary to repeat such a historical analysis here. Of course, Duranti only considers the developments in the U.S.A. and I shall have to mention, albeit quite briefly, some European developments that can be useful for our purpose here.

26   *Enrique Bernárdez*

1.3. The Language Realitivy Hypothesis is useless for the analysis of language+culture

However, there is a point of historical but also current interest that I have to mention; because when dealing with the relation of language and culture, especially if cognition is included in the picture, the names of Sapir and Whorf and their *relativity hypothesis* always come to mind. However, as Goddard (2003) writes, this hypothesis (which I shall abbreviate to LRH) deals with the relations between language and cognition, but culture is essentially left out. In a similar vein, Levinson (1996) refers to the LRH only in the background of the language-cognition discussion, while Duranti (2003) leaves it out from his analysis of "language as culture". Lucy (1997: 297) even mentions "the somewhat anecdotal ethnographic evidence for linguistic influences on thought" in Benjamins Whorf's own work. That is, even though it is feasible – and probably necessary – to study the LRH in relation with culture, not much has been done in this respect (but see also Palmer's [1996] comments).

The LRH tries to relate language and cognition, but culture will inescapably get in between because the LRH does not deal with human language in general, but only with the particular languages, as Lucy (1997: 292) emphasises. The LRH would thus deal with the form in which the particular languages affect particular forms of thinking. The LRH, then, does not affect human cognition in general but something- much more limited: a part of the human cognitive system, which one might perhaps like to associate with Dan Slobin's (1990, 1996) proposal of *thinking for speaking*: a part of cognition directly related to the particular, individual languages; a kind of "external level", so to speak, covering the "basic core" of human cognition. While the latter is assumed to be universal, *thinking for speaking* is language-specific and goes together with other forms of "thinking for X" (we could talk of thinking for music, thinking for mathematics, thinking for finding one's way in space, etc.). That is, in addition to the basic core of cognition *tout court*, to which we assign a central role, we would have a number of "subordinate subsys- tems of cognition" directly linked to forms of human behaviour.

The point is sufficiently important to emphasise it now: at least some significant parts of human cognition are *activity-specific*; in other words, a part of our cognition has to be seen in direct relation to activity. Cognition is nowadays understood in embodied terms, i.e., an individual's cognition is not isolated, closed in itself, but in direct relation to the outside

Intimate enemies? On the relations between language and culture 27

world through the body. That this is inevitably so is now a basic tenet for most cognitive scientists, although it raises a number of problems, also on what has to be the correct understanding of *embodiment* itself (see *Cognitive Linguistics* 13(3), 2002, where four papers analyse the issue; see also Hirose 2002; Regler 2002; Ziemke 2002; Sinha & Jensen de López 2000, for recent discussions from different points of view; and Vesey 1965 for a much older, philosophical review of the interrelations of body and mind).

1.4. Situated and distributed cognition, and human practice

Now, could we perhaps add that it is necessary to go farther and see practically the whole of our general cognitive system in relation with activity? That is, my hypothesis is that not only those "appendages" to our basic cognitive system are directly involved in activity, but that the largest part of our cognition is dependent on it. This is not a new idea: see for instance Luria (1976), or the classic works by Vygotski (1934) and Voloshinov (1930); also the papers by N. Minick, E. Axel and D. Bakhurst in Cole et al., eds., 1997, and Frawley 1997. Action and cognition are now assumed to go hand in hand to a degree that was unexpected few years ago; but the results of what is called *situated cognition* clearly point in this same direction. The school of situated cognition claims

> behavior can only be understood in the context of complex real-world situations. An important focus of research should therefore be the relationship between people and the external world (and how the behavior of people is coordinated with the external world) without the mediation of mental planning (i.e., without explicit inferencing over descriptive models of the world and human behavior). (Mandelblit & Zachar 1998: 253)

Beyond situatedness, for the proposers of *distributed cognition*,

> Cognitive activity may involve processes internal to the single individual, the individual in coordination with a set of tools, or a group of individuals in interaction with each other and a set of tools (...). The different individuals and tools constitute the unit of cognition rather than merely modifying or amplifying the internal structures of a single mind. (Mandelblit & Zachar 1998: 254)

In distributed cognition, activity and cognition are inextricably linked, in such a way that "the way we think" will depend, to a considerable degree, on

28   *Enrique Bernárdez*

the nature of the activity we are going to carry out and its particular, local conditions (León 2002; see also Alterman & Garland 2000, Clark 1999, Hirose 2002, Ratner 2000, Ratner & Hui 2003; Semin & Smith 2002). This means that thinking and doing are not two completely separate things, as the Western tradition has been fond of emphasising.

Thought, interaction, and activity go hand in hand or, to express it otherwise, cognition has to be seen in the terms of *practice*, that is in the terms of its practical functions of interest for the human being. That is, we are assuming – we have to assume – that cognition is not an autonomous, *solipsistic* system (Sinha 1999; Sinha & de López 2000; Harder 1999, 2003) functioning for itself and whose results are then put to practice – or not; but something that functions in the benefit of the individuals by allowing them to live in the real conditions of life: viz. in constant interaction with other individuals and in a certain environment which imposes a number of challenges to all and every one of those individuals.

Cognition, therefore, is linked to practice. And culture can also be understood (not exclusively, though) as a *system of practices*. This is the view that will allow our relating language and culture through the intermediary of cognition: not only, and not so much at the level of an individual's cognitive system(s), but at the level of the common, shared *cognition-in-practice* of a community of individuals.

The problem remains that we still tend to assume cognition to be universal and essentially identical in all human beings, and not directly related to activity or practice. It may be useful to keep in mind that not all scientists share exactly this view (and racism and similar considerations play no role here, however). In his review of Pinker (2002), David Hull (2002: 251-252) writes:

> What puzzles me is why Pinker adopts as one of the essential tenets of evolutionary psychology a position that runs so counter to evolutionary theory. Why have evolutionary psychologists saddled themselves with the monomorphic mind? We do not have monomorphic blood types, monomorphic eye colour, or monomorphic hearts. So why are evolutionary psychologists so insistent that we all have monomorphic minds? One possible answer is to avoid the charge of racism.

Seeing cognition as constantly and closely related to activity, to practice, allows us to see the cross-individual differences in cognition, as directly motivated by (a) the types of activity to be carried out, and (b) the conditions of activity itself (Thelen & Smith 1994; Kelso 1995; Bernárdez

Intimate enemies? On the relations between language and culture   29

1995). We shall see how this can be of use to solve the traditional problem of relating language and culture.

2. Relating Language and Culture: The traditional approach

Relating the elements of language and those of culture has always been an extremely complicated matter. As exemplified in the famous collection *Language in Culture and Society* (Hymes, ed., 1964), a number of linguists and/or anthropologists (belonging to Duranti's "first paradigm") endeavoured to relate substantive elements of language with substantive elements of culture. Remember also what was said above about the search for substantive linguistic and cultural universals. In approaches of this type, a certain linguistic phenomenon is put in direct relation with a certain cultural phenomenon. As language is usually and traditionally seen in terms of structures – not so much in terms of "activity", at least in the U.S.A. tradition – what is compared is something in culture and one or more linguistic structures or constructions.

For instance, we can take a linguistic feature, such as the (so much discussed) abundance and detail of Navajo grammatical expressions for spatial relations, both in its rich stock of postpositions and in the need to select special verbs whenever movement – real or fictive – is involved (Young & Morgan 1992). And then we try explain this abundance and complexity as a consequence of the cultural importance of space and movement in space for the Navajo. The problem is that no matter how enticing this possible relation may be, there seems to be no way to prove it (Palmer 1996). A usual counterargument is that spatial and geographic relations are also of extreme importance for other American Indian cultures whose languages, however, show nothing approximating the Navajo precision in spatial expression. Proposed correspondences with the type of habitat have thus failed to be confirmed, too.

2.1. The same effect can yield different results

But the effect of the cultural importance of spatial relations can appear in completely different areas and it is possible to find them if we look at languages and cultures in a different way. The Equadorian ethnic and linguistic group of the *Chachi* (whose language is called *Cha'palaachi*)

30   *Enrique Bernárdez*

assign a great importance to space, although their inventory of adpositions is extremely reduced and built on a completely different basis. See for instance,

(1)   *ya-sha*[2]
       house-LOC
       'In/on/at.../from/to (the) house'

(2)   *Quito-bi*
       Quito-LOC
       'In/on/at.../from/to Quito'

(3)   *ya-nu*
       house-LOC
       'In/on/at.../from/to (the) house'

There are no more locative adpositions. In (1), the house is seen as a general, further undefined space; *-bi*, on the other hand (2), identifies a place seen as a non-dimensional point in space, i.e. as a general location more than a real physical extension: in (2), Quito exists more in one's mind that as an immediate physical reality. If you were in Quito or otherwise seeing it "physically", a different postposition should have to be used. Finally, *-nu* marks a limited location (3). This distinction implies that *ya-nu* can frequently be glossed as 'inside the house', as the house becomes the centre of the process or action taking place there. But notice that apart from this tripartite distinction, the Cha'palaachi adpositions do not mark movement to or from, or whether movement or location is involved. Something similar happens in the non-related language, Classical Nahuatl; as Michel Launey (1979: 55) writes: "le nahuatl ne marque pas sur la forme locative s'il s'agit d'un lieu où l'on est, où l'on va, d'où l'on vient, ou par où l'on passe. C'est le verbe qui remplit ce rôle", for instance.

(4)   *ômpa câ*
       's/he is there'

---

2. Cha'palaachi words are written in the official spelling, based on that of Spanish. Only <sh> represents the English consonant thus spelled; all the others have their usual pronunciation in Spanish. The same holds for the vowels.

(5)   *ômpa yâuh*
'she goes there'

(6)   *ômpa huîtz*
'she comes from there'

If we are working in terms of linguistic structures, Cha'palaachi and Nahuatl are at the opposite extreme from Navajo: if we say that the importance of space for Navajo is proved by looking at the number and detail of the spatial distinctions expressed in its adpositions and, in general, its locative expressions, we should have to conclude that the Chachi are not so interested in space, because they only dispose of very few and rather unspecified adpositions.

In other areas of the same languages things may be more easily comparable, though. For instance, in the importance of the form and composition of objects for certain verbal expressions. For instance, Navajo verbs of movement and manipulation have different roots according to the form of the moving objects. Something similar happens in Cha'palaachi. Here things seem rather straightforward and we are relating a cultural phenomenon, viz. the importance of form and composition of objects, with the existence of specialised linguistic forms of expression whenever direct reference is made to the manipulation of such objects. This can lead much farther and in fact this particular point has been the object of a detailed investigation in the framework of the LRH (Lucy 1992; see also Palmer 1996, chapter 6; and Lucy 1997). Lucy set out to ascertain the cognitive differences that might be due to the importance of form in Yucatec Maya and its relative lack of importance in English.

But let's go back to space. Maybe our comparison was not correctly carried out. Maybe we were comparing something extremely general, space and spatial relations, with something extremely limited and concrete: the inventory and use of adpositions and other locative expressions. Things do not get better if we introduce J. Peter Denny's (1979) distinction of *distal* and *proximal* forms of classification in accordance with the type of environment. We could then propose to explain the differences between Navajo and Cha'palaachi in terms of their different habitats: the Navajo live in an extremely open country (Canyons apart), whereas the dense, closed forest where the Chachi live is its extreme opposite. Denny's claims as to the universality of his

32   *Enrique Bernárdez*

proposed distinction have been convincingly criticised by Gary Palmer (1996). In any case, I cannot see how such a distinction can help us in the particular problem of our interest now: the apparently insolvable difference between Cha'palaachi and Navajo in the expression of space and, correspondingly, the difference in the cultural importance of space itself.

3. The place of space in Cha'palaachi and in Chachi culture

Now, is there any reason to assert that space was less important for the Nahuas or the Chachi, as seems to be deducible from the apparent absence of a detailed expression of space relations? A more detailed analysis of Cha´palaachi (Bernárdez in preparation) shows that things are completely otherwise. Yes, the locative markers are indifferent as to the kind of movement or location, but the locative differences are marked in the verb in some very interesting ways; but even more than that, many Cha'palaachi grammatical markers have a clear topological basis. For instance, the suffix *–nu* we saw above as the marker of limited, restricted location is also used as the Object marker in (definite, usually animated) nouns, irrespective of whether we are dealing with the Direct or the Indirect Object:

(7)   *shingbu-nu cata-yu*
      woman-NU saw-I
      'I saw the woman'

(8)   *shingbu-nu lushi cu-nutsu-yu*
      woman-NU money give-FUT-I
      'I will give the woman the money'

The very same suffix is employed to mark what has been called "infinitive" but which is used in constructions where the process or action has a purpose or, in more genral, localistic terms, will be occupying a real or fictive location as its result; en example is the "future" tense, of which (8) is an example; the correct analysis of the form *cunutsuyu*, however, is as follows:

Intimate enemies? On the relations between language and culture 33

(9) *cu-   nu-   tsu-   yu*
     give – NU – action being realised – 1st sg

That is, 'I am carrying out the action of giving which will come to be fulfilled (will come to a rest) in some future time'.

In fact, in a closer analysis, things have to go even farther, as the verbal root *cu-* is itself analysable in spatial terms (Bernárdez, to appear): its initial consonant /k/ points to an action that will result in some benefit to a certain person, or a change in the status, condition, etc., of someone or something. The /u/ vowel, on the other hand, marks the final result, benefit, or location, at some place not occupied by the subject; that is, what appears to us as a simple verbal form is in fact a predication (as is so frequently the case in American Indian languages): 'an action (is carried out) whose final locus is not the same as the speaker's'. As opposed to this, the /a/ form, *ca-* means "to take", that is, "an action whose final locus is the speaker's".

We could paraphrase (8) above thus:

(10) I (**-yu-**) am carrying out (**-tsu-**) an action whose benefit (**k-**) is away from me (**-u-**), and that will come to stay (**-nu-**) at some final point

But this is not enough, because the suffix glossed as 'I', viz. *-yu* is a much trickier marker. Typical of Cha'palaachi and its two sister languages, Tsafi'qui and Awa, as well as a few other, mainly Tibeto-Burman languages, is the existence of a marker for the 1st person and another one for the 2nd and 3rd persons; markers which are moreover shifted – albeit in a fairly complicated way – in questions. If marked as a question, (8) means 'Are *you* going to give the woman some money?'. This interesting feature has been analysed in terms of DeLancey's (1997) category of Mirativity (Dickinson 2000; but see an opposing view in Curnow 2000), and of Austin Hale's (1980) conjunct/disjunct distinction.[3] In general, the whole issue is part of the wider area of the

---

3. Conjunct/disjunct systems "indicate something about the participants involved in an activity ... conjunct [is] used for first person in statements and second person in questions, while disjunct is used for all other persons" (Curnow 2002: 611-612). Hale proposed the distinction in connection with his analysis of Newari, a Tibeto-Burman language.

34   *Enrique Bernárdez*

expression of *evidentiality* (Curnow 1997; Chafe & Nichols eds., 1986).

In fact, as I have shown elsewhere (Bernárdez in print), these Cha'palaachi distinctions ultimately seem to rest on, or be parallel with, the cultural opposition between a *humanised area*, associated with the speaker and the places where people live, and a *non-humanised area*, basically associated with the jungle: both perceptive and cultural-mythological reasons play a role here.[4] On the one hand, the jungle in that area is so thick that, as DeBoer (1996: 3) points out, "except for trails and clearings, ground visibility often approaches zero.[5]" Secondly, the Chachi's migration myth has the following basic structure (see also Vittadello 1988, vol. 2 for one bilingual version):

> (1) The Chachi used to live in a humanised area (Imbabura, in the Andes) – (2) the arrival of foreigners (the Incas, later the Spanish) forces them to abandon their ancestral humanised area – (3) they move to the forest (the non-humanised area) – (4) they have to fight ferocious peoples (the *uyala*) in order to build their own places of habitation: first the ceremonial *pueblos*, then the clearings for the individual houses, *ya* – (5) they live on in their new humanised land, threatened by the invasion of the jungle and its dark spirits (*jeengume*) and by the arrival of the *uyala*.

The opposition between humanised and non-humanised areas is of paramount importance, then, in the mythical/historical thinking of the Chachi, as well as in their language. And in their physical reality and its conceptualisation, too: although the matter has to be studied more deeply, Chachi geography seems organised as follows:

(1) There exists a number of humanised areas: (a) the isolated Chachi houses where extended (but not too large) families live and where most of their daily life – in fact, practically the whole of it – takes place; (b) the familiar cultivated fields, linked to the family's house by one or more trails: the fields last for only three or four years and are then abandoned... and invaded by the forest (they become "non-humanised"); (c) the ceremonial *pueblos* (*peebulu*), used only in the great (Christian) festivals, that have to be cleaned up before use because they have been invaded by the forest;

---

4. A similar separation of humanised and non-humanised areas with various significant linguistic and cultural consequences have been defined in other parts of the world, for instance the Inuit (Collignon 1996). Here, as with the Chachi, the humanised area is the only possible safe place, whereas the non-humanised area is the place of all danger.

5. An observation this author fully shares.

these activities, and the festivals themselves, are the only oportunities in which the Chachi work and live in community, albeit for only a few days three or four times a year; (d) the rivers, that afford the only possibility for long-distance travelling among the houses and to the *pueblos*; the part of the river directly connected to the house is seen as a part of it and it is there that the Chachi usually fish.

(2) There is one non-humanised area: the forest (*jele*) inhabited by monsters and dangerous spirits (the *jeen-gume*, i.e. *jele.n-cume* "ghost of the forest"), always willing to invade and destroy the humanised areas.

(3) The rivers and secondarily also the trails connect the humanised areas (*ya*, *vijpala*, *peebulu*) and also allow access to hunting.

(4) The humanised areas are inhabited by the Chachi, the "real people", whereas the *jele* is inhabited, in addition to the spirits etc., by the *uyala*, "the others" – i.e., those who are not Chachi – their archi-enemies: in the same way that the *jele* threatens to destroy the houses (*ya*), the *uyala* try to destroy the Chachi.

3.1. Cha'palaachi verbal forms and their relations with the humanised vs non-humanised dictinction

Cha'palaachi systematically marks things as being related to the humanised area, associated with the speaker and/or the subject of a clause, and the non-humanised area, associated with the non-speaker or non-subject (hence, maybe, the 1st-non 1st distinction). What is connected to the speaker/subject/humanised area (SA) is marked with a number of verbal affixes which, like for /ka/ above, include the vowel /a/; whatever is not connected with this area (non-SA) is marked with the vowel /u/, as in /ku/, whereas the vowel /e/ seems to be the equivalent of the trails, so to speak: marking something explicitly as a process or action carried out by the subject/speaker, i.e., as something 'going out' from her. The suffix /ke/, correspondingly, is the basic marker of transitivity, thus seen in localistic terms. Depending on the type of action or process, verbal affixes are used with an initial consonant marking that type of action, while the vowel explicitates the relation with the area involved. Apart from a number of phonemically conditioned variations, the organisation is fairly systematic. Tabe 1 shows some examples:

36   *Enrique Bernárdez*

Table 1. Cha'palaachi verbs/verbal prefixes and the speaker/non-speaker controlled areas

cons.root	*a*-form	*e*-form	*u*-form
k general action speakers'a area (SA)	*ka* action affects at SA	*ke* action initiated	*ku* action affects non-SA
l movement along a vertical axis	*la* vertical movement towards SA	*le* action implying verticality, incl. *flying*	*lu* vertical movement towards non-SA
h movement towards a destination	*ha* destination at SA	*hi* movement leaving towards a destination	*hu* SA destination/ final location at non-SA
r fictive movement	*ra* fictive movement towards SA: 'passive of causative'	*re* fictive movement leaving SA: 'causative'	- - - /ru/ not a native phoneme combination

n
non-directed
  movement,
associated with
action of legs
	na
	coming into being
	at SA, 'to be born',
	  being/standing
	at SA
		ne
		move by walking
		at non-SA
			nu
			destination/final
			location

4. From human activity to cognition, culture, and language

But see how far we have got and the way that has been followed. Cha'palaachi does not have the great stock of locative markers typical of Navajo; so it would seem that space is not so significant culturally – and linguistically. If analysed in depth and non atomistically, but in a more holistic manner – that is, not limitting our comparison to the nominal markers of space, for instance – space seems to be of extreme importance in Chachi culture and their language: most of Cha'palaachi grammar, in fact, has to be analysed in spatial terms.

Let's advance a possible explanation for these relations. (1) The geographical setting imposes a number of conditions on both individual and

Intimate enemies? On the relations between language and culture 37

social-cultural activity. (2) These conditions for activity are then conceptualised in a number of ways, including myth. (3) These conceptualisations are then embodied in the individuals – through experience but also through social learning. (4) The situated, distributed, embodied conceptualisation of space is reflected in specific linguistic forms. (5) The specific linguistic techniques used will depend mainly on the internal conditions of the language.

In this way we compare a cultural phenomenon with a linguistic phenomenon at similar levels of generality, instead of trying to relate a low level linguistic fact (the number and type of local adpositions, for instance), with a high level cultural fact (the overall importance of space relations). We avoid at the same time an incorrect, although naively attractive view of language structure as fully motivated, i.e., we allow for a certain degree of arbitrariness in linguistic structure; an arbitrariness which cannot be denied and which is a necessary condition when trying to understand and explain language variation (Croft 1999). At the same time we allow for the sufficient motivation of linguistic structures, a distinguishing feature in cognitive linguistics (as opposed to the exclusiveness of arbitrariness in structural linguistics); a motivation which cannot usually be directly identified in any synchronic stage of a language but which needs a historical study. As Peter Harder (1999) puts it, language – and cognition – are partially autonomous.

4.1. Language, culture, and biology

This brings us to a fact that, although sufficiently well known in linguistics, needs emphasising: the forms of a particular language at a particular point of time are the result of their individual history. This brings language together with the so-called complex phenomena whose present state is always the result of an unpredictable history: the same happens with all the complex objects, especially in the living world – and language and culture are, of course, components of the living world.[6] If it is impossible to explain in full detail and in reference to their motivation

---

6. As against Chomsky and colleagues' view of language as having the properties of an inorganic object. In fact, their definition of the characteristics of language corresponds rather precisely to those of cristals, certainly not of living beings: minimalism together with full optimality and invariance (Hauser, Chomsky & Fitch 2002).

38   *Enrique Bernárdez*

the morphology, anatomy, physiology and behaviour of such a simple being as the peripatus, much less can a complete justification of every linguistic form be expected; or of every cultural phenomenon at whatever level. And even less could one expect to explain the fully justified relation of those linguistic facts which these cultural phenomena. We have to content ourselves with an explanation of a general type. Although, of course, trying to reach as far as possible.

Many of the insatisfactory proposals of relation between language and culture are due, so I think, to the false idea that we have to try and explain minute linguistic facts in terms of general cultural facts, or viceversa, a criticism that coincides with Ratner and Hui's (2003) analysis of the theoretical and methodological problems that frequently plague cross-cultural psychology. What I have just said about language is equally valid for culture. We can propose a simply, universalistic explanation for the cultural feature of limited tool use in chimpanzee groups based on the benefits derived from it: using a stick to fish ants gives its users a definite advantage, as they will be able to eat much more protein-rich ants, with the corresponding benefits, also in terms of their expectances of having a bigger descendence. In the same way we could try explain why some chimpanzees cut off the small twigs of their stick, as the fishing can then be improved. But remaining at this level we cannot explain why some groups use twigs and others don't; why some chimpanzee populations peel off the twigs while others don't. We know that the transmission of that particular cultural phenomenon is at least partly responsible, because a big river can create a barrier separating a twig-peeling group from a non-peeling one. But that is what culture is about. The ultimate reasons, however, necessarily escape us. And chimpanzee cultures are far simpler than even the simplest of human cultures.

4.2. *Situated cognition, and cognition-for-action*

We have also identified the place where cognition (or, better: the human cognitive capabilities) enter the picture: the very conditions for human life in a certain environment affect conceptualisation in ways which could already be relatively well explained – at least for their general principles and mechanisms – with our present knowledge of the matter. From the cerebral system that is probably responsible for interindividual contact,

Intimate enemies? On the relations between language and culture   39

viz. the so-called Mirror Neuron System (Stamenov & Gallese eds., 2002; Kohler et al., 2002; Iacoboni et al., 1999; Rizzolatti & Arbib 1998) to elementary contact as gaze and eye-contact (Bråten 2002; Ferrari et al. 2000), to imitation and to the elaboration of a "theory of the mind" that enables us – apparently only humans – to predict what another person will probably do in a certain situation, to attention-drawing and from there to communication proper, whether linguistic or not (Tomasello 2000a, 2000b, 1999; Tomasello & Rakoczy 2003).

In recent years, much has been learnt on the coordination of activities in groups of collaborating individuals (Alterman & Garland 2000, Clark 1999), a type of process that is also present in animals (Conradt & Roper 2003; Rands et al. 2003; Visscher 2003). And of course, we know much on the wide array of cognitive mechanisms that characterise human thinking as embodied cognition: from entrenchment to blending, metaphoric conceptualisation, etc.

The problem remains of the precise terms in which the social, situated, distributed conceptualisation described above could take place, and the precise terms in which the proposed type of relation between language and culture through cognition is to be seen. There is no place now to enter into the details, which I intend to develop elsewhere (Bernárdez, to appear). I want to point out, however, that a number of tools have been around for quite a long time that could be fruitfully used for our purposes of relating language, culture, and cognition. On the one hand, Wilhelm Wundt's proposals of a *Völkerpsychologie* (Lambrecht 1912 [2002], Lenz 1925) which seeks to operate on the basis of some very general, indeed purpotedly universal, psychological principles: that is, human beings dispose of a number of general cognitive principles and the individual cultures establish preferred forms of common conceptualisation for whatever is endowed with special social, cultural, ethnic significance.

4.3. Bourdieu's notion of the habitus

Wundt's ideas deserve a review in modern cognitivist terms. Much the same can be said of a concept, of much wider occurrence, which tries to draw a bridge between individual cognition and social practice: Pierre Bourdieu's (1980, 1994) notion of the *habitus*, which Alessandro Duranti (1997: 44) defines thus: "*a system of dispositions with historical dimensions through which novices acquire competence by entering*

40   *Enrique Bernárdez*

activities through which they develop a series of expectations about the world and about ways of being in it"[7]. In spite of a number of misreadings of the concept, especially in U.S. social studies, for the most part due to its strong cognitive component (Lizardo 2003), the *habitus*, as a central element of Bourdieu's Theory of Practice, "stresses the inextricable relationship between knowledge and action-in-the-world, past and present conditions. For him, social actors are neither completely the product of external material (e.g. economic or ecological) conditions nor socially conscious intentional subjects whose mental representations are self-sufficient" (Duranti 1997: 44).

The *habitus* is a "mediating concept" (Vinaches 1998) which may enable us to see the individual's cognition, as realised in the practice of language, i.e., *the use of language*, as directly linked to the social preferences, including those preferences regulating the use and usage of the linguistic constructions themselves. On their turn, those linguistic *habitus* are to be understood as the social "appropriation"[8] of forms of practice which were developed by the individuals in their linguistic activity. That is, entrenched and embodied in the individuals through instruction and, in general, social practice (Mounier 2001). This can explain, among many other things, the unreflected and nearly automatic – but potentially conscious, too – character of most linguistic activity and, in the last term, the unconscious character of the linguistic forms and of linguistic usage. The general functioning of such a type of process is well known in the biological and physical sciences (see Bernárdez 1995; Kelso 1995), in terms of self-regulating processes. Bourdieu's notion needs to be more fully developed to enable us to see the relations between language and culture on its light.

---

7.   This is Bourdieu's (1994: 88) own definition: "systèmes de *dispositions* durables et transposables, structures structurées prédisposées à fonctionner comme structures structurantes, c'est-à-dire en tant que principes générateurs et organisateurs de pratiques et de représentations qui peuvent être objectivement adaptées à leur but sans supposer la visée consciente des fins et la maîtrise expresse des opérations nécessaires pour les atteindre, objectivement « réglées » et « régulières » sans être en rien le produit de l'obéissance à des règles et, étant tout cela, collectivement orchestrées sans être le produit de l'action organisatrice d'un chef d'orchestre.

8.   That the habitus is a form of social appropriation is visible in Quist's (2002) intepretation of the habitus as the standard variety of a language, which is then imposed on the rest of the society. This quite attractive approach opens up a very interesting, new view of the concept of the linguistic standard by using the insights developed by Bourdieu himself and his followers. This sociolinguistic interpretation, however, does not invalidate the one advanced here, of much more general, theoretically significant character.

Intimate enemies? On the relations between language and culture   41

References

Alterman, Richard & Andrew Garland
    2000   Convention in joint activity. *Cognitive Science* 25 : 611-657.
Bernárdez, Enrique
    1978 [1973]   Perspectivas de la lingüística antropológica, hoy. In: *Perspectivas de la antropología española*, 321-329. Madrid: Akal.
    1995   *Teoría y epistemología del texto.* Madrid: Cátedra.
    2001   La cognición como enlace del lenguaje y la cultura. Lecture, Universidad de Córdoba.
    2002   Si el lenguaje es comunitario, ¿la cognición es comunitaria? (¿o son los dos individuales?). Lecture, Universitat Pompeu Fabra, Barcelona.
    to appear   *Lenguaje – mente – cultura.* (To be published 2005 by Cátedra, Madrid).
    in preparation Lengua y cultura de los Chachi (Cayapa).
Boyer, Pascal
    1996   Cognitive limits to conceptual relativity: the limiting-case of religious ontologies. In: Gumperz & Levinson (eds.), 203-223.
Bråten, Stein
    2002   Altercentric perception by infants and adults in dialogue: Ego's virtual participation in Alter's complementary act. In: Stamenov & Gallese (eds.), 73-294.
Bourdieu, Pierre
    1980   *Le sens pratique.* Paris: Les Éditions de Minuit.
    1994   *Raisons pratiques. Sur la théorie de l'action.* Paris : Éditions du Seuil.
Chafe, Wallace & Johanna Nichols (eds.)
    1986   *Evidentiality: The linguistic coding of epistemology.* Norwood (NJ): Ablex.
Clark, Andy
    1999   Where brain, body, and world collide. *Journal og Cognitive Systems Research* 1: 5-17.
Cole, Michael, Yrjö Engeström & Olga Vásquez (eds.)
    1997   *Mind, Culture, and Activity.* Cambridge: Cambridge University Press.
Collignon, Béatrice
    1996   Savoirs géographiques inuit, l'exemple des Inuinnait. In: Tersis & Therrien (eds.), 57-74.
Conradt, L. & T.J. Roper
    2003   Group-decision-making in animals. *Nature* 421: 155-158.
Croft, William
    1999   Some contributions of typology to cognitive linguistics and vice versa. In: Janssen & Redeker (eds.), 61-93.
Curnow, Timothy J.
    1997   A grammar of Awa Pit (Cuaiquer): an indigenous language of southwestern Colombia. Unpublished Ph.D. Thesis, Australian National University.

42 Enrique Bernárdez

2000	Why 'First/Non-First Person' is not grammaticalized mirativity". *Proceedings of ALS2k, the 2000 Conference of the Australian Linguistic Society.*
2002	Conjunct/disjunct marking in Awa Pit. *Linguistics* 40(3): 611-627.

DeBoer, Warren R.

1996	*Traces behind the Esmeraldas Shore. Prehistory of the Santiago-Cayapas Region, Ecuador.* Tuscaloosa & London: The University of Alabama Press.

DeLancey, Scott

1997	Mirativity: The grammatical marking of unexpected information. *Linguistic Typology* 1: 33-52.

Denny, J. Peter

1979	The 'Extendedness' variable in classifier semantics: Universal features and cultural variation. In: Madelaine Mathiot (ed.), *Ethnolinguistics: Boas, Sapir, and Whorf revisited*, 97-119. Amsterdam: John Benjamins.

Dickinson, Connie

2000	Mirativity in Tsafiki. *Studies in Language* 24(2): 379-421.

Dryer, Matthew S.

1997	Why statistical universals are better than absolute universals. *Papers from the 33rd annual meeting of the Chicago Linguistic Society.* [//linguistics.buffalo.edu/people/faculty/dryer/dryer/cls97.pdf]

Duranti, Alessandro

1997	*Linguistic Anthropology.* Cambridge: Cambridge University Press.
2003	Language as Culture in U.S. Anthropology. Three Paradigms. *Current Anthropology* 44(3): 323-347.

Ferrari, P.F., E. Kohler, L. Fogassi & V. Gallese

2000	The ability to follow eye gaze and its emergence during development in macaque monkeys. *Proceedings of the National Academy of Sciences USA* 97(25): 13997-14002.

Frawley, William

1997	*Vygotsky and Cognitive Science.* Cambridge MA: Harvard University Press.

Geertz, Clifford

2000	*Available Light.* Princeton (NJ): Princeton University Press.

Goddard, Cliff

2003	Whorf meets Wierzbicka: variation and universals in language and thinking. *Language Sciences* 25: 393-432.

Hale, Austin

1980	Person markers: finite conjunct and disjunct verb forms in Newari. In: Ronald Trail (ed.), *Papers in South-East Asian Linguistics* 7: 95-106. Camberra: Australian National University.

Harder, Peter

1999	Partial Autonomy. Ontology and methodology in cognitive linguistics. In: Janssen & Redeker (eds.), 195-222.

Intimate enemies? On the relations between language and culture 43

2003	The status of linguistic facts: Rethinking the relation between cognition, social institution and utterance from a functional point of view. *Mind & Language* 18(1): 52-76.

Hauser, Marc D., Noam Chomsky & W. Tecumseh Fitch
2002	The Faculty of Language: What is it, who has it, and how did it evolve? *Science* 298: 1569-1579.

Hirose, Naoya
2002	An ecological approach to embodiment and cognition. *Cognitive Systems Research* 3: 289-299.

Hull, David L.
2002	Nurturing a view of human nature (A review of S. Pinker: *The Blank Slate*). *Nature* 419: 251-252.

Hymes, Dell (ed.)
1964	*Language in Culture and Society. A Reader in Linguistics and Anthropology*. New York etc.: Harper & Row.

Iacoboni, Marco, Roger P. Woods, Marcel Brass, Harold Bekkering, John C. Mazziotta & Giacomo Rizzolatti
1999	Cortical mechanisms of human imitation. *Science* 286: 2526-2528.

Janssen, Theo & Gisela Redeker (eds.)
1999	*Cognitive Linguistics: Foundations, Scope, and Methodology*. Berlin: Mouton de Gruyter.

Kelso, J.A. Scott
1995	*Dynamic patterns. The self-organization of brain and behavior*. Cambridge (MA): The MIT Press.

Kohler, Evelyne, Christian Keysers, M. Alessandra Umiltà, Leonardo Fogassi, Vittorio Gallese & Giacomo Rizzolati
2002	Hearing sounds, understanding actions: Action representation in mirror neurons. *Science* 297: 846-848.

Lakoff, George
1987	*Women, Fire, and Dangerous Things*. Chicago: The University of Chicago Press.

Lambrecht, G.
1913 [2002]	La notion de « Völkerpsychologie » d'après les idées de Wundt. *Annales de l'Institut Supérieur de Philosophie* 2 : 132-163. Reprinted in *Psychologie et Histoire* 2002, vol. 3: 116-141.

Launey, Michel
1979	*Introduction à la langue et à la littérature aztèques*. Paris: L'Harmattan.

Lenz, Rodolfo
1925	*La oración y sus partes. Estudios de gramática general y castellana.* 2ª edición. Madrid: Centro de Estudios Históricos.

León, David de
2002	Cognitive task transformations. *Cognitive Systems Research* 3: 349--359.

Levinson, Stephen C.
1996	Language and Space. *Annual Review of Anthopology* 25: 353-382.

44   *Enrique Bernárdez*

Lizardo, Omar A.
    2003   The cognitive origins of Bourdieu's habitus: bringing together culture and cognition. Unpublished ms. [www.home.earthlink.net/~olizardo / bourdieu.pdf].

Lucy, John A.
    1992   *Grammatical categories and cognition. A case study of the linguistic relativity hypothesis.* Cambridge: Cambridge University Press.
    1997   Linguistic Relativity. *Annual Review of Anthropology* 26: 291-312.

Lvóvskaya, Zinaida
    1997   *Problemas actuales de la traducción.* Granada: Granada Lingüística.

Mandelblit, Nili & Oron Zachar
    1998   The notion of Dynamic Unit: Conceptual developments in cognitive science. *Cognitive Science* 22(2) : 229-268.

Mounier, Pierre
    2001   *Pierre Bourdieu, une introduction.* Paris: Pocket/La découverte.

Murdock, George Peter
    1965   The common denominator of cultures. In: *Culture and Society*. Pittsburgh: University of Pittsburgh Press. (Cited in Talmy 2000).

Palmer, Gary B.
    1996   *Toward a Theory of Cultural Linguistics.* Austin: Texas University Press.

Pinker, Steven
    2002   *The Blank Slate: The Modern Denial of Human Nature.* London: Allan Lane/Viking.

Quist, Pia
    2002   Sproglig habitus, symbolsk magt og standardisering. Pierre Bourdieus begreber anvendt på sociolingvistik. *IDUN* 15: 119-130.

Rands, Sean A., Guy Cowlishaw, Richard A. Pettifor, J. Marcus Rowcliffe & Rufus A. Johnstone
    2003   Spontaneous emergence of leaders and followers in foraging pairs. *Nature* 432: 432-434.

Ratner, Carl & Lumei Hui
    2003   Theoretical and methodological problems in cross-cultural psychology. *Journal for the Theory of Social Behaviour* 33(1): 67-94.

Riegler, Alexander
    2002   When is a cognitive system embodied? *Cognitive Systems Research* 3: 339-348.

Rizzolatti, Giacomo & Michael Arbib
    1998   Language within our grasp. *Trends In Neural Sciences* 21(5): 188-194.

Semin, Gün R. & Eliot R. Smith
    2002   Interfaces of social psychology with situated and embodied cognition. *Cognitive Systems Research* 3: 385-396.

Singleton, Akira Suzuku, Sri Suci Utami & Michelle Merrill
    2003   Orangutan cultures and the evolution of material culture. *Science* 299: 102-105.

Intimate enemies? On the relations between language and culture 45

Sinha, Chris
    1999   Grounding, mapping, and acts og meaning. In: Janssen & Redeker (eds.), 223-255.

Sinha, Chris & Kristine Jensen de López
    2000   Language, culture and the embodiment of spatial cognition. *Cognitive Linguistics* 11(1/2): 17-41.

Slobin, Dan
    1990   Learning to think for speaking: Native language, cognition and rhetorical style. In: Aura Bocaz (ed.), *Actas Primer Simposio sobre Cognición, Lenguaje y Cultura: Diálogo Transdisciplinario en Ciencias Cognitivas*, 129-152. Santiago: Universidad de Chile.
    1996   From 'thought and language' to 'thinking for speaking'. In: Gumperz & Levinson (eds.), 70-96.

Stamenov, Maxim I. & Vittorio Gallese (eds.)
    2002   *Mirror neurons and the evolution of brain and language.* Amsterdam: John Benjamins.

Sutherland, William J.
    2003   Parallel extinction risk and global distribution of languages and species. *Nature*. 423: 276-279.

Talmy, Leonard
    2000 [1995]   The Cognitive Culture System. In *Toward a Cognitive Semantics*, Vol. 2: 373-415.

Tersis, Nicole & Michèle Therrien (eds.)
    1996   *La dynamique dans la langue et la culture Inuit.* Paris: Peeters.

Thelen, Esther & Linda B. Smith
    1994   *A dynamic systems approach to the development of cognition and action.* Cambridge (MA): The MIT Press.

Tomasello, Michael
    1999   *The cultural origins of human cognition.* Cambridge (MA): Harvard University Press.
    2000a   Primate cognition: Introduction to the issue. *Cognitive Science* vol. 24(3): 351-361.
    2000b   First steps toward a usage-based theory of language acquisition. *Cognitive Linguistics* 11(1/2): 61-82.

Tomasello, Michael & Hannes Rakoczy
    2003   What makes human cognition unique? From individual to shared to collective intentionality. *Mind and Language* 18(2): 121-147.

Vesey, G. N. A.
    1996   *The embodied mind.* London: Roger Allen & Unwin.

Vinaches, Paul
    1998   L'habitus: concept médiateur. *DEES* 113: 35-37

Visscher, P. Kirk
    2003   Animal behaviour: How self-organization evolves. *Nature* 421: 799-800.

Vittadello, Alberto
    1988   *Chapalaachi. El idioma Cayapa.* Quito: Universidad Católica del Ecuador.

46　*Enrique Bernárdez*

Whiten, Andrew
　2000　　　　　Primate culture and social learning. *Cognitive Science* 24(3): 477-508.
Young, Robert W. & William Morgan, Sr. (with the assistance of Sally Midgette)
　1992　　　　　*Analytical lexicon of Navajo*. Albuquerque: University of New Mexico
　　　　　　　　Press.
Ziemke, Tom
　2002　　　　　Editorial: Introduction to the special issue on situated and embodied
　　　　　　　　cognition. *Cognitive Systems Research* 3: 271-274.

Cultural models of linguistic standardization

Dirk Geeraerts*

Abstract

In line with well-known trends in cultural theory (see Burke, Crowley & Girvin 2000), Cognitive Linguistics has stressed the idea that we think about social reality in terms of models – 'cultural models' or 'folk theories': from Holland and Quinn (1987) over Lakoff (1996) and Palmer (1996) to Dirven, Hawkins and Sandikcioglu (2001) and Dirven, Frank and Ilie (2001), Cognitive linguists have demonstrated how the technical apparatus of Cognitive Linguistics can be used to analyze how our conception of social reality is shaped by underlying patterns of thought. But if language is a social and cultural reality, what are the models that shape our conception of language? Specifically, what are the models that shape our thinking about language as a social phenomenon? What are the paradigms that we use to think about language, not primarily in terms of linguistic structure (as in Reddy 1979), but in terms of linguistic variation: models about the way in which language varieties are distributed over a language community and about the way in which such distribution should be evaluated? In this paper, I will argue that two basic models may be identified: a *rationalist* and a *romantic* one. I will chart the ways in which they interact, describe how they are transformed in the course of time, and explore how the models can be used in the analysis of actual linguistic variation.

Keywords: language variation, standard language, cultural model, Romantic, Enlightenment, postmodern, Dutch

1. Cultural models and language variation

In line with well-known trends in cultural theory (see Burke, Crowley & Girvin 2000), Cognitive Linguistics has stressed the idea that we think

---

* This paper was originally published as: Dirk Geeraerts. 2003. "Cultural models of linguistic standardization". In René Dirven, Roslyn Frank & Martin Pütz (eds.), Cognitive Models in Language and Thought. Ideology, Metaphors and Meanings 25-68. Berlin: Mouton de Gruyter. We thank the publisher and the editors of the original publication for the permission to reprint the article.

48   *Dirk Geeraerts*

about social reality in terms of models – 'cultural models' or 'folk theories': from Holland and Quinn (1987) over Lakoff (1996) and Palmer (1996) to Dirven, Hawkins and Sandikcioglu (2001) and Dirven, Frank and Ilie (2001), Cognitive linguists have demonstrated how the technical apparatus of Cognitive Linguistics can be used to analyze how our conception of social reality is shaped by underlying patterns of thought. But if language is a social and cultural reality, what are the models that shape our conception of language? Specifically, what are the models that shape our thinking about language as a social phenomenon? What are the paradigms that we use to think about language, not primarily in terms of linguistic structure (as in Reddy 1979), but in terms of linguistic variation: models about the way in which language varieties are distributed over a language community and about the way in which such distribution should be evaluated?

In this paper, I will argue that two basic models may be identified: a *rationalist* and a *romantic* one. I will chart the ways in which they interact, describe how they are transformed in the course of time, and explore how the models can be used in the analysis of actual linguistic variation.

There are two preliminary remarks that I should make in order to situate the present paper against a wider background. First, the analysis is a marginal offshoot of a more central interest in empirical methods for studying linguistic variation and change. The work that I have been doing over the last ten years or so with my research group has specifically focused on various aspects of lexical variation and change: diachronic semantics (Geeraerts 1997), the relationship between semantic and lexical variation (Geeraerts, Grondelaers & Bakema 1994), and lexical variation within pluricentric languages such as Dutch (Geeraerts, Grondelaers & Speelman 1999). Within the latter line of research, we have been particularly concerned with the development of quantitative techniques for measuring lexical variation and processes of lexical standardization (see section 4 below).

There are two ways, then, in which the present more or less essayistic paper links up with the more rigorous descriptive and methodological work that is my basic field of interest. For one thing, an investigation into linguistic usage needs to be complemented by an investigation into the way in which the users of the language perceive the actual situation. The cultural models that I will be talking about define, in a sense, basic language attitudes – and an adequate interpretation of language variation should obviously take into account language attitudes along with language behavior.

At the same time, both perspectives (the behavioral and the attitudinal) have links with Cognitive Linguistics. Whereas the attitudinal approach draws inspiration from the Cognitive Linguistic analysis of cultural models and folk theories, the descriptive approach is a further development of the Cognitive Linguistic interest in lexical-semantic variation as represented by prototype theory. Underlying the publications mentioned above is a logical line of development from semasiological prototype theory (Geeraerts 1997) to a model of lexical variation encompassing onomasiological variation (Geeraerts, Grondelaers & Bakema 1994), which then further broadens to the investigation of 'external', sociolectal and dialectal factors of variation (Geeraerts, Grondelaers & Speelman 1999).

As a second preliminary remark, is there a difference between a 'cultural model' and an ideology? It is a common idea in Cognitive Linguistics that the cultural models underlying reasoning and argumentation are to some extent idealized entities (see, for instance, the notion of ICM's or 'Idealized Cognitive Models' as introduced in Lakoff 1987). Actually occurring phenomena and situations usually differ to a smaller or a greater extent from the models that act as cognitive reference points: the models themselves, then, are to some extent abstract, general, perhaps even simplistic, precisely because we use them to make sense of phenomena that are intrinsically more complicated.

With regard to social phenomena, this means that cultural models may turn out to be not just idealized entities, but also ideological ones. Cultural models may be ideologies in two different respects: either when their idealized character is forgotten (when the difference between the abstract model and the actual circumstances is neglected), or when they are used in a prescriptive and normative rather than a descriptive way (when they are used as models of how things should be rather than of how things are). In the latter case, an ideology is basically a guiding line for social action, a shared system of ideas for the interpretation of social reality, regardless of the researcher's evaluation of that perspective. In the former case, an ideology is always to some extent a cover-up, a semblance, a deliberate misrepresentation of the actual situation, and a description of such ideologies will of necessity have to be critical.

The distinction is of course well-known in ideology research, and there is an extensive linguistic literature probing the relationship between language and ideology. There are two basic (and to some extent overlap-

50   *Dirk Geeraerts*

ping) approaches here: on the one hand, all forms of critical discourse analysis, as represented by Van Dijk (1998), Wodak and Meyer (2001), or Blommaert and Bulcaen (1997); and on the other, the 'ideologies of language' approach, as represented by Joseph and Taylor (1990), Woolard, Schieffelin and Kroskrity (1998), and Schiffman (1996). The former approach critically analyzes any text with regard to its position in the social power play – with regard to the way, that is, in which it reproduces or counteracts existing social relations. The latter approach concentrates on how beliefs about language variation and specific linguistic varieties manifest themselves explicitly (as in language policies) or implicitly (as in educational practices), and how they interact with group identity, economic development, social mobility, political organization.

In the following pages, I will not take a critical approach, but rather start from a neutral and descriptive conception of linguistic cultural models. Rather than critically analyzing specific practices and policies as ideological, I will try to explore the underlying structure and the historical development of the competing cultural models that lie at the basis of such practices and policies as well as their critical analysis.

2. The rationalist and the romantic model

In this section, I will present the two basic cultural models that I think need to be distinguished if we want to get a grip on the logic of standardization debates: the rationalist one and the romantic one. I will present them in mutual contrast, showing how they are to a large extent each other's counterpart, and how they are dialectically related. The present section will not however exhaust the comparison between both models. In the next section, the comparison will be further expanded, leading to the identification of two historical transformations of the basic models, in the form of a *nationalist* and a *postmodern* model.

2.1. The rationalist model

So what are the characteristics that are ideally (and perhaps ideologically) attributed to standard languages? The most conspicuous feature is probably the *generality* of standard languages. Standard languages, in contrast with dialects and other restricted languages, are general in three different ways.

Cultural models of linguistic standardization 51

They are *geographically* general, in the sense that they overarch the more restricted areas of application of dialects. Further, they are *socially* general because they constitute a common language that is not the property of a single social group but that is available to all. Finally, they are *thematically* universal in the sense that they are equipped to deal with any semantic domain or any linguistic function. More advanced domains of experience in particular (like science or high culture) fall outside the range of local dialects.

Because of their generality, standard languages have two additional features. First, they are supposed to be a *neutral* medium, with a mediating function, in an almost philosophical sense of 'mediation'. Standard languages, in fact, transcend social differences: they ensure that men and women from all walks of life and from all corners of the nation can communicate freely.

In that sense, they are a medium of *participation and emancipation*. Because of their neutrality and because of their functional generality, standard languages are a key to the world of learning and higher culture: functional domains par excellence for standard language use (or, reversing the perspective, functional domains that cannot be accessed on the basis of dialect knowledge alone). Perhaps even more importantly, standard languages are supposed to contribute to political participation. The possibility of free communication is a feature of a democratic political organization, in the sense of the ideal 'herrschaftsfreie Kommunikation' as described by Jürgen Habermas. If then linguistic standardization contributes to mutual understanding and free communication, it is a factor of political emancipation – just as it is a factor of social emancipation when it contributes to the spreading of culture and education. By contrast, if you believe in the beneficial effects of standardization, dialects are mere relics of an obscurantist social and political system that opposes democracy and emancipation.

In a context of postmodern ideological debunking, such a positive conception of standardization is definitely suspect, but it is crucial for my line of argumentation that at least in the context in which it originated (that of the 18th century Enlightenment), there was a genuine positive appraisal of standardization. To illustrate, let us have a look at some excerpts from reports presented to the revolutionary Convention in France. Barère (1794 [1975]) puts matters as follows.

(1)   Citoyens, la langue d'un peuple libre doit être une et la même pour tous. (1794 [1975] : 297) [Citizens, the language of a free people has to be one and the same for all.]

52   *Dirk Geeraerts*

(2)   Les lumières portées à grands frais aux extrémités de la France s'éteignent en y arrivant, puisque les lois n'y sont pas entendues. (1794 [1975] : 295) [The *lumières*, when they are brought with great difficulty to the remote corners of France, die out when they arrive there, because the laws are not understood.]

(3)   Laisser les citoyens dans l'ignorance de la langue nationale, c'est trahir la patrie; c'est laisser le torrent des lumières empoisonné ou obstrué dans son cours; c'est méconnaître les bienfaits de l'imprimerie, car chaque imprimeur est un instituteur public de langue et de législation. (1794 [1975] : 296-297) [To maintain the citizens in their ignorance of the national language is to betray the country. It permits the torrent of the *lumières* to be poisoned or obstructed in its course. It means disavowing the blessings of the printing press, because all publishers are public teachers of the language and the legislation.]

(4)   Citoyens, les tyrans coalisés on dit: l'ignorance fut toujours notre auxiliaire le plus puissant; maintenons l'ignorance; elle fait les fanatiques, elle multiplie les contre-révolutionnaires; faisons rétrograder les Français vers la barbarie: servons-nous des peuples mal instruits ou de ceux qui parlent un idiome différent de celui de l'instruction publique. (1794 [1975]: 291) [Citizens, the allied tyrants have said: ignorance has always been our most powerful helper. It creates fanatics, it breeds counter-revolutionaries. Let's make sure the French degrade into barbarity: let's take advantage of the badly educated peoples or of those that speak a language that is different from that of public education.]

(5)   Les habitants des campagnes n'entendent que le bas-breton; c'est avec cet instrument barbare de leurs penseés superstitieuses que les prêtres et les intrigants les tiennent sous leur empire, dirigent leurs consciences et empêchent les citoyens de connaître les lois et d'aimer la République. Vos travaux leur sont inconnus, vos efforts pour leur affranchissement sont ignorés. (1794 [1975] : 292-293) [The inhabitants of the countryside speak only the Breton dialect. It is with that instrument of their superstitious way of thinking that the priests and the plotters keep them under their thumb, control their minds, and prevent the citizens from knowing the laws of the Republic. Your works are unknown to them, your efforts to bring them liberty are ignored.]

The characteristics that we have attributed to standard languages (generality and communicative neutrality, emancipatory and participatory effects, opposition to obscurantism) can be easily identified in these fragments. Fragment (1) expresses the generality and uniformity of the standard language. Fragments (2) and (3) stress the emancipatory function of knowledge of the standard: citizens who only know their dialect will not understand the laws of the Republic (the assumption being, of course, that these have a liberating effect), nor will they, more generally speaking, be able to profit from the benefits brought by the printed press. Fragments (4) and (5) associate dialects more directly with counter-revolutionary obscurantism: it is suggested that priests and 'tyrants' deliberately maintain ignorance by preventing the common people from acquiring the standard language.

A similar pattern can be found in the following quotes from Grégoire (1794 [1975]), who actually presents an entire educational project to the Convention to 'abolish the dialects and generalize the use of the French language'. (His notion of 'dialect' actually includes not just the dialects of French, but also the different languages spoken in the territory of France, like German in the Alsace region, Flemish in the northern area, or Breton in Brittany.)

(6)　Mais au moins on peut uniformer le langage d'une grande nation, de manière que tous les citoyens qui la composent puissent sans obstacle se communiquer leurs pensées. Cette entreprise, qui ne fut pleinement exécutée chez aucun peuple, est digne du peuple français, qui centralise toutes les branches de l'organisation sociale et qui doit être jaloux de consacrer au plutôt, dans une République une et indivisible, l'usage unique et invariable de la langue et de la liberté. (1794 [1975] : 302) [But at least one can standardize the language of a great nation, to the extent that all its citizens can mutually communicate their thoughts unhindered. Such an enterprise, which no people has fully achieved as yet, is worthy of the French nation, which centralizes all aspects of the social organization and which must endeavour to endorse as soon as possible, in a Republic that is one and indivisible, the sole and invariable use of language and freedom.]

(7)　'Il y a dans notre langue, disait un royaliste, une hiérarchie de style, parce que les mots sont classés comme les sujets dans une monarchie'. Cet aveu est un trait de lumière pour quiconque réfléchit. En appliquant l'inégalité des styles à celle des conditions, on peut tirer des conséquences qui prouvent l'importance de mon projet dans une démocratie. (1794 [1975] : 316) ['There is in our language, a certain royalist said, a hierarchy of styles, because the words are classified just like the citizens in a monarchy'. This confession constitutes a ray of insight for any thinking person. If we apply the inegality of the styles to the inegality of the conditions under which people live, we may come to conclusions that prove the importance of my project *(of linguistic standardization through an educational language policy)* in a democracy.]

(8) Tous les membres du souverain sont admissibles à toutes les places; il est à désirer que tous puissent successivement les remplir, et retourner à leurs professions agricoles ou mécaniques. Cet état de choses nous présente l'alternative suivante: si ces places sont occupées par des hommes incapables de s'énoncer, d'écrire dans la langue nationale, les droits des citoyens seront-ils bien garantis par des actes dont la rédaction présentera l'impropriété des termes, l'imprécision des idées, en un mot tous les symptômes de l'ignorance? Si au contraire cette ignorance exclut des places, bientôt renaîtra cette aristocratie qui jadis employait le patois pour montrer son affabilité protectrice à ceux qu'on appelait insolemment les petites gens. [...] Ainsi l'ignorance de la langue compromettrait le bonheur social ou détruirait l'égalité. (1794 [1975]: 303) [All members of the sovereign people are eligible for all positions. It is desirable that all may successively fill these positions, and afterwards return to their agricultural or industrial professions. This state of affairs yields the following alternative. If the positions are taken up by men incapable of expressing themselves or of writing in the national language, will the rights of the citizens be safeguarded by laws that are characterized by improper choice of words, by imprecise ideas, in short by all symptoms of ignorance? If on the contrary this ignorance prevents people from taking up office, then soon enough we will witness the rebirth of that aristocracy that once used the dialects to demonstrate its affability with regard to those that it insolently named 'the small people'. [...] Thus, ignorance of the language either compromises social happiness or destroys egality.]

Cultural models of linguistic standardization 55

Fragment (6) points to the communicative generality of the standard language: having a unitary language not only symbolizes the unity of the nation, but it also ensures that the citizens can freely communicate their thoughts. Fragment (7) symbolically links the absence of standardization to the pre-revolutionary situation: the existence of hierarchically ordered varieties within the language mirrors the hierarchical organization of society. Fragment (8) aptly describes the politically emancipatory function of standardization. The egalitarian ideal implies that any citizen can take part in the government of the nation; in fact, the ideal would be that all citizens successively fulfill political functions and then return to their professional environment. However, in order to be able to fulfill these functions, a thorough knowledge of the common language is necessary. People should not be prevented from taking up office by their ignorance of the language. Hence, an educational effort to ensure standardization is necessary: Grégoire is an ardent defender of the 'Ecole publique' as a standardizing force.

In section 3, I will describe the transformations that the rationalist, Enlightenment ideal of standardization goes through in the course of the last two centuries. Even in its transformed shape, however, the positive evaluation of standardization refers to one or another of the features mentioned here: a neutrally mediating communicative function, and an emancipatory and participatory effect, both of these supported by an educational system geared towards the spreading of the standard language.

2.2. The romantic model

The romantic conception of standardization may be easily defined in contrast with the two dominating features of the rationalist model. First, as against the emancipatory and participatory goals of the enlightened view, a romantic view will tend to point out that standard languages are themselves instruments of oppression and exclusion. At this point, of course, the analysis of standardization takes the form of an ideological criticism: it will argue that the enlightened ideals are not often realized, and that, in fact, processes of standardization typically achieve the reverse of what they pretend to aim at. Although the term is not often used, this type of critical discourse boils down to a demonstration that linguistic standardization exemplifies what Horkheimer and Adorno (1947) called

56   *Dirk Geeraerts*

the 'Dialektik der Aufklärung' – the (negative) dialectic of Enlightenment. Horkheimer and Adorno argue that rationalist positions have a tendency to lead to their own dialectical counterpart (in the sense, for instance, in which a growing technical mastery of man over nature may lead to the destruction of the natural world).

Now, if we look back at the three types of generality that standard languages are supposed to characterize, it is easy to see that the actual realization of the ideal may tend to contradict the ideal – which is then a case in point of the 'Dialektik der Aufklärung'.

First, standard languages are supposed to be geographically neutral, but in actual practice, processes of standardization often have their starting-point in a specific region that is economically, culturally, and/or politically dominant. For people in the other, outer provinces, then, the standard language is not an impartial medium, but it rather affirms the dominance of the leading province. Standard French, for instance, is not just an unbiased language coming out of the blue; it is the language of the upper and the middle classes of Paris and the Ile-de-France, and it is associated with the role that the central province has played since the medieval era.

Second, standard languages are supposed to be functionally general, but in actual practice, they are typically used in cultural, educational, scientific, administrative, and political contexts – at least in those circumstances in which a language community is not entirely standardized. Non-standard varieties may then naturally acquire additional, contrastive overtones. For one thing, if the standard language is the language of public life, the non-standard varieties will be appreciated as the language associated with intimacy, familiarity, the personal rather than the public sphere. For another, if the standard language functions in typically intellectual contexts (education and science), non-standard varieties will be invested with emotional values. For speakers of a dialect, the dialect is often the language of the emotions, of spontaneity, of naturalness, in contrast with the official and educational language. Ironically, the functional generality of standard languages engenders a functional specialization, separating the public sphere from the personal, and the emotional sphere from the intellectual.

Third, standard languages are supposed to be socially neutral, but in actual practice, they are typically the language of an elite. The link between an economical, cultural, or political elite and the standard language is in fact an inevitable side-effect of the functional generality of standard languages. If standard languages are typically used in cultural, educational, scientific, administrative, and political contexts, then those speakers of the language that act in these contexts will more easily learn the standard language or adopt it as their first language than speakers who remain foreign to these functions. The outsiders may then perceive the greater linguistic proficiency of the elite as a factor contributing to social exclusion. In Grégoire's view, knowledge of the standard language contributes to social mobility, but conversely, the real social distribution of standard language functions may turn the standard language into an instrument of discrimination.

We can see, in other words, how the alleged generality of standard languages actually takes the form of a series of specializations. The process of standardization takes its starting-point in the language of specific regions, specific groups of speakers, specific domains and functions, and this largely inevitable fact may subvert the very ideal that standardization was supposed to serve. When that happens, the original ideal may be critically unmasked as an ideological pretence.

Needless to say, this dialectical reversal may also affect the educational system. If the standard language is recognized as an instrument of oppression, discrimination, social exclusion, the educational system will likewise be rejected as contributing to such processes of social exclusion. Rather than seeing the school as an institution that spreads knowledge of the common language (and knowledge in general), creating possibilities for social mobility, it will then be pointed out that the educational system, relying on perhaps more than contributing to the knowledge of the language, favors those language users whose background makes them more familiar with the standard language, and thus reproduces rather than neutralizes social inequality.

But why call this critical reversal of the appreciation of the standard language a 'romantic' model? Why not simply call it a 'realistic' or a 'critical' or an 'anti-ideological' one? The reason is that this critical stance is often (though not necessarily always) accompanied by a second feature, that may be contrasted with the second characteristic of the rationalist model. That is to say, we have just seen how a critical approach questions the emancipatory, participatory conception of the Enlightenment model. But what about the second feature? What about the communicative aspects of the rationalist model?

We get a truly 'romantic' model of language variation when the critical attitude towards official standards is coupled with a view of language

58   *Dirk Geeraerts*

as *expression* rather than *communication*. According to the Enlightenment perspective, languages are means of communication, and a standard language is a superior communicative tool because it is functionally general and socially neutral.

According to a romantic perspective, languages are primarily expressive rather than communicative. They express an identity, and they do so because they embody a particular conception of the world, a world view or 'Weltanschauung' in the sense of Herder. The link between this well-known romantic conception of the relationship between language and thought and the standardization debate will be clear. If languages or language varieties embody a specific identity, then a preference for one language or language variety rather than another implies that the specific identity of a specific group of people is neglected or denied. Not recognizing the language is not recognizing the language users. If some language varieties are relegated to second rate status through the existence of a standard variety, then the speakers of those language varieties are denied a fundamental right: the right to express themselves in their own language – the only language, in fact, that could do justice to their individual identity, according to the romantic conception of the relationship between language and identity.

A correlate of this position is the positive evaluation of variety. Whereas the rationalist approach cherished linguistic uniformity as the symbolic expression of a free and open community in which all citizens have equal rights to speech, the romantic approach values diversity as a recognition of a fundamental respect for different identities.

In short, a fully romantic view of language variation and linguistic standardization opposes the Enlightenment view of language as communication with a view of language as the expression of an individual identity. It opposes the emancipatory and participatory rationalist ideal with a critical view of standardization as a tool of discrimination and exclusion, and it opposes the positive appreciation of education as an instrument for the dissemination of linguistic knowledge with a fundamental distrust of schools as part of a system reproducing social inequality.

In order to illustrate this model, I will not (as I did in the case of the rationalist model) use an historical example, but I would like to have a brief look at the current debate about linguistic genocide and the international position of English. In that interlinguistic form of variation, English replaces the standard language of intralinguistic variation, and minority languages threatened with disappearance replace the non-standard varie-

Cultural models of linguistic standardization   59

ties. All the objections that a romantic approach would level against a dominating standard variety, could then be applied against the international domination of English. Consider, as an example, the following excerpts from an abstract of Skutnabb-Kangas (2000) (The abstract, by the author herself, may be found on the author's homepage).

(9)   Indigenous peoples and minorities are the main bearers of linguistic and cultural diversity in the world – over 80% of the world's languages exist in one country only and the median language has no more than 5,000 speakers. Some of the direct main agents of linguistic (and cultural) genocide today are parts of what we call the consciousness industry: formal educational systems and the mass media. [...] The book shows that the education of most minorities and indigenous peoples in the world is organized in ways which both counteract sound scientific principles and lead to the disappearance of linguistic and cultural diversity. [...] Schools are every day committing linguistic genocide. [...] They also do it by forcibly moving children from one group (indigenous or minority) to another group (the dominant group) through linguistic and cultural forced assimilation in schools. [...] This inevitably includes a consideration of power relations. The book shows how the formal educational systems participate in maintaining and reproducing unequal power relations, here especially between linguistic minorities and others, but also more generally, and how the ways of doing this have changed and are constantly changing, and how control and domination are resisted and alternatives are constantly created and negotiated, managed and controlled, and recreated. The deficiency-based models that are used in most minority education invalidate the linguistic and cultural capital of minority children and their parents and communities. They make the resources of dominated groups seem handicaps or deficiencies, instead of valued and validated non-material resources, or Mcdonaldization of the world as it happens in ESL classrooms.

Regardless of whether Skutnabb-Kangas is right or not (see Joseph *forthcoming* for a critical reaction), the components of the romantic approach are conspicuously present in her statement. First, the disappearance of languages and the disappearance of cultures are equated. The very notion of 'linguistic genocide' in fact invokes the extermination of an

60   *Dirk Geeraerts*

entire people (or at least culture) together with its language. As opposed
to this process of forced assimilation and disappearance, different cultures have to be accepted as fundamentally equal, and diversity should be
treasured as an end in itself. Second, the international dissemination of
English does not lead to emancipation and participation, but rather serves
purposes of international oppression, notably by multinational companies.
And third, the text has explicit misgivings about the role schools play in
this linguistic and cultural power play.

2.3.   *The rationalist and the romantic model and the origins of lan-*
    guage

In the previous pages, I have not only sketched the rationalist and the
romantic model of standardization, but I have also indicated that they
exhibit a specific and narrow relationship. Not only is one the counterpart
of the other, but there is a dialectical relationship between the two, in the
sense that actual processes of standardization seem to be caught in a
negative 'dialectic of Enlightenment' in the course of which the positive
rationalist ideals tend to be subverted, thus giving way to a romantic,
critical appreciation of the standardization process. This dialectical relationship, which is summarized in Figure 1, does not however exhaust the
links that exist between the two basic conceptions.

	the rationalist model	the romantic model
linguistic-philosophical basis	language as a medium of communication	language as a medium of expression
conception of standardi-zation	a democratic ideal: stan-dard language as a neutral medium of social partici-pation	anti-ideological criticism: standard language as a me-dium of social exclusion
conception of language variation	language variation as an impediment to emancipa-tion	language variation as expressing different identities

Figure 1. The rationalist and the romantic models of standardization

Cultural models of linguistic standardization   61

In this section, I will have a brief look at the theoretical linguistic background of the basic models: is there a specific conception of language that goes hand in hand with either of the perspectives? I will argue that 18th century theories about the origins of language complement the picture painted so far. It was suggested above that the romantic and the rationalist approach differ in their theoretical conception of language: the former starts from an expressive conception of language and the latter takes its starting-point in a communicative conception. The distinction between both perspectives can get more relief if we have a brief look at some of the theories on the origins of language that were formulated in the 18th century – in the period, that is, in which we situate the intellectual sources of the rationalist and the romantic conception of language variation. The expressive conception of the origins of language may be illustrated on the basis of Herder's views, while Condillac may serve as an illustration of the communicative view.

Herder's conception of language as the expression of an inner view of the world shapes the way in which he describes the birth of language: language arises when man expresses his understanding of the world. In the following passage, Herder explains how man, in giving names to the animals (in this case, a sheep) identifies and expresses a specific feature (in this case, the sheep's bleating).

(10)   Weiss, sanft, wollicht – seine besonnen sich übende Seele sucht ein Merkmal, – das Schaaf blöcket! sie hat Merkmal gefunden. Der innere Sinn würket. Dies Blöcken, das ihr am stärksten Eindruck macht, das sich von allen andern Eigenschaften des Beschauens und Betastens losriss, hervorsprang, am tiefsten eindrang, bleibt ihr. Das Schaaf kommt wieder. Weiss, sanft, wollicht – sie sieht, tastet, besinnet sich, sucht Merkmal – es blöckt, und nun erkennet sies wieder! 'Ha! du bist das Blöckende!' fühlt sie innerlich, sie hat es Menschlich erkannt, da sies deutlich, das ist, mit einem Merkmal, erkennet und nennet (1772 [1978]: 33) [White, soft, woolly – its cautiously exercizing soul looks for a characteristic feature. The sheep bleats! It has found a feature. The inner sense is working. This bleating, which impresses it to the utmost, which detaches itself from all other visual or tactile features, which springs forth, which makes an impression, stays with it. The sheep comes back. White, soft, woolly – the soul sees, feels, reflects – the sheep bleats, and now it recognizes it! 'Ha! You are the bleat-

62   *Dirk Geeraerts*

ing one', it feels within itself, it has recognized it in human fashion, because it has recognized and named the sheep clearly, that is, by means of a characteristic feature.]

Herder's story may be contrasted with Condillac's view about the origins of language. Whereas Herder looks for the origins of language in a cognitive, epistemological urge to identify things (and more specifically, to identify them in a specific way that reflects man's understanding of the things in question), Condillac points to a communicative situation. In his story about two children, he describes how a cry for help by one is recognized by the other, and is gradually conventionalized as a specific sign.

(11)   Celui qui souffroit parce qu'il étoit privé d'un objet que ses passions lui rendoient nécessaire, ne s'en tenoit pas à pousser des cris: il faisoit des efforts pout l'obtenir, il agitoit sa tête, ses bras, et toutes les parties de son corps. L'autre, ému à ce spectacle, fixoit les yeux sur le même objet; et [...] il souffroit de voir souffrir ce misérable. Dès ce moment il se sent intéressé à le soulager, et il obéit à cette impression, autant qu'il est en son pouvoir. Ainsi, par le seul instinct, ces hommes se demandoient et se prêtoient de secours [...]. Cependant les mêmes circonstances ne purent se répéter souvent, qu'ils n'accoutumassent enfin à attacher aux cris des passions et aux différentes actions du corps, des perceptions qui y étoient exprimées d'une manière si sensibles (1746 [1973]: 194-195). [A person who suffered from being deprived of an object that his passions made necessary for him, did not restrict himself to shouting: he made an effort to obtain it, shook his head and arms and body parts. The other person, moved by this spectacle, fixed his gaze on the same object, and suffered from seeing the miserable other person suffer. From this moment on, he grows interested in coming to his relief, and he obeys this sentiment to the best of his powers. In this way, by instinct alone, men mutually ask and give help. [...] But such events could not repeat themselves often before people got used to attaching to the passionate cries and bodily actions the views that they expressed so tangibly.]

The difference between Herder and Condillac correlates with a difference in their view of the relationship between language and culture. Unlike Condillac, Herder does not think it possible to explain the origins of human language from instinctive emotional cries. Understanding needs to

Cultural models of linguistic standardization 63

be present before human, conscious language can arise. In Condillac's account understanding or "réflection" takes shape gradually, through the use of signs in a communicative situation. For Herder, the birth of language presupposes the existence of a human culture, a culture that is being expressed in the language. From Condillac's point of view, human culture develops from instinctive beginnings through the use of signs and the development of language. (Compare Sapir 1907 for a more elaborated view.)

If it is indeed correct that the intellectual origins of our cultural models of linguistic standardization have to be sought in the 18th century, quotations (10) and (11) suggest that there was a link with the linguistic theorizing of that period. This recognition opens the way towards the broader historical study of the relationship between theories in linguistics and the philosophy of language on the one hand, and language policies on the other. To what extent have theories about the origin, nature, structure of language influenced the way in which people (and governments) have thought about matters of language variation and linguistic standardization? The existing literature offers many points of departure but mostly concentrates on standardization processes and language policies within a single language or nation. One interesting way to use the cultural models identified above, could be to see whether they can be used as the basis for a more synthetic view of these historical links between linguistic theory and standardization.

3. The historical transformation of the models

The present section will have a look at various distinctive moments in the development of the competing models, in particular charting the transformations that they go through in the 19th and the 20th centuries. First, I will argue that the nationalist model of standardization that rose to prominence in the 19th century constitutes a specific blend of the rationalist and the romantic model. Further, I will have a look at the way in which our contemporary postmodern awareness influences the competition between the rationalist and the romantic model. It is an interesting question, by the way, whether the models ever occur in their purest form. Even in the examples from the French revolutionary period, a link with patriotic nationalism is present. If this is indeed the case, the models presented in the previous section are to be seen as analytic reference points, as 'idealized cognitive models' in the sense of Cognitive Linguistics.

64   *Dirk Geeraerts*

3.1. The 19th century and the nationalist model

Both the rationalist and the romantic model have a problem with the level at which they should be situated. If the rationalist model is carried to its extreme, it implies the necessity of a universal, international language. If the driving force behind standardization is maximizing mutual communication, then a universal language that transcends all existing language variation is to be recommended: the neutralization of interlinguistic variation complements the neutralization of intralinguistic standardization. And of course, the ideal of a universal, ideal language (Esperanto, Volapük and the like) is precisely the historical realization of this consequent interpretation of the rationalist approach.

In actual practice, however, Esperantist movements and the like remained marginal. The real level at which standardization processes took place, lay at a lower level – that of the nation. Starting from the Enlightenment model, there is a simple logic to this (which can, in fact, be identified in the quotations from Barère and Grégoire that we discussed): if standardization aims at democratic, political participation, then obviously the nation, as the ideal form of political organization, becomes the locus of standardization processes and the educational efforts supporting them. In itself, then, a link between nationalism and the rationalist view of standardization cannot come as a surprise. Linguistic standardization is primarily standardization within a nation, because it is within the nation that the processes of political decision making take place that linguistic standardization is supposed to contribute to.A terminological clarification may be useful at this point. 'Nationalism' is the political ideology in which a state, as a political organization, derives its political legitimacy from its people, rather than from tradition, divine right, or the like. A state that lives up to this requirement is a nation. Nationalism, in other words, claims that any state should be a nation. The nationalist relationship between the people and the state may be conceived of in two different ways: according to a distinction that is customary in the literature on nationalism, we may make a distinction between civic nationalism and identity nationalism. On the one hand, *civic nationalism* is the conception of nationalism in which the nation derives its legitimacy from the active participation of its citizens, through a system of political representation. This is the liberal, rationalist conception of nationalism. On the other hand, *identity nationalism* is the conception of nationalism in which the nation derives its political legitimacy from the cultural identity of the people. This is the romantic conception of nationalism.

Cultural models of linguistic standardization 65

'Nationalism' also refers to the claim and the efforts of a particular group to become a nation. Existing states are not necessarily nations according to the nationalist view: either because they do not achieve democratic legitimacy (the liberal point of view), or because they do not recognize the cultural identity of certain groups (the romantic point of view). Historically speaking, then, 'nationalist movements' may be either movements trying to establish a liberal democracy, or movements claiming independence for a specific group or region. (In contemporary usage, though, the focus tends to lie more on the latter type.)

The link between nationalism and language that we described above clearly involves the liberal, rationalist version of nationalism: if the nation derives its legitimacy from the active participation of its citizens, then maximizing mutual communication through standardization is an instrument of participation. But if we turn to identity nationalism, nationalism has a similar, and maybe even stronger link with a romantic conception of language. Whereas the rationalist perspective contains a tendency towards universality, the romantic perspective has a tendency towards individuality. If carried to its extreme, the romantic conception of language variation implies that each person may have his or her own language. Just like the rationalist perspective tends to maximize communicability, the romantic perspective tends to maximize individual variation. Again, in actual practice, this is an extreme position that can hardly be realized as such. Except perhaps in the romantic admiration for the 'individual voice of the poet' and the like, the romantic conception deals with the language of groups rather than with the language of individuals. The identity that is expressed by the language is the identity of a community, and the community is a nation when it acquires political autonomy. Hence the well-known romantic link between nationalism and language: see, among many others, Deprez and Vos (1998). On the one hand, language correlates with identity according to the romantic model, and on the other, nations may derive their legitimacy from the cultural identity of the people (which is not to say that all nationalism is linguistic nationalism: as is well known, the sense of identity may come from many other sources, like religion or ethnicity).

From two different angles, then, nationalism links up with language, and this recognition may be linked to the distinction between two basic types of nationalism that is often made in political theory. On the one hand, *civic nationalism* is the conception of nationalism in which the nation derives its legitimacy from the active participation of its citizens, through a system of political representation. In such a liberal, rationalist

66   *Dirk Geeraerts*

conception, the common language is the medium of participation. On the other hand, *identity nationalism* is the conception of nationalism in which the nation derives its political legitimacy from the cultural identity of the people, and language is one of the factors establishing such identity.

The actual alliance between both forms of reasoning may be briefly illustrated by the following quotes from Verlooy (1788). A Dutch-speaking lawyer in Brussels, which was then under Austrian rule, Verlooy argues against the growing use of French in public life and in favor of the use of the native Dutch tongue. In 1789, Verlooy played a role in the 'Brabantse Omwenteling', an (ineffective) insurrection against the Austrians. His pamphlet of 1788 may be read as the intellectual basis of his nationalist stance of the next year. But what is the role attributed to language in Verlooy's nationalism?

(11)   Het is zonder twyffel een goed voor eenigelyk wel ter tael en ter spraek te zyn, en zyne redens vaerdig en onbelemmert te voeren. Doch hier toe is een' zekere frankheyd noodig. Maer, gelyk by ons gezien en geplogen is, wanneer zullen wy frank zyn in die vremde tael? (1788 [1979]: 58) [Without any doubt, it is good for any person to be able to speak fluently, and to engage in conversation freely. But to achieve this a certain candour is necessary. However, as can be observed in our case, when will we obtain such candour in this foreign language?]

(12)   Door ons frans schynen wy van die middelbare geleertheyd en borgerlyke wysheyd af geheel het gemeyn, onze bestgemoedde en weetgirige borgers, ambachtslieden, akkermans, en onze vrouwen: die 't frans teenemael niet, of ten minsten zoo verre niet en weten, dat-ze 't met vermaek of zonder moyelykheid konnen lezen: die daer door als als gedoemt schynen tot een' gezogte onwetendheyd. (1788 [1979]: 49) [By speaking French, we separate from this common knowledge and this civic wisdom all the common people, our well-humoured and inquisitive townsmen, craftsmen, farmers, and our women: who do not know French, or at least not well enough to read it easily and efficiently, and who therefore seem to be condemned to ignorance.]

(13)   Voor het vaderlanderschap eener natie is zeer dienstig zoo veel eygen en bezonder te hebben als mogelyk is (...) en zelfs hoe meer een' zaek uytwendigs heeft, gelyk de tael, dragten, toneelen, godsdienst, zeker plechten; hoe meer zy de gemoederen van 't volk zal aentrekken. [...] Waerom werken wy dan om zoo bekwamen

Cultural models of linguistic standardization 67

band van vaderlanderschap, de moederlyke tael, te bannen? (1788 [1979]: 59-60) [For a feeling of national identity within a nation, it is useful to have as many common and specific features as possible, and these features will more readily attract the hearts of the people to the extent that they can be externally observed, like the language, the attire, the theater and the public entertainments, the religion. Why then do we endeavour to discard our mother tongue, which constitutes such a strong tie of patriotism?]

Quotation (12) emphasizes the individual and emancipatory perspective: it is important for people to be able to express themselves freely, and this can only be guaranteed in their mother tongue. In the same vein, quotation (13) stresses the importance of a common language for an open communication within a given society and for the dissemination of knowledge: the further use of French would engender an undesirable rupture between the middle classes and the lower classes. By contrast, quotation (14) stresses the importance of a common identity for nation-building. Both rationalist and romantic themes, in other words, may appear in the discourse of proponents of nationalist movements.

With the development of the national movements in the 19th century, though, the nationalist emphasis tended to fall more and more on the romantic notion of national identity. Minorities aspiring towards independence naively assume or explicitly construct an identity, and nation states may blatantly enforce a common identity, linguistic or otherwise. These processes are well known from the nationalism literature (in the line of Hobsbawm, Anderson, Gellner, Smith). For our present linguistic purposes, the crucial point is to see that this romantic nationalism reveals the paradoxes of the romantic cultural model that we identified above. The transition from the romantic model as described earlier to the nationalist model constitutes so to speak a 'Dialektik der Romantik' that parallels the 'Dialektik der Aufklärung', i.e. an almost natural process through which the original romantic model becomes subverted and contradicts and least some of its own starting-points.

The paradox of the romantically inspired nationalist model, in fact, is this. On the one hand, it claims recognition of diversity, equal rights, political independence for one (linguistic) group with regard to other groups. On the other, it has to assume an internal homogeneity within that group, for the simple reason that within the romantic logic, it is the identity of the group that legitimizes the claim for recognition. And so, the identity may have to be imposed or constructed, and dissident voices within the group may have to be stifled.

68   *Dirk Geeraerts*

The romantic model, then, is no less prone to contradictory developments than the rationalist one. In the linguistic debate, the specific form of the romantically nationalist position is a concern for the *purity* of the language. Defending the common language against foreign influences (loan words, basically) is at the same time a defense of the cultural identity of the people. In the nationalist subversion of the initial romantic model identities are not only expressed, but they are also made permanent. Again, the link between purism and nationalism is well-known, and there is an extended literature on purism. What I would like to stress, in this respect, is less the phenomenon as such, but rather how it fits into the overall pattern that defines the paradoxical logic of the rationalist and the romantic model of language variation.

This paradoxical logic, to sum up, resides in the following points. First, although the basic models are opposites, they find a common ground in the notion of nationalism. Because the rationalist model cannot easily realize its extreme universalist claims, and because the romantic model cannot easily realize its radical individualist claims, both models meet on a middle ground where groups of people claim political identity and independence. Second, this coalescence of the models does not annihilate the tensions that exist between them: the history of the past two centuries brims with examples of conflicts between a more rationalist *Staatsnationalismus* (civic nationalism at the level of the nation-state) and a more romantic *Volksnationalismus* (ethnic or cultural identity nationalism). Third, in addition to the tensions between the models, we have to take into account tensions within each model: the rationalist model is subject to the danger of a discriminatory 'Dialektik der Aufklärung', and the romantic assumption of internal homogeneity may likewise have oppressive side-effects.

3.2. The 20th century and the postmodern awareness

Living as we do in the aftermath of the nationalist era, we should complete our overview of the historical transformations of the cultural models of language variation by charting what changes are brought to the debate by our post-nationalist environment. The current situation can best be characterized by two overlapping developments: globalisation and postmodernism.

Globalisation is economic and political (to the extent that the growing importance of international organisations diminishes the older importance

Cultural models of linguistic standardization 69

of the nation state). But it is also linguistic: the international spread of English almost realizes the old rationalist's dream of a universal language.

The *postmodern awareness*, on the other hand, resides in two features. First, the so-called 'disappearance of the Great Narratives' signals a weakening of the older patterns of interpretation. There is a great deal of suspicion with regard to the rationalist model of a smooth, emancipatory progress as well as (and perhaps more dominantly so) with regard to the nationalist model. Postmodern thinking is the self-consciousness of the late 20th century: progress is not automatic, and nationalism is dangerous.

This critical attitude entails a second feature: if the old models are no longer self-evident, a dehierarchicalization and informalization occurs. If, for instance, the original hierarchical ordering of high culture and low culture is rejected as part of the old models of interpretation, then popular culture may claim equal rights with regard to high culture.

These two features imply that postmodernism is to a large extent a renewed form of the original romantic attitude: it renews the critical, 'countercultural' attitude with regard to the official stories, and it revives the claims for diversity.

The interesting question from our point of view is whether these changes lead to a fundamental transformation of the cultural models that are used to discuss language variation. Basically, there is a growing emphasis on the international relationship between languages rather than the national relationship between language varieties. The initial models of standardization are essentially models of standard languages in comparison with dialects or other varieties of the same language. In the nationalist era, the debate sometimes involves national languages as opposed to minority languages, but it is only in our days that the debate concentrates on the international relationship between different languages, viz. the relationship between English as a world language in comparison with local, possibly endangered languages.

Now, to the extent that the position of global English is at stake, the old opposition between rationalist and romantic attitudes receives a new impetus. I have shown above how Skutnabb-Kangas's argumentation about the treatment of minority languages is largely situated within what I would call a 'romantic' frame. At the same time, it is not difficult to see what form the basic pattern of a rationalist reply with regard to the position taken by Skutnabb-Kangas would probably take.

First, against the identification of language and culture, the rationalist could point to cases where the same language is unproblematically shared

70   *Dirk Geeraerts*

by different cultures, or conversely, where the same culture unites people with different languages.

Second, against the allegation that the international dissemination of English is discriminatory, the rationalist might want to stress the actual emancipatory effects of a knowledge of English. If English is indeed the key to international communication (and if, indeed, acquiring English is possible for all), then it can only be welcomed that more and more people are able to participate in that kind of communication.

At the same time, though, the contemporary discussions seem to lead to the development of a model based on a functional differentiation between the varieties involved – an 'and/and'-model rather than an 'either/or'-model, so to speak. In the discussion about the international situation in particular, there is a growing recognition that *multilingualism* is a natural situation. Interestingly, the shift towards multilingualism as a (so to speak) dialectic synthesis of the opposite forces may be derived from the rationalist as well as from the romantic model. In the previous section, we saw that the shift towards nationalism fitted into the logic of both basic models, if account was taken of the 'problem of levels'. At this point, we can see in a similar way that a new focus on multilingualism fits in with both models.

On the one hand, a multilingual solution seems to presuppose some form of functional distribution: one language is used for a specific set of circumstances, and the other for another set of circumstances. Such a diglossic or polyglossic situational specialization is not incompatible with the original rationalist model. After all, the rationalist model is motivated by a desire to assure maximal democratic participation in what are sometimes called 'secondary domains' of social life: specific, public domains of experience, to begin with higher education and political life. For the 'primary domains', beginning with the more private aspects of life, the existence of less uniform, more local language varieties does not fundamentally contradict the ideological basis of the model.

On the other hand, the postmodern twist of the romantic model entails a new attitude towards the question of personal identity. It is often said, in fact, that one of the hallmarks of the postmodern mentality is the fragmentation of identity. People no longer experience a single personal identity, but they exhibit a number of different, possibly shifting identities, of a professional, social, ethnic, cultural nature. Different languages may then, following the original 'expressive' logic of the romantic attitude, express this fragmentation (or perhaps rather multiplication) of identities.

Cultural models of linguistic standardization 71

Although multilingualism would thus appear to provide a possible synthesis of the initial models, the multilingual solution does not, however, completely remove the tensions. Just like the nationalist convergence of the models in the 19th century engendered a tension between nation states and minorities, the multilingual convergence entails tensions about the exact functional and situational distribution of the language varieties. A simple case in point is the current reform of higher education in Europe. The imposition of a uniform Bachelor/Master system is intended, among other things, to stimulate student mobility, and this in turn increases the pressure to introduce English as a language of instruction at least at the Master level. But many, of course, are reluctant to accept such a functional restriction on the original national language.

Likewise, internal tensions within each model continue to crop up. For instance, those welcoming international English as an opportunity for all to participate equally in a global culture may easily be blind to the fact that access to English is not equal for all. And the champions of linguistic diversity may readily overlook the fact that the people they purport to defend often prefer the educational and professional opportunities provided by the non-native language (as appears to be the case, for instance, in most African countries that are ex-colonies of Britain).

All in all, then, we may sum up the present situation in a way that largely parallels the summary at the end of section 3.2. On the one hand, just like nationalism allowed for a coalescence between the rationalist and the romantic model, multilingualism may constitute a point of convergence for the post-nationalist manifestations of the models. On the other, just like nationalism did not abolish the basic tension between the models nor the internal tensions within the models, a multilingual model does not cancel out the tension between rationalistically seeing global English as a communicative and educational opportunity and romantically seeing it as a threat to diversity and local identity. At the same time, though, we should keep in mind that the multilingual model is only beginning to emerge, and that the positions in the current debate have not yet crystallized as much as they have in the older nationalism debate.

3.3. Summarizing the models and their transformations

We can now identify the pattern that emerges from the discussion in the previous pages. Referring to the philosophical and cultural climate of the

72   *Dirk Geeraerts*

18th century, we have distinguished between a rationalist and a romantic basic model of linguistic standardization. Starting from a communicative conception of language, the former stresses the emancipatory function of a common language as an instrument of political and educational participation. Starting, on the other hand, from an expressive conception of language, the romantic model stresses how the imposition of a standard language may discriminate specific cultural identities. There is, then, a tension between the models to the extent that they are each other's counterpart. That tension is enhanced by the 'Dialektik der Aufklärung', the mechanism, through which the implementation of the rationalist ideals may generate its own opposite.

In the successive transformations that the models undergo in the 19th and the 20th centuries, we have not only identified variants of the two models as such, but we have also indicated how the tension that exists between them reappears in different forms. Figure 2 charts the various positions.

	18th century: the basic models	19th century: the nationalist transformation of the models	late 20th century: the postmodern transformation of the models
the rationalist position	the common language as an instrument of political and educational participation	the nation as the basis of a liberal democracy	global English as an opportunity / multilingualism as functional specialization
the romantic position	the standard language as a discrimination of specific identities	the nation as a focus of cultural or ethnic identity	global English as a threat / multilingualism as the expression of fragmented, postmodern identities
the tension between both positions	opposition between the models, enhanced by the 'Dialektik der Aufklärung'	conflict between nation states and ethnic/cultural groups	what is the exact shape of the functional specialization?

Figure 2 – Cultural models of standardization and their historical transformations.

The 19th century witnesses a partial convergence of the models round the concept of nationalism. Both basic models do, in fact, have a problem

Cultural models of linguistic standardization 73

of levels: how general should the communicative community of the rationalist model be? And how specific can the identity get that is expressed according to the romantic model? Rather than going for (respectively) universalist or individualist extremes, the nationalist interpretation of the models focuses on an intermediate level. From the rationalist point of view, the nation is, by definition, the level at which democratic participation should be guaranteed. From the romantic point of view, the identity to be expressed is a common identity, the identity of the group that constitutes a nation. These two forms of nationalism are well known, of course: liberal nationalism (civic nationalism, *Staatsnationalismus*) sees the nation as the basis of a liberal democracy, and romantic nationalism (identity nationalism, *Volksnationalismus*) sees the nation as a focus of cultural or ethnic identity. The tensions between both are equally well-known: the liberal nation state need not coincide with a single cultural or ethnic group, and these groups may then claim a status as an independent nation. Needless to say, linguistic differences may play a crucial role in the definition of the groups involved. Note, in addition, that a federal political model constitutes a rather frequent compromise for the tension between claims of nation states and those of nationalist groups.

The late 20th century is characterized by a process of political and economic globalisation that has its attitudinal counterpart in a postmodern view of the world, and that has its linguistic counterpart in the global spread of English. The debate accordingly shifts towards the position of English vis à vis local, possibly endangered languages. Although the process has not perhaps reached its culmination yet, the debate seems to find a new focus in the concept of multilingualism as a way of reconciling the different positions. In the same way in which the nationalist focus of the 19th century followed logically from the initial models (through the problem of levels), the focus on multilingualism can be equally motivated on the basis of both models. For the rationalist model, multilingualism involves an acceptable functional specialization of different languages: if language is an instrument of communication, different communicative situations may require different languages. For the romantic model, multilingualism correlates with the fragmented identity of the postmodern individual: if people may so to speak have different identities, they may use different languages to express those identities. However, the shift towards multilingualism does not eliminate the tension: the exact functional specialization of the languages involved remains a cause for conflict.

74   *Dirk Geeraerts*

4. Applying the models

The rationalist, romantic, nationalist, postmodern models that we have identified may basically be used in two different ways in linguistics. On the one hand, they may be used as the basis for an analysis of any discourse concerning problems of standardization. The previous pages have already given some examples of how the cultural models can be used in the analysis of the logic of standardization debates. In general, such an analysis identifies the components of a given discourse as expressing, amending, opposing aspects of the basic models. We could go one step further by identifying standard patterns of statements and replies that may be expected in this kind of discussion, but it is not my intention to do this systematically here.

On the other hand, language attitudes based on one or the other of the models may influence the actual development of standardization processes. In the following sections, I will illustrate this second domain of application. I will do so by having a closer look at the work that I have been doing with my research team on the internal variation of contemporary Dutch. In section 4.1, I will summarize the main results. (This section could be skipped by readers less interested in the technicalities of the project.) In section 4.2, I will discuss the way in which the cultural models of standardization may be brought to bear on the findings of the project.

4.1. Contemporary Dutch as a pluricentric language

Dutch basically comes in two varieties: Dutch as used in The Netherlands, and Dutch as used in the Flanders region of Belgium (sometimes referred to as 'Flemish'). The situation of the standard language in both countries is somewhat different. In Flanders, the standardization process that started off (as in most European countries) in the Early Modern Period was slowed down as a result of Flanders' political separation from The Netherlands during the Eighty Years' War. Standard Dutch developed in The Netherlands in the course of the 17th century, but as Flanders was politically separated from The Netherlands, remaining under foreign (Spanish or Austrian) rule, it did not link up with this process of standardization. Rather, French was used more and more as the language of government and high culture, a practice that received an important impulse after the birth of the Belgian state in 1830. Dutch then survived basically in the form of a variety of Flemish dialects.

However, as a result of a social and political struggle for the emancipation of Flanders and the Flemish-speaking part of the Belgian population, Dutch again gained ground as a standard language (the language of learning, government, and high culture) in Flanders. This process started somewhat hesitantly in the late 19th century as a typically romantic movement, gained momentum during the first half of the 20th century, and finally made a major leap after World War II and during the booming 1960s. Still, most linguists agree that the standardization process has not yet reached its final point, or at least, that the level of standardization has not reached the same height as in The Netherlands.

The latter observation is the starting-point for our research: can we quantify the relationship between Belgian Dutch and Netherlandic Dutch (and the internal stratification of both varieties)? Can we calculate how close or how distant both varieties of Dutch are with regard to each other? More specifically (given that our research team is primarily interested in lexical variation), how does one quantify lexical convergence or divergence between two language varieties? In Geeraerts, Grondelaers and Speelman (1999), a measure of lexical overlap was developed, based on the notions *onomasiological profile* and *uniformity*.

The *onomasiological profile* of a concept in a particular source is the set of synonymous names for that concept in that particular source, differentiated by relative frequency. Figure 3 contains the onomasiological profiles for OVERHEMD 'shirt' in the Belgian and the Netherlandic 1990-database:

	B90	N90
hemd	31 %	17 %
overhemd	69 %	46 %
shirt	0 %	37 %

Figure 3. Onomasiological profiles for SHIRT in the Belgian and Netherlandic data (1990)

Uniformity is a measure for the correspondence between two onomasiological profiles. Our computation of uniformity has its starting-point in the idea that a common language norm triggers uniform linguistic behavior. In its most extreme form, lexical uniformity in the naming of a concept obtains when two language varieties have an identical name for that concept, or several names with identical frequencies in the two varieties. Much more frequent than these examples of 'ideal' uniformity, however,

76   *Dirk Geeraerts*

are such partial correspondences as illustrated in Figure 3. Let us, for the sake of illustration, assume that the relative frequencies in Figure 3 represent 100 actual naming instances in each of both profiles, rather than percentages. The partial overlap between the profiles in Figure 3 is quantified by counting the naming instances for which there is a counterpart in the other profile. In the ideal scenario outlined above, each of the 100 naming events in each of both profiles has its counterpart in the other profile, yielding a maximal uniformity of 100 %. In Figure 3, however, 14 instances of *hemd* in B90 have no counterpart in N90, 23 Belgian *over-hemden* have no Netherlandic counterpart, and there are no Belgian counterparts for the 37 Netherlandic *shirts*. On the grand total of 200 naming events in the two profiles, only 200–(14+23+37)=126 instances have counterparts in the other profile, which yields a uniformity of 126/2=63%. For the sake of quantitative convenience, it should be noticed that this percentage equates the sum of the smallest relative frequency for each alternative term, i.e. 17+46+0=63%.

If more than one concept is investigated, a uniformity index U is defined as the average of the uniformity indexes of the separate concepts, whereas uniformity index U' is defined as a *weighted average*, in which the relative frequency of each concept in the investigated samples is taken into account. In the present context, we will focus exclusively on the weighted uniformity U', in which high frequency concepts have a more outspoken impact on the overall uniformity.

The empirical foundation of the research project consisted of 40.000 observations of language use. We collected the different names (and their frequencies) used to denote thirty concepts, fifteen from the field of clothing terminology, and fifteen from the field of football (i.e. soccer) terminology. The resulting database allows us, for instance, to calculate the proportion in Belgian and Netherlandic sources of the term *buitenspel* 'offside' and the loanword *offside* for the concept OFFSIDE; in the case of the concept JURK 'dress', we can determine whether the lexical choices involve a preference for either *jurk*, *japon*, or *kleed*. The core of the observed material consisted of magazine and newspaper material recorded in 1990.

This core was extended in two ways. In the first place, similar material was collected for 1950 an 1970, which enabled us to carry out a 'real time'-investigation of lexical convergence or divergence processes. In addition, the stratification of language use was taken into account. Between standard and dialect, there are a number of 'strata' on which register differences may co-occur with an increasing geographical specialization. For an investigation of the relationship between Belgian and Netherlandic Dutch, these strata – viz. the regionally colored informal variants of the standard language – are extremely relevant: it can be expected that the linguistic differences between Belgium and The Netherlands will increase on this regiolectic level. This intermediate level between dialect and written standard language was represented by the clothing terms we collected from labels and price tags in shop windows in two Belgian (Leuven and Kortrijk) and two Netherlandic towns (Leiden and Maastricht). The intended audience of this form of communication is more restricted than the national or binational audience which is the target of the magazines from which the core material was selected. The fact that we are dealing with written language in a semi-formal situation, on the other hand, ensures that we steer clear of the purely dialectal pole of the stratificational continuum.

Given this database, what can we expect to find with regard to the relationship between the various language varieties? With respect to the status and the development of Belgian Dutch, two uncontroversial hypotheses can be found in the linguistic literature. First, there is an expectation of *diachronic convergence* between Belgian and Netherlandic Dutch. The standardization process in Flanders is characterized by an explicit normative orientation towards Netherlandic Dutch: the standardization of Belgian Dutch took the form of an adoption of the Dutch standard language that existed already in The Netherlands. In addition, the unfinished character of the standardization of Belgian Dutch is believed to manifest itself in a larger *synchronic distance* between local and national language in Belgium than in The Netherlands; even to the untrained observer, it is obvious that the differences between regional and supraregional registers are much larger in Belgium than in The Netherlands.

B50 / N50:	69,84
B70 / N70:	74,59
B90 / N90:	81,70
B90 / B_{sw}90:	45,90
N90 / N_{sw}90:	67,75

Figure 4 – U' values comparing Belgium and The Netherlands (1950-1970-1990) and comparing written data from magazines and newspapers with local shop window data (1990)

78 Dirk Geeraerts

The diachronic and the synchronic hypothesis may now be made operational in terms of uniformity values as defined above. Diachronically, convergence and divergence can be quantified as increasing or decreasing uniformity. Synchronically, the larger distance between national and local language we expect in Belgian Dutch, will manifest itself in a smaller uniformity between magazine and shop window material in Belgian Dutch than in Netherlandic Dutch.

Figure 4 contains the relevant results. B50 stands for 'Belgian data from 1950', N50 stands for 'data from The Netherlands from 1950'. $B_{sw}90$ refers to the shop window materials in Belgium, in contrast with B90, which stands for the data taken from magazines and newspapers. The data in Figure 4 unambiguously confirm the diachronic as well as the synchronic hypothesis. Diachronically, the increase in uniformity between Belgian and Netherlandic Dutch suggests an evident lexical convergence between both varieties:

U'(B50,N50)	<	U'(B70,N70)	<	U'(B90,N90)
69.84	<	74.59	<	81.70

Synchronically, the delayed or unfinished standardization of Belgian Dutch manifests itself in a distinctly lower uniformity between the Belgian magazine and shop window data than between the Netherlandic magazine and shop window material:

U'(B90, $B_{sw}90$)	<	U'(N90, $N_{sw}90$)
45.90	<	67.75

4.2. Cultural models and the evolution of Belgian Dutch

The overall situation of the different varieties of Dutch may be summarized as in Figure 5. The left-hand side of the figure represents Netherlandic Dutch, whereas the right-hand side represents Belgian Dutch ('Flemish'). The vertical dimension represents the internal stratification of both national varieties, distinguishing between the register of standard speech, the colloquial register, and the local dialects. Distances in the figure symbolize linguistic distances. In the upper register, both national varieties are close to each other, but the distances increase in the lower registers. Crucially, the colloquial Belgian Dutch (colloquial Flemish) is

Cultural models of linguistic standardization 79

much further apart from the high register in Belgium than the distance that exists between colloquial speech and polite speech in The Netherlands. So how would Belgian Dutch evolve?

Basically, there are three possibilities. First, the present situation is merely a transitory one in a gradual process of convergence and standardization. We have seen that there is some evidence for such a converging development, at least in the upper stratum of the language, and it might be assumed that this evolution will continue in the lower strata. In that case, colloquial Flemish is likely to move upwards in the figure, perhaps until it reaches a position that is similar to that of Netherlandic Dutch. Second, the process of convergence might be reversed. Typical features of colloquial Flemish might be incorporated into the standard register used in Belgium, and this informalization of the standard language may in turn lead to a growing distance in the highest stratum between Netherlandic Dutch and Belgian Dutch. And third, the situation might simply be stable.

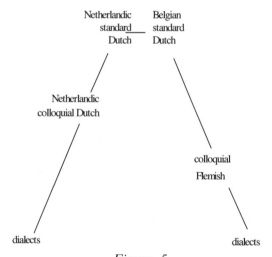

Figure 5
The stratificational structure of contemporary Dutch

Now, what I would like to suggest is that the actual choice from among these three logical possibilities may be determined at least in part by the extent to which the three models of standardization are prevalent within the language community.

80   *Dirk Geeraerts*

The first possibility (in which colloquial Flemish moves upwards in the direction of the upper stratum) would receive the strongest impetus from a rationalist attitude towards processes of standardization. A growing tendency to participate in those activities that are typically associated with standard language use would go hand in hand with a further dissemination of the standard language in its present form. Whether this process would imply a further convergence of the upper register with Netherlandic Dutch is less clear: apart from the overall universalist aspect of the rationalist stance, i.e. the tendency to broaden the communicative scope of the language, the functional motivation for such a convergence would seem to be relatively weak.

We should note that a process of continuing convergence could also be triggered by a nationalist attitude, if the Flemish and the Dutch feel as one supra-national people, united by a common language across the borderline between Belgium and The Netherlands. However, although there exists a minor tradition of people advocating such an 'ethnic' union of Holland and Flanders, it plays no significant role in popular opinion. The feelings that exist between the Dutch and the Flemish are feelings of competition and gentle animosity rather than ethnic, language-based solidarity.

The second possibility (an increasing internal uniformity within Belgian Dutch, achieved through an informalization of the highest register) links up with the nationalist model. Flanders has achieved a political emancipation within Belgium, and this might be reflected in a growing linguistic independence – in the development, in other words, of an independent standard language norm that is increasingly different from the imported Netherlandic Dutch that was the initial reference point for the standardization process in Flanders. If the nationalist model prevails (and if it is oriented towards Flanders alone and not towards an 'ethnic' union of Holland and Flanders), the speakers of Flemish might develop a growing preference for the indigenous language forms that they encounter at the colloquial level rather than for the imported forms in the higher registers.

The third possibility (a status quo) has a romantic and postmodern ring to it, given that the romantic attitude in its purest form involves anti-establishment feelings. The romantic appreciation of standardization (if it is not lifted to the nationalist level) is basically a suspicious one: standardization is seen as a threat to diversity in general and to one's own local or individual identity in particular. Distancing himself from the official standard, the romantic has several options: he can plead for diversity (the

Cultural models of linguistic standardization 81

acceptance of all varieties as equal) or he can try to impose his own language as the standard (the nationalist option), but he could also simply maintain the distance, accepting that there is a language for official occasions with which he does not identify, and a colloquial language in which he feels at home and that is sufficiently distant from the official language to be perceived as an expression of his own 'true' identity.

Are there any indications at all that Flanders might indeed have a mentality that favors such a stable form of diglossia? Its own popular self-image would certainly seem to support such a claim. Flanders perceives itself as being mildly anarchistic, in the sense that it is highly suspicious of official authorities, and in the sense that it does not take laws and regulations all too seriously. Tax evasion, for instance, is frequently described as a national sport. Also, historical reasons are often cited to explain this mentality. As mentioned above, Flanders has a history of foreign rule, and this is supposed to have engendered a mentality of critical distancing with regard to all forms of official authority. Postmodern tendencies towards informalization and dehierarchicalization would of course strengthen such an attitude. So, could it be that this mentality supports a romantically diglossic attitude in linguistic matters? The suggestion is certainly fascinating enough to warrant further empirically sound research about the mentality of the Flemings and their cultural history.

To be sure, I am not able to make any predictions about the probable course of events in Flanders. The evolution will certainly not only be determined by the attitudinal models mentioned here, and I do not have any attitudinal data yet that determine the strength of one or the other attitude. What I have tried to show, though, is that it makes sense to think about actual processes of standardization in terms of the cultural models identified in the first part of this paper. Cultural models of standardization are real not only to the extent that they shape public debate, but also to the extent that they lie at the basis of the language attitudes of the language users.

5. Conclusions

I have tried to do a number of things in this paper. First, I have argued that our thinking about questions of language variation and linguistic standardization can most often be reduced to two underlying, opposing cultural models: a rationalist one and a romantic one.

82   *Dirk Geeraerts*

Second, I have suggested that the models originated in the 18th century, and then went through a number of transformations in the course of the following two hundred years. Specifically, the 19th century witnessed the development of a very influential nationalist model that combines elements of both basic models, and the late 20th century witnessed a shift towards questions of globalization and the international position of English. At each of these stages, the models exhibit a certain tendency towards a coalescence, but at the same time, tensions remain – tensions between the models, and tensions within the models.

Finally, I have tried to demonstrate that the models in question cannot only be used in discourse-analytic fashion to scrutinize argumentations and discussions, but that they may also be seen as shaping the language attitudes of linguistic communities. If they have a real presence, they do not only show up in the way in which people talk about standardization, but also in the way in which they act.

Each of these points may be further developed. The identification of the models may be expanded towards a systematic map of standardization discussions, charting recurrent patterns of statements and replies. The historical sketch might be developed into a synthetic historical overview of standardization processes, standardization debates, and their relationship with linguistic theorizing. And the suggested link between models and language attitudes could lead to empirical attitudinal research. All of these possible developments, though, should contribute to a common goal: a better understanding of the underlying logic of standardization debates.

References

Barère, Bertrand
    1794 [1975]   Rapport du Comité de Salut Public sur les idiomes. In: Michel de Certeau, Dominique Julia and Jacques Revel (eds.), *Une politique de la Langue: La Révolution française et les Patois*, 291–299. Paris: Éditions Gallimard.
Blommaert, Jan & Chris Bulcaen (eds.)
    1997   *Political Linguistics*. Amsterdam: John Benjamins Publishing Company.
Burke, Lucy, Tony Crowley & Allan Girvin (eds.)
    2000   *The Routledge Language and Cultural Theory Reader*. London and New York: Routledge.

Cultural models of linguistic standardization 83

Condillac, Etienne Bonnot de
1746 [1973]   Essai sur l'Origines des Sciences humaines. Ed. by Charles Por-
set. Auvers-sur-Oise: Galilée.
Deprez, Kas & Louis Vos (eds.)
1998   *Nationalism in Belgium: Shifting Identities*. Basingstoke :
Macmillan.
Dirven, René, Roslyn Frank & Cornelia Ilie (eds.)
2001   *Language and Ideology. Vol.2: Descriptive Cognitive Approaches*. Amsterdam: John Benjamins Publishing Company.
Dirven, René, Bruce Hawkins & Esra Sandikcioglu (eds.)
2001   *Language and Ideology. Vol.1: Theoretical Cognitive Approaches*. Amsterdam: John Benjamins Publishing Company.
Geeraerts, Dirk
1997   *Diachronic Prototype Semantics*. Oxford: The Clarendon
Press.
Geeraerts, Dirk, Stefan Grondelaers & Peter Bakema
1994   *The Structure of Lexical Variation*. Berlin: Mouton de Gruyter.
Geeraerts, Dirk, Stefan Grondelaers & Dirk Speelman
1999   *Convergentie en Divergentie in de Nederlandse Woordens-
chat*. Amsterdam: Meertens Instituut.
Grégoire, Henri-Baptiste
1794 [1975]   Rapport sur la nécessité et les moyens d'anéantir les patois et
d'universaliser l'usage de la langue française. In : Michel de
Certeau, Dominique Julia and Jacques Revel (eds.), *Une Poli-
tique de la Langue: La Révolution française et les Patois*,
300–317. Paris: Éditions Gallimard.
Herder, Johann Gottfried
1772 [1978]   *Abhandlung über den Ursprung der Sprache*. Ed. by Wolfgang Pross. München: Hanser.
Holland, Dorothy & Naomi Quinn (eds.)
1987   *Cultural Models in Language and Thought*. Cambridge: Cambridge University Press.
Horkheimer, Max & Theodor W. Adorno
1947   *Dialektik der Aufklärung*. Amsterdam: Querido.
Joseph, John
Forthcoming Linguistic identities and language shift in modern Europe. In:
Bert Cornillie, José Lambert and Pierre Swiggers (eds). *Linguistic Identities, Language Shift and Language Policy in Europe*.
Leuven/Paris: Peeters.
Joseph, John & Talbot Taylor (eds.)
1990   *Ideologies of Language*. London: Routledge.

84   *Dirk Geeraerts*

Lakoff, George
  1987   *Women, Fire, and Dangerous Things. What Categories Reveal about the Mind.* Chicago: University of Chicago Press
  1996   *Moral Politics. What Conservatives Know that Liberals Don't.* Chicago: University of Chicago Press.
Palmer, Gary
  1996   *Toward a theory of Cultural Linguistics.* Austin: University of Texas Press.
Reddy, Michael
  1979   The conduit metaphor. In: Andrew Ortony(ed.), *Metaphor and Thought,* 284–324. Cambridge: Cambridge University Press.
Sapir, Edward
  1907   Herder's 'Ursprung der Sprache'. *Modern Philology* 5: 109-142. (Reprinted in *Historiographia Linguistica* 11(3): 355-388 [1984]).
Schiffman, Harold
  1996   *Linguistic Culture and Language Policy.* London: Routledge.
Skutnabb-Kangas, Tove
  2000   *Linguistic Genocide in Education – or Worldwide Diversity and Human Rights?* Mahwah, New Jersey: Lawrence Erlbaum Associates.
Van Dijk, Teun A.
  1998   *Ideology: A Multidisciplinary Approach.* London: Sage.
Verlooy Jan B. C.
  1788 [1979] Verhandeling op d'Onacht der Moederlyke Tael in de Nederlanden. Ed. by Jozef Smeyers and Jan Van den Broeck. Den Haag: Martinus Nijhoff.
Wodak, Ruth & Michael Meyer (eds.)
  2001   *Methods of Critical Discourse Analysis.* London: Sage.
Woolard, Kathryn, Bambi Schieffelin & Paul Kroskrity
  1998   *Language Ideologies: Practice and Theory.* Oxford: Oxford University Press.

Possession, Location, and Existence

Ronald W. Langacker

Abstract

Though every language has "possessive" constructions, their actual nature and characterization have always been problematic. Such constructions are applied to an extraordinarily wide range of situations, not at all limited to "possession" in any usual sense of that word. For this reason, a schematic description of possession as a *reference point* phenomenon has been proposed in Cognitive Grammar. The relation between this schematic meaning and various more specific, prototypical senses can be seen as an instance of *subjectification*. The account explains how nominal possession functions as a *grounding* element.

Clausal possessive constructions fall into two broad categories, depending on whether they incorporate a HAVE-type or a BE-type predicate. Descriptions based on reference points and other notions of Cognitive Grammar reveal the similarities and differences between these two kinds of clausal possession. The analysis provides an account of why HAVE-possessives are often used as well for location/existence, and why locative/existential constructions with a BE-type predicate are commonly used for possession. It shows the inadequacy of the *localist hypothesis* as a way of explaining the evident affinity among possessive, locative, and existential expressions.

Keywords: possessive, reference point, subjectification, grounding, locative, existential, localist hypothesis.

I will be discussing possessive constructions from the standpoint of Cognitive Grammar (Langacker 1987, 1990a, 1991, 1999a). Many of the basic ideas have been presented elsewhere (Langacker 1993a, 1995, 2003a, 2003b, 2003c. Here I will try to achieve a synthesis, deepen the analysis in various respects, and extend it to some additional phenomena. Questions to be addressed include the following: (i) What is the semantic value of possessive elements and possessive constructions? (ii) How does nominal possession serve a grounding function? (iii) What is the relationship between

86   *Ronald W. Langacker*

nominal and clausal possession? (iv) What is the relationship between the different kinds of clausal possessive constructions? (v) How do clausal possessive predicates grammaticize from their lexical sources? (vi) What is the relationship among possession, location, and existence?

1. What is "Possession"?

Semantically, the traditional label **possessive** is anything but self-explanatory. The term itself does not adequately define or delimit the phenomenon, since possessive constructions apply to a much wider range of circumstances than does either the verb *possess* or the noun *possession* in their non-technical uses. A notion like 'ownership', even interpreted rather loosely, comes nowhere near exhausting the range of cases covered by a nominal possessive (*X's Y*) or a clausal possessive (*X has a Y*). This has led some analysts to propose that linguistic possession implies nothing more than the existence of some association or relationship between possessor and possessed. For instance: "... *A has B* expresses that there is some state relation between 'A' and 'B' and ... leaves a more precise specification of this relation to the context" (Bendix 1966: 120).

As seen in (1)(a), the variety of examples does suggest a description having this level of generality. However, the mere notion that there exists an association or relationship between possessor and possessed is not quite sufficient, as it fails to account for the asymmetry in possessive expressions. While there are exceptions (e.g. *the doctor's patient* vs. *the patient's doctor*), in general the possessor and possessed cannot be reversed, as observed in (1)(b).

(1) (a) *the mayor's cellphone; Sam's mother; my elbow; the supervisor's desk; your rook; the baby's crib; his problems; Ellen's candidate; our train; the student's qualifications; her migraine; the dog's fleas; their exasperation; the bank's current interest rate; Oswald's assassination [of Kennedy]; Kennedy's assassination [by Oswald]*

   (b) **the cellphone's mayor; *the fleas' dog; *the current interest rate's bank; *the assassination's Kennedy*

My own proposal for a semantic characterization starts from a general claim of Cognitive Grammar (CG): that certain fundamental and universal grammatical notions – among them noun, verb, subject, object, and possessive – can be characterized semantically at both the **prototype** level and the **schema** level. The prototype is based on an experientially grounded **conceptual archetype**. The schematic characterization (claimed to be valid for all instances) invokes a basic **cognitive ability** which is **immanent** in the archetype (i.e. "lies within it"). First manifested in the archetype, this cognitive ability is later extended to other cases.

It seems fairly evident that ownership, kinship, and whole-part relationships are prototypical for possessive constructions, with ownership arguably being more central than the others (Taylor 1996). These are the kinds of notions that I identify as conceptual archetypes – fundamental aspects of everyday experience which are cognitively basic and apprehended as gestalts despite their analytical complexity. The term *possession* reflects the archetype of ownership. What about a schematic description? For this level I have proposed a characterization in terms of what I call the **reference point** ability.

Diagrammed in Figure 1, the reference point ability is our capacity to invoke one conceived entity as a means of establishing mental contact with another, i.e. mentally accessing one entity **via** another. The conceptualizer (C) first directs attention to the entity serving as **reference point** (R). Attending to R evokes a set of associated entities, collectively called its **dominion** (D), one of which is the **target** (T). A reference point relationship is thus a matter of sequenced mental access, where directing attention to R makes it possible to then direct attention to T.

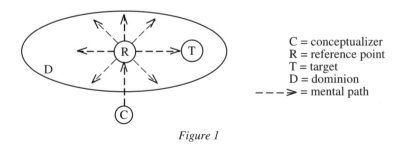

Figure 1

Since the reference point ability is independent of any particular conceptual content, it is sufficiently abstract and flexible to accommodate the full range of possessive expressions. At the same time, it is inherently asymmetrical, thus accounting for the typical irreversibility of possessive relationships. It therefore seems reasonable as a schematic characterization of possessives.

Reference point accounts have also been given of topic constructions, the subject and object relations, and pronominal anaphora (van Hoek 1995, 1997). Evidence for the reference point analysis is therefore provided by the many grammatical phenomena observable cross-linguistically in which the notions possessor, subject, topic, and pronominal antecedent display a special affinity to one another (Langacker 2001; Kumashiro and Langacker 2003). To take just one example, I characterize **trajector** and **landmark** – expressed as grammatical subject and object – as reference points evoked by way of mentally accessing a profiled relationship. This directly accounts for the cross-linguistically prevalent use of possessive locutions to express the trajector and landmark of a nominalized verb (e.g. *Oswald's assassination*, *Kennedy's assassination*). A nominalized verb profiles an abstract thing (produced by conceptual reification), so the relation which the trajector or landmark bears to it is then a reference point relationship between two things, which is just what possession is claimed to be.

Further supporting the reference point account is the fact that the possessive archetypes – ownership, kinship, and whole-part relations – are all clear examples of reference point organization. This is perfectly evident in the case of kinship expressions, for a person is not an *uncle*, a *sister*, or a *grandfather* intrinsically, but only in relation to a particular **reference individual**. In a phrase like *Sherridan's grandfather*, it is only with reference to Sherridan that the person designated qualifies as a grandfather. Likewise, a part is apprehended and characterized as such only in relation to the whole. A *mane*, for example, only qualifies as such by virtue of its place on a lion or a horse. Viewed in isolation from the lion, a *lion's mane* is just a mass of hair.

What about ownership? Typically a given person owns a considerable number of possessions, each of which he controls and can access when desired. Thus, mentally accessing a particular person affords a way of mentally accessing a substantial array of associated

Possession, Location and Existence   89

objects – those which this person controls. The opposite is not true; typically a given object is connected to just one person in this fashion. In terms of cognitive efficiency, therefore, it is easier to identify possessions in relation to their owner than conversely. People also have far greater cognitive salience to us than do typical possessions. We know and recognize far more people as individuals than we do wallets, beds, or bank accounts. We think of the world as being populated by people, each of whom has an assortment of possessions, rather than thinking of the world as being populated by wallets, beds, bank accounts, etc., each of which has a person attached. These factors point to a clear asymmetry in which owners are natural reference points, their possessions being targets.

It is important to understand how the possessive schema is immanent in the possessive archetypes. In prototypical instances of possession, the possessor (R) actively controls the possessed (T) in some manner – physically, socially, or experientially. The flip side of R controlling T is that R has an exclusive privilege of access to T. In the case of ownership (e.g. *my pen*), R manipulates T, determines where T is kept, and can use T whenever desired. This control also has social and experiential components. Others acknowledge these privileges. Moreover, R knows where T is and determines whether others can use it. Similarly, a kinship relation entails an array of culturally expected modes of social interaction. One interacts with a parent, a child, or a grandchild in a way that others are not allowed or expected to. This privileged social access is basically exclusive: there are few if any other people for whom *my sister* is a sister. Likewise, a part usually belongs to just one highest-level whole. I am the only one who can use *my stomach* for digestion. I also have the exclusive privilege of experiencing it (e.g. when it hurts) and controlling its location (when I move, it goes along with me).

This active control by R is part of the situation evoked and alluded to by possessive expressions. In my terminology, it is **onstage** and **objectively construed**, i.e. it functions as an **object** of conception. It is represented in Figure 2 by a solid arrow. With respect to this onstage relationship, the dominion (D) can be interpreted as the set of targets over which R exercises control, the region within R's purview. Also seen in Figure 2 are dashed arrows representing the path of mental access on the part of C, the conceptualizer (primarily the speaker). C's activity is not part of the situation described. Rather, it is **offstage** and **subjectively construed**, i.e. it inheres in the **subject** of conception – an aspect of the conceptualizing process that is not itself conceived. This subjectively construed relationship, whereby C invokes R as a reference point to mentally access T, is posited for all possessives, constituting their schematic characterization. By contrast, the objectively construed relationship of R controlling T is prototypical but does not extend to all instances.

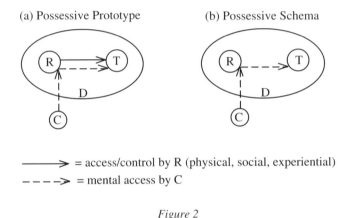

Figure 2

The two paths of access – objective control by R, mental access by C – are closely related. R's objective relationship to T provides the basis for the subjective relationship of C using R to mentally access T. It is precisely by virtue of C apprehending R's control of T that C traces a mental path from R to T. Moreover, C's subjective mental path is immanent in (lies within) C's conception of the objective relationship: sequenced mental access – first conceptualizing R, then T – is an inherent aspect of conceptualizing R controlling T.

While prototypical, an objectively construed relationship of the possessor controlling the possessed becomes more tenuous with more peripheral exemplars and is often absent altogether. In cases like (2), it is hard to discern any real sense in which R objectively controls or has privileged access to T. Here the possessor's role in the onstage situation is essentially a passive one. R does however function as a reference point, providing a mental point of access

Possession, Location and Existence   91

invoked by the conceptualizer to identify a particular target.[1] This is the schematic import of possessives, inherent in all instances.

(2)   *his age; the dog's enormous size; the applicant's nationality; the table's rough surface; my critics; the door's hinges; their situation; Lincoln's assassination; our very existence; the car's present location; her complexion; the year's most tragic event; the moon's average surface temperature*

The relation between the possessive prototype and the possessive schema qualifies as an instance of **subjectification**, in my sense of the term (Langacker 1990b, 1998, 1999b) as opposed to Traugott's (e.g. 1989). As I define it, subjectification occurs when an objectively construed relationship fades away, leaving behind a subjectively construed relationship that was immanent in it (inherent in its conception). We can see this process as either a developmental change, assuming that a child masters prototypical possessives earlier than examples like (2), or else a diachronic one pertaining to the grammaticization of possessive elements and constructions. Of course, the prototype does not disappear as the more schematic value emerges. Both are necessary in a full description of possessive phenomena.

2. Possessive Grounding

Nominal possessives, as in **Sally's** *friend* or **my** *new car*, generally function as determiners. In CG terminology, they are **grounding** elements, analogous to articles and demonstratives. Grounding is a grammaticized means of specifying the epistemic status of a thing or process with respect to the **ground**, i.e. the speech event and its participants. Characteristic of a full nominal (i.e. noun phrase) or a finite clause, grounding is the means by which the speaker and hearer coordinate their mental reference to things and events in a discourse (Langacker 1991, 2002a, To appear; Brisard 2002).

---

1. In the final example, for instance, one knows that the average surface temperature in question is that of the moon, not the sun.

In the CG analysis, a lexical noun or verb merely specifies a **type** of thing or process. A nominal or a finite clause designates a **grounded instance** of a thing or process type. Let me briefly discuss these notions, focusing just on nominal expressions. The difference between a type and an instance, I suggest, is that an instance is specifically thought of as occupying a particular **location**, in contrast to other instances. In the case of things, it is most commonly space that functions as the **domain of instantiation** (Langacker 1991: 2.2). In the case of processes, it is always time.

If (at a given moment) two things of the same type occupy exactly the same location, they are (in our naive conception) the same instance. If they are different instances, they occupy different locations. A type conception represents the abstracted commonality of its instances. It is schematic relative to its instances, and in particular abstracts away from the notion of being anchored to a particular location. The type conception is immanent in the various instance conceptions, which elaborate it at least by invoking this anchoring. These notions are depicted on the left in Figure 3, for a type 't', where dots represent distinguishing locations in the domain of instantiation (solid rectangle). On the right I give abbreviatory notations for instance conceptions.

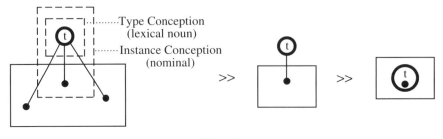

Figure 3

In saying that instances of a type are distinguished by their locations, it is not implied that the speaker or hearer actually knows what specific location an instance has at a given moment. The conception of a thing being anchored to a certain location is independent of the ability to **identify** the instance location in any objective way. In the absence of any specific identifying information, conceiving of an instance is a matter of declaring the existence of some such location, and perhaps of choosing a location arbitrarily in a spatialized representation invoked to conceptualize the situation being described in a discourse. An analogy can be drawn to the means of establishing discourse referents in ASL, by pointing to arbitrary locations in sign space. I am positing an abstract conceptual analog of this pointing gesture as the basis for instance conceptions and nominal reference in spoken language.

Grounding can be thought of as either presupposing coordinated mental reference (as with a definite article) or else establishing it (e.g. with a demonstrative). In either case the result is that the speaker and hearer direct their attention to the same instance of the type in question. In Figure 4 coordinated mental reference is represented by the arrows leading from S and H to the profiled thing. Observe that grounding is sometimes effected by actual pointing (e.g. *this* [→] *one*). On the right is an abbreviatory notation for grounding.

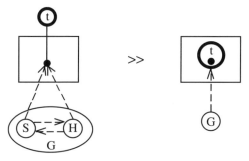

Figure 4

How, then, do possessives effect nominal grounding? To a significant extent our "cognitive map" of the entities that populate our world has the kind of organization abstractly represented in Figure 5. For a given type (t) there are many instances (t_i, t_j, t_k, etc.), which we generally do not know as individuals. There are as well certain kinds of entities – notably people – many of which we do know as individuals, so that we can identify them and refer to them in their own terms (e.g. with proper names). These can serve as **reference individuals** (R). They allow us to distinguish and identify other, less salient entities in relation to them. A particular reference individual controls a substantial number of other entities, having an exclusive privilege of access to them. On this basis we can partition our mental world into sets of entities each controlled by a single reference individual. This partitioning in turn provides a way of distinguishing and identifying instances of other types. A specific instance can be singled out and characterized as the one controlled by a particular reference individual.

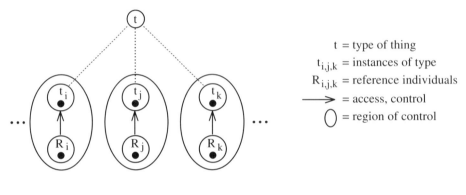

Figure 5

Thus, provided that the speaker and hearer direct their attention to the same reference individual, they can use it as a way to focus their joint attention on the same instance of some type, as shown in Figure 6.

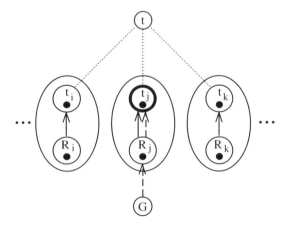

Figure 6

Once again, the grounded instance need not be objectively identifiable in any independent fashion – it is sufficient that it be singled out for discourse purposes. If you tell me that *Arthur's nephew* is getting married, I may have no way of knowing objectively who the nephew is; I could not recognize him on the street or in a police lineup. But for discourse purposes the nephew has been identified: it is the nephew located in Arthur's dominion (thus mentally accessible via the conception of Arthur).

3. Nominal and Clausal Possession

What is the relationship between a nominal possessive, such as *Jerry's house*, and a clausal possessive, e.g. *Jerry has a house*? The former profiles a thing, namely the entity possessed. The possessive relationship grounds the nominal by singling out a particular instance of the specified type (*house*). On the other hand, a possessive clause profiles the possessive relationship (*have*), i.e. it predicates possession rather than presupposing it. Here there are two basic alternatives, distinguished by whether the possessor functions as grammatical subject, or whether the entity possessed does. In CG terms, it is a matter of whether **primary focal prominence** – trajector status – is conferred on the reference point or on the target. These options are represented in Figure 7. For the time being we will focus on HAVE-type possessives, where R is chosen as subject.

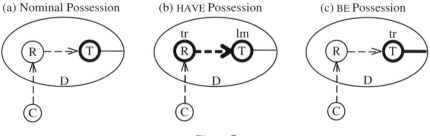

Figure 7

In these diagrams, I have added a solid line representing the relationship of T being located in D. This is not really distinct from the reference point relationship, just a particular facet of it. T being located in R's dominion, and T being accessible via R, can be thought of as two sides of the same coin (a matter of perspective). The essential point is that clausal possessives profile the possessive relationship rather than the entity possessed (T). The two kinds of possessive clauses differ as to which facet of the overall relationship they single out for profiling – that of R controlling T (minimally in the passive sense of providing mental access to T), or that of T being located in the region R controls (whether actively or passively).

There are two basic ways of indicating nominal possession. In many languages, it is marked by an explicit morphological element, such as English *'s*. Ignoring constituency (to keep the diagram simple), the English construction is represented in Figure 8. The possessive morpheme *'s* evokes a reference point relationship, where R and T are only schematic, and profiles T. In the construction, the profiles of the possessor nominal and the possessed noun correspond (dotted lines) to R and T, respectively.[2] At the composite structure level, therefore, the posses-

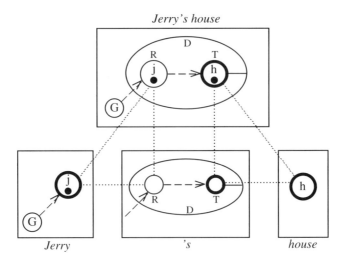

Figure 8

---

2. As a proper name, *Jerry* is internally grounded, representing what is presupposed to be the sole instance of its type.

sor is identified as Jerry, and the possessed as a house in Jerry's dominion. Although the noun *house* merely specifies a type, not an instance, the composite expression *Jerry's house* singles out a particular instance of this type precisely because of its location in this dominion. It is a grounded instance because a mental path is specified from G, through R (Jerry), to the house.

Many languages employ an alternative construction in which there is no overt possessive marker. Instead of *Jerry's house*, one would simply say the equivalent of *Jerry house*, indicating possession by means of simple juxtaposition of the possessor nominal and the possessed noun. An example from Tohono O'odham is given in (3).[3]

(3) *g huan kii* (ART Juan house) [Tohono O'odham]
    'Juan's house'

This type of nominal possessive construction is diagrammed in Figure 9(a). The reference point relationship is not specifically contrib-

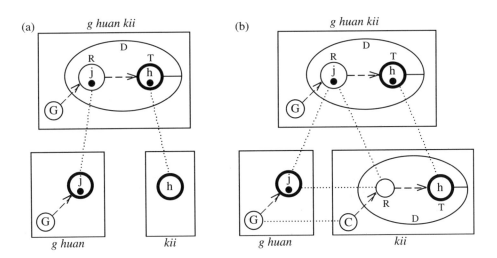

Figure 9

---

3. Tohono O'odham, Hopi, and Luiseño are Native American languages of the Uto-Aztecan family.

98   *Ronald W. Langacker*

uted by either component element, but is rather a function of constructional meaning, emerging at the composite structure level. The composite semantic structure is nonetheless the same as in Figure 8.

If we probe a little deeper into the lexical semantics of *kii* or *house*, we do find a reference point relationship corresponding to the one signaled by the overall construction. Central to the meaning of *house* is that a house has an owner (also an occupant, typically the same). When the diagram is elaborated to include this specification, it thus provides a correspondent for the nominal profile and introduces the reference point relationship evoked at the composite structure level, as shown in Figure 9(b). Of course, we could similarly elaborate the representation of *house* in Figure 8. In that case the reference point relationships invoked by *'s* and by *house* are put in correspondence to one another and merge in a single composite structure relationship.

Turning now to clausal possession with a HAVE-type predicate, I will first observe that many languages code the possessed with a simple noun rather than a full nominal. These are typical cases of noun incorporation, as in Hopi:

(4)   *Pam kii-'yta.*   (he house-have)   [Hopi]
      'He has a house.'

In this Hopi construction, *kii* 'house' combines morphologically with a schematic possessive verb to form a derived (and intransitive) verb stem. Since the object noun is ungrounded, the sentence does not actually refer to any specific house – it introduces the notion of a house only as a type specification. From the sentence we can however **infer** the existence of a house in the subject's dominion. This comes about through clausal grounding, in the absence of any indication that the profiled clausal relationship is anything other than real or actual.

The Hopi construction is sketched in Figure 10. The subject pronoun *pam* is internally grounded, the referent specified as being third person singular (3s). By contrast, *kii* 'house' simply makes a type specification; it does not itself single out an instance of the type. The verbal ending -*'yta* profiles a schematic reference point relationship. I have shown it as being grounded, though the grounding element is zero, corresponding to the unmarked case of a situation observed in current reality. A dot indicates that the profiled process is a particular instance of the process type ('have'), anchored in time (and thus distinct from other instances). This is the clausal analog of nominal grounding.

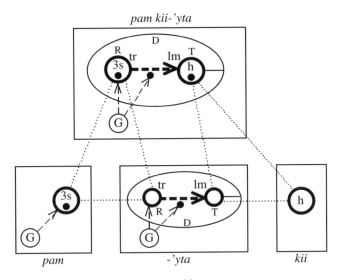

Figure 10

The pronoun *pam* is the subject because it specifies the trajector of the profiled relationship. *Kii* 'house' is the object in the sense that it specifies the landmark, but it is not a direct object, as the term is usually understood, for it is not a full, independent nominal distinct from the verb. Instead, it combines morphologically with the verbal ending to form a complex, grammatically intransitive stem with the approximate meaning 'have house', invoking the notion 'house' only as a type. However, if an actual person actually does participate in an instance of house-having, it follows as an inference that some actual house is involved. At the composite structure level, therefore, the landmark is represented (with a dot) as an instance of 'house', although its instantiation comes about inferentially (through the interaction of other factors) rather than being explicitly coded per se. (It is not an important issue in CG whether this specification is considered semantic or pragmatic, for it is claimed that any strict line of demarcation is arbitrary.)

Compare this sentence to its English translation, *He has a house*. In English the landmark is expressed by a full, independent nominal, which we can accept as being the clausal direct object (although *have* is quite low in transitivity). Being a full nominal, *a house* profiles a single grounded instance of the type *house*. This is shown in Figure 11, which is comparable to Figure 10 except for the indication of instantiation and grounding.

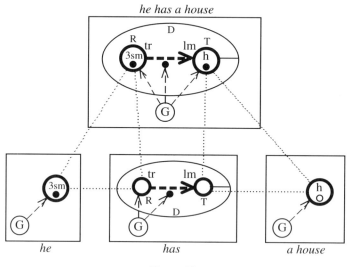

Figure 11

Observe, however, that for the nominal *a house* in Figure 11 I have used an empty dot instead of a filled dot. This reflects a subtle distinction that proves quite important for understanding clausal possession (and much else besides). The distinction I am making with a filled dot vs. an empty dot is the difference between an **actual** and a **virtual** instance of some type (Langacker 1999c). In surprisingly many cases, the entities we directly refer to linguistically are virtual (or fictive) in nature, even when we are talking about actual real-world situations. A virtual (or fictive) instance of a type is one that is "conjured up" (i.e. imagined) for some purpose, having no status outside the **mental space** (Fauconnier 1985) constructed for that purpose. In (5), for example, the nominal expressions shown in bold all designate virtual entities rather than actual individuals. The evo-

Possession, Location and Existence 101

cation of virtual entities is a constant, ubiquitous, and utterly normal aspect of linguistic expression.[4]

(5) (a) *Evelyn hopes to invent **a perpetual motion machine**.*
    (b) *Whenever we have **a party**, **a guest** breaks **a glass**.*
    (c) *We don't have **a dog**.*
    (d) *If you buy **a diamond ring**, you should insure **it**.*
    (e) ***A kitten** is born with **blue eyes**.*

The actual/virtual distinction pertains to the kind of mental space occupied by a nominal referent; it is not equivalent to the definite/indefinite opposition. The specific/non-specific contrast for indefinites, illustrated in (6), shows that an indefinite nominal can designate either an actual or a virtual instance of some type. In either case, it does establish a discourse referent that can be referred to anaphorically by a definite pronoun under the proper circumstances (Langacker 1996). As shown by Fauconnier, a specific (i.e. actual) referent is construed as existing in actuality, not just in the mental space representing the subject's desire, whereas a non-specific (i.e. virtual) referent is construed as existing only in the desire space, not as corresponding to any actual individual. It is "conjured up" just to characterize that desire. Nonetheless, an instance of the type is established as a discourse referent.

(6) (a) *He wants to marry **a Norwegian**. **She** is tall and blonde.*
      [specific/actual]
    (b) *He wants to marry **a Norwegian**. **She** has to be tall and blonde.* [non-specific/virtual]

Conversely, a definite nominal can designate a virtual entity. One example is a **role description**, as in (7). The referents of the highlighted nominals are not actual individuals, but virtual instances of their types (*engine*, *winner*, *president*) identified by their role within

---

4. The term **non-referential** is sometimes used for virtual entities. The term is ill-advised, however, since virtual entities are readily established as discourse referents, referred to anaphorically by definite pronouns, e.g. *it* in (5)(d).

102   *Ronald W. Langacker*

a **scenario** or **idealized cognitive model**. The role may come to be instantiated by an actual individual, or by different individuals at different times, but the role per se is just an imagined instance of the type, existing only in the mental space representing the scenario or model.

(7) (a) *The most important consideration in buying a car is **the engine***.
     (b) ***The winner** will receive a very nice trophy.*
     (c) *In this corporation, **the president** keeps getting younger.*

Let us now return to Figure 11, depicting the sentence *He has a house*. The unfilled dot indicates that the house referred to by the object nominal is a virtual instance of *house* rather than an actual one. This obviously requires clarification, since the sentence clearly does imply that a particular house – an actual instance of the type – is possessed. Indeed, the composite structure in Figure 11 does represent the house in question as an actual instance (with a filled dot). My suggestion, then, is that its actuality is inferred from other elements, not a property of the indefinite nominal per se. The inference is in some respects similar to the one in the Hopi example, though not quite the same, since in English the landmark is specified by a full nominal rather than a simple noun. Thus Hopi starts with just a type specification, and English with a grounded (albeit virtual) instance of that type. Despite the different starting points, the inference of an actual instance arises in much the same way.

What is the import of saying that the house referred to by the object nominal in Figure 11 is a virtual instance of the type? The motivation for this characterization is a general, though still very preliminary, claim concerning indefinite nominals. The claim is that indefinite nominals have a kind of **intrinsic virtuality** not shared by definites.[5] At the current stage in the discourse, a definite nominal – like *this shirt, the sofa, Bill Clinton*, or *my cat* – is generally taken as being sufficient to single out the intended referent **independently** of

---

5. A similar idea has been proposed by Verhagen (1986: 4.2).

Possession, Location and Existence 103

the clause containing it. Thus in (8)(a) the listener can supposedly identify the shirt from the object nominal alone, its participation in the clausal process providing supplementary information about it. For this reason a definite nominal can function as a topic, as in (8)(b), an independently accessible conceptual reference point with respect to which the comment clause will then be interpreted.

(8) (a) *I just bought **this shirt**.*
    (b) ***This shirt**, I just bought it.*
    (c) *I just bought **a shirt**.*
    (d) **A shirt**, I just bought it.*

In and of itself, on the other hand, an indefinite nominal – e.g. *a shirt, some cat, any doctor* – merely directs the listener to conjure up (imagine) an instance of the type, **pending** the information provided by the clause that contains it. From (8)(c) the listener does indeed identify the intended discourse referent, but it is not independently known – the listener only identifies it after the fact, and only as the shirt the speaker just bought. Prior to its interpretation with respect to the content of the clause containing it, the shirt in question (at least from the hearer's standpoint) has no independently established referent. For this reason an indefinite is not felicitous as a topic, as seen in (8)(d).

Intrinsically, then, an indefinite has a kind of **provisional** virtuality, if only for the listener.[6] A sentence like (8)(c) may however provide the information needed to overcome this provisional virtual status and establish the profiled instance as an actual one. Since the shirt participates in the buying, which itself is portrayed as actual, the shirt itself is inferred as being actual. The actuality of the indefinite nominal's referent is **derivative** of the actuality of the event profiled by the clause. Of course, the clausal process may itself be virtual, in which case the nominal referent remains virtual as well. The shirt in (9)(a), for instance, is only a virtual one conjured

---

6. Indeed, many indefinites-those grounded by *most, all, every, any, each,* and *no* – always designate virtual entities.

104   *Ronald W. Langacker*

up just to specify what did not happen (it makes no sense to ask *Which shirt is it that you didn't buy?*). By contrast, the independently established referent of the definite object in (9)(b) is interpreted as being actual despite the clausal negation.

(9) (a) *I didn't buy **a shirt**.*
     (b) *I didn't buy **this shirt**.*

The import of Figure 11 should now be clear. In *He has a house*, the house referred to has the kind of provisional virtuality just described, so far as the indefinite nominal itself is concerned. It is only its participation in the clausal relationship that identifies it and establishes its actuality. Since the having is portrayed as actual, the entity possessed must also represent an actual instance of its type, identified for discourse purposes simply as the one which *he has*.

These considerations make it possible to understand what is going on in an otherwise puzzling construction in Luiseño. Sentence (10) predicates possession of a basket. Observe, however, that the direct object incorporates a possessor prefix which expresses precisely the same possessive relationship that the clause asserts. How can that be? How can a nominal possessive be invoked to predicate the same possessive relationship that it itself presupposes?

(10) *Chaam=cha=po   cham-tukmay-i   'ay-ma-an.*   [Luiseño]
      we=we=FUT   our-basket-OBJ   have-DUR-FUT
      'We will have a basket.'

My proposal is that the object nominal *cham-tukmay* 'our basket' is interpreted as a **role description**, analogous to the definites in (7). It is not construed as designating an actual basket, but only a virtual one, the one we might be expected to have given standard cultural models concerning people and their possessions. The possessive clause then establishes the basket as being actual, or as having whatever epistemic status is implied by the clausal content. In (10), since the profiled relation of having is projected as being actual in the future, the same will hold for the basket. The examples in (11) show that a nominal possessive – though it is definite and thus identifies its referent – does not preclude that its referent might be virtual rather than actual. As in (10), the nominal possessives are construed as role descriptions. The ears and the social skills referred to are those expected to exist given the idealized cognitive model of a kitten or a person. While actuality represents the default, the content of these sentences makes it clear that the nominal referents are only virtual, i.e. not manifested in actuality as expected.

(11) (a) *The kitten was born deformed – **its ears** are missing.*
(b) ***His social skills*** *are non-existent.*

In the case of (10) the basket is projected as being actual in the future. Essential elements of this sentence are diagrammed in Figure 12. Construed as a role description, the object nominal *cham-tukmay* 'our basket' profiles a virtual instance of 'basket' identified as the one expected to occur in the possessor's dominion. The clause profiles a possessive relationship and projects it as being actual in the future (tense is not indicated). Through the regular direct object construction, the verb's landmark corresponds to the nominal profile. Moreover, the possessive relationship invoked by the nominal is identified as (and thus collapses with) the one profiled by the verb –

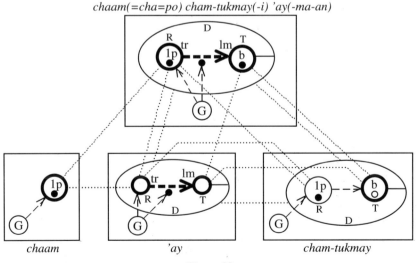

Figure 12

106   *Ronald W. Langacker*

their reference points, targets, and dominions all correspond. In the composite expression, the basket in question is thus attributed the epistemic status implied by that of the clause in which it participates.

4. BE Possessives

We have so far considered only HAVE-type possessive clauses. However, many languages express possession by means of clauses that are basically locative or existential in nature, often incorporating a predicate that can be roughly glossed as 'be' or 'exist'. In BE possessive constructions the target functions as clausal subject, the reference point being expressed in a locative phrase, as in (12)(a), or as an indirect object, as in (12)(b).

(12) (a) *U menja kniga.* (at me [is] book)   [Russian]
         'I have a book.'
      (b) *Est Johanni liber.*   [Latin]
         'John has a book.'

Not only are locative/existential constructions commonly used for possession, but the converse also occurs, as in Mandarin:

(13) (a) *Wǒ yǒu shū.* (I have book)   [Mandarin]
         'I have a book.'
      (b) *Zhūo-shàng yǒu shū.*
         'The table has a book [on it].'/'There is a book on the table.'

The cross-linguistic prevalence of these associations has led some linguists to embrace the **localist hypothesis**, in which locative expressions are seen as basic, the source from which all the others derive. Lyons (1967: 390), who cited the data in (12)-(13), formulated the hypothesis as follows: "...In many, and perhaps in all, languages existential and possessive constructions derive (both synchronically and diachronically) from locatives." Similar proposals were made by Anderson (1971: ch. 7) in the context of his localist theory of case, and by Freeze (1992) from a generative perspective.

I will return to the localist hypothesis in the final section. The immediate task is to characterize BE possessive constructions. And in order to do that, we first need a characterization of locative and existential expressions.

Notions of location and existence are always relative to some **domain**, the default being space (and in particular, physical space in the "real world"). Though it is probably not sufficient, one way to think about their relationship is to treat an existential predication as a generalized, maximally schematic locative specification. Taking space as the domain, if I say that a unicorn is *here*, *there*, or *in the garden*, I restrict its location to a delimited spatial region, implying that if you search in that region you will find it. If I say instead that a unicorn *exists*, you will not know where to look for it. The existential predication implies that it can in principle be found, that if you were able to look everywhere you would find it somewhere, but does not itself do anything to narrow down the region of search. It is maximally schematic ("coarse-grained") in regard to the unicorn's location within the domain of existence. This way of viewing the distinction between location and existence is sketched in Figure 13.

Typically a locative expression identifies the delimited region where an entity can be found by invoking a reference object. The reference object functions as a **spatial landmark**, with respect to which it specifies a **domain of search** (Hawkins 1984; Langacker 1993b, 2002b). For instance, the prepositions *above*, *beside*, and *in*

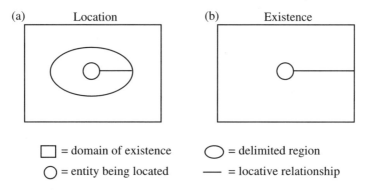

Figure 13

have the organization shown in Figure 14. In each case the target of search (T) occupies a search domain (D) defined in relation to the reference object (R), *in* being the special case where the search domain and reference object are basically coextensive. The relationship profiled by a preposition or postposition is that of T occupying a location accessible via R. T is thus the trajector, and R the landmark. Diagram (d) is a schematic representation of locatives. It should not be read as implying that R is always inside D, but merely that R is invoked as a point of reference to "anchor" the domain of search.

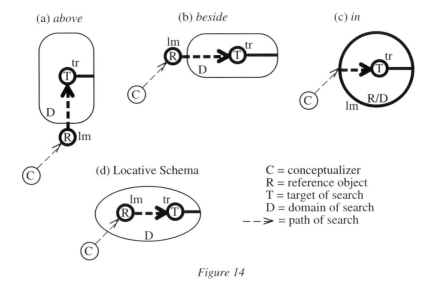

Figure 14

In terms of its form, the Japanese construction in (14) is fairly typical of BE possessives. The verb *iru* predicates animate existence. The ending *-ni* has a variety of specific interpretations, often being glossed as 'to' or 'at'. It also marks indirect objects.

(14) *Watashi-ni-wa   mago-ga   iru.*   [Japanese]
     I-to-TOP   grandchild-SUBJ   exist
     'I have a grandchild.'

Relevant aspects of this construction are diagrammed in Figure 15. The two primary constituents are the postpositional phrase *watashi-ni* 'to me' and *mago(-ga) iru* '(a) grandchild exists'. Each is constructed in the normal fashion: *watashi* 'I' elaborates the landmark of *-ni* 'to' in a postpositional object construction; and *mago* elaborates the trajector of *iru* in the regular subject construction to form a minimal finite clause. As in previous examples, the actuality of the clausal subject is derivative of the profiled process ('exist') being actual.

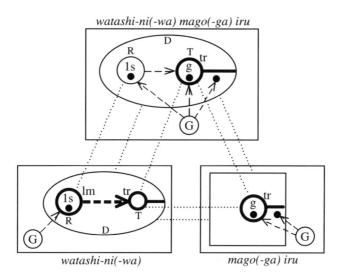

Figure 15

At the level of organization shown in the diagram, these two constituents are integrated to form the full sentence. Two correspondences are involved. First, their trajectors correspond: the thing which exists is equated with the entity located with respect to the speaker. Second, the domain of existence is identified with the domain of search in which the target can be found. In other words, the construction serves to localize the domain of existence, so the subject is said to exist specifically in the region anchored by the postpositional object (in this case the speaker). This region is not necessarily or even primarily a spatial one. As noted, *-ni* is the Japanese indirect object marker, and indirect object relationships are generally interpreted as being experiential in nature. Hence the central import of (14) is that a grandchild exists in the speaker's domain of experience. This amounts to possession, which also centers on experiential access.

110   *Ronald W. Langacker*

The composite structure in Figure 15 instantiates the configuration for BE possession given earlier in Figure 7(c). There are various ways of structurally implementing this general strategy of clausal possession. While Japanese *iru* is primarily existential, the corresponding predicates in Latin and Russian would generally be considered "copular", with a more general meaning and a wider range of uses.[7] I would be inclined to analyze such predicates as merely extending through time the relationship profiled by their complement, giving it the temporal extension necessary to function as a clausal head (cf. Langacker 1982, 1999b). The clausal construction is then quite comparable to Figure 15 except that the relationship profiled by BE is fully assimilated to the one profiled by the complement (hence the profiling and trajector/landmark organization of the complement carry over to the composite structure level).

A more fundamentally different way of implementing the BE possessive strategy is found in Luiseño. As seen in (15), the possessor is not introduced through a locative complement to BE, but through a possessor prefix on the subject nominal. This construction resembles (10) in that a nominal possessive is invoked as part of a clausal construction serving to predicate precisely the same possessive relationship. Once again, the possessive nominal is evidently construed as a role description; internally to the subject nominal itself, the target is only a virtual instance of the type *peetum* 'younger brothers' or *qeesum* 'younger sisters', its status vis-à-vis actuality being determined by the clause containing it. Through lexical choices, the language makes it possible to indicate either the existence of this virtual entity (hence its actuality) or its non-existence.

(15) (a) *Po-peet-um*   *qal-wun.*   [Luiseño]
         his-younger:brother-PL   be-PRES:PL
         'He has younger brothers.'

     (b) *Po-qees-um=pum*   *'oma-an.*
         his-older:sister-PL=they   not:be-PRES:PL
         'He has no older sisters.'

---

7. Concomitant with this generalized semantic value is the omission of the Russian copula in the present tense.

Sentence (15)(a) is sketched in Figure 16, which should now be self-explanatory. Grammatically it is a normal subject construction, where the nominal profile corresponds to the verb's trajector. This existential clause has possessive function because the subject nominal incorporates a possessive relationship. As in Figure 15, the domain of existence is identified with the possessive dominion, so the existence is localized to this region. Thus, depending on whether the existence is portrayed as actual (by *qal* 'be') or non-actual (by *'oma* 'not be'), the entity possessed is specified – derivatively – as being actual or only virtual.

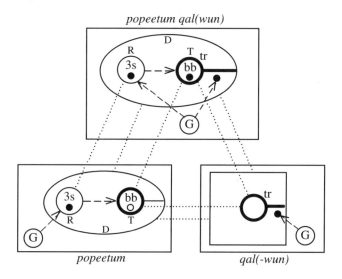

Figure 16

5. Diachronic Perspective

The data and analysis I have presented corroborate the intimate connection, noted by Lyons and many others, between possessive and locative/existential expressions. Nevertheless, I believe that any strong formulation of the localist hypothesis (like the one quoted from Lyons) is empirically and theoretically untenable. It is theoretically untenable to the extent that it posits derivations from underlying structures in a synchronic description. Devices of this sort are

112   *Ronald W. Langacker*

proscribed in CG and increasingly disfavored in other theoretical traditions. Discussion of this general issue is beyond the scope of my presentation. Suffice it to say that, in a CG account, one is not permitted to treat a sentence like *He has a house* as the surface manifestation of an underlying structure like *At me is a house* or *To me a house exists.*

As a diachronic claim, the localist hypothesis conflicts with what has been learned about the historical origins of HAVE-type predicates. Verbs analogous to English *have* and Spanish *tener* (< Latin *tenēre* 'hold, keep, grasp') do not grammaticize from locatives, but from expressions designating physical occurrences in which the subject manipulates or otherwise acts on an object. The resulting constructions are "conceptually derived from a propositional structure that typically involves an agent, a patient, and some action or activity. In addition to 'take', a number of related action verbs can be employed, such as 'seize', 'grab', 'catch', and the like, but ... verbs like 'hold', 'carrry', 'get', 'find', 'obtain', 'acquire', or 'rule' can [also] be used" (Heine 1997: 91). While such verbs do imply that the subject controls (or comes to control) the object's location, the structures in question are basically agentive rather than locative.

For BE possessives a locative/existential source is however clearly indicated. The locative element in the source expression can have a range of original meanings, including 'at', 'from', 'to', and 'with' (Heine 1997: 5.2). As for the verbal element, I note that one possible source is a posture predicate: 'sit', 'stand', or 'lie'. For instance, the Luiseño stem *qal* in (15)(a) derives from the Proto Uto-Aztecan verb **kati* 'sit'.

If the affinity between possessive and locative/existential constructions does not reside in a common diachronic origin, nor in a common underlying structure, to what can we attribute it? The answer should already be apparent from the foregoing discussion and analyses: possessives and locatives share an abstract conceptual characterization based on the reference point ability. While they are grounded in different conceptual archetypes, reflected in their prototypical values, each archetype incorporates a reference point relationship – immanent within it – which may be all that remains as the constructions are extended to a wide range of non-prototypical uses.

Possession, Location and Existence   113

This abstract commonality is the link permitting locative construction to be used for possession, and conversely.

With HAVE-type predicates, the basic evolutionary path starts with agentive verbs describing immediate physical control (e.g. 'hold', 'carry', 'get'). These represent specific actions. From there, the semantic change resulting in a prototypical possessive predicate involves **attenuation** in the degree of agentive control, with respect to several parameters (Langacker 1999b). First, a possessive predicate does not designate a specific action, but rather the potential to interact with the object when desired – saying that *I have an electric toothbrush* does not imply that I am using it right now, only that I have the privilege of doing so whenever I want. Possessive verbs are therefore imperfective (or stative) rather than perfective (active). Second, the possessor's control, when exercised, is not limited to physical interaction. It extends as well to abstract situations, with social and experiential factors being if anything more prevalent and important than physical ones, as seen in (16). Finally, there is attenuation in the extent to which the possessor is an active controller at all. In certain uses, like (16)(e)-(f), the subject is only marginally an experiencer; it serves primarily as a spatial reference point indicating where the object can be found. At the extreme, e.g. (16)(g), the possessor is completely passive, serving only a reference point function.

(16)　(a) *I have an electric toothbrush.*
　　　(b) *She has several dogs.*
　　　(c) *Jones has a very good job.*
　　　(d) *My brother has frequent headaches.*
　　　(e) *We have a lot of earthquakes in California.*
　　　(f) *Sherridan has brown eyes.*
　　　(g) *Their house has four bedrooms.*

The basic stages – source predicate, prototypical possessive, and generalized (schematic) possessive, are sketched in Figure 17. Observe that the relationship between diagrams (b) and (c) is essentially the same as the relationship, shown in Figure 2, between the possessive prototype and the possessive schema. The schematic characterization, where C traces a mental path via R to T, is immanent in the predicate and the construction at all stages. This subjectively construed path of mental access remains behind as all traces of active control by R fade from the picture.

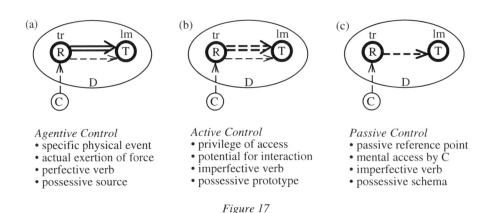

Figure 17

At the extreme, when all vestiges of active control have faded away, we are left with what amounts to a locative predication – R serves only as a reference point evoked by C in order to locate T. Spatially interpreted, R's dominion is then a locative domain of search. Of course, since the predicate was originally (and remains primarily) based on the notion of active control, R functions as trajector and T as landmark (in contrast to BE locatives, where T is the trajector). It can then be imagined that a language might adopt this sort of predicate as a basic means of expressing spatial location.

One such language is Mandarin, as exemplified in (13). The verb 'have' is regularly employed for locative/existential expressions with inanimate reference points, as in (13)(b).[8] A relevant aspect of this construction is that the subject is construed as a **location** (rather than a **participant** – for the importance of this distinction, see Langacker 1993b; Shen 1996). The form *zhūo-shàng* consists of 'table' + 'top',

---

8. English does something comparable, e.g. *The table has a book on it*, but it is not the general locative pattern and has special semantic and grammatical properties, including the obligatory incorporation of a prepositional phrase.

so what the nominal actually profiles is the top (a location) rather than the object as a whole. When a location functions as reference point for a spatial search, it is a natural (if not an automatic) consequence that the functions of reference point and dominion (i.e. domain of search) collapse. The delimited region to which a location affords mental access, in order to find a target, is most readily identified as being that location itself.

Sentence (13)(b) is sketched in Figure 18. It is quite analogous to Figure 11, *He has a house*, except that R and D coincide. The location evoked as reference point is also the domain of search, where the target can be found.

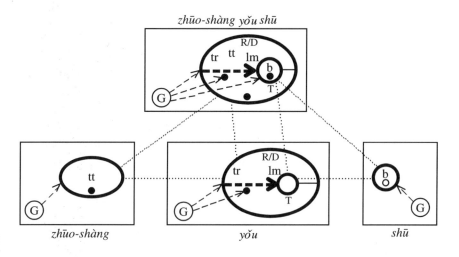

Figure 18

We have already seen, in Figures 15 and 16, how BE-type predicates and locative/existential constructions can be appropriated for possessive use. The basic step is simply to equate the domain of existence with R's dominion. Of course, a full account must also consider semantic developments affecting the locative element and the locative/existential predicate. Here I can offer just a few comments of a programmatic nature.

How does a locative element, e.g. an adposition meaning 'at' or 'to', come to indicate a possessive relationship? Essentially this is the inverse of the development sketched in Figures 2 and 17, in

116 *Ronald W. Langacker*

which the notion of active control on the part of R attenuates to the point where R is left with only the passive role of spatial reference point. The inverse development, where a locative comes to be used for general possession, is a matter of R's passive role being strengthened. Instead of merely serving as a spatial reference point allowing C to mentally access T, R becomes an active controller with physical, social, and/or experiential access to T. The dominion is no longer interpreted in purely spatial terms – if anything, experiential factors predominate.

Does this inverse direction conflict with the idea that semantic developments in grammaticization tend to be unidirectional? Not really, since the attenuation of R's role pertains to the grammaticization of an agentive verb, while this strengthening of R's role pertains to the grammaticization of a spatial preposition. They represent different kinds of grammaticization, with distinct starting points and endpoints. Traugott (1988) has suggested that the initial stage of grammaticization involves strengthening, or semantic enrichment, even if weakening or attenuation predominates in later stages. Accordingly, the strengthening of R's role is not unexpected as part of a spatial preposition being extended to possessive use. We can interpret this as an instance of either metaphor or metonymy (the two are not inconsistent). In terms of the former, location in a spatial region anchored by a landmark constitutes the source domain, projected metaphorically onto the target domain of something being within a possessor's sphere of control. The metonymic interpretation hinges on the correlation between spatial proximity and the possibility of access or control: it is generally by virtue of something being close to us spatially that we are able to use it or experience it. Shifting to a primarily possessive value is then a matter of the strengthening of pragmatic inference.

I have already indicated that one source of a BE-type predicate is a posture predicate: 'sit', 'stand', or 'lie'. For instance, Spanish *estar* derives from Latin *stāre* 'stand' (Langacker 1999b), and Luiseño *qal* from Proto Uto-Aztecan **kati* 'sit'. Here I would only add that this development does involve semantic weakening. In particular, it represents subjectification, as defined in CG: an **objectively** construed relationship fades away, leaving behind a **subjectively** construed relationship that was **immanent** in it (inherent in its conception).

Possession, Location and Existence 117

A verb like SIT or STAND profiles an imperfective process with two relational components: the notion of the trajector exhibiting a certain posture and spatial orientation; and the notion of the trajector remaining in a single spatial location. "Bleaching out" of the posture specification leaves behind the notion of being in a certain place. Further attenuation, in the form of abstracting away from the idea of a particular spatial location (and even physical space), results in an existential predicate.

I hope to have shown in reasonably precise detail how a HAVE possessive construction can be extended to locative/existential use, and conversely, how a locative/existential BE construction can assume possessive function. In view of this extensive overlap between possessives and locatives, both of which instantiate the abstract notion of a reference point relationship, one more type of diachronic development can be anticipated: **reanalysis**, whereby a HAVE construction is reinterpreted as a BE construction, or the opposite. While I suspect that this is in fact a frequent occurrence, I have not done any serious investigation along these lines.

One apparent case has however come to light. It concerns the Japanese construction illustrated previously, where possession is expressed by predicating existence within the possessor's dominion. In terms of its form, (14) is a classic example of a BE possessive construction employing a locative/existential predicate. In particular, observe that – as expected in a BE construction – the target is marked as subject (by *ga*). There is evidence, however, that this possessive construction based on *iru* 'exist' is in the process of being reanalyzed. Specifically, Kumashiro (2000: 4.4.2) has shown that subject properties are split: while T functions as subject at the predicate level (in terms of subject honorification marked on the verb), R functions as subject at the clause level (in terms of being a controller for reflexives). Should this development run its course, R would eventually take over as subject in all respects. In effect, the construction would be reanalyzed as a HAVE possessive, with *iru* then meaning 'have'.

In terms of its CG description, this change is fairly minimal. The basic development is summarized in Figure 19. Since HAVE and BE possessives involve all the same conceptual elements, it is simply a matter of shifting the profile from the relationship of T being located with respect to R, to the associated relationship of R controlling (providing mental access to) T. This implies (and perhaps is even instigated by) a shift in primary focal prominence from T to R. R is then the trajector, coded as grammatical subject, leaving T as landmark. A shift in profile is what is known as **metonymy**, an utterly ubiquitous linguistic phenomenon. (For parallel cases, see Langacker 1999a: ch. 12.)

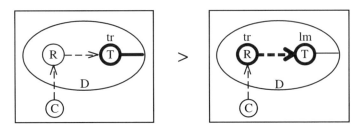

Figure 19

Obviously, I cannot claim to have analyzed any of the constructions or phenomena discussed here in all their rich detail. I believe, however, that the broad outlines of a comprehensive account are starting to emerge. At the very least, it should be evident that a revealing analysis of these phenomena requires the simultaneous consideration of many factors: synchronic, diachronic, and cross-linguistic; lexical, grammatical, and semantic. All of these must figure in a comprehensive description and are necessary for a thorough understanding of any part of this complex picture.

References

Anderson, John M.
    1971   *The Grammar of Case: Towards a Localistic Theory.* Cambridge: Cambridge University Press. Cambridge Studies in Linguistics 4.
Bendix, Edward Herman
    1966   *Componential Analysis of General Vocabulary: The Semantic Structure of a Set of Verbs in English, Hindi, and Japanese.* Bloomington: Indiana University Research Center in Anthropology, Folklore, and Linguistics. Publication 41. [*International Journal of American Linguistics* 32.2, Part II.]

Possession, Location and Existence   119

Brisard, Frank (ed.)
2002 *Grounding: The Epistemic Footing of Deixis and Reference.* Berlin and New York: Mouton de Gruyter. Cognitive Linguistics Research 21.

Fauconnier, Gilles
1985 *Mental Spaces: Aspects of Meaning Construction in Natural Language.* Cambridge, MA and London: MIT Press/Bradford.

Freeze, Ray
1992 Existentials and Other Locatives. *Language* 68: 553-595.

Hawkins, Bruce W.
1984 *The Semantics of English Spatial Prepositions.* San Diego: University of California doctoral dissertation.

Heine, Bernd
1997 *Cognitive Foundations of Grammar.* New York and Oxford: Oxford University Press.

Kumashiro, Toshiyuki
2000 *The Conceptual Basis of Grammar: A Cognitive Approach to Japanese Clausal Structure.* San Diego: University of California. Doctoral dissertation.

Kumashiro, Toshiyuki, & Ronald W. Langacker
2003 Double-Subject and Complex-Predicate Constructions. *Cognitive Linguistics* 14: 1-45.

Langacker, Ronald W
1982 Space Grammar, Analysability, and the English Passive. *Language* 58: 22-80.
1987 *Foundations of Cognitive Grammar*, vol. 1, *Theoretical Prerequisites.* Stanford: Stanford University Press.
1990a *Concept, Image, and Symbol: The Cognitive Basis of Grammar.* Berlin and New York: Mouton de Gruyter. Cognitive Linguistics Research 1.
1990b Subjectification. *Cognitive Linguistics* 1: 5-38.
1991 *Foundations of Cognitive Grammar*, vol. 2, *Descriptive Application.* Stanford: Stanford University Press.
1993a Reference-Point Constructions. *Cognitive Linguistics* 4: 1-38.
1993b Grammatical Traces of some "Invisible" Semantic Constructs. *Language Sciences* 15: 323-355.
1995 Possession and Possessive Constructions. In: John R. Taylor and Robert E. MacLaury (eds.), *Language and the Cognitive Construal of the World*, 51-79. Berlin and New York: Mouton de Gruyter. Trends in Linguistics Studies and Monographs 82.
1996 Conceptual Grouping and Pronominal Anaphora. In: Barbara Fox (ed.), *Studies in Anaphora*, 333-378. Amsterdam and Philadelphia: John Benjamins. Typological Studies in Language 33.
1998 On Subjectification and Grammaticization. In: Jean-Pierre Koenig (ed.), *Discourse and Cognition: Bridging the Gap*, 71-89. Stanford: CSLI Publications.
1999a *Grammar and Conceptualization.* Berlin and New York: Mouton de Gruyter. Cognitive Linguistics Research 14.

120   *Ronald W. Langacker*

1999b   Losing Control: Grammaticization, Subjectification, and Transparency. In: Andreas Blank and Peter Koch (eds.), *Historical Semantics and Cognition*, 147-175. Berlin and New York: Mouton de Gruyter. Cognitive Linguistics Research 13.

1999c   Virtual Reality. *Studies in the Linguistic Sciences* 29-2: 77-103.

2001   Topic, Subject, and Possessor. In: Hanne Gram Simonsen and Rolf Theil Endresen (eds.), *A Cognitive Approach to the Verb: Morphological and Constructional Perspectives*, 11-48. Berlin and New York: Mouton de Gruyter. Cognitive Linguistics Research 16.

2002a   Deixis and Subjectivity. In: Brisard, 1-28.

2002b   A Study in Unified Diversity: English and Mixtec Locatives. In: N. J. Enfield (ed.), *Ethnosyntax: Explorations in Grammar and Culture*, 138--161. Oxford and London: Oxford University Press.

2003a   Conceptual Overlap in Reference Point Constructions. In: Masotomo Ukaji, Masayuki Ike-Uchi, and Yoshiki Nishimura (eds.,) *Current Issues in English Linguistics,* 87-117. Tokyo: Kaitakusha. Special Publications of the English Linguistic Society of Japan 2.

2003b   Grammaire, Cognition et le Problème de la Relativité: Le Cas de la Possession. In: Claude Vandeloise (ed.), *Langues et Cognition*, 205--237. Paris: Lavoisier. Traité des Sciences Cognitives 23.

2003c   Strategies of Clausal Possession. *International Journal of English Studies* 3-2: 1-24.

To appear   Remarks on Nominal Grounding.

Lyons, John

1967   A Note on Possessive, Existential and Locative Sentences. *Foundations of Language* 3:390-396.

Shen, Ya-Ming

1996   The Semantics of the Chinese Verb "Come". In: Eugene H. Casad (ed.), *Cognitive Linguistics in the Redwoods: The Expansion of a New Paradigm in Linguistics*, 507-540. Berlin and New York: Mouton de Gruyter. Cognitive Linguistics Research 6.

Taylor, John R.

1996   *Possessives in English: An Exploration in Cognitive Grammar.* Oxford: Oxford University Press/Clarendon.

Traugott, Elizabeth

1988   Pragmatic Strengthening and Grammaticalization. *Proceedings of the Annual Meeting of the Berkeley Linguistics Society* 14:406-416.

1989   On the Rise of Epistemic Meanings in English: An Example of Subjectification in Semantic Change. *Language* 65:31-55.

van Hoek, Karen

1995   Conceptual Reference Points: A Cognitive Grammar Account of Pronominal Anaphora Constraints. *Language* 71:310-340.

1997   *Anaphora and Conceptual Structure.* Chicago and London: University of Chicago Press.

Verhagen, Arie

1986   *Linguistic Theory and the Function of Word Order in Dutch: A Study on Interpretive Aspects of the Order of Adverbials and Noun Phrases.* Dordrecht: Foris.

The representation of Spatial Structure in Spoken and Signed Language*

Leonard Talmy

Abstract

Linguistic research to date has determined many of the factors that govern the structure of the spatial schemas found across spoken languages. It is now feasible to integrate these factors and to determine the comprehensive system they constitute for spatial structuring in spoken language. This system is characterized by several features. At a componential level, it has a relatively closed universally available inventory of fundamental spatial elements. These elements group into a relatively closed set of spatial categories. And each category includes only a relatively closed small number of particular elements: the spatial distinctions that each category can ever mark. At a composite level, elements of the inventory combine in particular arrangements to form whole spatial schemas. Each language has a relatively closed set of "pre-packaged" schemas of this sort. Finally, the system includes a set of processes that can extend or deform pre-packaged schemas and thus enable a language's particular set of schemas to be applied to a wider range of spatial structures.

An examination of signed language shows that its structural representation of space systematically differs from that in spoken language in the direction of what appear to be the structural characteristics of scene parsing in visual perception. Such differences include the following features. Signed language can mark finer spatial distinctions with its inventory of more structural elements, more categories, and more elements per category. It represents many more of these distinctions in any particular expression. It represents these distinctions independently in the expression, not bundled together into pre-packaged schemas. And its spatial representations are largely iconic with visible spatial characteristics. The findings suggest that instead of some discrete whole-language module, spoken language and signed language are both based on some more limited core linguistic system that then connects with different further subsystems for the full functioning of the two different language modalities. The different behaviors of the two language

---

* Thanks go to Lawrence Erlbaum Associates for their permission to reprint here the paper originally published as: "The representation of spatial structure in spoken and signed language". In: Perspectives on Classifier Constructions in Sign Language, ed. by Karen Emmorey. 169-195. Mahwah, NJ: Lawrence Erlbaum. 2003.

122   *Leonard Talmy*

modalities are plausible, given the apparently different intrinsic properties of the neural systems underlying them.

Keywords: ASL, language module, sign language, spatial schema, spatial structure

1. Introduction [1]

This paper combines and relates new findings on spatial structuring in two areas of investigation, spoken language and signed language. Linguistic research to date has determined many of the factors that structure the spatial schemas found across spoken languages (e.g. Gruber 1965, Fillmore 1968, Leech 1969, Clark 1973, Bennett 1975, Herskovits 1982, Jackendoff 198 , Zubin and Svorou 1984, as well as myself, Talmy 1983, 2000a, 2000b). It is now feasible to integrate these factors and to determine the comprehensive system they constitute for spatial structuring in spoken language. This system is characterized by several features. With respect to constituency, There is a relatively closed universally available inventory of fundamental spatial elements that in combination form whole schemas. There is a relatively closed set of categories that these elements appear in. And there is a relatively closed small number of particular elements in each category, hence, of spatial distinctions that each category can ever mark. With respect to synthesis, selected elements of the inventory are combined in specific arrangements to make up the whole schemas represented by closed-class spatial forms. Each such whole schema that a closed-class form represents is thus a "pre-packaged" bundling together of certain elements in a particular arrangement. Each language has in its lexicon a relatively closed set of such pre-packaged schemas (larger than that of spatial closed-class forms, due to polysemy) that a speaker must select among in depicting a spatial scene. Finally, with respect to the whole schemas themselves, these schemas can undergo a certain set of processes that extend or deform them. Such processes are perhaps part of the overall system so

---

1. The present version of this ongoing research supersedes the version in Talmy (forthcoming).

The representation of Spatial Structure in Spoken and Signed Language 123

that a language's relatively closed set of spatial schemas can fit more spatial scenes. An examination of signed language[2] shows that its structural representation of space systematically differs from that in spoken language in the direction of what appear to be the structural characteristics of scene parsing in visual perception. Such differences include the following: Signed language can mark finer spatial distinctions with its inventory of more structural elements, more categories, and more elements per category. It represents many more of these distinctions in any particular expression. It also represents these distinctions independently in the expression, not bundled together into pre-packaged schemas. And its spatial representations are largely iconic with visible spatial characteristics.

When formal linguistic investigation of signed language began several decades ago, it was important to establish in the context of that time that signed language was in fact a full genuine language, and the way to do this, it seemed, was to show that it fit the prevailing model of language, the Chomskyan-Fodorian language module. Since then, however, evidence has been steadily accruing that signed language does diverge in various respects from spoken language. The modern response to such observations – far from once again calling into question whether signed language is a genuine language – should be to rethink what the general nature of language is. Our findings suggest that instead of some discrete whole-language module, spoken language and signed language are both based on some more limited core linguistic system that then connects with different further subsystems for the full functioning of the two different language modalities.

---

2. I here approach signed language from the perspective of spoken language because it is not at this point an area of my expertise. For their help with my questions on signed language, my thanks to Paul Dudis, Karen Emmorey, Samuel Hawk, Nini Hoiting, Marlon Kuntze, Scott Liddell, Stephen McCullough, Dan Slobin, Ted Suppala, Alyssa Wolf, and others, – who are not responsible for my errors and oversights.

124   *Leonard Talmy*

2. Fundamental Space-Structuring Elements and Categories in Spoken Language

An initial main finding emerges from analysis of the spatial schemas expressed by closed-class (grammatical) forms across spoken languages. There is a relatively closed and universally available inventory of fundamental conceptual elements that recombine in various patterns to constitute those spatial schemas.

These elements fall within a relatively closed set of categories, with a relatively closed small number of elements per category.

2.1. The Target of Analysis

As background to this finding, spoken languages universally exhibit two different subsystems of meaning-bearing forms. One is the "open-class" or "lexical" subsystem, comprised of elements that are great in number and readily augmented – typically, the roots of nouns, verbs, and adjectives. The other is the "closed-class" or "grammatical" subsystem, consisting of forms that are relatively few in number and difficult to augment – including such bound forms as inflections and such free forms as prepositions and conjunctions. As argued in Talmy (2000a, ch. 1), these subsystems basically perform two different functions: open-class forms largely contribute conceptual content, while closed-class forms determine conceptual structure. Accordingly, our discussion focuses on the spatial schemas represented by closed-class forms so as to examine the concepts used by language for structuring purposes. Across spoken languages, only a portion of the closed-class subsystem regularly represents spatial schemas. We can identify the types of closed-class forms in this portion and group them according to their kind of schema. The types of closed-class forms with schemas for paths or sites include the following:

(1)   forms in construction with a nominal, such as prepositions like English *across* (as in *across the field*) or noun affixes like the Finnish illative suffix -:n 'into', as well as prepositional complexes such as English *in front of* or Japanese constructions with a "locative noun" like *ue* 'top surface', (as in *teeburu no ue ni* 'table GEN top at' = "on the table");

The representation of Spatial Structure in Spoken and Signed Language   125

(2)   forms in construction with a verb, such as verb satellites like English *out, back* and *apart* (as in *They ran out / back / apart*);
(3)   deictic determiners and adverbs such as English *this* and *here*;
(4)   indefinites, interrogatives, relatives, etc., such as English *every-where / whither / wherever*);
(5)   qualifiers such as English *way* and *right* (as in *It's way / right up there*); and
(6)   adverbials like English *home* (as in *She isn't home*).

Types of closed-class forms with schemas for the spatial structure of objects include the following:

(1)   forms modifying nominals such as markers for plexity or state of boundedness, like English -s for multiplexing (as in *birds*) or -*ery* for debounding (as in *shrubbery*);
(2)   numeral classifiers like Korean *chang* 'planar object'; and
(3)   forms in construction with the verb, such as some Atsugewi Cause prefixes, like *cu-* 'as the result of a linear object moving axially into the Figure'.

Finally, sets of closed-class forms that represent a particular component of a spatial event of motion/location include the following:

(1)   the Atsugewi verb-prefix set that represents different Figures;
(2)   the Atsugewi verb-suffix set that represents different Grounds (together with Paths);
(3)   the Atsugewi verb-prefix set that represents different Causes; and
(4)   the Nez Perce verb-prefix set that represents different Manners.

2.2. Determining the Elements and Categories

A particular methodology is used to determine fundamental spatial elements in language. One starts with any closed-class spatial morpheme in any language, considering the full schema that it expresses and a spatial scene that it can apply to. One then determines any factor one can change in the scene so that the morpheme no longer applies to it. Each such factor must therefore correspond to an essential element in the morpheme's schema. To illustrate, consider the English preposition *across* and the scene it refers to in *The board lay across the road*.

126   *Leonard Talmy*

Let us here grant the first two elements in the *across* schema (demonstrated elsewhere):

(1)   a Figure object (here, the board) is spatially related to a Ground object (here, the road); and
(2)   the Ground is ribbonal – a plane with two roughly parallel line edges that are as long as or longer than the distance between them.

The remaining elements can then be readily demonstrated by the methodology. Thus, a third element is that the Figure is linear, generally bounded at both ends. if the board were instead replaced by a planar object, say, some wall siding, one could no longer use the original *across* preposition but would have to switch to the schematic domain of another preposition, that of *over*, as in *The wall siding lay over the road*. A fourth element is that the axes of the Figure and of the Ground are roughly perpendicular. If the board were instead aligned with the road, one could no longer use the original *across* preposition but would again have to switch to another preposition, *along*, as in *The board lay along the road*. Additionally, a fifth element of the *across* schema is that the Figure is parallel to the plane of the Ground. In the referent scene, if the board were tilted away from parallel, one would have to switch to some other locution such as *The board stuck into / out of the road*.

A sixth element is that the Figure is adjacent to the plane of the Ground. If the board were lowered or raised away from adjacency, even while retaining the remaining spatial relations, one would need to switch to locutions like *The board lay (buried) in the road. / The board was (suspended) above the road*. A seventh element is that the Figure's length is at least as great as the Ground's width. If the board were replaced by something shorter, for example, a baguette, while leaving the remaining spatial relations intact, one would have to switch from *across* to *on*, as in *The baguette lay on the road*. An eighth element is that the Figure touches both edges of the Ground. If the board in the example retained all its preceding spatial properties but were shifted axially, one would have to switch to some locution like *One end of the board lay over one edge of the road*. Finally, a ninth element is that the axis of the Figure is horizontal (the plane of the Ground is typically, but not necessarily, horizontal). Thus, if one changes the original scene to that of a spear hanging on a wall, one can use *across* if the spear is horizontal, but not if it is vertical, as in *The spear hung across the wall. / The*

The representation of Spatial Structure in Spoken and Signed Language 127

spear hung up and down on the wall. Thus, from this single example, the methodology shows that at least the following elements figure in closed-class spatial schemas: a Figure and a Ground, a point, a line, a plane, a boundary (a point as boundary to a line, a line as boundary to a plane), parallelness, perpendicularity, horizontality, adjacency (contact), and relative magnitude. In the procedure of systematically testing candidate factors for their relevance, the elements just listed have proved to be essential to the selected schema and hence, to be in the inventory of fundamental spatial elements.

But it is equally necessary to note candidates that do not prove out, so as to know which potential spatial elements do not serve a structuring function in language. In the case of *across*, for example, one can probe whether the Figure, like the board in the referent scene, must be planar – rather than simply linear – and coplanar with the plane of the Ground. It can be seen, though, that this is not an essential element to the *across* schema, since this factor can be altered in the scene by standing the board on edge without any need to alter the preposition, as in *The board lay flat / stood on edge across the road.* Thus, coplanarity is not shown by *across* to be a fundamental spatial element. However, it does prove to be so in other schemas, and so in the end must be included in the inventory. This is seen for one of the schemas represented by English *over*, as in *The tapestry hung over the wall.* Here, both the Figure and Ground must be planes and coplanar with each other. If the tapestry here were changed to something linear, say, a string of beads, it is no longer appropriate to use *over* but only something like *against*, as in *The string of beads hung *over / against the wall.* Now, another candidate element – that the Figure must be rigid, like the board in the scene – can be tested and again found to be inessential to the *across* schema, since a flexible linear object can be substituted for the board without any need to change the preposition, as seen in *The board / The cable lay across the road.* Here, however, checking this candidate factor across numerous spatial schemas in many languages might well never yield a case in which it does figure as an essential element and so would be kept off the inventory. This methodology affords a kind of existence proof: it can demonstrate that some element does occur in the universally available inventory of structural spatial elements since it can be seen to occur in at least one closed-class spatial schema in at least one language. The procedure is repeated numerous times across many languages to build up a sizable inventory of elements essential to spatial schemas.

128   *Leonard Talmy*

The next step is to discern whether the uncovered elements comprise particular structural categories and, if so, to determine what these categories are. It can be observed that for certain sets of elements, the elements in a set are mutually incompatible – only one of them can apply at a time at some point in a schema. Such sets are here taken to be basic spatial categories. Along with their members, such categories are also part of language's fundamental conceptual structuring system for space. A representative sample of these categories is presented next.

It will be seen that these categories generally have a relatively small membership. This finding depends in part on the following methodological principles. An element proposed for the inventory should be as coarse-grained as possible – that is, no more specific than is warranted by cross-schema analysis. Correlatively, in establishing a category, care must be taken that it include only the most generic elements that have actually been determined – that is, that its membership have no finer granularity than is warranted by the element-abstraction procedure. For example, the principle of mutual incompatibility yields a spatial category of "relative orientation" between two lines or planes, a category with perhaps only two member elements (both already seen in the *across* schema): approximately parallel and approximately perpendicular.

Some evidence additionally suggests an intermediary "oblique" element as a third member of the category. Thus, some English speakers may distinguish a more perpendicular sense from a more oblique sense, respectively, for the two verb satellites *out and off*, as in *A secondary pipe branches out / off from the main sewer line*. In any case, though, the category would have no more than these two or three members. Although finer degrees of relative orientation can be distinguished by other cognitive systems, say, in visual perception and in motor control, the conceptual structuring subsystem of language does not include anything finer than the two- or three-way distinction. The procedures of schema analysis and cross-schema comparison, together with the methodological principles of maximum granularity for elements and for category membership, can lead to a determination of the number of structurally distinguished elements ever used in language for a spatial category.

The representation of Spatial Structure in Spoken and Signed Language 129

2.3. Sample Categories and their Member Elements

The fundamental categories of spatial structure in the closed-class subsystem of spoken language fall into three classes according to the aspect of a spatial scene they pertain to: the segmentation of the scene into individual components, the properties of an individual component, and the relations of one such component to another. In a fourth class are categories of nongeometric elements frequently found in association with spatial schemas. A sampling of categories and their member elements from each of these four classes is presented next. The examples provided here are primarily drawn from English but can be readily multiplied across a diverse range of languages (see Talmy 2000a, ch. 3).

2.3.1. Categories pertaining to Scene Segmentation

The class designated as scene segmentation may include only one category, that of "major components of a scene", and this category may contain only three member elements: the Figure, the Ground, and a secondary Reference Object. Figure and Ground were already seen for the *across* schema. Schema comparison shows the need to recognize a third scene component, the Secondary Reference Object – in fact, two forms of it: encompassive of or external to the Figure and Ground. The English preposition *near*, as in *The lamp is near the TV* specifies the location of the Figure (the lamp) only with respect to the Ground (the TV). But localizing the Figure with the preposition *above*, as in *The lamp is above the TV*, requires knowledge not only of where the Ground object is, but also of the encompassive earth-based spatial grid, in particular, of its vertical orientation. Thus, *above* requires recognizing three components within a spatial scene, a Figure, a Ground, and a Secondary Reference Object of the encompassive type. Comparably, the schema of *past* in *John is past the border* only relates John as Figure to the border as Ground. One could say this sentence on viewing the event through binoculars from either side of the border. But *John is beyond the border* can be said only by someone on the side of the border opposite John, hence the *beyond* schema establishes a perspective point at that location as a secondary Reference Object – in this case, of the external type.

130   *Leonard Talmy*

2.3.2. Categories pertaining to an Individual Scene Component

A number of categories pertain to the characteristics of an individual spatial scene component. This is usually one of the three major components resulting from scene segmentation – the Figure, Ground, or Secondary Reference Object – but it could be others, such as the path line formed by a moving Figure. One such category is that of "dimension" with four member elements: zero dimensions for a point, one for a line, two for a plane, and three for a volume. Some English prepositions require a Ground object schematizable for only one of the four dimensional possibilities. Thus, the schema of the preposition *near* as in *near the dot* requires only that the Ground object be schematizable as a point. *Along*, as in *along the trail*, requires that the Ground object be linear. *Over* as in *a tapestry over a wall* requires a planar Ground. And *throughout*, as in *cherries throughout the jello*, requires a volumetric Ground.

A second category is that of "number" with perhaps four members: one, two, several, and many. Some English prepositions require a Ground comprising objects in one or another of these numbers. Thus, *near* requires a Ground consisting of just one object, *between* of two objects, *among* of several objects, and *amidst* of numerous objects, as in *The basketball lay near the boulder / between the boulders / among the boulders / amidst the cornstalks*. The category of number appears to lack any further members – that is, closed-class spatial schemas in languages around the world seem never to incorporate any other number specifications – such as 'three' or 'even-numbered' or 'too many'.

A third category is that of "motive state", with two members: motion and stationariness. Several English prepositions mark this distinction for the Figure. Thus, in one of its senses, *at* requires a stationary Figure, as in *I stayed / *went at the library*, while *into* requires a moving Figure, as in *I went / *stayed into the library*. Other prepositions mark this same distinction for the Ground object (in conjunction with a moving Figure). Thus, *up to* requires a stationary Ground (here, the deer), as in *The lion ran up to the deer*, while *after* requires a moving Ground as in *The lion ran after the deer*. Apparently no spatial schemas mark such additional distinctions as motion at a fast vs. slow rate, or being located at rest vs. remaining located fixedly.

A fourth category is that of "state of boundedness" with two members: bounded and unbounded. The English preposition *along*

The representation of Spatial Structure in Spoken and Signed Language   131

requires that the path of a moving Figure be unbounded, as shown by its compatibility with a temporal phrase in *for* but not *in*, as in *I walked along the pier for 10 minutes / *in 20 minutes*. But the spatial locution *the length of* requires a bounded path, as in *I walked the length of the pier in 20 Minutes / *for 10 minutes*[3]. While some spatial schemas have the bounded element at one end of a line and the unbounded element at the other end, apparently no spatial schema marks any distinctions other than the two cited states of boundedness. For example, there is no cline of gradually increasing boundedness, nor a gradient transition, although just such a "clinal boundary" appears elsewhere in our cognition, as in geographic perception or conception, e.g., in the gradient demarcation between full forest and full meadowland (Mark and Smith, under review).

Continuing the sampling of this class, a fifth category is that of "directedness" with two members: basic and reversed. A schema can require one or the other of these elements for an encompassive Ground object, as seen for the English prepositions in *The axon grew along / against the chemical gradient*, or for the Atsugewi verb satellites for (moving) 'downstream' and 'upstream'. Or it can require one of the member elements for an encompassive Secondary Reference Object (here, the line), as in *Mary is ahead of / behind John in line*. A sixth category is "type of geometry" with two members: rectilinear and radial. This category can apply to an encompassive Secondary Reference Object to yield reference frames of the two geometric types. Thus, in a subtle effect, the English verb satellite *away*, as in *The boat drifted further and further away / out from the island*, tends to suggest a rectilinear reference frame in which one might picture the boat moving rightward along a corridor or sea lane with the island on the left (as if along the x-axis of a Cartesian grid). But *out* tends to suggest a radial reference frame in which the boat is seen moving from a center point along a radius through a continuum of concentric circles. In the type-of-geometry category, the radial-geometry member can involve motion about a center, along a radius, or along a periphery. The first of these is the basis for a further category, that of "orientation of spin axis", with two members: vertical and horizontal. The English verb satellites *around* and *over* specify motion of the Figure about a vertical or horizontal spin axis, respectively, as in The pole spun around / toppled over and in *I turned the pail around / over*. An eighth category is "phase of matter", with three main members, solid, liquid, and empty space, and perhaps a

132   *Leonard Talmy*

fourth member, fire. Thus, among the dozen or so Atsugewi verb satellites that subdivide the semantic range of English *into* plus a Ground object, the suffix *-ik's* specifies motion horizontally into solid matter (as chopping an ax into a tree trunk), *-ic't* specifies motion into liquid, *-ipsnu* specifies motion into the empty space of a volumetric enclosure, and *-caw* specifies motion into a fire. The phase of matter category even figures in some English prepositions, albeit covertly. Thus, *in* can apply to a Ground object of any phase of matter, whereas *inside* can apply only to one with empty space, as seen in *The rock is in / inside the box; in / *inside the ground; in / *inside the puddle of water; in / *inside the fire.*

A final category in this sampled series is that of "state of consolidation" with apparently two members: compact (precisional) and diffuse (approximative). The English locative prepositions *at* and *around* distinguish these two concepts, respectively, for the area surrounding a Ground object, as in *The other hiker will be waiting for you at / around the landmark*. The two deictic adverbs in *The hiker will be waiting for you there / thereabouts* mark the same distinction (unless *there* is better considered neutral to the distinction). And in Malagasy (Imai, 2000), two locative adverbs for 'here' mark this distinction, with *eto* for 'here within this bounded region', typically indicated with a pointing finger, and *ety* for 'here spread over this unbounded region', typically indicated with a sweep of the hand. In addition to this sampling, some ten or so further categories pertaining to properties of an individual schema component, each category with a small number of fixed contrasts, can be readily identified.

2.3.3. Categories pertaining to the relation of one scene component to another

Another class of categories pertains to the relations that one scene component can bear to another. One such category was described earlier, that of "relative orientation", with two or three members: parallel, perpendicular, and perhaps oblique. A second such category is that of "degree of remove", of one scene component from another. This category appears to have four or five members, two with contact between the components – coincidence and adjacency – and two or three without contact – proximal, perhaps medial, and distal remove.

The representation of Spatial Structure in Spoken and Signed Language 133

Some pairwise contrasts in English reveal one or another of these member elements for a Figure relating to a Ground. Thus, the locution *in the front of*, as in *The carousel is in the front of the fairground*, expresses coincidence, since the carousel as Figure is represented as being located in a *part* of the fairground as Ground. But *in front of* (without a *the*) as in *The carousel is in front of the fairground*, indicates proximality, since the carousel is now located outside the fairground and near it but not touching it. The distinction between proximal and distal can be teased out by noting that *in front of* can only represent a proximal but not a distal degree of remove, as seen in the fact that one can say *The carousel is 20 feet in front of the fairground*, but not, **The carousel is 20 miles in front of the fairground*, whereas *above* allows both proximal and distal degrees of remove, as seen in *The hawk is 1 foot / 1 mile above the table*. The distinction between adjacency and proximality is shown by the prepositions *on* and *over*, as in *The fly is on / over the table*. Need for a fifth category member of 'medial degree of remove' might come from languages with a 'here / there / yonder' kind of distinction in their deictic adverbs or demonstratives. A third category in this series is that of "degree of dispersion" with two members: sparse and dense. To begin with, English can represent a set of multiple Figures, say, 0-dimensional peas, as adjacent to or coincident with a 1-, 2-, or 3-dimensional Ground, say, with a knife, a tabletop, or aspic, in a way neutral to the presence or absence of dispersion, as in *There are peas on the knife; on the table; in the aspic*. But in representing dispersion as present, English can (or must) indicate its degree. Thus, a sparse degree of dispersion is indicated by the addition of the locution *here and there*, optionally together with certain preposition shifts, as in *There are peas here and there on / along the knife; on / over the table; in the aspic*. And for a dense degree of dispersion, English has the three specialized forms *all along, all over* and *throughout*, as seen in *There are peas all along the knife; all over the table; throughout the aspic*. A fourth category is that of "path contour" with perhaps some four members: straight, arced, circular, and meandering. Some English prepositions require one or another of these contour elements for the path of a Figure moving relative to a Ground. Thus, *across* indicates a straight path, as seen in *I drove across the plateau / *hill*, while *over* – in its usage referring to a single path line – indicates an arced contour, as in *I drove over the hill / *plateau*. In one of its senses, *around* indicates a roughly circular path, as in *I walked*

134   *Leonard Talmy*

around the maypole, and *about* indicates a meandering contour, as in *I walked about the town*. Some ten or so additional categories for relating one scene component to another, again each with its own small number of member contrasts, can be readily identified.

2.3.4. Nongeometric Categories

All the preceding elements and their categories have broadly involved geometric characteristics of spatial scenes or the objects within them – that is, they have been genuinely spatial. But a number of nongeometric elements are recurrently found in association with otherwise geometric schemas. One category of such elements is that of "force dynamics" (see Talmy 2000a, ch. 7) with two members: present and absent. Thus, geometrically, the English prepositions *on* and *against* both represent a Figure in adjacent contact with a Ground, but in addition, *on* indicates that the Figure is supported against the pull of gravity through that contact while *against* indicates that it is not, as seen in *The poster is on / *against the wall* and *The floating helium balloon is against / *on the wall*. Cutting the conceptualization of force somewhat differently (Melissa Bowerman, personal communication), the Dutch preposition *op* indicates a Figure supported comfortably in a natural rest state through its contact with a Ground, whereas *aan* indicates that the Figure is being actively maintained against gravity through contact with the Ground, so that flesh is said to be "op" the bones of a live person but "aan" the bones of a dead person.

A second nongeometric category is that of "accompanying cognitive/ affective state", though its extent of membership is not clear. One recurrent member, however, is the attitude toward something that it is unknown, mysterious, or risky. Perhaps in combination with elements of inaccessibility or nonvisibility, this category member is associated with the Figure's location in the otherwise spatial indications of the English preposition *beyond*, whereas it is absent from the parallel locution *on the other side of*, as in *He is beyond / on the other side of the border* (both these locutions – unlike *past* seen above – are otherwise equivalent in establishing a viewpoint location as an external Secondary Reference Object).

A third nongeometric category, – in the class that relates one scene component to another – is that of "relative priority", with two members:

The representation of Spatial Structure in Spoken and Signed Language 135

coequal and main/ancillary. The English verb satellites *together* and *along* both indicate joint participation, as seen in *I jog together / along with him*. But *together* indicates that the Figure and the Ground are coequal partners in the activity, whereas *along* indicates that the Figure entity is ancillary to the Ground entity, who would be assumed to engage in the activity even if alone (see Talmy 2000b, ch. 3).

2.4. *Properties of the Inventory*

By our methodology, the universally available inventory of structural spatial elements includes all elements that appear in at least one closed-class spatial schema in at least one language. These elements may indeed be equivalent in their sheer availability for use in schemas. But beyond that, they appear to differ in their frequency of occurrence across schemas and languages, ranging from very common to very rare. Accordingly, the inventory of elements – and perhaps also that of categories – may have the property of being hierarchical, with entries running from the most to the least frequent. Such a hierarchy suggests asking whether the elements in the inventory, the categories in the inventory, and the elements in each category form fully closed memberships. That is, does the hierarchy end at a sharp lower boundary or trail off indefinitely? With many schemas and languages already examined, our sampling method may have yielded all the commoner elements and categories, but as the process slows down in the discovery of the rarer forms, will it asymptotically approach some complete constituency and distinctional limit in the inventory, or will it be able to go on uncovering sporadic novel forms as they develop in the course of language change?

The latter seems likelier. Exotic elements with perhaps unique occurrence in one or a few schemas in just one language can be noted, including in English. Thus, in referring to location at the interior of a

---

3. As it happens, most motion prepositions in English have a polysemous range that covers both the unbounded and the bounded sense. Thus, *through* as in *I walked through the tunnel for 10 minutes* refers to traversing an unbounded portion of the tunnel's length, whereas in *I walked through the tunnel in 20 minutes*, it refers to traversing the entire bounded length.

136   Leonard Talmy

wholly or partly enclosed vehicle, the prepositions *in* and *on* distinguish whether the vehicle lacks or possesses a walkway. Thus, one is in a car but on a bus, in a helicopter but on a plane, in a grain car but on a train, and in a rowboat but on a ship. Further, Fillmore has observed that this *on* also requires that the vehicle be currently in use as transport: *The children were playing in / *on the abandoned bus in the junkyard.*

Thus, schema analysis in English reveals the element '(partly) enclosed vehicle with a walkway currently in use as transport". This is surely one of the rarer elements in schemas around the world, and its existence, along with that of various others that can be found, suggests that indefinitely many more of them can sporadically arise.

In addition to being only relatively closed at its hierarchically lower end, the inventory may include some categories whose membership seems not to settle down to a small fixed set. One such category may be that of "intrinsic parts". Frequently encountered are the five member elements 'front', 'side', 'back', 'top', and 'bottom , as found in the English prepositions in *The cat lay before / beside / behind / atop / beneath the TV.* But languages like Mixtec seem to distinguish a rather different set of intrinsic parts in their spatial schemas (Brugmann and Macawley, 1986), while Makah distinguishes many more and finer parts, such as with its verb suffixes for 'at the ankle' and 'at the groin' (Matthew Davidson, personal communication).

Apart from any fuzzy lower boundary and noncoalescing categories, there does appear to exist a graduated inventory of basic spatial elements and categories that is universally available and, in particular, is relatively closed. Bowerman (e.g. 1989) has raised the main challenge to this notion. She notes, for example, that at the same time that children acquiring English learn its *in/on* distinction, children acquiring Korean learn its distinction between *kkita* 'put [Figure] in a snug fit with [Ground]' and *nehta* 'put [Figure] in a loose fit with [Ground]' she argues that since the elements 'snug fit' and 'loose fit' are presumably rare among spatial schemas across languages, they do not come from any preset inventory, one that might plausibly be innate, but rather are learned from the open-ended semantics of the adult language. My reply is that the spatial schemas of genuinely closed-class forms in Korean may well still be built from the proposed inventory elements, and that the forms she cites are actually open-class verbs. Open-class semantics – whether for space or other domains – seems to involve a different cognitive subsystem, drawing from finer discriminations within a broader

The representation of Spatial Structure in Spoken and Signed Language 137

perceptual / conceptual sphere. The Korean verbs are perhaps learned at the same age as English space-related open-class verbs like *squeeze*. Thus, English-acquiring children probably understand that *squeeze* involves centripetal pressure from encircling or bi-/multi-laterally placed Antagonists (typically the arm(s) or hand(s)) against an Agonist that resists the pressure but yields down to some smaller compass where it blocks further pres-sure, and hence that one can squeeze a teddy bear, a tube of toothpaste, or a rubber ball, but not a piece of string or sheet of paper, juice or sugar or the air, a tabletop or the corner of a building. Thus, Bowerman's challenge may be directed at the wrong target, leaving intact the proposed roughly preset inventory of basic spatial building blocks.

2.5. Basic Elements Assembled into Whole Schemas

The procedure so far has been analytic, starting with the whole spatial schemas expressed by closed-class forms and abstracting from them an inventory of fundamental spatial elements. But the investigation must also include a synthetic procedure: examining the ways in which individual spatial elements are assembled to constitute whole schemas. Something of such an assembly was implicit in the initial discussion of the *across* schema. But an explicit example here can better illustrate this part of the investigation.

Consider the schema represented by the English preposition *past* as in *The ball sailed past my head at exactly 3 PM*. This schema is built out of the following fundamental spatial elements (from the indicated categories) in the indicated arrangements and relationships: There are two main scene components (members of the "major scene components" category), a Figure and a Ground (here, the ball and my head, respectively). The Figure is schematizable as a 0-dimensional point (a member element of the "dimension" category). This Figure point is moving (a member element of the "motive state" category). Hence it forms a one-dimensional line (a member of the "dimension" category"). This line constitutes the Figure's "path". The Ground is also schematizable as a 0-dimensional point (a member of the "dimension" category). There is a point P at a proximal remove (a member of the "degree of remove" category) from the Ground point, forming a 1-dimensional line with it (a member of the "dimension" category). This line is parallel

138 *Leonard Talmy*

(a member of the "relative orientation" category) to the horizontal plane (a member of the "intrinsic parts" category) of the earth-based grid (a member of the major scene components" category). The Figure's path is perpendicular (a member of the "relative orientation" category) to this line. The Figure's path is also parallel to the horizontal plane of the earth-based grid. If the Ground object has a front, side, and back (members of the "intrinsic parts" category), then point P is proximal to the side part. A non-boundary point (a member of the "state of boundedness" category) of the Figure's path becomes coincident (a member of the "degree of remove" category) with point P at a certain point of time.

Note that here the Figure's path must be specified as passing through a point proximal to the Ground because if it instead passed through the Ground point, one would switch from the preposition *past* to *into*, as in *The ball sailed into my head*, and if it instead past through some distal point, one might rather say something like *The ball sailed along some ways away from my head*. And the Figure's path must be specified both as horizontal and as located at the side portion of the Ground because, for example here, if the ball were either falling vertically or traveling horizontally at my front, one would no longer say that it sailed "past" my head.

The least understood aspect of the present investigation is what well-formedness conditions, if any, may govern the legality of such combinations. As yet, no obvious principles based, say, on geometric simplicity, symmetry, consistency, or the like are seen to control the patterns in which basic elements assemble into whole schemas. On the one hand, some seemingly byzantine combinations – like the schemas seen above for *across* and *past* – occur with some regularity across languages. On the other hand, much simpler combinations seem never to occur as closed-class schemas. For example, one could imagine assembling elements into the following schema: down into a surround that is radially proximal to a center point. One could even invent a preposition *apit* to represent this schema. This could then be used, say, in *I poured water apit my house"* to refer to my pouring water down into a nearby hole dug in the field around my house. But such schemas are not found. Similarly, a number of schematic distinctions in, for example, the domain of rotation are regularly marked by signed languages, as seen below, and could readily be represented with the inventory elements available to spoken languages, yet they largely do not occur. It could be argued that the spoken language schemas are simply the spatial structures most often encountered in everyday activity. But that would not explain why the

The representation of Spatial Structure in Spoken and Signed Language   139

additional sign-language schemas – presumably also reflective of everyday experience – do not show up in spoken languages. Besides, the different sets of spatial schemas found in different spoken languages are diverse enough from each other that arguing on the basis of the determinative force of everyday experience is problematic. Something else is at work but it is not yet clear what that is.

2.6. Properties and Processes Applying to Whole Spatial Schemas

It was just seen that selected elements of the inventory are combined in specific arrangements to make up the whole schemas represented by closed-class spatial forms. Each such whole schema is thus a "pre-packaged" bundling together of certain elements in a particular arrangement. Each language has in its lexicon a relatively closed set of such pre-packaged schemas – one larger than that of its spatial closed-class forms, because of polysemy. A speaker of the language must select among these schemas in depicting a spatial scene. We now observe that such schemas, though composite, have a certain unitary status in their own right, and that certain quite general properties and processes can apply to them. In particular, certain properties and processes allow a schema represented by a closed-class form to generalize to a whole family of schemas. In the case of a generalizing *property*, all the schemas of a family are of equal priority. On the other hand, a generalizing *process* acts on a schema that is somehow basic, and either extends or deforms it to yield nonbasic schemas. (see Talmy 2000a ch. 1 and 3, 2000b ch. 5). Such properties and processes are perhaps part of the overall spoken-language system so that any language's relatively closed set of spatial closed-class forms and the schemas that they basically represent can be used to match more spatial structures in a wider range of scenes.

   Looking first at generalizing properties of spatial schemas, one such property is that they exhibit a topological or topology-like neutrality to certain factors of Euclidean geometry. Thus, they are magnitude neutral, as seen in such facts as that the *across* schema can apply to a situation of any size, as in *The ant crawled across my palm / The bus drove across the country*. Further, they are largely shape-neutral, as seen by such facts as that, while the *through* schema requires that the Figure form a path with linear extent, it lets that line take any contour, as in *I*

140   *Leonard Talmy*

zig-zagged / circled through the woods. And they are bulk-neutral, as seen by such facts as that the *along* schema requires a linear Ground without constraint on the Ground's radial extension, as in *The caterpillar crawled up along the filament / tree trunk.* Thus, while holding to their specific constraints, schemas can vary freely in other respects and so cover a range of spatial configurations.

Among the processes that extend schemas, one is that of "extendability from the prototype", which can serve as an alternative interpretation for some forms of neutrality. Thus, in the case of shape, as for the *through* schema above, this schema could alternatively be conceived as prototypically involving a strait path line for the Figure, one that can then be bent to any contour. And, in the case of bulk, as for the *along* schema above, this schema could be thought prototypically to involve a purely 1-dimensional line that then can be radially inflated.

Another such process is "extendability in ungoverned dimensions". By this process, a scene component of dimensionality N in the basic form of a schema can generally be raised in dimensionality to form a line, plane, or volume aligned in a way not conflicting with the schema's other requirements. To illustrate, it was seen earlier under the "geometric type" category that the English verb satellite *out* has a schema involving a point Figure moving along a radius away from a center point through a continuum of concentric circles, as in *The boat sailed further and further out from the island.* This schema with the Figure idealizable as a point is the basic form. But the same satellite can be used when this Figure point is extended to form a 1-dimensional line along a radius, as in *The caravan of boats sailed further and further out from the island.* And the *out* can again be used if the Figure point were instead extended as a 1-dimensional line forming a concentric circle, as in *A circular ripple spread out from where the pebble fell into the water.* In turn, such a concentric circle could be extended to fill in the interior plane, as in *The oil spread out over the water from where it spilled.* Alternatively, the concentric circle could have been extended in the vertical dimension to form a cylinder, as in *A ring of fire spread out as an advancing wall of flames.* Or again, the circle could have been extended to form a spherical shell, as in *The balloon I blew into slowly puffed out.* And such a shell can be extended to fill in the interior volume, as in *The leavened dough slowly puffed out.*

One more schema-extending process is "extendability across motive states". A schema basic for one motive state and Figure geometry can in general be systematically extended to another motive state and Figure

The representation of Spatial Structure in Spoken and Signed Language 141

geometry. For example, a closed-class form whose most basic schema pertains to a point Figure moving to form a path can generally serve as well to represent the related schema with a stationary linear Figure in the same location as the path. Thus, probably the most basic *across* schema is actually for a moving point Figure, as in *The gopher ran across the road*. By the present process, this schema can extend to the static linear Figure schema first seen in *The board lay across the road*. All the spatial properties uncovered for that static schema hold as well for the present basic dynamic schema, which in fact is the schema in which these properties originally arise.

Among the processes that deform a schema, one is that of "stretching", which allows a slight relaxing of one of the normal constraints. Thus, in the *across* schema, where the Ground plane is either a ribbon with a long and short axis or a square with equal axes, a static linear Figure or the path of a moving point Figure must be aligned with the short Ground axis or with one of its equal axes. Accordingly, one can say *I swam across the canal* and *I swam across the square pool* when moving from one side to the other, but one cannot say **I swam across the canal* when moving from one end to the other. But, by moderately stretching one axis length relative to the other, one might just about be able to say *I swam across the pool* when moving from one end to the other of an oblong pool.

Another schema deforming process is that of "feature cancellation", in which a particular complex of elements in the basic schema is omitted. Thus, the preposition *across* can be used in *The shopping cart rolled across the boulevard and was hit by an oncoming car*, even though one feature of the schema – 'terminal point coincides with the distal edge of the Ground ribbon' – is canceled from the Figure's path. Further, both this feature and the feature 'beginning point coincides with the proximal edge of the Ground ribbon' are canceled in *The tumbleweed rolled across the prairie for an hour*. Thus, the spoken language system includes a number of generalizing properties and processes that allow the otherwise relatively closed set of abstracted or basic schemas represented in the lexicon of any single language to be applicable to a much wider range of spatial configurations.

3. Spatial Structuring in Signed Language

All the preceding findings on the linguistic structuring of space have been based on the patterns found in spoken languages. The inquiry into the

142   *Leonard Talmy*

fundamental concept structuring system of language leads naturally to investigating its character in another major body of linguistic realization, signed language. The value in extending the inquiry in this way would be to discover whether the spatial structuring system is the same or is different in certain respects across the two language modalities, with either discovery having major consequences for cognitive theory.

In this research extension, a problematic issue is exactly what to compare between spoken and signed language. The two language systems appear to sub-divide into somewhat different sets of subsystems. Thus, heuristically, the generalized spoken language system can be thought to consist of an open-class or lexical subsystem (generally representing conceptual content); a closed-class or grammatical subsystem (generally representing conceptual structure); a gradient subsystem of "vocal dynamics" (including loudness, pitch, timbre, rate, distinct-ness, unit separation); and an accompanying somatic subsystem (including facial expression, gesture, and "body language"). On the other hand, by one provisional proposal, the generalized sign laguage system might instead divide up into the following: a subsystem of lexical forms (including noun, verb, and adjective signs); an "inflectional" subsystem (including modulations of lexical signs for person, aspect); a subsystem of size-and-shape specifiers (or SASS's; a subsystem of so-called "classifier expressions"; a gestural subsystem (along a gradient of incorporation into the preceding subsystems); a subsystem of face, head, and torso representations; a gradient subsystem of "bodily dynamics" (including amplitude, rate, distinctness, unit separation); and an associated or overlaid somatic subsystem (including further facial expression and "body language"). In particular here, the subsystem of classifier expressions – which is apparently present in all signed languages – is a formally distinct subsystem dedicated solely to the schematic structural representation of objects moving or located with respect to each other in space (see Liddell forthcoming, Emmorey in press). Each classifier expression, perhaps generally corresponding to a clause in spoken language, represents a so-conceived event of motion or location.[4] The research program of comparing the representation of spatial structure across the two language modalities ultimately requires considering the two whole systems and all

---

4. The "classifier" label for this subsystem – originally chosen because its constructions largely include a classifier-like handshape – can be misleading, since it names the whole expression complex for just one of its components. An apter term might be the "Motion-event subsystem".

The representation of Spatial Structure in Spoken and Signed Language **143**

their subsystems. But the initial comparison – the one adopted here – should be between those portions of each system most directly involved with the representation of spatial structure. In spoken language, this is that part of the closed-class subsystem that represents spatial structure and, in signed language, it is the subsystem of classifier constructions. Spelled out, the shared properties that make this initial comparison apt include the following. First, of course, both subsystems represent objects relating to each other in space. Second, in terms of the functional distinction between "structure" and "content" described earlier, each of the subsystems is squarely on the structural side. In fact, analogous structure-content contrasts occur. Thus, the English closed-class form *into* represents the concept of a path that begins outside and ends inside an enclosure in terms of schematic structure, in contrast with the open-class verb *enter* that represents the same concept in terms of substantive content (see Talmy 2000a, ch. 1 for this structure-content distinction). Comparably, any of the formations within a classifier expression for such an outside-to-inside path represents it in terms of its schematic structure, in contrast with the unrelated lexical verb sign that can be glossed as 'enter'. Third, in each subsystem, a schematic structural form within an expression in general can be semantically elaborated by a content form that joins or replaces it within the same expression. Thus, in the English sentence *I drove it (– the motorcycle–) in (to the shed)* the parenthesized forms optionally elaborate on the otherwise schematically represented Figure and Ground. Comparably, in the ASL sentence "(SHED) (MOTORCYCLE) vehicle-move-into-enclosure", the optionally signed forms within parentheses elaborate on the otherwise schematic Figure and Ground representations within the hyphenated classifier expression. To illustrate the classifier system, a spatial event that English could express as *The car drove past the tree* could be expressed in ASL as follows: The signer's dominant hand, used to represent the Figure object, here has a "3 handshape" (index and middle fingers extended forward, thumb up) to represent a land vehicle. The nondominant hand, used to represent the Ground object, here involves an upright "5 handshape" (forearm held upright with the five fingers extended upward and spread apart) to represent a tree. The dominant hand is moved horizontally across the signer's torso and past the nondominant forearm. Further though, this basic form could be modified or augmented to represent additional particulars of the referent spatial

144   *Leonard Talmy*

event. Thus, the dominant hand can show additional characteristics of the path. For example, the hand could move along a curved path to indicate that the road being followed was curved, it could slant upward to represent an uphill course, or both could be shown together. The dominant hand can additionally show the manner of the motion. For example, as it moves along, it could oscillate up and down to indicate a bumpy ride, or move quickly to indicate a swift pace, or both could be shown together, as well as with the preceding two path properties. And the dominant hand can show additional relationships of the Figure to the Ground. For example, it could pass nearer or farther from the nondominant hand to indicate the car's distance from the tree when passing it, it could make the approach toward the nondominant hand longer (or shorter) than the trailing portion of the path to represent the comparable relationship between the car's path and the tree, or it could show both of these together or, indeed, with all the preceding additional characteristics.

The essential finding of how signed language differs from spoken language is that it more closely parallels what appear to be the structural characteristics of scene parsing in visual perception. This difference can be observed in two venues, the universally available spatial inventory and the spatial expression. These two venues are discussed next in turn.

3.1. In the Inventory

The inventory of forms for representing spatial structure available to the classifier subsystem of signed language has a greater total number of fundamental elements, a greater number of categories, and generally a greater number of elements per category than the spoken language closed-class inventory. While many of the categories and their members seem to correspond across the two inventories, the signed language inventory has an additional number of categories and member elements not present in the spoken language inventory. Comparing the membership of the corresponding categories in terms of discrete elements, the number of basic elements per category in signed language actually exhibits a range: from being the same as that for spoken language to being very much greater. Further, though, while the membership of some categories in signed language may well consist of discrete elements, that of others appears to be gradient. Here, any procedure of tallying some fixed

The representation of Spatial Structure in Spoken and Signed Language   145

number of discrete elements in a category must give way to determining the approximate fineness of distinctions that can be practicably made for that category. So while some corresponding categories across the two language modalities may otherwise be quite comparable, their memberships can be of different types, discrete vs. analog. Altogether, then, given its greater number of categories, generally larger membership per category, and a frequently gradient type of membership, the inventory of forms for building a schematic spatial representation available to the classifier subsystem of signed language is more extensive and finer than for the closed-class subsystem of spoken language. This greater extensiveness and finer granularity of spatial distinctions seems more comparable to that of spatial parsing in visual perception.

The following are some spatial categories in common across the two language modalities, but with increasing disparity in size of membership. First, some categories appear to be quite comparable across the two modalities. Thus, both the closed-class subsystem of spoken language and the classifier sub-system of signed language structurally segment a scene into the same three components, a Figure, a Ground, and a secondary Reference Object. Both subsystems represent the category of dimensionality with the same four members – a point, a line, a plane, and a volume. And both mark the same two degrees of boundedness: bounded and unbounded.

For certain categories, signed language has just a slightly greater membership than does spoken language. Thus, for motive state, signed language structurally represents not only moving and being located, but also remaining fixedly located – a concept that spoken languages typically represent in verbs but not in their spatial preposition-like forms.

For some other spatial categories, signed language has a moderately greater membership than spoken language. In some of these categories, the membership is probably gradient, but without the capacity to represent many fine distinctions clearly. Thus, signed language can apparently mark moderately more degrees of remove than spoken language's four or five members in this category. It can also apparently distinguish moderately more path lengths than the two – short and long – that spoken language marks structurally (as in English *The bug flew right / way up there*). And while spoken language can mark at most three distinctions of relative orientation – parallel, perpendicular, and oblique – signed language can distinguish a moderately greater number, for example, in the elevation of a path's angle above the horizontal, or in

146   *Leonard Talmy*

the angle of the Figure's axes to that of the Ground (e.g. in the placement of a rod against a wall).

Finally, there are some categories for which signed language has an indefinitely greater membership than spoken language. Thus, while spoken language structurally distinguishes some four path contours as seen in section 2.3.3., signed language can represent perhaps indefinitely many more, including zigzags, spirals, and ricochets. And for the category "locus within referent space", spoken language can structurally distinguish perhaps at most three loci relative to the speaker's location – 'here', 'there', and 'yonder' – whereas sign language can distinguish indefinitely many more within sign space. Apart from membership differences across common categories, signed language represents some categories not found in spoken language. One such category is the relative lengths of a Figure's path before and after encounter with the Ground. Or again, signed language can represent not only the category of "degree of dispersion" (which spoken language was seen to represent in section 2.3.3), but also the category "pattern of distribution". Thus, in representing multiple Figure objects dispersed over a planar surface, it could in addition structurally indicate that these Figure objects are linear (as with dry spaghetti over a table) and are arrayed in parallel alignment, crisscrossing, or in a jumble. This difference in the number of structurally marked spatial category and element distinctions between spoken and signed language can be highlighted with a closer analysis of a single spatial domain, that of rotational motion. As seen earlier, the closed-class subsystem in spoken language basically represents only one category within this domain, that of "orientation of spin axis", and within this category distinguishes only two member elements, vertical and horizontal. These two member elements are expressed, for example, by the English verb satellites *around* and *over* as in *The pole spun around / toppled over*. ASL, by contrast, distinguishes more degrees of spin axis orientation and, in addition, marks several further categories within the domain of rotation. Thus, it represents the category of "amount of rotation" and within this category can readily distinguish, say, whether the arc of a Figure's path is less than, exactly, more than, or many times one full circuit. These are differences that English might offer for inference only from the time signature, as in *I ran around the house for 20 seconds / in 1 minute / for 2 minutes / for hours*, while using the same single spatial form *around* for all these cases. Further, while English would continue using just *around* and *over*, ASL further represents the

The representation of Spatial Structure in Spoken and Signed Language   147

category of "relation of the spin axis to an object's geometry" and marks many distinctions within this category. Thus, it can structurally mark the spin axis as being located at the center of the turning object – as well as whether this object is planar like a CD disk, linear like a propeller, or an aligned cylinder like a pencil spinning on its point. It distinguishes this from the spin axis located at the boundary of the object – as well as whether the object is linear like the "hammer" swung around in a hammer toss, a transverse plane like a swinging gate, or a parallel plane like a swung cape. And it further distinguishes these from the spin axis located at a point external to the object – as well as whether the object is point-like like the earth around the sun, or linear like a spinning hoop.

Finally, ASL can structurally represent the category of "uniformity of rotation" with its two member elements, uniform and nonuniform, where English could mark this distinction only with an open-class form, like the verbs in *The hanging rope spun / twisted around*, while once again continuing with the same single structural closed-class form *around*. Thus, while spoken language structurally marks only a minimal distinction of spin axis orientation throughout all these geometrically distinct forms of rotation, signed language marks more categories as well as finer distinctions within them, and a number of these appear to be distinguished as well by visual parsing of rotational movement. To expand on the issue of gradience, numerous spatial categories in the classifier subsystem of signed language – for example, many of the 30 spatial categories listed in section 3.2.3.1. are gradient in character. Spoken language has a bit of this, as where the vowel length of a *waaay* in English can be varied continuously. But the preponderant norm is the use of discrete spatial elements, typically incorporated into distinct morphemes. For example, insofar as they represent degree of remove, the separate forms in the series *on / next to / near / away from* represent increasing distance in what can be considered quantal jumps. That is, the closed-class subsystem of spoken language is a type of cognitive system whose basic organizing principle is that of the recombination of discrete elements (i.e., the basic conceptual elements whose combinations, in turn, comprise the meanings of discrete morphemic forms). By contrast, the classifier subsystem of signed language is the kind of cognitive system whose basic organizing principle largely involves gradience, much as would seem to be the case as well for the visual and motor systems. In fact, within a classifier expression, the gradience of motor control and of visual perception are placed in sync with each other (for the signer and the

148   *Leonard Talmy*

addressee, respectively), and conjointly put in the service of the linguistic system.

While this section provides evidence that the classifier subsystem in signed language diverges from the schematizing of spoken language in the direction of visual parsing, one must further observe that the classifier subsystem is also not "simply" a gestural system wholly iconic with visual perception. Rather, it incorporates much of the discrete, categorial, symbolic, and metaphoric character that is otherwise familiar from the organization of spoken language. Thus, as already seen above, spatial representation in the classifier subsystem does fall into categories, and some of these categories contain only a few discrete members – in fact, several of these are much the same as in spoken language. Second, the handshapes functioning as classifiers for the Figure, manipulator, or instrument within classifier expressions are themselves discrete (nongradient) members of a relatively closed set. Third, many of the hand movements in classifier expressions represent particular concepts or meta-concepts and do not mimic actual visible movements of the represented objects. Here is a small sample of this property. After one lowers one's two extended fingers to represent a knife dipping into peanut butter – or all one's extended fingers in a curve to represent a scoop dipping into coffee beans – one curls back the fingertips while moving back up to represent the instrument's "holding" the Figure, even though the instrument in question physically does nothing of the sort. Or again, the free fall of a Figure is represented not only by a downward motion of the dominant hand in its classifier handshape, but also by an accompanying rotation of the hand – whether or not the Figure in fact rotated in just that way during its fall. As another example, a Figure is shown as simply located at a spot in space by the dominant hand in its classifier handshape being placed relaxedly at a spot in signing space, and as remaining fixedly at its spot by the hand's being placed tensely and with a slight final jiggle, even though these two conceptualizations of the temporal character of a Figure's location are visually indistinguishable. Or, further, a (so-conceivedly) random spatial distribution of a mass or multiplex Figure along a line, over a plane, or through a volume is represented by the Figure hand being placed with a loose nonconcerted motion, typically three times, at uneven spacings within the relevant n-dimensional area, even though that particular spacing of three exemplars may not correspond to the actual visible distribution. And finally, a classifier hand's type of movement can indicate whether this movement

The representation of Spatial Structure in Spoken and Signed Language   149

represents the actual path of the Figure, or is to be discounted. Thus, the two flat hands held with palms toward the signer, fingertips joined, can be moved steadily away to represent a wall's being slid progressively outward (as to expand a room), or instead can be moved in a quick up-and-down arc to a point further away to represent a wall relocated to a further spot, whatever its path from the starting location. That is, the latter quick arc movement represents a meta-concept: that the path followed by the hands does not represent the Figure's actual path and is to be disregarded from calculations of iconicity. All in all, then, the classifier subsystem presents itself as a genuine linguistic system, but one having more extensive homology with the visual structuring system than spoken language has.

3.2. In the Expression

The second venue, that of any single spatial expression, exhibits further respects in which signed language differs from spoken language in the apparent direction of visual scene parsing. Several of these are outlined next.

3.2.1. Iconic Representation in the Expression spatial representation in signed classifier expressions is iconic with scene parsing in visual perception in at least the following four respects.

3.2.1.1. Iconic Clustering of Elements and Categories

The structural elements of a scene of motion are clustered together in the classifier subsystem's representation of them in signed language more as they seem to be clustered in perception. When one views a motion event, such as a car driving bumpily along a curve past a tree, it is perceptually the same single object, the car, that exhibits all of the following characteristics: it has certain object properties as a Figure, it moves, it has a manner of motion, it describes a path of a particular contour, and it relates to other surrounding objects (the Ground) in its path of motion. The Ground object or objects are perceived as separate. Correspondingly, the classifier subsystem maintains exactly this pattern of clustering. It is

150   *Leonard Talmy*

the same single hand, the dominant hand, that exhibits the Figure characteristics, motion, manner, path contour, and relations to a Ground object. The other hand, the nondominant, separately represents the Ground object.

All spoken languages diverge to a greater or lesser extent from this visual fidelity. Thus, consider one English counterpart of the event, the sentence *The car bumped along past the tree.* Here, the subject nominal, *the car*, separately represents the Figure object by itself. The verb complex clusters together the representations of the verb and the satellite: The verb *bumped* represents both the fact of motion and the manner of motion together, while its sister constituent, the satellite *along* represents the presence of a path of translational motion. The prepositional phrase clusters together the preposition *past*, representing the path conformation, and its sister constituent, the nominal *the tree*, representing the Ground object. It in fact remains a mystery at this point in the investigation why all spoken languages using a preposition-like constituent to indicate path always conjoin it with the Ground nominal and basically never with the Figure nominal [5], even though the Figure is what executes the path, and is so represented in the classifier construction of signed language.

3.2.1.2. Iconic Representation of Object vs. Action

The classifier subsystem of signed language appears to be iconic with visual parsing not only in its clustering of spatial elements and categories, as just seen, but largely also in its representation of them. For example, it marks one basic category opposition, that between an entity and its activity, by using an object like the hand to represent an object, and motion of the hand to represent motion of the object. More specifically, the hand or other body part represents a structural entity (such as the Figure) – with the body part's configuration representing the identity or other properties of the entity – while movements or positionings of the body part represent properties of the entity's motion, location, or orientation. For example, the hand could be shaped flat to represent a

---

5. As the only apparent exception, a "demoted Figure" (see Talmy 2000b, ch. 1) can acquire either of two "demotion particles" – e.g., English *with* and *of* – that mark whether the Figure's path had a "TO" or a "FROM" vector, as seen in *The fuel tank slowly filled with gas / drained of its gas.*

The representation of Spatial Structure in Spoken and Signed Language   151

planar object (e.g. a sheet of paper), or rounded to represent a cup-shaped object. And, as seen, any such handshape as Figure could be moved along a variety of trajectories that represent particular path contours.

But an alternative to this arrangement could be imagined. The handshape could represent the path of a Figure – e.g., a fist to represent a stationary location, the outstretched fingers held flat together to represent a straight line path, the fingers in a curved plane for a curved path, and the fingers alternately forward and back for a zigzag path. Meanwhile, the hand movement could represent the Figure's shape – e.g., the hand moving in a circle to represent a round Figure and in a straight line for a linear Figure. However, no such mapping of referents to their representations is found.[6] Rather, the mapping in signed language is visually iconic: it assigns the representation of a material object in a scene to a material object in a classifier complex, for example, the hand, and the representation of the movements of that object in the scene to the movements of the hand.

No such iconic correspondence is found in spoken language. Thus, while material objects are prototypically expressed by nouns in English, they are instead prototypically represented by verb roots in Atsugewi (see Talmy 2000b, ch. 1). And while path configurations are prototypically represented in Spanish by verbs, this is done by prepositions and satellites in English.

3.2.1.3. Iconic Representation of Further Particular Categories

Finer forms of iconicity are also found within each branch of the broad entity-activity opposition. In fact, most of the spatial categories listed in section 3.2.3.1. that a classifier expression can represent are largely iconic with visual parsing. Thus, an entity's form is often represented by the form of the hand(s), its size by the compass of the hand(s), and its number by the number of digits or hands extended. And, among many other categories in the list, an entity's motive state, path contour, path length, manner of motion, and rate of motion are separately represented

---

6. The size and shape specifiers (SASS's) in signed languages do permit movement of the hands to trace out an object's contours, but the hands cannot at the same time adopt a shape representing the object's path.

152   *Leonard Talmy*

by corresponding behaviors of the hand(s). Spoken language, again, has only a bit of comparable iconicity. As examples, path length can be iconically represented in English by the vowel length of *way*, as in *The bird flew waay / waaaay / waaaaaay up there*. Path length can also be semi-iconically represented by the number of iterations, as in *The bird flew up / up up / up up up and away*. Perhaps the number of an entity can be represented in some spoken language by a closed-class redupli-cation. But the great majority of spoken closed-class representations show no such iconicity.

3.2.1.4. Iconic Representation of the Temporal Progression of a Trajectory

The classifier subsystem is also iconic with visual parsing in its representation of temporal progression, specifically, that of a Figure's path trajectory. For example, when an ASL classifier expression represents "The car drove past the tree", the "past" path is shown by the Figure hand progressing from the nearer side of the Ground arm to a point beside it and then on to its further side, much like the path progression one would see on viewing an actual car passing a tree. By contrast, nothing in any single closed-class path morpheme in a spoken language corresponds to such a progression. Thus, the *past* in *The car drove past the tree* is structurally a single indivisible linguistic unit, a morpheme, whose form represents no motion ahead in space. Iconicity of this sort can appear in spoken language only where a complex path is treated as a sequence of subparts, each with its own morphemic representation, as in *I reached my hand down around behind the clothes hamper to get the vacuum cleaner*.

3.2.2. A Narrow Time-Space Aperture in the Expression

Another way that the classifier expression in signed language may be more like visual perception is that it appears to be largely limited to representing a narrow time-space aperture. The tentative principle is that a classifier complex readily represents what would appear within a narrow scope of space and time if one were to zoom in with one's scope of perception around a Figure object, but little outside that narrowed scope. Hence, a classifier expression readily represents the Figure object

The representation of Spatial Structure in Spoken and Signed Language **153**

as to its shape or type, any manipulator or instrument immediately adjacent to the Figure, the Figure's current state of Motion (motion or locatedness), the contour or direction of a moving Figure's path, and any Manner exhibited by the Figure as it moves. However, a classifier expression can little represent related factors occurring outside the current time, such as a prior cause or a follow-up consequence. And it can little represent even con-current factors if they lie outside the immediate spatial ambit of the Figure, factors like the ongoing causal activity of an intentional Agent or other external instrumentality.

By contrast, spoken languages can largely represent such nonlocal spatiotemporal factors within a single clause. In particular, such representation occurs readily in satellite-framed languages such as English (see Talmy 2000b, ch. 1). In representing a Motion event, this type of language regularly employs the satellite constituent (e.g. the verb particle in English) to represent the Path, and the main verb to represent a "co-event". The co-event is ancillary to the main Motion event and relates to it as its precursor, enabler, cause, manner, concomitant, consequence, or the like.

Satellite-framed languages can certainly used this format to represent within-aperture situations that can also be represented by a classifier complex. Thus, English can say within a single clause – and ASL can sign within a single classifier expression – a motion event in which the Figure is moved by an adjacent manipulator, as in *I pinched some moss up off the rock* and *I pulled the pitcher along the counter*, or in which the Figure is moved by an adjacent instrument, as in *I scooped jelly beans up into the bag*. The same holds for a situation in which a moving Figure exhibits a concurrent Manner, as in *The cork bobbed past the seaweed.*

But English can go on to use this same one-clause format to include the representation of co-events outside the aperture, either temporally or spatially.

Thus, temporally, English can include the representation of a prior causal event, as in *I kicked the football over the goalpost* (first I kicked the ball, then it moved over the goalpost). And it can represent a subsequent event, as in *They locked the prisoner into his cell (first they put him in, then they locked it). But ASL cannot represent such temporally extended event complexes within a single classifier expression. Thus, it can* represent the former sentence with a succession of two classifier expressions: first, flicking the middle finger of

154   *Leonard Talmy*

the dominant hand across the other hand's upturned palm to represent the component event of kicking an object, and next moving the extended index finger of the dominant hand axially along a line through the space formed by the up-pointing index and little fingers of the nondominant hand, representing the component event of the ball's passing over the goalpost. But it cannot represent the whole event complex within a single expression – say, by flicking one's middle finger against the other hand whose extended index finger then moves off axially along a line.

Further, English can use the same single-clause format to represent events with spatial scope beyond a narrow aperture, for example, an Agent's concurrent causal activity outside any direct manipulation of the Figure, as in *I walked / ran / drove / flew the memo to the home office*. Again, ASL cannot represent the whole event complex of, say, *I ran the memo to the home office* within a single classifier expression. Thus, it could not, say, adopt the classifier for holding a thin flat object (thumb pressed against flat fingers) with the dominant hand and placing this atop the nondominant hand while moving forward with it as it shows alternating strokes of two downward pointed fingers to indicate running (or concurrently with any other indication of running). Instead a sequence of two expressions would likely be used, for example, first one for taking a memo, then one for a person speeding along.[7]

Though the unacceptable examples above have been devised, they nevertheless show that it is physically feasible for a signed language to represent factors related to the Figure's Motion outside its immediate space-time ambit.

Accordingly, the fact that signed languages, unlike spoken languages, do avoid such representations may follow from deeper structural causes, such as a greater fidelity to the characteristics of visual perception.

However apt, though, such an account leaves some facts still needing explanation. Thus, on the one hand, it makes sense that the aperture of a classifier expression is limited temporally to the present moment – this accords with our usual understanding of visual perception. But it is not clear why the aperture is also limited spatially. Visual perception is limited

---

7.   The behavior here of ASL cannot be explained away on the grounds that it is simply structured like a verb-framed language, since such spoken languages typically *can* represent concurrent Manner outside a narrow aperture, in effect saying something like: "I walking / running / driving / flying carried the memo to the home office".

The representation of Spatial Structure in Spoken and Signed Language   155

spatially to a narrow scope only when attention is being focused, but is otherwise able to process a wide-scoped array. Why then should classifier expressions avoid such wide spatial scope as well? Further, sign languages *can* include representation of the Ground object within a single classifier expression (typically with the nondominant hand), even where that object is not adjacent to the Figure.

3.2.3. More Independent Distinctions Representable in the Expression

This third property of classifier expressions has two related aspects – the large number of different elements and categories that can be represented together, and their independent variability – and these are treated in succession next.

3.2.3.1. Many more elements / categories representable within a single expression

Although the spatiotemporal aperture that can be represented within a single classifier expression may be small compared to that in a spoken-language clause, the number of distinct factors within that aperture that can be represented is enormously greater. In fact, perhaps the most striking difference between the signed and the spoken representation of space in the expression is that the classifier system in signed language permits the representation of a vastly greater number of distinct spatial categories simultaneously and independently.

A spoken language like English can separately represent only up to four or five different spatial categories with closed-class forms in a single clause. As illustrated in the sentence *The bat flew way back up into its niche in the cavern*, the verb is followed in turn by: a slot for indication of path length (with three members: "zero" for 'neutral', *way* for 'relatively long', *right* for 'relatively short'); a slot for state of return (with two members: "zero" for 'neutral', *back* for 'return'); a slot for displacement within the earth-frame (with four members: "zero" for 'neutral', *up* for 'positive vertical displacement', *down* for 'negative vertical displacement', *over* for 'horizontal displacement'); a slot for geometric conformation (with many members, including *in, across, past*); and perhaps a slot for motive state and vector (with two members: "zero" for 'neutral between location AT and motion TO' as seen in *in / on*, and *-to* for 'motion TO' as seen in *into / onto*). Even a polysynthetic

156 *Leonard Talmy*

language like Atsugewi has closed-class slots within a single clause for only up to six spatial categories: path conformation combined with Ground type, path length, vector, deixis, state of return, and cause or manner. In contrast, by one tentative count, ASL has provision for the separate indication of thirty different spatial categories. These categories do exhibit certain cooccurrence restrictions, they differ in obligatoriness or optionality, and it is unlikely – perhaps impossible – for all thirty of them to be represented at once. Nevertheless, a sizable number of them can be represented in a single classifier expression and varied independently there. The table below lists the spatial categories that I have provisionally identified as available for concurrent independent representation. The guiding principle for positing a category has been that its elements are mutually exclusive: different elements in the same category cannot be represented together in the same classifier expression.

If certain elements can be concurrently represented, they belong to different categories. Following this principle has, on the one hand, involved joining together what some sign language analyses have treated as separate factors. For example, the first category below covers equally the representation of Figure, instrument, or manipulator (handling classifier), since these three kinds of elements apparently cannot be separately represented in a single expression – one or another of them must be selected. On the other hand, the principle requires making distinctions within some categories that spoken languages treat as uniform. Thus, the single "manner" category of English must be subdivided into a category of "divertive manner" (e.g. moving along with an up-down bump) and a category of "dynamic manner" (e.g. moving along rapidly) because these two factors can be represented concurrently and varied independently.

A. entity properties
    1. identity (form or semantic category) of Figure / instrument / manipulator
    2. identity (form or semantic category) of Ground
    3. magnitude of some major entity dimension
    4. magnitude of a transverse dimension
    5. number of entities
B. orientation properties
    6. an entity's rotatedness about its left-right axis ("pitch")

The representation of Spatial Structure in Spoken and Signed Language   157

 7. an entity's rotatedness about its front-back axis ("roll")
 8. a. an entity's rotatedness about its top-bottom axis ("yaw")
    b. an entity's rotatedness relative to its path of forward motion
C. locus properties
 9. locus within sign space
D. Motion properties
 10. motive state (moving / resting / fixed)
 11. internal motion (e.g. expansion/contraction, form change, wriggle, swirling)
 12. confined motion (e.g. straight oscillation, rotary oscillation, rotation, local wander)
 13. translational motion
E. Path properties
 14. state of continuity (unbroken / saltatory)
 15. contour of path
 16. state of boundedness (bounded / unbounded)
 17. length of path
 18. vertical height
 19. horizontal distance from signer
 20. left-right positioning
 21. up-down angle ("elevation")
 22. left-right angle ("direction")
 23. transitions between motion and stationariness (e.g. normal, decelerated, abrupt as from impact)
F. Manner properties
 24. divertive manner
 25. dynamic manner
G. relations of Figure or Path to Ground
 26. path's conformation relative to Ground
 27. relative lengths of path before and after encounter with Ground
 28. Figure's path relative to the Path of a moving Ground
 29. Figure's proximity to Ground
 30. Figure's orientation relative to Ground

It seems probable that something more on the order of this number of spatial categories are concurrently analyzed out by visual processing on viewing a scene than the much smaller number present in even the most extreme spoken language patterns.

158   *Leonard Talmy*

3.2.3.2. Elements / Categories independently variable in the expression – not in pre-packaged schemas

The signed-spoken language difference just presented was mainly considered for the sheer number of distinct spatial categories that can be represented together in a single classifier expression. Now, though, we stress the corollary: their independent variability. That is, apart from certain constraints involving cooccurrence and obligatoriness in a classifier expression, a signer can generally select a category for inclusion independently of other categories, and select a member element within each category independently of other selections. For example, a classifier expression can separately include and independently vary a path's contour, length, vertical angle, horizontal angle, speed, accompanying manner, and relation to Ground object.

By contrast, it was seen earlier that spoken languages largely bundle together a choice of spatial member elements within a selection of spatial categories for representation within the single complex schema that is associated with a closed-class morpheme. The lexicon of each spoken language will have available a certain number of such "pre-packaged" spatial schemas, and the speaker must generally choose from among those to represent a spatial scene, even where the fit is not exact. The system of generalizing properties and processes seen in section 2.6 that apply to the set of basic schemas in the lexicon (including their plastic extension and deformation) may exist to compensate for the pre-packaging and closed stock of the schemas in any spoken language.

Thus, what are largely semantic components within a single morpheme in spoken language correspond to what can be considered separate individually controllable morphemes in the signed classifier expression.

The apparent general lack in classifier expressions of pre-packaging, of a fixed set of discrete basic schemas, or of a system for generalizing, extending, or deforming such basic schemas may well accord with comparable characteristics of visual parsing. That is, the visual processing of a viewed scene may tend toward the independent assessment of spatial factors without much pre-packeting of associated factors or of their plastic alteration. If shown to be the case, then signed language will once again prove to be closer to perceptual spatial structuring than spoken language is.

4. Cognitive implications of spoken / signed language differences

The preceding comparison of the space-structuring subsystems of spoken and of signed language has shown a number of respects in which these are similar and in which they are different. It can be theorized that their common characteristics are the product of a single neural system, what can be assumed to be the core language system, while each set of distinct characteristics results from the activity of some further distinct neural system. These ideas are outlined next.

4.1. Where Signed and Spoken Language are Alike

We can first summarize and partly extend the properties above found to hold both in the closed-class subsystem of spoken language and in the classifier subsystem of signed language. Both subsystems can represent multifarious and subtly distinct spatial situations – that is, situations of objects moving or located with respect to each other in space. Both represent such spatial situations schematically and structurally. Both have basic elements that in combination make up the structural schematizations. Both group their basic elements within certain categories that themselves represent particular categories of spatial structure. Both have certain conditions on the combination of basic elements and categories into a full structural schematization. Both have conditions on the cooccurrence and sequencing of such schematizations within a larger spatial expression. Both permit semantic amplification of certain elements or parts of a schematization by open-class or lexical forms outside the schema. And in both subsystems, a spatial situation can often be conceptualized in more than one way, so that it is amenable to alternative schematizations.

4.2. Where Spoken and Signed Language Differ

Beside the preceding commonalities, though, the two language modalities have been seen to differ in a number of respects. First, they appear to divide up into somewhat different sets of subsystems without clear one-

160   *Leonard Talmy*

to-one matchups.

Accordingly, the spatial portion of the spoken language closed-class subsystem and the classifier subsystem of signed language may not be exactly corresponding counterparts, but only those parts of the two language modalities closest to each other in the representation of schematic spatial structure. Second, within this initial comparison, the classifier subsystem seems closer to the structural characteristics of visual parsing than the closed-class subsystem in all of the following ways: It has more basic elements, categories, and elements per category in its schematic representation of spatial structure. Its category membership exhibits much more gradient representation, in addition to discrete representation.

Its elements and categories exhibit more iconicity with the visual in the pattern in which they are clustered in an expression, in their observance of an object/action distinction, in their physical realization, and in their progression through time. It can represent only a narrow temporal aperture in an expression (and only a narrow spatial aperture as well, though this difference from spoken language might not reflect visual fidelity). It can represent many more distinct elements and categories together in a single expression. It can more readily select categories and category elements independently of each other for representation in an expression. And it avoids pre-packaged category-element combinations as well as generalizations of their range and processes for their extension or deformation.

4.3. A New Neural Model

In its strong reading, the Fodor-Chomsky model relevant here is of a complete inviolate language module in the brain, one that performs all and only the functions of language without influence from outside itself – a specifically linguistic "organ". But the evidence assembled here challenges such a model. What has here been found is that two different linguistic systems, the spoken and the signed, both of them undeniably forms of human language, on the one hand share extensive similarities but – crucially – also exhibit substantial differences in structure and organization. A new neural model can be proposed that is sensitive to this finding. We can posit a "core" language system in the brain, more limited

The representation of Spatial Structure in Spoken and Signed Language   161

in scope than the Fodor-Chomsky module, that is responsible for the properties and performs the functions found to be in common across both the spoken and the signed modalities. In representing at least spatial structure, this core system would then further connect with two different outside brain systems responsible, respectively, for the properties and functions specific to each of the two language modalities. It would thus be the interaction of the core linguistic system with one of the outside systems that would underlie the full functioning of each of the two language modalities.

The particular properties and functions that the core language system would provide would include all the spoken-signed language properties in section 4.1. specific to spatial representation, though presumably in a more generic form. Thus, the core language system might have provision for: using individual unit concepts as the basis for representing broader conceptual content; grouping individual concepts into categories; associating individual concepts with overt physical representations, whether vocal or manual; combining individual concepts – and their physical representations – under certain constraints to represent a conceptual complex; and establishing a subset of individual concepts as the basic schematic concepts that, in combinations, represent conceptual structure.

When in use for signed language, this core language system might then further connect with particular parts of the neural system for visual perception.

I have previously called attention to the already great overlap of structural properties between spoken language and visual perception (see Talmy 2000a, ch. 2), which might speak to some neural connection already in place between the core language system and the visual system. Accordingly, the proposal here is that in the case of signed language, still further connections are brought into play, ones that might underlie the finer granularity, iconicity, gradience, and aperture limitations we have seen in signed spatial representations.

When in use for spoken language, the core language system might further connect with a putative neural system responsible for some of the characteristics present in spoken spatial representations but absent from signed ones. These could include the packeting of spatial elements into a stable closed set of patterned combinations, and a system for generalizing, extending, and deforming the packets. it is not clear why

162   *Leonard Talmy*

such a further system might otherwise exist but, very speculatively, one might look to see if any comparable operations hold, say, for the maintenance and modification of motor patterns.

The present proposal of a more limited core language system connecting with outlying subsystems for full language function seems more consonant with contemporary neuroscientific findings that relatively smaller neural assemblies link up in larger combinations in the subservance of any particular cognitive function. In turn, the proposed core language system might itself be found to consist of an association and interaction of still smaller units of neural organization, many of which might in turn participate in subserving more than just language functions.

References

Bennett, David C.
  1975   *Spatial and temporal uses of English prepositions: An essay in stratificational semantics.* London: Longman.
Bowerman, Melissa
  1989   Learning a semantic system: What role do cognitive predispositions play? In: Mabel L. Rice & Richard L. Schiefelbusch (eds.) *The teachability of language.* Baltimore: P.H. Brookes Pub. Co.
Brugmann, C. & Macaulay, M.
  1986   Interacting Semantic Systems: Mixtec expressions of location. In: Proceedings of the Thirteenth Annual Meeting of the Berkeley Linguistics Society. 315-328. Berkeley Linguistics Society.
Clark, Herb.
  1973   Space, time, semantics, and the child. In: Timothy E. Moore (ed.) *Cognitive development and the acquisition of language.* New York: Academic Press.
Emmorey, Karen
  in press   *Language, cognition and the brain: Insights from sign language research.* Lawrence Erlbaum.
Fillmore, Charles
  1968   The case for case. In: Emmon Bach & Robert T. Harms (eds.) *Universals in linguistic theory.* New York: Holt, Rinehart and Winston.
Gruber, Jeffrey S.
  1965   Studies in lexical relations. PhD dissertation, MIT. Reprinted as part of *Lexical structures in syntax and semantics,* 1976 Amsterdam: North-Holland.
Herskovits, Annette
  1982   Space and the prepositions in English: Regularities and irregularities in a complex domain. PhD dissertation, Stanford University.

The representation of Spatial Structure in Spoken and Signed Language   163

Jackendoff, Ray
    1983   *Semantics and cognition*. Cambridge, MA: MIT Press.

Leech, Geoffrey
    1969   *Towards a semantic description of English*. New York: Longman Press, 1969. Liddell, Scott. Forthcoming. Sources of meaning in ASL classifier predicates. In: Karen Emmorey (ed.) *Perspectives on classifier constructions in signed languages* (provisional title). Likely publisher: Cambridge University Press.

Mark, David M. & Barry Smith.
    under review   A Science of Topography: Bridging the Qualitative-Quantitative Divide. Submitted to Michael P. Bishop and Jack Shroder, editors Geographic Information Science and Mountain Geomorphology Chichester, England: Springer-Praxis, chapter under review.

Talmy, Leonard
    1983   How language structures space. In Herbert L. Pick, Jr. & Linda P. Acredolo (eds.) *Spatial orientation: Theory, research, and application*. New York: Plenum Press.

    2000a   *Toward a cognitive semantics*, volume I: *Concept structuring systems*. Cambridge, MA: MIT Press.

    2000b   *Toward a cognitive semantics*, volume II: *Typology and process in concept structuring*. Cambridge, MA: MIT Press.

    Forthcoming Spatial structuring in spoken and signed language. In: *Papers of the Twenty-seventh Annual Meeting of the Berkeley Linguistics Society*, Berkeley: Berkeley Linguistics Society.

Zubin, David & Soteria Svorou
    1984   Orientation and gestalt: conceptual organizing principles in the lexicalization of space. With S. Choi. In: David Testen, Veena Mishra & Joseph Drogo. *Lexical semantics*. Chicago Linguistic Society.

Language, culture, nature: exploring new perspectives

Arie Verhagen

Abstract

Insights from cognitive linguistics about the crucial role of construal and (inter)subjectivity in language use and in linguistic structure allow for an understanding of the nature of human language as in fact parallel to that of animal communication, which is generally viewed as primarily a matter of managing and assessing others, rather than as the exchange of information. On the other hand, a number of results from biological research into animal communication systems, in particular birdsong, provide evidence for the existence of rather flexible vocal learning, cultural variation (dialects), and cultural change in animal communication, which also help to narrow the (conceptual and evolutionary) gap between human language and animal communication. A non-monolithic conception of language and culture is required in order to make progress in understanding both as integral parts of the natural world.

Keywords: evolutionary approach, cultural evolution, animal communication, cognitive coordination.

1. Introduction

Cognitive linguistics participates in and contributes to a broad intellectual movement of recontextualizing language, specifically with respect to its social and cultural dimensions, as Dirk Geeraerts pointed out in his contribution to this conference.[1] What I want to do is to take a further step in this direction, one that also parallels the position of Enrique Bernárdez. We do not just want to contextualize language with respect to such things as interpersonal discourse and human culture, but also to (re)naturalize it, as a communication system of biological organisms. Cognitive linguistics

---

1. Part of the work reported here was done when I was a fellow-in-residence at the Netherlands Institute for Advanced Study (NIAS). I would also like to thank Carel ten Cate for almost immediately grasping the basic idea of my NIAS-project when I explained it, and then drawing my attention to Owings & Morton (1998).

166   *Arie Verhagen*

started out on the basis of a strong commitment to psychological plausibility, and now it is becoming increasingly clear for all cognitive sciences that we also must aim for *biologically* plausible accounts. Neural models represent one crucial development in this respect, but an important perspective that has so far received little attention is that of evolution, in particular the evolution of behavior. What I will suggest is that certain independently developed insights in cognitive linguistics can be linked to insights about animal communication, which in turn gives rise to interesting new research questions. Exploration of the latter may provide further contributions to the enterprise of contextualizing ànd naturalizing our conceptions of language.

A few years ago, a book on animal vocal communication appeared (Owings & Morton 1998) with the subtitle *A New Approach*. The authors state quite explicitly what they mean by this, as follows:

> This book provides a discussion of animal vocal communication that avoids human-centered concepts and approaches, and instead links communication to fundamental biological processes. It offers a new conceptual framework [...] that allows for the integration of detailed proximate studies of communication with an understanding of evolutionary perspectives [...]. Animals use signals in self-interested efforts to manage the behavior of other individuals, and they do so by exploiting the active assessment processes of other individuals. [...] Communication reflects the fundamental processes of regulating and assessing the behavior of others, not of exchanging information. (Owings & Morton 1998: i)

As an example, consider a young animal producing a certain call upon encountering an exemplar of a specific species of predators. Even if the call is species-specific, there is no reason to say that its meaning consists of reference to the predator (the individual, or the category). The meaning of the call is to get, say, the young's mother (who has an interest in its survival) to act in a way that is most effective for the young's own interest, by exploiting the mother's capacity to assess the situation and the young's behavior. Behavioral biologists may to some extent differ on the question whether a notion of "information" has any role at all to play in explaining animal communication, but such differences are relatively marginal. Thus, although Bradbury & Vehrenkamp (2000) do not agree entirely with Owings & Morton, their initial statement also reads: "It is widely agreed that animal signals modulate decision making by receivers of the signals" (Bradbury & Vehrenkamp 2000: 259, citing a multitude of authors).

Apparently, these scholars consider exchange of information a human-centered concept, and so they would perhaps not object to the idea that human communication *might* fundamentally be a matter of exchanging information. But what if human language is also fundamentally a matter of regulating and assessing others, with exchange of information being secondary at best? This is the first part of the line of thought I want to explore, arguing that a number of insights from cognitive linguistics help to reduce the appearance of difference between human language and animal communication; I will be using mainly examples from my own work, but the general point does not depend on that. In the second part, I will follow the reverse route, exploring some recent insights in the evolution of animal communication systems which in turn contribute to narrowing this gap.

2. Signals encoding shared concepts

2.1. Two causative constructions in Dutch – What for?

The first example I want to discuss is that of the semantics of causative constructions in Dutch (cf. Verhagen & Kemmer 1997). In Dutch, two distinct verbs may be used in such constructions, viz. *laten* and *doen*, the former being more wide-spread in the modern language than the latter. Some examples illustrating the use of *laten* are given in (1)–(4).

(1) *Ze   liet het badwater weglopen.*
     She let the bathwater run-off
     'She let the bathwater flow off.'

(2) *Hier laten ze   je   tenminste je   gang gaan.*
     Here let   they you at-least   your trip   go
     'In this place they at least let you do things your own way.'

(3) *Zij liet de agent haar rijbewijs   zien.*
     She let the officer her   driver's-license see
     'She showed the police officer her driver's license.'

(4) *De sergeant liet de soldaten door   de sneeuw kruipen.*
     The sergeant let the soldiers through the snow   crawl
     'The sergeant had (made) the soldiers crawl through the snow.'

168   *Arie Verhagen*

The claim is that in general, causative constructions with *laten* mark events involving "indirect causation", specific cases ranging from enablement and permission as in (1) and (2) to coercion as in (4), including indeterminate or intermediate cases as in (3). The reason why the label "indirect causation" is used here, is that in all cases, besides the differences, the force exerted by the causer of the event (i.e. the subject referent) is to some extent not the only one involved; there is another force which *more directly* produces the effect described by the result predicate, for example gravity in (1) or the perceiver in (3). Even in coercion-cases like (4), the soldiers still perform the movements themselves, and the causal role of the sergeant is understood to be mediated by some form of communication; apparently, this is sufficient in present day Dutch (cf. section 2.3) for classification of the causation in this event as indirect.

Things are different when *doen* is used, as may be illustrated on the basis of the following examples.

(5)   *De felle   zon deed de temperatuur snel oplopen.*
      The bright sun did   the temperature   fast run-up.
      'The bright sun made the temperature rise quickly.'

(6)   *Dit   controversiële programma heeft de   VPRO*
      This controversial   program   has   the VPRO
      destijds   heel wat leden   doen verliezen.
      at-the-time quite some members do   loose.
      'This controversial show made the VPRO lose many members at the time.'

(7)   *Een blik   op de voorster ij   deed de kersverse PvdA-*
      A   glance on the front   row did   the fresh   Labor-Party-
      voorzitter beseffen   dat   hij   het   niet   makkelijk
      chairman   realize   that he   it   not   easy
      zou   krijgen.
      would get
      'A glance at the first row made the new Labor Party chairman realize that his job wasn't going to be easy.'

Unlike *laten*, *doen* indicates directness of the causal relationship between the causer and the effect. Typically (though not necessarily), it is used with inanimate causers, for events that do not involve communication. Thus we see physical causation in (5), a kind of "inevitable" sociological

Language, culture, nature 169

causation in (6), and a cognitive effect produced through perception in (7). This sketch is not complete in all respects (see Verhagen & Kemmer 1997 for details of the different concepts involved), but it suffices for my purposes here.

The pattern as such seems orderly enough, but there is an intriguing question: What makes it survive, especially since the distinction is not universal, certainly not in this specific way? In theoretical, evolutionary terms: What are the factors that contribute to the distinction being passed on from one generation to the next? A simple answer is: "because the young imitate the old", but this is at best a partial one, as meanings do change – imitation is not full proof. So why has there not been a change to a one-verb system? Besides factors favoring such a simplification, there must have been some real forces favoring the preservation of the distinction. It is of course impossible to ever know all the factors producing such evolutionary pressure at the level of the smallest detail. But it is nevertheless possible to identify some specific one(s), and on that basis gain some insight into the *type* of the factors involved – and this is crucial. While the "survival value" of categorization in general may be evident, the value of actual category distinctions marked in human languages often is not so obvious, so if we are to understand their persistence and change over time, we have to have more specific ideas about these.

To this end, it is important to study actual discourse. Thoughts about decontextualized language, although useful for certain purposes and sometimes even indispensable, can never provide evidence for the factors that shaped the present day system, simply because these factors have to have been historically real.

2.2. Moral reasoning as cause of (differential) replication

In this section I will look at a specific instance of modern Dutch discourse, in order to expose the kind of factors producing "pressure" for maintaining a distinction such as the one between "direct" and "indirect" causation. It concerns a book, published in 1998, by Heleen M. Dupuis, professor emeritus of ethics at the Leiden Medical School, and presently

---

2. *Op het scherp van de snede. Goed en kwaad in de geneeskunde* ("The cutting edge. Good and evil in medical science"). Amsterdam: Uitgeverij Balans, 1998. The passages discussed here are taken from chapter 8, "Over doden en laten sterven" ['On killing and letting-die'], p. 132-149.

170   *Arie Verhagen*

also a senator.[2] She is a well known public figure, and participates frequently in public debates on moral issues in the Netherlands, such as those on abortion and euthanasia. One chapter in this book is devoted to the moral evaluation of euthanasia. A recurrent phenomenon in this text is that ethical issues and dilemmas are formulated by means of an opposition between *laten sterven* and *doen sterven*. Although it would be quite telling, space limits prohibit giving a complete overview, but the following examples are representative.[3]

The fragment in (8) introduces the opposition. At this point no moral issue is connected to the distinction, which reflects an obvious practical difference in medical reality.

(8)   *Context: Large scale research has shown that about one third of all deaths in the Netherlands is preceded by some kind of "decision not to provide treatment". Not all of these decisions actually accelerate death, but some do.*
      The decision to let a patient die is taken regularly in our health care system. Next to that there is a limited number of cases of terminating life actively, so a form of doing-die. This happens about 2500-3000 times per year.

In the first sentence, containing 'let die', the indirectness of the causation is clear: no treatment is provided, and something else actually causes the patient's death. The second sentence has 'do die' and here the directness is obvious as well; as the wording "terminating life actively" implies, some treatment *is* provided, and it is the most immediate cause of death. In the next fragment, Dupuis connects the difference to the level of morality.

(9)   *Context: Outside the medical context, the difference between letting-die and doing-die is usually clear. Legally the difference between leaving someone in a helpless condition and "culpable homicide" on the one hand and murder and manslaughter on the other is even vast.*
      Apparently what is involved are differences in actions that are reasonably well definable, such that letting-die generally counts as morally (much) less objectionable than doing-die.

In daily life, to 'let die' is morally superior, less objectionable than to 'do die', for obvious reasons; with another more immediate cause of death

---

3. I will present some information about the context of a quotation in italics, and then give the relevant fragment in idiomatic English – except for the use of the phrase 'do die' to represent the Dutch original *doen sterven*, even though this is not proper English.

Language, culture, nature 171

than the action of a person, the latter's *responsibility* is also less. Not rescuing a person from drowning is not as bad as drowning someone. Only in exceptional circumstances, such as after a battle, things may be different. In (10), Dupuis claims that the morally right thing to do may be to kill a mortally wounded soldier, rather than letting him live a little longer in agony:

(10)   To let a demented old person die in a nursing home is something that few will find objectionable. Doing him die will, to most people, be reprehensible, if not murder. The opposite of this is the moral evaluation of the "coup de grâce", where most people will say that letting-die (i.e. doing nothing) is morally reprehensible.

Most people would agree on this "reversal of values". Things may become more complicated in medical contexts, especially when the whole point of medicine, viz. to cure a person, is no longer attainable. As (10) also demonstrates, there are cases parallel to the default one; letting a sick, demented old patient die can be morally acceptable, while 'doing' him die is morally wrong. But there are also cases that are not clear at all, such as the one described in (11).

(11)   *Context: Another example. A victim of an accident ends up in the Intensive Care unit, with severe brain injuries. It soon becomes clear that recovery will be impossible, the patient can only live on like a plant.*
All equipment is removed, including artificial nutrition, so that the patient will certainly die. In order to accelerate death and save the person and his relatives a period of horrible suffering, it is decided to administer a Haldol cocktail. Is this a matter of letting-die or doing-die? It hardly seems important. What is important is taking the decision that it is better for this person to die. How this is effected is of secondary importance. For that matter, the question is how to judge shutting down the equipment. It is both an active deed (removing the equipment) that makes it certain that the person will die, as a passive one: allowing death. In this case the moral equivalence of doing-die and letting-die appears to be undeniable.

The question raised is: What is morally more acceptable: letting or doing? Dupuis' answer here is: There is no difference; the question is completely irrelevant. Notice that in this example, the whole situation as well as parts of it, actually allow for both types of categorization, i.e. as direct as well as indirect causation. But that does not in itself change the difference between the *conceptions* of 'to let die' and 'to do die'. The final sentence, claiming their moral equivalence, only makes sense if they are conceptually still different. As a corollary, we should also notice that

172   *Arie Verhagen*

readers do not have to agree with Dupuis at this point. Imagine a debate between the doctor who administered the Haldol cocktail and a radical opponent of euthanasia about this case. The interesting thing is that we can accurately predict who will use 'let' and who 'do'. The opponent, who wants to criticize the doctor, is likely to use 'do die', as it *construes* the doctor as an immediate cause, maximizing his responsibility for the effect. The doctor himself is more likely to use 'let die' (suggesting "I only allowed death to occur a little sooner").

What may we learn from this as linguists? In terms of an evolutionary model of language use and language change as sketched by Croft (2000), we can say that the author reproduced some particular linguistic units, viz. the Dutch causative constructions, several times, thus contributing to their survival and propagation in the population. But that was not her reason for replicating these units. What is more, it is also obvious that the actual reasons do not directly concern the degree of fit between the words and the situations depicted by them, as might have seemed the case if we had only looked at the first example, with 'let' indicating absence of treatment and 'do' the application of some treatment. Rather, the difference between one variant and the other is one of construal, and the reason for selecting one over the other is to be found in the assessment of the effect that this construal may be expected to have on the addressee's attitudes and responses.

So one factor contributing to the survival of the conceptual distinction between direct and indirect causation is that it makes it possible for users of the language to construe situations in such a way that they make moral evaluations, attributions of responsibility and guilt, with the appropriate consequences, possible and easier.[4] The feature that these special cases share with the normal ones (where *doen* is associated with an inanimate causer) is not the degree of activity of the causer in the depicted event (cf. (5)-(7)), but his exclusive responsibility, of which the speaker tries to convince the addressee. It is not the case that "direct" vs. "indirect" is itself a morally or interpersonally relevant distinction, but its recurrent role in conveying evaluative, even ethical judgments crucially contributes to its being maintained in the language.

---

4.   Wierzbicka (1998) contains an interesting analysis of English causative constructions relating them also to specific (English) cultural models.

Language, culture, nature 173

2.3. Rise of individual autonomy in the conception of human activities

That it is this kind of complex interactions – crucially involving language users' assessment of cognitive effects in addressees – which are involved in preservation as well as change of linguistic units over time, may be further demonstrated on the basis of a major change in the use of the two causative constructions that occurred since the 18th century (cf. Verhagen 2000). I will summarize the most important aspects here.

In present-day Dutch, a small number of instances of causative *doen* occurs with an animate causer. Typically, they involve some feature of authority in the relationship between causer and causee, as in these examples:

(12) *Zij smeekte Jezus haar de goede weg te doen bewandelen.*
She begged Jesus her the good way to do walk-in
'She begged Jesus to make her walk in the right path.'

(13) *De regering stelt zich voor deze herstructurering*
The government proposes REFL PART this restructuring
gefaseerd te doen plaatsvinden.
phased to do take-place
'The government intends to have this reorganization take place in stages.'

In (12), the causer is Jesus, who is asked to *make* her do something, and in (13), the government presents some outcome as the inevitable result of its intentions. Up to the 18th century, such uses were much more frequent. Some examples are (14), with the mother as causer and the children as causee, and (15), with some royal figure as causer.

(14) *[...]; en ik poogde mijn kinderen te doen begrypen, dat zy*
and I tried my children to do understand that they
óók genoeg zouden hebben, indien zy hun begeerten vroeg
also enough would have if they their desires early
leerden beteugelen.
learned restrain
'[...]; and I tried to make my children understand that they would also be satisfied if they learned to control their desires early.'

174   *Arie Verhagen*

(15)   *[...] dog dat Sijn Hoogheydt nogtans in dese wel hadde, omme*
       but   that His Highness   yet   in this well had   for
       alvorens sijn   opstel aan de Raidpensionaris te doen sien.
       first   his   outline at   the Counselor   to do   see
       '[...] but that His Highness had nevertheless done well in this case,
       in first showing [lit.: to do see] his draft to the Counselor.'

Table 1 (cf. Verhagen 2000: 274) shows some figures which allow for an interpretation of the main factors involved. The leftmost column shows that the use of *doen* with animate causers decreases dramatically, whereas its use with inanimate causers remains remarkably stable (as can be seen in the rightmost column).

Table 1. Animacy and authority over three centuries, in equal amounts of text

	Animate Causers	Authorities	Inanimate Causers
18th century:			
doen	54	40	35
laten	68	23	5
19th century:			
doen	33	9	37
laten	54	15	4
20th century:			
doen	10	4	34
laten	53	6	8

What is especially interesting is the correlation between the first and the second column. The latter gives the number of animate causers which were recognizably categorized as an authority in one way or another. It is clear that not only the use of *doen* decreases, but that in general, also with *laten*, the identification of causers as authorities diminishes over time. We may interpret this as a reflection of a general trend towards diminishing importance of hierarchical social relationships in the description of peoples' interactions, as well as other actions. In such events, the use of *doen* suggests a very low degree of autonomy of the causee, which is not really compatible with modern conceptions of individual, autonomous persons. Especially with respect to addressees, the

Language, culture, nature 175

use of *doen* must have become increasingly inappropriate, not because the conceptualization of specific causal events, such as telling someone something, underwent some important change, but because of a communicatively less appropriate representation of a person's role in the event.[5]

Thus, we see once more that the factors involved in the change and maintenance of the pattern of replication of this linguistic unit are to be found in effects it has on others. Conceivably, a specific factor here is also the self-image that a speaker presents with the use of *doen* in this kind of events, viz. that of an old-fashioned person adhering to a model of personal interaction as governed by hierarchical social relations rather than by individual qualities. In any case, these factors ultimately led to a change in the semantic networks of *doen* as well as *laten*. Inanimate causers are now the only prototypical kind of *doen*-events, and the meaning of *laten* has become more diverse and more general, perhaps even: vague. The general point is that a major force driving the evolution of a linguistic unit is the effect of its use on addressees, and the assessment of that effect by producers.

3. Signals guiding addressees' inferences

3.1. Non-informational signals

In the previous section, I argued that the role linguistic units play in influencing other people's attitudes is critical for understanding their reproduction and change. The functions of the linguistic units considered so far do not themselves encode such processes of influencing; the different causative constructions just provide different construals of causal events. However, natural languages also contain elements whose function actually presupposes a conception of a linguistic utterance as an attempt to influence an addressee. What is more, these elements cannot be seen as ornamental "additions" to some allegedly basic informational content; rather, they are themselves very basic linguistic elements and

---

5. Notice that *doen* as such does not indicate authority. That concept is only present when the word is used in descriptions of interaction.

176   *Arie Verhagen*

often crucial for the interpretableness of discourse. One class of such elements are discourse connectives like *so* and *but*. These provide instructions to make a certain type of inference, but specify nothing about the basis for the inferences involved. Another important class are scalar modifiers such as *even* and *only*; these too invite an addressee to make inferences of a particular type without specifying anything about their contents; they are meaningful without having informational content.

How important the role of these elements is in the normal functioning of language may not always be easy to see in isolated sentences, but it is inescapable in connected discourse. Here I will use a few different translations of a biblical passage (chapter 28 from the book of Job; cf. Verhagen 2003) to illustrate it. This is a difficult text, not easy to interpret. The King James Version of a few verses is given in (16).

(16)   20 Whence then cometh wisdom? and where is the place of understanding?
       21 Seeing it is hid from the eyes of all living, and kept close from the fowls of the air.
       22 Destruction and death say, We have heard the fame thereof with our ears.
       23 God understandeth the way thereof, and he knoweth the place thereof.
       …
       28 And unto man he said, Behold, the fear of the Lord, that is wisdom; and to depart from evil is understanding.

What is particularly problematic is the text's coherence. Why mention the fowls of the air if the previous clause already mentions *all* living things? What is the role of the concepts of death, destruction, and fame in the verse between the references to living things and God? But several other translations are less hard to understand, and this is especially effected by the use of connectives and scalar modifiers. A typical example is given in (17), from the Good News Bible [italics added].

(17)   20 Where, then, is the source of wisdom?
          Where can we learn to understand?
       21 No living creature can see it,
          Not *even* a bird in flight.
       22 *Even* death and destruction
          Admit they have heard *only* rumours.
       23 God *alone* knows the way, …

Language, culture, nature   177

The informational content is not really different, but here the birds are construed, by the use of *even*, as an extreme case of living things, turning the clause into a particularly strong *argument* for the first one. Similarly, the addition of *only* to *rumours* (*fame* in (16)) helps us understand that death and destruction do not really know wisdom, which immediately makes it clear what kind of argumentative role the message has to play in this context, viz. parallel to that of the living creatures. Apparently, the greater obscurity of (16) results from uncertainty about its argumentative, not so much its informational content. Understanding an utterance, we may conclude, involves knowing what kind of conclusions it is supposed to induce in our minds.

We may suppose that when the background assumptions on which such conclusions are based, are mutually shared in a community, the argumentative role of a specific message can be so obvious for the members of the community that there is little need to mark it by means of such argumentative operators. This then may give the impression that linguistic communication consists primarily of the exchange of information. Nevertheless, comprehension always involves understanding what kind of influence a message is supposed to exert.

The text at hand provides a very striking illustration of this point in view of translations of the final verse, 28, especially of the initial Hebrew conjunction (*waw*). The KJV (16) has *and*, some translations leave it out, and a few have *but*, such as the American Amplified Bible:

(18)   But to man He said, Behold, the reverential and worshipful fear of the Lord – that is Wisdom; and to depart from evil is understanding.

Obviously, all translations agree that God has superior knowledge of wisdom. But a difference arises when the role of human beings is to be characterized, especially with respect to God. God's wisdom is absolute and encompasses all of creation; for humans, wisdom consists in fear of the Lord and departing from evil. So far so good, but what is the *inferential* link between these two messages? One way of answering this question is to construe them as parallel, with fear of the Lord as the way for man to participate in God's wisdom. Another is to construe the link as one of difference: God's wisdom is inherently inaccessible to man, and the wisest he can do is to fear God. The first presupposes a positive, the latter an antagonistic model of the relationship between man and God, and it is this kind of difference that is connected with the use of *and* vs. *but* here. But what is especially relevant is that it is unavoidable to take some decision on the argumentative nature of the link between the clauses if one is to understand the text at all.[6] This is not a relatively inconsequential property of linguistic "performance" but something reflected in core parts of the linguistic system, witness the basic role of such elementary units as *but* and scalar modifiers.[7]

3.2. An integrated perspective

The linguistic elements considered above and those in section 2 correspond to two dimensions of the basic organization of a linguistic usage event, as depicted in figure 1.

O: Object of conceptualization

S: Subject of conceptualization (Ground)

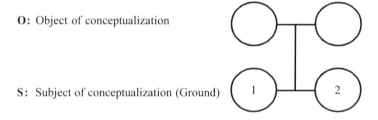

Figure 1. The basic construal configuration (Verhagen, forthcoming)

There are two conceptualizers, a first person/producer, and a second person/addressee, who engage in cognitive coordination by means of a linguistic utterance, with respect to some object of (joint) attention. Following Langacker (1990), I call the vertical line in figure 1 the construal relationship. Signals such as the Dutch causatives operate in that dimension, the basis for their (re)production ultimately lying in the relationship between the two subjects of conceptualization. Signals such as connectives and scalar modifiers operate directly on the relationship

---

6. One might say that as in many literary works of art, the text allows for more than one reading. But that is something different from saying that it allows for a single coherent reading that is neutral between these two, and that is precisely my point.
7. In Verhagen (forthcoming), I explore such consequences for a wider range of linguistic phenomena, including more abstract grammatical constructions.

Language, culture, nature 179

indicated by the horizontal line between conceptualizers 1 and 2, as they indicate what kind of inferential processes the addressee should perform.

This does not exclude the possibility that they at the same time also operate on the construal relationship. On the contrary, it is quite normal for a specific linguistic unit to operate in both dimensions. However, the balance between the two often gradually shifts over time, and most of such semantic changes share the same direction, viz. that of realignment from the vertical, construal dimension, to the horizontal level of intersubjective coordination, rather than the other way around. These processes are known as subjectification (Langacker 1990, i.a.), and intersubjectification (Traugott & Dasher 2002).[8] The basis for such developments and for the uniformity of their direction, is the primacy of the intersubjective coordination relation in actual language use (Verhagen 1995, Langacker 1998, Traugott & Dasher 2002).

The parallel with the basic character of animal communication will by now be obvious. It concerns the fact that human linguistic behavior is primarily also a matter of influencing one another, by exploiting the cognitive capacities of others. First, as I argued in this section, some specific elements of linguistic structure appear to only modify the type of conclusions an addressee should draw from an utterance, not its informational content. Secondly, as argued in the previous section, a crucial factor in the preservation and change of linguistic units in general resides in the rhetorical possibilities that the different construals indicated by these units allow for.

Human language may be more involved than animal communication with influencing mental states (with consequences for long term behavior) rather than with immediate behavioral effects, but this is a matter of degree. First of all, much of language use is actually also aimed at immediate effects,[9] and secondly, this view still implies a considerably smaller gap than the one between exchanging information with con-specifics and influencing the behavior of conspecifics.

---

8. The latter term is especially used for the development of linguistic markers managing interpersonal relationships in the act of communication itself, such as honorifics and pronouns of power and solidarity, the former for the development of markers guiding inferences (with consequences not restricted to the communicative situation as such).
9. Understandably, Owings & Morton (1998) mention speech act theory as an approach to human language that resembles their view of communication more closely than other ones.

4. Evolution of culture in nature

In the previous two sections, I argued, from a linguistic perspective, that the basic function of human language rather closely resembles that of animal communication systems –influencing conspecifics by exploiting their interpretive capacities. There are more aspects, though, that make human language what it is. In this section, I want to discuss some research that contributes to narrowing the gap from a biological perspective.

For example, humans must learn their language, including its vocal system. Vocal learning has evolved independently in a number of species of birds (e.g. songbirds) and mammals (e.g. whales and dolphins). Especially songbirds have been studied quite extensively, largely for practical reasons, and as Doupe & Kuhl (1999) show in their comprehensive overview, there are more than superficial parallels between human speech and birdsong, including some neural structures that supposedly have evolved in the context of vocal learning.

Moreover, there is evidence that birds' capacity to learn song is in principle quite flexible. One intriguing fact is that in many species, song learning also appears to be subject to the phenomenon of a critical period. Songs that a bird hears for the first time after a certain age are not learnt as well as songs it has heard at an earlier age. The existence of a critical period after which new songs are harder to learn may be in principle be ascribed to two different kinds of causes.

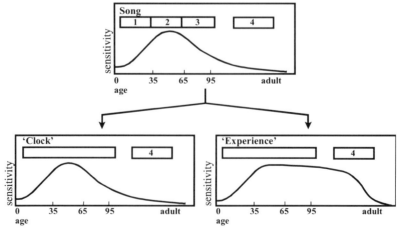

Figure 2. Cognitive effects of learning in zebra finches (from Jones et al. 1996)

Language, culture, nature 181

The observed reduced capacity of several songbirds to learn in adulthood, after about 95 days of age (cf. the top of figure 2), may be due to some internal "clock", for example changes in hormone levels accompanying maturation, or to experience itself, such that the acquisition of a certain number of songs makes it harder to add new ones after some time (or, of course, to some combination of the two). These two models make different predictions about what will happen when a young bird is not exposed to adult song. The first predicts that such a bird's capacity to learn will decline in the same way as that of birds in normal situations, while the second predicts that this bird will have a greater capacity to learn when it is exposed to song type 4 at the age of over 95 days. With birds, such predictions can be tested experimentally, and the results indicate that learning itself is a major factor producing the observed critical period (the model at the bottom right in figure 2 fits the data better than the left one; cf. Jones et al. 1996). So the intrinsic capacity for learning is quite flexible, in principle allowing for the acquisition of a considerable variety of songs, which certainly makes the human capacity for learning a considerable variety of linguistic systems (at least phonological systems) look less "unnatural".

However, such flexibility of learning capacities, in any species, in principle constitutes a challenge to evolutionary explanations. The question is how such a capacity is maintained over generations, because it is costly. In view of its costs, one would expect that those individuals are favored that have a narrow disposition toward learning a song or set of songs, as they would be able reach the target level of competence sooner, so with the use of less resources, than others. Consider figure 3.

Figure 3. Reduction of learning capacity over generations? (from Lachlan & Slater 1999)

Imagine a species of birds with the genetically determined capacity to learn all songs on the horizontal axis, females preferring some of the songs from this range (e.g. the ones in the middle) more than others. Individual males that learn to produce a song in the most preferred range have an equal opportunity to be recognized as conspecifics by females,

182 *Arie Verhagen*

and so to pass on their genes to the next generation. So an individual with a narrower genetic predisposition (figure 3b) would not be at a disadvantage in that respect, and actually have an advantage because of the fewer resources needed to reach an optimal level of song competence. Therefore, while one can imagine evolutionary pressures that favor the initial development of some capacity to learn, this capacity should disappear again over a number of generations (cf. figure 3c); however, this does not happen, certainly not in most, if not all, cases, and the question is how this may be explained.

Lachlan & Slater (1999) propose a mechanism that may account for the maintenance of learning: the existence of the capacity to learn itself creates a condition which disfavors the transmission of genes leading to a narrowing of the song search space. Roughly, the idea is that when the genetic condition for a wide search space is rare in the population, those males that have it will learn all the songs sung by the males with the narrow genetic condition, and thus be recognized as conspecifics, potential mates, by all females, no matter whether the latter have a wider or narrower genetic predisposition. So the wide genetic condition has a relatively good chance of being passed on to the next generation. But if the narrow condition is rare, many males will sing songs outside the range of females with that narrow genetic predisposition, so that these females will be selected against, as they have a harder time finding a potential mate. Thus the narrow condition will become even rarer. In other words, once the capacity to learn is there, it creates a situation favoring the widening of the genetic capacity to learn, which is why this is aptly called the "cultural trap hypothesis":

> The "cultural trap" hypothesis is based on gene-culture coevolutionary theory [...] learning is maintained in an evolutionary trap formed by the interaction between genes and culture. (Lachlan & Slater 1999: 702)

What we have here is a mechanism that leads us to expect evolution of capacities to learn behavioral patterns with a considerable range of variation, as long as the costs are not too high. As we saw above, there is indeed independent evidence for such flexibility in at least some songbirds. Now this in turn should lead us to expect that birdsong exhibits cultural evolution, resulting in dialect variation between sub-populations. If the transmission of communicative units over generations is to such a large extent based on the cultural mechanism of learning and relatively independent of genetic transmission, then there should be varieties of

Language, culture, nature 183

birdsong, due to the same kind of mechanisms that produce varieties of languages (i.e. dialects) in human populations. In fact, the existence of birdsong dialects has been known since several decades (Doupe & Kuhl 1999: 574/5), and it is also clear that such dialect variation only occurs when songs are transmitted culturally and not genetically (Doupe & Kuhl 1999: 605).

Many changes in human language – which underlie the differentiation into dialects or even different languages – do not (only) involve change of form, but typically (also) change of function. As we know, it is normal, in the case of human language, that the use of forms is continuously extended to new domains, often along particular paths of change (e.g. in grammaticalization; cf. Bybee 1998, Croft 2000, Traugott & Dasher 2002). Thus we should raise the question whether processes of change in culturally transmitted animal communication systems may also involve functional changes. One study suggesting that something of this kind does indeed occur, is Borgia & Coleman (2000). In many species, there is a correlation between signals for aggression in male-male interaction and courtship signals in male-female interaction, for obvious reasons, but this study is one of the first, I think, that provides empirical evidence that the latter actually developed, over time, out of the former. Figure 4 presents the known genealogical relationships between a number of (sub)species of bowerbirds.

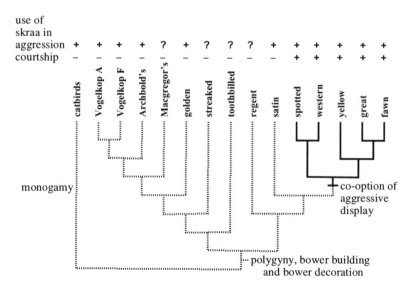

Figure 4. Co-option of aggressive display for use in courtship by *Chlamydera* bowerbirds

184   *Arie Verhagen*

The top rows indicate whether a so-called skraa-call is used in aggression and in courtship. The fact that the latter set matches a subpart of the tree is clear evidence that the aggressive function was primary, and that it was later, as the authors call it, co-opted for courtship.

While this is certainly an interesting candidate for a parallel to functional change in language, it is as yet unclear whether it may actually be called a "semantic" change in the sense that applies to human language. Borgia & Coleman do not address the question whether the locus of the change is DNA or memory. Only in the latter case, of course, would we be prepared to consider it a "pure" parallel to semantic change in human language. This is just one of the many instances where it is clear that more research, both conceptually and empirically, is called for. But it does help us to see that such investigations are worthwhile, and may lead to deeper understanding.

While this brief overview is very limited and has certainly not touched all possible interesting points of comparison,[10] it does show that also from a biological perspective, there are several research results that contribute to narrowing the gap between animal communication and human language.

5. Conclusion

One thing that the discussions and comparisons in the previous sections make clear is that "language" and "culture" are actually multifaceted notions, and that at least some of the facets may also be found in other species than our own. It is a crucial component of these two concepts that the phenomena involved are transmitted via imitation and learning, resulting in cognitive structures that are thus reproduced across indivi-

---

10. For example, human languages are systems with "double articulation" (Hockett 1958), with connected but relatively independent layers of meaningless units (phonology), and meaningful ones (lexicon and grammar). This property of language is essential for its infinite expressivity, which is also intriguing from an evolutionary point of view (cf. Nowak et al. 1999), and it has been put forward as possibly the only "design feature" of language without an analogue in other animals. In connection with infinite expressivity, the property of recursion is also often mentioned, but although this is certainly important for language use, there are good reasons to assume that it is not a general feature of linguistic structure per se, but rather of some subtype of conceptualizations (most importantly: "other minds") expressed in some linguistic constructions; cf. Verhagen (forthcoming).

Language, culture, nature   185

duals ànd across generations without being coded for in the genes. Focusing on this aspect, we can see that we are not the only species that has culture, that culture is not at all that unnatural a phenomenon, and that studying the evolution of culture in this sense in other species may contribute to understanding cultural evolution in humans.

At the same time, what is not included in this set of features is the fact that for humans, culture also involves mutually shared models of the world (life, ourselves, etc.). It is part of the environment with which linguistic systems (mental grammars) interact, and to whose "survival" and reproduction it contributes, as we have seen in section 2. Human language does not just interact with a biological system (the brain), but also with other cultural systems. It remains to be seen to what extent something similar holds in other species. Perhaps it is precisely in this area that differences may be found between culture and communication systems in humans and in other species, i.e. not so much as an "essential", qualitative difference (such as those between "language" and "not language", or "cultural" and "natural", as normally conceived), but as differences in degree of complexity and organization. It may turn out that human linguistic units interact much more with these shared cognitive models which are also transmitted culturally, than communicative units in other species, so that human language would effectively exist and evolve in a more complex kind of environment than communication systems of other species. But differences should be expected to be small, and "bridgeable". There is little hope of understanding both human language and human culture as natural phenomena if we would maintain that there is a huge gap. Cognitive linguistics, which has been emphasizing the importance and systematicity of construal, shared cultural models, subjectivity and intersubjectivity since its inception, contributes in a specific, arguably crucial way to narrowing it. Such contributions allow us to break up the notions of language and culture into different aspects, some of which we may share with several other species, others with only a few, or even none. This situation provides, in my view, a parallel to the one in the developmental and comparative study of social cognition, about which Tomasello et al. (2003b: 204; cf. Tomasello et al. 2003a) recently remarked:

> we are certainly never going to make progress on questions concerning the evolution and ontogeny of social cognition if we think in terms of a monolithic 'theory of mind' that species either do or do not have. We are beyond that now. It is time to turn up the microscope.

186   *Arie Verhagen*

Likewise, if we are to make progress in understanding language and culture as natural phenomena, we must discontinue thinking in terms of monolithic and essentialist concepts of language and culture that species either do or do not have, and I have claimed that we can. "It is time to turn up the microscope", indeed.

References

Bybee, Joan
   1998   A functionalist approach to grammar and its evolution. *Evolution of Communication* 2: 249-278.
Croft, William
   2000   *Explaining Language Change. An Evolutionary Approach.* London, etc.: Longman.
Borgia, Gerald & Seth William Coleman
   2000   Co-option of male courtship signals from aggressive display in bowerbirds. *Proceedings of the Royal Society of London* B 267: 1735-1740.
Bradbury, Kack W. & Sandra L. Vehrencamp
   2000   Economic models of animal communication. *Animal Behaviour* 59: 259-268.
Geeraerts, Dirk
   2003   Cognitive Linguistics and the underlying trends in linguistic theory. Plenary lecture presented at *Language, Culture and Cognition: An International Conference on Cognitive Linguistics.* Braga: Universidade Católica Portuguesa. July 16-18.
Hockett, Charles F.
   1958   *A Course in Modern Linguistics.* New York: The Macmillan Company.
Jones, Alex E., Carel ten Cate, Peter J.B. Slater
   1996   Early experience and plasticity of song in adult male zebra finches (*Taeniopygia guttata*). *Journal of Comparative Psychology* 110: 354-369.
Lachlan, Robert F. & Peter J.B. Slater
   1999   The maintenance of vocal learning by gene-culture interaction: the cultural trap hypothesis. *Proceedings of the Royal Society of London* B 266: 701-706.
Langacker, Ronald W.
   1990   Subjectification. *Cognitive Linguistics* 1: 5-38.
   1998   On subjectification and grammaticalization. In: Jean-Pierre Koenig (ed.), *Discourse and Cognition. Bridging the Gap*, 71-89. Stanford: CSLI Publications.
Nowak, Martin A., David C. Krakauer & Andreas Dress
   1999   An error limit for the evolution of language. *Proc. R.Soc. Lond. B* 266: 2131-2136.

Language, culture, nature 187

Owings, Donald H. & Eugene S. Morton
    1998   *Animal Vocal Communication: A New Approach.* Cambridge: Cambridge University Press.
Tomasello, Michael, Josep Call & Brian Hare
    2003 a   Chimpanzees understand psychological states – the question is which ones and to what extent. *Trends in Cognitive Science* 7: 153-156.
    2003 b   Chimpanzees versus humans: it's not that simple. *Trends in Cognitive Science* 7: 239-240.
Traugott, Elizabeth Closs & Richard B. Dasher
    2002   *Regularity in Semantic Change.* Cambridge: Cambridge University Press.
Verhagen, Arie
    1995   Subjectification, syntax, and communication. In: Dieter Stein & Susan Wright (eds.), *Subjectivity and subjectivisation: linguistic perspectives*, 103-128. Cambridge: Cambridge University Press.
    2000   Interpreting Usage: Construing the History of Dutch Causal Verbs. In: Michael Barlow & Suzanne Kemmer (eds.), *Usage-Based Models of Language*, 261-286. Stanford, CA: CSLI Publications.
    2003   Semantics, Inferential Cognition, and Understanding Text. In: Ellen van Wolde (ed.), *Job 28. Cognition in Context*, 231–252. (Biblical Interpretation Series, Volume 64.). Leiden: Brill.
    forthcoming   *Constructions of Intersubjectivity.* Oxford: Oxford University Press.
Verhagen, Arie & Suzanne Kemmer
    1997   Interaction and causation: Causative constructions in modern standard Dutch. *Journal of Pragmatics* 27: 61-82.
Wierzbicka, Anna
    1998   The semantics of English causative constructions in a universal-typological perspective. In: Michael Tomasello (ed.), *The New Psychology of Language. Cognitive and Functional Approaches to Language Structure*, 113–153. London/Mahwah, NJ: Lawrence Erlbaum Ass.

PARTE II

Categorização e Léxico

"To lead a dog's life" and "dog's loyalty": the role of dogs in Italian stereotyped expressions

Grazia Biorci

Abstract

In this article I have tried to explore the meaning and the prototypical suggestions of a portion of stereotyped expressions, where dogs are the central metaphorical matters of the idiomatic sentence. I have tried to consider the reasons why dogs, in western culture, have such a negative appeal in "literature" and, on the contrary, in the collective imagination they are symbols best man's friends, examples of loyalty, abnegation and disinterested friendship.

In the idiomatic sentences collected on dogs, very few of them witness this friendly approach. The majority of the idioms highlight dog's disparaging connotation due probably to the ancient and functional understanding of these animals. In a cross-linguistic comparison with other European languages, such as French, English German and Spanish, is displayed the same emotional and cultural attitude in corresponding idiomatic sentences. To show similarities and differences among the in the five European languages I have edited a series of "synoptic tables" containing corresponding idiomatic phraseology.

Keywords: idiomatic sentences, prototype, cross-linguistic comparisons.

1. Introduction

Idiomatic sentences, proverbs and stereotyped expressions outline, in a quite crystallised sequence of words, a feeling, an event or a situation. The use of such expressions looks old-fashioned, even conservative and reveals a way of thinking irritatingly out of fashion. Nevertheless, in every stereotyped expression is present a sort of cultural and vernacular richness that could be noticeable and appreciable. Suddenly, indeed, sentences pronounced with emphasis, become a reservoir of knowledge that could easily be consulted as a sort of sample of typical situations, which are affordable and well known by everyone. This is particularly true for Italian idiomatic sentences, in which the echoes of a traditionally rural life

192 *Grazia Biorci*

were up-to-date until the end of the Second World War. Rural roots of the idiomatic sentences are not so evident in other European languages, especially in the Germanic ones.

The different objectives within the metaphorical sense of idiomatic sentences are worth to be underlined: some have didactical or pedagogical character, others express the natural animal characteristics in analogy to similar human behaviours. So it is easy to outline the "moral" of the story that teaches and generalises problems or typical situations.

In this relation I have tried to explore the meaning and the prototypical suggestions of a portion of stereotyped expressions, where *dogs* represent the central topic of the idiomatic sentence and the fulcrum of the metaphor.

Idiomatic phraseology has been enquired considering the reasons why dogs, in European culture, have such a negative appeal in the languages and, at the same time, in the emotional assumption, dogs are used to be thought as the best man's friends, undoubtedly examples of loyalty, abnegation and disinterested friendship. It is curious that this kind of feeling becomes visible only in the sphere of rhetoric thoughts, because in the spoken vernacular language, dogs have a very different appearance. This is confirmed in the idiomatic sentences where the negativeness of dog prototype is evident. In the majority of Italian idiomatic sentences the dog prototype reveals bad characteristics made of servilism, slave attachment due to vileness, abjection and, very often, indolence.

What kind of cultural prototype is within the concept of *dog*? To answer this question I have proceeded first in collecting stereotyped Italian forms and then spoiling and clustering them within their cultural and cognitive approach; secondly I have compared the Italian sentences with the corresponding French, Spanish, English and German ones.

In the first stage a portion of idiomatic sentences and proverbs have been collected. The research has been done on several Italian dictionaries.

In the second stage the idiomatic sentences have been divided in conformity to the analogy of their content and the matter or objectives of the phraseology. Some have didactical or pedagogical character: in them it is easy to outline the "moral" of the story that teaches and generalises problems or typical situations. Others concern dogs' natural animal characteristic that simply express and are used as stereotype for analogy to similar human behaviours. The study had proceeded exploiting the idiomatic sentences and studying the prototypical dog's features in the multiple aspects of its "negativeness".

The role of dogs in Italian stereotyped expressions 193

The examined data have been extracted from Italian dictionaries and compared to corresponding idioms in other four European languages. The curious result is that the same assumptions of negativeness, loneliness are present also in the other European cultures. What is particularly "criticised" in dogs in the idiomatic expressions is their bias to servilism, slave attachment and laziness. Such behaviours, transferred to human beings, are not well accepted and, on the contrary, are often passable to the community contempt. Dogs become the cognitive referents of what is abject, mean and detestable in humans. Is this shared opinion due to the influence of Latin culture and language in this area? Or it is due to an analogous way of live and cognitively interprets dogs in this cultural area?

The result of this study is an attempt of the editing of "synoptic" tables of the idiomatic correspondences between Romance and Germanic languages for what concerns the metaphorical phraseology on dogs.

2. How dogs appear and are considered in Italian idiomatic sentences and proverbs

In the Italian grammar of the stereotyped expressions, the domestic animals of the rural tradition are the very main characters. The play of the metaphor, the irony and the disillusionment towards some human vicissitudes, emerges from these expressions which show simple and plain syntactical, morphological forms in an elementary, but colourful lexicon. Good and Evil, Poverty and Richness, Astuteness and Arrogance: the entire spectacle of the world is synthesised in few crystallised syntagms almost generally known and understood.

In the Italian stereotypical expressions *dog* is commonly connoted negatively. The dog is lonely *solo come un cane* and dies alone *crepare solo come un cane*, it is servile *seguire come un cane* and is beaten instead of its master *picchiare il cane al posto del padrone*. Dogs are driven off from churches *fortunato come un cane in chiesa*; and to define a really bad job colloquially it is used *lavoro da cane* and a terrible meal *mangiare da cani*. In some, few, popular expressions, dogs acquire a better dignity: these are *can che abbaia non morde* and *non disturbare il can che dorme*. In both the latter sentences, the innate character of the dog, in some extent fierce, is safe and considered.

194   *Grazia Biorci*

2.1. *"Cane" having the prototypical meaning of miserable, lonely and abandoned*

In following table 1 there is a series of expressions in the five European languages I've examined in which dogs assume the meaning of being miserable, lonely and abandoned. As it is shown in the table there are corresponding forms, which can't be called translations because neither of them is attested priory respect the others, that could suggest an similitude in the way of thinking and expressing situations of profound loneliness, misery or abandon in European languages and cultures.

Table 1

ITALIAN	FRENCH	SPANISH	ENGLISH	GERMAN
morire come un cane	vivre, mourir, être enterré comme un chien	morir como un perro	die like a dog	
crepare come un cane	mourir comme un chien		die a dog's death	
solo come un cane	battre, traiter, recevoir comme un chien	tratar como un perro		
vita da cani		vida de perro	lead a dog's life	
far pietà ai cani				etwas könnte einem Hund jammerrn
far spiritate i cani				
			have a dog's chance	
	malade comme un chien		as sick as a dog	

2.2. *"Cane" associated to a noun to indicate a superlative, having the prototypical meaning of extremely negative, violent, heavy; also with the meaning of spurious or bastard*

An analogous tendency to interpret *dog* with the meaning of *bad* in the idiomatic European phraseology is evident in those sentences in which dogs assume adjective functions becoming a connotative tool for superlative adjective formation. This change of morphological function is shared among in the five considered languages as shown in table 2.

Table 2

ITALIAN	FRENCH	SPANISH	ENGLISH	GERMAN
male cane	un mal chien			
freddo cane				hundkalt
mangiare (da) cane			dog's dinner	Hundfraß
lavoro (da) cane	un métier de chien	a cara de perro (exactly)	work like a dog (hard)	Hundarbeit
cose da cani		de perro		das ist unter allen Hunden
fame da lupo			dog-hungry	
tempo da lupi	temps de chiens ; ne pas mettre un chien dehors coup de chien		it's raining (blowing) cats and dogs a dog's chance dog-tired dog-cheap dog-poor dog-Latin, dog-Greek, dog-English	Hundewetter hundmüde Hundeloch
		uva de perro	dog-apple, dog-cabbage, dog's camomile	

In English the noun *dog* associated to the names of vegetables or food achieves the meaning of *rotten* or *not eatable* for humans. In some syntagmatic variation dog-Latin, dog-Greek, dog-English, it acquires also the function of indicating something spurious or lacking.

2.3. *"Cane" having the prototypical meaning of abjection and desolation*

The role of dogs in vernacular phraseology acquires tones of deep desolation and abjection and in some extent of profound poverty. Dogs and their human transpositions are supposed to be, in these sentences, at the lowest rank in the social scale. The ideas of meanness and egoism are added to the concept of desolation expressed in sentences such as *be a dog in a manger*. This locution finds similar semantic correspondences in three of the five examined languages, except in German.

196 *Grazia Biorci*

Table 3

ITALIAN	FRENCH	SPANISH	ENGLISH	GERMAN
solo come un cane		sin padre ni madre ni perro que le ladre		
a cani magri mosche ingorde		a perro flaco todo son pulgas		
starsene come un cane bastonato	avoire l'air d'un chien battu	como perro cencerro, cuerno, vejiga		
stare come un cane alla catena				
essere il cane dell'ortolano	être le chien du jardinier	perro del horte- lano	dog in the man- ger	
trattare da cani		tratar como un perro		
cane morde l'osso perché non può ingoiarlo				
il cane morde lo straccione				den letzten beissen die Hunde
	être chien	no tener una perra		
		quien da pan a perro ajeno pierde el pan y pierde el perro		
cane morto non morde		muerto el perro se acabiò la rabia		
il cane scottato dall'acqua calda teme la fredda			the scalded dog fears the cold water	begossene Hunde fürchten das Wasser
il cane battuto ha paura della sua ombra		como perro con cence- rro/cuerno/vejiga		
seguire come un cane = very servile behaviour	chien couchant		to dog	

2.4. *"Cane" having the prototypical meaning of despair, ruin and unworthiness*

The scenario of dog's prototypical negativeness is shared by four of the five considered languages. Dogs in the expressions assume the meaning of something without value, like rubbish. It is possible to notice that this "value" approach in idiomatic sentences is not present in Spanish, while, above all for what concerns *dare ai cani*, there is a plain correspondence

The role of dogs in Italian stereotyped expressions **197**

both in structure and in conceptualisation among French, German and Italian. The idea of throwing away and wasting is clearly attested in these languages.

Table 4

ITALIAN	FRENCH	SPANISH	ENGLISH	GERMAN
dare ai cani	cela n'est pas fait pour les chiens		to send to the dogs (to go, to throw)	auf den Hund bringen
buttare, gettare ai cani	jeter quelque chose aux chiens			auf den Hund kommen
darsi al cane (to fall into despair)		darse a perros		vor die Hunde gehen
	ne pas valoire les quatre fers d'un chien		not to have a word to throw at a dog	
	ne pas donner sa part aux chiens donner sa langue aux chiens			

2.5. *"Cane" having the prototypical meaning of unlucky, unwelcome*

The acceptation of dog as unlucky and unwelcome fellow is present in Italian and French, while in English the sentence, which in some way supposes the unlucky existence of dogs, besides the irony of *dog's chance,* attests a more encouraging idiom: *every dog has his day.*

Table 5

ITALIAN	FRENCH	SPANISH	ENGLISH	GERMAN
fortunato come un cane in chiesa	arriver comme un chien dans un jeu de quilles		every dog has his day; a dog's chance	

2.6. *"Cane" in the slang of criminality*

Another aspect of the prototypical conceiving about dogs is attested in the idiomatic sentences concerning the slang of criminal world. In this context Italian seems to be more creative than the other European languages, although the idiomatic sentences appears more as adages than as

198   *Grazia Biorci*

locutions. In any case, the denomination of dog as person involved in some criminal organisation or action, is commonly shared in the examined languages except for English, where *dog eat dog* underlines the hard merciless struggle to remain alive or to succeed in business and sports.

Table 6

ITALIAN	FRENCH	SPANISH	ENGLISH	GERMAN
puzzare di cane				er ist mit alle Hunden gehetzt
chi si corica coi cani si alza con le pulci	chien = spy, delator	quien con perros se echa, con pulgas se levanta		
a carne di lupo zanne di cane			dog eat dog	

2.7. *"Cane" in curses*

Dogs in curses and oaths are commonly mentioned in all the five languages, although with slight differences in structure and meaning. The curse *figlio di un cane* appears in the "male" version in French and Italian, while in English it assumes the feminine gender, with the assumption of the female synonym too.

Table 7

ITALIAN	FRENCH	SPANISH	ENGLISH	GERMAN
porco cane!	nom d'un chien !	para ti la perra gorda!	dog on it!	du elender Hund!
mondo cane! figlio d'un cane!	fils d'un chien !		son of a bitch	

2.8. *"Cane" having the prototypical meaning of hostility or vengeance*

Anger and vengeance are part of the prototypical images about dogs, above all in the Romance languages. The natural hostility between cats and dogs is recorded in most of the European idiomatic sentences. In addition to this proverbial enmity, the item of vengeance is particularly expressed in two sentences, in which the promise of vengeance, though menacing, is hidden behind a metaphoric sentence quite unsuspectedly. The common cultural root of these two sentences is evident, although the expression is considerably different.

The role of dogs in Italian stereotyped expressions 199

Table 8

ITALIANO	FRANCESE	SPAGNOLO	INGLESE	TEDESCO
essere cane e gatto	vivre comme chat et chien	como el perro y el gato	To fight like cats and dogs	wie Hunde und Katzen leben
non mi morse mai cane ch'io non volessi del suo pelo	garder à quel-qu'un un chien de sa chienne		a hair of the dog (that bit one)	
cane morto non morde		muerto el perro se acabiò la rabia		

2.9. "Cane" having the prototypical assumption of gluttony and avidity; and of conceit or arrogance

In order to accomplish the outline on dog's negativeness, I would like to consider two other prototypical aspects of dog's character spread in idiomatic sentences: the aspect of gluttony and the bias to arrogance.
Dog's avidity is conceived only in Latin cultures: there is no sign of this neither in English nor in German; while arrogance and pretension seem to be more a characteristic shared also with the English culture.

Table 9

ITALIAN	FRENCH	SPANISH	ENGLISH	GERMAN
mangiare come sei cani e tre lupi affogare il cane nelle lasagne preti cani e polli non sono mai satolli				
	être chien (être avare)			
	ne pas attacher ses chiens avec des saucisses (être avare)	no atar los perros con loganiza		

Table 9b

ITALIAN	FRENCH	SPANISH	ENGLISH	GERMAN
come i cani che abbaiano alla luna	chien qui aboie à la lune		put on dogs	
			let the dog see the rabbit	

200 *Grazia Biorci*

2.10. "Cane" having the prototypical meaning "fellow", "guy", positive connotation

In English, French and German the role of dogs, always referring to the idiomatic sentences, is not always negative. Dogs have also the acceptation of *guy*, *fellow* and *person* in general, without negative connotation. On the contrary, the most accepted sense of dog in this context is that of wise, expert, authoritative and reliable person. In these sentences the noun *man* or *fellow* could easily substitute the noun *dog*.

Quite the same acceptation is present in German, although a shade of negativity is still perceivable.

In Italian a slight perception of negativeness is readable in the phraseology under the sense of *guy* except for the sentence *cane vecchio non abbaia invano*, where the quality of wisdom and expertise is clearly expressed.

In German and also in English, the adjective that precedes the noun gives the connotation, negative or positive, to the entire sentence. In the Italian *non c'è un cane*, as in German, the word *cane* could be substituted by *person or guy* even though it is not clear its positive connotation. We are leaded to think that dog in this sense has a desolate and abandoned guise. It seems as if our prototypical way of conceiving dog's existence is pervaded by negative feelings.

Table 10

ITALIAN	FRENCH	SPANISH	ENGLISH	GERMAN
non c'è un cane			(jolly, sad, lucky, sly…) dog like a dog with two tails	kein Hund
non trovare un cane che abbai per qualcuno			to give a dog an ill name and hang him	ein (falscher) Hund
cane vecchio non abbaia invano		perro viejo; perro viejo si ladra da consejo; a otro perro con ese hueso	be an old dog; you can't teach an old dog new tricks	
	(le premier) chien coiffé chien de bord chien de caserme, chien de quartier		top dog whose dog is dead? what dog is a hanging	es ist bekannt wie ein bunker Hund

2.11. "Cane" having the prototypical meaning of mate and best friend

In the four sentences of the following table dogs assume the "traditional" role of man's best friend. But is this really the true inner meaning? Apart the English *love me and love my dog* which is patent that the noun *dog* is a synonym of *friend*, the other two sentences still evoke ambiguous feelings. In the Italian *chi ha pane ha cane* the dog is given the role of an interested friend; the same meaning seems to have the English *help a dog over a stile*. In the Italian adage *chi fa affari con il lupo porti il cane sotto il mantello* is outlined the function of the dog as a sincere and disinterested friend. Surprisingly the lack of expressions portraying dogs as man's best friends in French, Spanish and German in the following table 11 confirms the starting hypothesis that in the collective assumption of the prototypical sense of dog's behaviour and relationship with humans "friendship" is only abstract and simply thought. In the phraseological system, which considerably translates the popular feelings and behaviours, are missing the minimal accents to one of the most traditional friendships.

Table 11

ITALIAN	FRENCH	SPANISH	ENGLISH	GERMAN
chi ha pane ha cane			help a dog over a stile love me, love my dog	
chi fa affari con il lupo metta il cane sotto il mantello				

2.12. "Cane" in common and particular expressions and proverbs

In many popular and common phraseological sentences of the four languages examined is found a common ground, a sort of common way of denoting events and situations. The question is whether this common ground is the result of cultural reciprocal influences during the past, if it is due to linguistic loans, or if it is due to a common perceptive or cognitive way of prototypically thinking events, people and situations. The sentences have all correspondences in the European languages if not even exact translations or calques.

202   *Grazia Biorci*

An exception is the English sentence *a hair of the dog that bit you* that is a peculiar English metaphor to indicate too much drinking situations. *Rompre les chiens* similarly, is another euphemistic metaphor, which nicely express the avoidance of embarrassing or difficult conversational situations. The French expression, *avoir du chien* is peculiar to this language. It has no correspondences in the other four languages and is used, indeed, to indicate a very peculiar French *charme*, which has no adequate corresponding word in other European languages.

Table 12

ITALIAN	FRENCH	SPANISH	ENGLISH	GERMAN
non destare il can che dorme			let sleeping dog lie	schlafenden Hunde soll man nicht wecken
battere il cane per il padrone				
can che abbaia non morde	chien qui aboie ne mord pas	perro ladrador poco mordedor	dog's bark is worse than his bite	Hunde, die viel bellen, beissen nicht
menare il can per l'aia		echar a perros	see a man about a dog a shaggy dog story to give a dog an ill name and hang him	
		a otro perro con ese hueso (do not exaggerate)		da liegt der Hund begraben
nuotare a cagnolino	nager à la chien			
guardarsi in cagnesco	se regarder en chiens de faïence rompre les chiens avoir du chien entre loup et chien (at the sunset)			
meglio un asino* vivo che un dottore morto				ein lebendiger Hund ist besser als ein toter Löwe

3. Conclusions

In the collective imagination, the prototypical role of an animal not always corresponds to the same prototype in the spoken language. The case of *dog* is significant on this matter. In the collective imagination, dog is the man's best friend, but this emotional or cognitive behaviour does not correspond to any analogous cognitive linguistic outcomes.

The metaphorical and metonymical function of some idiomatic sentence on dogs reduces the effort of communicating an idea or a concept within a situation: the idiomatic sentences could be considered the expression of an archetypal example, a linguistic and cultural cognitive habit.

Most of the idiomatic sentences concerning dogs have cultural and literal correspondences with other European languages and the romance ones in particular. For English and German it has been noticed different prototypical ways of conceiving dogs in the human society. In these languages, actually, dogs are not always the metaphor of bad human behaviour; they sometimes represent human typology without any negative or positive connotation. Similarly in French, in phrases such as *chien de bord* or *chien coiffé* there is neither a heavy negative connotation nor a positive one; while the English expressions *joyful dog* and *dogs with two tails* evoke positive images and friendly bias towards dogs.

In Italian idiomatic sentences on dogs are generally negatively connoted and used to touch metaphorically many bad human behaviours, drawing a human scenario eclectically various. Nevertheless, together with English, Italian is one of the five considered European languages, which attests in its metaphorical idioms the rhetorical, perhaps false, friendly subsumed behaviour.

References

Battaglia, S.
    1961   *Grande Dizionario della Lingua Italiana*. Torino: UTET.
Biorci G., L. Marconi, D. Ratti & C. Rolando
    2002   La "composante animale" dans les expressions figées italiennes, *Cahier de Lexicologie* 81.
Campanini, G. & G. Carboni
    1961   Sentenze motti e proverbi latini brevemente illustrati, app. III nel *Vocabolario Latino-Italiano*. Paravia Torino.

204   *Grazia Biorci*

Caprettini
    1977   *"Allegoria"* in *Enciclopedia Einaudi*: Vol.I Torino: Einaudi.
Cavalli Sforza, Luigi
    1996   *Geni, popoli e lingua.* Milano: Adelphi.
Chevalier, J. & A. Gheerbrant
    1987   *Dizionario dei simboli.* Milano: Rizzoli.
De Mauri, L.
    1998   *5000 proverbi e motti latini.* Milano: Hoepli
De Mauro, Tullio, P. Bolasco & P. Elia
    1995   *Ricerca qualitativa e computer.* Milano: Franco Angeli.
Eco, Umberto
    1984   *Semiotica e Filosofia del Linguaggio.* Torino: Einaudi.
Esopo
    1994   *Favole.* A cura di Francesco. Maspero. Tascabili: Milano Bompiani.
Fedro
    1996   *Favole.* Milano: Garzanti.
Fiala, Pierre, Pierre Lafon & Piguet Marie France
    1997   *La locution.* Paris: Klincksieck.
Giuliani G.
    1912   *Delizie del parlar toscano.* Firenze: Le Monnier.
Gross, Gaston
    1996   *Les expressions figeés en français.* Paris: Orphys.
    1993   *Il fisiologo.* Edited by Zambon Francesco. Milano: Adelphi.
    1999   *Il romanzo di Renart la Volpe.* Edited by Massimo Bonafin. Alessandria: Edizione dell'Orso.
Diamond, Jared
    1996   *Armi acciaio e malattie.* Torino: Einaudi.
Konrad, Lorenz
    1967   *L'anello di re Salomone.* Milano: Adelphi.
La Fontaine, Jean de
    1980   *Favole.* Biblioteca Universale Rizzoli. Milano: Rizzoli.
Lakoff, George & M. Johnson
    1980   *Metaphors We Live By.* Chicago: University of Chicago Press.
Lakoff, George
    1992   *The Contemporary Theory of Metaphor, Metaphor and Thought*, 2nd edition. Cambridge MA: Cambridge University Press.
Lapucci, Carlo
    1993   *Dizionario dei modi di dire della lingua italiana.* Milano: Garzanti.
Lippi, Lorenzo
    1625   *Il Malmantile racquistato* (postumo) Edited by A. Malatesti. Firenze: Barbera.
    1872   *Modi di dire Proverbiali e Motti popolari spiegati e commentati da Pico Luri Di Vassano.* Roma: Tipografia di E. Sinimberghi.
Pittano, Giuseppe
    1992   *Cosa fatta capo ha. Dizionario dei modi di dire proverbi e locuzioni.* Bologna: Zanichelli.

The role of dogs in Italian stereotyped expressions   205

Quartu, B.M.
   1991   *Dizionario dei modi di dire della lingua Italiana.* Milano: Rizzoli.

Rossano, P., G. Ravasi & A. Girlanda
   1966   *Nuovo Dizionario di Teologia Biblica.* Ed. Paoline. Milano.

Salem, A.
   1987   *Pratique des segments répétés.* Paris: Klincksieck.

Schwamenthal, R. & M.L. Straniero
   1996   *Dizionario dei proverbi italiani e dialettali.* Milano: Rizzoli.

Sorge, P.
   1997   *I modi di dire della lingua italiana.* Roma: Newton & Compton.

Tosi, R.
   1991   *Dizionario delle sentenze latine e greche.* Milano: Rizzoli.

Turati, O.
   1990   *3000 Parole Nuove.* Bologna: Zanichelli.

Turrini G., C. Alberti, M.L. Santullo & G. Zanchi
   1993   *Capire l'antifona.* Bologna: Zanichelli.

Ullmann, Stephen
   1966   *La semantica.* Bologna: Il Mulino.

Veale, T.
   1995   *Metaphor, Memory and Meaning: Symbolic and Connectionist Issues in Metaphor Interpretation.* School of Computer Applications, Dublin City University, Glasnevin: Dublin.

Vietri, S.
   1990   La sintassi delle frasi idiomatiche. *Studi italiani di linguistica teorica e applicata* 199: 33-146.

Vignali, A.
   1995   *Lettera alla gentilissima Madonna,* First posthumous published 1557. Edited by T. Flonta, De Proverbio.

The role of metathesis in Hawaiian word creation

Kenneth William Cook

Abstract

Most analyses of metathesis are uniquely phonological (cf. Besnier 1987 and Schmidt 2002). This makes sense given that metathesis is first and foremost a phonological phenomenon. It does not rule out, however, the possibility that a speech community might employ metathesis for special purposes. Cook (1997), for example, shows that the Samoan inverse suffix *–ina*, which derives historically via metathesis from *–nia*, correlates with a number of phenomena that involve reversals, e.g. a flow of energy that goes from non-typical agent to typical agent, word order reversals, and switch reference. This paper proposes that in Hawaiian (or its ancestral languages), metathesis has played a role in word creation. In some cases of lexical creation, the original form has survived with its meaning, and the metathesized form has taken on a new meaning that is different from, but related to, the original. In other cases, euphemism can be seen as the motivating factor in Hawaiian word creation. As might be expected, metathesis is one of the devices employed in forms of Hawaiian disguised speech. It is also shown that a particular morphosyntactic inversion corroborates the claim that semantic oppositions are represented iconically in Hawaiian. This study contributes to a growing appreciation for the creative aspects of human language as understood in the framework of Cognitive Linguistics (Langacker 1991).

Keywords: metathesis, sound change, word creation, Hawaiian, Samoan, Polynesian, inverse form, sound inversion, word order reversal, role reversal, iconicity, cognate, euphemism, sexual connotation, disguised speech, play language, secret language, ancestral language, consonant mirror, semantic motivation, apparent metathesis, semantic opposition.

1. Introduction

Analyses of metathesis are generally "sound-bound" (cf. Besnier 1987 and Schmidt 2002), although some linguists, such as Blust (2003) question whether all sound change is phonetically motivated. I myself have come to see semantically motivated uses of metathesis in Hawaiian word creation that I find interesting, and it is those uses that I will describe in this article.

208 *Kenneth William Cook*

My interest in what might be called "meaningful metathesis" first appeared in print in Cook (1997), in which I showed that the Samoan inverse suffix *–ina*, which derives via metathesis from *–nia*, correlates with a number of phenomena that involve reversals, e.g. a flow of energy that goes from non-typical agent to typical agent, negation, word order reversals, and switch reference.

In this article I will use the term *metathesis* to cover not only the typical one-for-one transposition of sounds that occurs, in for example, the Portuguese and Spanish *perguntar* and *preguntar*, which both mean 'ask' but also other cases of flip-flops or near flip-flops, such as the North American English *nucular* for *nuclear*. Another example would be the newly created Japanese word *moohoo*, which I would claim is the inverse of the English word *homo*—both existing in Japanese and both meaning 'homosexual'.[1] This last example involves more than just blind metathesis. *Moohoo* could very well be a euphemism for *homo*, as was the earlier *homodachi*, derived from the Japanese word for friend, *tomodachi*. Also, I see some iconicity in this case in that there is a type of role reversal involved in homosexuality. That is to say that the sound inversion is iconic for the reversal from an expected heterosexual to a homosexual orientation.

In some cases these reversals involve whole syllables. For example, Alvaro González, an Argentine friend of mine, reports that there is a manner of speech in Argentina that he refers to as "*hablar al revés*," in which syllables are inverted. Hence Spanish *postre* 'desert' becomes *trepos*. Enrique Bernárdez has also mentioned that fairy tales like Caperucita Roja (Little Red Riding Hood) are told at times in Spain with such syllable reversals. For example, the title Caperucita Roja is reversed to Tacirupeca Jorra. In the spirit of metathesis, Tacirupeca Jorra eats the wolf in the story, i.e. the syllable reversals iconically represent a role reversal of the original tale. In addition, Enrique Bernárdez and Ricardo Maldonado report that some Spanish speakers in Spain and Mexico are

---

1. The change from *homo* to *moohoo* not only involves metathesis but also vowel lengthening. I thank Malena Vistam for this example and Toshiyuki Matsunaka for the additional Japanese examples of *Waiha* (*Hawai* from *Hawaii*) and *zuja* (*jazu* from English *jazz*) that he mentioned at the conference Language, Culture and Cognition: An International Conference on Cognitive Linguistics, at which this paper was first presented. The conference was held at the Catholic University of Portugal in Braga in July of 2003.

The role of metathesis in Hawaiian word creation   209

using the name Emilio as a common noun to refer to an e-mail message. This adaptation involves, among other things, the metathesis of the first two vowel sounds.

Much of this article is anecdotal in that it has to do with my language learning experiences. I first tried to learn Samoan and then later Hawaiian. The two Polynesian languages are fairly closely related, somewhat like the Romance languages Spanish and Italian. As a result, I can often guess what a Hawaiian word means based on what its cognate is in Samoan, provided I can figure out what the cognate is. However, while trying to learn Hawaiian, I kept running into words that were new to me and asking myself, "Now where did that word come from, and why does it sound familiar?" Because the occurrences of metathesis discussed in this paper seemed to have taken place in Hawaiian or in a not-too-distant ancestral language, I will assume throughout this article that the Samoan words I mention represent the older forms and the Hawaiian forms the newer, metathesized forms. My Hawaiian data is from Pukui and Elbert (1986) and the Samoan data is mostly from Milner (1966).

2. Metathesis disguises cognates

What I discovered was that at times the reason I could not figure out the Samoan cognate for a Hawaiian word was that metathesis got in the way—or metathesis plus some other form of sound change. For example, it took me some time to realize that the Hawaiian word *pahu* 'box, drum' was probably related via metathesis to the Samoan word *pusa*, which also means 'box'.

In some cases it took me a while to see a particular cognate relationship because not only was metathesis involved, but the two forms were somewhat semantically distant. Relevant examples include Hawaiian *manakâ* 'bored' and Samoan *matagâ* 'ugly', as well as Hawaiian *moani* 'light or gentle breeze, usually associated with fragrance' and Samoan *manogi* 'smell (sweetly)'[2].

---

2. In Samoan orthography, *g* represents a velar nasal. I am using circumflexes rather than the conventional macrons to indicate long vowels in both Samoan and Hawaiian.

210   *Kenneth William Cook*

3. Euphemism

Euphemism seems to have been a major motivation for metathesis in the history of Hawaiian. Conceivably the word for 'sweat' could have been metathesized in order to avoid direct mention of its designatum. Given metathesis and an established *a-o* sound correspondence (Samoan *a* at times corresponds to Hawaiian *o*), Hawaiian *hou* 'sweat' can be seen as cognate with Samoan *afu*, which also means 'sweat'.

There are, however, more obvious examples. *Piko* in Hawaiian means, among other things, 'belly button (i.e. navel)', but can also be used to refer to genitals, and Hawaiian dictionaries and grammar books advise learners of the language to avoid the popular question *Pehea kô piko?* 'How's your *piko?*' because of the sexual connotation. Once I realized that metathesis could be involved in Hawaiian-Samoan cognation, it did not take me long to figure out that *piko* could very well be a metathesization of the informal Samoan word *poki*, which specifically means 'penis.' Of course, I very well could be mistaken as to the direction of the change. *Poki* could be an innovation in Samoan, especially since *pito* means among other things 'end, extremity, point (of a stick)' in that language.[3]

Another product of euphemistic metathesis is, I believe, the Hawaiian word *lemu* for 'buttocks'. The Samoan word is *muli*. One would ask, however, why *muli* did not metathesize into *limu* instead of *lemu*. The reason I offer is that *limu* already meant something in Hawaiian, namely 'seaweed'. This avoidance of an already existing word implies some non-phonetic mental operations on the part of the speakers involved. That is to say, such near metathesis is not just a mindless phonetic change.

Death is another topic that invites euphemistic terms. The Hawaiian word for funeral is *ho'oleva*, which via metathesis can be related to the Samoan word *fa'alavelave*, a word used to refer to out-of-the ordinary events such as funerals, weddings, and car accidents.

---

3. Neither *poki* nor *poti* appears in Milner 1966. (In Samoan, informal *k* corresponds to formal *t*.)

4. Surviving older forms

In some cases of word creation, the original form has survived with its meaning, and the metathesized form has taken on a new meaning that is different from, but related to, the original meaning. For example *lehulehu* 'numerous', 'multitude' from *helu* 'number', *honehone* 'melodious' from *nahenahe* 'soft, sweet', *luana* 'to enjoy pleasant surroundings and associates' from *launa* 'friendly, sociable, meet with', and *lilo* 'become, disappear' from *loli* 'change'. This last example is especially interesting because the metathesis involved is iconic for the meaning of the words involved, namely those that have something to do with change.

Samoan *fiafia* 'enjoy', 'like', 'happy' and the Samoan desiderative prefix *fia-* have reflexes in Hawaiian. Given metathesis and the vowel correspondence mentioned above, *fiafia* can be related to Hawaiian *hoihoi* 'please', 'interesting', 'happy', and the *fia-* prefix survives as the independent form *hia* 'desire', 'delight'. The Samoan forms *fia'ai* 'hungry' (lit. 'want to eat') and *fiamoe* 'sleepy' (lit. 'want to sleep') survive but with new meanings that lack the desiderative component. *Hia'ai* in Hawaiian is 'pleased with', 'pleasing', although *hia'ai'ono* still means 'appetite for delicious food'. (*'Ono* alone means 'delicious.') *Hiamoe* is simply 'sleep'.

5. It takes two to tango (tangle?)

An example of Hawaiian metathesis that is often referred to in the literature is that of the Proto Polynesian and Proto Central Pacific word for 'fly' (i.e. the insect) *lango* becoming *nalo* in Hawaiian (Pukui and Elbert 1986:260). I propose that there could have been a semantic motivation for this sound inversion. By changing *lango* to *nalo*, the word for fly became a "consonant mirror," so to say, for the Hawaiian word for 'spider', *lanalana*. Thus the protagonist in the spider-fly relationship exhibits an *l-n* consonant sequence in *lanalana* while the antagonist, the fly, shows an *n-l* sequence in *nalo*.

6. Going out on a king-size limb

The Samoan words for 'big' are *tele* and *telê*; the Hawaiian word is *nui*. I wondered for years (until I found metathesis!) where that word *nui*

212   *Kenneth William Cook*

came from. I have now decided that *nui* is from *niu*, the Pan-Polynesian word for 'coconut palm'. After all, what plant in a tropical setting, especially if one is living on an atoll, is taller than a coconut palm?! However, the evolution of *nui* from *niu* must have occurred early in the history of the Polynesian languages, given that Pukui and Elbert (1986: 272) show that it existed in Proto Nuclear Polynesian, a daughter language of Proto Polynesian.[4]

7. Apparent metathesis

Two semantically related words in Hawaiian, *kahu* and *haku*, look like a pair that resulted from metathesis, but I suspect that they did not. *Kahu* means, among other things, 'attendant', 'caretaker', 'master', and 'pastor (of a church)'. *Haku* means 'lord', 'master', overseer, employer, 'possessor', etc. Their etymologies seem to have brought these two words to the point of being semantically similar. The 'attendant/caretaker' meaning of *kahu* appears to have derived from another, which is 'to tend or cook at an oven', and that meaning from to 'build an open fire'. The 'master/possessor' sense of *haku* can be related to another, that of 'compose', 'invent', 'arrange', 'braid (a lei)', etc.' The person who creates something is, at least initially, its owner. Hence, the two words had independent histories that led them to appear to be a pair that resulted from metathesis. It is not inconceivable, however, that their semantic relatedness is currently reinforced by the fact that they are phonologically similar. In other words, speakers of any language do not usually know the etymologies of the words they use; hence to speakers of Hawaiian, *kahu* and *haku* would appear to be an instance of metathesis just like any "real" case of metathesis.

8. Secret languages

The use of metathesis to create new words in Hawaiian fits a cultural propensity for Hawaiians to play with language. Pukui and Elbert (1986)

---

4.   Samoan is also a Nuclear Polynesian language, but *nui* does not occur in Samoan.

give examples of five (!) different forms of play or secret languages (*kake, nehiwa,'okolekê, 'ôlelo kûkae manu*, and *'ôlelo kumu*). Not surprisingly, metathesis is one of the devices employed in some of these forms of disguised speech. In the language *nehiwa*, the syllables of many words are reversed. In fact, the name of the language itself is the reversal of the word *wahine* 'woman'. Pukui and Elbert (1986:264) give the following example sentence of this play language.

(1)   HAWAIIAN: *'A'ohe   o'u   makemake iâ   'oe.*
                    not=exist my liking   for you
                    'I don't like you.'

        NEHIWA: *'ohe u'o kemakema iâ e'o.*

Metathesis can also be seen in the language called *'ôlelo kûkae manu*, which, according to Pukui and Elbert (1986:284), was "a play language [*'ôlelo*] used by Hawaiian guano (*kûkae manu*) diggers in the South Pacific to keep their bosses from understanding;..." The example sentence that Pukui and Elbert give contains an instance of metathesis: the form *mai* 'hither' is changed to *mia*. The sentence and its transform are given in (2).

(2)   HAWAIIAN: *E   hele   mai   kâua   ma   'ane'i.*
                    IMP come hither we   LOC   here
                    'Let us come here.'

        'ÔLELO KÛKAE MANU: *I hile mia kua mu 'unu'e.*

9. Watch your manners!

The fact that metathesis is used to iconically represent oppositions, brings up the question as to whether there might be something on a morphosyntactic level that would correspond to this use of metathesis. Something along the lines of 'work hard' vs. 'hardly work,' where the difference in word order can be correlated with an opposition. This English example is not quite "perfect" in that the adverb has an *–ly* suffix in one case but not the other. In Hawaiian, on the other hand, there is a "perfect" case of this word order inversion correlating with a semantic

214 *Kenneth William Cook*

opposition. The adverb *pono* means 'correctly' if it follows the verb it modifies, but it means 'carelessly' if it precedes the verb. Thus *'ai pono* is 'eat correctly' while *pono 'ai* is eat carelessly. An interesting aspect of this is that the usual or "correct" position for an adverb that modifies a verb is AFTER the verb. To place an adverb BEFORE its verb is a somewhat careless act in and of itself.

This particular morphosyntactic inversion corroborates the claim that semantic oppositions are represented iconically in Hawaiian. What I have proposed here will hopefully contribute to the growing appreciation for the creative aspects of human language, an appreciation expressed in such works as Langacker (1991). I hope I have shown that at least in Hawaiian, metathesis is more than merely a mindless phonological process; it is, at times, a means of word creation.

References

Besnier, Niko
 1987 An autosegmental approach to metathesis in Rotuman. *Lingua* 73: 201-223.
Blust, Robert
 2003 Must sound change be phonetically motivated? Paper presented at a Linguistics Seminar at the University of Hawaii, Manoa.
Cook, Kenneth W.
 1997 The Samoan transitive suffix as an inverse marker. In: Verspoor, Marjolijn, Kee Dong Lee & Eve Sweetser (eds.), *Lexical and Syntactical Constructions and the Construction of Meaning*, 347-361. Amsterdam and Philadelphia: John Benjamins Publishing Company.
Langacker, Ronald W.
 1991 *Concept, Image, and Symbol: The Cognitive Basis of Grammar*. Berlin: Mouton de Gruyter.
Milner, George B.
 1966 *Samoan Dictionary*. London: Oxford University Press.
Pukui, Mary Kawena & Samuel H. Elbert
 1986 *Hawaiian Dictionary*. Honolulu: University of Hawaii Press.
Schmidt, Hans
 2002 Temathesis in Rotuman. Paper presented at the Fifth Conference on Oceanic Linguistics: Camberra: Australian National University.

The Swedish seal-hunters' conceptual system for seal – a cognitive, cultural and ecological approach

Ann-Catrine Edlund

Abstract

The aim of this paper is to present a completed study of the Swedish-speaking seal-hunters' conceptual system for seal in the North Scandinavian area. A cognitive perspective is applied in the analysis, in which focus is on the hunters' knowledge of the seal. The theoretical starting-point is taken in cognitive linguistics and cognitive anthropology. The investigated vocabulary contains 150 different words for seal, mostly found in oral recorded material.

The study emphasises the fact that lexical meaning comprises linguistic as well as cultural knowledge. The reconstruction of the conceptual system is therefore based on both a semantic analysis of the vocabulary for seal, and on an analysis of the cultural and ecological context of seal-hunting during the 20th century.

Only a few categories for seal are the same in the whole area of investigation and can be said to constitute a cognitive and communicative basic level. The structure of the hunters' conceptual system in the area is otherwise characterised by breadth and variation. Variation occurs on three different levels: 1. Regional variation, partly explained by differing hunting methods in different areas. 2. Seasonal variation related to different needs of cultural knowledge. The summer and autumn hunt did not require a large amount of knowledge, and consequently there was no need to categorise the seal. The late winter hunt on ice required an immense amount of knowledge with regard to the ecology of the seal and the ice-environment, for that reason an extended conceptual system for seal was used. 3. Variation with regard to different actions during the late winter hunt.

Keywords: North Germanic, Swedish dialects, conceptual system, cultural model, knowledge system, categorization of seals.

1. Introduction

This article presents a completed study of the Swedish-speaking seal hunters' conceptual system for seal in the North Scandinavian area (Ed-

216   *Ann-Catrine Edlund*

lund 2000). A cognitive perspective is applied in the analysis, where focus is on the hunters' knowledge of the seal, with the purpose of investigating the structure of the hunters' conceptual system. The theoretical starting-point is in cognitive linguistics and cognitive anthropology (Lakoff 1987; Johnson 1987; Langacker 1987; Strauss & Quinn 1997; Palmer 1996; Geertz 1993).

The conceptual system was used in the early 20th century in the coastal area around the northern part of the Gulf of Bothnia – the sea between Sweden and Finland. Swedish is the native language of both Swedish and Finnish hunters, but they speak different dialects. The seal species that were hunted in the Bothnian waters were mainly grey seal (Halicoherus grypus) and ringed seal (Phoca hispida), but harbour seal (Phoca vitulina) has periodically been found here too. Seal hunting has been pursued for several thousand years in the Bothnian area. In the 1900s, the seal was hunted most intensively during the interwar period and the Second World War. The seal was a multi-purpose resource where all parts were used: the meat, the hide and the blubber. In the 1970s sealhunting ceased completely when hunting for seal was prohibited since the seal population had greatly diminished due to overhunting and environmental toxins.

2. Experientialism and cultural model

In cognitive linguistics, I have primarily used ideas developed by George Lakoff and Mark Johnson, namely the theory of experientialism (Johnson 1987; Lakoff 1987; Lakoff & Johnson 1999).[1] Focus is here on the internal world of concepts, based in individual experiences. According to this theoretical approach, the hunters' conceptual system for seal is (deeply) rooted in the hunters' world view [2], and in their experience and knowledge of the seal.

---

1. The theory of experientialism assumes that external reality imposes certain restraints on human concept formation. But the reality that we construct, perceive, understand and discuss resides inside us, in our internal world of concepts with its basis in our own individual experiences. The way we categorise and understand objects, events and actions is always based on experiences we have as human beings, in a given time, in a certain place, i.e. in a certain culture and in a certain environment.
2. Cf Palmer (1996) where a cultural theory of linguistic meaning is discussed. According to Palmer, world views provide stable points of reference for interpretation and understanding of linguistic expressions.

My study emphasises the fact that lexical meaning comprises linguistic as well as cultural knowledge (Langacker 1987:154; 1997:240f.). It is therefore not possible to maintain a distinction between linguistic knowledge and cultural knowledge, or alternatively, encyclopaedic knowledge.

Both conceptual and cultural knowledge has an important characteristic with methodological consequences for the study of conceptual systems – the knowledge is namely largely unconscious and therefore also invisible and implicit. Lakoff and Johnson call these unconscious mind structures *the cognitive unconscious* (1999:10ff.). Since conceptual systems are mainly made up of implicit knowledge and tacit assumptions we are not aware of their structure and content (Quinn & Holland 1987:14). This implies that cultural knowledge is largely unaccessible to conscious introspection.

This approach to lexical meaning and cultural knowledge has led to the following methodological considerations in my study. The analysis of the hunters' conceptual system for seal cannot be limited to a study of the vocabulary for seal, since the vocabulary only gives limited access to the implicit cultural knowledge. Therefore, the analysis has been extended to comprise also the cultural and ecological context of seal hunting in the 1900s. Here I have chosen the anthropological concept of *cultural model* as a point of departure (Quinn & Holland 1987).[3] The cultural model can be compared to the cognitive model of linguistics. They are both models for the organisation of knowledge, but where the cognitive model mainly emphasises the individual organisation and categorisation of knowledge, the cultural model emphasises the common knowledge shared by many in a certain society.

My analysis is obviously complicated by the fact that I am studying a hunting culture which is dissolving, since seal hunting as a trade no longer exists. In order to make my interpretation credible I have aimed for a *thick description*, a concept introduced by the anthropologist Clifford Geertz (Geertz 1993:10).

---

3. An overview over literature concerning cultural models is given in Shore (1996:69). The concept of cultural model is further discussed in Quinn (1997).

218   *Ann-Catrine Edlund*

3. Presentation of data

The analysis is mainly based on oral recorded material, from various archives, as well as from my own recorded interviews with hunters. The collected vocabulary consists of 150 different words for seal. Some 100 of these words are found in the oral material, while an additional 50 words, used for comparative purposes, are found in printed sources. Slightly less than a third of these 150 words are, however, hapax legomena, (words of which only one instance is recorded) which in part can be explained by the fact that the vocabulary is to a considerable extent regional. It is important to bear in mind that this collected material is only a fragment of the conceptual system for seal that was used in the investigated area during the last century. Since hunting has decreased more and more after the 1950s, the conceptual system has gradually dissolved.

4. The cultural model of the seal hunters

The hunters' cultural model for seal hunting is here regarded as a common construction of reality which is made up of the hunters' shared knowledge based on their individual and collective experiences. According to the anthropologists Naomi Quinn & Dorothy Holland cultural models can be understood as presupposed models of the world that are shared by the members of a society and which play an important role both in their understanding of the world and their behaviour (1987:4).

In discussing the functions of cultural models as guidance for human behaviour, it is important to stress that the relation between the cultural models and the individuals' goals and actions should not be considered an automatical or mechanical process. The cultural model holds within it a potential for different actions to undertake.[4]

> We do not assume that cultural models always translate simply and directly into behavior. ... Nor do we expect cultural conceptualizations of the world to be the sole determinants of behavior. The work in this volume does suggest, however, that cultural models – which we infer from what people say – do relate to their behavior in complex, powerful ways (Quinn & Holland 1987:6).

---

4. Cf Strauss (1992) where the relation between the cultural model and the individual motivation is further discussed, here regarded as a motivational force.

The cultural model consists of separate knowledge systems. Within the hunters cultural model at least two knowledge systems can be perceived, relating to two different ecological environments. In the winter the seal was hunted out on the ice and in the summer and autumn it was hunted in the open water. Because of the different ecological conditions, different types of knowledge were required.

The hunters' conceptual system for seal organises ecological as well as cultural knowledge and constitutes one part of each seasonal knowledge system. My investigation also shows that there is a large variation in the conceptual system due to differing ecological conditions. The variation is related to the structure as well as to the vocabulary and the categories. The two species categories 'GREY SEAL' (GRÅSÄL) and 'RINGED SEAL' (VIKARE) are however exceptions. They are found on the basic level and can be said to unite the conceptual system. Apart from these, there is only one other term that was used in different hunting seasons, namely *stegsäl*. The meaning of the word varies between the two hunting seasons and can therefore be said to belong to different categories. During the winter hunt the word refers to smaller seals in broken drift ice which are relatively easy to hunt. Some hunters, on the other hand, use *stegsäl* for grey seal that wanders to the north in May towards the last ice, or grey seal that wanders south in the early summer when the ice has disappeared. During the autumn hunt *stegsäl* refers to smaller ringed seals which wander north along the coast.

The vocabulary and the conceptual categories differs whether the seal is hunted on ice or in open water. Since different categories are used in different enviroments one and the same seal will be categorised differently depending on the time of the year and the environment. One particular seal hunter says in an interview that a smaller ringed seal was called *muding* by the hunters when the seal was in the ice environment. According to the informant the same seal was called *knubbsäl* when it was lying on a rock in the early summer.

During the summer and autumn hunt, the conceptual system being used is very limited, since hunting for seal in the open water was relatively uncomplicated and did not require a large amount of knowledge. There was consequently no need to categorise the seal. The terms for seal that were used during this season are very general and comprise all seals that are hunted or caught, for example '*autumn seal*' (*höstsäl*), '*summer seal*' (*sommarsäl*), *stegsäl* and '*harbour seal*' (*knubbsäl*). The Swedish seal terms have been translated into English, if possible.

220   *Ann-Catrine Edlund*

The Swedish terms are here given between brackets. Although some of the words are impossible to give a justifying English equivalent, which is the case for *stegsäl*.

5. The knowledge system during the ice hunt

My investigation focuses on the conceptual system for seal during the hunt on ice in the winter. This system is much more developed and more complex. Here we find a rich vocabulary and several categories for seal. The hunt on ice requires an immense amount of knowledge, both with regard to the seal and to the environment where the hunt takes place. Consequently, the hunters had to possess an intimate ecological knowledge. In particular the hunt for ringed seal required a lot of ecological knowledge, which is why there is a larger vocabulary and more categories for ringed seal compared to grey seal.

A large part of the investigation has been devoted to the reconstruction of the hunters' knowledge system. My theoretical point of departure is that the hunters knowledge system should be regarded as a simplification and a generalisation of a much more complex reality.

In their understanding of observations and situations they make use of prototypical actions scenarios in a simplified world of cultural models in order to cognitively handle all the knowledge required in this environment (Quinn & Holland 1987:10ff.). Variations and factors which might make the interpretation more difficult are suppressed and the interpretations are usually unambiguous. This simplification makes it cognitively possible for the hunters to interpret a complex reality, where the hunters' cultural knowledge serves as points of orientation in the external reality.

The hunt on the ice was pursued by shorter hunting trips from the main land as well as longer hunting expeditions – here referred to as *the long journey* (Sw. dial. *långfälan*). The ecological conditions were mainly the same for the two hunting types, but the hunt was organised differently. Shorter hunting trips were often undertaken by individual hunters, whereas the long journey required considerable organisation. It was an immensely demanding hunting expedition where the hunters set out on the sea ice in the beginning of March and returned in May or June. During these 2–3 months the hunters lived in the ice environment and their boat served as both means of transport and home. The hunting team usually consisted of 4–6 men.

The Swedish seal-hunters' conceptual system for seal 221

Particular emphasis is here given to the hunters' ecological knowledge, of the ice environment and the behavior of the seal. The ice environment was dangerous and had to be constantly observed since the sea ice in the Gulf of Bothnia is constantly moving. It is true that the sea is mainly ice-covered in the beginning of the hunting season in March, but only the ice near the main-land is fast and coherent. Knowledge of the quality of the ice was crucial for locating and identifying the seal in the ice environment, as well as for determining the ice strength. The hunters also needed detailed knowledge of the ice in order to find ways into the sea ice and subsequently locate a safe and secure place for the boat on the ice. Furthermore, knowledge of the weather and the wind was indispensable, since the hunters had to be able to predict changes in the ice environment based on changes in the wind and the weather.

Knowledge of the behaviour of the seals in different ice environments was of course also fundamental. The behaviour of the ringed seal and the grey seal has been investigated from the seal hunters' perspective. It emerges that the two species present different behaviour with regard to movement patterns, breeding behaviour, ice environment and watchfulness. In addition to that, the behaviour varies between adult and young ringed seal.[5]

5.1. The conceptual system for seal during the ice-hunt in the winter

The hunters' conceptual system for seal during the ice-hunt should not be considered as a homogenous system in the whole Bothnian area. There is regional variation that is apparent both in the vocabulary and in the hunters' knowledge of the seal. The terms for the male and female seal are for example mostly regional. The regional variation in the hunters' knowledge is mainly concerned with the varying knowledge of the grey seal. Ringed seal was hunted by a majority of the hunters during the 20th century, whereas grey seal was mainly hunted by hunters from the province of Österbotten in Finland.

---

5. The hunters who went out on the long journey entered into a purely male environment. The importance of solidarity and unity within the team was impressed upon the young boys when they were socialised into becoming hunters. In this changeable environment the group depended on all members of the team to take responsibility for the safety of the boat and their fellow hunters. An important part of getting acclimatised to being a hunter was of course to acquire the hunters' conceptual system for seal, ice etc.

222   *Ann-Catrine Edlund*

In my analysis of the hunters' conceptual system for seal during winter I have used three action scenarios in order to illustrate the connection between the hunters' behaviour (inside a cultural model) and their categorisation of the seal. The categories for seal, organising ecologic knowledge, are indispensable for the hunters' understanding but can also be said to direct the hunters' actions in these three recurring scenarios. This might be considered as an attempt to link cognition to action. The scenarios are the three following:

- The location of suitable hunting ices
- The individual hunters' behaviour during the hunt
- The use of the seal as a resource

5.1.1. The location of suitable hunting ices

In order to locate suitable hunting ices, knowledge of the seals' movement patterns and ice environment was required. A large part of this knowledge is found in the basic level categories 'GREY SEAL' (GRÅSÄL) and 'RINGED SEAL' (VIKARE). Furthermore the categories 'TROOP' (TRUPP), 'LATE TROUP' (SENTRUPP) and 'OLD TROUP' (GAMMELTRUPP), contain knowledge of variation in the breeding behaviour of the grey seal. The older grey seals give birth earlier in the spring and nearer the edge of the ice, while the younger ones give birth later and they usually move further into the sea ice. In the search for ringed seal in March the hunters searched for a specific ice-environment – older rafted ice where the seal stayed in hollows in the ice for its lair (Sw. dial. *vista*) during the first period with the pup. This ringed seal staying hidden in its lair was called VISTSÄL and was thus not visible to the naked eye. In the search for grey seal later on in May, the category 'CROWD' (LÄGER) contains knowledge of the hunting area and the flock behaviour of the grey seal.[6]

5.1.2. The individual hunters' behaviour during the hunt

The categories which organise the knowledge that directs the individual hunters behaviour during the hunt, are above all concentrated on the ice environment and the watchfulness of the seal. In this case too, the cate-

---

6. This is when the grey seal makes for the last ice that can be found in the Gulf of Bothnia.

The Swedish seal-hunters' conceptual system for seal   223

gories 'GREY SEAL' and 'RINGED SEAL' contain fundamental knowledge. 'GREY SEAL' is much easier to hunt than 'RINGED SEAL' in that it is not so shy. The choice of ice and the watchfulness of different ringed seals vary too, which is evident in a number of categories. 'LONG RINGED SEAL' (LÅNGVIKARE) and 'ICE-FIELD LYING SEAL' (SLÄTTLIGGARE) are watchful adult ringed seals which are very difficult to come within gunshot range of since they are found in open ice fields. The hunter must therefore take every precaution possible in order to get close to them. The young ringed seal presents a different behaviour. STEGSÄL and its member categories such as BUDDARE, MUDING, NADD and STEGBOLL, are usually found on broken drift ice where it is relatively easy for the hunter to find shelter when he approaches the seal. The young ringed seal is, moreover, not as shy as the adult ringed seal.

5.1.3. The use of the seal as a resource

The categories which organise knowledge about the use of the seal as a resource contain information about the seal's amount of blubber and whether it is of use for the hunters' fare when he is out on the ice. The sex of the seal constitutes significant knowledge in this scenario. A distinction is made whether the seal male is a 'MALE' or a 'SMELLY MALE'. 'SMELLY MALE' (LUKTALG) is a male ringed seal that stinks and whose blood and meat is unusable. It is therefore of no value whatsoever apart from the bounty. The female seal adheres to different categories whether she has a pup or not. 'MOTHER' has given birth but is found without pup, 'PUPMOTHER' is found with the pup, and finaly 'BARREN FEMALE' (GALL-MORSA) is a fat female seal with a lot of blubber. Her blood and meat can be used to make the hunters' provisions last longer. The white fur of the grey seal pup was also of great economic value to the hunter, which is to be seen in the category 'WHITE PUP' (VITKUT). It should, however, be pointed out that the bounty was the main source of income in the 20th century, with the exception of the war, when blubber and meat also fetched a high price.

5.1.4. Categories for seal organising social knowledge

In addition to the ecological knowledge some of the categories can be said to be pertinent to the socialisation of men into becoming established hunters. In the hunt for 'RED-BREASTED SEAL' (RÖDBRÖSTAREN), the inex-

224   *Ann-Catrine Edlund*

perienced hunter could practise creeping up to the seal, since this seal was not very watchful. The real test of knowledge and skill for the hunter was to be able to shoot the shy and reserved 'LONG RINGED SEAL' (LÅNGVIKAREN) or 'ICE-PLAIN LYING SEAL' (SLÄTTLIGGAREN).

5.1.5. Different scenarios – different categorisation

Since different knowledge of the seal was brought to the fore in the different scenarios, one and the same seal could be perceived as belonging to different categories. The adult ringed seal is categorised differently in all three scenarios. In locating the seal in the ice, the hunters locate the VISTSÄL, in hunting 'LONG RINGED SEAL' and in using the seal as a resource they make distinctions with regard to the seals sex and amount of blubber. It is either a 'MALE', a 'SMELLY MALE', 'MOTHER', 'PUPMOTHER' or 'BARREN FEMALE'.

Adult ringed seal – in three different action scenarios

In locating suitable hunting ices	VISTSÄL
In hunting	LONG RINGED SEAL
In using the seal as a resource	MALE
	SMELLY MALE
	MOTHER
	PUPMOTHER
	BARREN FEMALE

The smaller ringed seal could also be categorised in two different categories according to the ice-environment where it is to be found. When it is hunted on ice it is regarded as a STEGSÄL, or with the regional categories STEGBOLL, NADD or MUDING. When it is hunted in the open water in the ice-environment it is regarded as an 'ICE HOLE SEAL' (VAKSÄL).

Hunting smaller/young ringed seal in different ice-environments

Hunting on ice	STEGSÄL
	STEGBOLL
	NADD
	MUDING
Hunting in ice-holes	ICE-HOLE SEAL

5.2. Basic level in the hunters' conceptual system during the winter hunt

Is it possible to reconstruct basic level categories in the hunters conceptual system for seal during the winter hunt on ice?[7] It is to be expected that the categories which constitute a knowledge basis for the hunters should be generally known and consequently more frequent. In my attempt to locate a basic level I have therefore used the categories' scope of knowledge and their frequency in the material. Moreover I have also partly investigated whether these categories can be used to include other categories on a subordinate level.

There are however methodological difficulties connected with the investigation of the including function of the categories since the hunters possess knowledge of two parallel systems for the categorisation of the seal – the established scientific system and the hunters' system. In discussions regarding the including function, the hunters are aware of the fact that the scientific system only recognises three species of seal – grey seal, ringed seal and harbour seal. For that reason it is probably safe to assume that the hunters overuse the scientific names for the different species. It is also apparent that the hunters often give preferential right of interpretation to the scientific system when the two systems disagree. The following two quotations from recordings serve as illustrations:

A. In the descriptions there is no seal called the naddseal.
/What did the naddseal look like?/
He was smaller and chubbier and…but if it is a different species, they probably come from the ringed seal.
(Det finns då inte uti beskrivningarna nån själ som dom kalla för naddsjälen.
/Hur såg han ut naddsjälen?/
Han var ju mer liten och knubbig å…men om det är en annan art, nog torde de härrör från vikaren.)

---

7. The basic level constitutes an important knowledge basis. According to the principle of cognitive economy not all levels are equally informationally useful in a category system. As stated in Eleanor Roschs classic work on categorization: "the task of category systems is to provide maximum information with the least cognitive effort" (1978:28; cf D'Andrade 1995:115ff.). The major part of human knowledge is to be found on one specific level – the basic level. The basic level thus constitutes a cornerstone of a taxonomy where generalizations are made on a superordinate level, with reductions of attributes, and specializations are made on a subordinate level with complementary attributes (cf Lakoff 1987:31ff; Ungerer & Schmid 1996:60ff.).

226 *Ann-Catrine Edlund*

B. Properly speaking he is called harbour seal as it says on the plate, but we call this harbour seal naddsäl.
(Egentligen heter han knubbsäl han som står på planscherna, men den knubbsälen kalla vi för naddsäl).

The following four categories can without doubt be placed on the basic level: 'GREY SEAL', 'RINGED SEAL', STEGSÄL and 'REDBREASTED SEAL' (RÖDBRÖSTARE). They all have a rich scope of knowledge and they are frequent in the material. It is mainly 'GREY SEAL' and 'RINGED SEAL' which are used to include other seals. STEGSÄL is sometimes perceived as a species name by the hunters since it is believed to be a variety of the ringed seal. STEGSÄL also has several category members. In each dialect area there are at least two category members.[8] Since two of the hunters' basic level categories 'GREY SEAL' and 'RINGED SEAL' coincide with the scientific systematisation of seals, it is interesting to compare the structure of the two conceptual systems. In the scientific system which is based on the seal's morphology, the species categories 'GREY SEAL' and 'RINGED SEAL' contain all the age groups from pup via young seal and over to the sexually mature seal. That seals are included in the same species without regard to age may seem to be a trivial statement, but it is important to emphasise this aspect in order to illustrate the differences between the two conceptual systems. The hunters' art categories 'GREY SEAL' and 'RINGED SEAL' do not always include the young seals. There is a tendency to consider the young seals of grey seal and ringed seal as a variety, where STEGSÄL is said to be a different species of ringed seal and ROK a variety of grey seal.

In addition to the cognitive function of the basic level categories I want to argue that they also have a communicative function during the winter hunt on ice. During the long journey there were plenty of opportunities for contact between hunters from different dialect areas, where the major part of the vocabulary was local. Basic level terms are exceptions however, since *'grey seal'* (*gråsäl*), *'ringed seal'* (*vikare*), *stegsäl* and *'redbreasted seal'* (*rödbröstare*) are shared by almost all hunters in the investigated area. In that respect, these terms function as a uniting link in the conceptual system of the hunters in this region and can therefore be said to have a communicative function.

---

8. It is much more difficult to determine from the material whether STEGSÄL is inclusive in a hierarchical organisation of knowledge and thus always includes the category members. There is only one instance in the material where the *stegsäl* is used includingly.

6. Conclusions

In conclusion, it can be stated that there is a large variation in the conceptual system for seal relating to the different ecological environment where the hunt takes place. I have been focusing the interaction between the conceptual system and different cultural needs. For hunting in the open water in summer a limited system is used since the hunt does not require that much knowledge. The conceptual system used during the hunt on the open ice in winter, on the other hand, is complex, since a detailed ecological knowledge was required of the hunter. The categorization of the seal depends on different prototypical action scenarios where various hunting actions are to be performed. The hunters' knowledge of the seal emphasises the seals' movement patterns, breeding behaviour, ice environment and watchfulness and to a certain extent the seal as a resource. The seals' age and appearance are only to a very small extent significant knowledge. There are four basic level categories that constitute a fundamental basis of knowledge during the hunt on ice. The basic level categories are however not necessarily arranged in a hierarchical knowledge organisation where they include the category members. The scientific and the popular categorisation of species coincide, but they cannot be said to have the same cognitive status, since the popular categorisation is not distinctly including. It is also evident that situational factors play a vital part in the conceptual system where the ecological conditions of the hunt must be considered, i.e. the time of the year and the surrounding environment.

This study has required a combination of a linguistic and an anthropological perspective in order to combine a cognitive, cultural and ecological approach to the seal-hunters' conceptual system. I believe, however, that it is productive to combine the linguistic analysis with a cultural perspective whenever the structure of a conceptual system is studied, since these systems always have social as well as cultural dimensions. (Investigations in other social and cultural contexts might perhaps indicate other situational factors which are important when particular conceptual systems are created, recreated and used.) Further research is here needed to clarify the ressemblances and differences between the unconscious dimensions of conceptual knowledge and cultural knowledge. I believe that increased contact and cooperation between cognitive linguistics and anthropology would be beneficial to further investigations of the interplay between language, culture and cognition.

228   *Ann-Catrine Edlund*

References

D'Andrade, Roy G.
1995   *The Development of Cognitive Anthropology*. Cambridge: Cambridge University Press.
Edlund, Ann-Catrine
2000   *Sälen och Jägaren. De bottniska jägarnas begreppssystem för säl ur ett kognitivt perspektiv*. Umeå: Norrlands Universitetsförlag.
Geertz, Clifford
1993 [1973]   *The Interpretation of Cultures*. London: Fontana Press.
Johnson, Mark
1987   *The Body in the Mind. The Bodily Basis of Meaning, Imagination and Reason*. Chicago & London: The University of Chicago Press.
Lakoff, George
1987   *Women, Fire and Dangerous Things*. Chicago & London: The University of Chicago Press.
Lakoff, George & Mark Johnson
1999   *Philosophy in the Flesh. The Embodied Mind and its Challenge to Western Thought*. New York: Basic Books.
Langacker, W. Ronald
1987   *Foundations of Cognitive Grammar. Vol. I: Theoretical Prerequisites*. Stanford, Calif.: Stanford University Press.
1997   The contextual basis of cognitive semantics. In: Jan Nuyts & Eric Pederson (eds.), *Language and Conceptualization*, 229–252. Cambridge: Cambridge University Press.
Palmer, Gary B.
1996   *Toward a Theory of Cultural Linguistics*. Austin, Tex.: University of Texas Press.
Quinn, Naomi & Dorothy Holland
1987   Culture and cognition. In: Dorothy Holland & Naomi Quinn (eds.), *Cultural Models in Language and Thought*, 3–40. Cambridge: Cambridge University Press.
Quinn, Naomi
1997   Research on shared task solutions. In: Claudia Strauss & Naomi Quinn (eds.), *A Cognitive Theory of Cultural Meaning*, 137–188. Cambridge: Cambridge University Press.
Rosch, Eleanor
1978   Principles of Categorization. In: Eleanor Rosch & Barbara B. Lloyd (eds.), *Cognition and Categorization*, 27–48. Hillsdale, N. J.: Lawrence Erlbaum Associates.
Shore, Bradd
1996   *Culture in Mind. Cognition, Culture, and the Problem of Meaning*. New York: Oxford University Press.
Strauss, Claudia
1992   Models and motives. In: Roy G. D'Andrade & Claudia Strauss (eds.), *Human Motives and Cultural Models*, 1–20. Cambridge: Cambridge University Press.

Strauss, Claudia & Naomi Quinn
    1997   *A Cognitive Theory of Cultural Meaning*. Cambridge: Cambridge University Press.

Ungerer, Friedrich & Hans-Jörg Schmid
    1996   *An Introduction to Cognitive Linguistics*. London & New York: Longman.

Après: de l'espace au temps, la sémantique en diachronie

Benjamin Fagard

Abstract

Does semantic evolution really go *From time to space*, as Haspelmath (1997), among others, suggests? Our purpose here will be to investigate the mechanisms underlying this particular *semantic channel*, with a corpus study of the French preposition *après* from the 11th to the 16th century. We will first expose the issues of semantic evolution and universals, showing the opposition between the localist and cognitivist points of view (section 2). We will then explain the grammaticalization of *après* from Latin *prĕmĕre* to *ad pressum* (section 3), and show that the number of prepositions expressing time in Latin seems to suggest that the original meaning is *not* temporal, a hypothesis which our corpus study corroborates. In section 4, we will expose our method, our corpus, and illustrate the meanings of the preposition *après* in Old and Middle French. The temporal meanings of *après* appear in the first French texts, along with spatial meanings: even though most dictionaries date the latter from the 12th century, our study shows that they appeared earlier – at the same time as the temporal meanings (section 5). The graph of *après*'s semantic evolution drawn from our corpus, and projected "backwards", confirm the hypothesis of space-to-time evolution: *après* is thus a perfect illustration of Haspelmath's principle, which enables us, through our study, to see the details of the processes involved in this phenomenon (*invited inferencing*), and to illustrate the gradualness and progressivity of semantic evolution.

Keywords: grammaticalization, semantic evolution, prepositions, space, French, Latin, Romance.

1. Introduction

Nous présentons ici les résultats d'une étude sur corpus de l'évolution sémantique de la préposition *après*, de l'ancien français au français préclassique. Cette étude vise à une meilleure compréhension des mécanismes de l'évolution sémantique, l'intérêt de la préposition *après* étant qu'elle présente des similitudes frappantes avec le cadre proposé par la

232 Benjamin Fagard

théorie localiste: passage d'un sens *spatial* (latin *ad + pressum*, participe passé de *prĕmĕre* 'se rapprocher de') à des sens non spatiaux, notamment le *temporel* (*il est venu après huit heures*).

En premier lieu, un bref rappel théorique des travaux actuels sur l'évolution sémantique (section 2) nous permettra de situer les enjeux de cette étude. Nous retracerons ensuite l'évolution de cette préposition (section 3) à partir du latin *pressum*, ainsi que celle de ses équivalents romans. Nous présenterons enfin notre méthode expérimentale d'étude sur corpus (section 4), puis une analyse des résultats ainsi obtenus (section 5).

1. Evolution sémantique

L'étude de la sémantique, et spécialement de la sémantique diachronique, est relativement récente: on en fait remonter les premières théorisations à M. Bréal (1897). Et de fait, nous savons encore peu de choses du rôle du sémantisme dans l'évolution linguistique. Certains linguistes ont proposé des 'universaux' de l'évolution sémantique, notamment des *chaînes sémantiques*[1], mais ils sont dans l'ensemble peu reconnus. Nous nous intéresserons ici en particulier à un principe universel de l'évolution sémantique, reconnu par certains (localistes) et rejeté par d'autres (cognitivistes), selon lequel l'évolution sémantique va toujours de l'*espace* aux *autres domaines sémantiques* (temps, relation, modalité: moyen, cause, conséquence, manière...), en particulier le *temps*.

Nous avons déjà évoqué ce problème ailleurs (Fagard 2002), et nous nous bornons ici à rappeler que la question est de savoir si ce passage d'un domaine sémantique à l'autre est *contraint*, *unidirectionnel*, et si ce phénomène est *universel*. La plupart des travaux publiés dans ce domaine sont le fait de typologues, qui apportent une réponse quantitative à ce problème en se posant principalement les questions suivantes: les langues suivent-elles toutes ce cadre? Les exceptions peuvent-elles être expliquées autrement que comme des contre-exemples à la loi en question?

Nous avons eu recours, pour étudier cette même question, à une méthode différente: l'étude sur corpus en diachronie, qui nous a permis

---

1. Comme les chaînes *espace > temps* et *temps > concession*, proposées par Traugott et König (1991: 208 et 193).

Après: *de l'espace au temps, la sémantique en diachronie*   233

d'analyser en détail l'évolution sémantique de la préposition *après*. Nous pensons ainsi apporter des éléments complémentaires aux résultats des travaux typologiques, en dégageant les étapes de l'évolution sémantique.

3. Origine de la préposition après

3.1. Pressē, *temporel en latin?*

La préposition *après* est issue de la grammaticalisation du participe passé *pressum* (*pressē*, avec une terminaison d'ablatif adverbial, pour d'autres formes proches) du verbe *prĕmĕre*, qui signifie notamment, en latin classique, 'serrer de près, presser, toucher' (Gaffiot 1934). Les emplois adverbiaux de *pressum* sont attestés à partir du 4ème siècle, avec un sens spatial 'de près'.

Les emplois spatiaux et temporels d'*après* étant présents dès les premiers textes d'ancien français (voir sections 5 et 6), on ne peut dire lequel de ces emplois est apparu en permier pour *après* prépositionnel, comme le montre le tableau 1.

Tableau 1

	étape et période	forme	fonctions			sens (de la dernière fonction apparue)
			participe	adverbe, préfixe, particule	préposition	
1	latin classique	*pressum*	*			sens du verbe
2	latin vulgaire	*(ad) pressum*	*	*		spatial
3	proto-roman	**a(p)presso*		*	*	spatial ? temporel ?
4	ancien français	*aprés*		*	*	spatial + temporel

Nous proposons donc de voir cette grammaticalisation comme un phénomène conforme au principe de stratification ou *layering* énoncé par Hopper & Traugott (1993: 36), avec une période de coexistence de la forme non grammaticalisée (ici participiale) et de la forme grammaticalisée (ici adverbiale puis prépositionnelle). La principale inconnue res-

234   *Benjamin Fagard*

tante est le sémantisme de l'emploi prépositionnel lorsqu'il est apparu en proto-roman (phase 3 dans le tableau 1); et nous verrons en quoi l'étude de l'évolution sémantique ultérieure de la préposition *après* nous permet de formuler une hypothèse à ce sujet.

On trouve par ailleurs un premier élément de réponse dans le nombre de prépositions latines pouvant avoir un sens temporel: *iuxta, proxime, super, ab, ad, ante, circum, circa, circiter, cis, citra, cum, de, ex, in, infra, inter, intra, per, post, secundum, simul, sub, supra, tenus, usque* (Leumann, Hoffmann & Szantyr 1997 [1965]: 218 sqq). Elles ont bien sûr des nuances sémantiques très différentes, et des contextes (voire des époques) d'emploi différents, mais on peut pour simplifier les classifier comme suit (tableau 2).

Tableau 2

valeur temporelle	préposition(s)
(aussitôt) après	*de, ex, infra, iuxta, post, proxime, secundum, sub*
pendant	*in, inter, per, sub, super*
à partir de	*ab*
jusqu'à	*ad, tenus, usque*
avant	*ante, cis, citra, supra*
vers	*circa, circiter, circum*
au moment où	*cum, in, simul*
avant l'expiration de	*intra*

Ce qui fait tout de même huit prépositions dénotant le sens temporel de *postériorité* qu'on trouve pour la préposition *après* en ancien français. Au nombre de ces huit prépositions se trouve la forme *post*, qui est passée en français et dans la plupart des langues romanes[2] comme préposition temporelle dénotant la *postériorité*, avec quelques modifications morphologiques (*post* → **postius, *postea* > *puis, depuis, despuis*). L'emploi de *pressē* ou *pressum* comme préposition à sens temporel paraît donc redondant.

---

2. On l'où trouve les formes suivantes: espagnol *depués, pués, después, empós, en pos de*, gallicien *apus*, italien *appo, dopo, poi*, occitan *depueis, pois, apost*, portugais *após, depós, pois, depois*, rhéto-roman *davos*, pour ne citer que ces formes et ces langues romanes. Cette liste est indicative; elle mêle différentes époques (*empós* par exemple est inusité en castillan moderne) et différents emplois (adverbiaux et prépositionnels). Elle donne cependant une bonne idée du 'succès' de *post* et de ses variantes dans les langues romanes.

Après: *de l'espace au temps, la sémantique en diachronie*   235

Pour expliquer qu'elles aient fini par faire concurrence à *post*, à partir de l'ancien français, nous avançons (cf. section 4.3) l'hypothèse que les prépositions formées sur *adpressum* ne sont pas apparues (en français du moins) comme substituts de *post*, mais avec des emplois propres, à partir desquels se sont développés des emplois temporels qui ont, eux, fait concurrence aux formes héritées de *post* (c'est-à-dire *puis, depuis, despuis* pour le français, cf. ci-dessus).

3.2. Pressē *du latin aux langues romanes*

La grammaticalisation de *pressē* et *pressum* n'est pas un phénomène isolé en français: on retrouve des adverbes et prépositions issus du participe de *prĕmĕre* dans diverses langues romanes, avec des emplois généralement proches de ceux d'*après* en français. On a ansi: en italien, *presso, appresso*; en occitan, *près, après, deprès, enaprès, d'après*; en catalan, *aprés* et *deprés (de)*; en ancien espagnol, *aprés*. D'autre part, en ancien français, d'autres prépositions et locutions prépositionnelles sont formées sur la même base (*pressē* ou *pressum*): *prés (de), auprés (de), emprés (de)*, ainsi que l'adverbe *enaprés*.

De toutes ces prépositions et adverbes, seuls le français *après* et l'occitan *apres, enapres, depres* ont un emploi surtout temporel, les autres prépositions présentant cette valeur rarement (littéraire par exemple pour l'italien *appresso*) ou jamais (*près* par exemple en français moderne). Reste à voir si cela s'explique par le fait que le sens de base n'était pas temporel, ou par le fait qu'il y a eu évolution sémantique à partir de cet emploi, ensuite tombé en désuétude pour certaines formes: c'est ce que nous allons voir maintenant pour la préposition *après* de l'ancien français au français pré-classique.

4. Etude de corpus

4.1. *Méthode: base de données*

Nous avons eu recours, pour cette étude, à la Base du français médiéval (désormais BFM), qui contient une centaine de textes du 10ème au 16ème siècle, comptabilisant 2,7 millions de mots. Nous avons utilisé l'ensemble des textes de la BFM, sans distinction d'époque, de genre littéraire ou d'auteur, afin d'avoir autant de données que possible.

Notre méthode a ensuite consisté à effectuer des requêtes dans la base pour obtenir l'ensemble des occurrences des formes suivantes:

aprez, apres, aprés, apriés, après. Nous avons alors pu analyser ces occurrences d'un point de vue sémantique (cf. 4.2) et diachronique, siècle par siècle (cf. 5.1).

4.2. Emplois

A la suite de Buridant (2000) et Langacker (1993), nous considérons que la préposition est avant tout un *relateur,* dont la fonction est de mettre en relation deux éléments du discours: elle permet de situer (topologiquement, chronologiquement ou conceptuellement) un élément X par rapport à un point de référence Y. Voir, par exemple, (1), où c'est le paillasson qui permet de situer le chat.

(1)   *[le chat]$_X$ est sur [le paillasson]$_Y$*

Y, régime de la préposition, est la source de la construction de la référence (topologique ici), comme le suggèrent les termes employés par d'autres auteurs, *source* (Vandeloise 1986: 20) et *landmark* (Langacker 1993). L'élément qu'il permet de situer est X, qui d'un point de vue syntaxique introduit le syntagme prépositionnel (dans les terminologies de Vandeloise et Langacker, respectivement *cible* et *trajector*).

Nous voudrions ici montrer l'importance du contexte dans l'évolution sémantique de la préposition *après*: sans affirmer (bien au contraire) que la préposition est dénuée de sens, nous tenons à prendre en compte le rôle de l'inférence contextuelle. Nous présenterons donc les divers emplois de la préposition *après* en indiquant les contextes d'apparition les plus typiques pour chaque emploi.

4.2.1. Emplois spatiaux

On trouve tout d'abord pour *après* des emplois purement spatiaux: localisation et mouvement. Les dictionnaires de référence (le *Trésor de la Langue Française*, le *Französisches Etymologisches Wörterbuch*, Tobler, Lomatzsch & Christmann 1969 et Gamillscheg 1928) datent ces emplois du 12ème siècle; ils apparaissent en fait dès les premiers textes de notre corpus, donc au 11ème siècle: voir, par exemple, (2).

Après: *de l'espace au temps, la sémantique en diachronie* 237

(2)   *Veiz Baligant, ki **apres** tei chevalchet*
        Vois Baligant, qui chevauche derrière toi[3] *(La chanson de*
        Roland, anonyme, 11ᵉᵐᵉ, v.2980)

4.2.1.1. Localisation

Dans cet emploi, *aprés* présente un sens proche de *derrière* dans l'énoncé *se tenir derrière la table*.

Les éléments X (cible, *trajector*) et Y (site, *landmark*) sont typiquement du type objet, personne ou élément du paysage, immobiles dans les situations décrites ici. Le verbe support indique le plus souvent la position, la localisation (verbes de position, statiques, de localisation). Voir, par exemple, (3).

(3)   *L'en avoit ordenné que le Temple feroit l'avant garde, et le*
        *conte d'Artois avroit la seconde bataille **aprés** le Temple*
        On avait ordonné que les Templiers formeraient l'avant-garde,
        et que le comte d'Artois aurait le second bataillon, derrière les
        Templiers (La vie de saint Louis, Jean de Joinville, 14ᵉᵐᵉ, p.218)

4.2.1.2. Mouvement

Cet emploi se trouve dans des énoncés du type *courir après quelqu'un* (qui ont en ancien français le double sens semble-t-il de *courir après* et *courir derrière*). Dans cet emploi, les éléments X et Y sont surtout humains, avec un verbe de mouvement comme verbe support: *aler, corir, (e)issir* en ancien français. Voir, par exemple, (4) pour l'ancien français et (5) pour le moyen français.

(4)   *li prestres s'en va corant **aprés** Tibert tout le chemin*
        le prêtre court après Tibert tout le long du chemin (suit Tibert
        en courant) (Le roman de Renart, branches X-XI, anonyme,
        13ᵉᵐᵉ, v.2583)
(5)   *or vien **aprés** moy*
        Suis-moi maintenant (La Farce de Maistre Pierre Pathelin,
        anonyme, 15ᵉᵐᵉ, v.1284)

---

3. Cf. la traduction de L. Gautier: "Baligant est là, sur tes traces".

238 *Benjamin Fagard*

4.2.2. Emplois temporels

La préposition *aprés* présente également, dès les premiers textes d'ancien français, des emplois temporels. Elle indique alors la *postériorité* dans le temps, de la même manière que *post* en latin classique. L'élément X est typiquement un événement ou un état, tandis que l'élément Y est le plus souvent un événement (mort, bataille, etc.) ou un repère chronologique (date ou durée; *uniquement à partir du 12ème siècle d'après notre corpus*), mais peut être également un humain (c'est alors la date de sa mort qui constitue le point de repère). Voir, par exemple, (6) pour l'ancien français, avec un régime de type *événement*, et (7) pour le moyen français, avec un régime de type *date*.

(6)   **Après** *icele li vien un' altre avisiun*
      Une autre vision lui vient après celle-là (La chanson de Roland, anonyme, *11ème, v.2555)*

(7)   **Après** *ceste journée est demouré ledict roy Edouard pacifficque en Angleterre jusques à sa mort*
      Après ce jour, le roi Edouard le pacifique est resté en Angleterre jusqu'à sa mort (Mémoires, Commynes, *15ème, p.46)*

4.2.3. Autres emplois

4.2.3.1. Conformité

Dans cet emploi, la préposition *après* indique la conformité d'un élément par rapport à un autre, généralement l'adéquation d'une action à un conseil donné par un tiers. *Après* peut dans ce cas être glosé par 'd'après, selon, conformément à'. Voir, par exemple, (8).

(8)   *Messires Gautiers de Manni parole bien, et nous ferons* **apriés** *son consel*
      Monsieur Gautier de Manni parle bien, et nous suivrons son conseil (Chroniques, Froissart, *14ème, p.618)*

Après: *de l'espace au temps, la sémantique en diachronie* 239

4.2.3.2. Narratif

Dans cet emploi, la préposition *après* prend un rôle de référence non chronologique mais discursive: les éléments X et Y renvoient tous deux nécessairement au texte contenant l'énoncé. Voir, par exemple, (9).

(9) *si comme vous orrés au chapitre **après** cestui*
     Comme vous entendrez dans le chapitre suivant celui-ci (Les coutumes de Beauvaisis, Philippe de Beaumanoir, *13ème, p.405)*

4.2.3.3. Gradation

Dans cet emploi, la préposition *après* introduit une hiérarchisation, le degré de réalisation d'un procès. Voir, par exemple, (10).

(10) *leur fille aisnée, qui plus ilz aymoient que tout le reste du monde **après** le prince leur filz qu'ilz avoient perdu*
     leur fille aînée, qu'ils aimaient plus que tout le reste du mon-de, mis à part leur fils le prince qu'ils avaient perdu (Mémoi-res, Commynes, *15ème, p.162)*

4.2.3.4. Locutions

On trouve également *après* dans des emplois à la fois rares et variés, proches de la locution. Ils sont plus difficiles à classer, et mettent en jeu des significations qui semblent plus directement liées au contexte. De manière générale, il y a très peu de variation possible pour chacune d'elles: seuls quelques verbes, très proches sémantiquement, peuvent introduire la préposition (variabilité minimale). Ces constructions sont va-riées: *courir après, se fâcher après, chercher après, attendre après, demander après, envoyer après, avoir de l'amitié après, pleurer après, se plaindre après*[4]. Les éléments X et Y sont presque toujours humains. Ces emplois représentent à peine plus de 2 % des occurrences de la préposition *après*.

---

4. Certaines sont encore employées en français moderne standard (*courir après*) et surtout non standard, notamment *se fâcher après, demander après, attendre après*, etc.

5. Evolution sémantique de la préposition *après*

5.1. Résultats

Le tableau 3 montre les emplois d'*après* en ancien et moyen français, dans la BFM.

Tableau 3

siècle:	11ème	12ème	13ème	14ème	15ème	16ème
nombre d'occurrences traitées	9	265	287	219	409	20
emplois / fréquence (en %)						
localisation	22,22	10,19	5,57	5,48	2,69	5
mouvement	33,33	37,36	29,27	23,29	24,94	10
temps	33,33	45,66	56,1	62,56	63,81	70
gradation	11,11	2,64	3,14	1,83	2,69	5
conformité	0	1,89	1,05	5,02	2,44	0
narratif	0	0,38	1,74	0	0,49	10
locution	0	1,89	3,14	1,83	2,93	0
Total (en %)	100	100	100	100	100	100

5.2. Evolution sémantique: analyse

L'analyse de ces résultats est complexe. D'une part, la plupart des emplois a une fréquence très faible (entre 0 et 5 %), insuffisante pour dégager des tendances. Ils apparaissent cependant dans l'ensemble du corpus, ce qui tend à montrer que la rareté d'un emploi n'entraîne pas sa disparition immédiate, y compris pour les morphèmes grammaticaux comme les prépositions. Ces emplois 'rares' n'apparaissent pas, dans l'ensemble, aux 11ème et 16ème siècles, mais ceci doit être lié à la taille du corpus pour ces périodes.

D'autre part, quelques emplois plus fréquents semblent connaître une évolution continue et régulière: la *localisation* et le *mouvement*, qui baissent du 11ème au 16ème, et le *temps*, dont la fréquence augmente régulièrement sur la même période. Ce double mouvement est bien illustré par le graphique 1 ci-dessous.

Après: *de l'espace au temps, la sémantique en diachronie* 241

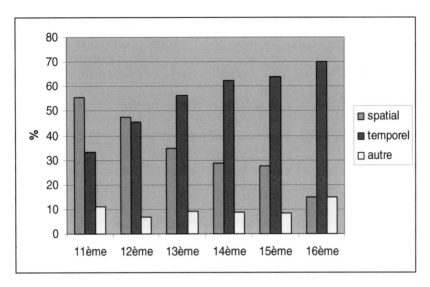

Graphique 1. Emplois principaux de la préposition après, du 11ème au 16ème siècle

5.3. Schématisation

Nous proposons donc de 'reconstruire' l'évolution sémantique de la préposition *après* comme suit (schéma 1).

Schéma 1. Ad pressum, *grammaticalisation et sémantisme*

> **phase 1**: début de la grammaticalisation; sens spatial uniquement (localisation et mouvement)
>
> **phase 2**: *ad pressum* est grammaticalisé en *apres*; les emplois de mouvement entraînent par inférence contextuelle l'extension sémantique vers le temporel. Voir, par exemple, (11).
>
> (11) il est arrivé après moi (au sens de 'derrière moi') > il est arrivé après moi (au sens de 'plus tard que moi')[5]
>
> **phase 3**: généralisation des emplois temporels. Ils apparaissent alors dans des contextes excluant l'interprétation spatiale: voir, par exemple, (5) (en 4.2.2).
>
> **phase 4**: les emplois temporels se diversifient, et apparaissent avec des régimes de type *date*. Voir, par exemple, (6) (en 4.2.2).

Cela donne l'évolution sémantique suivante (graphique 2), avec en *a* une extrapolation 'vers l'arrière' des tendances observées dans notre corpus (*b*).

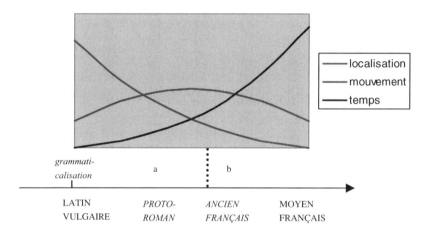

Graphique 2. Evolution sémantique (schématisée) de *ad pressum* à *après*

Si notre hypothèse est correcte, *après* suit donc bien le schéma d'évolution majoritaire Espace > Temps proposé par Haspelmath (1997). Cela expliquerait par ailleurs (cf. schéma 1, phase 4) le fait que les emplois temporels se différencient surtout à partir du 12ème siècle (pas de Y de type *date* au 11ème, cf. 4.2.2).

6. Conclusion

L'étude sur corpus de la préposition *après* nous a permis d'observer de près son évolution sémantique, avec une difficulté liée au passage du latin aux langues romanes: la tradition nous ayant légué très peu de textes entre le latin classique et les langues romanes anciennes, nous en sommes réduits à extrapoler ('en avant' à partir du latin classique et 'en arrière' à partir de l'ancien français), avec les risques que comporte cette méthode.

---

5. Les deux phrases correspondent à la même situation; le glissement sémantique a donc pu se faire insensiblement, selon les principes de la théorie des inférences contextuelles (*invited inferencing theory*, cf. Traugott & Dasher 2002).

Après: *de l'espace au temps, la sémantique en diachronie* 243

Nos recherches apportent cependant des informations non négligeables sur l'évolution sémantique: d'abord, tout indique que l'évolution sémantique de la préposition *après* a bien été du spatial vers le temporel. Nous avons vu aussi que le rythme de cette évolution d'un sens à l'autre est à la fois lent et régulier: en général, d'un siècle à l'autre, la variation de fréquence est d'environ 5 % (de l'ensemble des occurrences). Enfin, parallèlement à ces emplois 'fréquents', la présence d'autres emplois tout au long du corpus montre que la rareté d'un emploi n'entraîne pas nécessairement sa disparition immédiate. Ces observations vont donc dans le même sens que les travaux de Haspelmath tendant à montrer que le transfert sémantique de l'espace au temps est un phénomène universellement prédominant, une "forte tendance" (1997: 140)[6].

S'agissant de la préposition *après*, il serait intéressant désormais de voir si son évolution sémantique du français classique au français contemporain confirme-t-elle les tendances que nous avons observées. D'autre part, il faudrait voir si l'étude de l'ensemble des dérivés prépositionnels de *prĕmĕre* permet de mieux comprendre son évolution.

7. Références

Etudes linguistiques

Bréal, Michel
    1982 [1897]   *Essai de sémantique.* Saint-Pierre de Salerne: Gérard Monfort [Paris: Hachette].
Fagard, Benjamin
    2002   Evolution sémantique des prépositions spatiales de l'ancien au moyen français. *Linguisticae Investigationes 25,2:* 311-338.
Haspelmath, Martin
    1997   *From space to time: temporal adverbials in the world's languages.* Berlin: Lincom Europa.
Heine, Bernd & Tania Kuteva
    2002   *World lexicon of grammaticalization.* Cambridge: Cambridge University Press.
Hopper, Paul & Elizabeth Traugott
    1993   *Grammaticalization.* Cambridge: Cambridge University Press.

---

6. Ces résultats sont également corroborés par ceux de Svorou (1994) ou, dans une perspective différente, par ceux de Heine & Kuteva (2002): il semble que l'espace soit *plus souvent* point de départ qu'aboutissement de l'évolution sémantique, même si l'on ne peut pas parler de phénomène véritablement 'universel'.

244 *Benjamin Fagard*

Svorou, Soteria
  1994   *The Grammar of Space*. Amsterdam/Philadelphia: John Benjamins.
Traugott, Elizabeth & Ekkehard König
  1991   The semantics-pragmatics of grammaticalization revisited. In: E.
                Traugott & B. Heine (éd.), *Approaches to grammaticalization,* 189-218.
                Amsterdam: John Benjamins.
Traugott, Elizabeth & Richard Dasher
  2002   *Regularity in semantic change*. Cambridge: Cambridge University
                Press.
Vandeloise, Claude
  1986   *L'espace en français: sémantique des prépositions spatiales*. Paris:
                Editions du Seuil.
Zelinsky-Wibbelt, Cornelia
  1996   "How do we mentally localize certain types of spatial concepts ?" In:
                M. Pütz & R. Dirven (éds.), *The construal of space in language and
                thought*. Berlin/New York: Mouton de Gruyter.

Grammaires et dictionnaires (sélection)

Battisti, Carlo & Giovanni Alessio
  1975   *Dizionario etimologico italiano*. Firenze: G. Barbèra.
Boch, Raoul & Carla Salvioni (coll.)
  1995   *Zanichelli Maggiore*. Bologna: Zanichelli.
Buridant, Claude
  2000   *Grammaire nouvelle de l'ancien français*. Paris: Sédès.
Corominas, Juan
  1954-1957   *Diccionário crítico etimológico de la lengua castellana*. Madrid: Gredos.
Ernout, Alfred & Antoine Meillet
  1979   *Dictionnaire étymologique de la langue latine*. Paris: Klincksieck.
Nazzi, Gianni, Renza Di Bernardo & Sabrina Tossut
  1995   *Dictionnaire Frioulan*. Udine: Ribis.
Fabra, Pompeu
  1977   *Diccionari general de la llengua catalana*. Barcelona: Edhasa.
Gaffiot, Félix
  1934   *Dictionnaire Latin-Français*. Paris: Hachette.
Gamillscheg, Ernst
  1966-1969 [1928] *Etymologisches Wörterbuch der französischen Sprache*. Heidel-
                berg: C. Winter.
Geraldo da Cunha, Antônio & Cláudio Mello Sobrinho
  1982   *Dicionário etimológico nova fronteira da língua portuguesa*. Rio de
                Janeiro: Nova Fronteira.

Après: *de l'espace au temps, la sémantique en diachronie*   245

Godefroy, Frédéric
  1880   *Dictionnaire de l'ancienne langue française et de tous ses dialectes du IXe au XVe siècles.* Paris: H. Champion.
Huguet, Edmond
  1967   *Dictionnaire de la langue française du seizième siècle.* Paris: Didier.
Leumann, M., J. B. Hoffmann & A. Szantyr
  1977 [1965] *Lateinische Grammatik.* Genève: Slatkine reprints [München: C. H. Beck].
Levy, Emil
  1973   *Petit dictionnaire Provençal-français.* Heidelberg: Carl Winter-Universitätsverlag.
Mistral, Frédéric
  1979   *Lou Tresor dóu Felibrige.* Aix-en-Provence: Edisud.
Quemada, Bernard (dir)
  1990   *Trésor de la langue française: dictionnaire de la langue du XIXe et du XXe siècle, 1789-1960.* CNRS-INALF. Paris: Gallimard.
Sarto, María José (dir.)
  1995   *El pequeño Larousse.* Barcelona: Larousse Planeta.
Tobler, Adolf, Erhard Lommatzsch & Hans Christmann
  1969   *Altfranzösisches Wörterbuch.* Berlin: Weidmannsche Buchhandlung, et Wiesbaden: F. Steiner.
Verdaguer, Pere
  1999   *Grammaire de la langue Catalane: les origines de la langue.* Barcelona: Curial.
Von Wartburg, Walther
  1958-1968   *Französisches Etymologisches Wörterbuch: eine Darstellung Des Galloromanischen Sprachschatzes.* Bâle: Zbinden Druck und Verlag.
Wheeler, Max, Alan Yates & Nicolau Dols
  1999   *Catalan: a comprehensive grammar.* London: Routledge.
Zingarelli, Nicola (dir.)
  1997   *Lo Zingarelli, Vocabolario della lingua Italiana.* Bologna: Zanichelli.

Textes anciens cités

La chanson de Roland. Moignet, Guy (éd.) Paris: Bordas, 1970. Date: 1080.

La chanson de Roland. Gautier, Léon (éd. et trad.). Tours: Mame & fils, 1872.

Le roman de Renart. Branches X-XI. Roques, Mario (éd.), d'après le manuscrit de Cangé. Paris: Champion, 1958. Date: début du 13ème siècle.

Philippe de Beaumanoir: *Coutumes de Beauvaisis.* Salmon, A. (éd.) Paris: Picard, 1970 [1900]. Date: 1283 (première rédaction).

Froissart: *Chroniques.* Premier livre, Diller, G. T. (éd.) Edition du manuscrit de Rome

246   *Benjamin Fagard*

Reg. lat. 869). Genève: Droz, 1972. Date: entre 1369 et 1377 (pour le premier livre).
Commynes: *Mémoires*. Calmette, J. (éd.) Paris: Belles Lettres (Classiques de l'Histoire de France au Moyen-Age), 1964-65. Date: environ 1490-1505.
La Farce de Maistre Pierre Pathelin. Dufournet, J. (éd.) Paris: GF Flammarion, 1986. Date: 1456-1469.
Jean de Joinville: *La vie de saint Louis*. Monfrin, J. (éd.) Paris: Garnier Flammarion, 1996. Date: 1298-1309.

Base de données

Base du Français Médiéval[7]: UMR 5191 'ICAR', CNRS-Lyon 2-ENS L.S.H.

---

7. Elle fonctionne avec le logiciel Weblex, réalisé par Serge Heiden. Adresse de l'url: http://lexico.ens-lsh.fr/local/cgi-bin/weblex-f.sh?corpus=bfm.

Cognitive constructs. Perceptual processing and conceptual categories between mind, language, and culture

Dylan Glynn

Abstract

This study considers the theoretical proposition of the conceptual domain in cognitive linguistics. A survey of the various forms of this proposition is considered and it is demonstrated to be basic to the paradigm. Two general types of conceptual domain are identified in the cognitive literature which are argued to represent fundamental differences in the object of study. The first type is shown to be based on categories of encyclopaedic semantics, the second, on categories of experiential and perceptual ontology. The discussion moves to demonstrate a fundamental weakness in the study of conceptual domains, namely the arbitrary nature of their identification. A simple example of this weakness, based on a comparison of Hungarian and English, is offered to demonstrate the importance of this problem. It is suggested that solutions to such problems lie in a more methodologically sound approach in cognitive linguistics. Lastly, the discussion concludes that it is through the combination of these two types of conceptual domain that cognitive linguistics may hope to collaborate with functional approaches to language and thus eventually fully explain language structure.

Keywords: conceptual and perceptual categories, entrenched structure, processing structure, cognition, culture.

0. Preamble

The richness of Cognitive Linguistics lies in its diversity. The range of approaches and theories that make up even the main of the paradigm is impressively diverse. Today, after two decades of outward expansion, it is reasonable to claim the hour has come for a degree of cooperative consolidation and reflection upon the weaknesses left unaddressed.

To these ends, our endeavour is to sketch the path that may lead to some coherence and convergence between the various analytical apparatuses and theoretical constructs of Cognitive Linguistics. Basic among these constructs, although in many varied forms, is the conceptual do-

248 *Dylan Glynn*

main. Our discussion examines the importance of this hypothetical proposition and considers an important weakness it conceals, as well as how it may lead the way towards more collaborative cognitive-functional linguistic research. Indeed, it is argued that this construct should be basic to any endeavour to understand how language works in all its complexity.

In one of the most important theoretical contributions to Cognitive Linguistics, Geeraerts (1985: 13f & passim) underlined the importance of the conceptual domain. However, the categorial paradigms of his "paradigmatic" theory of meaning are, as we will see, only half the picture. In its varying shades and forms, from "conceptual complexes of knowledge" to "perceptual structures of grammar", the conceptual domain is an ever-present motif of Cognitive Linguistics. These domains are essentially categories that are identified through the judgement of culturally dependent or perceptually determined similarity and dissimilarity. That is, some categories result from our interaction with the perceived world, such as our corporal and visual experience, others, the culturally determined world resulting from the social construction of norms and axiological parameters. These domains are either the object of inquiry or a fundamental tool of inquiry. Their structure is based on hypotheses of category organisation viz. prototype set, fuzzy set, and family resemblance theory, as well as so called classical set theory.

1. The domain. A foundation of Cognitive Linguistics?

Within Cognitive Linguistics, a wide variety of category-based meta-structures have been posited to capture conceptual organisation, such as Fillmore's "semantic frame", Lakoff's "cognitive model", Langacker's "cognitive domain", Geeraerts' "onomasiological domain", Talmy's "concept structure", and Fauconnier's "mental space". However, these language-culture-perception categories vary to such an extent that cooperative work may not realistically advance. Nevertheless, even if there is little agreement on how to establish the domain or what exactly it entails, it is reasonable to say that the conceptual domain, that is a culturally and or perceptually determined set of conceptual similarity, is both a ubiquitous and fundamental axiom of Cognitive Linguistics and should be the building block for future development within the cognitive paradigm.

The importance of these constructs is that they represent not merely theoretical suppositions, but tools of investigation. Indeed, the conceptual domain, in some form or another, is probably the only analytical apparatus that is shared by all in the cognitive community. This is the principal argument for turning to it as a starting point in the attempt at developing analytical coherence. Moreover, since it resembles many of the constructs in neighbouring theoretical schools, such as Halliday's (1985) meta-function in Systemic-Functional Grammar or Culioli's (1990) notional domain in Enuciative Linguistics, if Cognitive Linguistics were to develop a more clearly defined hypothesis of the conceptual domain, it would facilitate collaborative research with such approaches to language. Indeed, the cognitive paradigm sorely lacks proper means for handling social and functional parameters of language and should turn to these neighbouring schools in search of analytical integration. The conceptual domain is surely the best vehicle for this development.

However, whether it is toward a more coherent approach within Cognitive Linguistics or collaborative enterprises with theoretically compatible schools, the principal problem in integrating the different constructs of the conceptual domain lies in the differences in the object of study. Although cognitive linguists explicitly share important theoretical assumptions, such as the interdependence of language structures such as meaning and form (contrary to American Formalism) and the dependence of language on perception and cognition (contrary to European Structuralism), methodologically and in the object of study there is little concord. For example, the main focus of Frame Semantics is argument structure (Dirven & al. 1982, Verschueren 1985, Norvig & Lakoff 1987), where Cognitive Grammar concentrates on the symbolic representation of cognition in morpho-syntax (Deane 1992, Taylor 1996, Talmy 2000), Cognitive Model studies tend towards culturally determined belief systems (Kövecses 1986, Geeraerts 2003, Bierwiaczonek 2002), onomasiological studies examine the lexical structure of ontological domains (Lehrer 1982, Schmid 1993, Geeraerts & al. 1994, Geeraerts 1997) and lexical semasiological research tends to examine the image schematic structure of prepositions (Vandeloise 1896, Schulze 1993, Cuyckens 1995).

Although the diversity here is inarguable, there may, in fact, be a common thread. To some extent, each of these approaches assumes some type of conceptual categorisation. In some instances, it is seen as a phenomenon in language, culture, and cognition, in others, it is an analytical tool for describing this, but in every case, some type of conceptual category is present, and indeed fundamental, to the theory and or methodology. By way of example, table 1., below, lists the principal types of conceptual categorisation in Cognitive Linguistics.

For the reader even vaguely familiar with the cognitive linguistic

250   *Dylan Glynn*

literature, the fundamental importance of some kind of conceptual category should be immediately obvious. However, this table misrepresents the complexity and polyvalence of many of the constructs listed and much of the research cited. For example, semantic frames are not only used in the study of argument structure or frame participants, but also semasiological variation of lexemes such as *crawl* Fillmore (2000), *take* Norvig & Lakoff (1987), and constructions [caused motion] Goldberg (1995) and [applicative] Michaelis & Ruppenhofer (2001), and even lexical fields, RISK Fillmore & Atkins (1992) and ANSWER Rudzka-Ostyn (1995). In function and discourse orientated studies we see similar "overlap". For example, Fischer's (2000) work on discourse particles and Schmid's (2000) work on shell nouns represent field studies that are at once onomasiological in that they study a range of lexemes but semasiological in that their domain is not based on some ontological category but on the functionally determined category of a part of speech.

Table 1. Conceptual Categories in Cognitive Linguistics

Theoretical Construct	Example
Semantic Frame (Fillmore 1982, 1985)	SAY-TELL (Dirven & al. 1982), LIE (Verschueren 1985), BUY-SELL (Fillmore 1985)
Cognitive Model (Lakoff 1987)[1]	ANGER (Kövecses 1986), FAMILY (Lakoff 1996: 65-142), LOVE (Bierwiaczonek 2001)
Mental Space (Fauconnier 1984)	[conditional] (Sweetser 1996), KINSHIP-LANGUAGES (Turner 1996: 106-108) MOTION (Fauconnier 1997: 177-180)
Onomasiological Field (Geeraerts & al. 1994)	HOME (Schmid 1993:121-163), SUFFOCATE (Lemmens 1998: 149-189), BEER (Geeraerts 1999)
Lexical-Semasiological Field	*dans* 'in' (Vandeloise 1984), *around* (Schulze 1993), *door* 'through' (Cuyckens 1995)
Cognitive Domain (Langacker 1987)	PASSIVE (Langacker 1990: 102-143), POSSESSIVE (Taylor 1996) COUNT-MASS (Langacker 1991: 25-30, 76-81)
Image Schema (Johnson 1987)	STRAIGHT (Cienki 1988), VERTICAL (Dirven & Taylor 1988), PART-WHOLE (Johnson 1987: 126, Lakoff 1987: 273)
Concept structure (Talmy 2000)	FORCE-CAUSE (Sweetser 1982), MOTION-LOCATION (Talmy 2000: 99-175), SPACE-TIME (Talmy 2000: 177-254)
Syntactic-Semasiological Field	[deictic] (Lakoff 1987:462-582), [resultative] (Boas 2003), [applicative] (Michaelis & Ruppenhofer 2001)
Morphological-Semasiological Field	[instrumental] (Janda 1993), [dative] (Dabrowska 1997), [accusative] (Willems 1997: 193-203)
Functional Domain (Zelinsky-Wibbelt 2000)	PERFORMATIVITY (Verschueren 1995), discourse particles, (Fischer 2000), shell nouns (Schmid 2000)

---

1. Lakoff (1987:68-76 & passim) coined the term Idealised Cognitive Model, with which, it seems, he hoped to unite the diverse theories of the conceptual domain

Cognitive constructs 251

Moreover, Langacker's theory of cognitive domains is sufficiently abstract to encompass all of the theories listed above. His construct divides into abstract and basic domains and may be defined as the conceptual context against which or within which semiosis takes place, what Langacker calls the semantic unit.[2] The abstract domain is essentially the same as the cognitive model and semantic frame (Langacker 1987: 150) but is less important in his analysis than the basic domain since he believes that encyclopaedic structures, such as these, are secondary to epistemic structures (Langacker 1987: 88). His basic-domain overlaps considerably with Johnson's image schema and is remarkably close to Talmy's concept structures. Furthermore, we have Langacker's (1991: 27-31 & passim) domain of instantiation that is an ad hoc category in time or space against which the Gestalt imaging of nominals and processes form the basis of syntactic organisation. This is comparable with Fillmore's (1982, 1985) semantic frame in its profiling and backgrounding of participants. The main difference is that Fillmore begins with the encyclopaedic culturally determined domain, examines the lexically encoded process involved and its argument structure (the construal of conceptual entities), where Langacker begins with the conceptual entities and examines their lexically realised relationship to each other (the argument structure), relying on "higher order abstract domains" to explain lexical phenomena. Thus, each framework is based upon the same hypotheses yet approaching the phenomena from opposite perspectives. This similarity and difference is exemplary of the problem at hand. Clearly, the domain of instantiation and the semantic frame are interrelated, describe similar phenomena, yet they approach these phenomena from different vantage points, one from the perceptual-grammatical and the other from the cultural-lexical. Thus, co-operative investigation and compatible results from the two approaches are far from evident.

Talmy's (2000) concept structures form an ontology argued to be basic to language processing. These SPACE-TIME, FORCE-CAUSE, MOTION-LOCATION, and VANTAGE-ATTENTION domains are specifications of what

---

under a single umbrella term. However, this use of the term has not proved to be popular and has even been strongly criticised (cf. Vandeloise 1990:409-410). Cognitive Model is here used to refer to the conceptual domain of metaphor studies and language-based studies of culture (cf. Lakoff 1996) and literature (cf. Turner 1987).

2. Cf. Geeraerts (1993b: 258-260) for a discussion as to why we need to view meaning meaning as a process rather than a "unit".

252 *Dylan Glynn*

Langacker leaves open with a much wider perceptual description encompassing all *Lebenswelt*, or "real-world experiences", from temperature to time. Indeed, he states that it is currently not feasible to enumerate all possible basic domains (Langacker 1987: 148). Nevertheless, Talmy's concept structures directly match much of Langacker's work on epistemic basic domains and the application of concept structures in the study of language processing is almost completely compatible with Langacker's project.

On the lexical semantic front, many studies have successfully drawn upon various conceptual domain constructs and combined them. For example, the studies of Schmid (1993:220-269) *start-begin*, Lemmens (1998: 191-219) *abort*, and Glynn (2005) STEAL bridge frames, models, onomasiological and semasiological fields. In a similar vein, image schemata integrate seamlessly with cognitive domains and cognitive models. Their perceptual nature is directly aligned with Langacker's cognitive domain and they form the basis for Lakoff & Johnson's (1999) work on the corporal, *id est* perceptually, based research. This leads, via cross-reference mapping, to serve as foundations for culturally rich cognitive models. Moreover, the distinction between semantic frame and cognitive model is largely arbitrary, the former focusing more on the "linguistic" structure of a conceptual domain and the latter on the culturally rich encyclopaedic structure of the domain. Indeed, Fillmore once held such a distinction in his research on frames which he distinguished from "scenes". From a cognitive perspective, such a distinction is unnecessary. However, a difference in the nature of the object of study, the culture more generally or the language more strictly, still exists, even if a strict division is uninformative. Despite these many instances of overlap across the various forms of the conceptual domain, the large majority of these approaches are methodologically and theoretically distinct.

If we are to properly begin pulling the divergent cognitive approaches to language into some coherent paradigm, then this must proceed equally in terms of theoretical propositions as in methodological apparatuses and the importance of the methodological concerns may not be overstated. In brief, many of the analytical techniques inherited from the American formalist era, such as purely introspective research, have led to important criticism from within the community (cf. Geeraerts & al. 1994: 13-14, Lemmens 1998: 17-18). The risks of biased and inaccurate results based on such analytical techniques is important. However, the need to base analysis on corpora should not detract from the importance of introspec-

Cognitive constructs   253

tion-elicitation which reveals what is possible in language rather than what has been recorded. Clearly, a combined corpus and introspection methodology should be basic to all linguistic analysis. Despite the importance of resolving these methodological issues in Cognitive Linguistics, for practical reasons, the discussion here focuses on theoretical concerns; Glynn (2005, forthc.) treats the methodological issues from this integrationalist perspective.

2. Perception and conception. How Cognitive Linguistics can account for both "core-grammar" and "situation-context"

A purview of the theories listed above shows two general tendencies, some approaches being concerned with what is generated or "processed" in language and others in what is learnt or "entrenched" in language. This coincides with, although not exclusively, a tendency to either examine conceptual categories that are based upon our physical experience of the world, or "perception" and those that are based on our understanding of culture, or "conception". It must be stressed here that, as Talmy (2000: 139-143) rightly points out in his discussion of "ception", ultimately it is not possible to distinguish between perception and conception, since all perception is culturally mediated and all conception based on perception. However, at either extreme of this distinction, say Lakoff's (1996:65-141) study of FATHERHOOD versus Talmy's (2000: 99-254) study of MOTION, there exists a clear difference. Similarly, in regards to the entrenched versus processed distinction, the growing importance of Construction Grammar, which treats the grey area between learnt constructions and purely generated syntactic forms, demonstrates the arbitrary nature of this distinction. Nevertheless, between Langacker's (1990: 149-164) study of MOTION and Schmid's (1993:121-219) lexical study of HOUSE, a clear difference is apparent: one phenomenon is a language process used to generate utterances, the other a learnt structure that is drawn upon in processing.

This said, we must be careful in making such distinctions that smack of both the Formalist form-syntax versus semantic-lexicon distinction and the Structuralist linguistic versus encyclopaedic semantic distinction. The impossibly rigid language models that such distinctions create have been more than aptly demonstrated to be incapable of explaining language.

254 *Dylan Glynn*

Despite this danger, the cognitive literature seems to divide into these two approaches; the Formalists and the Structuralists, after all, did not base their hypotheses on nothing. It is true that in language analysis, the tools and analytical techniques involved in dealing with the meaning of words, the grammaticality of a syntactic form, and the subtleties of text cohesion are worlds apart. What is most important is that we do not build a model of language based on dividing these things but rather a model that can show how these diverse "types" of language structure function together.

2.1. Perceptual Categories and Conceptual Categories

As for table 1, the summary presented in the table below misrepresents the complexity of the analytical reality, semantic frames capturing perceptual salience of entities or participants, image-schemata making up the "lexical" meaning of prepositions or the source domains of learnt conceptual metaphors, and so forth. However, the table summarises both the theoretical distinction in the conceptual domain and the difference in its object of study. Missing from this table is Fauconnier's (1984, 1997) Mental Spaces and the functional categories of cognitive discourse studies. This is because such frameworks bridge this dichotomy. Indeed, their contribution is important for precisely this reason. Fauconnier's theory is designed to capture language processing not entrenched structures. However, conceptual integration is arguably the process that supports conceptual metaphors. If this were the case, the cognitive models examined by Lakoff and others are merely entrenched mental spaces and the ad hoc categories of Fauconnier are "on-line" cognitive models. A similar situation of cross-domain "types" exists in Zelinski-Wibbelt's (2000) theory of contextual functions and discourse domains.

Table 2. Perception-experience based categories versus conception-culture based categories

Perception-experience generating-processing	Conception-culture entrenched-learnt
Talmy's ontology concept structures (SPACE-TIME, FORCE-CAUSE)	Fillmore's semantic frames (BUY-SELL, RISK)
Langacker's basic epistemic domains (POSSESSION, MOTION)	Lakoff's cognitive models (LOVE, ANGER)
Johnson's image schemata (UP-DOWN, PART-WHOLE)	Geeraerts' onomasiological fields (BEER, CLOTHING)

Furthermore, the table ignores the methodological differences that are fundamental to much of the division within the paradigm. Equally, it does not do justice to the range of different types of semantic encoding from discourse and lexis to morphology and syntax that are seen to form continua. Much of this research refers to structures from opposing ends of the spectrum; pragmatic concerns being decisive in formal study just as grammatical issues are decisive in discourse analysis.[3] Another issue is the use of form to delineate a category as opposed to semantic judgement. This distinction is a basic methodological issue but its consideration would take us too far afield here. However, it is noteworthy that the semasiological versus onomasiological issues that plagued the Structuralist programme just as the questions of semantic versus syntactic role and case that devil the Formalist projects, continue today in Cognitive Linguistics yet remain still largely unaddressed. Basing semantic studies on a given lexical, syntactic, or morphological form versus basing lexical, syntactic, or morphological studies on a given concept is one of the most important divisions within Cognitive Linguistics. For example, polysemy studies start with a "phonological string", such as *over*, and examine the semantic variation of its use, where cognitive model studies begin with a concept and consider what forms are used to describe it, such as ANGER. Similar methodological issues divide Construction Grammar and Cognitive Grammar.

2.2. Process and Structure. Capturing language systems and cultural structures

If one steps back from the myriad of theories that make up the language sciences and looks at the past 100 years of progress certain trends emerge. Without wanting to engage in the well-worn polemics between structuralism, functionalism, and formalism, we may agree that the arguments boil down to disputes over the object of study. Distinctions such as Humboldt's *ergon – energeia*, de Saussure's *langue – parole*, and

---

3. Despite the popularity of the continuum metaphor in language models, this seems to be misleading since it is unlikely that purely lexical semantic structures are actually "closer" to formal structures than discourse concerns. A simple example such as the situation-context subtleties of formal versus informal addressee marking in morphology would surely demonstrate this.

256   *Dylan Glynn*

Chomsky's *performance – competence* were all designed to render the phenomenon of language more "studyable" in rigorous terms. Despite the vast array of linguistic theories, two general camps emerge: a concern for the learnt code that is basic to the operation of language and a concern for the role of language in its social human context. Language code, whether this is seen as a result of an inherited independent system or a transformation of some innate mental structure, whether this is based on formal structure or semantic structure, attempts to explain the relatively fixed order that is the lexis and grammar of a language. The second general approach sees the role of language in its human context. Here, regardless of whether the utterance-text-context structures language or a pre-determined system of functions is believed to structure language, it is seen as a result of human interaction and culture in its broadest sense. Why Cognitive Linguistics is unique is that it attempts to account for both of these perspectives. However, as we see from the various theories of the conceptual domain, the two camps continue to exist quite independently within the cognitive paradigm.

It seems, therefore, that the next important step for cognitive linguistics is to properly co-ordinate this twofold approach to language. At whatever level of inspection, from the phoneme through the utterance to text and even culture, these two concerns are always involved. At this point, most of the constructional-lexical and morpho-syntactic research in cognitive linguistics progresses without concern of this essentially twofold picture, the entrenched and the processed. Future research in both camps needs to work towards producing results that are mutually informative. Furthermore, the functional schools of linguistics posses their own "functional" domains which should hopefully offer us a road to collaborative projects on the situation-context front.

Thus, in summary, these constructs divide more or less along two lines. Some focus on the categorisation of the conceptualisation of the *Weltansicht*, to borrow Humboldt's and Weisgerber's term, be that "cultural" or "functional" such as BUY-SELL, ANGER, or clothing terms, others focus of the categorisation of perception of the *Lebenswelt* such as TOPIC, PLEXITY, or UP-DOWN. That is to say, some categories are posited to be the effect of the "real-world" on language and others how language describes the world. Secondly, they concern themselves with capturing general process structures in language or they concern themselves with capturing specific entrenched structures. By developing different means for handling these diverse phenomena, Cognitive Linguistics is uniquely

Cognitive constructs 257

placed to properly capture and explain all that is language. However, before this is possible two hurdles exist. Firstly, the various theories of conceptual categories need to be brought together; their analytical power cross-matched and integrated. Secondly, the theoretical and analytical dangers of this theoretical proposition need to be brought out into the open and addressed. The first of these goals lies well beyond the means of our discussion and is the task for the community in the coming years. The second issue may be considered here. Important amongst the problems that a theory of conceptual categorisation faces is the question of domain identification.

3. Carving up culture. Categorisation, cognitive constructs, and the *tertium comparationis*

It is one thing to categorise, another to justify your choices as to what is similar to what and what is dissimilar, since not only is similarity relative, it is also, for the most part, culturally constructed. For Cognitive Linguistics, this leads to problems of domain identification, delimitation, and relation. Theories of prototype and fuzzy set structure may explain the relative salience internal to categories and perhaps also issues of delimitation between categories, they may not, however, help in identification. The identification of a category is based essentially on a judgement of similarity. So we may say that x is similar to y, and therefore belongs to the same category, but upon what grounds and in regard to what constant do we make this judgement?

This issue has serious analytical ramifications and has not gone unnoticed. Geeraerts (1993a: 56-57) explicitly makes the point that similarity per se is not something that may be assumed. Grady (1997), Clausner & Croft (1997), and Glynn (1996, 2002) have raised issues of domain identification and structure in conceptual metaphor studies offering varying solutions that more or less boil down to more careful analysis. Sandra & Rice (1995) and Cuyckens & al. (1997) have developed psychological testing to help support proposals of semantic distinction and Glynn (forthc.) argues for a system of pragmatic modelling to enable clearer delimitation of semantic frames. Although this issue is more of a concern for the culturally based domains than the perceptually based cross-language domains, it is also true for these perceptually determined categories. Despite typological research, it is still far from certain that Talmy's

258   *Dylan Glynn*

ontology of concept structures would be the same if his native language *Weltansicht* were different. Indeed, it is entirely plausible that the perceptually based domains that serve as structures for language processing are incredibly varied in themselves since despite universality in body and physical environment, such structures are not believed to be innate. In brief, upon what grounds do we propose conceptual domains, be they culturally based such as BUY-SELL or perceptually based such as TIME-MOTION?

Outside the cognitive community, others have noticed this essential weakness. Jackendoff (1996:111-12) has criticised Lakoff's (1987:104-13) analysis of the Japanese classifier *hon*. Here it seems that Lakoff is confusing, or avoiding, the distinction between semasiological and onomasiological investigation. Although Jackendoff does not develop his argument, he states that the range of meanings associated with the classifier *hon* are distinct and do not constitute a conceptual domain. If Lakoff's study were only the sense variation of the given lexeme, Jackendoff's criticisms would be groundless. However, Lakoff argues that the sense variation of the lexeme belongs to a single cognitive model. The discussion as to whether these senses belong to a single concept or to distinct concepts, or opaquely chained concepts as Jackendoff suggests, is rhetoric; with no *tertium comparationis* or gauge of similarity, the proposal of a category, even a fuzzy prototype structured category, is purely subjective.

Jackendoff's critique is echoed in a similar, although humorous, discussion by Eco (2000: 199-200). Here, Lakoff, is criticised for his analysis of the classifier system in Dyirbal, the famous "women, fire, and dangerous things" (1987:92-102). Despite the fact that Lakoff draws on diachronic evidence, the argument that all "things" classified with the same article are conceptually related and constitute a conceptual domain is difficult to maintain. Such indices of similarity are often no more than relics of some system lost to history. If one were to compare *das Bier* with *la bière* 'beer', one would be hard pressed to say that beer is more feminine in France than in Germany. There is no reason to believe that women, fire, and dangerous things are any more conceptually similar than *das Bier* 'beer', *das Probleme* 'problem', and even *das Mädchen* 'girl' and the supposed diachronic motivation that Lakoff assigns to the classifier is *post hoc, ergo prompter hoc*.

Cognitive constructs 259

3.1. Dangers of conceptual domains. An example of the arbitrary nature of domain identification

The importance of the difficulty in identifying conceptual domains may not be underestimated. Thus, let us consider an example of this issue. BREAD, it would seem, is a reasonably salient cognitive model: in the Judeo-Christian tradition it features prominently, it is metaphorically used to refer to our earnings and our livelihood and our food generally. It would be a standard exercise in cognitive semantics to describe the model of BREAD, a textbook example. However, if English were a language from over the Urals and we were using a lingua franca that did not have a super-ordinate term for *loaf, baguette, roll, bun, bagel, super white*, and *rosetta* we might think differently. One of the better known non-European languages has such a lexical gap. Despite the fact that bread is basic to Hungarian culture, the language does not possess a lexical equivalent. Older generations sometimes draw crosses on the large loaves that are basic to every kitchen and the staple at most meals. Once there existed a belief that it is sinful let bread fall, and if, by accident, one were to drop a loaf of bread, one had to kiss the bread out of respect. Regardless of the role of bread in Hungarian culture or the complexity of the encyclopaedic domain to which it belongs, it is clear that is important and salient. Traditionally in Hungarian, one has three bread types and a collection of more or less recent borrowings (lexically and "cuinsinely").

kenyér: Large loaf of coarse white bread. A staple and the culturally most salient representative of BREAD.
kifli: Relatively coarse crescent shaped white bread.
zsemle: Dinner roll.

Also, three borrowings:

bagette: A recent borrowing with unstable orthography. Speakers know this is "French".
knédli: From knödel, or Bavarian dumplings, this is dialectic to the northern regions. A long roll of moist crustless steamed white bread. Due to regionality, speakers believe this to be "Slavic".
kalács: From challah, or Jewish woven bread. A brioche, which is, of the three borrowings, the most appropriated, speakers unaware of its origins.

260   *Dylan Glynn*

However, there is no word that may be used to describe these various "things". Although speakers know that these breads are related, they are conceptualised quite differently. Where, despite the fact that these "things" may be unusual examples of bread to an English speaker, every English speaker would immediately employ the term *bread* to refer to them and categorise them as BREAD. However, since Hungarian breads are conceptualised differently, would a Hungarian linguist see BREAD in the same way? A simple elicitation test suggested that the lexical organisation of the Hungarian domain of BREAD is radically different. With completely monolingual Hungarian speakers, non-Hungarian bread products were referred to as *kenyér*, which is the most salient bread product in the culture and the most likely term for a super-ordinate lexical item. Although with context, the reference was usually understood, it was rarely understood without some hesitation and sometimes resulted in sheer confusion. When the term *kenyér* was used for non-*kenyér* Hungarian breads, the reference was not usually understood.

This demonstrates two things, firstly that *kenyér* is not a super-ordinate term and secondly, that the different bread products, despite their referential similarity, are conceptualised quite distinctly. This does not necessarily mean that the concept [bread], or the cognitive model BREAD, do not exist. However, upon what grounds may we argue that they do? This should draw our attention to the, although not arbitrary, very shaky grounds upon which we identify our categories. If Hungarian has a super-ordinate lexical gap for *bread* and there is evidence that the various Hungarian breads are conceptualised distinctly, upon what grounds could we say that a super-ordinate concept, or conceptual domain, of BREAD exists?

In order to appreciate the extent of this problem, let us consider another example, yet this time an example where Hungarian possesses a super-ordinate lexeme and English does not. In Hungarian, *tészta*, which could be translated as *cake* or *dough*, is commonly used to indicate a popular flat type of noodle. It is, however, the word for a wide variety of "things" in the English *Weltansicht*. Below is a list of the English referents-lexemes to which *tészta* refers.

TÉSZTA
pie, patisserie, pasta, noodles, quiche, dough, cake, batter, spaghetti, scone, filo, shortbread, pancake, pizza base, *et cetera.*

Cognitive constructs 261

Do these concepts represent a conceptual domain TÉSZTA? That is, within the cultural grammar of Hungarian, may we posit a conceptual domain that includes all of the things listed above? Certainly, trying to explain the difference to monolingual Hungarian speakers between noodles and pasta or between shortcrust and filo is difficult, but this is because such culinary traditions do not exist in the culture. More importantly, in questioning monolingual speakers, there seems to be an assumed similarity between all these items. This suggests that the term *tészta* is more than simply polysemous, rather that there exists a domain TÉSZTA. Perhaps the conceptual similarity is merely a result of the single lexical form, the word itself influencing the conceptual structure. However, since the language itself is part of the culture system, then surely this is a valid reason to posit a conceptual domain. In contrast, although English speakers can see the similarity between all the referents, viz. they are made with flour and water, it seems that according to the cultural logic of English, there is no concept of TÉSZTA. Clearly, the cultural grammar of English is different.

It is no secret that one must analyse semantic and lexical organisation within the logic of the given culture. Unfortunately, however, it is not always that simple. Most linguists would agree that pie, patisserie, pasta, dough, quiche, batter, and cake are reasonably distinct referents, yet in Hungarian, these things are all encoded by the same lexeme. To complicate the issue further, a monolingual Hungarian speaker will readily see the difference between cake, batter, quiche, and spaghetti, but claiming that the noodles in a chicken broth and a plate of fettuccini carbonara are different "things" will meet with disbelief, just as the difference between "cake" and "pastry" will cause no end of confusion. This example is appropriate since Lakoff's studies of conceptual structure in Japanese and Dyribal used diachronic evidence to support the propositions of a conceptual domain. The same evidence could be used in our example: obviously, *pastry*, *pasta*, and *pasty* share a common ancestry. Despite this, most English speakers would consider pasta and pastry as very distinct, *quoad hoc*, not constituting a conceptual domain.

This is not a study of linguistic relativity and so the details do not concern us. However, it is likely that an English linguist would treat *tészta* as polysemous just as a Hungarian linguist would be likely to judge *bread* polysemous. On the other hand, English culture would probably see BREAD as a conceptual domain, just as a Hungarian would see TÉSZTA as such a domain. The temptation to call for psychological tests here is great and it might resolve such issues. However, since it is impossible to direct-

262   *Dylan Glynn*

ly access the conceptual system, it seems likely that even the most well designed psychological reality experiment would simply result in more questions, or worse, even a misleading sense of certainty. It seems that there is no obvious solution to this problem and that good judgement, careful analysis, and most importantly, overt recognition of the methodological weakness are the only means to minimise the possibility of positing non-existent domains.

4. Summary. The full gamut of language from culture-based structures to cognition-based processes

The decade from Fillmore's (1977) "scenes-and frames" and Lakoff's (1977) "linguistic Gestalts" to Langacker's (1987) "cognitive domains" and Lakoff's (1987) "cognitive models" saw the development of what seems to be the theoretical and analytical basis of cognitive linguistics. Despite the similarities across the array of theories based on some kind of conceptual domain, a clear division exists between two basic types. Although Langacker, in his description of basic and abstract domains, captures this distinction of cultural and perceptual, he fails to underline its fundamental importance. Likewise, Talmy's distinction between closed-class semantics and open-class semantics captures the difference between processing structures and entrenched structures, but misses the importance of this distinction.

These basic distinctions enable Cognitive Linguistics to describe the full range of language phenomena. The abstract domains and their open-class semantics tend to be entrenched culturally based structures in language where the basic domains and their closed-class semantics are language processes experientially based in cognition. These two approaches enable the study of language to capture what is cultural and what is cognitive, namely the shared learnt code but also the structures that enable processing and production in context. In this light, Cognitive Linguistics can properly attempt to describe language in its entirety. In brief, it allows us to overcome the hurdle that has been dividing linguistics for the best part of the last century: language structure is both formal and semantic, both context dependent and context independent, both learnt and generated. If Cognitive Linguistics can properly combine these two variables, the learnt and the generated, it may eventually capture language in its entire complexity between cognition and culture. It seems,

Cognitive constructs 263

therefore, that every attempt should be made at integrating these analytical constructs, the conceptual domains, just as we should make every effort to keep the methodological weaknesses overtly recognised.

References

Bierwiaczonek, Boguslaw
    2001   *A Cognitive Study of the Concept of Love in English*. Krakow: Prace Naukowe Uniwersytetu Slaskiego.

Boas, Hans
    2003   *A Constructional Approach to Resultatives*. Stanford: CSLI.

Cienki, Alan
    1998   STRAIGHT: An image schema and its metaphorical extensions. *Cognitive Linguistics* 9: 107-149.

Clausner, Timothy & William Croft
    1997   Productivity and schematicity in metaphors. *Cognitive Science* 21: 247-282.

Culioli, Antoine
    1990   *Pour une linguistique de l'énonciation ; opérations et représentations*. Paris: Ophrys.

Cuyckens, Hubert
    1995   Family Resemblance in the Dutch spatial prepositions *door* and *langs*. *Cognitive Linguistics* 6: 183-207.

Cuyckens, Hubert, Dominiek Sandra & Sally Rice
    1997   Towards an empirical lexical semantics. In: Birgit Smieja & Meike Tasch (eds.), *Human Contact through Language and Linguistics*, 35-54. Frankfurt: Peter Lang.

Dabrowska, Ewa
    1997   *Cognitive Semantics and the Polish Dative*. (Cognitive Linguistic Research 9.) Berlin: Mouton de Gruyter.

Deane, Paul
    1992   *Grammar in the Mind and Brain. Explorations in Cognitive Syntax*. (Cognitive Linguistic Research 2.) Berlin: Mouton de Gruyter.

Dirven, René & John Taylor
    1988   The conceptualization of vertical space in English. The case of *tall*. In: Brygida Rudzka-Ostyn (ed.), *Topics in Cognitive Linguistics*, 379-401. (Current Issues in Linguistic Theory 50.) Amsterdam: John Benjamins.

Dirven, René, Louis Goossens, Yvan Putseys & Emma Vorlat
    1982   *The scene of linguistic action and its perspectivization by SPEAK, TALK, SAY, and TELL*. (Pragmatics & Beyond iii: 6) Amsterdam: John Benjamins.

Eco, Umberto
    2000   *Kant and the Platypus. Essays on Language and Cognition*. London: Vintage.

264   *Dylan Glynn*

Fauconnier, Gilles
1984   *Espaces Mentaux. Aspects de la construction du sens dans les langues naturelles.* Paris: Editions de Minuit.
1997   *Mappings in Thought and Language*, Cambridge: University of Cambridge Press.
Fillmore, Charles & Beryl Atkins
1992   Toward a frame-based lexicon: The semantics of RISK and its neighbours. In: Adrienne Lehrer & Eva Kittay (eds.), *Frames, Fields, and Contrasts: New Essays in Semantic and Lexical Organisation*, 75-102. London: Lawrence Erlbaum Associates.
Fillmore, Charles
1977   Scenes-and-frames semantics. In: Antonio Zampoli (ed.), *Linguistic Structures Processing*, 55-81. Amsterdam: North Holland Publishing Company.
1982   Frame Semantics. In: Linguistic Society of Korea (ed.), *Linguistics in the Morning Calm*, 111-138. Seoul: Hanshin.
1985   Frames and the semantics of understanding. *Quaderni di Semantica* 6: 222-254.
2000   Describing polysemy: The case of 'crawl'. In: Yael Ravin & Claudia Leacock (eds.), *Polysemy: Theoretical and Computation Approaches*, 91-110. Oxford: Oxford University Press.
Fischer, Kerstin
2000   *From Cognitive Semantics to Lexical Pragmatics. The Functional polysemy of discourse particles.* Berlin: Mouton de Gruyter.
Geeraerts, Dirk
1985   *Paradigm and Paradox. Explorations into a Paradigmatic Theory of Meaning and its Epistemological Background*, Leuven: Leuven University Press.
1993a   Cognitive Semantics and the history of philosophical epistemology. In: Richard Geiger & Brygida Rudzka-Ostyn (eds.), *Conceptualizations and Mental Processing in Language*, 53-80 (Cognitive Linguistic Research 3.). Berlin: Mouton de Gruyter.
1993b   Vagueness's puzzles, polysemy's vagaries. *Cognitive Linguistics* 4: 223-272.
1997   *Diachronic Prototype Semantics. A Contribution to Historical Lexicology.* Oxford: Clarendon Press.
1999   Beer and semantics. In: Leon de Stadler & Christoph Eyrich (eds.), *Issues in Cognitive Linguistics*, 35-55. (Cognitive Linguistics Research 12.) Berlin: Mouton de Gruyter.
2003   Cultural models of linguistic standardization. In: René Dirven & Ralf Pörings (eds.), *Cognitive Models in Language and Thought*, 25-68. (Cognitive Linguistic Research 24). Berlin: Mouton de Gruyter.
Geeraerts, Dirk, Stefan Grondelaers & Peter Bakema
1994   *The Structure of Lexical Variation. Meaning, Naming, and Context.* (Cognitive Linguistics Research 5.) Berlin: Mouton de Gruyter.

Cognitive constructs   265

Glynn, Dylan
    1997   A fuzzy approach to feelings. A cognitive semantic analysis of three French emotion concepts. Honours thesis, Department of Linguistics, University of Sydney.

    2002   LOVE and ANGER. The grammatical structure of conceptual metaphors. In: David Hardy (ed.), *Cognitive Approaches to Figurative Language*, 541-559. (Special edition of *Style* 36).

    2005   Constructions at the crossroads. The place of the construction grammar between field and frame. *Annual Review of Cognitive Linguistics 2*.

    forthcoming *Bother* or *bore*. Towards methodological coherence in cognitive lexicology.

Goldberg, Adele
    1995   *Constructions: A construction grammar approach to argument structure*. London: University of Chicago Press.

Halliday, Michael
    1985   *An Introduction to Functional Grammar*. London: Edward Arnold.

Jackendoff, Ray
    1996   Conceptual semantics and cognitive linguistics. *Cognitive Linguistics* 7: 93-129.

Janda, Laura
    1993   *Geography of Case Semantics: The Czech Dative and the Russian Instrumental*. (Cognitive Linguistic Research 4.) Berlin: Mouton de Gruyter.

Johnson, Mark
    1987   *The Body in the Mind: The Bodily Basis of Meaning, Imagination, and Reason*. London: University of Chicago Press.

Kövecses, Zoltán
    1986   *Metaphors of Anger, Pride, and Love. A lexical approach to the structure of concepts*. (Pragmatics & Beyond vii: 8.) Amsterdam: John Benjamins.

Lakoff, George & Mark Johnson
    1999   *Philosophy in the Flesh. The embodied mind and its challenge on Western thought*. New York: Basic Books

Lakoff, George
    1977   Linguistic Gestalts. *Papers from the Thirteenth Annual Regional Meeting of the Chicago Linguistics Society*, 236-287.

    1987   *Women, Fire, and Dangerous Things. What categories reveal about the mind*. London: University of Chicago Press.

    1996   *Moral Politics: What Conservatives Know That Liberal Don't*. London: University of Chicago Press.

Langacker, Ronald
    1987   *Foundations of Cognitive Grammar*, Volume 1, *Theoretical Prerequisites*, Stanford: Stanford University Press.

    1990   *Concept Image, and Symbol. The Cognitive Basis of Grammar*. (Cognitive Linguistic Research 1.) Berlin: Mouton de Gruyter.

    1991   *Foundations of Cognitive Grammar*, Volume 2, *Descriptive Application*. Stanford: Stanford University Press.

266   *Dylan Glynn*

Lehrer, Adrienne
  1982   *Wine and Conversation.* Bloomington: Indiana University Press.
Lemmens, Maarten
  1998   *Lexical Perspectives on Transitivity and Ergativity. Causative Constructions in English.* (Current Issues in Linguistic Theory 166.) Amsterdam: John Benjamins.
Michaelis, Laura & Josef Ruppenhofer
  2001   *Beyond Alternations. A Constructional Model of the German Applicative Pattern.* Stanford: CSLI.
Norvig, Peter, & George Lakoff
  1987   Taking: A study in lexical network theory. *Proceedings of the 13th Annual Meeting of Berkeley Linguistic Society,* 195-206.
Rudzka-Ostyn, Brygida
  1995   Metaphor, schema, invariance: The case of verbs of answering, In: Louis Goossens, Paul Pauwels, Brygida Rudzka-Ostyn, Anne-Marie Simon-Vandenbergen, & Johan Vanparys (eds.), *By Word of Mouth. Metaphor, Metonymy, and Linguistic Action from a Cognitive Perspective,* 205-244. (Pragmatics & Beyond New Series 33.) Amsterdam: John Benjamins.
Sandra, Dominiek & Sally Rice
  1995   Network analyses of prepositional meaning: Mirroring whose mind – the linguist's or the language user's? *Cognitive Linguistics* 6: 89-130.
Schmid, Hans-Jörg
  1993   *Cottage, idea, start: Die Kategorisierung als Grundprinzip einer differenzierten Bedeutungsbeschreibung.* (Linguistische arbeiten 290.) Tübingen: Max Niemeyer.
  2000   *English Abstract Nouns as Conceptual Shells. From Corpus to Cognition,* Berlin. Mouton de Gruyter.
Schulze, Rainer
  1993   The meaning of (a)round: A study of an English preposition. In: Richard Geiger & Brygida Rudzka-Ostyn (eds.), *Conceptualizations and Mental Processing in Language,* 399-432. (Cognitive Linguistic Research 3.) Berlin: Mouton de Gruyter.
Sweetser, Eve
  1982   Root and epistemic modals: causality in two worlds. *Proceedings of the Eighth Annual Meeting of the Berkeley Linguistics Society,* 484-507.
  1996   Mental spaces and the grammar of conditionals. In: Gilles Fauconnier & Eve Sweetser (eds.), *Spaces, Worlds, and Grammar,* 318-333. London: University of Chicago Press.
Talmy, Leonard
  2000   *Toward a Cognitive Semantics,* Volume 1., *Concept Structuring Systems.* London: MIT Press.
Taylor, John
  1996   *Possessives in English: An Explanation in Cognitive Grammar.* Oxford: Clarendon Press.
Turner, Mark
  1987   *Death is the Mother of Beauty.* London: University of Chicago Press.

Cognitive constructs 267

1996	*The Literary Mind.* Oxford: Oxford University Press.

Vandeloise, Claude

1986	*L'espace en français.* Paris: Seuil.
1990	Representation, prototypes, and centrality. In: Savas Tsohatzidis (ed.), *Meanings and Prototypes. Studies on Linguistic Categorization,* 403-437. London: Routledge.

Verschueren, Jef

1985	*What People Say They do with Words: Prolegomena to an Empirical-Conceptual Approach to Linguistic Action.* Norwood: Ablex Publishing Co.
1995	The conceptual basis of performativity. In: Masayoshi Shibatani & Sandra Thompson (eds.), *Essays in Semantics and Pragmatics. In Honor of Charles J. Fillmore,* 299-322. Amsterdam: John Benjamins.

Willems, Klass

1997	*Kasus, grammatische Bedeutung und kognitive Linguistik. Ein Beitrag zur allgemeinen Sprachwissenschaft.* Tübingen: Gunter Narr.

Zelinsky-Wibbelt, Cornelia

2000	*Discourse and the Continuity of Reference. Representing Mental Categorization.* Berlin: Mouton de Gruyter.

Basque body parts and their conceptual structure: the case of *oin* 'foot' and *begi* 'eye'*

Iraide Ibarretxe-Antuñano and Koldo J. Garai

Abstract

The study of body parts terminology is one of the most popular areas among linguists. Their enormous potentiality for semantic extension into other semantic domains, as well as their development into grammatical forms have attracted the attention of researchers from different domains. Body parts in Basque are no exception. They offer a good, varied and rich laboratory for the study of polysemy and conceptualisation. In this paper, we will focus on two body part terms in Basque: *oin* 'foot' and *begi* 'eye'. These two body parts, apart from being very common, show a great variety of meanings, which dictionaries usually list as 'unrelated'. Our goal will be to show (i) how these semantic extensions are organised and structured by means of several cognitive devices, (ii) how they are conceptualised in Basque, not only in terms of their bodily basis but also – and more importantly – with respect to their cultural basis, and (iii) how they are used in idiomatic expressions. Data come from monolingual and bilingual dictionaries as well as from idiomatic dictionaries and compilations.

Keywords: body parts, conceptualisation, polysemy, idioms, Basque.

1. Body Parts and dictionaries

The study of body parts terminology is one of the most popular areas among linguists. Their enormous potentiality for semantic extension into other semantic domains, as well as their development into grammatical forms have attracted the attention of researchers from different domains (see for example Bílková (2000), Chapell and McGregor (1996), Petruck (1986), Svorou (1993)).

---

* Ibarretxe's work for this paper has been supported by Grant BFI01.429.E from the Basque Country Government's Department of Education, Universities and Research.

Body parts in Basque are no exception. Although there are relatively very few studies devoted to them (Stürtze et al. 2002, Ibarretxe 2002), Basque body part terminology offers a good, varied and rich laboratory for the study of polysemy and conceptualisation.

In this paper, we will focus on two body part terms in Basque: *oin* 'foot' and *begi* 'eye'. These two body parts, apart from being very common, show a great variety of meanings as we can see in (1) and (2):

(1)　**Oin**
'foot', 'lower part', 'floor', 'syllabic group', 'basis', 'foundation', 'start up capital', 'old measurement', 'generation', 'different degrees of relationship', 'settlement, place', 'cost', 'rate', 'step, walk', 'humiliate', 'subject to sb's will', 'keep one's status', 'measure', 'shoes'

(2)　**Begi**
'eye', 'sight', 'state of mind', 'cavity', 'hole', 'eye of a needle', 'hive entrance', 'eyelet', 'bridge arches', 'oil drop in a liquid', 'bubble in a liquid', 'hole for handles in tools', 'chain links', 'sprout', 'shoot', 'spring', 'a little bit', 'sun beam', 'sympathy', 'axle', 'care', 'sight direction', 'holes in cheese', 'lacing', 'hate', 'eyelid', 'in the direction of'…

This is just a selection of all the possible meanings that dictionaries offer for these two words. If we browse through any dictionary we can find pages and pages devoted not only to these two terms but also to all the possible derivations and combinations in which these may occur. What dictionaries do not discuss is why these body parts extend their meanings into these particular domains and whether these 'apparently' unrelated extensions have anything to do with each other.

In this paper, we will try to overcome some of these caveats. More concretely, we will focus on

(i)　　The organisation and structuring of semantic extensions in these two body-parts

(ii)　　Their conceptualisation

(iii)　Their bodily and cultural basis

(iv)　Their idiomatic usage

Basque body parts and their conceptual structure 271

In order to do so, we have selected just a few relevant and interesting semantic developments of these two body parts, for a complete analysis see Ibarretxe and Garai (forthcoming). We have selected these specific semantic extensions because they show a very special conceptualisation of these body parts which, in some cases, may differ from the understanding of these body parts in other languages such as English, Spanish or French. This shows that in studies such as the present analysis it is fundamental to take into account the cultural basis in which these expressions are embedded, if we want to avoid any type of linguacentrism (cf. Palmer 2003).

The meanings and examples used in this paper come from two different sources: monolingual and bilingual dictionaries – Azkue (1905), Hiru Mila (1997), Mitxelena (1987-), Mugika (1981), Retana (1976), and Sarasola (1984-95) – and compilations of Basque expressions and idioms – Garate (1998) and Mokoroa (1990).

2. A brief theoretical background

Before we start with the analysis of *oin* 'foot' and *begi* 'eye', we need to introduce some of the theoretical tools that we will use for our analysis. Due to space constraints we will only provide a brief definition of these concepts. The reader could consult the references for a more detailed description.

2.1. Lexical networks and prototypical meaning (Lakoff 1987; Langacker 1991; Sandra and Rice 1995).

We use lexical networks as our main means for graphically represent the relationships among the different senses of a given word on the basis of: (i) how far they are conceptually situated from each other and from the prototypical meaning, and (ii) how they are interconnected.

In the case of *oin* and *begi*, we assume that their prototypical meaning refers to the physical body part they describe, i.e. foot and eye, respectively.

272   *Iraide Ibarretxe-Antuñano and Koldo J. Garai*

2.2. *Metaphor, metonymy, and metonymy-based metaphors*

Following Lakoff and Johnson's (1980, 1999) proposal, we understand metaphors and metonymies as two basic imaginative cognitive mechanisms with a central role in thought and language. Metaphors are mappings between two different conceptual domains, and metonymies mappings within the same conceptual domain (cf. Also Kövecses and Radden 1998). As we will see later in this paper, we use metaphor, and above all, metonymy, as structuring devices which link semantic extensions with their prototypical meaning.

Another useful tool for our analysis is what Radden (2000: 93) has called *metonymy-based metaphors*, that is "mapping[s] involving two conceptual domains which are grounded in, or can be traced back to, one conceptual domain" (cf. Also Barcelona 2000; Goosens 1990).

2.3. *Compositional polysemy* (Ibarretxe-Antuñano 1999)

The basic idea in compositional polysemy is that the different semantic extensions of a lexical item are obtained through the interaction of the semantic content of both the lexical item itself and its different co-occurring elements. The weight of the semantics of these elements in the creation of polysemes is not always the same, it varies according to the degree of semantic influence of these elements in the overall meaning.

2.4. *Construction grammar* (Fillmore and Kay 1995; Goldberg 1995; Kay 1997)

Language can be viewed as made of idioms with a varying degree of idiomaticity, parsimoniously built. *Constructions* are form-meaning pairs in which three ingredients take part: the syntax, the lexical meaning, and the argument structure of the construction, which carries meaning of its own, independently of the instantiated words. The interaction between the construction and the lexical items that usually appear in a construction creates not only a conventionalized meaning, but also a path for possible meanings (Israel 1996). For our purposes, we need to take into account not only the 'established' meanings of *oin* and *begi* – that is, the dictionary meaning – but also the meanings gathered through the interactions with the constructions in which they usually occur with. In this sense idioms are not at all peripheral, but central to the study of the possible semantic paths these items are to take.

3. *Oin* 'foot'

The first body part that we are going to analyse is *oin* 'foot'. As we will do for *begi* 'eye', first of all we list all the relevant semantic extensions for this term, which are 'apparently' unrelated, plus an example, and then we will propose our lexical network and explanation for the conceptual structure underlying it. Let us start then with *oin* 'foot'.

Table 1. Semantic extensions in *oin* 'foot'

Meaning	Example
'floor'	*Bigarren **oina*** 'second floor'
'basis', 'foundation'	*Kilinkolonga ibili dabil **oin**arri sendo gabe* 'it swings, without a strong basis'
	***Oin** makalak ditu uste horrek* 'that idea has a weak basis'
'start up capital'	***Oin**ak egiten duen irabaziaren erdia...* 'half of the winnings correspond to the start up capital'
'place, settlement'	***Oin** oneko soroka dira gureak* 'our fields are in a good location'
'generation', 'different degrees of relationship'	***Oin**etik **oin**era 'from generation to generation'
	*...Matusalen seigarren **oin**eko ilobarekin bizi izan zan* 'Matusalen lived with his sixth generation niece'
'keep one's position, status, attitude...'	*...mantendu gura da bere **oin**ean andikeria* 'He wanted to keep his arrogance'
'step, walk'	*Egun sentian zuzendu zuan **oña** erriruntz* 'At dawn he went towards the town'
	***Oine** oine* 'step by step'

Now that we have listed the semantic extensions in *oin* in Table 1, the question is how we relate them to each other. We propose that all these meanings can be grouped together under just one metonymy, what we call OIN FOR FUNCTION, and that it is via this metonymy that they are linked to the prototypical meaning of *oin* as the body part 'foot'.

This metonymy is an instantiation of the more general BODY-PART FOR FUNCTION, which in turn belongs to the ENTITY FOR FUNCTION metonymy. In this, an entity provides access or stands for the function it performs. If we think about the function of our feet, that is, what we need them for, we could say that they allow us not only to move but also to be able to keep upright. On that basis, we propose the following sub-metonymies:

(i)   FOOT FOR MOTION
(ii) FOOT FOR SUPPORT
(iii) FOOT FOR MOTION+SUPPORT

3.1. FOOT FOR MOTION *metonymy*

In this metonymy, the body part *oin* stands for one of its functions, that is, walking. Our feet allow us to move and this is what we see in examples such as *oine oine* (literally 'foot foot') 'step by step' and (3) below:

(3)   *Egun sentian   zuzendu   zuan   **oña**   erriruntz*
      day   dawn-LOC   direct   aux   foot-ABS   town-DIR
      'At dawn he went towards the town'

3.2. FOOT FOR SUPPORT *metonymy*

Another important function of our feet is to support our bodies. Without our feet we could not keep upright. This characteristic of our feet is the ground for the metonymy FOOT FOR SUPPORT. On the basis of this metonymy, we can build the BASIS, FOUNDATION IS SUPPORT metaphor. This metaphor is found in several of the semantic extensions summarised in Table 1. For example, the meanings 'basis, foundation' as illustrated in (4) and the meaning 'start up capital' in (5).

(4)   a. *Ohearen **oin**ak* (bed-GEN foot-ABS-PL) 'Bed legs'
      b. *Mediaren **oin**ak* (mountain-GEN foot-ABS-PL) 'the feet of the mountain'
      c. ***Oin**arrizko teoria* (foot.stone-INST-ADN theory) 'basic theory'
      d. *Ekonomiaren **oin**arriak* (economy-GEN foot.stone-ABS-PL) 'the basis of economy'

Basque body parts and their conceptual structure 275

(5)   **Oinak**   *egiten*   *duen irabaziaren*   *erdia*
      foot-ERG   make-HAB   aux-RELwinning-GEN   erdiaABS
      'Half of the winnings correspond to the start up capital'

Although they are listed independently in dictionaries we can see here that, thanks to this metonymy-based metaphor, we can group them together and then, linked them to the prototypical meaning of *oin* as body-part. However, it is also true that these examples do not refer to the same type of 'basis' or 'foundation'. In order to solve this problem, we need to use the concept of compositional polysemy. That is to say, the specific meaning of these expressions – whether the basis refers to that of a mountain or a bed or a theory – depends on the semantics of the co-occurring elements. Therefore, *oin* brings up the meaning 'foundation' and the other elements – *mendi, ohe, teoria* – the particulars of such a foundation.

It is interesting to point out that the conceptualisation of (4.b) *mendi-aren oinak* 'the feet of the mountain' in Basque seems to be different from that in other languages such as English or Spanish. In these, the meaning of the body-part foot as a locative noun is always related to the concept of 'lower part' or 'bottom' in expressions like *at the foot of the mountain* or *al pié de la montaña*. This semantic extension – and the development of some body-parts into locative nouns – is based on an anthropomorphic model, which corresponds to the configuration of the human body. In other words, the head is always identified with the top and the foot is identified with the bottom (Clark 1973; Heine 1989; Svorou 1993). In Basque, however, the link between foot and bottom does not seem to be very strong;[1] instead, this type of expressions activate the notion of support and (4.b) can be therefore paraphrase as 'the area that supports or functions as the basis for the whole mountain'.

A further development of this metonymy-based metaphor is the PERSISTING IS REMAINING ERECT (cf. Grady 1997). This metaphor explains semantic extensions such as 'keep one's position, status, attitude...' as illustrated in (6).

---

1.   Interestingly enough, the link between head and top is not very strong either. As Ibarretxe (2002: 478-480) shows the head is only conceptualised as 'an extreme', and depending on the semantics of the co-occuring elements, that is, via compositional polysemy, the general meaning of extreme becomes more concrete – top, beginning, end, and so on.

276   *Iraide Ibarretxe-Antuñano and Koldo J. Garai*

(6)   *...mantendu gura da   bere **oin**ean   andikeria*
       keep-PERF want aux his   footLOC   arrogance
       'He wanted to keep his arrogance'

In this example, the foot is metonymically understood as what keeps you upright, erect via the metonymy FOOT FOR FUNCTION, and then, beeing erect is metaphorically understood as persisting via the PERSISTING IS REMAINING ERECT metaphor.

3.3. FOOT FOR MOTION AND SUPPORT *metonymy*

In this last sub-case, we have the previous two metonymies interacting with each other. In other words, both functions of the foot – motion and support – play a role simultaneously in the grounding of metaphorical semantic extensions such as 'floor' in (7) and 'generation, different degrees of relationship' in (8) below.

(7)   *bigarren   **oina***
       second   floor-ABS
       'second floor'

(8)   *...Matusalen seigarren   **oin**eko   ilobarekin*
       bizi   izan   zan
       matusalen   sixth-GEN   foot-ADN   niece-COM
       live   be   aux
       'Matusalen lived with his sixth generation niece'

In both cases we have a double conceptualisation of what *oin* represents. On the one hand, it refers to the basis or support necessary to keep something in its position. That is, in (7) the second floor supports the third floor and is supported by the first floor; similarly in (8), the sixth generation exists only because there is a previous fifth generation. On the other hand, *oin* brings about the idea of motion. In both examples, a progression – from one floor or generation to the other – is implied.

The specific meaning of 'floor' and 'generation' are obtained by means of compositional polysemy.

Basque body parts and their conceptual structure 277

The structuring, relationships, and interconnections among the semantic extension of *oin* in the OIN FOR FUNCTION metonymy are graphically represented in Figure 1.

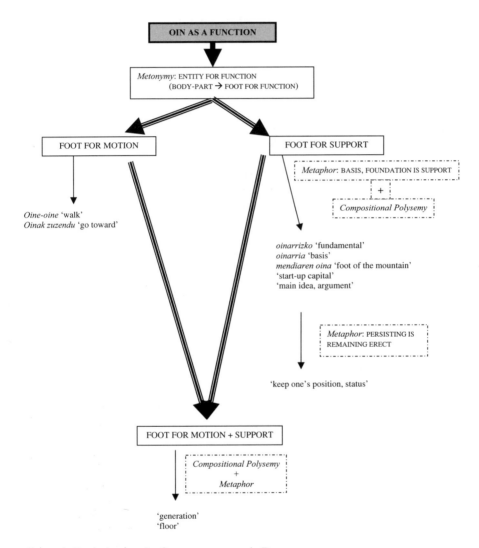

Figure 1. Lexical network of FOOT AS FUNCTION in Basque

278   *Iraide Ibarretxe-Antuñano and Koldo J. Garai*

4. *Begi* 'eye'

We will use the same methodology as in the former section: first we gather the data from previously elaborated texts – dictionaries and idiom corpora – and then, we will ask what the following meanings have in common.

Table 2. Semantic extensions in *begi* 'eye'

Meaning	Example
'hole'	*gaztabegi* 'holes in cheese', *ogibegi* 'holes in bread', *ipur begi* 'asshole'
'eye of a needle'	*orratzaren begia* 'eye of a needle'
'oil drop in liquid'	*Esnearen begiak* 'oil drops in milk'
'hive entrance'	*erlategiaren begiak* 'hive entrance'
'bridge arches'	*zubiaren begiak* 'bridge arches'
'hole for handles in tools'	*aitzurbegi* 'hoe', *aizkol begia* 'axe'
'chain links'	*katearen begiak* 'chain links'
'bubble in liquid'	*Ur-gaineko begiak* 'bubble in water'
'spring'	*Iturbegi* 'water spring'
'in the direction of'	*eguzki-begitan* 'in the direction of the sun'
'a little bit'	*Zurizta begia* 'whitish', *andi begia* 'biggish'
	Begi bete (bat) ardao emon eusten 'he gave me a little bit of wine'

Following the generally accepted assumption about the regular path of semantic extension – from concrete or physical to abstract, or from root to epistemic as in Sweetser (1990) –, we propose a metonymy that captures all the meanings here exposed[2]: EYE FOR ITS PHYSICAL CHARACTERISTICS, which is a subcase of the more general ENTITY FOR ITS PHYSICAL CHARACTERISTICS, whereby an entity provides access to or stands for

---

2. It could be argued that corpora based analyses show a higher frequency of 'abstract' meaning that 'concrete' or physical ones, see, for instance Aston (2001) about *hand*, but then we should take into account the quality of the input in first language acquisition, as *child-directed-speech* in Clark (2003). In any case, there is also a great deal of work to be done relating diachrony with acquisition, as far as semantic development is concerned.

Basque body parts and their conceptual structure   279

its characteristics[3]. This metonymy is further subdivided in several other metonymies in order to classify our data:

(i)   EYE FOR SHAPE
(ii) EYE FOR CAVITY (EYE FOR HOLE, EYE FOR HOOK, EYE FOR CONTAINER CAPACITY)
(iii) EYE FOR CLOSING CAPACITY
(iv) EYE FOR DIRECTING AND FOCUSING CAPACITY

There are four main groups. Due to space constraints, we will discuss only groups (ii) and (iv) in this paper – see Ibarretxe and Garai (forthcoming) for a complete analysis of these metonymies.

4.1. *EYE FOR CAVITY metonymy*

Let us start with an example:

(9)   ***Begia***   *koskoan*   *sartu*   *zaizkio*
     eyes-ABS   cavity-LOC   enter-PERF   aux
     'The eyes entered down the cavities'

There is a further metaphorical conceptualization of this particular expression meaning 'suspicious,' 'angry' and 'sad,' conventionalized as to produce a lexicalized form *betosko*.

There are two different perceptions of this cavity, as the container of the eye on the one hand and as the hole of the face on the other. In cases resulting from this group, the eye is contained in a cavity that brings 'situationalised' meaning to *eye*, that is, the surrounding becomes a feature of the entity. Furthermore, the surrounding is reanalyzed in several perspectives that will provide a scene susceptive to be activated when the context of the occurrence may not be familiar.

---

3. This is the metonymy that philosophers engaged in the debate over the problem of the 'proper names' did not take into account. This metonymy – see the later work by Coulson (in press) on humor – may make us reflect upon whether all role-value connectors are metonymic, and if so whether this special metonymy has any special set of rules.

280   *Iraide Ibarretxe-Antuñano and Koldo J. Garai*

4.1.1. EYE FOR HOLE metonymy

We can see this metonymy in expressions such as *gaztanbegi* 'holes in cheese' and *ogibegi* 'holes in bread'.

The following idiom is also grounded in this metonymy:

(10) *Horrek   ez   dit   **ogiaren**   **begia**   joko*
       this-ERG NEG   aux   bread-GEN   eye-ABS   hit-FUT
       'This one will not tease me' [4]

The concept of hole is further elaborated in examples such as *iturbegi* 'spring'. Here there is an additional idea of an aperture that can be traversed across, that can be penetrated. The spring as the hole from which the water comes out can be compared with the more generic *iturburu* 'waater source, spring,' in which *begi* has been replaced by *buru* 'head'.

Another elaboration of this metonymy is the expression *erlategiaren* **begia** 'hive entrance'. Here, on top of the EYE FOR HOLE metonymy we need to apply another metonymy the ENTITY FOR FUNCTION, where the hole will stand for entering/exiting. This meaning can be lexicalised with another body-part too; instead of *begi* we could have used *aho* 'mouth' as in *erlategiaren **ahoa***. This inter-changeability supports the semantics of 'crossing hole' as opposed to the semantics of 'eye as hook' that we shall explain below.

4.1.2. EYE FOR HOOK metonymy

We should understand *begi* as the 'hole for handlers in tools'. This is used in a variety of expressions to describe the hole in different tools, places and gadgets as in (11):

---

4. This idiomatic expression has to be put in relation to this other one: *Horrek ez dit adarra joko* (lit. 'this one will not hit me the horn'). In this case the polysemy of *jo* 'hit' in Basque has to be further studied. Again, another idiom related to this is *Horrek ez dit ziria sartuko* (lit. 'this one will not put a lie in me')

Basque body parts and their conceptual structure 281

(11) *aitzur**begi*** 'hoe hole'
      *aizkora **begia*** 'axe hole'
      *katearen **begiak*** 'chain links'
      *sarearen **begiak*** 'holes in a net'
      *orratzaren **begia*** 'eye of a needle'
      *zubiaren **begiak*** 'bridge arches'

This semantic extension does not only mean 'hole' as in the previous group, but also 'hook', that is to say, all the gadgets do have holes where we can insert the corresponding element: a thread in the case of the eye of the needle, the handle in the cases of the hoe and the axe; but, furthermore, it seems that the hole is meant to hold whatever we are inserting through, as in the case of the link of the chain. It is not just a question of entering and exiting as in the example of the hive entrance, but that of entering and staying put there; in a way, what this use of *begi* seems to imply is that these cavities are not only to be transversed but also to keep the transverser there. The expressions subsumed under this meaning are imagistically related to expressions of *begi* meaning 'bud' or 'germ.'[5]

As suggested in the previous discussions above, there is a nice and easy test to prove that this meaning is different from that of 'hole' and that it has a different semantic component that includes the meaning of 'hook': we cannot substitute *begi* for *aho* in the following case:

(12) *Orratzaren **begia*** 'the eye in a needle'
      Orratzaren **ahoa* 'the mouth in a needle' (the pointing side of the needle)

As we can see from the translation, the use of *ahoa* brings a totally different meaning. Instead of referring to the little hole that needles have at one of their ends, it means the pointing end of a needle.

---

5. There is a thread of metaphorical extensions starting from 'bud' (gem) that convey the idea of centrality (cf. *gemma*); a synonym of *begi* in this context is, among others *muskil*, which refers to the central part of a fruit where the seeds are usually located. This idea of centrality probably also recruits meaning from the circular shape of the eye (but not only), and this might not be totally unknown to other languages, as in Spanish *ojo del huracán*, lit. The eye of the hurricane (see below *eguzkiaren begitan* in 4.2.).

282 *Iraide Ibarretxe-Antuñano and Koldo J. Garai*

Although chain and net share with this group the idea of 'hook', 'links' have to be further studied in relation to the concept of knot within the conceptual domain of sewing.

4.1.3. EYE FOR CONTAINER CAPACITY metonymy

In this case, the focus is not on the hole of a cavity, but on its containment capacity, that is to say, cavities are hollow and, as such, things can be placed inside them and, depending on how large the capacity of the container is, we will be able to accommodate inside more or fewer elements. By means of the metonymy, the eye – metonymically understood as a cavity – stands for or provides access to the container capacity. On the basis of this metonymy, we have the metaphor SIZE IS QUANTITY. Judging from the examples, eyes are taken to be small containers and, therefore, when *begi* is used in this context we always refer to a small quantity of something. We could thus propose the metaphor EYE IS SMALL QUANTITY; these metonymies and metaphors can explain examples such as *Zurizta **begia*** 'whitish' and *Handi **begia*** 'biggish'.

However, these examples above are not the only ones we can find where *begi* is conceptualized as 'small quantity', we can also find cases such as those in (13) and (14)

(13) **Begi**   *bete*   *(bat)*   *ardao*   *emon*   *eusten*
       eye   full   one   wine   give-PERF   aux
      'They gave me a little bit of wine'
(14) **Begi**   *bete*   *lo*   *egin*
       eye   full   sleep make-PERF
      'A quick nap'

In order to explain these examples, we need to make use of a conventionalized construction in Basque for quantity-volumes and stuff/material: the construction X BAT Y or X BETE Y as schematised in Figure 2. Here, X stands for the container and Y for the thing contained; *bat* 'one' (or the numeral needed) or *bete* 'full' are the prompts for this kind of readings. Although we can use any numeral, it is interesting to note that *bat* or *bete* are more suitable than any other numeral as construction builders for unfamiliar container-containment.

Basque body parts and their conceptual structure   283

X *bat* Y construction

Elements:
X= container
(container for capacity)
Y= thing contained   }   X, Y → compositional polysemy
(to be measured, quantified)
BAT= numeral

Meaning: X quantity of Y

Figure 2. X bat Y construction in Basque

The meaning of this construction can be described as 'X quantity of Y' and by means of compositional polysemy, that is, on the specific semantic content of X and Y, we obtain a different reading. This construction can be exemplified with the following examples in (15):

(15)   *Gela bat ikasle* lit. a room of students (or *gela bete ikasle*)
        Esku bete lan lit. a hand full of work 'loads of work' (or *esku bat lan*)[6]
        Begi bat ardao lit. an eye of wine 'a little bit of wine'

The same function of *bete* or *bat* can be fulfilled by the suffix – *(k)ada* as in the expression *Astokada lasto* 'a donkey of hay'.[7] Based on this pleonasm, the speaker can risk other types of non-conventional containers with other pleonastic numerals as in **Bost *Guggenheimkada* margo** or **Bost *Guggenheim* bete *margo***, and then, once it gets conventionalised **Bost *Guggenheim margo***, all with the meaning of 'five Guggenheims (full) of paintings'.

---

6. In this case the conventional form is *esku bete lan*, whereas *esku bat lan* might be less familiar. The degrees of idiomaticity within the same construction are very productive fields of research.
7. As an aside, one might ask whether the Mexican *burrito* is just this, a 'load' of food, parallel to Peninsular Spanish *bocadillo*, a 'mouthy' of food. For an etymological diachronic study of this phenomenon, the Peninsular Spanish *burrada* for both the conceptualization of a donkey as (polarized) container and the suffix *–ada* might be taken into account.

As we can see from these examples, the first element of the construction, X, is the container, the one to give us the capacity, the measurement. Each X element will have its own capacity, in some cases the capacity is straightforward as in *gela* 'room', but in some other cases, we need to make use of more complicated mechanisms in other to understand what the capacity of these containers is. We have two examples here: *esku* 'hand' and *begi* 'eye'. Each of them has a different capacity reference: *Esku* is conceptualised as 'a lot' and *begi*, as we discussed above, as 'a little'. In these two examples we obtain this conceptualisation via the metaphor SIZE IS QUANTITY. The second element in this construction, the numeral one – which, as discussed above, can be substituted by the adjective *bete* 'full', or the suffix *–(k)ada,* with no change in meaning – is the invariable element in the construction, and it tells us how many containers are to be taken into account. Finally, the third element, Y, gives us information about the 'thing contained', that is, the stuff that we are measuring.

All the semantic extensions in EYE FOR CAVITY are summarised in Figure 3.

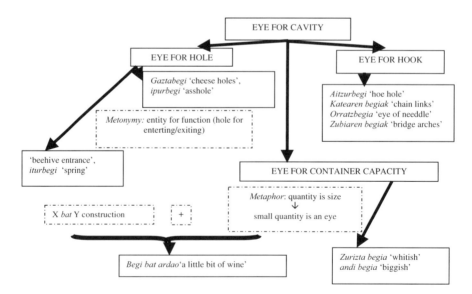

Figure 3. Lexical network for EYE FOR CAVITY metonymy

Basque body parts and their conceptual structure 285

4.2. EYE FOR FOCUSING AND DIRECTING CAPACITY *metonymy*

Up to now we have being focusing on physical features which are brought up metonymically by the entity. In the group we will discuss now, the entity stands for one of its functions, the focusing ability. The ability is most likely connected with the literary ability of accounting for perspectives (Turner 1996) and distinguishing point of views (Sanders and Redeker 1996). In any case, our eyes can move freely to any direction as we can see in an expression such as ***begi****ak zuzendu* 'direct one's eyes'.

Based on this metonymy we have the metaphor: DIRECTION IS ORIENTATION as exemplified in (16)

(16) *Eguzki-**begi*** (lit. sun-eye) 'looking/facing towards the sun'
 *Hego-**begi*** (lit. south-eye) 'looking/facing southwards'
 *Itsas**pegi*** (lit. sea-eye) 'looking/facing towards the sea'
 *Legarreta Zarikegi **begia*** 'Legarreta looking/facing towards Zarikegi'

The orientation of the face/eyes is related to 'attention', 'intention' and derivatives, as studied in Garai (2002).[8] Therefore, we may have to invoke a double metonymic process, EYE FOR ITS FUNCTIONS and at the same time, EYE AS REPRESENTATION OF THE FACE, whilst face stands for attention, as in the sentence *Ethorkizunari **begia** ematen zayonean* (lit. when the eye is given to the future) 'when we observe the future' (compare with 'when we face the future').

Nevertheless, just as it is the case in many other languages, some body parts are conceptualised as opposites;[9] for instance, in Spanish, *cabeza* 'head' is opposed to *pié* 'pie.' In order to understand the role of *begi* in this metaphor, we need to take into account that *begi* is opposed to *buru* 'head' in some contexts. As Ibarretxe-Antuñano (2002) points out, one of the conceptualisations of *buru* 'head' is 'in the direction of' as illustrated in the next example:

---

8. Notice the Latin preposition in each case *ad-tendere in-tendere,...*
9. The relationship between opposites and symmetry has been studied in depth by Turner (1991). Garai (2004) also applies opposites together with the great chain metaphor to the study of proverbs.

(17) *Mendiari   buruz   abiatu   ginen*
     mountain-DAT   head-INST   go-PERF   aux
     'We went towards the mountain'

According to this author, in the example above *buru* is metonymically understood as front, and as such "what we really imply in this sentence is that we have our front part directed towards the mountain, and that we are going to keep going in that direction" (2002: 472).

Now, one could think that *begi* is just another way of saying 'in the direction of,' but this is not quite true, there is an important difference in the entities that play the role of figure and ground. In the case of *buru*, the 'mountain' was the ground and 'we' were the figure – the people moving –. In the case of *begi*, on the other hand, there is figure-ground reversal, that is, the figure is the mountain – the sun, the cardinal point, Zarikegi in our examples above – and the ground is 'us'. In order to clearly see the differences between *buru* and *begi* we will use the same elements: *Eguzkiaren begitan* vs. *eguzkiari buruz*. Figure 4 schematises the different conceptualisation of *buru* and *begi* in these examples.

Figure 4. Figure-ground reversal in *buru* and *begi*

From the perspective of the construction, notice the relation between the dative and the presupposed idea of the allative for the figure in the case of *–ri buruz*, whereas in the case of *X(aren) begi(t)an* the ground is placed in the locative case.

There are several issues we will need to consider in the future related to this semantic extension:

(i)   the type of gramaticized verbs that combine with *begi*
(ii) the development of *begi* onto the verb 'to look' *begiratu*, and the predictable relation between 'to look at' and 'to look after', and so on.[10]

(iii) the relationship between the two points mentioned above, that is:

> *Begi eman* (lit 'to give eye' = to look) and *begiratu*
> *Begiak eraman* (lit. 'to bring the eyes' = 'to show/to observe') and *begietaratu* 'to show'.

Figure 5 summarises the semantic extensions in *begi*

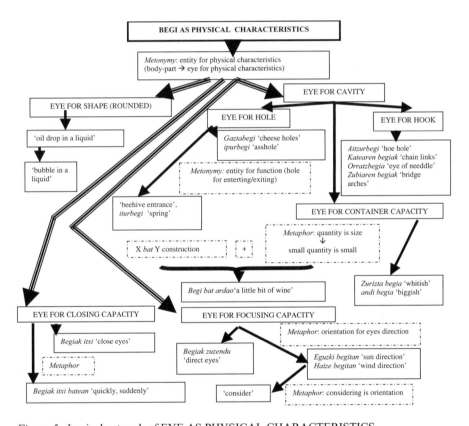

Figure 5. Lexical network of EYE AS PHYSICAL CHARACTERISTICS

---

10. For an analysis of the semantic extensions of perception verbs in Basque and their conceptual basis see Ibarretxe-Antuñano (1999).

288   *Iraide Ibarretxe-Antuñano and Koldo J. Garai*

5. Conclusions

In this paper we have seen how fruitful the study of body parts can be. We have shown that a converging research from both the lexical and construction grammar perspective, together with the metonymic and metaphoric processes are central to the study of semantic extension. The multiple apparently unrelated meanings and usages of *oin* and *begi* have a clear underlying metonymy-based metaphorical process. Moreover, the constructions deducible from the idiomatic expressions in which they occur are also predictable and the semantics of these structures are coherent with the explanation about the relationship between the different senses. We have also pointed out very briefly that in studies such as those presented here the cultural basis which these semantic extensions are grounded in cannot be forgotten, if we want to really grasp the 'real' conceptualisation of these body-parts and the cause of their extended meanings. The only way of avoiding any trace of ethnocentrism or linguacentrism is therefore to start from and root these analyses in their own cultures and languages.

References

Aston, Guy
    2001   Corpora in language pedagogy: An overview. In: Guy Aston (ed.) *Learning with corpora*. Houston, TX: Athelstan.

Barcelona, Antonio (ed.)
    2000   *Metaphor and Metonymy at the Crossroads. A Cognitive Perspective.* Berlin and New York: Mouton de Gruyter.

Bílková, Ilona
    2000   Czech and English Idioms of Body Parts: A view from Cognitive Semantics. PhD Thesis. University of Glasgow.

Chappell, Hilary & William McGregor (eds.)
    1996   *The Grammar of Inalienability: A Typological Perspective on Body Part terms and the part-whole relation.* Berlin and New York: Mouton de Gruyter.

Clark, Herbert
    1973   Space, time, semantics and the child. In: T.E. Moore (ed.), *Cognitive Development and the Acquisition of Language*, 28-63. New York: Academic Press.

Clark, Eve.
    2003   *First Language Acquisition.* Cambridge: UP.

Basque body parts and their conceptual structure 289

Coulson, S.

in press   What's so funny: Conceptual Blending in Humorous Examples. In: Vimala Herman (ed.). *The Poetics of Cognition: Studies of Cognitive Linguistics and the Verbal Arts.* Cambridge University Press.

Fillmore, Charles & Paul Kay

1995   *Construction Grammar.* Stanford: CSLI Publications (forthcoming).

Kay, Paul

1997   *Words and the Grammar of Context.* Stanford: CSLI.

Garai, Koldo J.

2002   Trial and Endogamy in Margerite of Navarre's *Miroir de l'âme pecheuresse.* Washington D.C.: Biannual Conference, American Rhetoric Association.

2004   Cognitive Rhetoric Approach to Basque Proverbs: analogical mappings in Coordination. *International Journal of Basque language and philology. ASJU*

Goldberg, Adele

1995   *Constructions. A Construction Grammar Approach to Argument Structure.* Chicago: Chicago University Press.

Goosens, Louis

1990   Metaphtonymy: The interaction of metaphor and metonymy in expressions for linguistic action. *Cognitive Linguistics* 1: 323-340.

Grady, Joe

1997   THEORIES ARE BUILDINGS revisited. *Cognitive Linguistics* 8.4: 267-299.

Heine, Bernd

1989   Adpositions in African languages. *Linguistique Africaine* 2: 77-127.

Ibarretxe-Antuñano, Iraide

1999   Polysemy and Metaphor in Perception Verbs: A Cross-linguistic Study. PhD Thesis. University of Edinburgh.

Ibarretxe-Antuñano, Iraide

2001   The conceptual structure of Basque *buru* 'head'. *Fontes Linguae Vasconum* 91: 463-491.

Ibarretxe-Antuñano, Iraide & Koldo Garai

Forthcoming   Basque *oin* 'foot' and *begi* 'eye': body parts and their conceptualisation.

Israel, Michael

1996   The *way* constructions grow. In: Adele Goldberg (ed.), *Conceptual structure, discourse and language.* 217-230. Stanford, CA: CSLI Publications.

Kövecses, Zoltán & Günter Radden

1998   Metonymy: Developing a cognitive linguistic approach. *Cognitive Linguistics* 9.1:37-77.

Lakoff, George

1987   *Women, Fire and Dangerous Things. What Categories Reveal about the Mind.* Chicago and London: Chicago University Press.

Lakoff, George & Mark Johnson

1980   *Metaphors We Live By.* Chicago: Chicago University Press.

290   *Iraide Ibarretxe-Antuñano and Koldo J. Garai*

Lakoff, George and Mark Johnson
    1999   *Philosophy in the Flesh. The Embodied Mind and its Challenge to the Western World.* New York: Basic Books.

Langacker, Ronald W.
    1991   *Concept, Image, and Symbol. The Cognitive Basis of Grammar.* Berlin and New York: Mouton de Gruyter.

Palmer, Gary
    2003   Introduction. *Cognitive Linguistics* 14-2/3: 97-108. (Especial issue: Talking about thinking across languages).

Petruck, Miriam
    1986   Body Part Terminology in Hebrew: A Study in Lexical Semantics. PhD Dissertation. University of California, Berkeley.

Radden, Günter
    2000   How metonymic are metaphors?. In: Antonio Barcelona (ed.), *Metaphor and Metonymy at the Crossroads. A Cognitive Perspective*, 93-108. Berlin and New York: Mouton de Gruyter.

Sanders, Jose and Gisela Redeker
    1996   Perspective and the representation of speech and thought in narrative discourse. In: Gilles Fauconnier and Eve Sweetser (eds.), *Spaces, worlds, and grammar.* Chicago: Chicago University Press.

Sandra, Dominiek and Sally Rice
    1995   Network analyses of prepositional meaning: Mirroring whose mind- the linguist's or the language user's?. *Cognitive Linguistics* 6-1: 89-130.

Stürtze, Alizia, María Colera, and Imanol Barrenetxea
    2002   *Eguneroko esamoldeak (animaliak, gorputz atalak, landareak, mineralak). Ingelesa, euskara, gaztelania.* Donostia: Gaiak.

Sweetser, Eve
    1999   *From etymology to pragmatics.* Cambridge: Cambridge University Press.

Turner, Mark
    1991   *Reading Minds.* Princeton: Princeton University Press.

Turner, Mark
    1996   *The Literary Mind.* Oxford: Oxford University Press.

Svorou, Soteria
    1993   *The Grammar of Space.* Amsterdam and Philadelphia: John Benjamins.

DICTIONARIES

Azkue, Resurrección María de
    1905   *Diccionario Vasco-Español-Francés I-II.* Bilbao: La Gran Enciclopedia Vasca.

Bostak Bat
    1996   *Diccionario Hiru Mila Hiztegia. Adorez 7.* Bilbo: Bostak Bat.

Gran Enciclopedia Vasca
    1976   *Diccionario Retana de Autoridades del Euskera.* Bilbao: Biblioteca de la Gran Enciclopedia Vasca.

Garate, Gotzon
    1998   *Atsotitzak*. Bilbao: BBK.

Mitxelena, Koldo
    1987-   *Diccionario General Vasco. Orotariko Euskal Hiztegia*. Bilbao: Euskaltzaindia.

Mokoroa Mugika, Justo M.
    [1990]   *"Ortik eta Emendik" Repertorio de Locuciones del Habla Popular Vasca, Oral y Escrita, en sus diversas variedades*. Bilbao: Labayru-Etor-Eusko Jaurlaritza.

Morris, Mikel
    1998   *Morris Student Plus. Euskara-Ingelesa. English-Basque*. Donostia: Klaudio Harluxet Fundazioa.

Mokoroa Mugika, Justo M.
    1990   *"Ortik eta Emendik" Repertorio de Locuciones del Habla Popular Vasca, Oral y Escrita, en sus diversas variedades*. Bilbao: Labayru-Etor-Eusko Jaurlaritza.

Mugica Barrondo, Placido
    1981   *Diccionario Vasco -Castellano I, II*. Bilbao: Mensajero.

Sarasola, Ibon
    1984-95   *Hauta-lanerako Euskal Hiztegia*. Zarauz: Itxaropena.

From entrenchment to conceptual integration: levels of compositionality and concept structuring

László I. Komlósi and Elisabeth Knipf

> "Figurative language has finally become a respectable area of study in the cognitive sciences." Raymond W. Gibbs, Jr. (1995:97)

> "There are too many idioms and other fixed expressions for us to simply disregard them as phenomena on the margin of language". Ray Jackendoff (1995:156)

Abstract

The paper is an attempt of an empirical character to cross-linguistically analyze *variable-sized units* in the lexicon. On the basis of linguistic data from English and German we propose to define lexical structure as *unitized representations* involving collocational level, idiom level and conceptual-integration level representations. In our analyses we draw on the theory of lexical licensing for fixed expressions.

A central issue of the paper is the introduction of the *non-classical notion of compositionality* and, consequently, a proposal to treat compositionality from a broader perspective. For this end, a crucial distinction is posited between *rule-driven* and *frequency-driven* linguistic structure. The former category is characterized by the classical notion of Fregean compositionality, high predictability and *on-line processing*. It is observed that very little information other than the interpretational reliability of rule-generated processing gets encoded in such linguistic structure. The latter category is characterized by gestalt perception (as opposed to mere pattern recognition) where the retrieval of *entrenched features of unitized lexical items* is prompted by the activation of encoded, highly context-bound parameters of a diverse nature (e.g. phonological, morpho-syntactic, semantic, conceptual, pragmatic) and by partly *default* and partly *open processing*.

A cross-correlation between *compositionality*, *productivity* and the *type of processing* is proposed in a form of a *parametrization scheme* and a further elaboration on the correlation is given with the help of appropriate cross-linguistic examples.

Keywords: Lexical licensing for fixed expressions, linguistic creativity, concept structuring and conceptual integration, variable-sized lexical units with tendencies for unitized representations, levels of compositionality, non-classical compositionality, entrenchment and idiomaticity, collocations and collocational force, constructions, meaning extension, default processing versus open processing.

294   *László I. Komlósi and Elisabeth Knipf*

1. Free expressions versus fixed expressions in the lexicon[1]

There has been a remarkable shift in research focus concerning the relationship between syntax and the lexicon in the past fifteen years. The idea purported by the received view of autonomous syntax to simply complement syntactic structure with lexical insertion rules has been greatly challenged (see e.g. Fillmore, Kay & O'Conner 1988, Nunberg et al. 1994, Jackendoff 1995, Goldberg 1995, Kay 1997). Breaking away from the generative tradition, people began to give credit to the fact that fixed expressions are ubiquitous in everyday discourse: there are many thousands of formulaic phrases and expressions and a vast number of memorized fixed expressions in our natural languages which should not be treated as marginal in the overall system of grammar. At the same time, it would seem to be implausible to claim that these kinds of expressions simply belong to the general purpose part of memory. These expressions are still taken to be stored as lexical units which are triples of phonological, syntactic and conceptual structures (i.e. < PS, SS, CS >), often encoding additional pragmatic information as well, as exemplified by Jackendoff's *whistle while you work* analysis:

> Similar phrasal units are clichés/quotes such as *whistle while you work*. Often such memorized units have some special situational or contextual specifications; for instance *whistle while you work* means literally what it says, but at the same time it evokes Disneyesque mindless cheerfulness through its connection with the movie *Snow White*. (Jackendoff 1995: 149-150)

In what follows, we are going to argue that it is desirable and highly instrumental to distinguish truly productive morpho-syntac rules that are responsible for rule-driven linguistic structure and lexical rules that are responsible for frequency-driven linguistic structure. The latter ones have the task of specifically licensing standard meanings selected out from among the possible meanings permitted by the morpho-syntactic rules in general. Thus, with the help of the *mechanism of lexical licensing* standard meanings get marked in memory.

---

1. The paper draws on the results of a project in progress supported by the Hungarian Science and Research Fund (OTKA T038142) under the title "Cognitive and Affective Aspects of the Narrative Behavior Reflected in Situated Discourse: Linguistic Construction, Idiomaticity and Conceptual Integration" undertaken by the linguistics research team of the Department of English Linguistics, Faculty of Humanities, University of Pécs, Hungary.

From entrenchment to conceptual integration 295

2. Accounting for linguistic creativity

In view of the above depicted *Janus-face* of linguistic structure, grammatical competence seems to be sensitive to both rule-driven composition and frequency-driven recognition of linguistic structure. It seems that lexically encoded information provides for a vast potential in the way of interpretability of linguistic expressions, however the activation of appropriate information only depends on licensing mechanisms. On a general plane of the discussion, it should be obvious that some type of inferencing, that is some inferential mechanism must decide on the selection of standard or intended meanings. In order to illustrate the mechanism at hand, we first bring into the discussion a phenomenon of a similar nature, although from a slightly different realm of the knowledge of language: presumptive inferencing in pragmatics.

The question of getting *intended meanings* across in conversation is best exemplified by the dichotomy of generalized conversational implicatures and particularized conversational implicatures elaborated in (Levinson 2000). Generalized implicatures can be drawn with very little inside or local knowledge. They are closely connected to the degree of informativeness that we normally expect a speaker's utterance to provide due to the standard meanings of the linguistic expressions used in the utterance. However, particularized implicatures require not only general knowledge but also knowledge which is particular or local to the speaker and the hearer, and often to the physical context of the utterance itself. Let us see two well-quoted examples from the literature (cf. Stilwell Peccei 1999, Komlósi 1997a, 1997b):

(1)   a.   *Annie:*   *Was the dessert any good?*
                Mike: *Annie, cherry pie is cherry pie.*
                (No, the dessert was pretty boring.)
    b.   Extra information: Mike loves cherry pie. As far as he is concerned, no one can ruin a cherry pie, and Annie knows this.
                Annie: *Was the dessert any good?*
                Mike: *Annie, cherry pie is cherry pie.*
                (Yes, as good as any other time.)
(2)   a.   *Maggie:*   *Coffee?*
                James: *It would keep me awake all night.*
                (I won't have any coffee.)

296   *László I. Komlósi and Elisabeth Knipf*

b.   Extra information: James has to stay up all night to study for an exam and Maggie knows this.
Maggie: Coffee?
James: It would keep me awake all night.
(Sure, I badly need it now.)

It is not infrequent that the implicational force is borne out by the linguistic context which, consequently, can be responsible for completely different interpretations, as in (3a-c):

(3)   a.   *A: Do I make good coffee?*
B: You make great coffee.
b.   *A: Do you think I'm a good cook?*
B: You make great coffee.
c.   *A: It's your turn to make the coffee.*
B: You make great coffee.

In our discussion we set out to analyze fixed expressions that are variable-sized lexical units in the lexicon. We believe, however, that the understanding of reasoning and inferencing mechanisms underlying conversational implicatures may throw light on the mechanisms we apply when we process semi-compositional or non-compositional fixed expressions so often figuring in discourse. We can easily see that a question of a very similar nature lies at the heart of the pragmatic analyses of utterances as well: what actual pieces of linguistically relevant information coded in linguistic expressions will be activated by what prompts? It is very suggestive that *lexical licensing* and *presumptive inferencing* have a lot in common. The conclusive thoughts in Levinson (2000: 371) seem to support our argument for lexical licensing.

> Generalized Conversational Implicature theory does suppose that there is a body of knowledge and practice concerned with the *use* of language. This knowledge crucially involves metalinguistic knowledge about the structure of the lexicon – specifically, knowledge about the structuring of semantic fields, the availability of alternate expressions, subjective assessments of frequency and markedness of specific expressions, knowledge about the stereotypical associations of linguistic concepts in the speech community, mutual assumptions of principles for resolving conflicts between inferences, and so on.

From entrenchment to conceptual integration   297

We hope that the theory of lexical licensing can reasonably identify the role of this specific body of knowledge and practice involved in the *use aspects* of our linguistic knowledge. It can acknowledge lexical items above the word level to *license syntactic structure* which in turn incorporates different types of fixed expressions such as collocations, compounds, clichés, idioms, constructions and metaphorical blends and crucially *contributes to prompting conceptual representations*.

Further, we want to elaborate on the idea that *linguistic creativity* is ultimately manifested in the cognitive representations we call *actualized interpretations* and lies in the choices we make, or in other words, in the inferences we actually draw from diverse linguistic contexts. The discussion we are proposing will be based on two current ideas concerning conceptual creativity via language use. The first one is Leonard Talmy's idea of *conceptual organization* (Talmy 2000), the second one is the idea of *conceptual integration* proposed by Gilles Fauconnier and Mark Turner (see especially Turner and Fauconnier 1995, Fauconnier & Turner 2002). The underlying idea of linguistic creativity shared by both Talmy's mechanisms for concept structuring and the mechanisms for conceptual integration proposed by Fauconnier & Turner is that our capacity for language also depends on our ability to use a relatively limited inventory of grammatical and lexical forms to prompt for virtually unlimited ranges of cognitive representations. These ideas were initially raised in (Komlósi 2003), but we hope to bring new aspects into the discussion by focusing on the behavior of fixed expressions.

Let us advance two claims that are extracted from the two approaches to cognitive representations jointly.

Claim 1:
Humans are claimed to use a relatively limited inventory of grammatical and lexical forms to prompt for virtually unlimited ranges of cognitive representations.

Claim 2:
Linguistic expressions with an encoded set of diverse information prompt listeners to construct cognitive representations that integrate cognitive structures and cognitive content into unified cognitive representations.

298   *László I. Komlósi and Elisabeth Knipf*

2.1. Talmy's Cognitive Semantics and Concept Structuring Systems

Leonard Talmy's project of Cognitive Semantics purports the view that semantics is intrinsically cognitive and grammars of natural languages reveal conceptual structures since linguistic expressions prompt for conceptual arrays rather than carry fixed meanings on their sleeves. Thus, linguistics is the method for discovering the way we think.

Talmy takes the view that human language consists of two subsystems, the grammatical and the lexical. The *lexical subsystem* consists of the *open classes of linguistic forms*, while the *grammatical subsystem* consists of the *closed classes of linguistic forms* that include grammatical categories, grammatical relations, word order patterns, grammatical complexes such as constructions, syntactic structures and complement structures. *Linguistic expressions prompt listeners to construct cognitive representations*. The grammatical subsystem is to provide cues for their structure, while the lexical subsystem for their content. Our language capacity depends on our ability to integrate disperse conceptual structures and conceptual contents to create *unified cognitive representations*. We should observe here that the emphasis in Talmy's conceptual organization approach is on the processes of concept structuring rather than on a more classical view of semantic compositionality.

2.2. Meaning extension, blending and conceptual integration: nonce expressions

Recent trends in research in the field of meaning extension have streamlined two major interests:

(i) metaphorical and metonymical projection of meaning properties from physical domain into abstract domain;
(ii) selective projection of meaning properties into blended spaces.

As we have indicated it above, the classical notion of semantic compositionality needs to be put in a different light. *Metalingual signaling* is to be acknowledged as an intrinsic means to prompt conceptual integration, in other words to prompt the creation of unified cognitive representations. In the case of conceptual integration linguistic creativity can be captured in the following way. In a selective projection of meaning properties, some relevance-theoretic principle has to be at work. An illuminat-

From entrenchment to conceptual integration 299

ing example for the falsehood of the intuitive assumption of compositionality in two-word formal expressions is the set of *seemingly analogous
compound constructions* of "dolphin-safe", "shark-safe" and "child-
safe" as originally analyzed with ample critical observations in (Turner
and Fauconnier 1995). They point out that we get quite *different conceptual integrations* in each of these cases despite the same formal
constructions underlying these compounds. Their claim about these two-
word formal expressions is true even when we realize (as we are suggesting) that both the formal and the conceptual environments of these
formal expressions are actually more fine-grained than we can tell at first
sight. For the construction of the relevant meanings we need to recruit
additional material, such as in (4-5-6a):

(4)   *dolphin-safe canned tuna*
           'No dolphins fell victim to the harvest of the tuna'
(5)   *shark-safe bay*
           'No swimmers fall victim to cruising sharks'
(6)   a. *child-safe room*
           'The room conceals no unforeseen dangers for children'

We are, however, further puzzled about the shakiness of predictability
when we observe the inevitably different conceptual integrations generated by the same expression. Let us examine (6a-6c) for *child-safe room*.
In (6a) the expression *child-safe room* is suggested to refer to 'a room
that conceals no unforeseen dangers for children'. This expression, however, could depict a guestroom in a protected quarter of one's house such
that the room is safe for one's visitors against any possible attack by the
family's small children, as in (6b):

(6)   b. *child-safe room*
           'The room conceals no unforeseen dangers of child attacks
           for visitors'

Further, we can envisage a guest-room (in a thought experiment) in
which some strange earth-radiation prevents any attempt for a female
egg to be fertilized, thus female guests are safe not to become pregnant
in that very room. Thus, the expression *child-safe room* would have yet
another interpretation:

300   *László I. Komlósi and Elisabeth Knipf*

(6)   c.   *child-safe room*
         'The room conceals no unforeseen danger of unwanted conception for a fertile woman making love with a fertile man in that very room'

As a pragmatic consequence, we acknowledge that such a room would then provide for *child-safe love*. It is not difficult to see that this expression could again have several different meanings, one of which would evoke a similar meaning as in (6b).

We witness a very promising research unfolding that asks further questions about the correlation between linguistic constructions and conceptual structure, exploiting the psycholinguistic processes of meaning extension and conceptual integration.

3. Entrenchment: linguistic data from English and German

In relationship to fixed expressions, one inevitably has an impression that many of the expressions under discussion exhibit unified cognitive structures when they get stored as unitized lexical items. This phenomenon is addressed in psycholinguistic research as *entrenchment*. Entrenched expressions show the following characteristics:

(i)   an *entrenched expression* is familiar to speakers from frequent use,

(ii)   every *use of a structure* increases its degree of entrenchment in cognitive organization
    (it strengthens sequential cohesiveness),

(iii)   *cognitive structures* are stored in memory often as entrenched items (which in turn strengthens conceptual cohesiveness),

(iv)   entrenched expressions are often units larger than single words but smaller than sentences, e.g. common word combinations, collocations or idioms figuring as variable-sized units.

(7)   a.   common word combinations or collocations
        last chance, good job, faced with, a nice cup of tea
        Germ. *eingefleischter Junggeselle*; Eng. *a confirmed bachelor*

From entrenchment to conceptual integration   301

b. fossilized word combinations
goldfish, goldberg, iceberg, nightclub, sandbar

c. multi-word collocations
great minds think alike, shop until you drop

When entrenched items (such as collocations, idioms, figures, constructions) are being processed they activate information bundled together in *unified cognitive structures*. From a lexical point of view, unified cognitive structures enjoy *unitized storage*: *sequential cohesiveness* (based on linguistic form) and *conceptual cohesiveness* (based on meaning properties) add to their unitized status. Thus, *entrenchment is to be seen as a fundamental and intrinsic feature of cognitive organization*. As for the processing of entrenched expressions, psycholinguistic research suggests that the following mechanisms are likely to take place (cf. Harris 1998, Komlósi 2003). Conceptual cohesiveness manifests itself in the semantic integration of words with their contexts which is greatly facilitated by sequential cohesiveness. In the cognitive organization both structural entrenchment and conceptual entrenchment play an equal role: *spreading activation* operates on both types of entrenchment. These mechanisms can best be reconstructed and exemplified by running elicitation tasks with subjects. In (Harris 1998:62) we find interesting examples for idiom completion by word elicitation:

(8) a. First two words best at eliciting the idiom:
Nothing ventured nothing gained
Long time no see
Breathing down my neck
Cry your eyes out

b. Middle two words best at eliciting the idiom:
Little red riding hood
Much ado about nothing
Let sleeping dogs lie
Let them eat cake
All hot and bothered
Beggars can't be choosers

Entrenchment plays a central role in processing *constructions* as well. The examples below will show that the units of lexical representation in a lexicon of variable-sized units are not part of a fixed architecture, they rather emerge through extracting co-occurrence regularities. "One implication of this idea is that unit-status, and the size of units, may be a matter of degree." (cf. Harris 1998:65).

Let us examine the mechanism of entrenching and productively spreading collocational force or co-occurrence regularities in constructions based on the findings in (Harris 1998):

(9) a.   overtly occurring expressions
          lose sight, never mind
     b.   productive generalization over overtly occurring expressions
          lose sight, lose touch, lose track, lose count
     c.   independent units
          (i) relatively free ones:
          lose one's purse, lose one's passport
          (ii) with bonds of co-occurrence:
          lose one's temper, lose track of sg or sy, lose sight of sg or sy, lose touch of reality

Constructions can be very peculiar in many ways. It is often the case that beside morpho-syntactic and conceptual information, pragmatic information also gets encoded in constructions. There are, for example, expressions whose literal meaning is related to

(i)   a linguistically encoded illocutionary force,
(ii)   the use of second-order speech acts (perlocutions or indirect illocutions),
(iii) and hedges.

A mixed set of such examples can be found in (10):

(10) *after all, anyway, at any rate, besides, be that as it may, by the way, not that I care, first of all, finally, frankly, furthermore, if you want my opinion, in conclusion, indeed, in other words, now that you mention it, on the other hand, otherwise, speaking for myself, strictly speaking, to begin with, to oversimplify, to put it mildly, etc.*

From entrenchment to conceptual integration 303

(11)   *Not that I care but (p).*

The utterance in (11) visibly exhibits non-truth-functional semantics. A presupposition and a second-order speech act are involved in it. The presupposition is that S is by no means involved or engaged in the issue at hand and as such he/she should not attempt to express his/her opinion concerning the issue at stake. However, it gets into conflict with the indirect illocution of giving an explanation for S's act of expressing (p), (i.e. 'Despite S's not being involved, for some reason it is important for S to express his/her opinion on the issue') and a perlocution to the effect that S should make H believe that the presupposition should hold despite the identifiable (though indirect) illocutionary force.

4. The levels of compositionality

In surveying and registering the wide range of fixed expressions, it seems desirable and useful to draw up categories that comprise expressions belonging to different levels of compositionality. Beside the parameter of compositionality, productivity and processing features will also be taken into consideration.

4.1. Collocational-level compositional structure
non-productive or semi-productive structures
default processing

proper names evoking metaphorical collocations

(12)   a.   *The ambassador of charm*   Maurice Chevalier (1888-1972)
French actor and chanson singer
b.   *Doctor Mirabilis*   Roger Bacon (1220-1292)
English theologian and philoso-
pher in the Franciscan order

common word combinations

(13)   a.   Germ. *eingefleischter Junggeselle*
Eng. *a confirmed bachelor*

304   *László I. Komlósi and Elisabeth Knipf*

b.   Germ. *frisch gestrichen*
Eng. *wet paint*
c.   *a nice cup of tea*

4.2. Level of idiomaticity non-compositional structure
non-productive or semi-productive structures
default processing

(14) a.   Germ. *von der Hand in den Mund leben*
'to lead a rather modest life'
b.   Germ. *auf der Palme sein*
'to be angry/raging'
c.   Germ. *mit heiler Haut davon kommen*
'to get out of a dangerous situation safely'
d.   Germ. *etwas auf dem Gewissen haben*
'to have a bad conscience'
Er hat etwas auf dem Gewissen, darum kann er nicht schlafen.
'He has a bad conscience, that's why he cannot sleep at night.'
e.   Germ. *jemanden auf dem Gewissen haben*
'to be responsible for sy's death'
Die leichtsinnige Touristengruppe hatte den Bergführer auf dem Gewissen.
'The light-hearted tourist group is responsible for the death of the mountain-guide.'

4.3. Level of constructions compositional structure
semi-productive or productive structures
default processing

(15) a.   Germ. *etwas zur Aufführung bringen*
'to perform sg on stage'
Die Gruppe hat das neue Drama des jungen Autors zur Aufführung gebarcht.
'The theater-group has staged the play of the young author.'

From entrenchment to conceptual integration 305

(16) *Never will I leave you. Long may you prosper! Bless you! Am I tired! Be back in a minute. It satisfied my every wish. Not that I care. Looks like a soup, eats like a meal. It's time you got married. He talked his way out of it. Why go to the store. I didn't make it to Paris, let alone Berlin. The more you think about it, the less you understand.* (cf. Fillmore et al. 1988, Kay 1997, Cacciari et al. 1997)

4.4. Level of metaphorical organization non-compositional structure
productive structure
open processing

(17) a. *Washington has declared war.*
b. *The school is on an outing today.*
c. *He is the Finnish Baudelaire.*

4.5. Level of conceptual integration semi-compositional structure
semi-productive structures
open processing

(18) a. *This surgeon is a butcher* (selective blending)
b. *dolphin-safe, shark-safe, child-safe*

5. Cross-correlation between compositionality, productivity and processing

On the basis of the observations above, we suggest that there exists an important cooperation between certain parameters that are able to jointly characterize fixed expressions and help understand their role in grammar through the operation of lexical licensing. The three interplaying parameters are:

(i) the levels of compositionality
(ii) the degree of productivity
(iii) the types of processing

306   *László I. Komlósi and Elisabeth Knipf*

Instead of the traditional static notion of *semantic compositionality*, a dynamic notion of *concept structuring processes* is acknowledged with the help of a scalar organization of linguistic structure and the corresponding types of processing:

Parametrization

Compositionality   *Processing type*

(i)   collocational-level
(ii) level of idiomaticity
(iii) level of constructions   *Default processing* for (i-iii)
(iv) level of metaphorical organization
(v)   level of conceptual integration *Open processing* for (iv-v)

Productivity
(i)   non-productive
(ii)   semi-productive
(iii)   productive

6. Summary and conclusion

Our paper has aimed at analyzing the status of variable-sized units in the lexicon. On the basis of linguistic data from English and German we have proposed to define lexical structure as unitized representations involving collocational level, idiom level and conceptual-integration level representations. In our analyses we have drawn on the theory of lexical licensing for fixed expressions. We have compared free and fixed expressions in the light of the fact that fixed expressions are ubiquitous in everyday discourse: there are many thousands of formulaic phrases and expressions and a vast number of memorized fixed expressions in our natural languages. We have linked the questions of linguistic creativity with the mechanisms of conceptual organization and conceptual integration. We have analyzed the phenomenon of entrenchment with the help of a wide range of fixed expressions. As a result, we have proposed a parametrization scheme to account for the cooperation and interplay of compositionality, productivity and the types of processing. We believe that a more realistic and unified treatment of both free and fixed variable-sized lexical items is feasible with

From entrenchment to conceptual integration 307

the help of lexical licensing that treats grammatical and lexical material in a more homogeneous fashion and can handle the interplay of grammar and the lexicon as complementary mechanisms unfolding along a continuum rather than being marked by harsh demarcation lines.

References

Cacciari, C., R. Gibbs, A. Katz & M. Turner
    1997   *Figurative Language and Thought.* Oxford/New York: Oxford University Press.
Fauconnier, G. & M. Turner
    2002   *The Way We Think: Conceptual Blending and the Mind's Hidden Complexities.* New York: Basic Books.
Fillmore, C.J., P. Kay & M.C. O´Conner
    1988   Regularity and idiomaticity in grammar: the case of *Let alone. Language* 64: 501-538.
Fillmore, Ch. J. & P. Kay
    1997   *Berkeley Construction Grammar.*
                  http://www.icsi.berkeley.edu/~kay/bcg/ConGram.html
Goldberg, A.E.
    1995   *Constructions: a construction grammar approach to argument structure.* Chicago: CUP
Gibbs, R.W., Jr.
    1995   Idiomaticity and human cognition. In: M. Everaert, E.-J. van der Linden, A. Schenk & R. Schreuder (eds.), *Idioms: Structural and Psychological Perspectives*, 97-116. Hillsdale, NJ: Lawrence Erlbaum.
Harris, C. L.
    1998   Psychological Studies of Entrenchment. In: J-P. Koenig (ed.), *Discourse and Cognition: Bridging the Gap*, 55-70. Stanford: CSLI Publications.
Jackendoff, R.
    1995   The boundaries of the lexicon. M. Everaert, E.-J. van der Linden, A. Schenk and R. Schreuder (eds.), *Idioms: Structural and Psychological Perspectives*, 133-165. Hillsdale, NJ: Lawrence Erlbaum.
Kay, P.
    1997   *Words and the Grammar of Context.* Stanford: CSLI Publications.
Komlósi, L.I.
    1997a   *Inferential Pragmatics and Cognitive Structures: Situated Language Use and Cognitive Linguistics.* (Pécs Studies in Linguistics 3). Budapest: Nemzeti Tankönyvkiadó.
    1997b   On the status of Cognitive Linguistics within the realm of Cognitive Science. In: A. Kertész (Hrsg.), *Metalinguistik im Wandel. Die kognitive Wende in Wissenschaftstheorie und Linguistik*, 31-53. (Metalinguistica 4.). Frankfurt am Main: Peter Lang Verlag.

308   *László I. Komlósi and Elisabeth Knipf*

2003	In Quest of Cultural and Conceptual Universals for Situated Discursive Practice. In: L.I. Komlósi, P. Houtlosser & M. Leezenberg (eds.), *Communication and Culture: Argumentative, Cognitive and Linguistic Perspectives*, 159-176. Amsterdam: SIC SAT.

Levinson, S.C.

2000	*Presumptive Meanings. The Theory of Generalized Conversational Implicature*. Cambridge, Mass.: The MIT Press.

Nunberg, G., I. A. Sag & T. Wasaw

1994	Idioms. *Language* 70/3: 491-538.

Stilwell Peccei, J.

1999	*Pragmatics*. London: Routlegde

Talmy, L.

2000	*Toward a Cognitive Semantics*. Vol. 1: *Concept Structuring Systems;* Vol. 2: *Typology and Process in Concept Structuring.* Cambridge, Mass.: MIT Press.

Turner, M. & G. Fauconnier

1995	Conceptual Integration and Formal Expression. *Journal of Metaphor and Symbolic Activity* 10/3: 183-204. also: http://philosophy.uoregon.edu/metaphor/turner.html/

Idiom-entrenchment and semantic priming

Sylvia Tufvesson, Jordan Zlatev and
Joost van de Weijer

Abstract

Borrowing concepts and methods from cognitive linguistics and empirical psycholinguists we propose the concept of *idiom-entrenchment*, defined in terms of personal frequency and constituent co-occurrence. The concept was operationalized and applied in a semantic priming experiment. The degree of idiom-entrenchment to affect idiom processing in a way that results in different priming effects, and of the two defining characteristics, co-occurrence seemed to have the stronger effect. Surprisingly, however, the priming effect involved *inhibition* rather than facilitation and this was attributed to competition between the literal meaning and the idiomatic meaning, suggesting that the two are processed in parallel and that the literal meanings even have a certain priority.

Keywords: Idioms, entrenchment, semantic priming, frequency, co-occurrence, parallel processing, competition.

1. Introduction

The concept of *linguistic entrenchment* is an important, though apparently underexplored concept within cognitive linguistics. In a key passage Langacker (1987: 59) characterizes it as follows:

> Linguistic structures are more realistically conceived as falling along a continuum scale of *entrenchment* in cognitive organization. Every use of a structure has a positive impact on its degree of entrenchment, whereas extended periods of disuse have a negative impact. With repeated use, a novel structure becomes progressively entrenched, to the point of becoming a unit; moreover, units are variably entrenched depending on the frequency of their occurrence.

Linguistic entrenchment is thus closely implicated in two important tenets concerning the nature of linguistic knowledge shared by most cognitive linguists: its *gradient* and its *usage-based* character. At the same time, there does not seem to be an explicit theory or even definition of linguistic entrenchment, leaving the concept at a sub-theoretical level. This can be contrasted with the (possibly related) concept of *epistemic entrenchment*, introduced by Gärdenfors and Makinson (1988) to denote the "willingness to give up a belief" within a belief revision system. This latter concept has been formalized and has given rise to an influential approach within the field of automated reasoning.

Empirical psycholinguistics, on the other hand, operates with clearly definable "variables" such as *frequency* and relies on quite specific models of language representation and processing such as TRACE (McClelland & Ellman 1986). However, it is not evident how objective, external measures such as "token frequency" can affect the mental representations of an individual subject.

Given these complementary difficulties, we see a potential for mutual repprochement. In particular, our hope is that cross-fertilization between cognitive linguistics and psycholinguistics may lead to a theory that could better explain the intricacies of a phenomenon that has been of much interest to both parts: *the mental representation and processing of idioms*.

The structure of the article is as follows. In Section 2 we briefly discuss two controversies in idiom research in order to provide some background to our project. In Section 3 we relate idioms to linguistic entrenchment, and define a derivative concept: *idiom-entrenchment*. Section 4 presents a psycholinguistic experiment using the paradigm of *semantic priming*. The goal of this experiment is to test the hypothesis that the deferential entrenchment of idiomatic expressions, operationalized in relation to frequency and constituent co-occurrences, should lead to different priming effects for the idiomatic vs. literal meaning of the expressions.

The results of the experiment turn out to be suggestive, implying that our concept of idiom-entrenchment is probably psychologically real. The nature of the priming effect witnessed is, however, different from the one expected, showing once again the need to rethink the connections between psycholinguistic concepts like semantic priming, and cognitive linguistic ones like entrenchment.

2. Central issues in idiomaticity research

It is fairly uncontroversial that the following English expressions are idiomatic, with meanings approximately those given in the glosses.

(1) *kick the bucket* ('to die')
(2) *spill the beans* ('to reveal a secret')
(3) *paint the town red* ('have a wild night out')
(4) *lay one's eyes on* ('look at')

On the other hand, the field of idiomaticity research is filled with controversies. Even the *definition* of what constitutes an idiom is not unequivocal, as can be seen by the fact that the SIL glossary of linguistic terms (http://www.sil.org/linguistics/GlossaryOfLinguisticTerms) lists not one, but two definitions, the first based on Cruse (1986) and the second on Wood (1985).

- An idiom is a multi-word expression that is recognized as a semantic unit.
- An idiom is a construction whose meaning cannot be deduced from the meanings of its constituents.

The two definitions are certainly compatible, but are not equivalent: the former emphasizes the *unitary* character of the idiomatic expression, while the latter – its *non-compositional* nature. While a unitary semantic status implies non-compositionality, the latter does not imply unit-status since it is possible that at least some idioms are perceived and processed as composite structures with constituents which, while not determining, at least contribute to the meaning of the whole idiomatic expression.

This tension between a more "atomistic" and a more "molecular" view on the nature of idioms takes different shapes, in particular in what are possibly the two central controversies in idiom research. The first concerns the *representation* of idioms, in recent years a field of much interest to cognitive linguists (e.g. Gibbs 1994). The second concerns their *processing*, an issue that has troubled psycholinguistics for some time. We describe briefly both in what follows.

312   *Sylvia Tufvesson, Jordan Zlatev and Joost van de Weijer*

2.1.   *Traditional vs. cognitive views on idiom representation*

The traditional view of idiom representation (e.g. Fraser 1970; Bobrow & Bell 1973) is that idioms are semantically unitary, non-analyzable into their component lexemes and stored as single entries in the mental lexicon. The meanings of the component words are thus irrelevant to understanding the meaning of the whole idiomatic expression.

According to a more modern, cognitive view on idiom representation (Nunberg 1978; Cacciari & Tabossi 1988; Gibbs & Nayak 1989; Gibbs 1992) idioms can indeed exhibit a high degree of internal semantic structure. This semantic structure is more transparent for some idioms than others, thus examples (1)-(4) above can possibly be seen as placed along a cline of increasing transparency. At least in the more transparent ones (3) and (4) the constituents can be said to *motivate* (though of course not determine) the idiomatic meaning of the whole expression.

This latter view has been referred to as "cognitive" since it is completely in line with the cognitive linguistic rejection of the dichotomy between arbitrariness and (full) compositionality/predictability, substituting it with a continuum of degrees of motivation (Langacker 1987; Lakoff 1987). Applied to idiom representation this implies a gradient scale of "decomposable" structure and meaning motivated by the internal semantics of the expression. Understanding idiomatic expressions can then be the result of both the conventional meaning of the whole expression and the literal meanings of the constituents, interpreted within a specific context. This last point brings us to the controversy concerning processing.

2.2.   *Models of idiom processing*

Somewhat schematically we can distinguish between three different types of psycholinguistic models of idiom processing.

2.2.1. The literal-first model

According to e.g. Bobrow and Bell (1973) a literal meaning of the idiomatic expression is constructed compositionally on the basis of its constituents, only to be rejected due to (contextual) inappropriateness. This triggers a second processing stage in which the unitary, non-compositional meaning of the idiom is accessed. According to this model, in line with the traditional view of idiom representation, idiom comprehension requires memory retrieval of stipulated idiomatic meanings taken from a list of idiomatic expressions stored in the mental lexicon.

2.2.2. The direct-access model

An alternative model, based on empirical evidence concerning the speed of idiomatic processing, was proposed by Gibbs (1980). Conversely to the literal-first model, the direct-access model of idiom comprehension claims that idiomatic meaning is understood directly, without prior analysis of the literal meaning. This model too is based on the idea that idiom comprehension requires retrieval of specified idiomatic meanings, but gives, unlike the literal-first model, computational priority to idiomatic meanings over literal meanings.

2.2.3. The literal-idiomatic parallelism model

The final type of model to be considered utilizes the third logical possibility: *neither* the literal, nor the idiomatic meanings are processed first, but both are processed in parallel (Estill & Kemper 1982; Cronk & Schweigert 1992). In its original form, the model implies a parallel activation of the literal meanings of the constituents and the idiomatic meaning of the whole expression during processing, but makes a clear distinction between the two, with no effect of the literal meanings on the interpretation of the idiom.

But in contrast to the other two processing models, literal-idiomatic parallelism is also consistent with the cognitive view of idiom representation since it allows for an interaction between the idiomatic and the literal interpretation of an idiomatic expression during processing.

314   *Sylvia Tufvesson, Jordan Zlatev and Joost van de Weijer*

2.3. Idioms, usage and entrenchment

In the discussion of the different types of models of idiom representation and processing presented above, one aspect was conspicuously lacking: considerations of *usage*.[1] Since both psycholinguists (e.g. Harley 1995) and cognitive linguists (e.g. Langacker 1987) acknowledge the central role of usage for representation and processing, this lack becomes even more surprising. Idioms are either treated as a single group, or a distinction is made between (relatively) transparent and (relatively) non-transparent ones. But it is also possible that idioms are treated differently based on their frequency, or more specifically, on their *degree of entrenchment*. This is the possibility that we will explore in this article, but before proceeding, we need to define the relationship between entrenchment and idioms more clearly.

3. Idioms and entrenchment

Langacker's (1987) characterization of linguistic entrenchment given in the opening paragraph makes it clear that the concept is:

- *gradient*, i.e. there are different levels in the entrenchment of linguistic expressions, and
- *usage-based*, i.e. actual use by a specific person in specific circumstances (which could also be private, i.e. "internal speech") is what determines the degree of entrenchment of an expression in the mind of its speaker.

Thus entrenchment it clearly related to usage-related measures in psycholinguistics such as frequency and familiarity. But it is also distinct from these, at least as commonly defined (e.g. Harley 1995). *Frequency*, as mentioned earlier, is an objective measure in the sense that it informs us of the degree to which a given expression is used

---

1. One exception is Cronk & Schweigert (1992) who find that frequency has a significant effect on reading time for sentences containing idioms and argue that this demonstrates that idioms like words are processed more quickly depending upon the degree of experience that one has with a particular phrase.

publicly, and this can be measured objectively, objectively by using a large corpus. *Familiarity*, on the other hand, is a subjective measure, since it is based on introspective judgments of the speakers answering questions such as "How familiar to you is X?", "How often do you use X?" etc.

The psycholinguistic concept that is closest to that of entrenchment (as we understand it) is *personal frequency*: how many times a given speaker has either encountered or used a particular expression.[2] Like entrenchment this is a personal, individual rather than a general measure of public usage. Also like it, it has the advantage of being at least in principle objective – it is not a measure of the speaker introspecting to tell us "how familiar a particular expression is", it is a matter of actual usage, though as mentioned this could also be internal.

How can this understanding of the concept of entrenchment be connected to idioms and thus help fill the gap pointed out at the end of the last section? Our proposed answer is the notion of *idiom--entrenchment*, which we define as follows:

> The entrenchment level of an idiom qua idiom, i.e. its idiom--entrenchment, is determined by (a) its *personal frequency* and (b) its *constituent co-occurrence*.

Personal frequency was already explained, but what do we mean by "constituent co-occurrence"? Our reasoning is as follows: no matter if one departs from a modular or an interactionist model of idiom processing (see 2.2), idiomatic expressions are at least phonologically/graphemically composed of constituents. If these constituents are themselves highly entrenched (i.e. have high personal frequency) in contexts *outside* of the idiom (where they are likely to be used with their literal meanings), that should affect negatively the entrenchment level of the idiom itself, since the high literal entrenchment of the

---

2. Of course, there could be other factors contributing to linguistic entrenchment as a subjective category – the subject's motivation, interest, alertness; the expressions value etc. (David Tuggy, personal communication) – but these would be very hard to establish empirically. On the other hand, it follows from Langacker's (1987) characterization that personal frequency should at least be *proportional* to linguistic entrenchment.

constituents will "pull" the interpretation away from the idiomatic one. On the other hand, if the constituents appear almost exclusively as part of the idiom, i.e. the idiom has a high degree of constituent co-occurrence, then there should be less "competition" from the literal meanings, making the level of idiom-entrenchment higher.

In the next section we present a psycholinguistic experiment in which we test the empirical validity of the concept just defined.

4. Idiom-entrenchment and linguistic processing

4.1. Semantic priming

The basis of our psycholinguistic experiment is the assumption that idiom-entrenchment should have an effect on *semantic priming* (Meyer & Schvaneveldt 1971; Harley 1995). Semantic priming is an empirically well-established phenomenon where a temporally preceding item called the *prime*, influences the processing of a following item called the *target* due to the semantic relation that exists between the two items. If the target is processed faster than is the case in a baseline condition, then there is said to be a *facilitating* effect. But it is also possible that the prime will make the recognition of the target slower and in that case there is said to be an *inhibitory* effect.

It is tempting to think that semantically related terms will always facilitate one another, but that is not the case. For example, Sandra and Rice (1995) established that a spatial use of a preposition as prime (such as *on the chair*) had an inhibitory role on this same preposition as target where it used in a non-spatial sense (e.g. *on time*). The explanation for this provided by Sandra and Rice was that since the two meanings are accessed by the same lexical item, they are likely to compete and thus inhibit one another.

4.2. An operationalization of idiom-entrenchment

The first step in the design of the experiment was to operationalize our concept of idiom-entrenchment to make it *quantifiable*. This process necessarily involves a simplification of the original concept(s) in way that runs the risk of distorting them. But as long as one remembers that the operationalization is at most an approximation, this risk can be minimized. Thus, the two component aspects of idiom-entrenchment, as defined in Section 3, were operationalized as follows:

- *Personal frequency.* Since there was no practical way of establishing the actual personal frequency particular idioms had for our subjects, this measure was simply reduced to *frequency in a large corpus (i.e. at least 10 million word tokens).*
- *Constituent co-occurrence.* For several reasons explained below, we focused on the last word in the idiom. Thus co-occurrence was measured as *the number of times that the last lexical item in the idiom occurs as part of the given idiom, divided by the total number of occurrences of this item, including literal ones.* This gave us an idiomatic/literal ratio which we will refer to as IDLIT.

The two measures are independent of one another. For example, idiom (5) is likely to have much higher frequency than (6), such as 100 vs. 50 tokens in 10 million word corpus. But the last lexical item in (5) *feet* is likely to appear, say, 1000 times in that same corpus, giving (5) an IDLIT value of 10% (100/1000). On the other hand, if *belfry* appears only 100 times in the corpus, 50 of which in the idiom, then its IDLIT will be 5 times higher than that of (6), 50% (50/100).

(5)   *to have cold feet* ('to back out, to become scared')
(6)   *to have bats in the belfry* ('to be crazy, odd')

The reasons why we chose to focus on the frequency rate of the *last* word of the idiom were the following. First, it has been shown that the meaning of the last word in any longer expression plays a crucial role in how this expression will be comprehended (Cacciari & Tabossi 1988). In the case of idioms, this is often the "idiomatic key" (Cacciary & Tabossi 1988) that determines if the string of words will be given an idiomatic or a literal interpretation. Second, the design of our psycholinguistic experiment, described in Section 4.4.2 below, attributes to the last word of the idiom a crucial role for the type and strenght of the priming effect.

318   *Sylvia Tufvesson, Jordan Zlatev and Joost van de Weijer*

4.3. Research questions

Given the concepts defined so far, we formulated the following major research questions that guided our investigation:

- Can the degree of idiom-entrenchment – operationalized through frequency and IDLIT – affect idiom processing in a way that results in different priming effects?
- Which factor – (personal) frequency or IDLIT (constituent co-occurrence) – leads to a stronger priming effect, and thus can be assumed to have a stronger influence on idiom processing?

4.4. Method

The research questions were tested in a psycholinguistic experiment using semantic priming and a *lexical decision task* for the target words.[3] The set-up of the experiment and the measurement of subjects' reaction times were carried out using the computer programme *Psyscope* (Cohen et al. 1994).

4.4.1. Materials

Twelve Swedish idioms shown in Table 1 were used in the study. The idioms where chosen on the basis of their statistics in the corpus *Språkbanken Press 95-97,* consisting of 24,425,387 word tokens of text taken from Swedish newspapers from the years 1995 to 1997.

---

3. In a lexical decision experiment, the subject's task is to decide as rapidly as possible whether an aurally or visually presented item is a real word or a nonsense word by pressing one of two buttons on a response box.

Idiom-entrenchment and semantic priming 319

Table 1: Idioms and targets used in the experiment. H/H: high IDLIT (> 50%) and high frequency (> 25 occurences); L/H: low IDLIT (< 10%) and high frequency; H/L: high IDLIT and a low frequency (< 15) and L/L: low IDLIT and a low frequency. To the right of each idiom are given its three different target words, explained in the text.

		Idioms	Idiomatically related	Literally Related	Unrelated
H/H	1	*komma till kritan* come to the-crayon 'when it comes down to it'	*allvar* 'seriousness'	*tavla* 'painting'	*rulla* 'to roll'
	2	*hack i häl* jag in heel 'follow hard on the heels'	*tätt* 'close'	*fot* 'foot'	*snö* 'snow'
	3	*ge järnet* give the-iron 'give one's best'	*chansa* 'to take a chance'	*silver* 'silver'	*lukta* 'to smell'
H/L	4	*få kalla fötter* get cold feet 'back out/become scared'	*rädd* 'afraid'	*skor* 'shoes'	*hår* 'hair'
	5	*ha is i magen* have ice in the-stomach 'be cool-headed'	*lugn* 'calm'	*rygg* 'back'	*skog* 'forest'
	6	*hålla huvudet kallt* hold the-head cold 'keep cool'	*lugn* 'calm'	*varmt* 'hot'	*bord* 'table'
L/H	7	*leva loppan* live the-louse 'have a blast'	*fest* 'party' (noun)	*djur* 'animal'	*mor* 'mother'
	8	*trampa i klaveret* trample in the-piano 'put one's foot in it'	*pinsam* 'awkward'	*piano* 'piano'	*kläder* 'clothes'
	9	*blåst på konfekten* blown on the-confectionery 'be thwarted'	*lurad* 'cheat' (adj.)	*godis* '*sweets*'	*lampa* 'lamp'
L/L	10	*på rak arm* on straight arm 'without hesitation'	*genast* 'immediately'	*finger* 'finger'	*blomma* 'flower'
	11	*gammal i gården* old in the-yarn 'have long experience'	*van* 'used to'	*stall* 'stable'	*tråd* 'thread'
	12	*lyckans ost* luck-GEN cheese 'be lucky'	*tur* 'luck'	*mjölk* 'milk'	*burk* 'jar'

On the basis of these statistics the idioms where divided into four groups:

- H/H: 3 idioms with a relatively high IDLIT (> 50%) and high frequency (> 25 occurrences)
- L/H, 3 idioms with relatively low IDLIT (< 10%) and high frequency (> 25 occurrences)
- H/L, 3 idioms with high IDLIT (> 50%) and low frequency (< 15)
- L/L, 3 idioms with low IDLIT (< 10%) and a low frequency (< 15)

The first group was regarded as the group with high idiom--entrenchment, and the last group was the "low entrenched" one. The L/H and H/L groups where regarded as intermediary, and it was left open which one should be considered more highly entrenched.

The actual values for each one of the 12 idioms is displayed in Figure 1, showing that that there was some inevitable intra-group variation.

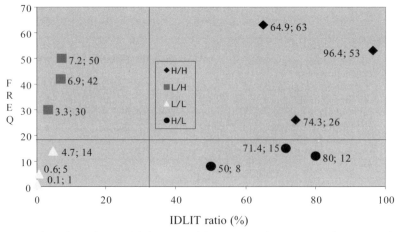

Figure 1. Grouping of the 12 idioms used in the experiment, according to the factors IDLIT and frequency.

4.4.2. Experimental design

Swedish sentences finishing with one of the twelve idioms were used as primes in the experiment. The context of the sentence was such that it strongly favoured an idiomatic interpretation of the expressions. The idioms were presented on a computer screen during 3500 milliseconds. The subject was seated in front of the computer and asked to read the primes out loud. This was a way of both controlling that the subject had indeed read the sentence, and to ensure that the last word of sentence would be strongly active in the working memory of the subject, thus likely to prime the subsequent target.

Three types of one-word targets, all shown in Table 1, were connected to each idiom and appeared on the computer screen directly after the prime:

- *idiomatically related:* words semantically related to the idiom (as close to a one-word paraphrase as possible)
- *literally related*: words semantically related to the literal meaning of the last word in the sentence
- *unrelated:* words unrelated to both the idiomatic meaning of the whole expression and to the literal meaning of the last word. These were meant to function as a "baseline", according to which the reactions of the other two could be measured.

All targets were balanced for frequency and for number of syllables.

Since the task to be performed by the subjects concerning the target was one of lexical decision, as many non-words as real words as targets. And in order to mask our intentions, as many non-idiomatic targets where used as idiomatic ones. Thus all in all, 48 prime-target pairs where used in each session: 12 idiomatic primes with real words, 12 idiomatic primes with non-words, 12 literal primes with real words and 12 literal primes with non-words. Only the reaction times for the first 12 pairs were relevant for the experiment.

The experiment was designed with a between-subject design, using three conditions. In each condition, an idiom appeared only once, followed by one of the three connected targets. In this way we avoided using the same prime or target twice for the same subject, which is known to affect the reaction times.

4.4.3. Subjects

Twenty-four subjects participated in the study, randomly assigned to one of the three conditions. The majority of the subjects were Lund

322   *Sylvia Tufvesson, Jordan Zlatev and Joost van de Weijer*

University students and faculty and they were all native speakers of Swedish.

4.5. Hypotheses

On the basis of our theoretical assumptions and empirically established facts concerning semantic priming, we formulated the following two interconnected hypotheses:

H1.   The highly entrenched idioms (H/H) will give rise to a stronger facilitating priming effect for the idiomatically related targets than for the literally related targets.

H2.   The low-entrenched idioms (L/L) will give rise to a stronger facilitating priming effect for the literally related targets than for the idiomatically related targets.

The basis for these hypotheses was our assumption that the idiomatic meaning of the highly entrenched idioms (H/H) would be activated strongly enough to facilitate the activation of idiomatically related targets more strongly. While with the low-entrenched idioms (L/L), the situation would be the converse: the idiomatic meaning would be less active than the meaning of the individual words – and in particular, the last one – so that there will be more facilitation for the literal targets than for the idiomatic ones.

As for the "intermediary" groups of idioms, H/L and L/H, we had no specific hypothesis which type of target they would facilitate the most, but depending on the outcome of the experiment, we hoped to be able to make an inference as to which factor – high frequency or high IDLIT – would have a greater role on idiom-entrenchment depending on which type gave a result that was most similar to the H/H group.

4.6.   Results

Figure 2 below shows the mean reaction times for the different types of targets for all four groups of idioms. The percentage of correct answers was approximately 97. Since the error rates were so low, they were not analyzed statistically. The reaction times varied between 550 and 1300 ms.

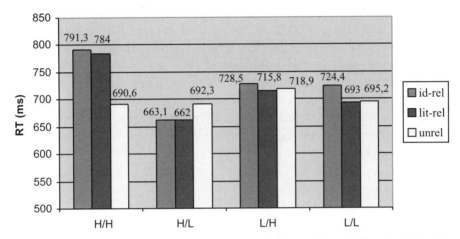

Figure 2. Average reaction time for different types of targets (idiomatically related, literally related, and unrelated) for the different groups of idioms: high IDLIT/high frequency (H/H), high IDLIT/low frequency (H/L), low IDLIT/high frequency (L/H), and low IDLIT and low frequency (L/L).

On the whole, our results did not confirm the two hypotheses stated in the previous section. Concerning the first hypothesis (H1), we can see in the case of the highly entrenched idioms (H/H), the average reaction time of the idiomatically related targets (791 ms) was marginally *higher* than that the literally related targets (784 ms). It seemed at first that our second hypothesis (H2) would fare better since the average reaction time of the literally related targets to the low entrenched idioms (L/L) was lower (693 ms) than for the idiomatically related targets (724 ms.). However, this difference was not statistically significant.[4]

On the other hand, an unexpected result emerged: the results displayed in Figure 2 show that if we consider only the highly en-

---

4. The interaction of target type and frequency of the prime was not significant ($F(2,276) = 0.138$, $p > .05$), and neither was the interaction of target type and IDLIT ratio ($F2,276) = 0.521, p > .05$).

trenched (H/H) and the low entrenched (L/L) idioms, in three out of four cases the related targets were processed *more slowly* than the unrelated targets indicating *inhibition* rather than facilitation of the two types of related targets – a result that clearly contradicted our initial hypotheses. Even though this difference was not significant ($F(2,276) = 0.312$, $p > .05$), we decided to explore it in further detail, and asked ourselves the question which factor – frequency or IDLIT – contributed most to this inhibitory effect.

The effects on the reaction time for recognizing the targets due to variation in the *frequency* in the preceding idiom are shown in Figure 3. The differences are small and insignificant – apparently frequency alone does not affect the reaction times for the different types of targets.

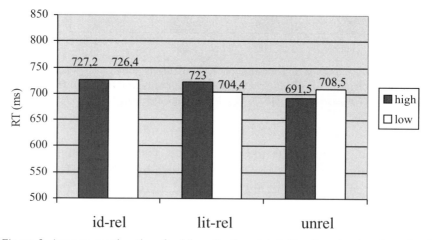

Figure 3. Average reaction time for idiomatically related, literally related and unrelated targets, when preceded by idioms of high and low frequency.

If we instead turn to the effect of the IDLIT measure on the reactions times, we found a different situation. As Figure 4 below illustrates, both idiomatically related targets and literally related targets preceded by primes with high IDLIT to longer to process than those that were preceded by primes with low IDLIT. Importantly, there was no such difference for *unrelated* targets.

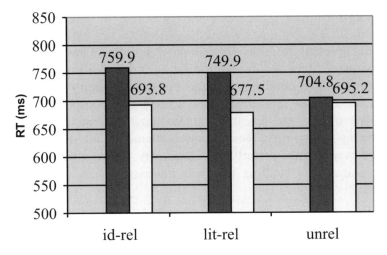

Figure 4: Effects on reaction time for idiomatically related, literally related and unrelated targets due to variation in the IDLIT factor in the preceding idiom.

Furthermore, unlike in all the previous cases, we found that the main effect of the IDLIT factor was (marginally) significant ($F(1,276) = 3.17$, $p = .076$). Thus, we could conclude that high IDLIT (i.e. constituent co-occurrence) of the idioms seemed to contribute to an inhibitory effect on the recognition of the targets.

Finally, looking at the interaction of frequency and IDLIT we found that the main effect of IDLIT for the idiomatically related targets was primarily due to the high frequency idioms. This can be seen in Figure 4, showing the interaction between frequency and IDLIT.

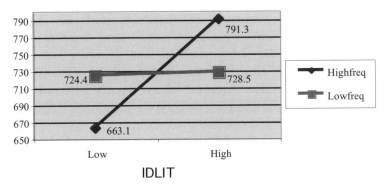

Figure 5. Interaction between IDLIT and frequency on the reaction times for related (idiomatically and literally) targets.

4.7. Discussion

Though unexpected, we consider our most significant result to be the inhibitory effect that we found for both idiomatically and literally related targets, but not for unrelated ones. The natural question is: how can we explain this effect in a way that is consistent with our results? We offer three possible explanations, presented in an order of increasing plausibility. The common theme to all three explanations, however, is the underlying *complexity* of the phenomenon of semantic priming, something that was underestimated in our experimental design.

4.7.1. Synonym inhibition

In our use of idiomatically related and literally related targets we made sure that they were matched for length and frequency. But we did not explicitly consider the *way* in which they were semantically related to the primes, implicitly considering all "semantic relatedness" to have a similar effect on processing. However, this is questionable. It is for example well-known that there are asymmetries in the semantic connection between a hyponym (e.g. *cat*) and a hyperonym (e.g. *animal*): in general, hyponyms have a stronger priming effect on hypernyms than vice versa. It has also been suggested that synonyms (e.g. *begin-start*) may *inhibit* each other – possibly because they can be seen as competing for the lexicalization of the same concept (Arie Verhagen, personal communication). Since our "one-word paraphrase" of the idiomatic meaning can be regarded as a kind of near-synonym, if the inhibitory effect had involved only the idiomatically-related targets, this explanation would have been plausible.

But as Figure 2 showed, inhibition was about as strong for the literally related targets (for the H/H group), and the relation to the last word of the primes was not one of synonymy but rather spatio-temporal association of the *foot-shoe* type.

4.7.2. Associative vs. non-associative priming

Similar to the way we disregarded different types of semantic relatedness, we did not take into consideration the fact that there seem to be two kinds of semantic priming effects: *associative priming*, involving words that often appear together (e.g. *man-woman, mind-brain, kick-ball*), and *non-associative priming,* where the words are semantically related but are not often mentioned in the same context (e.g. *moose-mammal*). Interestingly, it has been shown that while associative priming is a fast automatic process, relatively insensitive to context, non-associative priming is a slower, controlled process that is influenced by contextually induced expectations (Meyer & Schvaneveldt 1971; Harley 1995). Furthermore, the kind of task we used in the priming experiment, a lexical decision task, is mostly suited for automatic priming, while a more semantically demanding task such as *naming* ("What is this?") or *categorization* ("What kind of thing is this?") are required in order to allow non-associative priming to have any facilitating effect on the subject's performance.

Considering our idiomatically related targets, it is clear that they can not be a case of associative priming. On the other hand, this is arguably the case for at least 5 of out 12 literally related pairs (see Table 1, idioms 1, 4, 5, 6, 11). So if inhibition was due to pairing non-associative priming with a lexical decision task, then the inhibitory effect should have been due only or at least mainly to the idiomatically-related targets. But as pointed out before, the inhibitory effect for the literally related ones was just as great.

Therefore, even if the differences between types of priming and the appropriateness of corresponding tasks is something to be taken into account in further experimentation with idioms, this factor does not seem to explain our current data.

4.7.3. Literal-idiomatic competition

The most likely explanation of the observed inhibitory effect is, we believe, to be found in the *mutual inhibition* which the parallel activation of several competing meanings can have. In this case the competing meanings are the idiomatic (for the whole phrase) and the literal (for the constituents). If both are active at the same time when the target word is processed, if the target is idiomatically-related, the literal meaning of the last word will be suppressed. If it is literally-related, the idiomatic meaning will be suppressed. Our hypothesis is

328 *Sylvia Tufvesson, Jordan Zlatev and Joost van de Weijer*

that this kind of "reverse inhibition" is what causes the slower response to the target itself. This is in line with the suggestion by Glucksberg (1993) that individual word components of idiomatic expressions becomes "polysemous" because of their frequent use in idiomatic expressions, and as mentioned in Section 4.1 it has been shown (Sandra & Rice 1995) that polysemes inhibit each other.

What evidence can our study offer in support of this interpretation? There are several pieces of *conditional* evidence, i.e. evidence of the type "If X holds, then we should expect Y, and we do indeed observe Y". But the truth of X remains to be determined.

First, if the processing of the target in a lexical decision task is indeed inhibited by the parallel activation of two meanings, only one of which is related to the target, that would explain why we have inhibition in both related conditions, but not with unrelated targets (see Figure 4). In the latter case neither interpretation will be relevant for the recognition of the target, and hence neither needs to be suppressed.

Another, also conditional, evidence is that if we assume that the processing of the literal meanings has at least some temporal priority due to the fact that this processing is more automated, then it is only the *most entrenched* idioms (whose processing should be most automated among the idioms) that can compete with this. And indeed, we find most inhibition with the most entrenched idioms, i.e. in the H/H condition (see Figure 2).

Finally, why does high IDLIT lead to more inhibition than only high frequency? To remind, IDLIT was an operationalization of one of the two factors determining idiom-entrenchment, namely *constituent co-occurrence*. If our original hypothesis can be seen as confirmed in a reverse kind of way: the more entrenched an idiom, the more it will inhibit (rather than facilitate) its target, than the importance of IDLIT for inhibition can be seen as evidence for the importance of co-occurrence for entrenchment. But it should also be remembered that we observed a clear (if not statistically significant) interaction between frequency and IDLIT (see Figure 5) so that high frequency and high IDLIT contributed to more inhibition than each on their own. This can be seen as providing support for our original definition of idiom-entrenchment, presented in Section 3.

5. Summary and conclusions

Borrowing concepts and methods from both cognitive linguistics and empirical psycholinguists we have proposed that the degree of entrenchment of idiomatic expressions, i.e. *idiom-entrenchment*, can be defined in terms of personal frequency and constituent co-occurrence.

In order to test this empirically, we operationalized the concepts in terms of corpus frequency and IDLIT, the latter measured as the ratio between the number of uses of the last word in the idiom as part of that idiom, divided by its total corpus frequency. As expected, it was shown that idioms can vary considerably in terms of frequency and IDLIT, and thus in their supposed degree of entrenchment.

Through our (pilot) semantic priming experiment we could offer preliminary answers to our two research questions (Section 4.3):

- The degree of idiom-entrenchment (as operationalized) seems to affect idiom processing in a way that results in different priming effects.
- IDLIT seems to have a stronger role than frequency on idiom-entrenchment.

Surprisingly, however, the "direction" of the priming effect was opposite to expected – there was inhibition rather than facilitation. The inhibitory effect could be explained most plausibly in terms of competition between the literal meaning and the idiomatic meaning. But this explanation itself implies that:

- the literal meanings of the idiom's constituents and the meaning of the whole idiom are active in parallel;
- the literal meanings have a certain priority, since it is only the most entrenched idioms that can "compete" enough to produce a (near) significant inhibitory effect.

The sum of all this is that the concept proposed by this article, idiom-entrenchment, appears to be psychologically real in the sense that it has an explainable effect on the processing of idioms.

Of course, prior to making any stronger statement the experiment should be replicated, as well as improved in the following respects:

330   *Sylvia Tufvesson, Jordan Zlatev and Joost van de Weijer*

- more materials (idioms, targets);
- more subjects;
- larger differences between the IDLIT and frequency values for the idioms used.
- IDLIT should be measured not only on the basis of the last word of the idiom, but on the combined statistics of all lexical items in the idiom;
- Since a lexical decision task is mostly suited for associative (automatic) priming, but the relationship between an idiom and its semantically related target is not of this kind, another task such as *semantic categorization* should be tested.

Finally, we hope to have given an illustration of how cognitive linguistics and psycholinguistics can interact fruitfully in semantic investigations, with the first providing new perspectives and (partially) new concepts, and the second sharing its long experience with empirical methods.

Empirical accountability is a "hot topic" in cognitive linguistics today, as witnessed at many presentations at the cognitive linguistics conferences in Braga and Logroño in July 2003. We have sympathy with this partial re-orientation, but we would wish to end on a cautionary note since behind the calls for "empiricalness", there sometimes lurks the spectre of empiri*cism* and reductionism. That is why we emphasized that there is a crucial distinction between a concept and its operationalization. Furthermore we must not forget that all empirical studies presuppose non-empirical linguistic and semantic analysis such as the considerations of "semantic relatedness" in our experiment. To paraphrase Dirk Geeraerts: "Not all that is untestable is detestable".

References

Bobrow, Samuel & Susan Bell
    1973   On catching on to idiomatic expressions. *Memory & Cognition:* 343-346.
Cacciari, Cristina & Patrizia Tabossi
    1988   The comprehension of idioms. *Journal of Memory and Language* 27: 668-683.
Cohen, Jonathan, Brian MacWhinney, Matthew Flatt & Jefferson Provost
    1993   PsyScope: A new graphic interactive environment for designing psy-

chology experiments. *Behavioral Research Methods, Instruments, and Computers* 25(2): 257-271.

Cronk, Brian & Wendy Schweigert
  1992   The comprehension of idioms: The effects of familiarity, literalness and usage. *Applied Psycholinguistics* 13: 131-146.

Cruse, D. Alan
  1986   *Lexical Semantics*. Cambridge: Cambridge University Press.

Estill, Robert & Susan Kemper
  1982   Interpreting idioms. *Journal of Psycholinguistic Research* 11: 559-568.

Fraser, Bruce
  1970   Idioms within a transformational grammar. *Foundations of Language* 6: 22-42.

Gibbs, Raymond W.
  1980   Spilling the beans on understanding and memory for idioms in conversation. *Memory and Cognition* : 149-156.

Gibbs, Raymond W. & Nandini Nayak
  1989   Psycholinguistics studies on the syntactic behavior of idioms. *Cognitive Psychology* 21: 100-138.

Gibbs, Raymond W.
  1992   What do idioms really mean? *Journal of Memory and language* 31: 485-506.

  1994   *The Poetics of Mind. Figurative Thought, Language, and Understanding*. Cambridge: Cambridge University Press.

Glucksberg, Sam
  1993   Idiom meanings and allusional context. In: Cristina Cacciari and Patrizia Tabossi (eds.), *Idiom: Processing, structure and interpretation*, 3-27. Hillsdale, NJ: Erlbaum.

Gärdenfors, Peter & David Makinson
  1988   Revisions of knowledge systems using epistemic entrenchment. In: M. Vardi (ed.), *Proceedings of the Second Conference on Theoretical Aspects of Reasoning about Knowledge*, 83-95. Palo Alto, CA: Morgan Kaufmann.

Harley, Trevor A.
  1995   *The Psychology of Language: From Data to Theory*. Hillsdale NJ: Erlbaum.

Lakoff, George
  1987   *Women, Fire, and Dangerous Things: What Categories Reveal about the Mind*. Chicago, IL: The University of Chicago Press.

Langacker, Ronald
  1987   *Foundations of Cognitive Grammar: Theoretical Prerequisites*. Stanford, CA: Stanford University Press.

McClelland, Jay & Jeffery Elman
  1986   Interactive processes in speech perception: The TRACE model. In: J. McClelland, D. Rumelhart and the PDP Research Group (eds.), *Parallel Distributed Processing: Vol. 3. Psychological and Biological Models* 58-121. Cambridge MA: the MIT Press.

Meyer, David & Roger Schvaneveldt
  1971   Facilitation in recognizing pairs of words: Evidence of a dependence

332 *Sylvia Tufvesson, Jordan Zlatev and Joost van de Weijer*

between retrieval operations. *Journal of Experimental Psychology* 90: 227-234.

Nunberg, Geoffrey

1978   *The Pragmatics of Reference*. Bloomington: Indiana University Linguistics Club.

Sandra, Dominiek & Sally Rice

1995   Network analyses of prepositional meaning: Mirroring whose mind – The linguist's or the language user's? *Cognitive Linguistics* 6(1): 89-130.

Titone, Debra & Cynthia Connine

1999   On the compositional and noncompositional nature of idiomatic expressions. *Journal of Pragmatics* 31: 165-1674.

Wood, Frederick, T.

1985   *English Verbal Idioms*. Pocket Books.

PARTE III

Construções e Gramática

Spanish constructions using approximatives [1]

José Luis Cifuentes Honrubia

Abstract

This paper focuses on the study of some elements that, generically, can be understood as having a approximative semantic value, on grounds of their indicating a quantification or approximative qualification of the element referred to. The elements that I will try to analyse are those which habe been included as virtual prepositional locutions in some repertoires. My study will define the prepostitional character of these elements and the reasons for their exclusion from or incorporation into the grammatical category mentioned above.

Keywords: prepositional locution, approximative, syntax.

1. Approximatives

The present paper arises from my interest to determine and to analyze the subset of prepositional locutions in Spanish (Cifuentes 2001, 2003). Thus, I toke into consideration a series of elements coming from many existing classifications, which were likely to be adequate for further study. Therefore, this would be the context in which the current interest for what we have called "approximatives" can be located.

García Medall (1993) distinguishes a set of "approximative" elements, semantically characterized –since they share the meaning of *approximation* –, and which is presumably formed by elements belonging to different lexical categories. The generic set of these approximative elements, which convey a quantification or approximative qualification, might be divided into three types: a) *negative* approximatives, which imply uncompletedness in their modified elements extension (*llegó casi a Bar-*

---

1. I am very grateful to Catalina Iliescu and Susana Rodríguez for their support in translating this paper into English.

celona), that is to say, they entail a polarity contrary to the sentence or phrase that they modify or define: *no acabó de llegar a Barcelona*. B) *Positive* approximatives, which preserve the positive modality of the utterance: *es apenas un niño (pero lo es)*. C) *Neutral* approximatives: both previously mentioned groups are characterized by their proximity to certain states, events or qualities, that are either not entirely reached, or on the contrary, they are slightly over-reached; in the case of neutral approximatives, we find also a numeric, qualitative or classifying approximation, but it does not imply proximity in terms of a reached or over-reached state: *vinieron cerca de tres mil*.

García Medall also points out that Bosque (1989) regarded these elements as *hedges*, because the entities on which they focalize usually lose their capacity of denotation to acquire instead the capacity given by the place they occupy on certain rankings, be it semantic or pragmatic.We are dealing therefore with a series of *hedges* bearing an approximative meaning. Out of this general set of approximative hedges, I will tackle only a few ones, more exactly those which have been classified as virtual prepositions.

2. Casi

One of the elements of the repertoire that attracted my attention is *casi a*. If I had come across the word *casi* solely, it would not have surprised me so much, since, as we remember due to a long tradition, Bello pointed out that *casi* can work as prepositional particle, thus modifying not only those words that can be modified by an adverb, but even the noun itself.

Nevertheless, including *casi a* in the set of possible prepositional locutions may seem a foolish thing to do. As García Medall (1993) explains, *casi* entails three degrees in its syntactic scope:

a) A sentential *casi*, which implies indecisiveness on behalf of the speaker: *casi sí*.

b) A *casi* combined with verbal prhases or sentences: *casi no me gustó*.

c) A *casi* which modifies nouns, adjectives, adverbs, circumstantial... : *se lo dio casi a todo el mundo*. As a matter of fact, in the latter, since the modifying prepositional phrase was introduced by *a* we got *casi a*, but if it were introduced by any other preposition, the result would be a different combination:

Spanish constructions using approximatives   337

(1)   a. *Discutía casi de todo.*
      b. *Discutía casi por cualquier cosa.*
      c. *Discutía casi en todos los sitios.*

It is therefore a mistake to consider that there is a *casi a* different from *casi*; there is just one form, *casi*, which, if modifies a prepositional phrase, will appear next to the preposition that introduces the phrase, whichever this preposition might be. On the other hand, the application of the prepositional function tests clearly confirm what has been explained above. In relation to this, I must point out that different prepositional locution recognition tests have been proposed so far (Quirk, Greenbaum & Leech, 1972; Ueda, 1990; Santos Ríos, 1993; Koike, 1997; Pavón, 1999; Cifuentes, 2003, etc.), among which I would like to highlight the following ones since they confirm the prepositional character of *casi a* :

a) Paradigmatic relationships through simple prepositions. Equivalence (at least the approximative one) with a simple preposition is normally used as a defining semantic characteristic on a semantic level. In other words, one entire unit is replaceable by a single preposition (Gaatone, 1976: 19; Ueda, 1990: 14; Koike, 1997: 153; Pavón, 1999: 579-587; Cifuentes, 2003: 116). In this case, it is clear that *casi a* cannot be substituted by a single preposition. Nevertheless, it is possible for the construction to appear with the preposition and without *casi*:

(2)   a. *Se lo dio casi a todo el mundo.*
      b. *Se lo dio a todo el mundo*
      c. **Se lo dio por todo el mundo*[2].

b) Fixation of the construction. This fact can be shown in the lack of choice for variation of the second preposition, as well as in the impossibility to modify the first preposition or, as in this case, the imposibility to accept more prepositions (Gaatone, 1976: 19; Quirk – Greembaum & Leech, 1972: 302-303; Ueda, 1990: 14; Koike, 1997: 153; Pavón, 1999: 579-587; Cifuentes, 2003:116-117). None of these rules can be applied in this case:

---

2. It is clear that this sentence, as many others in the same context, introduced by different prepositions, are not ungrammatical, but I have marked it because it is not in paradigmatic relationship with the phrase introduced by *casi a.*

338   *José Luis Cifuentes Honrubia*

(3)   a. *Casi de, casi en, casi por, casi con.*
       b. *Tras casi, en casi, por casi.*

   c) Partial questions test: If the construction is a prepositional locution, the question will affect the locution as a whole. However, if the construction is not a prepositional locution, it will be freer when using it to ask the question. Even more, we must see the fact that the noun nucleus of the virtual locution might carry an interrogative "specifier" like a proof of its noun character as well as of the determinant function of the prepositional phrase joining it (Ueda, 1990: 16-17; Cifuentes, 2003: 118). This was a very useful test for noun prepositional locutions, but in this case, which lacks the noun ground, it is absolutely irrelevant.

(4)   a. *¿Casi a quién se lo dio?*
       b. *¿Qué casi se lo dio?*

   d) Possibility of acceptance of contexts like *uno/otro* and restrictive relative clauses. The phrase *el uno X el otro* shows the peculiarity of accepting the insertion of a preposition. If it is a prepositional locution, it will have to be inserted in the mentioned scheme, as well as, very often but not always, it should be included in the scheme *X el uno del otro*. If the construction is not a prepositional locution it is difficult for it to accept the first schema (Gunnarson, 1986: 10; Bosque, 1989: 135; Cifuentes, 2003: 120--121). On the other hand, in restricted relative clauses, prepositions are the only elements to be accepted, so the constructions that appear in these contexts can be considered to be prepositional locutions. That is to say, the units governed by prepositional locutions can be antecedents of relatives pronoums (Bosque, 1989: 135; Ueda, 1990: 18; Gunnarson, 1986: 11, Pavón, 1999: 579-587; Cifuentes, 2003: 121). Although this rule might seem to apply in this case, this is not due to the rule motivation itself, since the context does allow the preposition *a* on grounds of being *casi* an element which appears in any phrase introduced by *a*:

(5)   a. *Uno casi a otro.*
       b. *Casi uno a otro .*
       c. *Casi a uno a otro.*
       d. *Las personas casi a las cuales se lo explicó.*

Spanish constructions using approximatives 339

e) The demonstrative-determinant rule does not apply: if the given construction does not work as a prepositional locution, the second prepositional phrase could be replaced by a demonstrative able to modify the nucleus of the first prepositional phrase (Quirk – Greenbaum & Leech, 1972: 303-303; Ueda, 1990: 14-15; Koike, 1997: 154, Pavón, 1999: 579-587; Cifuentes, 2003: 121). Once again in our case, the test does not need to prove prepositionally functional, but should prove the prepositional character of noun-based locutions and this is not among the possibilities that were chosen for this example:

(6) a. *Se lo dieron casi a todo el mundo.*
     b. **Se lo dieron a ese casi.*

As we have shown, *casi a* is not a prepositional locution. Quite a different matter would be to wonder about the prepositional status of *casi* even if it is not a prepositional locution, but a simple element. Traditionally, it has been said that *casi* is an adverb, but, as Moreno Cabrera (1984: 239) has pointed out, quite often, an element might be regarded as an adverb when it does not work inside any functional paradigm. Moreno Cabrera classifies it in a new category, and he says that *casi* is a *predicative adfunction*, that is to say, it modifies other categories depending on the function these categories hold, and not within the formal type to which they belong (1984: 245). García Medall (1993) carried out a more detailed analysis of *casi*, but he did not classify it in any grammatical category. He just points out that Bosque, in a very similar way to the one chose by Moreno Cabrera, admits the adverbial character of *casi*, although he finds relations with the adjective category. What is most interesting in the Gacía Medall´s proposal is that he establishes an *approximative* semantic group integrated by elements from different categories of words. It is in this group that García Medall locates *casi*, although he is not concerned with its adverbial nature.

Whatever the answer may be, one thing is clear: *casi* does not work like any other preposition and it is not a preposition. In Bosque and Demonte´s Grammar (1999) *casi* is unanimously dealt with as an adverb.

340   *José Luis Cifuentes Honrubia*

3. Cerca de, sobre, eso de

The idea of an heterogenous set of approximatives pointed out by Garcia Medall seems quite interesting, among other reasons, because it includes traditional prepositions like *cerca de, sobre* (1993: 164). From this perspective, these traditional prepositions could be considered *neutral approximatives*, that is, they do not activate inferences, as positive or negative approximatives do, but they keep the same approximative value:

(7)   a. *Había cerca de veinte.*
      b. *Marqué sobre mil reses.*

However, these cases are not prepositions, but cases of reanalysis. This leads us to regard the mentioned particles as adverbs, adverbs which do not modify nouns but the numeral which they are combined with. This fact would explain the possibility to find these particles within elements with a subject function (Cano Aguilar, 1982: 228; Gutiérrez Ordóñez et to., 1997: 99):

(8)   a. *Llegaron sobre quinientas personas.*
      b. *Han venido cerca de doscientos congresistas.*
      c. *Salieron alrededor de cien carrozas.*
      d. *Vinieron hasta doscientos invitados.*

To this end, we can follow the procedure of Gutiérrez Ordóñez et al., who distinguishes three kinds of *hasta* (in a wonderful example of reanalysis)[3]: *hasta-1*, preposition (*fueron hasta su casa*); *hasta-2*, adverb (*vinieron hasta doscientos invitados*) and *hasta-3*, "special adverb" (*hasta los más bobos lo comprenden*). Turning to *sobre* and *cerca de*, we could also reanalyze them, and distinguish *sobre-1*, preposition, and *sobre-2*, approximative adverb. The same can be said for *cerca*: there will be a *cerca de-1*, preposition and a *cerca de-2*, approximative adverb. These cases should not be considered cases of

---

3. Morera (1998: 79-93 Y 105-114) does not accept the triple reanalysis, but this is because of its theoretical position, which always tries to look for an internal meaning of the construction, different from its distributions in the text. That is to say, Morera establishes an invariant for all the uses of *hasta*, even if it is such an abstract invariant that cannot be recognized in the uses and that, somehow, it is nothing else but the intersection of the meaning in its evolution.

Spanish constructions using approximatives   341

degrammaticalization, in which *sobre*, having been grammaticalized as a prefix and once the process of grammaticalization is completed, it runs the way back to become an approximative adverb. Cano Aguilar (1982: 228) points out that in these cases, Spanish prepositions develop a function similar to their latin antecessors *ad* and *supra* which can be followed by nominatives, marking quantitative limits [4].

This adverbial behavior could seem similar to the way in which *a eso de* behaves, since it is not a prepositional phrase. *A eso de* could be an adverbial locution which expresses an estimated approximative quantification, as *sobre 2* and *cerca de 2* do. However, this estimated approximative quantification, in the case of *a eso de*, would be applied just when referring to time notions: *vino a eso de las ocho*.

It is true that the locution *a eso de* in the contexts mentioned above can be replaced by *sobre* and *cerca de*, but this would happen in the case of prepositional uses, not adverbial ones and in this prepositional uses both *sobre* and *cerca de* are signals of the function they introduce:

(9)   a. *Vino a eso de las ocho* / *??¿a eso de qué hora vino?*
       b. *Vino sobre las ocho* / *¿sobre qué hora vino?*
       c. *Vino cerca de las ocho* / *¿cerca de qué hora vino?*
       d. *Vino a las ocho* / *¿a qué hora vino?*

---

4. In the *Oxford Latin Dictionary* there are such examples as the ones mentioned below, which refer to an estimative quantifier *super*:

    Senioribus super sexaginta annos in propinquam Epirum missis.
    Super sexaginta milia… ceciderunt.
    Miletus… super LXXXX urbium… genetrix.
    Super triginta ducibus iustos triumphos… (decernendos) curauit.
    Ut… super uiginti celebres scholae fuisse in urbe tradantur.

    From the examples found, both in nominative and in accusative, the most ancient testimony refers to Livio, and the translation obviously is, as in all the others, an estimative quantifier. The other examples are from post-classic authors, so we can consider that the construction with *super* could exist in late Latin and medieval language. Niermeyer (1984) says that in Ac. o Ab. indistinctly, its first meaning was "cerca de", but he does not offer examples, because he says that this meaning is known in late Latin (around 200 and 550 d.c). However, Souter (1949) does not recognize this meaning, but the one of *super = de*; besides, he outlines its wide use as a prefix for creating new words.
    The case of *hasta-2* is similar, since these estimative quantifiers uses there already existed in the Arabic particle from which it arises (Morera, 1998: 83).

342 *José Luis Cifuentes Honrubia*

In the contexts I mentioned above *sobre* and *cerca de* are in paradigmatic relation, as elements introducing the temporal prepositional phrase. The fact that *a eso de* can be exchanged with them does not mean that it is a prepositional phrase, since adverbs might as well appear in the same contexts:

(10)   a. *Vino aproximadamente a las ocho.*
       b. *Vino casi a las ocho.*

A eso de has more features in common with prepositions than with adverbs, since it links verb and noun phrases, while adverbs are placed between the verb and the prepositional phrase. However *a eso de* is not a prepositional phrase, but if works as the adverbs mentioned above, for two reasons:
    a) The rules of prepositional functioning do not apply adequately:
        i) Partial question:
(11)   *??¿A eso de qué hora vino?*
        ii) Context *uno/otro*:
(12)   **El uno a eso del otro.*
        iii) Prepositional context with restricted relative clauses:
(13) **La hora a eso de la cual vino.*
    b) Secondly, *a eso de* is not the only undetermined expression, there are also other examples like *con eso de*, which shows that the fixation is broken:

(14)   *Con eso de cantar poco negocio vamos a hacer.*

The undetermined character that *a eso de* transfers to *cantar* adds certain pejorative tone to the sentence. The case would be the same for examples with other prepositions:

(15)   *En eso de las nuevas tecnologías hay un buen negocio.*

As a conclusion, it can be said that, in fact, the locution is not *a eso de*, but *eso de*, which transmits some kind of undetermined character to the phrase with which it combines, be it nominal or prepositional (*eso de las nuevas teconologías es un buen negocio*). This fact shows a peculiarity: when *eso de* is combined with prepositional phrases, it seems to be inserted within the prepositional phrase itself, as if it were a modifier of the nuclear noun.

Spanish constructions using approximatives 343

4. Más de, menos de

There is another case that has been virtually considered a prepositional locution: *a más de (llegó a más de siete minutos)*. If it is possible to consider it a prepositional locution, it is also necessary to consider other examples like *a menos de, a(l) poco de, a bastante de*, etc.

The first striking aspect is whether structures with *a más de (o a menos de)* make up independent phrases or they are possible combinations within other structures, like *más de* in this case. *A más de* always follows the same scheme, that is in combination with a numeral and a noun which denotes time or space, according to the examples I took into account for the tests applied. But also schemes are also possible:

(16) a. *Arrestaron a más de cien personas.*
      b. *Mataron a más de cien personas.*

These examples entail one question: might the particle *a* that heads this phrase be a mark for a direct object in the latter examples shown and a functional mark of a time complement in the previous example? There are two factors which confirm this idea:

a) It is possible to find examples in which instead of *a* there is another preposition imposed by the syntactic and semantic scheme selected by the verb:

(17) a. *Llegó con más de siete invitados.*
      b. *Lo recorrió en más de una hora.*

b) In all the examples presented, it is possible to omit the expression *más de*, and thus to discard its functional value, so its adverbial value seems to be primary:

(18) a. *Llegó a una hora.*
      b. *Arrestaron a cien personas.*
      c. *Mataron a cien personas.*
      d. *Llegó con siete invitados.*
      e. *Lo recorrió en una hora.*

The conclusion that can be obtained is clear: *a más de (o a menos de)* does not form any locution, but the construction is *más de*, which depend-

344   *José Luis Cifuentes Honrubia*

ing on the phrase in which is inserted, might by headed by a preposition (contextually required) or by nothing:

(19)   a. *Vinieron más de mil soldados.*
       b. *Destrozaron más de diez coches.*

The structure to be considered is *más de (o menos de)*, which can affect the subject, the direct object, the prepositional direct object or any other syntactic function. The fact that it may be introduced by a preposition will depend on its insertion or not in a prepositional phrase.

On the other hand, if we apply the prepositional functioning test to *a más de*, we realize that its behavior is different from the one shown by the set of prepositional locutions:

a) It may form a prepositional paradigm, but we should not forget that it is inserted inside a prepositional phrase:

(20)   a. *Llegó a más de siete minutos.*
       b. *Llegó en siete minutos.*
       c. *Llegó tras siete minutos.*

b) It expresses an abnormal way of functioning in the cases of:
    i) Partial question:
(21)   *??¿A más de cuántos kilómetros vive?*
    ii) Context *uno/otro*:
(22)   **El uno a más del otro.*
    iii) Prepositional context in restricted relative clauses:
(23)   **El tiempo a más del cual llegó.*

In relation to the categorial status of *más de* and *menos de*, Gutiérrez Ordoñez (et al. 1997: 116-120, 1997: 520-548), following Cano Aguilar´s opinion (1982), has, in my view, clearly settled the issue when he suggested considering these elements adverbs of constituents, which means they always appear in secondary or tertiary functions but they can never carry a sentence function and their value is intensive.

It has been also suggested considering *además (de)* to be a preposition. However, there seems to be an agreement among the linguists to accept it as an adverb and to consider its function as discourse marker (Cuartero, 2002: 220-281): *además* shows some of the properties of the so called conjunctive adverbs, such as suprasegmental autonomy and the

Spanish constructions using approximatives   345

lack of integration in the structure of the sentence. It has also the capacity of relation typical for the conjunctive adverbs, which makes it work as a discourse marker in Spanish both when referring to explicit sentences mentioned before or implicit ones. It can also work as focalizing adjunct and when it is explicitly combined with a complement headed by the preposition *de*, it forms an expression that depends on a sentence aditively modified from the semantic point of view.

On the other hand, if we apply the prepositional function rules to *además (de)* we observe that they do not work properly. The prepositional paradigm test shows several results which are, at least, odd; the partial interrogation does not work adequately; the contexts of restricted relative clauses do not occur and the demonstrative-determinant test cannot be applied:

(24) a. *Es caro además de malo / ??es caro por malo / *es caro de malo.*
 b. *??¿Además de qué es caro?* [5]
 c. **El aspecto además de lo que te dije.*

Finally, I would like to say that *además (de)* links two elements but not in the same way a preposition does, since a preposition establishes a syntactic or semantic relation between a figure and a ground, while *además (de)* points out an addition, and there is not a dependence relation between the two elements. Even more, there is not a syntactic relation of figure-ground, since its relational meaning is basically pragmatic, more specifically, thematic-rhematic.

5. A(l) poco de

The case of *a(l) poco de* is different from the previous ones. It must be understood that in this expression the nuclear noun *tiempo* is omitted. The omission might be due to a process of grammaticalization, because of the conventionalization of the construction, which might have also implied the optional character of the article:

---

5. It is interesting to see how the interrogation is pragmatically infelicitous, since the element which joins *además* is always an already known one, so it is nonsense to ask for information about it, starting from new data which are being provided.

346 *José Luis Cifuentes Honrubia*

(25) a. *Se compró la casa al poco tiempo de llegar a Alicante.*
    b. *Se compró la casa al poco de llegar a Alicante.*
    c. *Se compró la casa a poco de llegar a Alicante.*

Obviously, the phrase *al poco tiempo de* has a temporal circumstantial function, and and a proof of it is its productivity in other schemes:

(26) a. *Vive a pocos kilómetros de aquí.*
    b. *Se marchó a los pocos minutos de llegar Paco.*

I have explained examples with prepositional phrases headed by *a*, but we could also consider other examples with other prepositions:

(27) a. *En el poco tiempo que estuvo aquí, se peleó con todos los que había.*
    b. *Por el poco tiempo que empleó en hacerlo, no pudo salirle bien.*

In any case, the structure *a(l) poco de* is grammaticalized, although its origin is transparent enough to survive among the speakers. For this reason, the application of the prepositional function test to this construction has been an important step. In spite of the fact that it shows some degree of similarity with the prepositional locutions, the partial interrogation test, the context *uno/otro* test and the restricted relative clauses test seem to exclude the possibility to register it within the prepositional set, at least, for the time being:

(28) a. *??¿A poco de qué le tocó la lotería? / ¿Cuándo le tocó la lotería?*
    b. **El uno a poco del otro*[6].
    c. **El momento a poco del cual se produjo el desastre.*

Other possible constructions, like *a bastante de*, follow the same scheme as *a(l) poco de*, but in this case the omitted nominal nuclear noun (either time or space denoting) is even more transparent.

---

6. This structure could be accepted if we include the omitted noun.

Spanish constructions using approximatives 347

6. En número de

Another element that has also been analyzed as a prepositional locution is *en número de*. However, it is in fact an adverbial phrase:

(29) a. *Venían indios en número de 1000.*
      b. *Enviaba paquetes en número de 4.*

The most important argument that can be brought here is that this construction does not work as a linking element. Even if we suppose that the numeral (*1000*) can work as a ground, it would be necessary to determine where the figure is and what kind of a relationship exists between them. I think that this construction is quite similar to other ones clearly analyzed as adverbial constructions, like *venían niños en grupos de 4*.

On the other hand, if we apply the prepositional function test, we observe that they do not work at all in the case of *en número de*, despite a certain structural fixation they might possess:

(30) a. **¿En número de qué venían indios? / *¿En qué número venían indios?*
      b. **Uno en numero del otro.*
      c. **La cantidad en número de la cual venían indios.*
         d. *Venían indios en número de 1000 / *en ese número / *en tal número.*

7. A punto de

The last case to consider is *a punto de/a*. This structure, although initially made up of its own scheme of prepositional locutions, seems to have been grammaticalized in such degree that it might have lost its relational character, being reduced to rule over just one single element.

As Corominas & Pascual (1985) say, there are examples of the structure *estar* o *tener a punto* with the meaning of "pronto, dispuesto" from 1570. It is a locution existing in the three hispanic romance languages, coming from the locution *poner a punto* o *en punto de hacer algo*, with equivalent expressiones in ancient catalan and in ancient romance languages of France. More concretely, the examples in catalan can be found

348   *José Luis Cifuentes Honrubia*

in 15th century, in the work *Tirant lo Blanc*, and in the same century we can also find medieval gascon documents, some of them dating from the 13th century (Corominas & Pascual). As a matter of fact, it can be said that *a punt* with the meaning of "pronto" is a locution of general use in modern catalan, both in French Catalan and Spanish Catalan. This explains the fact that we can find some examples (quite rare) of *punt* meaning "nada" in the 14th century Spanish, but rather frequent in all epochs French or in ancient Catalan. This also explains the fact that Covarrubias, includes in the Diccionario de Autoridades, the meaning of "inmediatamente" for the construction *por puntos*.

Therefore, if we start from a structure of nominal ground with *punto* as nucleus and the meaning of "señal minúscula", from the latin *punctum*, we can obtain the present meaning via metaforic process, from the application of an object domain to a temporal domain, obeying the features of "brief" and "small". In the same way we can understand how the relation between figure and ground is specified: in the example *Juan estuvo a punto de morir ahogado*, the temporal relationship is established between the subject, Juan, and the state of dying drowned.

A punto de is the result of a process of grammaticalization of the previous structure. In this sense we must point out not only the structural fixation, but also the fact that the structure *a punto de* seems to be developing adverbial values, typical of the quantifiers that join the infinitive[7]. This fact can be a possible explanation for the different prepositional behaviours of *a punto de/a*:

a) The prepositional paradigm-building process seems to be rather awkward:

(31)   a. *La obra estaba a punto de empezar / ??sin empezar / ??para empezar.*

b) Most of the main tests produce odd results (partial interrogation, prepositional context) or incorrections (contexts uno/otro, demonstrative- determinants):

(32)   a. *¿?¿A punto de qué has dicho que estaba la obra? / *¿A qué punto has dicho que estaba la obra?*

---

7.   The adverbial values were common in French and Catalan.

Spanish constructions using approximatives 349

b. *??La escena a punto de la cual llegó Juan.*
c. **Uno a punto del otro.*
d. *La película está a punto de empezar. / *La película estaba a ese punto. / *La película estaba a tal punto.*

Another explanation for its different behaviours might be its combination with (exclusively) infinitives (or noun sentences), since its appearence with nouns is quite rare:

(33) a. *A punto del inicio de la obra.*
      b. *A punto del salto definitivo, se estropeó la televisión.*

Anyway, all these suggestions which are obviously not accompanied by considerations upon what might happen in the future, are just attempts to justify the peculiar behavior of *a punto de* as a prepositional locution.

References

Bello, Andrés
    1988   *Gramática de la lengua castellana destinada al uso de los americanos.* Ed. crítica de R. Trujillo con las notas de R. J. Cuervo. Madrid: Arco/ Libros.
Bosque, Ignacio
    1989   *Las categorías gramaticales.* Madrid: Síntesis.
Bosque, Ignacio & Violeta Demonte (dirs.)
    1999   *Gramática descriptiva de la Lengua Española.* Madrid: Espasa-Calpe.
Cano Aguilar, Rafael
    1982   Sujeto con preposición en español y cuestiones conexas. *Revista de Filología Española* 62: 211-258.
Cifuentes Honrubia, José Luis
    2001   Los inventarios preposicionales. In: Augusto Soares da Silva (org.), *Linguagem e Cognição. A perspectiva da Lingüística Cognitiva*, 99-117. Braga: Associação Portuguesa de Linguística – Universidade Católica Portuguesa.
    2003   *Locuciones prepositives. Sobre la gramaticalización preposicional en español.* Alicante: Universidad de Alicante.
Corominas, Joan & José Antonio Pascual
    1985   *Diccionario crítico etimológico castellano e hispánico.* Madrid: Gredos.
Cuartero Sánchez, Juan Manuel
    2002   *Conectores y conexión aditiva.* Madrid: Gredos.

350 *José Luis Cifuentes Honrubia*

Gaatone, David
1976   Locutions prépositives et groupes prépositionnels. *Linguistics* 107: 15-33.
García Medall, Joaquín
1993   Sobre *casi* y otros aproximativos. *Dicenda* 11: 153-170.
Gunnarson, K. A.
1986   *Loin de X, près de X* et *parallèlement à X*: syntagmes prépositionnels, adjectivaux ou adverbiaux?. *Le Français Moderne* 54: 1-23.
Gutiérrez Ordóñez, S., M. Iglesias Bango & B. Rodríguez Díez
1997   Más sobre el sujeto ¿con? Preposición. In: S. Gutiérrez Ordóñez , *La oración y sus funciones*, 95-140. Madrid: Arco-Libros.
Koike, Kazumi
1997   Valores funcionales de las locuciones prepositives en español. *Onomazein* 2: 151-179.
Moreno Cabrera, Juan Carlos
1984   Observaciones sobre la sintaxis de 'casi'. *Dicenda* 3: 239-245.
Morera Pérez, Marcial
1998   *Teoría preposicional y origen y evolución del sistema preposicional español*, I. Puerto del Rosario: Excmo. Cabildo Insular de Fuerteventura.
Niermeyer, J. F.
1984   *Mediae Latinitatis Lexicon Minus*. Leiden.
Pavón Lucero, María Victoria
1999   Clases de partículas: preposición, conjunción y adverbio. In: Ignacio Bosque & Violeta Demonte (dirs.), *Gramática descriptiva de la Lengua Española*, 565-655. Madrid: Espasa Calpe.
Quirk, R. S. Greenbaum & G. Leech
1972   *A Grammar of Contemporary English*. London: Longman.
Santos Río, Luis
1993   *Indagaciones semánticas, sintácticas y lexicográficas*. Salamanca: Varona.
Souter, A.
1949   *A Glossary of Later Latin*. Oxford.
Ueda, Hiroto
1990   Frases prepositives del español. *Revista de la Facultad de Ciencias Humanísticas de la Univ. de Tokio* 22: 9-33.

Totalização e unicidade: divergências e convergências na análise da definitude

Clara Nunes Correia

Resumo

Neste artigo discute-se os diferentes valores dos artigos definidos e indefinidos enquanto marcadores de operações abstractas. Ao recorrer-se a diferentes modelos teóricos centrados na definição de diferentes valores atribuídos aos determinantes artigos definidos e indefinidos, visa-se marcar a interdependência entre definitude e indefinitude, bem como mostrar que os conceitos de totalização e unicidade atribuídos ao artigo definido são conceitos não divergentes, resultantes antes de processos enunciativos.

Palavras-chave: definitude, indefinitude, operações de determinação, identificação-qualitativa, percurso, extracção.

1. Introdução

Nos estudos recorrentes sobre a semântica dos Sintagmas Nominais (SNs) é frequente encontrar-se, para diferentes línguas, dois valores aparentemente contraditórios associados ao Determinante artigo definido: o valor de totalização e o valor de unicidade. Exemplos como:

(1) Please go to the kitchen and wash the dishes (Grannis 1962)
(2) Viste o gato?
(3) O Sol nasce sempre a oriente
(4) O vinho contém álcool (Lopes 1980)
(5) Bebi o vinho que me ofereceste
(6) Os cães ladram e a caravana passa

são alguns dos exemplos que, em quadros teóricos diferenciados, são profundamente discutidos como SNs portadores de valores diferentes, valores estes decorrentes da pluralidade de interpretações que os falantes atribuem a cada uma das sequências determinadas pelo artigo definido. Para além destes valores, ao artigo definido poderão ser atribuídos os valores de identificação, anafórico, descritivo e valor genérico (que se subdivide em valor universal e valor genérico *stricto sensu*). (Karolak (1986)).

Os diferentes paradigmas teóricos que suportam esta pluralidade de valores atravessam as diferentes áreas da análise linguística: ou se centram no estudo do contexto, ou na distribuição frásica dos determinantes, ou, ainda, em pressupostos lógico-cognitivos.

Uma outra constante na análise dos artigos definidos centra-se na necessidade de estabelecer um contraste permanente entre a determinação definida e determinação indefinida. Disso são exemplos produtivos os trabalhos de, entre outros, Van de Velde (1994), Heim (1988), Karolak (1986), Galmiche (1989), Corblin (1987), Lopes (1971), Grannis (1962).

Neste artigo pretendo discutir algumas destas propostas, tentando mostrar que a unificação dos diferentes valores do determinante artigo definido pode ser feita se se aceitar que, subjacente a todas as formas, é possível definir operações abstractas que suportem esta proposta de unificação, propondo-se, igualmente, um alargamento do conceito de 'determinação' que incida não só sobre o Sintagma Nominal como sobre toda a predicação.

Assim, defende-se que o artigo definido é marca de uma operação de *identificação-qualitativa*, podendo incidir ou sobre uma ocorrência nocional, ou sobre a própria noção.

A especificação de um pré-construído – realizado linguisticamente ou não – permite igualmente entender a razão pela qual o determinante artigo definido não tem capacidade de construir ocorrências novas, necessitando, por isso de estabelecer, com as formas de indefinitude uma estreita relação. Essa relação é aqui entendida não como uma oposição, mas como uma interdependência decorrente de um esquema abstracto que permite sistematizar os valores subjacentes aos determinantes. Deste modo é possível verificar que mesmo as línguas que não são marcadas linguisticamente por estas formas manifestam os valores de definitude ou de indefinitude na construção/especificação das diferentes ocorrências.

2. Não há definitude sem indefinitude

A análise da definitude é feita, habitualmente, tendo como padrão a análise da indefinitude: de um lado falamos do que já conhecemos, do outro do que podemos construir como novo. Verificamos, assim, que um dado novo é sempre mais determinado porque resulta de uma escolha da responsabilidade de um enunciador, a partir da qual é possível reconstruir um número teoricamente infinito de sequências. Estas análises têm sido, ao longo da história da semântica, analisadas, sobretudo, no campo da construção da referência anafórica, recorrendo-se à oposição que se estabelece entre os termos B (antecedente) e o termo A (anafórico).

Mesmo quando se estabelecem critérios teóricos para uma caraterização do que é a definitude nas diferentes línguas, encontramos, a par e passo, uma análise da indefinitude que valida as propostas feitas (ver, entre outros, C. Lyons 1999). Note-se de passagem que, mesmo diacronicamente, quando se estuda aquilo a que se pode chamar o 'paradoxo' das línguas românicas como línguas resultantes do latim – caracterizada como sendo uma língua sem determinantes que evolui para um conjunto de línguas todas com marcação de determinação – verifica-se que quando se fala de determinantes, ou da sua não existência – fala-se, apenas, de artigos definidos, já que, como se sabe, o latim tinha marcadores demonstrativos e marcadores quantificação. Esta constatação permite, em línguas românicas como o português, por exemplo, que exista coexistência desses marcadores em certas fases históricas dessa língua (veja, entre outros, Brocardo & Correia (2003)), ou que, em francês, essa coexistência ainda hoje seja possível, nomeadamente em sequências como 'les uns et les autres' (sobre a análise desta coexistência veja-se, por exemplo, Milner (1984) e Correia (2002), entre outros).

Seguindo a mesma argumentação, pode constatar-se que mesmo em línguas como o mandarim ou o coreano – definidas como línguas de classificadores – sendo etiquetadas como línguas sem determinantes – recorrem a estratégias – ordem de palavras, classificadores, alterações lexicais – que garantem a construção de valores definitude feitas a partir da construção de existência das diferentes unidades linguísticas (sobre os valores de determinação destas línguas veja-se, por exemplo, M.-C. Paris (1989), Kang (1994)).

354   *Clara Nunes Correia*

Este percurso de análise levará, certamente a corroborar o ponto donde se partiu: os valores dos marcadores de definitude nas línguas naturais resultam de operações em que – explícita ou implicitamente – existe uma construção de indefinitude – entendendo-se aqui a indefinitude como o processo de marcação de uma operação construtora de ocorrências.

3. A definitude e a indefinitude resultam de operações cognitivas diferentes

Pode-se dizer que o estudo dos valores dos artigos definidos e indefinidos se baseia em dois princípios: um que se liga ao lugar que ocupam na língua como pertencendo ao SN (valor de incidência); o segundo, o valor de quantificação. No caso do artigo definido, a quantificação pode ter valor de classificação (quando usado de forma genérica) ou de especificação (se usado de forma específica). Estes valores, apontados por Culioli (1975: 1) podem se corroborados na generalidade dos trabalhos realizados sobre a definitude.

Recordemos, como ponto de contraste, as análises feitas para o inglês sobre os valores do definido 'the' (Grannis 1962) e para 'one' (Erikson 1984). À preocupação de análise de Grannis, centrada no contexto, onde 'the' pode ocorrer como marca de unicidade, tal como se ilustrou no exemplo (1), ou de pré-conhecimento de uma entidade por parte do interlocutor como em (2), opõe-se uma análise das formas no trabalho de Erikson sobre os diferentes valores de 'one' (que pode ter, entre outros valores, o de determinante ou de marca anafórica). Neste trabalho o autor defende um tratamento unificado dos valores de 'one' a partir de uma operação de base subjacente a todas as possibilidades de ocorrência da noção que lhe é subjacente. O contraste metodológico verificado nas propostas destes autores sublinha a distância que existe entre um tratamento baseado no contexto – a proposta de Grannis – em oposição com uma análise centrada nas operações subjacentes às diferentes ocorrências.

Se nos centrarmos apenas naquilo a que se chamou 'a teoria do artigo' (Guillaume (1919[1975])) encontramos em Karolak (1989) uma alternativa aos valores de extensão e de extensividade defendidos por Wilmet (1983), ao assumir o artigo como marcador de valores de intensão. Esta proposta apresenta, de acordo com o autor, uma maior adequação em relação aos dados e dá conta, de uma forma mais eficaz, dos mecanismos subjacentes da selecção do artigo pelos diferentes SNs. A concepção intensional dos artigos vai, assim, estabelecer uma relação indissociável com a estrutura proposicional do SN. Deste modo, o artigo, terá a função de reflectir os valores de determinação (ou completude) ou de indeterminação (ou incompletude) da proposição representada, em superfície pelo SN. (Karolak (1989: 35)

Ao fazer o levantamento dos diferentes valores dos artigos definidos e indefinidos para o francês e para o italiano, o autor traça os paradigmas de uma análise feita tradicionalmente na literatura e que parece ser igualmente válida para o português.

Assim, o artigo definido pode ter, entre outros, cinco grandes valores 1 – valor de unicidade; 2 – valor de notoriedade (ou de IDENTIFICAÇÃO); 3 - valor anafórico; 4 – valor descritivo (variante, segundo o autor, do valor anafórico); 5 – valor genérico (que se subdivide em valor universal e valor genérico *stricto sensu* podendo ser acrescentada a esta lista os valores enfático, possessivo, demonstrativo etc..

O artigo indefinido, por sua vez, pode assumir os valores de: 1 – especificidade (ou de não-notoriedade); 2 – não-especificidade; 3 – genericidade '*stricto sensu*'; 4 – numeral; 5 – individualizante (valor de 'mise en relief')" (Karolak: 1986:135).

É ainda com base nos valores de extensionalidade/intensionalidade, que os artigos podem definir, que Lopes 1980 defende, para o português que o artigo definido é semanticamente diferente, quando usado em enunciados diferentes como

(7a) O vinho contém álcool
(7b) Ele bebeu o vinho que eu lhe dei
(7c) O vinho encareceu

A justificação que o autor apresenta para as diferentes interpretações atribuídas aos exemplos de (7) resulta do valor extensional *vs* valor intensional do artigo definido, podendo este determinar nomes entendidos, dependendo do contexto, como massivos ou não massivos. Por outro lado esta multi-interpretação do determinante artigo definido permite diferenciar enunciados genéricos, em que o artigo

356   *Clara Nunes Correia*

marca a totalidade, podendo ser parafraseado como 'todo o vinho tem álcool', de enunciados não-genéricos em que o artigo marca a retoma de um pré-construído, exemplificado em 'ele bebeu o vinho que eu lhe dei', ou determinar um acontecimento episódico em que se predica uma propriedade comum a toda a classe mas que não constitui uma propriedade intrínseca dessa classe.

Os trabalhos de Karolak, referidos acima, e a análise de O. Lopes dos exemplos de (7) levantam um dos problemas mais discutidos na literatura sobre os diferentes determinantes como marcadores (ou não) da oposição dos enunciados genéricos/específicos.

Uma das teses defende que os determinantes nominais assumem valores diferentes consoante são marcadores de valores genéricos ou específicos dos enunciados.

Se nos centrarmos nas propostas feitas por Carlson, (nomeadamente Carlson 1977, 1979, 1981 e 1982) por parecerem constituir uma sistematização e uma referência, para a semântica em geral, na definição do que se entende por genericidade, encontramos, de um modo geral, o suporte teórico que permite entender a genericidade *versus* especificidade como um processo complexo que associa, por um lado, e diferencia, por outro, os diferentes valores das formas de determinação de diferentes enunciados.

4. Unicidade e totalização

Um dos problemas decorrentes da oposição entre valores e marcadores de genericidade e de especificidade ao nível do SN é o de se aceitar que o artigo definido singular possa ser marcador de enunciados genéricos, contrariando o princípio estabelecido na literatura de que esse determinante tem um valor intrínseco de unicidade que contraria a "ideia de genericidade" que os locutores partilham entre si. O genérico, enquanto conceito, diz respeito à totalidade da classe e não ao indivíduo, havendo implicitamente uma interpretação de pluralidade mesmo quando há, formalmente, singularidade.

O princípio da unicidade do definido singular não contraria, no entanto, a possibilidade de o artigo definido singular poder ocorrer em enunciados genéricos. Parece ser possível, e corroborando as propostas de Kleiber (1989) e de Galmiche (1989), aceitar como enunciados genéricos exemplos como

Totalização e unicidade 357

(9a) O castor constrói barragens
(9b) Os castores constroem barragens

em que, de acordo com Kleiber (*op.cit.*), em (9a)

(i) o artigo definido [-plural] pressupõe a existência de um e um só indivíduo que seja N, (ou N+modificador, quando existe um modificador);

e em (9b)

(ii) o artigo definido [+plural] pressupõe a existência de um e um só conjunto (ou classe) de indivíduos que são N, (ou N+modificador, quando existe um modificador);".

Para poder dar conta dos enunciados genéricos, em francês, em que *le* ocorre, Kleiber defende, neste trabalho, uma hipótese teórica que vem, de algum modo, resolver aquilo a que chama o paradoxo da genericidade (Kleiber & Lazzaro 1987).

Os princípios discutidos pelos trabalhos acima referidos, poderão ser retomados se se aceitar, por exemplo, que os determinantes nominais, quando determinam os diferentes SNs, são marcadores de operações, assumindo formas superficiais nas diferentes línguas, funcionando como representantes linguísticos dessas operações.

É dentro desta perspectiva que se pode entender a proposta de Danon-Boileau (1987) que defende que o artigo tem a função de permitir "(...) definir qual o conjunto de relações (...) de que depende a validação do termo a que está associado (podendo tratar-se de relações que se estabelecem no enunciado em curso ou num enunciado anterior) e determinar – parcial ou totalmente – entre os três elementos da *lexis* – aquele que é tematizado na relação predicativa (...)" (*op.cit.*: 35), estabelecendo-se um paradigma de análise a partir da característica dos determinantes. Seguindo a proposta deste autor, os artigos *o, um* (e ϕ), em português, vão relacionar-se com o domínio nocional a que N está associado. Assim, enquanto que *o+N* indica que a validação da noção correspondente a N não está dependente das relações definidas para o enunciado onde ocorre, *um+N* e $\phi+N$ indicam que a validação da noção correspondente a N depende das relações definidas para o enunciado em curso. Só que, enquanto

358   *Clara Nunes Correia*

o e *um* deixam identificar o termo de partida do enunciado – para *o*, um argumento nominal e para *um* o predicado desse enunciado – o artigo ø não permite essa identificação. É, aliás, esta uma das razões por que todas as sequências com valor específico em que ø ocorre numa posição pré-verbal são agramaticais, tal como se verifica em

(10a)   *homem está no jardim
(10b)   *água está na mesa
(10c)   *alegria via-se na cara

5. Existe oposição entre definidos e indefinidos?

Garrido Medina (1986) ao definir 'artigo' defende que este constitui a ligação entre a descrição nominal e o objecto, ou grupo de objectos, cognitivo construído pelos interlocutores no contexto da enunciação. A ligação entre estes dois elementos é considerada como uma quantificação sobre o contexto. O artigo definido indica, assim, a total coincidência entre o grupo de um ou mais elementos descritos pelo SN e o conjunto de objectos dessa classe construídos pelo contexto, como se verifica em

(11a)   Juan quiere leer la novela

Com o indefinido essa coincidência é parcial, como se verifica em

(11 b)   Juan quiere leer una novela
(11 c)   Juan quiere leer unas novelas

Por outro lado, pode encontrar-se em Van de Velde (1994) um trabalho de síntese sobre a oposição entre definido e indefinido. Afastando-se da tradição lógica – que assumia que o definido singular seria o quantificador do sujeito das proposições singulares presente em exemplos como '*O actual rei de França é Luís XIV*', o definido plural o quantificador dos sujeitos das proposições universais ('*Os reis são mortais*') e o indefinido o determinante do sujeito das proposições particulares, não havendo lugar para a oposição entre o singular e o plural, – Van de Velde mostra como a oposição entre definidos e indefinidos se baseia na noção de pressuposição. Assim, e sobretudo no seguimento de propostas da filosofia da linguagem, nomeadamente nos trabalhos de Russell, para a autora, dado um determinado universo de discurso, o artigo definido está ligado à pressuposição de existência, com valor de unicidade se se trata do definido singular.

O trabalho de Van de Velde, ao estruturar a oposição definido/indefinido a partir do conceito de pressuposição, defende, como tese, que o artigo definido é marcador de pré-construção, e do indefinido construtor informação nova.

Esta diferença permite considerar duas formas diferentes de encarar as expressões definidas como semanticamente abertas, isto é, não só não são marcadoras de existência, como só podem ser sujeito de proposições particulares, enquanto que as expressões indefinidas ao serem semanticamente fechadas, podem marcar, implicitamente, a existência e serem sujeito de proposições universais. Estas diferenças são evidentes quando se constata que só as expressões indefinidas possuem formas intrínsecas de negação

(12)   [Nesta história] nenhum rei era casado

O comportamento dos definidos *vs* indefinidos manifesta-se, igualmente, nas respostas possíveis a questões do tipo 'o que é que aconteceu?', em que a resposta, é na maior parte dos casos, iniciada por uma expressão indefinida ('um gato caiu do telhado'), enquanto que com uma interrogação parcial ('o que é que o gato fez?'), a resposta é, obrigatoriamente, dada com o definido ('o gato caiu do telhado'). Note-se, no entanto, que com o primeiro exemplo de interrogação, é possível haver uma resposta iniciada por uma expressão definida ('o gato caiu do telhado'), obrigando no entanto à pré-construção de uma predicação anterior, implícita na primeira: (*existe um gato X que eu conheço. Esse gato caiu do telhado*).

6. Convergência de valores na análise da determinação

Para a Teoria Formal Enunciativa (TFE) todas as formas gramaticalmente categorizadas em 'determinantes' são marcadores linguísticos

360   *Clara Nunes Correia*

de operações abstractas. A partir do esquema metalinguístico de individuação de ocorrências nocionais (Culioli 1975)

$$Qt_2 \in Qt_1 \in (\ ) \in A/A' \in Sit$$

verifica-se que Qt_2 é o termo menos localizado numa sequência de termos, que têm como localizador último o sistema referencial (Sit). Nas línguas em que há marcação de determinação, os valores de definitude são marcados em Qt_2, interpretando-se empiricamente este esquema com sequências linguísticas como as exemplificadas de 1 a 5.

No entanto, quais os mecanismos teórico-descritivos que poderão ser usados para analisar exemplos tão diferentes como

(13a)   Fui a Paris. O passeio foi fabuloso
(13b)   Isto não é um livro, é o livro!
(13c)   O livro que eu li era bom
(13d)   O cão é o melhor amigo do homem

Para poder responder a esta questão recorrerei a algumas das propostas desenvolvidas no quadro da TFE, propondo uma estruturação teórica que possa unificar esta diversidade de valores.

Se, para Culioli, uma noção é definida como um conjunto complexo de propriedades físico-culturais, tendo como característica ser pré-lexical e indiscernível, tendo um estatuto de entidade predicável, são as ocorrências que ganham diferentes propriedades ao serem localizadas em relação a um tempo e um espaço.

Quando se fala de ocorrência deve ter-se em conta a inter-relação entre dois tipos de ocorrências: por um lado existem as ocorrências linguísticas (e as ocorrências metalinguísticas), por outro as ocorrências fenomenais.

As ocorrências linguísticas incidem sobre os termos de um enunciado. Produz-se uma relação entre o posicionamento dos termos e as relações de localização abstracta, criando-se uma imbricação de ocorrências e resultando dessa relação um conjunto de valores diferentes de uma mesma ocorrência. O exemplo de Culioli ([1981] 1990: 56) torna claro este conceito:

(14a)   Pour être bruyant, il est bruyant
(14b)   Il est bruyant pour être bruyant

em que, no primeiro caso, há uma leitura de grau (X é muito barulhento), no segundo caso há uma leitura de finalidade (X é barulhento (só) para ser barulhento).

A análise metalinguística destas ocorrências deverá ser feita tendo em conta os valores que estão presentes em cada um dos enunciados e que os diferencia. No primeiro caso *'pour être bruyant, il est bruyant'* há uma operação que relaciona as duas ocorrências da noção (operação de identificação-qualitativa). O mesmo se verifica em

(15a)   O bolo que comi era delicioso

em que, subjacente à ocorrência da noção /bolo/, determinada pelo definido, existe uma outra ocorrência de 'bolo', identificada à primeira, e determinada pelo indefinido *um* podendo ser construída uma paráfrase como

(15b)   Comi um bolo

Esta ocorrência resulta de uma extracção feita dentro da classe de ocorrências possíveis dessa noção. É sobre estas diferentes operações que o linguista se poderá debruçar.

Nas ocorrências fenomenais, pelo contrário, o linguista nada terá a dizer, enquanto linguista. Estas ocorrências referem um universo de objectos, ou de inter-relações entre objectos, mais ou menos rígidos, que se adquirem culturalmente. Assim, a /bolo/ estão associadas determinadas propriedades diferentes das de /água/, /mesa/, etc., variando estas noções com as diferentes culturas. Recorde-se, por exemplo, que para certas culturas africanas uma criança só é considerada como ser humano a partir do momento em que fala, estando disponíveis, nessas línguas, vocábulos diferentes para referir cada uma das situações. No entanto, as análises feitas pelos linguistas terão de ter em conta todas as ocorrências fenomenais se não quiserem analisar um conjunto de entidades estranhas aos enunciadores e co-enunciadores de uma determinada língua. As relações entre ocorrências fenomenais e ocorrências linguísticas (e metalinguísticas) são interdependentes: as ocorrências linguísticas não pré-existem às ocorrências fenomenais só que, ao manifestarem-se nos textos, estas poderão ser analisadas sistematicamente.

362　*Clara Nunes Correia*

A passagem que é feita das ocorrências fenomenais às ocorrências linguísticas assenta num processo de abstracção (cf. Culioli [1976] 1990: 70), sendo analisadas a partir das relações que estabelecem entre si, no enunciado. É a partir da construção de uma classe de ocorrências dessa noção que é possível designá-la.

As operações de determinação nocional incidem sobre a classe de ocorrências de uma noção, diferenciando as diferentes noções lexicalmente.

Na construção dos valores da determinação nominal, o encadeamento das diferentes operações de localização definem, no enunciado, as operações de 'fragmentação' (Qt), 'extracção', 'identificação-qualitativa' (flèchage') ou de 'percurso' (liso, rugoso, *moiré*). Cada uma destas operações actua sobre a noção, definida como um conjunto de propriedades físico-culturais caracterizando-se por ser não-fragmentada e intrinsecamente qualitativa.

Quando uma noção é lexicalizada em N, este é "(...) o produto de um encadeamento de operações que actuam sobre os diferentes estados de uma representação semântica (...)." (Culioli-Atwood 1992: 12)

A operação de fragmentação permite a construção do domínio nocional das ocorrências da noção. A possibilidade de se construírem ocorrências diferenciadas de uma mesma noção faz com que essa ocorrência possa ser ou predominantemente Qnt, ou predominantemente Qlt, ou indiferentemente Qnt e Qlt.

Assim, Qnt será preponderante quando, ao atribuir-se valores referenciais a uma qualquer ocorrência, se vai extrair essa ocorrência do domínio nocional situando-a em relação ao sistema referencial (Sit). É através da operação de extracção que "(...) a ocorrência passa do estatuto de representação imaginária a uma representação validada através de um valor referencial". (Culioli-Atwood 1992: 13). As ocorrências, neste caso, são, regra geral, determinadas pelo determinante indefinido.

Se Qlt é preponderante é porque incidiu sobre a extracção da ocorrência uma identificação qualitativa definida 'de ocorrência a ocorrência', i.e., activou-se a operação de identificação-qualitativa. O marcador desta operação é o artigo definido. O artigo definido estará presente sempre que existe uma substituição lexical (Fui a Paris. O passeio foi fabuloso), um contraste entre noções, [com a construção de alto-grau dessa noção] (Isto não é um livro, é o livro), uma identificação de ocorrência a ocorrência (O livro que eu li...) (Culioli-Atwood 1992: 13)

Se se percorrer o conjunto de ocorrências dentro de um determinado domínio sem que seja possível fixar uma delas, estamos face à operação de percurso: "(...) en tant qu'opération de détermination, le parcours fait intervenir le qualitatif et le quantitatif, dans la mesure où il envisage les occurrences une à une (quantification) et ne s'arrête à aucune parce que tous se valent. (...)" (Bouscaren & Chuquet 1987: 160) As diferentes possibilidades da existência da operação de percurso podem ser encontradas em enunciados com valor genérico como:

(16a)   O homem é mortal
(16b)   Gatos são gatos
(16c)   Um tigre é um mamífero

No primeiro caso trata-se de um percurso liso, isto é, a validação e estabilização das ocorrências é-nos dada pela totalidade do domínio em que o que lhe é exterior é a sua negação, não havendo qualquer propriedade distintiva entre os elementos da classe.

No segundo exemplo existe um reenvio da ocorrência à noção /gato/. Neste caso o N tem como marcador o determinante ϕ.

No terceiro exemplo existe uma falsa extracção ou 'extracção simbólica', (de acordo com Bouscaren & Chuquet 1987), de um elemento representante da totalidade da classe. Quando existe esta falsa extracção a operação de percurso tem características diferentes da anterior. Estamos face àquilo que Culioli define como 'percurso rugoso', tendo como marcador o determinante *um*.

Assim, reafirmando-se o princípio teórico de que não há unidades isoladas, poderemos, a partir de uma qualquer noção /P/, poder-se-á verificar como serão localizadas as ocorrências dessa noção num espaço enunciativo. Aceitando-se que o sistema referencial é o localizador último de todas as ocorrências nocionais, os diferentes marcadores de determinação nominal como o artigo indefinido, ou o artigo definido, serão os marcadores linguísticos de um encadeamento de operações, tal como se representou no esquema acima.

364   *Clara Nunes Correia*

Referências

Bouscaren, J. & J. Chuquet
   1987   *Grammaire et textes anglais. Guide pour l'analyse linguistique*: Paris. Ophrys.
Brocardo, M. T, & C. N. Correia
   2003   Determinantes definidos e indefinidos: análise de alguns contrastes sincrónicos e diacrónicos. In *Actas del XXIII Congreso Internacional de Lingüística y Filología Románica* (Vol. II/1), 157-167. Tübingen: Max Niemeyer Verlag.
Carlson, G.
   1977   A unified analysis of the English bare plural, *Linguistics and Philosophy* 1 (3): 413-457.
   1979   Generics and atemporal *when. Linguistics and Philosophy* 3 (1): 49-98.
   1981   Distribution of free-choice any. In: *Papers from the 17th Regional Meeting*, 8-23. Chicago, Chicago Linguistic Society.
   1982   Generic terms and generic sentences, *Journal of Philosophical Logic* 11: 145-181.
Corblin, F.
   1987   *Indéfini, défini et démonstratif.* Genève / Paris: Droz.
Correia, C. N.
   2002   *Estudos de determinação: a operação quantificação/qualificação em Sintagmas Nominais.* Lisboa: FCG/FCT.
Culioli. A.
   1975   Notes sur "détermination" et "quantification": définition des opérations d'*extraction* et de *fléchage. Documents de l'Université de Paris 7*, 1-14 CNRS, Paris.
   1976   Comment tenter de construire un modèle logique adéquat à la déscription des langues naturelles. In: J. David & R. Martin (eds.), *Modèles linguistiques et niveaux d'analyse*, 35-44. Paris: Klincksieck.
   1981   Sur le concept de notion. *Bulag* 8: 62-79. (Também em Culioli, A. 1990)
   1990   *Pour une linguistique de l'énonciation. Opérations et représentations* 1. Paris: Ophrys.
Culioli-Atwood, M.-H.
   1992   *Opérations référentielles. Analyse de la détermination en français en vue d'un traitement automatisé.* Paris: UFRL.
Danon-Boileau, L.
   1987   *Énonciation et référence.* Paris: Ophrys.
Galmiche, M.
   1979   Quelques remarques sur l'exploitation linguistique de la notion de déscription définie. *Linx* 1: 1-78.
   1989   A propos de la définitude. *Langages* 94: 7-38.
Garrido Medina, J.
   1991   Sobre el número nominal y el artículo en español. In: *Actes du XVIIIe Congrès International de Linguistique et Philologie Romanes (Trier, 1986)*, 346-359. Tübingen: Max Niemeyer Verlag.

Grannis, O.
1962   The definite article conspiracy in English. *Language and Learning* 22
           (2): 275-289.
Guillaume, G.
[1919] 1975 *Le problème de l'article et sa solution dans la langue française.* Paris:
           Librairie A.-G. Nizet.
Heim, I.
1988   *The semantics of definite and indefinite Noun Phrases.* New York:
           Garland
Kang, B.-M.
1994   Plurality and other semantic aspects of common nouns in Korean.
           Journal of East Asian Lnguistics 3 (1): 1-24.
Karolak, S.
1986   Le statut de l'article dans une grammaire à base sémantique. In:
           J. David & G. Kleiber (eds.), *Déterminants: syntaxe et sémantique,*
           135-155. Paris: Klincksieck.
1989   *L'article et la valeur du syntagme nominal.* Paris: PUF.
Kleiber, G.
1989   *Le* générique: un massif?. *Langages* 94: 73-113.
Kleiber, G. & H. Lazzaro
1987   Qu'est-ce qu'un SN générique? Ou *les carottes qui poussent ici sont
           plus grosses que les autres.* In: G. Kleiber (ed.), *Rencontres avec la
           généracité,* 73-111. Paris: Klincksieck.
Lopes, O.
1972   *Gramática simbólica do português.* Lisboa: Fundação Calouste Gul-
           benkian.
no prelo   Relações semânticas entre massivos, partitivos, colectivos e abstractos,
           em português. In: *Actes du XVIe Congrès International de Linguistique
           et Philologie Romanes,* Palma de Maiorca, 1980.
Lyons, C.
1999   *Defineteness.* Cambridge: Cambridge University Press.
Paris, M.-C.
1989   *Linguistique générale et linguistique chinoise.* Paris: Université de Pa-
           ris 7, Coll. Era 642.
Van de Velde, D.
1994   Le défini et l'indéfini. *Le Français Moderne* XII (1): 11-35.
Wilmet, M.
1983   Les déterminants du nom en français. Essai de synthèse. *Langue Fran-
           çaise* 57: 15-33.

Psych verbs with quasi-objects

Patrick Farrell

Abstract

Certain verbs of emotion and cognition in Brazilian Portuguese and Indonesian have a stimulus complement that behaves in some ways like a direct object and in some ways like an oblique. Under the proposed analysis, which builds on the cognitive grammar action-chain approach to grammatical functions, the stimulus argument is characterized as both a (mentally) acted upon participant (yielding the similarity with typical direct objects) and the source or cause of the psychological event (yielding the similarity with oblique stimulus complements). The conceptual schema of psych verbs with quasi-objects in these languages is shown to be a natural variant of the kind of conceptual schema that also yields dative experiencer constructions with psych verbs in languages such as Spanish and Old English.

Keywords: psych verb, cognitive grammar, action chain, grammatical function, Portuguese, Indonesian, Spanish, dative subject

1. Grammatical function variation with psych verbs

Verbs of emotional, perceptual, and cognitive experience (henceforth *psych verbs*) vary within and across languages and are often diachronically unstable with respect to the grammatical functions of their arguments. This can be illustrated with the verbs meaning 'like/please' in a few different languages. In one pattern, instantiated in Modern English, Hungarian, and Basque, as shown in (1),[1] the verb is transitive, with the experiencer argument coded like a prototypical agent, or the A in Dixon's (1994) terms, and the stimulus argument coded like a prototypical patient, or direct object (O).

---

1. Abbreviations used in examples: 1/2/3 (first/second/third person), A (subject of transtive), S (subject of intransitive), O (direct object), ACC (accusative), APP (applicative) AUX (auxiliary), DAT (dative), NEG (negation), NOM (nominative), OBJ (objective voice), Pl (plural), Sg (singular).

368   *Patrick Farrell*

(1)   a. *I don't like him.*
       b. *Nem   szeret-em   a   hús-t.*
          NEG   like-1SgS/A the   meat-ACC
          'I didn't like the meat.'   Hungarian (Wunderlich 2002)

       c. *Jon-ek   haurra   gustatzen   zaio.*
          John-ERG   child.ABS   like.HAB   AUX.3SgA.3SgO
          'John likes the child.' Basque (Ibarretxe-Antunaño 2001)

The opposite alignment of arguments and grammatical functions occurs
with English *please* and its Greek counterpart as illustrated by the following examples.

(2)   a. *The report pleased me.*
       b. *I*   *Maria   me*   *efharistise*   *poli*   *me*
          the.NOM   Maria   1SgACC   pleased.3SgS/A   much   with
          afto   pu   ekane.
          this   that   did.3SgS/A
          'Maria pleased me a lot with what she did.'

   Following Croft (1993), I assume that these kinds of grammatical
function differences are due to the inherent abstractness of cognitive and
emotional experience, coupled with the tendency in languages to apply
the basic transitive argument-encoding pattern as widely as possible. The
conceptual prototype for A-marking and O-marking involves an asymmetrical action with a palpable effect: x does something to y, because of
which y undergoes a change of state or location. As shown in Figure 1,
an action-chain (Langacker 1991, 1999) representation of the meaning of
an accomplishment verb such as *break* (*I broke the window*) involves
one entity (represented by a circle) acting force-dynamically on another
(double-lined arrow), such that the acted-upon entity undergoes a change
of state (wavy arrow). The same event can also be conceptualized with
the unspecified agent's action backgrounded (*The window broke*), in
which case only the change of state is "profiled" (bold lines), or in
conceptual relief. Core grammatical functions are determined by a
construal of one participant as most active or otherwise most salient (the
trajector), which is related to what is profiled, the direction of the action,
the nature of the effect, and the number of participants. A profiled

participant acting asymmetrically on another entity, which is physically affected, is the trajector and A and the affected entity is the O. If there is only one profiled participant, it is the trajector and S (subject of intransitive).

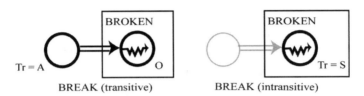

Figure 1. Conceptual schemas and action chains for transitive and intransitive *break*

With a feeling like that designated by verbs such as *like* and *please*, there is typically no physically manifested action. However, we conceive of the feeling as involving one or more actions in the domain of ception, in the sense of Talmy (1996), which can be represented in action chains with a single-lined dotted arrow. To begin with, the feeling itself is conceived of as a mental action focused on some entity that is analogous to the affected entity in a physical action. Moreover, the stimulus, which is conceived of as giving rise to the feeing, "acts" on the experiencer, causing, in some sense, the feeling. Inasmuch as either participant can be construed as the primary actor, action profiling and trajector choice can go in either direction, yielding the difference between *please* and *like*, as shown in Figure 2.

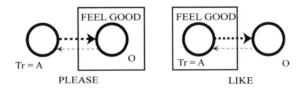

Figure 2. Conceptual schemas and action chains for *please* and *like*

In an alternative conceptualization of a feeling event, the actions on each other of both the stimulus and the experiencer are profiled, yielding the dative experiencer construction, illustrated by the following examples from Spanish and Old English (Allen 1986).

370   *Patrick Farrell*

(3)   a. *A Marta le gustan las flores.*
   b. *Ge   noldon   gode   lician.*
      you.NOM.Pl   wouldn't.Pl.S/A   God.DAT   like
      'God wouldn't like you.' or 'You wouldn't be pleasing to God.'

As shown in Figure 3, the secondary ceptive action of the experiencer on the stimulus is analogous to the receptive action of the indirect object (IO) with verbs such as *give* and *show* (see Langacker 1991: 332), which motivates its dative treatment. In such constructions, the dative experiencer often has at least some subject (S/A) properties (such as preferred sentence-initial placement in Spanish), reflecting the profiling of the conceived action on the stimulus and the conceptual salience of the animate, sentient experiencer. Diachronically, or even synchronically, [2] the experiencer can be alternatively conceptualized as the trajector (and therefore aligned with the subject function), either retaining exceptional dative marking, as with many psych verbs in Icelandic (Barðdal 2001; Sigurðsson 2002), or going all the way to an unexceptional (nominative) subject, as with English *like*.[3]

---

2. Many psych verbs in contemporary Icelandic, including *henta* 'like/please' alternate between experiencer subject and stimulus subject constructions, although the experiencer is invariably dative (Barðdal 2001).

3. The evolutionary development can also go in the opposite direction. The Spanish dative experiencer conceptual schema with *gustar* developed in conjunction with a semantic extension from the basic meaning of Latin *gustare* 'taste', which was transitive with the experiencer as A (Lipski 1975). Although other verbs have mostly replaced *gustar* 'taste', it is still sometimes used in modern Spanish with this meaning. Moreover, as pointed out to me by Ken Cook, transitive *gustar* is still found in certain semi-fixed expressions, such as *¿Gustas un café?* 'Would you like a coffee?'. Languages with dative experiencer psych verbs whose experiencer argument is at least somewhat subject-like, include Russian (Moore & Perlmutter 2000), Marathi (Rosen & Wali 1989), Italian (Perlmutter 1984), and Korean and Japanese (Ura 1999). As pointed out by Moore and Perlmutter, even though dative experiencers in various languages are often called "dative subjecs", they generally have only a restricted set of the available subject syntactic privileges (Icelandic aside).

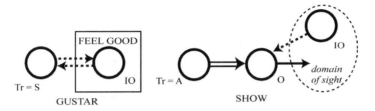

Figure 3. Conceptual schemas and action chains for *show* and *gustar*

It seems clear that event participants can be more or less like the prototypical subject. A ceptive actor, as in the case of *she* in *She saw it* or *She likes it*, is less agentive than the prototypical subject (e.g, *She broke it*). In Icelandic, this motivates the non-nominative case marking of many dative-subject verbs. An undergoer trajector such as *the window* in *The window broke* also deviates from the prototype by virtue of the change of state characteristic of a participant with the O function. In so-called "active" or "split-intransitive" languages (Mithun 1991), this kind of deviation from the prototype can motivate O indexing morphology for undergoer subjects of intransitive verbs. In the Spanish *gustar* construction, for which the profiled action is bidirectional, the experiencer deviates even more from the subject prototype, insofar as its only action is ceptive and the action of the stimulus is profiled. Not being assigned trajector status and being marked dative, it is at most a *quasi-subject*.

2. Quasi-objects

In yet another kind of conceptualization of a cognitive or emotional event, the actions of both the stimulus and the experiencer might be profiled, as in the case of Spanish *gustar*, with the experiencer, however, being assigned trajector status and subject function. In this case, although the experiencer-referring NP might behave like a routine subject, the stimulus would differ from the prototypical O-aligned argument not only because it does not undergo a change of state or location but also because its ceptive action in the event is profiled. Although apparently much rarer than the dative experiencer (quasi-subject) phenomenon, such a situation appears to exist in Brazilian Portuguese (henceforth, Braz. Port.) and Indonesian, which have what can be characterized as *quasi-object* complements of psych verbs.

372   *Patrick Farrell*

2.1. Brazilian Portuguese

Two of several classes of pscyh verbs in Braz. Port. can be distinguished according to whether the stimulus-referring dependent is expressed as the O or as an oblique marked with (basically ablative) *de*, which is either a preposition or a prefixal marker (*d-*) on a determiner, as illustrated by the following examples.

(4)   a. *Eu amo/adoro/odeio aquela música.*
         'I love/adore/hate that song.'
      b. *Eu cansei/enjoei daquela música.*
         'I got tired/sick of that song.'

The two kinds of non-subject dependents systematically differ with respect to the O-defining properties of the language. The bare NP type can be expressed as an accusative pronominal clitic, as shown by (5a), can be alternatively expressed as the subject of a passive clause (6a), and can be the pivot in the *o que* pseudocleft construction (7a), the *tough*-movement construction (8a), and the reflexive/reciprocal *se* construction (9a). The *de*-marked stimulus dependent of verbs such as *cansar* and *enjoar*, like oblique dependents in general, has none of these O-defining properties, as shown by the (b)-examples in the following contrasting sentence pairs.

(5)   a. *Minha mãe o amava.*
         'My mother loved him.'
      b. **Minha mãe o cansou.*
         'My mother got tired him.'
(6)   a. *Aquela música foi adorada por todo mundo.*
         'That song was adored by everyone.'
      b. **Aquela música foi enjoada por todo mundo.*
         'That song was sickened (of) by everyone.'
(7)   a. *O que odiei foi a comida.*
         'What I hated was the food.'
      b. **O que cansei foi da comida.*
         'What I got tired was of the food.'
(8)   a. *Pessoas como essas são difíceis de amar.*
         'People like these are hard to love.'

Psych verbs with quasi-objects 373

    b. *Este lugar é difícil de cansar.
       'This place is hard to get tired.'
(9) a. Meus pais se amam muito.
       'My parents love each other a lot.'
    b. *Meus pais se cansaram muito.
       'My parents got really tired each other.' but OK: 'got really
       tired' [4]

There is a third class of psychological verbs, including at least *gostar* 'like' and *precisar* 'need', [5] whose stimulus dependent is obligatorily *de*-marked (at least when it is expressed in the default immediately postverbal position) like the stimulus of *cansar* 'tire' and *enjoar* 'sicken,' as illustrated by (10a). With this class of verbs, the *de*-marked dependent behaves like an oblique with respect to passivization (10b) and ability to be realized as an accusative pronominal clitic (10c), [6] but like an O with respect to the other O-identifying phenomena (10d–f). [7]

---

4. As in other Romance languages, the *se* morpheme can be used to indicate an inchoative interpretation of a verb. In Braz. Port. this use of *se* is generally optional. In fact, since *cansar*, for example, is inherently inchoative, *se* can appear whether the *de*-marked argument is expressed or not (*Ele (se) cansou da rotina* 'He got tired of the routine.').

5. There are certain verbs, such as *lembrar* 'remember' and *esquecer* 'forget' whose stimulus dependent can either be *de*-marked or not. The stimulus is a straightforward O in one of the alternative constructions. The status of the *de*-marked NP is harder to establish because in most potential O-behaving situations, the construction would be indistinguishable from the alternant with the O. The *de*-marked NP with these verbs does, however, behave like a quasi-object in that it can be the pivot in the otherwise A/S/O-restricted *o que* pseudocleft construction (*O que lembro é da alegria da minha mãe* 'What I remember is [of-the] my mother's joy'). It is also worth noting that the cognate *gustar de* construction (which can be traced back to Latin) also survives in Spanish, although it is relatively infrequent and seems to usually have a sense more like 'enjoy'.

6. 3rd person clitic pronouns are not used much in conversational and informal discourse, as null pronouns or (nominative) full pronouns are preferred (Farrell 1990). Although there seems to be a clear difference between the possible (albeit formal) use of a 3rd person pronominal clitic with a verb such as *amar* 'love' and the ungrammaticality of such a clitic with *gostar*, the situation is more complex with 1st and 2nd person pronominal clitics, which are routinely used in all modes of discourse and for which there is no dative vs. accusative contrast. Although some speakers consider it odd to use 1st and 2nd person clitic pronouns with *gostar*, it is not hard to find examples in actual discourse, such as *Eu te gosto, você me gosta desde tempos imemoriais* 'I like you, you like me since time immemorial' (from "Balada do amor através das idades" by the famous Brazilian poet, Carlos Drummond de Andrade).

7. It would not be surprising if some of the O-like behavior of the *gostar* complement,

374   *Patrick Farrell*

(10)   a. *Eu gosto daquilo/*aquilo.*
         'I like (of) that.'
       b. **Aquela música foi gostada por todo mundo.*
         'That music was liked by everyone.'
       c. **Minha mãe o gostou.*
         'My mother liked him.'
       d. *O que gostei foi da comida.*
         'What I liked was (of) the food.'
       e. *Este lugar é difícil de não gostar.*
         'This place is hard not to like.'
       f. *A gente se gosta muito.*
         'We like each other a lot.'

To be more precise about the phenomena in question, only the passive and accusative clitic constraints are strictly O-specific constraints. The others do, however, distinguish between the categories O and oblique, and in some cases O and IO/oblique. The pivot of the *o que* pseudocleft construction, for example, can be any A/S/O dependent, including the subject of a transitive verb, as in (11a), but not an IO (11b) or an oblique (11c).

(11)   a. *O que me irrita é a desonestidade.*
         'What irritates me is dishonesty.'
       b. **O que vendi isso foi a ele.*
         'What I sold this was to him.'
       c. **O que a meia desapareceu foi dessa gaveta.*
         'What the socks disappeared was from this drawer.'

The reflexive/reciprocal pivot can be an IO, as illustrated by the following examples, as well as an O or quasi-O.

(12)   a. *Eles se deram as mãos.*
         'They held hands.' ('They gave each other the hands.')

---

particularly the use of *se*, were considered "wrong" by purists. It is not difficult, however, to find examples of all of the constructions considered here in actual discourse. *Gostar + se*, for example, occurs rampantly on the internet (e.g., *Namoro é o relacionamento entre duas pessoas que se gostam* 'Love is the relationship between two people who like each other' [www.divino.com.br/_areas/cad04/]).

b. *Eles nunca mais se falaram.*
'They never again spoke to each other.'

The *tough*-movement construction appears to work on a split-intransitive basis, like in at least some dialects of Spanish (González 1988: Ch. 3), excluding A, IO, and oblique pivots, but allowing O and quasi-O pivots as well as sufficiently patient-like S pivots, as illustrated by the following examples.

(13)   a. *Essa mancha vai ser difícil de sair.*
          'This stain is going to be hard to come out.'
       b. **Essa mulher vai ser difícil de gritar.*
          'This woman is going to be hard to shout.'

Thus, the categories of dependent types relevant to the constraints on the phenomena in question are as shown in Table 1. The *de*-marked dependent of verbs in the *gostar* class is a quasi-O, inasmuch as it is both O-like and oblique-like in terms of its syntactic privileges and morphological properties.

Table 1. Syntactic properties of quasi-objects (Q-Os) & other dependents in Braz. Port.

	S/A	S_o	O	Q-O	IO	Obl
o que pseudocleft pivot	yes	yes	yes	yes	no	no
tough-movement pivot	no	yes	yes	yes	no	no
reciprocal *se* pivot	NA	NA	yes	yes	yes	no
passive subject potential	NA	NA	yes	no	no	no
accusative promominal clitic	no	no	yes	no	no	no
not marked with preposition	yes	yes	yes	no	no	no

The three classes of psych verbs exemplified by *amar* 'love', *gostar* 'like', and *enjoar* 'sicken' can be analyzed as having meanings that include the kinds of action chains shown in Figure 4. The *de*-marking and oblique-like behavior of the complement of *gostar* is motivated by the profiling of the action of the stimulus on the experiencer, like with *enjoar*. The O-like behavior of the complement of *gostar* is motivated by the profiling of the ceptive action on the stimulus, like with *amar*.

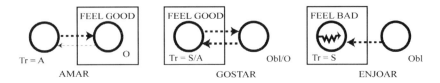

Figure 4. Conceptual schemas and action chains for *amar, gostar,* and *enjoar*

Although it is not clear why the syntactic phenomena listed in Table 1 should be constrained to work with the particular classes of dependent types that they do, the apparently "object"-sensitive constraints can be characterized in terms of natural classes, if a broad undergoer category with a radial structure is recognized. As shown in Figure 5, in which the solid lines with arrows on both ends indicate relationships of similarity, different types of event participants are conceptually related to each other and to the prototypical undergoer in different ways.[8]

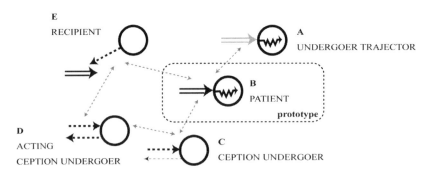

Figure 5. Radial category of undergoer types

Potential to be the subject of a passive clause or an accusative pronominal clitic is restricted to B/C undergoers. *Tough* movement works in terms of a larger segment of the radial category, i.e., A/B/C/D undergoers. *O que* pseudoclefting works for subjects in general as well as the B/C/D segment of the undergoer category. The pivot in the reciprocal/reflexive *se* construction must be in the B/C/D/E sub-category.

---

8. Obviously, many more distinctions could be drawn. The intent here is to simply indicate relatively schematic and, therefore, highly inclusive concepts. The schema labeled "patient" is envisioned as including undergoers of both location and state changes. The schema labeled "recipient" is envisioned as including typical IO roles, including addressee and beneficiary, for example.

One could of course attempt to account for the facts considered above in terms of traditional grammatical functions, by simply adding "quasi-O", under whatever label,[9] to the mix and placing it appropriately on a hierarchy such as A > S > O > Q-O > IO > Obl. The reflexive/reciprocal *se* pivot, for example, could be said to be restricted to the O/Q-O/IO segment of the hierarchy. The proposed analysis differs primarily in that it makes an explicit claim about the underlying conceptual motivation for the syntactic behavior of different complement types. In particular, the stimulus-referring complement of verbs in the *gostar* class is claimed to be marked with *de* and behave in part like an oblique and in part like an O not because it is arbitrarily assigned to a primitive quasi-O category, but because of a conceptual similarity with both other *de*-marked psych-verb oblique complements and O complements.

One reason for preferring the proposed analysis is that it provides an explanation for the otherwise mysterious constraint on *tough* movement. In order to account for the fact that only an undergoer S can be the pivot in this construction, as shown by the contrast between (13a) and (13b), it is necessary to appeal to the undergoer notion in some form. On the proposed analysis, this notion is all that is needed. The claim, in essence, is that the pivot in this construction has to simply be sufficiently undergoer-like, independently of grammatical function. An analysis framed in terms of grammatical functions would need to say that the pivot needs to be an O, a quasi-O, or an S. In addition, a "sufficiently undergoer-like" constraint would need to hold for Ss. Since the latter constraint suffices in and of itself to account for the phenomenon, a significant generalization is missed.

Further support for the proposed approach comes from the fact that the complement of *gostar* shows evidence of also being semantically akin to the *de*-marked oblique complement of verbs such as *cansar* and *enjoar*. In general, in order for two verbs to be conjoined with a topicalized element serving as the complement of both, the topicalized element must satisfy both a semantic similarity constraint and a grammatical-function matching constraint. Example (14a) illustrates a topicalized bare

---

9. For example, one might use the "object-theta" (originally "2nd object") of lexical-functional grammar, as in Musgrave's (2001) analysis of the Indonesian quasi-object phenomenon discussed in section 2.2, although such an analysis is problematic for Indonesian, as Musgrave acknowledges, since the psych verb quasi-Os do not have all the syntactic properties of "true" object-thetas.

378   *Patrick Farrell*

NP functioning as the O of both a psych verb and a conjoined verb with a prototypical patient complement. The complements of these two verbs have the same grammatical function (i.e., O), and are semantically similar, as they are interpreted as being undergoers of type B and C in Figure 5. Even though *sair* 'leave' and *cansar* 'tire' both have a *de*-marked oblique complement, as illustrated by (14c), the semantic distance between the source-location interpretation of the former and the stimulus interpretation of the latter accounts for the impossibility of the kind of verb coordination shown in (14b).

(14)   a. *Esse carro, eu queria muito mas não comprei.*
          'This car, I really wanted but didn't buy.'
       b. **Daquela loja, eu cansei muito e acabei de sair.*
          'Of/from that store, I got really tired and just left.'
       c. *Daquela loja, eu cansei muito/eu acabei de sair.*
          'Of/from that store, I got really tired/I just left.'

Now, although it is not possible to have a *de*-marked topicalized NP go with both a standard transitive verb with a stimulus O and *cansar* (due, presumably, to the O/oblique mismatch), as shown by (15a), with *gostar* and *cansar*, it turns out to be possible, as shown by (15b).

(15)   a. **Daquela música, eu adorava mas cansei.*
          'Of that song, I adored but got tired.'
       b. *Daquela música, eu gostava muito mas cansei.*
          'Of that song, I really liked but got tired.'

On the proposed analysis, there is both a semantic similarity between the stimulus arguments of *gostar* and *cansar* and no violation of any grammatical-function matching constraint, insofar as what I'm calling a quasi-O is simply a type of complement which, because of the verb's conceptual semantics, is at the same time a member of both the O and oblique categories, which are themselves conceptually-definable radial categories with fuzzy boundaries.

2.2. Indonesian

Indonesian has a similar kind of quasi-O, with a large class of psych verbs, including *sengan* 'like, happy', *sayang* 'love, pity', *lupa* 'forget',

Psych verbs with quasi-objects 379

and *takut* 'afraid' (Musgrave 2001, To appear). Unlike in Braz. Port., the stimulus argument with these verbs can, in general, be alternatively realized as a prepositionally-marked oblique, as shown by (16a), a "true" O with an applicative marker on the verb (16b), or a quasi-O, which is not marked, whether by a preposition or on the verb (16c).

(16) a. *Ali sengan dengan rumah itu.*
      Ali like/happy with   house that
      'Ali likes the house.'
   b. *Ali sengan-i   rumah itu.*
      Ali like/happy-APP house that
      'Ali likes the house.'
   c. *Ali sengan   rumah itu.*
      Ali like/happy house that
      'Ali likes the house.'

As summarized in Table 2, the applicative O with verbs in the *sengan* class has all the O or A/S/O properties of the language, including lack of a prepositional marker and the potential to be construed with a "floated" quantifier, to be relativized, to co-occur with a transitive prefix on the verb, and to be realized as an S in a construction analogous to the Braz. Port. passive construcion. By contrast, the prepositionally-marked oblique realization of the same dependent has no O or A/S/O properties; and the non-applicative "quasi-O" has only three such properties.

Table 2. Syntactic properties of stimulus non-subjects in Indonesian

	O/O_{APPL}	Quasi-O	Oblique
controller of floated quatifier	yes	yes	no
relativization potential	yes	yes	no
not P-marked	yes	yes	no
co-occurrence with transitive verbal prefix	yes	no	no
"passive" subject potential	yes	no	no

The following examples illustrate the quantifier-float phenomenon, whereby the quantifier *semuanya* 'all' can appear in clause-final position, separated from the NP that it modifies.

380   *Patrick Farrell*

(17) a. *Anak-anak itu   suka(i)   gula-gula itu semuanya.*
      child-Pl   that like(.APP) sweet-Pl   that all
      'All the children like the sweets/The children like all the
      sweets.'
   b. *Orang-orang Sasak datang dengan anak-anaknya semuanya.*
      man-Pl   Sasak come   with   child-Pl   all
      'All the Sasak people came with their children.'
      *'The Sasak people came with all their children.'
   c. *Anak-anak itu   suka dengan gula-gula   itu   semuanya.*
      child-Pl   that like with   sweet-Pl   that all
      'All the children like the sweets/*The children like all the
      sweets.'

Sentence-final *semuanya* can be construed with the subject or the complement of *suka* 'like', for example, whether or not the applicative suffix is present, as illustrated by (17a). It cannot, however, be construed with any oblique (17b), including the oblique complement of a psych verb such as *suka* (17c).

The distinction between quasi-Os and "true" Os can be illustrated with the passive-like construction that in some ways resembles the so-called objective voice construction of languages such as Tagalog (Kroeger 1993), for which reason the voice prefix is glossed with *OBJ* here. In an active-voice clause, such as (18a), the agent precedes the verb and the patient follows. In the objective voice, the patient precedes the verb and the agent follows, possibly—in some cases—marked with a preposition (18b).

(18) a. *Dia baca buku itu.*
      3Sg read   book that
      'He/she read the book.'
   b. *Buku itu   di-baca (oleh) Ali.*
      book that OBJ-read by   Ali
      'The book was read by Ali.'

With the psych verbs whose stimulus dependent alternates between oblique-marking and no marking, as illustrated for *takut* 'afraid' by (19a), the objective-voice construction can only be used if the applicative suffix appears on the verb, as shown by the contrast between (19b) and (19c).

Thus, only the applicative O with verbs in this class can be "promoted" to subject.

(19) a. *Saya takut (dengan) lelaki itu.*
     1Sg afraid with   man   that
     'I'm very afraid of that man.'
   b. **Lelaki itu di-takut   saya.*
      man   that OBJ-afraid 1Sg
      'That man is feared by me.'
   c. *Lelaki itu di-takut-i   saya.*
      man   that OBJ-afraid-APP 1Sg
      'That man is feared by me.'

The applicative morpheme has the effect of making a verb fully transitive. As shown in Figure 6, *sengan-i* 'like', for example, can be analyzed as having a conceptual structure analogous to that of English *like*. When the stimulus is marked with a preposition, its action on the experiencer is presumably profiled. However, the feeling action is, plausibly, not conceived of as directed to the stimulus, for which reason the latter is marked with a preposition and has no O properties (as with Braz. Port. *enjoar*, for example). The bare form of the verb with a complement that is not obliquely marked can be given the same analysis as Braz. Port. *gostar*, although the ramifications for the grammar are slightly different, inasmuch as the complement of this version of *sengan* is superficially marked like an O rather than an oblique.

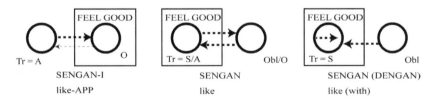

Figure 6. Conceptual schemas and action chains for Indonesian *sengan* 'like'

The grammatical constraints in Indonesian considered here can be characterized as follows, in terms of the natural classes of undergoer sub-categories of Figure 5.

382   *Patrick Farrell*

(20) a. Preposition-marking is used for neither subjects nor B/C/D undergoers.
      b. Subjects and B/C/D undergoers can be relativized or construed with a floated quantifier.
      c. Only B/C undergoers have "passive" subject potential and can co-occur with a transitive verbal affix.

This analysis entails a commitment to the claim that there are conceptual differences, however slight, between the different psych verb constructions, since these, rather than primitive grammatical functions, are taken to be the basis for the differences in syntactic behavior. Although much work in cognitive grammar validates the general stance that there are conceptual underpinnings to different grammatical constructions of this general kind, whether there is any independent motivation from Indonesian for this commitment is a question that invites further inquiry.

3. Conclusion

Quasi-objects occur with certain psych verbs in Braz. Port. and Indonesian for the same reason that quasi-subjects occur with psych verbs such as *gustar* in Spanish and other languages. Emotive and cognitive events are conceived of as involving actions in the domain of ception, which, because of its inherent abstractness, yields alternative conceptualizations, with respect to both profiling and trajector choice. The actions of either or both participants in a ceptive event can be profiled and either can be assigned trajector status. A non-trajector experiencer whose ceptive action is profiled is subject-like by virtue of its active participation as well as its sentience and animacy, for which reason IO experiencers in certain languages display quasi-subject properties. A non-trajector stimulus whose action is profiled, on the other hand, is object-like by virtue of being conceived of as being acted on and oblique-like by virtue of its active (causative) participation, for which reason, it is proposed, the stimulus in certain psych verb constructions in Braz. Port. and Indonesian display quasi-object properties.

References

Allen, Cynthia L.
1986   Reconsidering the history of *like*. *Journal of Linguistics* 22: 375-409.

Barðdal, Jóhanna
2001   The perplexity of dat-nom verbs in Icelandic. *Nordic Journal of Linguistics* 24: 47-70.

Croft, William
1993   Case marking and the semantics of mental verbs. In: James Pustejovsky (ed.), *Semantics and the Lexicon*, 55-72. Dordrecht: Kluwer.

Dixon, R. M. W.
1994   *Ergativity*. Cambridge: Cambridge University Press.

Farrell, Patrick
1990   Null objects in Brazilian Portuguese. *Natural Language and Linguistic Theory* 8: 325-346.

González, Nora
1988   *Object and Raising in Spanish*. New York: Garland.

Ibarretxe-Antunaño, Iraide
2001   An overview of Basque locational cases: Old descriptions, new approaches. Technical Report no. 01-006, International Computer Science Institute.

Kroeger, Paul
1993   *Phrase Structure and Grammatical Relations in Tagalog*. Stanford, CA: CSLI Publications.

Langacker, Ronald W.
1991   *Foundations of Cognitive Grammar, Volume II: Descriptive Application*. Stanford, CA: Stanford University Press.

1999   *Grammar and Conceptualization*. Berlin: Mouton de Gruyter.

Lipski, John M.
1975   A semantic-syntactic shift in Spanish. *Folia Linguistica* 7: 149-163.

Mithun, Marianne
1991   Active/agentive case marking. *Language* 67: 510-546.

Moore, John & David M. Perlmutter
2000   What does it take to be a dative subject? *Natural Language & Linguistic Theory* 18: 373-416.

Musgrave, Simon
2001   Non-subject arguments in Indonesian. Ph.D. Dissertation, University of Melbourne.

To appear   The grammatical function OBJ in Indonesian. In: Simon Musgrave & Peter K. Austin (eds.), *Voice and Grammatical Functions in Austronesian*.

Perlmutter, David M.
1984   Working 1s and inversion in Italian, Japanese, and Quechua. In: David M. Perlmutter & Carol Rosen (eds.), *Studies in Relational Grammar 2*, 292-330. Chicago: University of Chicago Press.

384   *Patrick Farrell*

Rosen, Carol & Kashi Wali
    1989   Twin passives, inversion, and multistratalism in Marathi. *Natural Language and Linguistic Theory* 7: 1-50.

Sigurðsson, Halldór Árman
    2002   To be an oblique subject: Russian vs. Icelandic. *Natural Language and Linguistic Theory* 691-724.

Talmy, Leonard
    1996   Fictive motion in language and "ception". In: Paul Bloom, Mary A. Peterson, Lynn Nadel & Merrill F. Garrett (eds.), *Language and Space*, 211-276. Cambridge, MA: MIT Press.

Ura, Hiroyuki
    1999   Checking theory and dative subject constructions in Japanese and Korean. *Journal of East Asian Linguistics* 8: 223-254.

Wunderlich, Dieter
    2002   On the nature of dative in Hungarian. In: István Kenesei & Péter Siptár (eds.), *Papers from the Budapest Conference: Approaches to Hungarian*, 163-184. Budapest: Akadémiai Kiadó.

La expresión lingüística de la idea de cantidad

Ana M.ª Fernández Soneira

> "El mundo conceptual consta, entre otras, de categorías conceptuales,
> que son mucho más ricas que el sistema de signos lingüísticos"
> (Inchaurralde & Vázquez 2000: 1)

Resumen

Este artículo nace en el seno de una investigación que aborda el tema de la expresión de la cuantificación en las lenguas de signos [1]. Sabemos que todas las lenguas del mundo (orales y signadas) expresan, de una u otra forma, con mayor o menor precisión, la singularidad o la pluralidad y que la categoría de número refleja la realidad objetiva de una manera más directa que categorías como la de género; pero el estudio de esta categoría ha sido abordado desde perspectivas muy diferentes, bien como mera categoría flexional, o bien desde una perspectiva más amplia, como cualquier procedimiento mediante el cual las lenguas marquen las diferencias de cantidad. Nos aproximamos a la lingüística cognitiva buscando una nueva caracterización del concepto de cantidad y de su tratamiento lingüístico, diferente al ofrecido por otras teorías lingüísticas.

Palabras clave: cantidad, cuantificación, número.

1. La idea de cantidad

1. ¿Qué es lo primero qué se te viene a la cabeza al oír la palabra *cantidad*?
2. ¿Con qué expresión lingüística asociarías la idea de *cantidad*?

Como punto de inicio de nuestro trabajo, en estos meses hemos planteado estas dos preguntas a cuarenta personas de diferentes sexos, edades, con diferentes estudios y de varias nacionalidades, con el objetivo de saber

---

1. A lo largo de este trabajo utilizaremos indistintamente los términos signo y seña, ambos documentados en la bibliografía sobre las lenguas signadas.

386   *Ana M.ª Fernández Soneira*

qué idea tenía cada uno de los individuos encuestados sobre el concepto de cantidad. Nuestro interés parte de la observación de la realidad, de cómo es cuantificada por los hablantes y de cómo las lenguas expresan esa cuantificación.

Si yo pienso en la idea de cantidad en mi cabeza se agolpan diferentes imágenes: el par niño / niños, el océano, un rebaño de ovejas, "mucho", el tiempo... Pienso en ellas como algo extralingüístico, como una serie de ideas que me surgen al hablar de la cantidad. Al preguntar a diferentes personas sobre sus imágenes (pregunta nº 1) lo que nos planteamos es saber qué conciencia tienen los hablantes de la idea de cantidad, si ésta refleja su experiencia del mundo.

Ahora bien, los hablantes de cualquier lengua del mundo pueden expresar esa idea en sus respectivos idiomas con algún procedimiento lingüístico. Es por ello que les planteamos la segunda pregunta, para tratar de averiguar con qué expresiones lingüísticas relacionan mayoritariamente la idea de cantidad, si todos los encuestados ofrecen respuestas similares en cuanto a sus manifestaciones lingüísticas y si éstas se corresponden con los primitivos semánticos cuantificadores.

Los datos y los resultados de la encuesta han sido los siguientes:

Tabla 1. Datos de los encuestados

	Sujetos encuestados: 40	
Edad	-20	1
	20/30	18
	31/40	13
	41/50	2
	51/60	4
	+60	2
Sexo	Hombres	12
	Mujeres	28
Tipo de Hablante	Oyentes	38
	Sordos	2
Nacionalidad	Españoles	32
	Extranjeros hispanohablantes	2^2
	Extranjeros no hispanohablantes	6^3
Nivel de estudios	Licenciados	22
	Estudiantes universitarios	4
	Estudiantes no universitarios	1
	Diplomados	1
	Estudios medios	5
	Bachillerato	7 (4 Superior / 3 Elemental)

2. De estos dos encuestados uno es cubano y el otro colombiano.
3. De estos seis encuestados, 3 son franceses, 1 inglés, 1 polaco y 1 alemán.

Tabla 2. Resultados de la encuesta

Ideas de cantidad		Expresión lingüística			
		Con una clase de palabra		Con una palabra o una expresión lingüística	
Items	Apariciones	Items	Apariciones	Items	Apariciones
Mucho	9	Números	6	Mucho	9
Dinero	7	Sustantivos	3	Kilos	4
Muchas cosas	4	Cuantificadores	2	Montón	2
Algo grande	2	Adverbios	2	Montón de cosas	1
Montón de cosas	1			Montonazo	1
Números	1			Mogollón	1
Número 100	1			Muchísimo	1
Cálculo	1			Dimensión	1
Matemáticas	1			Facturación	1
Medida	1			Numeroso	1
Tamaño	1			50 millones	1
Peso	1			Abundancia	1
Kilos	1			Cantidad de gente	1
Envases	1			Cantidades industriales	1
Lluvia	1			Conjunto de cosas	1
Manzanas	1			Cada	1
Comida	1			Contar	1
Gente	1			Por (x)	1
Grupo	1			Con una "q" (contabilidad)	1
Bienestar	1				
Agobio	1				
	1				

A pesar de que la muestra no es muy amplia, nos ha permitido observar las diferentes visiones que los encuestados poseían de la idea de cantidad, en la mayoría de los casos relacionada con su experiencia vital en ese momento (trabajo, situación personal) o con su conocimiento del mundo. Todos los encuestados, españoles y extranjeros, han respondido a las preguntas en español, salvo las dos personas sordas, un hombre y una mujer, quienes expresaron sus respuestas en lengua de signos española [la traducción al español es mía]. La última respuesta que aparece en la columna de la izquierda fue dada por una mujer ciega, la cual, al ser preguntada por su idea de cantidad, contestó que en lo que ella pensaba era en una imagen que semejaba un continente – con la forma que aparece en el dibujo – en un mapa de color marrón con unas manchas beiges y aclaró que, en realidad, no se trataba de colores que uno pueda pintar, puesto que no los ve, sino que era como si hubiese una luz detrás del dibujo que lo iluminase con esos colores.

A la hora de relacionar la idea de cantidad con una expresión lingüística, las respuestas han sido muy variadas; algunos encuestados han acudido a una clase de palabra, "un cuantificador", por ejemplo, y otros a una expresión lingüística concreta, por ejemplo, "mucho" o "cantidades industriales". El cuantificador mucho y algunos sintagmas relacionados con él, han sido las respuestas más comunes entre los encuestados. Es una respuesta, a mi entender, bastante lógica, puesto que es un elemento existente en todas las lenguas estudiadas, orales y signadas. Además nos muestra que el término *cantidad*, al igual que otros que hacen referencia a dimensiones, hace pensar en la parte alta de la escala, esto es, remite a "mucho" y no a "poco"; este mismo comportamiento lo observamos, por ejemplo, en el término *altura* que remite a "alto" y no a "bajo" o en el término *longitud* que remite a "largo" y no a "corto". Muchas de las respuestas están en consonancia, al igual que las dadas a la primera pregunta, con la experiencia de mundo de los encuestados (por ejemplo, "facturación", dada por una persona que trabaja en una multinacional farmacéutica).

Esta encuesta fue el punto de inicio de un trabajo cuyo objetivo final es realizar una aproximación a las diferentes maneras como las lenguas expresan la oposición uno / más de uno. Al plantear las preguntas de la encuesta pretendíamos tener una primera aproximación más "profana" a la idea de cantidad, para, a continuación, hacer un análisis del tratamiento de la cantidad como categoría, dentro de los estudios lingüísticos. Para abordar el estudio de cualquier unidad gramatical necesitamos apoyarnos en una aproximación metodológica específica y una determinada concepción de la gramática. Buscamos un punto de partida diferente al adoptado por las concepciones tradicionales de la gramática y una nueva aproximación al tratamiento de las unidades lingüísticas. Queremos pasar por encima de la "categoría de número" para hablar de una "categoría de cantidad", es decir, de una categoría que englobe todos los procesos que permitan expresar la idea de cantidad en las lenguas, en las diferentes unidades lingüísticas, por ejemplo, en los nombres o en los verbos. Tratamos de hacer un análisis de qué conceptos, unidades, procedimientos... englobaría una hipotética categoría conceptual de cantidad.

2. La Conceptualización

Inchaurralde & Vázquez (2000: 15) presentan el siguiente modelo del mundo conceptual:

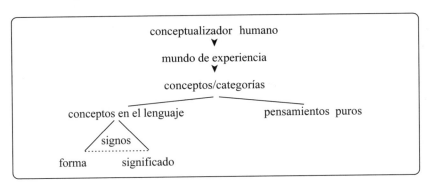

La conceptualización o categorización está condicionada por la experiencia de nuestro cuerpo, del mundo externo y de nuestra relación con el mundo externo.

> Los signos reflejan categorías conceptuales, que están basadas en última instancia en un conceptualizador humano y su experiencia del mundo. Este modelo de los mundos conceptual y lingüístico también da cuenta de la posibilidad de que personas diferentes puedan categorizar la misma cosa en el mundo de manera diferente, e incluso que la misma persona pueda hacerlo en momentos diferentes" (Inchaurralde & Vázquez 2000: 15).

A través de la encuesta, cuyos resultados presentamos en el apartado anterior, pretendíamos precisamente partir del conceptualizador humano y del mundo de experiencia de cada persona para comprobar cómo respondemos, cada uno de nosotros, a un determinado concepto y cómo lo expresamos lingüísticamente.

También las lenguas realizan este proceso de conceptualización. Según Cuenca & Hilferty (1999: 32), "la categorización se puede definir como un proceso mental de clasificación cuyo producto son las categorías cognitivas". Estas categorías cognitivas (conceptuales o semánticas) pueden estar gramaticalizadas en lenguas particulares. Es la gramática la que estructura el contenido conceptual de una determinada manera. "La mayoría de los conceptos lingüísticos son en realidad específicos de cada lengua, pero existe también un pequeño número de conceptos lingüísticos

390 *Ana M.ª Fernández Soneira*

universales que ocurren en todas las lenguas" (Inchaurralde & Vázquez 2000: 129). Hablamos, en este caso, de los primitivos semánticos, a los que nos referiremos más adelante.

Siguiendo la idea de que mediante la categorización agrupamos diferentes elementos en un conjunto, nos planteamos hacer una categorización de la cantidad, que sería el conjunto en el que agruparíamos elementos por sus semejanzas, elementos que a su vez tendrían rasgos diferenciales que nos permitirían diferenciarlos entre sí. La cantidad sería una categoría "extralingüística" con expresión dentro de la gramática. A continuación veremos cómo las diferentes teorías lingüísticas se han acercado a la idea de cantidad y cómo la han categorizado.

3. La cantidad y el número

Todas las lenguas del mundo expresan, de una u otra forma, con mayor o menor precisión, la singularidad y la pluralidad, es decir, expresan la oposición uno frente a más de uno, pero también encontramos lenguas que expresan esta oposición en los siguientes términos: uno, dos y más de dos; uno, dos, tres y más de tres... e incluso podemos encontrar algunas oposiciones más. Los estudios sobre el número han sido muchos y muy diversos a lo largo de la historia de la investigación lingüística. Hoy en día sigue siendo un tema objeto de estudio sin un tratamiento uniforme.

El número ha sido tratado como una categoría flexiva, morfológica o gramatical o como un "accidente", si usamos la denominación tradicional. Algunos la han tratado como una categoría universal, otros como una categoría general pero no necesaria, otros como una categoría ni universal ni necesaria, otros como una categoría mucho menos arbitraria y más transparente que el género (Boyadjiev 1987: 82). En palabras de Corbett (2000: 1): "Number is the most underestimated of the grammatical categories". Con este estado de cosas no podemos decir que su estatus esté establecido.

Existen, al menos, dos maneras de abordar la cuestión de cómo tratan las lenguas las diferencias de número (o cantidad): una concepción estrecha en la que el número es una categoría flexional, y una concepción amplia en la que se considera que el número es cualquier procedimiento mediante el cual las lenguas marquen las diferencias de cantidad.

Tampoco hay unanimidad en cuanto a los miembros que incluye esta categoría. Aunque muchos estudios establecen una oposición binaria prin-

La expresión lingüística de la idea de cantidad   391

cipal entre singular y plural existen otras oposiciones: dual, trial, paucal...
Formalmente esto se traduce en diferentes maneras de expresión. Si nos
ceñimos a la flexión nos encontramos con diferentes morfemas; si adoptamos una concepción más amplia, nos encontramos con más recursos,
por ejemplo, la expresión de la cantidad por medio de formas independi-
entes como los cuantificadores.

La categoría de cantidad puede expresarse mediante diferentes procesos lingüísticos que nos permiten hablar de un número de entidades
(singular / plural), de la duración de un proceso (aspecto verbal) o del
grado de una propiedad, en el caso de los adjetivos.

3.1. ¿Cómo han abordado las teorías lingüísticas la categoría de número / cantidad?

La gramática tradicional englobaba el número dentro de los llamados
"accidentes", cuya identificación se ponía en relación con los referentes
extralingüísticos. Según esto, los accidentes serían universales en todas
las lenguas, "universales que se particularizan en expresiones distintas en
cada una de ellas pero que continúan como delimitaciones idénticas generales a todas las lenguas" (Fernández 1993: 22).

En la lingüística de corte estructural, en la que el lenguaje es visto
como un objeto semiótico, se habla de categorías gramaticales, considera-
das como signos, y se defiende el establecimiento de dichas categorías
mediante criterios estrictamente lingüísticos, definiendo sus unidades a
partir de su existencia en las lenguas, mediante relaciones de oposición y
contraste. "... las categorías gramaticales se delimitan como tales desde
la perspectiva de la lingüística general por cuanto son unidades sistemáti-
cas en las lenguas organizándose así en paradigmas flexivos. Lo particular en cada lengua será qué contenidos toma como relevantes y generales
para formalizarlos como *categorías*" (Fernández 1993: 26).

Milagros Fernández habla de ocho categorías en español, tradicionalmente reconocidas en esta lengua: género, número, caso, persona, tiempo, aspecto, modo y voz. Se refiere a la categoría de número en los
siguientes términos:

> si bien su contenido ... es correlato casi fiel de las delimitaciones cuantitativas
> correspondientes en el mundo extralingüístico, sin embargo ello no es generalizable
> a todos los casos. La razón estriba, como siempre, en la autonomía de la lengua,

392 *Ana M.ª Fernández Soneira*

> que crea sus propias distinciones y oposiciones, por lo que será en su seno en donde habrá que identificar singulares y plurales dejando a un lado el mundo extralingüístico (Fernández 1993: 58).

Asocia la categoría de número con los sustantivos, los adjetivos, los pronombres y también con los artículos; en el verbo la relaciona sólo con la expresión de las personas que intervienen en una acción, pero no con la pluralización de las propias acciones. En cuanto a los miembros que incluye dicha categoría, en español presenta únicamente la oposición singular / plural.

Otros autores, como Bybee, Anderson o Corbett, abordan el estudio de estas categorías desde una perspectiva tipológica; consideran que el número de categorías que podamos establecer depende de las lenguas que analicemos y, por ello, para poder establecer un determinado número de categorías, acuden al estudio tipológico de las lenguas (lenguas tipológicamente similares presentan categorías semejantes).

Anderson (1985), por ejemplo, en su estudio sobre la morfología flexiva, distingue tres clases diferentes de categorías flexivas, las categorías gramaticales del estructuralismo, que pueden presentar diferentes realizaciones formales dependiendo de la unidad en la que se expresan. Incluye la expresión de la diferencia entre singular y plural en el nombre en muchas de las lenguas del mundo (como en español casa / casas) entre las categorías inherentes a las palabras, es decir, aquellas que no son impuestas por la posición estructural que ocupa la palabra ni dependen de las propiedades de otras palabras en la estructura.

Bybee (1985) incluye también el número en el grupo de categorías que se expresan de manera flexiva en el nombre, mientras que en el verbo habla de la categoría flexiva de concordancia (de número), que es como tradicionalmente ha sido reconocida. Así pues trata el número como una categoría menos relevante que otras en el caso del verbo – puesto que no informa sobre la situación descrita por el verbo, sino sobre los participantes – y más relevante en el caso del nombre.

Por su parte, la gramática cognitiva se define como funcional, en contraposición a las gramáticas basadas en las categorías, y sus investigadores consideran que la función y el significado condicionan la forma; esto explicaría, por ejemplo, que el significado de cantidad condicione una determinada manera de expresión como es la repetición, de manera que la forma lingüística estaría motivada. Defienden también que existe una interrelación entre los aspectos de significado – semánticos y pragmáti-

La expresión lingüística de la idea de cantidad 393

cos – y los formales – fonéticos, morfológicos y sintácticos –. Así, las categorías conceptuales se plasman en palabras, las llamadas categorías léxicas, si bien en ocasiones podemos expresar una misma categoría léxica mediante distintas clases de palabras.

"Los marcos estructurales que proporcionan las categorías gramaticales incluyen distinciones abstractas establecidas mediante las clases de palabras, el número (singular y plural), el tiempo, etc." (Inchaurralde & Vázquez, 2000: 18). Desde este punto de vista, las categorías gramaticales se relacionan con la estructura de la oración y, por lo tanto, pertenecen al dominio de la sintaxis.

Desde otra perspectiva, Boyadjiev (1987) considera en su estudio sobre la categoría de número y los medios para expresarla, que sería conveniente tomar como punto de partida una categoría general, la categoría de *cantidad*.

Dependiendo del referente de la cantidad establece tres subgrupos:

(1) Referida a objetos y personas.
(2) Referida a procesos.
(3) Referida a las propiedades y características de las cosas.

Este autor considera que las diferentes lenguas expresan la cantidad de entidades por medio de: a) procedimientos morfológicos (por ejemplo desinencias), b) mediante cuantificadores (por ejemplo numerales), o bien c) mediante colectivos (cuantificadores universales como *todo*). La cantidad referida a procesos se expresa bien mediante repetición bien mediante formas iterativas, frecuentativas... para marcar diferencias aspectuales. Por último, la cantidad referida a propiedades como la intensidad o el grado es expresada en las lenguas mediante cuantificadores o, al igual que en los procesos, mediante repeticiones.

Boyadjiev (1987) se refiere a esta categoría como categoría de *cantidad*; otros autores como Moreno Cabrera (1991: 179) en su estudio sobre las categorías en relación con las distintas partes de la oración, la denomina *categoría gramatical de número* y afirma que esta categoría afecta al sustantivo y al verbo. Así pues hay autores que adoptan una concepción amplia de la categoría de cantidad / número, mientras que otros adoptan una concepción estrecha en la que el número es meramente una categoría flexional.

En nuestra opinión la perspectiva adoptada por Boyadjiev es la más adecuada para abordar el análisis de la expresión de la pluralidad, partiendo de una categoría general de cantidad, expresada con diferentes proce-

394 *Ana M.ᵃ Fernández Soneira*

dimientos lingüísticos. Nuestra apuesta por esta categoría parte de la constatación de sus realizaciones en las diferentes lenguas, puesto que hay muchos procedimientos que son, por una parte, comunes a varias lenguas, y, por otra parte, idénticos en lenguas particulares tanto en la expresión de entidades, como de procesos o propiedades.

3.2. La expresión de la categoría de cantidad

Las lenguas poseen diferentes procedimientos para expresar la pluralidad, unos más simbólicos y otros más icónicos. Encontramos algunos que existen en todas ellas, como el uso del cuantificador *mucho*, algunos que son icónicos como la reduplicación (o repetición) y otros más simbólicos, como la presencia de un morfema de plural, por ejemplo, en español.

Formalmente, el número puede expresarse, en las lenguas orales, mediante los siguientes procedimientos: prefijación, sufijación, infijación, uso del artículo, flexión interna, sustitución, repetición (total o parcial de la palabra que se pluraliza), con cuantificadores o a través de marcas de clase y clasificadores. Cada lengua dispone de un conjunto de procedimientos, más o menos amplio, para expresar la idea de pluralidad. La mayoría de las lenguas que son aglutinantes emplean sufijos y algunas también emplean prefijos e infijos. Estos procedimientos pueden actuar separada o conjuntamente. La expresión formal del número en lenguas como español o inglés es obligatoria – se marca en los nombres que se refieren a conceptos que pueden ser contados mediante la presencia o ausencia del morfema de plural: *casa/casas*, *dog/dogs* – mientras que en otras lenguas no es así.

También las lenguas de signos (LS), a pesar de que no disponemos todavía de los suficientes estudios tipológicos como para abordar la cuestión de los universales en ellas, presentan una serie de ideas recurrentes a la hora de analizar la expresión del número. Los procesos empleados pueden ser de distintos tipos: un proceso flexional de repetición o reduplicación (de las señas), el uso de numerales, el uso de cuantificadores y el uso de clasificadores. Así mismo hemos observado que la repetición de una seña, el uso de cuantificadores o el uso de rasgos no manuales son procedimientos asociados tanto a entidades, como a procesos o a propiedades. El cuantificador MUCHO parece existir en todas las LS y además puede acompañar a casi todos los tipos de señas. Por su parte, los clasificadores suelen expresar la singularidad, es decir, representan un solo objeto, si bien a menudo se prestan a procesos de pluralización, bien mediante la repetición de su configuración manual en diferentes localizaciones espaciales, bien mediante el uso de ambas manos o de varios dedos, etc.

Tabla 3. Procedimientos de expresión de la cantidad

LENGUAS ORALES	LENGUAS SIGNADAS
Repetición (total o parcial)	Repetición / Reduplicación
Uso de cuantificadores	Uso de cuantificadores
Uso de numerales	Uso de numerales
Clasificadores	Clasificadores
Prefijación	Componentes no manuales
Sufijación	Incorporación numeral
Infijación	Señas plurales
Uso del artículo	
Flexión interna	
Formas supletivas	

Así pues nos encontramos con que los mismos procedimientos se usan con diferentes clases de palabras y señas, aportando diferentes significados, unidos por el lazo común de expresar la idea de cantidad, ya sea de entidades, de procesos o de propiedades. En el caso de las primeras, normalmente la expresión de la cantidad marca simplemente cuántas personas, animales o cosas intervienen en la situación descrita. En el caso de los procesos, al expresar la cantidad podemos referirnos tanto al número de participantes, como, por ejemplo, al número de veces que tiene lugar una acción [ver ejemplos *Figura 1*]. Cuando expresamos la cantidad en las propiedades podemos cuantificar, por ejemplo, su tamaño.

De todos los procedimientos encontrados en la expresión de la cantidad, ya hemos mencionado que el que aparece en todas las lenguas, orales y de signos, es el cuantificador *mucho*, elemento que fue también el más utilizado por nuestros encuestados para responder a las preguntas que les habíamos formulado [ver sección n.º 1]. Wierzbicka (1996) lo incluye en su clasificación de primitivos semánticos, es decir, entre un grupo de conceptos que existen en todas las lenguas, sin los cuales el significado no podría ser definido y que son indefinibles. En el grupo de los primitivos semánticos cuantificadores la autora incluye: *one, two, many (much), all y more* y subraya que todas las lenguas tienen al menos los cuantificadores uno, dos y mucho.

Figura 1. Ejemplos de la expresión de la cantidad a través de la repetición

REPETICIÓN EN LO Y LS	
suratjabar-suratjabar 'periódicos' (malayo) Repetición total de una palabra	 'casas' (SignoEscritura) Repetición total de una seña
tuhlak 'to jerk' / tuhl-tuhlak 'to jerk repeatedly' (Kusaien)[4] Repetición parcial de una palabra para expresar aspecto iterativo	 LOOK-AT[M:iterative] AMERICAN SIGN LANGUAJE (Klima & Bellugi 1979: 293)

4. Conclusiones

Este trabajo versa sobre la expresión de la idea de cantidad en las lenguas, idea que ha estado tradicionalmente unida a la "categoría de número". Nosotros partimos de la hipótesis de que es posible hablar, en las lenguas, de categorías generales, más amplias que las tradicionalmente empleadas para tratar los fenómenos gramaticales en las diferentes lenguas del mundo, orales y signadas. Estas categorías englobarían todos los procedimientos de expresión aplicables a las distintas partes de la oración. Pretendemos partir del conceptualizador humano y de nuestra experiencia del mundo para llegar a las categorías conceptuales y a los signos que reflejan dichas categorías.

Pensamos en la posibilidad de establecer una categoría conceptual general, la categoría de cantidad, que posee unas posibilidades de expresión aplicables a un gran número de elementos lingüísticos (palabras y

---

4. El Kusaien es una lengua de Micronesia. Ejemplo tomado de Anderson (1982).

La expresión lingüística de la idea de cantidad   397

señas) y otras posibilidades de expresión restringidas a determinados elementos, ya sea por su forma o configuración, ya sea por aquello que expresan.

Tras realizar una encuesta en la que preguntamos a diferentes personas por su idea de cantidad y la expresión lingüística que usarían para hablar de ella, revisamos las concepciones de diferentes teorías lingüísticas y comprobamos que la mayoría hablan de la categoría gramatical de número. Por lo que respecta a la Gramática Cognitiva, ésta se ha centrado más en el estudio de las categorías léxicas que en el estudio de las categorías gramaticales en términos de miembros prototípicos y periféricos. Las categorías conceptuales pueden ser expresadas como categorías lingüísticas, pero cabría preguntarse si pueden expresarse también mediante categorías gramaticales, es decir, ¿podríamos establecer prototipos en una categoría como la de cantidad?

A la hora de analizar la expresión de esta categoría, hemos podido corroborar que hay procedimientos existentes en todas las lenguas del mundo, como el cuantificador *mucho*, considerado un primitivo semántico. Otro de los más recurrentes es el uso de numerales, sobre todo *uno* y *dos*, considerados también primitivos cuantificadores; existen además procedimientos icónicos como la repetición total o parcial de la palabra o de la seña que se pluraliza. Al lado de estos, encontramos otros más específicos de cada lengua o de cada conjunto de lenguas, tales como la flexión o el uso de clasificadores. Si aplicamos todo lo dicho en estas líneas a la teoría de prototipos de la Gramática Cognitiva, la categoría de cantidad poseería un miembro prototípico, el más representativo y distintivo, que sería el cuantificador *mucho* y elementos progresivamente más periféricos (el uso de numerales, la repetición, los morfemas de número, los cambios vocálicos, etc.), diferentes según el tipo de lengua, por ejemplo, aglutinante o aislante.

Muchos de estos procedimientos pueden aplicarse por igual, en las lenguas, a entidades, procesos o propiedades. Por ello creemos que es factible hablar de una categoría general de cantidad que englobe todos los recursos mediante los cuales las lenguas expresen, en las diferentes clases de palabras o señas, la singularidad o la pluralidad.

398   *Ana M.ª Fernández Soneira*

Referencias

Anderson, Lloyd
  1982   Universals of Aspect and Parts of Speech: Parallels between Signed
              and Spoken Languages. In: Paul J. Hopper (ed.), *Tense-aspect between
              sematics & pragmatics*, 91-114. Amsterdam: John Benjamins.
Anderson, Stephen R.
  1985   Inflectional morphology. In: T. Shopen (ed.), *Language typology and
              syntactic description*, Volumen III: Grammatical categories and the le-
              xicon, 150-201. Cambridge: Cambridge University Press.
Boyadjiev, Jivco
  1987   La catégorie du nombre et les moyens de l´exprimer dans les langues
              du monde. *Travaux* 5: 81-90.
Bybee, Joan
  1985   *Morphology. A study of the relation between meaning and form.*
              (Typological Studies in Language 9) Amsterdam/Philadelphia: John
              Benjamins.
Corbett, Greville G.
  2000   *Number*. Cambridge: Cambridge University Press.
Cuenca, María Josep & Joseph Hilferty
  1999   *Introducción a la lingüística cognitiva.* Barcelona: Ariel.
Fernández Pérez, Milagros
  1993   *Las categorías gramaticales (morfológicas) en español.* (Verba, anua-
              rio galego de filoloxía, anexo 35) Santiago de Compostela: Servicio de
              Publicaciones de la Universidad de Santiago de Compostela.
Inchaurralde, Carlos & Ignacio Vázquez (eds.)
  2000   *Una introducción cognitiva al lenguaje y a la lingüística.* Zaragoza:
              Mira Editores (Traducción y adaptación al castellano de *Cognitive
              Exploration of Language and Linguistics*, editada por René Driven y
              Marjolijn Verspoor, 1998. Amsterdam: John Benjamins).
Klima, Edward & Ursula Bellugi
  1979   *The Signs of Language.* Cambridge, M.A.: Harvard University Press.
Moreno Cabrera, Juan Carlos
  1991   *Curso Universitario de Lingüística General 1: Teoría de la gramática
              y sintaxis general*, Capítulo X: El sintagma nominal I. Género y núme-
              ro, 167-186. Madrid: Síntesis.
Parkhurst, Steve & Dianne Parkhurst
  2001   *SignoEscritura. Un sistema práctico para leer y escribir las lenguas
              de signos.*
              [www.signwriting.org/spain/lecciones/SignoEscritura/signo001. html]
Wierzbicka, Anna
  1996   *Semantics. Primes and Universals.* Oxford / New York: Oxford Uni-
              versity Press.

Verbs of cognition in Spanish:
Constructional schemas and reference points

José M.ª García-Miguel and Susana Comesaña

Abstract

This paper examines the interaction between verb meaning and construction meaning using as an example a group of so-called 'cognition' or 'propositional attitude' verbs in Spanish (*saber, creer, pensar, considerar, juzgar, estimar, imaginar, suponer*, etc). These verbs share some semantic and conceptual features that partly condition the constructional schemas in which they can appear. Our point of departure agrees with Construction Grammar (Goldberg 1995) in the assumption that, on the one hand, verbs involve frame-semantic meanings, and on the other hand, constructions have cognitive abstract meaning partly independent of verbs instantiating them. Thereby, the final meaning is the result of the interaction between verb meaning and construction meaning. The frame activated by cognition verbs involves a conceptualizer and a conceptual content, but each construction proposes a specific construal of the scene. The more relevant differences have to do with the relative prominence of entities that can serve as reference-point in the mental access path from the conceptualizer to the propositional content

Keywords: Reference point, cognition verbs, Construction Grammar.

1. Introduction

The interaction between verb meaning and construction meaning has been largely defended by Goldberg (1995), who argues for the relative independence and compatibility between verb meaning and construction meaning, that is, the interaction of the meaning of lexical items with the properties and meaning of constructions.

The verb meaning entails a rich frame-semantics meaning involving interacting participant entities. Verbs from the same class/group share most elements of their conceptual base (Lakoff's ICM) and differ about the profile they impose on that base and about how they elaborate the base.

400   *José M.ª García-Miguel and Susana Comesaña*

The meaning of abstract constructional schemas (for ex.: ditransitive construction) must be necessarily more schematic than verb meaning, since it must fit many verbs from different domains. On the other hand, constructional schemas provide alternate conceptualizations compatible with the same verb. Explicit and implicit participants are determined by the integration of verb meaning and construction meaning, showing differences in construal, specifically differences in attention and focusing. In general, obligatory verb arguments are included explicitly in the schema; but construal allows that elements implied in frame evoked by the verb do not receive expression in specific constructions, and that secondary or not essential elements in the evoked frame could be construed as central participants.

This paper is based on corpus observations, namely on ADESSE ("Alternancias de Diátesis y Esquemas Sintáctico-Semánticos del Español"), a database for the empirical study of the interaction between verb meaning and construction meaning, containing both syntactic and semantic features about Spanish verbs [1]. It aims to include a list of constructional schemas admitted by every verb in the corpus [2], a general semantic classification of verb senses, the identity of participant roles in the evoked frame, and frequencies in the corpus for each verb and constructional alternatives.

Within this ADESSE data base, 98 Spanish verbs are provisionally classified as cognition verbs. Table 1 shows the basic construction for those cognition verbs

Table 1. Syntactic constructional schemas common with cognition verbs (and frequency in BDS/ADESSE)

Transitive	SUB - DO	9879
Complex transitive	SUB - DO - ObjComp	295
Ditransitive	SUB - DO - IO	161
Oblique Transitive	SUB - DO - Oblique(de/sobre, ...)	259
Intransitive	SUB	1570
Oblique intransitive	SUB - Oblique(en/con de, ...)	873

---

1. This research is funded by Spanish Ministry of Science and Technology (BFF2002-01197), partly using EU FEDER funds, and by the Xunta de Galicia (PGIDIT03P XIC30201PN)
2. The syntactic analysis comes from BDS, a Syntactic Database of contemporary Spanish, containing syntactic function, and syntactic category of the core arguments of 159.000 clauses from a corpus which amounts about 1,5 million words. The references of the quoted examples correspond to this corpus (http://www.bds.usc.es).

Along with the canonical transitive construction, other constructional schemas are also common with cognition verbs in Spanish. Some of them include an additional constituent whose motivation will be explained below. However, intransitive constructions will not be considered in the present work.

2. Verbs of cognition: knowing and believing

Verbs of cognition designate mental processes, in the sense of Halliday (1985)[3]. Mental processes involve potentially a Senser or Cognizer and an object of knowledge or belief (a 'Phenomenon'). Then, the participants in a mental process usually are, on the one hand, a human participant who knows, thinks, feels, etc and on the other hand, a third order entity, construed as a participant by projection, typically in the form of a complement clause (Halliday 1985: 115-119).

Achard (1998) has studied within a Cognitive Linguistics framework a set of French verbs (perception, declaration, volition and emotion/ reaction verbs) also construed with complement clause, in what he labels the "conceptualizing subject construction", depicted in figure 1. The subject of main clause has a role of conceptualizer with regard to complement clause, more or less as the speaker conceptualizes the whole scene.

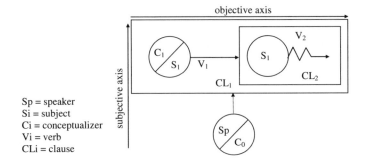

Figure 1. Complementation in conceptual terms (Achard 1998: 65)

---

3. Mental processes are "processes of feeling, thinking and seeing" (Halliday 1985: 117).

402   *José M.ª García-Miguel and Susana Comesaña*

For example:

(1)   *María   cree que Juan llegó ayer*
       C1/S1   V1   S2   V2

Within the conceptualizing subject construction, knowing and believing verbs specifically are qualified as 'propositional attitude verbs'. These are not factive predicates that specify the subject attitude with respect to possible event designated by complement clause. They state the level of certainty or uncertainty towards the content of the complement structure (Achard 1998: 178).

In terms of mental spaces theory (Fauconnier 1995, 1997, 1998), beliefs are typical examples of mental space builders. Cognition verbs are mechanisms used by the speaker to set up a subordinate mental space. For example (Fauconnier 1998: 253-257), in *Max thought the winner received $ 100*, we may easily distinguish a base space ('reality') containing Max, and another space containing "what Max things", namely that someone *received $ 100*. The NP *the winner* is a description, accessing a role or a value either in the base space (the speaker considers someone the winner, independently of Max' thoughts) or in the projected space (Max considers someone the winner, independently of reality and speaker' thoughts). Then, a complement clause typically represents a subordinate mental space, which may be related in several manners to the base space ('reality', as construed by the speaker and/or cognizer).

The process of accessing a secondary mental space can be also understood in terms of *reference-points*, a concept elaborated by Langacker (1991, 1993):

> The world is conceived as being populated by countless objects of diverse character. These objects vary greatly in their salience to a given observer (...) Salient objects serve as reference points: if the viewer knows that a non-salient object lies near a salient one, he can find it by directing his attention to the latter searching in its vicinity (...) the **target,** i.e. the object that the viewer seeks to locate. (...) Each reference point anchors a region that will be called its **dominion.** (Langacker 1991: 170)

The notion of reference-point is relevant to a large set of linguistic phenomena such as the sanction of definite articles, metonymy, possessive constructions, *topic* constructions and grammatical relations. In most cases, reference point and target use to be nominals ('things'), but a reference point relationship between for example a thing and a proposition is also possible (Langacker 2000: 26), and that is what happens with cognition verbs. Moreover, in cognition verb constructions there is a natural reference point chain involving the main elements of figure 1 (C0 → C1/S1 → S2 → CL2/V2): the speaker (C0) seeks the projected mental space in the dominion of the conceptualizer/subject (C1/S1) of the cognition verb, and the subject (S2) of the complement clause, as relational figure (*trajector*), serves as a reference point to the process as a whole included in the projected mental space. (cf. Langacker 2000: 36). As we will see, this reference point chain is maintained, in general terms, across the different syntactic schemas of cognition verbs.

3. Transitive construction: SUBJ-DO

The "conceptualizing subject construction" of figure 1 represents the essential aspects of the frame evoked by any cognition verb. Such a frame is elaborated in different manners by particular verbs and constructions. As table 1 shows, the basic construction for cognition verbs is the transitive: 9878 examples of the transitive construction are registered in BDS/ADESSE with 69 verbs of cognition. The more frequent verbs are *saber* 'know', *creer* 'believe', *pensar* 'think', *recordar* 'remember', *entender* 'understand', *reconocer* 'recognize', *olvidar* 'forget', etc.

A canonical transitive event implies an asymmetric energetic interaction between two participants. In mental processes, there is no energetic interaction between concrete individuals, but there is a unidirectional asymmetric relation between a human Cognizer as Subject and a Propositional content as Object.

Table 2. Transitive constructional schema

Cognition	<Cognizer	Content>
PRED	SUBJ	DIRECT OBJECT
V	NP-Human	clause / NP

Therefore, the transitive construction profiles the asymmetric relation between Cognizer and propositional Content, and selects the human cognizer as primary figure (trajector of the profiled relation)

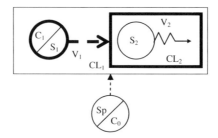

Figure 2. Profiling in the transitive constructional schema S - V - D (clause)

The more relevant variants in the instantiation of this high-level abstract schema depend on the nature of the object: complement clause in indicative, infinitive clause, noun phrase, etc... Nevertheless, the most frequent subschema for cognition verbs (4893 + 1041 examples in ADESSE) profiles a mental relation between a human subject and propositional content expressed by a clause or referred to by a clitic pronoun.

(2) a. *Tú pensarás que estoy loco* (SONRISA: 234) [finite clause]
   'You are probably thinking that I am mad'
   b. *Pensaba visitar a Gloria Valle* (SUR: 45) [infinite clause]
   'He planned to visit Gloria Valle'
   c. *Ya pensaremos alguna solución* (CAIMAN: 38) [noun phrase]
   'We will think later about a solution'

Some alternatives depend also on the nature of the subject. Figure 1 shows an 'objective' construal where the speaker observes the scene off-stage. However, as shown in table 3 the most frequent case with verbs of cognition is a 1st person subject, that is, C1 (Subject) equates with C0 (Speaker) so that the speaker is also the conceptualizer of the projected mental space, and the distance along the subjective axis of figure 1 is reduced [4].

---

4. This fact has a clear basis: one knows better his own beliefs.

Table 3. Subject in SUB DO construction (active voice)

N° Pers	N	%
1ª sg.	4281	43,4%
2ª sg.	1518	15,4%
3ª sg.	4079	41,2%
Total	9878	100 %

A similar issue concerns the distance between C1 and CL2 along the objective axis, and is related to the choice between a finite clause and an infinitive construction. This choice depends, in the first place, on the correferentiality of subjects. An infinitival complement is only possible when the subject of the main verb and the subject of the subordinate verb are coreferential. A finite complement is not affected by such restriction

(3) a. *Mis amigos los vascos creen pertenecer a su país* (JOVENES: 135)
Literal: 'My Basque friends think to belong to their country'
b. *Creo que <Madrid> es una ciudad muy incómoda* (MADRID: 73)
'I think that it is a very inconvenient town'
c. *Creo que no volveré más a Gijón* (MADRID: 26)
'I think that I will never come back to Gijón'

According to Achard (1998: 173-215), this restriction is related to differences in viewing arrangement along the objective axis. The finite complement signals an objective construal of the scene, that is, an "optimal viewing arrangement" [OVA] which maximizes the asymmetry between the conceptualizer and the object of conceptualization

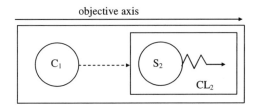

Figure 3. Finite clauses: "OVA" (slightly simplified from Achard 1998: 188)

On the contrary, an infinitival complement signals a subjective construal from the vantage point of S2, that is, an "egocentric viewing arrangement" [EVA] that blurs the asymmetry between subject and object of conceptualization, since the activity profiled by the subordinate verb is construed from the vantage point of someone engaged in it (and that is why S1 and S2 must be coreferential)

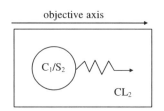

Figure 4. Infinitival complements: EVA (Achard 1998: 189)

The conceptual distance between cognizer and subject of CL2 depends primarily on the meaning of the main verb. Achard notes that perception verbs (which "maximize the subject/object asymmetry") are not construed with infinitive, whereas the infinitive is obligatory with volition verbs in case of coreference between S1 and S2. Both constructions are found with cognition verbs. In BDS/ADESSE most cognition verbs are registered either with finite complement or with infinitival complement: *saber, decidir, creer, pensar, recordar, aceptar, acordar, resolver, olvidar, reconocer*, etc. Nevertheless, they show clear differences in meaning

(4) a. *Y ya sé dar volteretas.* (CAIMAN: 41)
    'And I already know (how) to do somersaults'
  b. # *Ya sé que doy volteretas*
    'I already know that I do somersaults'
(5) a. *Yo no me pienso casar.* (OCHENTA: 67)
    'I don't think to get married'
  b. # *Yo no pienso que me voy a casar.*
    'I don't think that I'm going to get married'

The infinitival construction gives the main verb a meaning closer to that of modals and dispositive verbs. The finite clause distances and objectifies the propositional content.

On the other hand, many cognition verbs are never registered with infinitival complement in BDS/ADESSE: *comprender, considerar, entender, sospechar, estimar, opinar, intuir, reflexionar, juzgar,* etc

(6) a. *Comprendió que no tenía coraje para formular tales embustes* (HISTORIAS: 62)
 'He understood that he didn't have courage to make such lies'
 b. **Comprendió no tener coraje para formular tales embustes*

The lexical meaning of this second group of verbs maximizes the conceptual distance between C1 and propositional content, as if it was something perceived off-stage. Therefore the construction is coherent with that distance and objectification of the propositional content.

4. Complex transitive construction: SUBJ-DO-OC

The main syntactic alternative to the transitive constructional schema with verbs of cognition is what we will label as 'complex transitive construction'. In this construction, the Cognizer remains as Subject, but the Conceptualized Content is split into two constituents: a Direct Object noun phrase (or pronominal clitic) and a predicative object complement, usually an adjective phrase (or, also, a nominal phrase with *como* "as").

Table 4. Complex transitive construction with verbs of cognition

Cognition	<Cognizer	Content>	
PRED	SUBJ	DIRECT OBJECT	OBJECT PRED COMPLEMENT
V	NP	NP	Adjective Phrase
	Trajector	Landmark	

The complex transitive construction [CTC] is exemplified in (7a), whereas (7b) exemplifies the fact that the CTC can be usually paraphrased by a canonical transitive construction with a complement clause

(7) a. *Papá me cree muerta* (CAIMAN: 53)
 'Dad believes me dead'

b. *Papá cree que estoy muerta*
 'Dad believes that I am dead'

In BDS/ADESSE there are 295 examples of CTC with 20 different verbs of cognition. The most frequent verbs are *considerar, creer, imaginar, estimar, entender, juzgar*.

The CTC in Spanish is in some respects similar to English "raising" constructions. In these constructions, the "semantic" subject of a non finite subordinate clause is the object of the main verb, although they differ syntactically and semantically from their finite counterparts (Postal 1974, Langacker 1995): With perception and cognition verbs, "raising" constructions are used for judgments based on more direct evidence. For example, (8c) is used when I am actually seated on the chair

(8) a. *I find that this chair is uncomfortable.*
 b. *I find this chair to be uncomfortable.*
 c. *I find this chair uncomfortable.*

According to Langacker (1995), raising constructions construe the scene giving prominence to the "logical" subject of the infinitive by assigning it the status of primary landmark, and profiling the connection between subject and object. The relation between subject and object is not due to direct interaction between them, but is entirely mediated by the infinitival process. The raised object stands metonymically for the subordinated process, and it acts as *reference point* with respect to the infinitival complement. That is, it is the construal of the scene indicates that C1 establishes mental contact with S1, and it is through it that he accesses the process represented by the infinitive V2

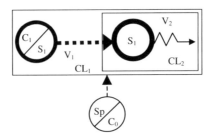

Figure 5. Profiling in raising constructions (NP-V-NP-Infinitive)

Verbs of cognition in Spanish   409

Nevertheless, there are important differences between the finite complement clause construction in English and the complex transitive construction in Spanish. First of all, in Spanish the 'raised' Object NP cannot combine with infinitives and gerunds.

(9)   a. *Todos creyeron que había besado a Ana.*
          'Everybody believed that he had kissed Ann.'
       b. **Todos lo creyeron haber besado a Ana.*
          'Everybody believed him to have kissed Ann.'

Rodríguez Espiñeira (2002) notes that the complex transitive construction lacks the propositional status of finite complement clauses, and in many cases, there is not any possibility of using it as an alternative. According to Rodríguez Espiñeira, the non-propositional status of the complement of the complex transitive construction is reflected by the fact that aspectual, modal and negative expressions are restricted; and the fact that the complex transitive constructions cannot be used as an alternative to dynamic, identifying predications, which serve as a subjective characterization or assessment of the object.

(10)   a. *No creían que fuera yo el fotografiado.* (LABERINTO: 114)
          'They didn't believe that I was the photographed'
       b. **No me creían el fotografiado.*
          'They didn't believe me (to be) the photographed'

Therefore, the choice between a finite clause construction and a complex transitive construction is limited to non-dynamic, non-identifying relation. But, even when there is the choice between both constructions as in (7), there is no identity of meaning, but a different construal, because the complex transitive construction gives primary prominence (besides the cognizer-subject) to the object NP, which serves as a reference point in the access path to its assessment by means of a predicative adjective.

The prominence of the Object-NP as primary landmark and reference point is akin to two salient properties of this construction, the high topicality of the DO and the mental space where each element is interpreted.

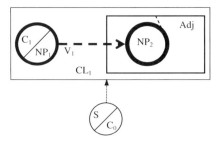

Figure 6. Profiling in complex transitive constructions

The high topicality of the DO in complex transitive construction is corroborated by frequency distribution in our corpus: the DO is usually not clausal (90,2%), definite (87,7%), and in many cases represented only by a pronominal clitic (35,6% of the total cases). So, DO position is occupied by highly accessible referents, already established in the ongoing discourse and in the current mental space. Once established, they can serve as reference point for a concurrent assessment/evaluation by the cognizer/subject of the main verb. This assessment is expressed by the predicative complement.

On the other hand, elements of a finite complement clause are interpreted as part of a subordinate (belief) mental space, and the complement clause designates a proposition whose truth value can be discussed. On the contrary, with complex transitive constructions, the DO-NP is interpreted as part of the base mental space and the predicative characterizes this referent, but it does not get propositional status. So, there is no truth value to be discussed

(11) a. *Considera que Ana es una asesina, y seguramente no se equivoca.*
'He considers that Ana is a killer, and probably he's not mistaken'
 b. *La considera una asesina (*y seguramente no se equivoca).*
'He considers her a killer (*and probably he's not mistaken)'

Moreover, a complement clause within the transitive construction allows existential predications introducing new referents (even referents unreal in the base mental space), whereas in a complex transitive construction such referents should become definite and established in the base mental space.

(12) a. *La sala le levanta el procesamiento por considerar que no hay pruebas para considerarlo sospechoso.* (1VOZ: 25)
'The court lift him the trial by considering that there aren't proofs for consider him under suspicion'

b. *#Consideran inexistentes las pruebas*
'They consider nonexistent the proofs'

Summing up this section, we have seen that cognition verbs represent a scene where a cognizer establishes mental contact with a propositional content. This contact with the targeted content can be established through a reference point. The complex transitive construction emphasizes this reference-point as primary landmark raising it to the object position. This object is located in the base mental space along with the cognizer and is typically a definite noun phrase or a pronominal clitic, indexing referents highly accessible in discourse.

5. Ditransitive construction: SUBJ-DO-IO

Besides the transitive construction (with a complement clause) and the 'complex transitive construction', in BDS/ADESSE there are 161 examples of 25 verbs of cognition registered in the ditransitive constructional schema (SUBJ - DO - IO). None of them counts among the most frequent verbs in the ditransitive construction in Spanish. The more frequent verbs in this construction are *dar* 'give', *decir* 'tell, say', *hacer* 'make', *poner* 'put', and so on. The semantic domains in these cases are other than cognition, they are verbs of transfer (*dar*), communication (*decir, preguntar*), spatial transfer (*poner, traer*), causative and permissive (*enseñar, permitir*), intended transfer to beneficiary (*hacer*).

Like in English, the central sense of the ditransitive construction in Spanish is that of "agent successfully causes recipient to receive patient" (Goldberg 1995: 38), that is, the transfer meaning associated with giving verbs.

Table 5. Ditransitive constructional schema (transfer prototype)

Transfer	<Agent	Patient	Receiver>
PRED	SUBJ	DO	IO

Maldonado (2002) takes also the transfer meaning as prototypical for ditransitive constructions and indirect objects in Spanish, as represented in figure 7.

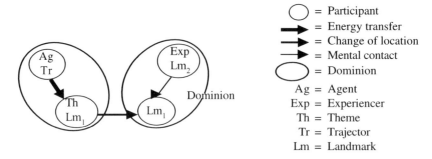

Figure 7. Transfer prototype: *dar, decir* (Maldonado 2002: 9 and 55)

But, developing ideas from Langacker (1991, 1993), Maldonado makes the observation that "the transfer construal implies that the theme ends in the dominion of the experiencer and becomes available for interaction. Thus, the experiencer must also be characterized as a prominent participant that functions as a reference point from which to locate a less prominent entity found in her/his dominion." (Maldonado 2002: 10)

There are diverse motivations for the presence of IO with cognition verbs; but all of them rely on a metaphorical extension of the transfer construction and/or the communication schema. The more frequent meaning is the causative. Verbs like *recordar* 'remind' and *evocar* "evoke" are lexical causatives of (mono)transitive verbs of cognition like *recordar* 'remember' or *pensar* 'think about'

(13) *La palabra "gitano" me evocaba sufrimientos y peligros* (SUR: 67)
 'The word "gypsy" evoked me sufferings and dangers'

Kemmer & Verhagen (1994: 116) argue that (periphrastic and non periphrastic) causative structures are "built up from simpler structural conceptual units, in the sense that they relate (non-derivationally) to more basic clause types". In particular, the causatives of transitive verbs (TC clauses) are based on simple three-participant clauses. The actual correspondences for verbs of cognition are given in table 6.

Verbs of cognition in Spanish   413

Table 6. Correspondence between prototypical ditransitive clauses and causative clauses with cognition verbs (inspired from Kemmer & Verhagen 1994: 126)

3-Participant Clause	Agent	Dative/Receiver	Patient	V_3
Causative Cognition Verb	Causer	Causee/Cognizer	Content	Vcog-caus

Besides the CAUSATION AS TRANSFER metaphor, that motivates the correspondences between roles for any causative, some ditransitive cognition verbs are also construed on the model of communication verbs. The ditransitive construction gives the verb *recordar* in (14) a causative sense (~'she made him remember') and at the same time a communication sense (~'she said that to him')

(14)   *Le recordé que era lunes.* (CRONICA: 15)
       'I reminded him that it was Monday.'

The communication frame for ditransitive clauses is also acting as a model in (15), but in this example and in (16), we are using a new metaphor, COGNITION AS TRANSFER, where the IO acts as final possessor or beneficiary of the beliefs of the main subject

(15)   *Pensé en marcharme, te lo reconozco.* (SONRISA: 236)
       'I think of going away, I admit that to you.'
(16)   *<A nuestras vecinas> les imaginamos secretariados o escuelas de párvulos en Detroit.* (GLENDA: 31)
       '<Our neighbors,> we imagine secretariats or infant schools in Detroit for them.'

Finally, a third group uses a partially different correspondence, with cognition as inverted transfer (acquisition), where the IO maps with an initial possessor, from which one acquires his beliefs (compare with *comprarle algo a alguien* 'to buy something from someone')

(17)   *No es fácil creer esto a un hombre como tú.* (COARTADA: 62)
       'It's unlikely to believe that from a man like you.'

At this point, we have moved a bit further away from the transfer prototype, as far as this prototype evokes a literal or metaphoric path toward the indirect object. However, the notion of reference point provides a more unified account of the main variants. According to Maldonado, the indirect object functions as a reference point from which to locate the direct object. We may reduce the relevant aspects of figure 7 to the representation of figure 8

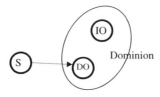

Figure 8. Basic image-schema for the ditransitive constructional schema

With verbs of cognition in the ditransitive schema, the IO dominion corresponds to a virtual area in which a cognizer mentally interacts with a conceptual content, in such a way that he intends to put such content into the IO dominion (as in [15], ...) or he acquires some propositional content within the IO dominion (as in [17]). The distinctive property of the ditransitive construction is that it places both reference point (the IO) and target (the DO) as central participants in the conceptualization of the scene.

6. Oblique transitive construction: SUBJ-DO-OBL

The last construction we will comment on is the "oblique transitive construction", which adds an oblique complement to subject and object. This construction has in general the characteristics of the transitive construction. But the construction includes an Oblique complement (with the preposition *de, sobre* or similar) equivalent to a topic that specifies a reference dominion which restricts the propositions acceptable in that discourse context.

Table 7. Oblique transitive construction with cognition verbs

Cognition	<Cognizer>	Content>	Reference
PRED	SUBJ	DIRECT OBJECT	OBLIQUE
V	NP	NP	PrepP (*de / sobre / acerca de*)
	TR	LM	

Verbs of cognition in Spanish 415

The most frequent verbs registered in ADESSE with this structure are *saber* 'know', *opinar* 'be of the opinion that' and *pensar* 'think'. The construction is used above all in interrogative clauses, proposing a topic for the ongoing dialogue:

(18) *¿Y sobre el piso qué opinas?* (MADRID: 72)
    'And about the flat, what is your opinion?'
(19) *-¿Y qué sabe el Papa de sexo? (*SONRISA*: 242)
    'And what does the Pope know about sex?'

When the direct object is a question-word, the majority of the examples with such verbs are accompanied by an oblique complement setting the discourse topic that is expected to be elaborated in the answer to the question:

Table 8. Interrogatives as DO with *pensar*, *saber* and *opinar*:

Construction	N	%	Example
SUB DO	44	37,6%	*¿Qué piensas?*
SUB DO OBL(*de/sobre*)	73	62,4%	*¿Qué piensas de/sobre eso?*
TOTAL	117		

The table 9 gives the different types of object registered in the oblique transitive construction. The most frequent alternatives imply a very low elaboration of the object, a very schematic meaning representing the content of the process of cognition

Table 9. SUB DO OBL(*de/sobre*) with the verbs *saber*, *pensar* and *opinar*:

DO	%	N	Example
Interrogative (DO = *qué*)	18,7%	28	*¿qué piensas/sabes de eso?*
Quantifier (DO = *mucho/poco/* ...)	37,3%	56	*De esto sé mucho / poco / nada...*
Relative Pro (DO = *lo que*)	8,0%	12	*... lo que pienso/sé/opino sobre eso*
Clause	2,7%	4	*Sobre eso pienso que ...*
Other	3,3%	5	
TOTAL	100%	150	

In addition to interrogatives, the construction is very common with a quantifier as object, as in (20). Here, the most frequent cases are the negative clauses with the verb *saber* and a negative quantifier as direct

416   *José M.ª García-Miguel and Susana Comesaña*

object, as in (21). The oblique complement delimits the dominion within which the negation or quantification is valid.

(20)   *¡mira! de fútbol sé bastante... aunque parezca mentira* (MADRID: 78)
        'look! about football, I know enough.... strange though it may seem'
(21)   – *¿Qué hay de Finita? ¿Nada? – De Finita no sé absolutamente nada.* (BAIRES: 428)
        'What's about Finita? Nothing? – About Finita, I don't know absolutely nothing'

Then, the oblique complement appears as a necessary reference point providing a dominion for an underspecified propositional content. The 'complex transitive construction' very rarely includes an explicit completive clause, as in (22). In that case, the oblique complement establishes the topic of the completive clause, or the topic of the ongoing discourse that develop the question word, as in (23), and it tends to coincide with the subject

(22)   *... objetos de los que pensamos que se atraen entre sí* (LING:126)
        '....objects about which we think that they attract each other'
(23)   – *¿Qué piensas tú de los toros y el turismo? – Pienso que los toros ..., bueno, mejor dicho, el turismo ha dado un gran impulso a la fiesta nacional* (MAD: 92)
        'What do you think about bulls and tourism? – I think that bulls...., well, rather, tourism has given a great impulse to bullfighting'

Nevertheless, the relevant factor is topicality. In (24), *la Feria* is the topic of the complement clause, but not the subject of *suprimir*

(24)   *Bueno, yo opino sobre la Feria que si estuviera en mis manos la suprimía.* (SEVILLA: 265)
        'Well, I have the opinion about the Fair that if it were in my hands I'll suppress it'

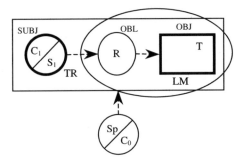

Figure 9. Oblique complement as a reference point

As stated by Langacker (2000: 26), topics are particular cases of reference point phenomena, representing things that give access to a proposition. In the oblique transitive construction, cognizer and propositional content continue to be trajector and landmark of the profiled relationship, as in figure 2, but the proposition content must be searched within the dominion of the oblique complement, which represents a reference-point established as discourse topic. The noteworthy point about this construction is that the propositional content is frequently reduced to a question word or a quantifier, so a reference dominion is almost all we can get.

7. Conclusions

The meaning of cognition verbs involves a conceptualizer (typically, the subject) conceiving or assessing an event, typically represented by a complement clause in the object syntactic slot (*creo que es capaz de hacerlo*). Alternatively, many cognition verbs allow constructions with nominal object and adjectival predicative complement (*lo creo capaz de hacerlo*). It is well established (Rodríguez Espiñeira 2002) that there is no equivalence between these two syntactic schemas, and that subject-"raising" to object is motivated as a metonymical reference-point to the conceptualized event (Langacker 1993, 1995). Besides those two constructions, there is also some other constructions involving different configurations of reference-point and target: the schema SUB-DO-IO (*le recordé que era lunes, no le creo nada*), extended from the model of

418 *José M.ª García-Miguel and Susana Comesaña*

transfer verbs, and where an indirect object constitutes a reference-point for a nominal in its conceptual domain; and the schema SUB-DO-Oblique(*de*) (*¿Qué piensas tú de ella?*) where the prepositional adjunct represents a reference-point established as discourse topic.

Each construction proposes a specific construal of the scene, but the more relevant differences have to do with the relative prominence of entities that can serve as reference-point in the mental access path from a cognizer to a propositional content or assessment. Altogether, we hope to have shown how the notion of reference-point together with the frame-semantics associated with the verb can provide a unified account of cognition verb constructions in Spanish, which should be compatible with the syntactic and semantic differences (in profiling and salience) observed in syntactic constructions.

References

Achard, Michel
    1998   *Representation of Cognitive Structures. Syntax and Semantics of French Sentential Complements*. Berlin: Mouton de Gruyter.

Delbecque, Nicole
    2000   Cognitive constraints on complement clause cliticization in Spanish. In: K. Horie (ed.), *Complementation*, 149-198. Amsterdam: John Benjamins.

Fauconnier, Gilles
    1995   *Mental Spaces*. Cambridge: Cambridge University Press (2nd edition)
    1997   *Mappings in Thought and Language*. Cambridge: Cambridge University Press.
    1998   Mental spaces, language modalities, and conceptual integration. In: M. Tomasello (ed.), *The New Psychology of Language. Cognitive and Functional Approaches to Language Structure*, 251-280. Mahwah: Lawrence Erlbaum.

Halliday, M.A.K.
    1985   *An Introduction to Functional Grammar.* London: Arnold.

Goldberg, Adele E.
    1995   *Constructions. A Construction Grammar Approach to Argument Structure.* Chicago: University of Chicago Press.

Kemmer, Suzanne & Arie Verhagen
    1994   The grammar of causatives and the conceptual structure of events. *Cognitive Linguistics* 5: 115-156.

Langacker, Ronald W.
    1991   *Foundations of Cognitive Grammar. Volume 2: Descriptive application.* Stanford: Stanford University Press.

Verbs of cognition in Spanish   419

1993	Reference-point constructions. *Cognitive Linguistics* 4: 1-38.
1995	Raising and transparency. *Language* 71: 1-62.
2000	Topic, subject, and possessor. In: H. G. Simonsen & R. T. Endresen (eds.), *A Cognitive Approach to the Verb. Morphological and Constructional Perspectives*, 11-48. Berlin: Mouton de Gruyter.

Maldonado, Ricardo
2002   Objective and Subjective Datives. *Cognitive Linguistics* 13/1: 1-65.

Postal, Paul M.
1974   *On Raising: One Rule of English Grammar and Its Theoretical Implications*. Cambridge: The MIT Press.

Rodríguez Espiñeira, María José
2002   Alternancias de esquema sintáctico con predicados de valoración intelectual. In: A. Veiga, M. González e M. Souto (eds.) *Léxico y Gramática*, 313-326. Lugo: Tris Tram.

A usage-based analysis of adjectival position in English

Keri Holley

Abstract

Linguistic theory is ambitious in that it attempts to provide a bridge between the internal world of conception and the external world of communication. This study aims to uncover how conception and communication might interact in ways important to understanding differences in distribution in the syntactic position of adjectives in English. In particular, differential effects of frequency on syntactic position of adjectives are examined in order to offer a glimpse at the intersection between communicative and conceptual worlds. Differences in syntactic position of adjectives have been traditionally associated with information status of the referent in question, with attributive adjectives associated with new discourse referents and predicative adjectives associated with old discourse referents (Thompson 1988). However, in this study, frequency of the adjective is examined in addition to the relation of syntactic position and information status of the referent. Adjectives of differing frequency are analyzed using data from the Switchboard corpus, a database of natural spoken discourse. Tokens of each adjective are coded for syntactic position in a sentence as well as information status of the referent. The results suggest a complex relation between conceptual and communicative needs. Higher frequency tokens tend to appear in attributive position regardless of the information status of the referent. However, there also appears to be an increase in new discourse referents in higher frequency categories. These results suggest that a detailed look at the effects of lexical frequency needs to be pursued in order to sort out the interaction between frequency and discourse needs.

Keywords: frequency, syntactic position, attributive/predicative adjectives.

1. Introduction

This study examines the possible roles that lexical frequency and information flow play in determining the syntactic position in adjectives in English. In this investigation, I have found that there are several, intertwined factors that contribute to the distribution of syntactic position. These factors include the degree of shared knowledge between speakers

422   *Keri Holley*

and hearers, the function that the adjective plays in aiding to introduce or to comment on discourse referents, and the frequency of the adjective in conversation. The observation that these factors influence the syntactic behavior of adjectives supports a usage-based model of language production and comprehension.

2. Distribution of Syntactic Position of Adjectives

Adjectives occur in two major syntactic positions in English: attributive position and predicative position. Attributive adjectives are placed before the nouns that they modify as in example (1).

(1)   *The last **big** lake I went to was*

Predicative adjectives follow a copular verb or other verb as in example (2).

(2)   *It's getting too **big** for us to take care of.*

However, Thompson (1988), in a study of 308 adjectives taken from natural conversation, analyzes adjectives as falling into two functional categories as well. These include adjectives playing a predicate role and adjectives that introduce a new referent into the discourse. Adjectives that function to predicate an already introduced referent can either be in predicative or attributive position syntactically. For example, Thompson considered a syntactically attributive adjective as predicative functionally if it occurred with a non-new information bearing head. Non-new information bearing referents include empty referents, such as *thing* in example (3),

(3)   *That's a big **thing** to think about.*

and anaphoric referents, such as *one* in example (4) or *idea* in (5).

(4)   *That's a big **one** in my book.*
(5)   *That's an excellent **idea**.*

Thompson (1988) found that the majority of adjectives in her data function to predicate properties of an already introduced discourse referent. Additionally, she found that in the majority of cases where an adjective occurs with a new discourse referent, the referent itself is usually non-information bearing. Thus, Thompson concludes that the adjective in these cases is actually doing the work of the noun by carrying the information necessary to identify it. She argues that the "work" that is being performed by the adjective in a sentence determines its syntactic distribution. Attributive adjectives tend to occur with new discourse referents. Predicative adjectives tend to add information about an already established referent.

While Thompson's (1988) findings for adjective position were compelling, other researchers were discovering other distributional patterns within their data. Chafe (1982) found 33.5 attributive adjectives per thousand words and only 15.8 predicative adjectives per thousand words, a ratio of more than two to one attributive adjectives to predicative adjectives. Englebretson (1997) also found data that did not match Thompson's findings. While Thompson found 35.8% more predicative adjectives than attributive adjectives, Englebretson found only 3.4% more. This rather significant discrepancy in findings led Englebretson to investigate possible factors contributing to the difference.

In comparing these three studies, Englebretson (1997) notes that differences in distribution could be due to differences in corpus size. While Chafe's (1982) corpus included 9,911 words and Thompson's (1988) included 8,000, Englebretson's study incorporated over 50,000 words drawn from the Santa Barbara Corpus of Spoken American English.

A more intriguing difference between the corpora, however, concerned speech genre. Chafe's (1982) data, which was drawn from a corpus of informal spoken English, was heavy on personal experience narratives. Thompson's (1988) data, on the other hand, was drawn from conversational settings that were highly interactional. The Santa Barbara Corpus, a more heterogeneous sample than either of the other two studies, included a wide range of speech events.

The comparison between these three studies led Englebretson (1997) to conclude that differences in adjective position in each study resulted from a difference in social and situational context shared by the interlocu-

424   *Keri Holley*

tors of each speech event. When interlocutors shared social and situational contextual knowledge, they discussed more shared referents (and used more predicative adjectives). When less knowledge was shared between a speaker and hearer, they introduced more new referents into the discourse (and used a higher proportion of attributive adjectives).

3. The Potential Role of Lexical Frequency on the Distribution of Adjectives

While Thompson (1988) and Englebretson (1997) demonstrate that discourse needs may predict the syntactic behavior of adjectives, it is possible that interactional factors are not the sole source of variation. An additional factor that may be at play might be the lexical frequency of the particular adjectives themselves. Bybee (2001) has demonstrated that highly frequent words exhibit behaviors that are different from words of low frequency. The observation of difference in behavior due to word frequency points to a usage-based model of language comprehension and production. High frequency words are encountered and produced more often leading to resistance to regularization, semantic reduction and an increase in contexts in which the word is used.

This study aims to investigate the interaction of discourse needs and frequency effects on the syntactic position of adjectives. An earlier pilot study that I had conducted examined the high frequency adjective *big* and the mid frequency adjective *green*. The results suggested that frequency is correlated with a difference in behavior between the two tokens. The high frequency adjective appeared in attributive position more often than the mid frequency adjective. From this, I hypothesized that I would find similar patterns for other adjectives as well. The goals of this study are to look at a number of adjectives that fall into a range of frequencies and to see if a higher proportion of attributive adjectives will be found in the higher frequency range. Additionally, this study looks at the information status of the referent in order to see if attributive adjectives occur more often with new discourse referents, as Thompson (1988) observes.

4. Data and Methodology

In this study, I collected 313 tokens from the Switchboard corpus. The Switchboard corpus contains telephone conversations between 543 speakers. The participants were aware they were being recorded and, additionally, did not know the other participant. Participants were given topics to discuss at the beginning of each conversation and were instructed to talk for approximately five minutes. The corpus includes over 3 million words. The large size of this corpus may be advantageous if small corpus size skews the attributive/predicative adjective distribution, as Englebretson (1997) notes.

Additionally, the nature of the interactions in the telephone conversations meant that the difference in use due to shared knowledge between interlocutors found by Englebretson (1997) might possibly be held at a constant. The fact that the interlocutors did not know each other and even could not see each other meant that shared social contexts would be limited. Conversely, the fact that the interlocutors were assigned topics and most likely felt an obligation to pursue that topic meant that there would be some shared context initiated and developed over the course of the conversation. The tension between these two factors and their presence in every interaction I felt guaranteed some level of consistency in shared knowledge between speakers.

Another factor that I tried to control for in this study was the semantics of the adjectives themselves. In order to investigate whether the meaning of my original token, *big*, had anything to do with its increased occurrence in attributive position, I chose to examine adjectives that belonged to specific semantic categories. Biber et al. (1999) identify five categories of descriptive adjectives in English. They include:

1. color adjectives
2. size/quantity/extent adjectives
3. time adjectives
4. evaluative/emotive adjectives
5. and a miscellaneous category

For this study, I examined adjectives in the size/quantity/extent and evaluative/emotive categories. For convenience, I will refer to these categories as the size and evaluative categories, respectively.

426   *Keri Holley*

Roughly half of the tokens in this study were size adjectives and the other half were evaluative adjectives. In each semantic category, three adjectives were chosen from the high frequency range, the mid frequency range, and the low frequency range, for a total of nine adjectives for each semantic category. Eighteen adjectives were analyzed in all. Tables 1 and 2 list all of the adjectives analyzed in this study, along with the number of tokens examined.

Table 1. Adjective types by semantic category and frequency category for size/quantity/extent adjectives.

Frequency Category	Type	N of Tokens	Frequency as an adjective in the Tagged Portion of the Switchboard Corpus	Total Frequency in the Switchboard Corpus	Average Frequency of Frequency Category
High	little	19	2176	5605	
	big	20	1278	2706	
	high	20	598	1286	3199.00
Mid					
	large	19	232	519	
	low	19	108	281	
	short	19	118	290	363.33
Low					
	tight	15	20	57	
	thick	11	23	54	
	tall	11	26	49	53.33

A usage-based analysis of adjectival position in English 427

Table 2. Adjective types by semantic category and frequency category for evaluative/ emotive adjectives.

Frequency Category	Type	N of Tokens	Frequency as an adjective in the Tagged Portion of the Switchboard Corpus	Total Frequency in the Switchboard Corpus	Average Frequency of Frequency Category
High	good	19	3624	8085	
	nice	19	1247	2551	
	different	19	1121	2202	4279.33
Mid					
	crazy	18	111	283	
	fair	20	104	246	
	excellent	20	125	210	246.33
Low					
	pleasant	19	24	53	
	lovely	16	23	39	
	ugly	10	17	36	42.67

The number of tokens from each frequency category approximates 20 in the high and mid frequency ranges. Twenty tokens per adjective type were selected in order to keep the comparisons between the frequency categories straightforward and to keep the total number of tokens examined manageable. The low frequency adjectives only had approximately 20 tokens available for analysis, and after exclusions were made, the total number of tokens sampled was smaller than 20 for many of the low frequency tokens.

Tokens in the high and mid ranges were systematically sampled to arrive at 20 tokens per frequency category. Once these tokens were coded, some tokens were excluded due to the criteria that I will now discuss.

Tokens were included for analysis only if they could be used with the referent in both attributive and predicative position with approximately the same meaning. So, for example, in (6), the meaning of *low* does not change if it appears in either position.

428   *Keri Holley*

(6)   a. *the **low** student-teacher ratio*
       b. *the student-teacher ratio is **low***

Tokens were excluded from analysis if they occurred in fixed expressions, such as:

(7)   *in a **big** way*
(8)   *that's **big** up here*
(9)   *I'm not real **crazy** about*
(10)   *It's been **pleasant** talking to you.*
(11)   *He was met with **little** success.*
(12)   *They've been through **thick** and thin.*

These fixed expressions do not allow the adjective to be moved to attributive or predicative position and retain the same meaning.

Similarly, tokens were excluded if they occurred in an Adj + N combination that formed a single lexical item, as in (13) and (14):

(13)   *a real **low** income job*
(14)   *a **short** story*

Additionally, tokens were excluded if they occurred in a relative clause, as in (15):

(15)   *I know their maternity leave is on the order of six weeks which I think is too **short**.*

Fox & Thompson (1990) found that the functions of relative clauses are similar to those that adjectives are said to have: to provide a description of a new referent or to help identify a given referent. As I am investigating the functions that adjectives play in discourse, the occurrence of the adjective in the relative clause could confound my data.

A token was also excluded if it predicated an NP that consisted of a nominalized verb, as in (16):

(16)   *raising boys today is **different**, though*

because there would be no attributive equivalent.

A usage-based analysis of adjectival position in English 429

Finally, tokens were excluded if more than one adjective appeared in the clause, as in (17) and (18):

(17) *these **nice**, lovely rains*
(18) *there are some **big**, tall oak trees*

These tokens were excluded because, if frequency is a factor, the presence of another adjective could influence the position of both adjectives.

For each token, I coded the position of the adjective. Following Englebretson (1997) I coded an adjective as attributive if it occurred within the NP of the noun it modified.

For each token, I coded the information status of the referent as either new, given, or accessible. The criteria used to determine the information status of the referent in the discourse follows Du Bois (1987).

The results of the coding were compared to determine if there were differences between the frequency categories. Additionally, the results of the coding for the information status of the referent were examined to determine if attributive adjectives occur more often with new discourse referents as predicted by Thompson (1988) and Englebretson (1997).

5. Results

Tables 3 and 4 show the results for syntactic position. These results show that there is a difference between the semantic categories in that the size tokens occur attributively more often than the tokens in the evaluative category. The size adjectives are used in attributive position more often while the evaluative adjectives are used in predicative position more often. However, both semantic categories show an increase in the proportion of attributive adjectives as frequency increases.

This increase in attributive adjectives as frequency increases could be explained by frequency effects. Higher frequency adjectives may be undergoing a loss of semantic meaning due to high frequency of use. A loss of specific semantic meaning would make a high frequency adjective a less effective tool to add more information about an already established referent (Bybee, p.c.).

430 *Keri Holley*

Table 3. Percentage of adjectives in attributive position for the three frequency groups in the size/quantity/extent category.

Frequency Category	% Attributive
High Frequency (big, little, high)	71% (42/59)
Mid Frequency (large, low, short)	65% (37/57)
Low Frequency (tall, tight, thick)	45% (17/38)

A pairwise comparison test was performed to test for significance between frequency categories. For high and mid, p=0.468. For high and low, p=0.008, for mid and low p=0.049.[1]

Table 4. Percentage of adjectives in attributive position for the three frequency groups in the evaluative/emotive category.

Frequency Category	% Attributive
High Frequency (nice, good, different)	49% (28/57)
Mid Frequency (crazy, fair, excellent)	37% (21/58)
Low Frequency (ugly, lovely, pleasant)	33% (15/45)

A pairwise comparison test was performed to test for significance between frequency categories. For high and mid, p=0.158. For high and low, p=0.102, for mid and low p=0.761.[1]

Turning from syntactic position to information status of the referent, another possible explanation emerges. Tables 5 and 6 summarize the results for information status of the referent by attributive and predicative position. For both semantic categories, the proportion of tokens occurring with referents that are new to the discourse is small compared to the proportion occurring with given and accessible referents. Additionally, for both semantic categories, there is a higher proportion of tokens occurring with new referents in attributive position than in predicative position. For evaluative tokens it is striking that there are no new referents occurring in predicative posi-

---

1. A Bonferroni correction was used: $\alpha = .05/3$. Without the Bonferroni correction ($\alpha = .05$) the effect of multiple, simultaneous tests is not accounted for. There is no effect on the results without the correction.

tion. This supports Thompson's (1988) assertion that new referents tend to occur with attributive adjectives.

In comparing the two semantic categories, it is easy to see that there are more new discourse referents in the size category in both positions than for evaluative tokens. This asymmetry in new referents could explain why the proportion of attributive adjectives is higher for the size category than for the evaluative category in all frequency categories. The occurrence of more new referents with size adjectives may result from the function of the semantic category. Size adjectives are more referential and may be used more often to identify discourse referents than evaluative adjectives. Evaluative adjectives, on the other hand, express subjective judgment and may be used more often to describe discourse referents than to identify them.

The relationship of new discourse referents and attributive position may also account for the overall pattern of increase in attributive position by frequency shown in Tables 3 and 4. For the size category, the increase in the proportion of new referents increases as frequency increases in both attributive and predicative position. The increasing occurrence of new discourse referents with higher frequency adjectives regardless of the position of the adjective, at least for the size category, is an interesting and unexpected finding. We cannot see the same pattern in the evaluative category, however, which may be due to the small number of new referents for this category.

For the size category, the increase in the number of new referents in the discourse as frequency increases could account for the increase in attributive position as frequency increases. However, further analysis would have to be performed in order to determine exactly how the proportion of new discourse referents contributes to the observed increases in attributive position.

432   *Keri Holley*

Table 5. Percentage of new versus given/accessible tokens by position and frequency for size/quantity/extent adjectives.

	High		Mid		Low	
Attributive						
given/accessible	69.05%	(29/42)	72.97%	(27/37)	82.35%	(14/17)
new	30.95%	(13/42)	27.03%	(10/37)	17.65%	(3/17)
Predicative						
given/accessible	82.35%	(14/17)	90.00%	(18/20)	100.00%	(22/22)
new	17.65%	(3/17)	10.00%	(2/20)	-	

For attributive given/accessible tokens: high, p=0.020; mid, p=0.008; low, p=0.013.
For predicative given/accessible tokens: high, p=0.013; mid, p=0.000.

Table 6. Percentage of new versus given/accessible tokens by position and frequency for evaluative/emotive adjectives.

	High		Mid		Low	
Attributive						
given/accessible	92.86%	(26/28)	95.24%	(20/21)	93.33%	(14/15)
new	7.14%	(2/28)	4.76%	(1/21)	6.67%	(1/15)
Predicative						
given/accessible	100.00%	(29/29)	100.00%	(37/37)	100.00%	(30/30)
new	-		-		-	

For attributive given/accessible tokens: high, p=0.000; mid, p=0.000; low, p=0.001.
For predicative, given/accessible tokens, the conclusions are clear from the data.

6. Conclusion

In summary, the results of this study suggest that a detailed look at the effects of lexical frequency needs to be pursued in order to sort out the interaction between frequency and discourse needs. The present study has found that higher frequency tokens occur more often in attributive position. It also supports the finding that attributive adjectives tend to occur more often with new discourse referents than predicative adjectives.

I have suggested that the cause of the increase in attributive adjectives in higher frequency categories could be due to two factors:

frequency effects and an increase in the number of new discourse referents in higher frequency categories.

However, before any claims can be made, a more thorough look at the syntactic position of adjectives should be pursued. This study did not include all possible adjectives in each semantic category. A preliminary investigation of the mid frequency token *huge*, which has a frequency of 215, showed that it is used attributively a majority of the time. A full investigation could reveal more local patterns in the data and would impact the degree of increase in attributive adjectives by frequency category. Further inquiry should also examine more semantic categories than those studied here and more tokens should be coded from the high and mid frequency categories to determine if the sample size of 20 tokens per adjective type used here was appropriate. Finally, other possible contributing factors need to be uncovered and explored in order to achieve a fuller understanding of the interactional and cognitive factors at play in the distribution of the syntactic position of adjectives.

References

Biber, Douglas, Stig Johansson, Geoffrey Leech, Susan Conrad & Edward Finegan
    1999   *Longman's Grammar of Spoken and Written English*, 504-538. Edinburgh: Pearson Education Limited.

Bybee, Joan
    2001   *Phonology and Language Use*. Cambridge: Cambridge University Press.

Chafe, Wallace L.
    1982   Integration and involvement in speaking, writing, and oral literature. In: Deborah Tannen (ed.), *Spoken and Written Language: Exploring Orality and Literacy*, 35-54. Norwood, N.J.: Ablex.

Du Bois, John
    1987   The discourse basis of ergativity. *Language* 63.4: 805-855.

Englebretson, Robert
    1997   Genre and grammar: predicative and attributive adjectives in spoken English. *Berkeley Linguistics Society* 23: 411-421.

Fox, Barbara A. & Sandra A. Thompson
    1990   A discourse explanation of the grammar of relative clauses in English conversation. *Language* 66.2: 297-316.

Thompson, Sandra A.
    1988   A discourse approach to the category 'adjective'. In: John A. Hawkins (ed.), *Explaining Language Universals*, 167-210. Oxford: Blackwell.

Argument structure and verb synonymy: Illative agreement of Finnish

Tero Kainlauri

Abstract

The study deals with the meaning of one of the local cases of Finnish, the illative. The illative marks prototypically a bounded target area of a moving trajector. There are, however, uses which seem to be contradictory in respect of this meaning. For instance, the illative marks locations of stationary trajectors of verbs of remaining like *jäädä* 'remain', *jättää* 'leave in', and *unohtaa* 'forget'. In addition, it marks causes, objects of emotion, and stimuli.

The illative-NPs are in most cases syntactically arguments of the main verb. Semantically the whole constructs are complex predications. It is important that these complex predications are compared with other complex predications. In order to do so, the verbs getting an illative argument were collected from the most comprehensive digital dictionary of Finnish, *CD-PS*. After that, a synonymy network of these verbs was formed. It was important that all the verbs could be linked to the network. Because of this, synonymy can be seen as one of the organizers of verb lexicon.

From the perspective of synonymy network the most central use of the illative is its force dynamic use, use as a marker of a stronger antagonist. Illative is used this way with motion verbs, with verbs expressing remaining, with verbs expressing dying, and with emotion verbs. This has not been proposed before in fennistic research.

Keywords: synonymy, argument structure, force dynamics, the illative, Finnish.

1. Introduction

Finnish may appear to be an exotic language, at least from the perspective of SAE languages. This is, however, only an illusion. In Finnish case marking serves the same function as the use of prepositions in germanic languages. They both express atemporal relations between trajectors and landmarks (Langacker 1990: 235; Leino 1993: 74). Despite of these similar functions the meaning of some case ending cannot be equated with

436 *Tero Kainlauri*

the meaning of some preposition – at least not straightforwardly. This cannot be done, not even when the most central function is shared. For instance, the use of the illative (the topic of this article) seems to correlate very well with the use of prepositions *to* and *into*, since they both mark the target of a moving trajectory. The problem is, that the illative also covers relations where prepositions *in*, *at*, and even *from* are used in English. This has puzzled many researchers from the 19th century to our times. Tunkelo (1931) discusses in detail verbs, which behave differently in germanic and finno-ugric languages in this respect.[1]

I am going to concentrate on the reasons of these differences in chapters 3, 4, and 5, but before that I introduce my approach. In my research I do not take the prototypical use of the illative as my starting point. My approach is more systemic. I have collected all the verbs which may get an illative-NP as their argument or added argument (cf. Kay 1999). The source of my data is the most comprehensive digital dictionary of Finnish, *Suomen kielen CD-Perussanakirja* (*CD-PS*). My aim was to test, if it is possible to form a network of these illative-verbs by using synonymy relation as the organising and connecting relation. When this proved to be the case, it was obvious, that it was possible to look at the meaning of the illative case from a single perspective. In the following chapter I define the concept of synonymy and try to relate my approach to views presented in lexical syntax, lexical semantics, and cognitive linguistics.

2. Synonymy – one of the organisers of the lexicon

Synonymy is one of the contrast types that has been used to organise semantic fields in field theoretic linguistics (Pajunen 2001: 29). Field theoretic linguistics has a long tradition in Germany. The tradition has continued through the 20th century, for instance in the works of Ullmann (1962), Lehrer (1974), and Lyons (1977). Many important articles on the topic are included in Lehrer and Kittay (eds.) (1992). It seems, however, that the most successful work related to synonymy has been done in the Wordnet-project (Fellbaum ed. 1998). Most of my views about synonymy have their origin there. Miller et al. (1990: 239) define synonymy in the

---

1. Tunkelo (1931) gives a critical overview on the research on this phenomena done before his study.

Argument structure and verb synonymy 437

following way: "... two expressions are synonymous in a linguistic context C if the substitution of one for the other in C does not alter the truth value. For example, the substitution of *plank* for *board* will seldom alter truth values in carpentry contexts, although there are other contexts of *board* where that substitution would be totally inappropriate." I take this definition as my starting point, even though I recognize it to be contradictory in respect of another hypothesis about linguistic meaning, namely that any change in linguistic form changes the meaning of a construct (Bolinger 1968: 127). I believe strongly that in many cases the substitution does not result in *a substantial change* in the meaning.

By context I mean the immediate (linguistic and extralinguistic) surrounding of a linguistic unit. Since I am interested in the verbs, the context includes the arguments, and since I am interested in the meaning of the illative, one of the arguments of the a verb has to be an illative-NP. It seems clear to me, that interchangeability organises the lexicon, but also the grammatical structure, because there is a clear correlation between the use of some lexeme and, for instance, the case marking of its arguments.

As Cruse (1986: 268) points out, we may assume absolute synonymy as the zero point of a synonymy scale (or "scale of semantic difference"). The question is of course, what gets to the scale. I believe that the answer is – linguistic forms of any kind. Grammatically similar units are most likely candidates for substituting each other on a sentence level. It is questionable do we need different terms for semantic similarity of words and grammatical constructs (i.e. do we need the concept of paraphrase). I believe that similar principles are suitable regardless of the complexity of the linguistic units.

If we take a broad view on what constitutes a context, we find out, that synonymy is coherent even from the perspective of prototype theory. Labov (1973) showed with his classic naming task that there are situations, where there is a fuzzy boundary between two categories. Let us say, that we have either a cup or a bowl. Even though prototypical bowls are named as bowls and prototypical cups as cups, there is a set of entities which gets both names equally frequently because they are on a certain part of the continuum from a prototypical cup to a prototypical bowl. The whole test setting and the given instructions form the context. If 50 percent of the tested name an object with the linguistic unit *cup* and 50 percent with the linguistic unit *bowl*, I would claim that *cup* and *bowl* are synonymous in this context. Without a doubt, individual differences of

438 *Tero Kainlauri*

entrenchment play a role here. In a natural situation my example would mean that a sentence *Bring me that cup / bowl!* would be used, not sentences *Bring me that cup or bowl!* (cf. Cruse 1986: 269) *or Bring me that object which is not a bowl or a cup but something in between!* And without a doubt, the word used would not affect the understanding of this order.

It is useful to define context as any knowledge associated with a linguistic unit or a category. The more we know about linguistic units, the bigger is the possibility to deny their synonymy. If we assume any competition between linguistic units, we have to establish some scale, where to put these competing units. Scale of semantic similarity is one of them.

The example above suggest that if we look only at the prototypical uses of linguistic units, we will not be able to form synonymy networks. If we believe, in contrast, that linguistic units may in different contexts have different synonyms, we may get somewhere. Table 1 presents schematically how the synonymy network expands from a single unit to other units.

Table 1. Expanding synonymy network.

		Previous context	Unit	Following context		
		...	...	...		
		C7	U3	C8	}	Polysemy of
Synonymy of	{	C3	U3	C4		U3
U1 and U3		C3	U1	C4	}	Polysemy of
Synonymy of	{	C1	U1	C2		U1
U1 and U3		C1	U2	C2	}	Polysemy of
		C5	U2	C6	}	U2
		...	...	...		

The units U1, U2, and U3 are all polysemous. They appear at least in two distinguishable contexts. In addition, U1 is interchangeable with U2 in one of its contexts and with U3 in the other context presented in the figure. If U1 could be substituted in additional contexts with new units, say U4 and U5, we would be forced to transform this linear table into a circle, U1 in middle, the other units surrounding it. This comes close to Cruse's (1986: 268) idea, that the scale of synonymy should be pictured as a series of concentric circles, with the origin in the centre. It is important to note that on a systemic level we could start the formation of the network from any unit. The structure of the overall network is not dependent on the unit one starts from.

Units U2 and U3 might have a shared context. If this was one presented in the figure we would have a case of systematic polysemy. It is equally possible, however, that they are not linked to each other with a synonymy relation. In my data systematic polysemy was highly common. It is possible because synonymy network opens possibilities for analogic inferencing.

3. Data of this study

Monolingual dictionaries are suitable sources of data if one is forming a synonymy network, since their material is usually edited and judged by several individuals. They also include material from different genres, as well as most basic idioms. Usually the articles are well organised internally (i.e. the polysemy and different senses are, at least, implisitly considered).

This study is probably easier to understand if I describe the phases of the collection of the data. The network was formed in eight steps:

1. All the illative forms of the example sentences in the verb entries were collected.
2. The verbs were substituted (in the example sentences of the dictionary) with the verbs which were given as their synonyms.
3. If the substitution did not change the meaning (much) the verb and its synonyms were linked.
4. The linked verbs were listed.
5. The linking of the other verbs was continued as long as there was a link to one (or more) of the listed verbs.
6. The list of verbs was updated with these new verbs.
7. The process was continued until all the verbs found in phase 1 were listed.
8. The synonymy links were made overt.

During this process all the different verb senses were taken into account. None of the senses was given a special status. Even the idiomatic uses were looked at, and in many cases the idioms were semiproductive which means that there were some idiomatic constructions, which accepted more than one verb. Usually this kind of synonymy had been neglected in the lexicographic work.

I was interested in seeing if a simple synonymy network would cover all the verbs getting an illative argument. After this proved to be the case, I concentrated on the specific structure of the network. It was common to find more than one synonymy links between two verb entries. This will

440 *Tero Kainlauri*

be shown in the network with a visual metaphor (for instance, as a thicker linking line between the verbs).

I have leaned a lot on the interpretations and choices made in *CD-PS*. The research would have a firmer grounding if I had consulted other monolingual dictionaries more. In the following chapters I show with a case study that by construing synonymy networks we may be able to understand some grammatical phenomena which are otherwise mysterious. Before that I give a brief introduction to the case system of Finnish.[2]

4. The case system of Finnish

Finnish is highly inflected language. It has 14 productively used cases. Finnish is basically a nominative-accusative language but shows also some ergative features. It is not surprising that the case marking rules of subject, object, and predicate nominals are highly complex in Finnish. Usually the nominative, the genitive, and the partitive, the cases that mark the main arguments, are clustered together in Finnish grammars as the grammatical cases.

Finnish has also a complex system of local cases and many verbs require local case arguments. In fact over one third of all nominals are inflected in a local cases in Finnish (Leino 1993: 176). The inner and outer local cases form a symmetric case system. Leino (1990) is a pioneer study of the local case system of Finnish from the Cognitive Grammar perspective. He discusses more problematic spatial uses of the local cases than I do here. They mark locations, sources and targets. The inessive and the adessive express a stative relation between the trajector and the landmark.

(1)   a. *Matti   on   talossa.*
          Matti   be   house-ine
          'Matti is inside the house.'
     b. *Matti   on   talolla.*
          Matti   be   house-ade
          'Matti is nearby the house.'

---

2.   I am compiling the network piece by piece. Anyone interested in sample subnetworks is able to see them at my homepage (http://cc.joensuu.fi/~kainlaur/illanet.html).

Argument structure and verb synonymy 441

(2) a. *Matti poistuu talosta.*
    Matti   leave   talo-ela
    'Matti leaves the house.'
   b. Matti poistuu   talolta.
    Matti leave   house-abl
    'Matti leaves from nearby the house.'
(3) a. *Matti menee   taloon.*
    Matti go   house-ill
    'Matti enters the house.'
   b. *Matti menee   talolle.*
    Matti go   house-all
    'Matti goes near the house.'

The local cases in (1) mark stative, the cases in (2) separative, and the cases in (3) terminal relations of trajector and landmark (Leino 1990: 122). The inessive marks a bounded region in which a trajector is located. The adessive marks a non-bounded search domain (cf. Langacker 1999: 53) of a landmark. The elative marks a bounded source area, and the ablative a non-bounded search domain from where the trajector leaves. The illative marks a bounded target area and the allative a non-bounded search domain where the trajector moves to. In this study I concentrate on the meaning and uses of the illative.

5. Semantics of the illative case

About six percent of all nominal forms are marked with the illative (Leino 1993: 176). Syntactically the local case NPs are either adjuncts, added arguments or arguments. Pajunen (1988: 17–18) emphasises that it is very hard to test, whether some NP is an argument in Finnish. Deletion, substitution and permutation tests fail, and in the end the researcher is alone with his or her intuition. It is important to acknowledge that most of the illative-NPs can be interpreted to be arguments. Only some illative-NPs, adverbs of manner, are clearly adjuncts. There are lot of cases where the illative-NP can be seen as an added argument (cf. Kay 1999), which means that its use is not obligatory, but still licenced by the argument structure construction. The meaning of each licenced construct comes mainly but not totally from the verb. The meaning is, anyhow, a complex predication in which all of the elements contribute to the total meaning. The following examples should show this.

442 *Tero Kainlauri*

(4)   a. *Törmäsin   seinään.*
      Bump-pst-1sg   wall-ill
      'I bumped into the wall.'
    b. *Törmäsin   huoneeseen.*
      Rush-pst-1g   room-ill
      'I rushed into the room.'

In example (4) the different the type of the landmark affects the verb meaning. In (4a) there must be a contact between the trajector and the landmark while this interpretation is impossible in (4b). This is a typical example of the flexibility of the verb meaning – polysemy. In *CD-PS* the senses of verb *törmätä* are given as separete senses of the verb, and they have different synonym sets. They are both movement verbs and their argument structures are similar.

(5)   a. *Katsoin   tähtiä.*
      Look-pst-1sg   star-pl-par
      'I focused on the stars.'
    b. *Katsoin   tähtiin.*
      Look-pst-1sg   star-pl-par
      'I looked at the stars.'

In Example (5) we notice something very typical for syntax of Finnish. The same verb may get differently marked arguments. This means that the verb, in this example *katsoa* 'watch, look at, observe', cannot govern the form of the argument. The illative-NP in (5b) is very object-like (Siro 1958: 105) since the partitive-NP in (5a) is an object argument without a doubt. The change in the case marking alterns the meaning of the total predication only slightly. In both sentences the same entities are seen. The difference is that when the partitive is used with verb *katsoa*, the watcher directs his or her attention to something, but with the illative only a general overview is achieved. This subtle difference is usually neutralised and the sentences may be used freely in the same context. The use of the illative is easy to explain since the sight follows some path before it focuses on the target. It is not surprising that perceived locations and perceived objects merge.

(6)   a. *Sukelsin   jokeen.*
      Dive-pst-1sg   river-ill
      'I dived into the river.'

Argument structure and verb synonymy 443

b. *Putosin   jokeen.*
Fall-pst-1sg   river-ill
'I fell into the river.'

In (6a) and (6b) there are two motion verbs. In the former sentence the trajector acts volitionally, in the latter the movement is accidental. This difference explains why the verbs *sukeltaa* and *pudota* are not given as synonyms in the dictionary. They have similar image-schematic structures. The uniform case marking of the motion verbs has been seen as the prototypical use of the illative. This unity has made it possible to group these and hundreds of other movement verbs together. I am not trying to deny the status of the illative as a local case.

There are even spatial uses of the illative, which seem strange against this background. The illative is used with verbs of remaining like *jäädä* 'stay', *jättää* leave and *unohtaa* forget. The trajector is stative, but still the marker of a stative relation, the inessive, is not used.

(7)   *Jätin   takin   Suomeen.*
     Leave-pst-1sg   jacket+gen   Finland+ill
     'I left the jacket in Finland.'

Östen Dahl (1987: 152) has pointed out that this kind of verbs code two points in time but not a change of place of the trajector. Verbs of motion code two points of time as well (beginning and end), but they code also corresponding locations (source and target). The complex temporal structure expressed by these verbs makes it possible to explain the use of the illative here as instances of fictive motion (Huumo 2003). The trajectors of verbs of remaining (like *takki* in 4) are usually mobile which helps this interpretation. But the illative case may be used even with trajectors which have been in the same state and place the whole time they have existed. Contrast of entities is very important here.

(8)   *Puut   jäivät   pystyyn   myrskystä   huolimatta.*
     Tree-pl   remain-pst-3pl   erect-ill   storm-ela   despite
     'The trees remained erect despite of the storm.'

The verbs of remaining imply *potential change* or to use Verhagen's words (2000: 360) "causality in another space". Even though the use of fictive motion or conceptualisation seem to be a plausible way of explain-

444   *Tero Kainlauri*

ing the case marking, there are reasons for not to accept this explanation right away. For instance, verb like *pysyä* 'stay' requires an inessive-NP, as expectable from the viewpoint of germanic languages. It may express similarly two timepoints, and a potential change of location or state.

It is important to note that verb *jäädä* is highly polysemous. Even if one of its senses has unexpected argument marking, its other senses may have a motivated marking. *Jäädä* has uses, which are not purely spatial but involve force dynamic conceptualisation as well (cf. Talmy 2000: Chapter 7).

(9) a. *Auto jäi mutaan.*
     Car remain-pst mud-ill
     'The car got stuck in the mud.'
   b. *Muta jäi autoon.*
     Mud remain-pst car-ill
     'The mud got stuck to (the sides of) the car.'

The tendency of the agonist (the car) is to move but a stronger antagonist (mud) prevents this in (9a). I have chosen these examples because with these entities it is possible to reverse the agonist/antagonist relation. Sentence (9b) is in interestingly ambiguous. Its second salient interpretation is that the mud was forgotten in the car. The difference between these interpretations is that in the latter the mud was probably put inside the car by a volitionally acting agent but in the former it has changed its original location from the ground to the sides of the car in a complex force dynamic process. In both sentences the mud is a weaker agonist. This should make it clear that we cannot look at the situation, where the mud is inside the car, only in terms of spatial motion and existence. With inanimate agonists the force dynamic relationship between an agonist and a spatial target is not highlighted (10a). But with certain intentional agonists, verbs and containers it is more obvious (10b).

(10) a. *Panin   laukun   makuuhuoneeseen.*
      Put-pst-1sg bag-gen bedroom-ill
      'I put the bag in the bedroom.'
    b. *Lukitsin   lapset   makuuhuoneeseen.*
      Lock-pst-1sg kid-pl   bedroom-ill.
      'I locked the kids in the bedroom.'

It is important to note that any contact is force dynamic. The movement to surface contact involves always a force dynamic relation but not a

Argument structure and verb synonymy 445

change (see (4a) above). In Lauerma's (1990) analysis movement to contact was described just with functions TO FAST. This is not enough with an antagonist, which prevents the tendency of an agonist. The motion in 11 is coded in the verb. You have to move before you stop.

(11) *Pallo pysähtyi seinään.*
      ball stop-pst wall-ill
      'The wall stopped the ball.'

6. Other functions of the illative

All the examples above are mainly about spatial relations. The illative case has many other functions, as well. Most of them are not directly connected with the spatial uses. The illative also marks stimuli, objects of emotion, causes, effects, and purposes. Some of these functions (cause, stimuli) cannot be related with the target-of-motion function, some are easier in this respect (effect, purpose). For instance some causal uses of the illative are counterintuitive from the perspective of the spatial use:

(12) *Rotta kuoli   myrkkyyn.*
      Rat die-pst poison-ill
      'The rat died from poison.'

Verb *kuolla* 'die' gets the cause of death argument, an illative-NP. This is not expectable if we take Croft's (1991: 194–195) object-location metaphor as our starting point. This metaphor maps spatial sources with causes, and targets with effects. In Finnish some types of causes, for instance ballistic entities, seem to follow this principle, but in any case the use of illative in this way needs another explanation. It would be tempting to link this use of the illative with the marking of the stronger antagonist directly. But we can use the support of the synonymy network. *Kuolla* 'die' is synonymous with *sammua* 'die down' and that with *loppua* 'end'. Here we reach the dead end – literally. Even though the sense exemplified by (13) is missing in the *CD-PS*, it is possible and common.

(13) *Metsäpalon   eteneminen päättyi jokeen.*
      Wildfire-gen motion   end-pst river end-ill
      'The river stopped the moving wildfire.'

446   *Tero Kainlauri*

We could use verb *pysähtyä* 'stop' here. We could see the usage of the illative with the verb *kuolla* as a submapping of Life Is A Journey metaphor. Since the function of the case ending is reached in many steps, the metaphor could only be a real dead one. I want to be careful here. The reason is simple from the perspective of the synonymy network. Verb *kuolla* is linked with verbs, which express that the trajector gets very tired of something. This verb is linked with verb *kyllästyä* 'become bored of something'. Here we reach the border of emotion verbs. The illative used with the inchoative emotion verbs has been seen as its metaphorical use (Siiroinen 2001: 46). This means that an object or a target of an emotion would be linked with a spatial target. This view needs more proof.

7. Emotion verbs

Siiroinen (2001: 41) claims that the illative is used with the verbs of boredom because they are related to the adjective *kylläinen* 'fed up with; a person who has eaten his/her stomach full'. If you have eaten too much, you become *liian kylläinen tekemään jotakin* 'have your stomach too full to do something'. This explanation does not tell, however, why the construction [*liian*+adjective] requires an illative argument. Therefore we need another explanation.

Siiroinen (2001: 41) lists 35 emotion verbs, which get an illative argument, and divides them in six different groups. The treatment is not satisfactory from the viewpoint of synonymy network. First, the groups have internal structure. Siiroinen gives only an alphabetical listing of the verbs. In addition, she discusses only three of these groups in more detail. They are inchoative verbs expressing falling in love, getting bored, or getting angry with someone (or something). The other verb groups of Siiroinen (2001: 41) are small. There are two groups with only one verb, namely *pettyä* 'become disappointed with something' and *innostua* 'become anxious to do something'. The last group includes three verbs *tuskastua*, *tuskaantua*, and *työlästyä* 'become troubled by angst'. In fact Siiroinen has not even listed all the possible verbs. For example verb *turhautua* 'become disappointed, frustrated' is at least weakly synonymous with *pettyä,* and can be seen as a linker between it and *tuskastua*. *Kyllästyä* 'get bored of something' is in fact given as one of the synonyms of *työlästyä* in *CD-PS*. *Kyllästyä*, as said above, has a synonymy link to verbs of physical tiredness.

Argument structure and verb synonymy 447

From the viewpoint of synonymy network it is interesting that the verbs of negative emotions are connected to the verbs of positive emotions. Verb like *villiintyä* 'lit. get wild'' may in some contexts mean 'loose control, get mad, get angry' but in other context it means 'be excited, get anxious'. This means that the illative appearing with the negative emotion verbs may have the same origin as the illative agreement of the positive emotion verbs.

Siiroinen (2001: 41) explains the use of the illative by claiming that love and anger have metaforically a target. This target is at the same time the stimulus that causes the change in emotional state of the experiencer. If we look at the synonymy relations, we actually get confirmation to the view that the use of illative is connected to spatial uses. Verbs of love are linked with verbs, which express connection and attachment to something. Verb *rakastua* 'fall in love' is synonymous with verb *kiintyä* 'fall in love; become attached to sth'. *Kiintyä* is also a perception verb. It expresses that someone directs her attention to some entity and stays attentive. *Kiintyä* in this sense is synonymous with *kiinnittyä,* which expresses also spatial connection. *Kiinnittyä* is synonymous with *liittyä*, which means 'be linked with' and 'join'.

It seems that verbs of love are dead metaphors of the mapping Love Is Spatial Closeness. This is supported by etymological research as well, since possible equivalents of the root *rakas* 'beloved' express closeness and kinship in the ugric languages (SSA). The emotion verbs form a synonymy network of their own. Verbs, which get a negative connotation in some contexts and positive in others, function as an internal link. Verbs of love are linked with verbs of contact and physical attachment. Verbs of boredom are connected with verbs of tiredness and ending, which are again connected to contact verbs and thereby, to physical force dynamic relations.

8. Conclusions

When we look at a complex predication like the [verb+illative-NP], we should be careful about what we claim. I have tried to link all the verb+illative-NP contructs of the most comprehensive digital dictionary of Finnish, in a meaningful way. I wanted to have an answer to one question: Do we have the required pieces to form a coherent picture of the meaning of one linguistic unit, namely the illative. The fact that I could link all the constructs, either because of the polysemy of the verb or because of the synonymy of the complex constructs, is encouraging.

In the earlier studies, the use of the illative as a target marker has received a special status. This study suggests, that to understand some of the uses of the illative, we have to look at the force dynamic uses of the illative. The illative marks a stronger antagonist, which usually stops the moving agonist. Movement to contact is very central, if not the most central meaning, which is expressed with the verb+illative-NP constructs. The force dynamic conception explains the case marking of verbs of remaining (*jäädä* 'remain', *jättää* 'leave', *unohtaa* 'forget'). Sometimes the staying somewhere is forced, but the same case marking is used even when it is not. The illative argument of the verb *kuolla* 'die' is not a source of death. It is "the final obstacle".

The group of emotion verbs is very interesting. It is a separate island, which has two synonymy connections to concrete verbs. This shows that we will not find only linear hierarchies in the synonymy networks. The future studies probably tell us, how this is possible.

My approach is realistic even from the viewpoint of diachronic linguistics. Some of the old uses may still appear as fixed collocations or idioms. The case marking may spread to the argument structures of new loaned verbs because of semantic similarity, analogy. In the future it is important to look critically at the structure of the verb network, and compare it, for instance, with the findings made in the etymological research.

Abbreviations

abl = the ablative	gen = the genitive	par = the partitive	ela = the elative
sg = singular	ill = the illative	pst = past	pl = plural
all = the allative	ine = the inessive	ade = the adessive	

References

Bolinger, Dwight L.
    1968   Entailment and the meaning of the structures. *Glossa* 2: 117–127.

CD-PS
    1997   *Suomen kielen CD-Perussanakirja*. Helsinki: Edita.

Croft, William
    1991   *Syntactic categories and grammatical relations: The cognitive organization of information.* Chicago/London: University of Chicago Press.

Argument structure and verb synonymy 449

Cruse, D. Alan
1986   *Lexical semantics*. Cambridge: Cambridge University Press.

Dahl, Östen
1987   Case grammar and prototypes. In: Rene Dirven and Günter Radden (eds.), *Concepts of case*, 147–161. Tübingen: Gunter Narr Verlag.

Fellbaum, Christine (ed.)
1998   *Wordnet. An electronic lexical database*. Cambridge, Massachusetts: MIT Press.

Huumo, Tuomas
2003   Eräistä suomen paikallissijojen "eksoottisista" tehtävistä. Paper presented at Kielitieteen päivät, Joensuu, 16th of may 2003.

Kay, Paul
1999   Argument Structure Constructions and the Argument-Adjunct Distinction. Manuscript. Berkeley: University of California.

Labov, William
1973   The boundaries of words and their meanings. C.-J.N. Bailey and R.W. Shuy (eds.), *New ways of analyzing variation in English*, 340–373. Washington: University of Georgetown Press.

Langacker, Ronald W.
1990   *Concept, image and symbol. The cognitive basis of grammar*. Cognitive linguistics research 1. Berlin/New York: Mouton de Gruyter.
1999   *Grammar and conceptualization*. Cognitive linguistic research 14. Berlin/New York: Mouton de Gruyter.

Lauerma, Petri
1990   Spatiaalinen kenttä. Pentti Leino, Marja-Liisa Helasvuo, Petri Lauerma, Urpo Nikanne and Tiina Onikki (eds.), *Suomen kielen paikallissijat konseptuaalisessa semantiikassa*, 108–146. Helsinki: Helsingin yliopiston suomen kielen laitos.

Lehrer, Adrienne
1974   *Lexical fields and lexical structure*. Amsterdam: North Holland.

Lehrer, Adrienne & Eva Feder Kittay (eds.)
1992   *Frames, fields, and contrasts*. Hillsdale, New Jersey: Lawrence Erlbaum Associates.

Leino, Pentti
1990   Spatial relations in Finnish. A cognitive perspective. In: Ingrid Almqvist, Per-Erik Cederholm, and Jarmo Lainio (eds.), *Från Pohjolas pörten till kognitiv kontakt*. Stockholm studies in Finnish language and literature. Stockholm: Department of Finnish, Stockholm University.

Leino, Pentti
1993   *Polysemia – kielen moniselitteisyys. Suomen kielen kognitiivista kielioppia*. Kieli 7. Helsinki: Helsingin yliopiston suomen kielen laitos.

Lyons, John
1977   *Semantics*. 2 vols. London/New York/Melbourne: Cambridge University Press.

Miller, George A., Richard Beckwith, Christiane Fellbaum, Derek Gross & Katherine J. Miller
1990   *Introduction to WordNet: an on-line lexical database*. In: *International Journal of Lexicography* 3 (4): 235-244.

450 *Tero Kainlauri*

Pajunen, Anneli
1988   *Verbien leksikaalinen kuvaus*. Publications of the department of general linguistics 18. Helsinki: Yliopistopaino.
2001   *Argumenttirakenne. Asiaintilojen luokitus ja verbien käyttäytyminen suomen kielessä*. Suomi 187. Helsinki: SKS.

Siiroinen, Mari
2001   *Kuka pelkää, ketä pelottaa. Nykysuomen tunneverbien kielioppia ja semantiikkaa*. Helsinki: SKS.

Siro, Paavo
1958   Kala ottaa onkeen. In: *Niilo Ikola. Juhlajulkaisu 25.9.1958*, 105–108. Turku: Turun kauppakorkeakoulu.

SSA
1992–2000   *Suomen sanojen alkuperä. Etymologinen sanakirja*. Helsinki: SKS.

Talmy, Leonard
2000   *Towards a cognitive semantics*. Vol 1. Concept structuring systems. Cambridge: MIT Press.

Tunkelo, E. A.
1931   Eräistä tulo- ja erosijain merkitystehtävistä. *Virittäjä* 27: 205–230.

Ullmann, Stephen
1962   *Semantics*. Oxford: Blackwell.

Verhagen, Arie
2000   Concession implies causality, though in some other space. In: Elizabeth Couper-Kuhlen and Bernd Kortmann (eds.), *Cause – condition – concession – contrast. Cognitive and discource perspectives*. Topics in English linguistics 33. Berlin/New York: Mouton de Gruyter.

Act, fact and artifact.
The "workshop model" for action and causation

Jean-Rémi Lapaire

Abstract

*C'est **chose faite** ! È **cosa fatta*** ! Speakers of French and Italian routinely refer to "things done" as "things made." In English, the idiom *We **made** it!* denotes success in performing a difficult task.

At some level of cognitive organization, facts – from Latin *facere* 'to make' – are construed as artifacts and performing as object-making. "Doers" are thus cast in the role of "makers" and their achievements are conceived as "products" or "creations."

The productivity of *faire-*, *fare-* and *make*-constructions in French, Italian and English suggests that a "workshop model" for activity exists in human cognition. A simple, humanly relevant "body action-story" – making something – is projected onto specific "event stories" to express completion, causation or coercion, as in *to make something happen; to make someone do something*, etc. This confirms the centrality of reification in language and cognition and supports some of the most controversial claims made by cognitive linguists:

- that grammar is metaphoric, poetic and narrative, since "parabolic thinking" (Turner 1996: 26-37) is central to the organization of syntax;
- that some of the symbolic resources and conceptual architecture of grammatical systems are crucially linked to our socio-physical interaction with the world (Heine 1997: 3);
- that grammar reflects bio-cultural evolution (Donald 2001: 254) and has an oft-neglected anthropological dimension.

Eventually, "event reification" and "event production" further the cause of a much needed cognitive grammar of touch, manipulation and substance.

Keywords: event structure, reification, substance, causation, delexical verbs, *make, faire*.

If language is "a window on thought" (Jackendoff 1993: 184), then the human mind appears to be engaged in the constant, systematic reification of events. *Things* are done; odd, strange, pleasant, unpleasant *things* take place. So many *things* occur that are not "things" in a strict sense – and never will be.

452   *Jean-Rémi Lapaire*

(1)   a. *Some**thing** awful happened.*
        b. *Une **chose** affreuse s'est produite.* (French)
        c. *È accaduta una **cosa** terribile.* (Italian)

Reification – from latin *res* 'thing' – is the backbone of cognition. An indispensable mental tool, it involves mapping the central properties of material objects – substance, shape, mass or weight – onto selected "objects" of human experience: emotions – or *things* felt; statements – or *things* said[1]; events – or *things* done.

1. How to make things with words

Referring to non-material entities with words like *thing, matter, stuff, piece*; imposing dimensionality upon non-spatial scenes[2]; quantifying mental states, perceptions or emotions[3] are linguistic means of converting experience into discrete physical objects or lumps of substance.[4] Language is thus an active instrument of reification.

1.1. English "thing" and French "chose" as cognitive reifiers

> One of the most arresting singularities of human beings is our continual invention and deployment of, and attachment to, things. We make things, carry and consult them, teach each other how to use them, adorn ourselves with them, make gifts of them. (Fauconnier & Turner 2002: 195)

Thing and *chose* are indefinite, basic level terms which designate any kind of material object or physical substance, as in:

---

1. *Thing*, just as *chose* or *cosa*, is frequently used to reify the conceptual import of a verbal message as in: *What a horrible **thing** to say!*
2. E.g. "*Fields* of experience", "*immensities of* perception and yearning" (H. James)
3. E.g. "*Little* patience" ; "*some* buried discomfort"; "the lodging house seemed *full* of gurgling and rustling" (V. Woolf); "the *accumulation* of consciousness" (H. James).
4. This process forms the basis of what Lakoff & Johnson (1980: 25) call "ontological metaphor": "viewing events, activities, emotions, ideas, etc. as entities and substances" so that "we can refer to them, categorize them, group them, and quantifiy them – and by this means reason about them."

Act, fact and artifact   453

(2)   a. *What's that strange plastic **thing** lying over there?*
      b. *C'est quoi cette **chose** bizarre en plastique?*

In "concrete" or "material" realizations of this kind, *thing* and *chose* are typically modified by:
   – "classifying" or "descriptive" adjectives (e.g. *plastic*)
   – "attitudinal" or "evaluative" adjectives (e.g. *strange*).

Thing and *chose* may also act as lexical operators that convert statements, events, situations, etc. into "abstract objects."

(3)   a. *What a cruel **thing** to do / say!*
      b. *C'est cruel de faire / dire une **chose** pareille !*

The process of conversion can be lexically and cognitively described as one of substantivization:

   – *thing* and *chose* are nominals – or "substantives"
   – *thing* and *chose* turn states, activities, notions into discrete material entities, i.e. lumps, masses, aggregates, etc. of "substance."

1.2. "Static" versus "dynamic" reification

Material things may be construed:

   – in a *static* way, as physical entities existing in their own right, regardless of how they came to be.
   – in a *dynamic* and *narrative* way, as *creations* or *productions*.

This dual conception of material entities as static "things" or dynamic "creations" has a direct impact on reification, which also divides into static and dynamic modes. Interestingly, the dynamic conversion of notions or happenings into *things* is rarely shown at work in grammar or the lexicon. What language tends to code is not so much the *process* of reification as its static *result*: meaning *already* turned into substance[5],

---

5.   E.g. "*Full* verbs"; "the *content* of what was said"; "plenty of good *stuff* to read", etc.

454   *Jean-Rémi Lapaire*

happenings *already* converted into things[6], clauses or predicates *already* nominalized.[7]

Yet, some selected areas of grammar do encode the "story of reification" with striking openness. Thus *faire*-constructions in French – and to a lesser extent *make*-constructions in English – offer some of the most eloquent narratives available in the grammatical literature of event-production.

1.3. Reified events in the making

Just as English uses *thing* to reify events, so do French and Italian use *chose* and *cosa*. But French (4) and Italian (5) make event-reification more processual by combining *chose* / *cosa* ('thing') with *faire* / *fare* (from Latin *facere* 'to make'), in numerous idioms:

(4)   a. *Je peux faire quelque chose pour vous ?*
          I can make / do something for you
          'Anything I can do for you ?' or 'Can I help you?'
       b. *Tu fais quelque chose ce soir ?*
          You are making / doing something tonight ?
          'Are you doing anything tonight?'
       c. *Voyons ! Fais quelque chose !*
          Please, make / do something
          'Why don't you do something!'
       d. *J'ai trop de choses à faire !*
          I have too many things to make / do
          'I have too much to do!'
(5)   *Que cosa fai oggi?*
       What thing make / do you today?
       'What are you doing today?'

The idioms function as indefinite expressions of activity that take their meaning from the situational context: 'Can I help you?' (4a), 'Say something!', 'React!' (4c), etc.

---

6. E.g. "Terrible *things* happening"
7. E.g. "Some irresponsible *planning*", "John's *leaving so early*", etc.

Act, fact and artifact   455

In an even more significant way, French and Italian refer to performed tasks or successful endeavors as "things made:"

(6)   *C'est* **chose faite** *!*[8] (Fr.) *È* **cosa fatta** ! (Ital.)
      It's a thing made / produced
      'It's done!'

As will be seen in 2.2., *finished actions* ("things done") are often construed as *finished products* ("things made"), i.e. material creations with no part or substance missing, "artifacts" that have earned their rightful place in reality (from Latin *res* 'thing'). Thus, the aspectual idioms *C'est chose faite* and *È cosa fatta* epitomize:

- event-reification, since *chose / cosa* ('thing') clearly stand for activities;
- event-production, since *faire / fare* ('to make') are fundamentally verbs of creation.

Interestingly, French and Italian use *fabriquer / fabbricare* – rather than *faire / fare* – to profile the material or technical aspects of "making": assembling parts, producing or manufacturing objects, etc.

(7)   a. **faire / fabriquer** *des automobiles, des pièces de rechange*
      b. **fare / fabbricare** *automobili, pezzi di ricambio*
          'to make shoes, clothes, cars, spare parts'

It is interesting to note that *fabriquer* – which is typically associated with material creation in a workshop setting (7a) – can be used metaphorically to denote someone's odd or objectionable behavior in a concrete setting:

(8)   *Mais qu'est-ce que tu* **fabriques?**
      What are you making?
      'What are you up to?' or 'What on earth are you doing?'

---

8. To express relief, French speakers use the following variant: *C'est une bonne chose de faite!* ('I'm glad it's done at last!'), literally "It's a good thing made / done."

456   *Jean-Rémi Lapaire*

This is enough to suggest the existence of a "workshop model" for actions in which "performing" is construed as "making" and "facts" are cognized as "artifacts."

1.4. "Faire des choses" or "faire quelque chose": act as artifact

1.4.1. Just idioms?

Because of their idiomatic character and noted contribution to the "fluent" use of French and Italian, *faire-* and *fare-* constructions are usually studied for their semantic and stylistic properties:

(9)   *faire / fare* + nominal, coding material creation / production
      a. *faire des chaussures / fare scarpe* 'to make shoes'
      b. *faire un film / fare une film* 'to make a movie'
      c. *faire une nature morte / fare una natura morta* 'to paint a still life'
(10) *faire / fare* + nominal, coding specific activity or condition
      a. *faire les courses* 'to go shopping', 'to do the shopping'
      b. *faire le ménage* 'to clean (the house, a room, etc.)'
      c. *fare la docia* 'to take a shower'
      d. *fare lo studente* 'to be a student', 'to study'
(11) *faire / fare* + preposition + infinitival coding specific activity
      faire à manger / fare da mangiare 'to cook', 'to prepare dinner'
      = *faire le repas / fare da pranzo*
(12) *faire / fare* + infinitival expressing causation
      faire rire, pleurer, croire / fare ridere, piangere, credere
      'to make someone laugh, cry, believe, etc'.

It is commonly assumed that in (10), (11) and (12), *faire* and *fare* are "semantically impoverished" or "carry little meaning." Whether this turns out to be correct or not is of lesser relevance here since the core issue is not *contentfulness* [9] but *construal*. Full, half-full or virtually empty, *faire*

---

9. If *faire* and *fare* are "schematic" then their "skeletal meaning" does not involve rich frame-semantic knowledge. Their meaningfulness extends little beyond that of closed-class verbs coding motion, causation, contact or change of state.

Act, fact and artifact   457

and *fare* are cognitively meaningful[10]. They reveal how actions can be construed as "things to be made." And this, of course, adds evidence to Langacker's more general claim that "material substance and energy" are relevant to linguistic structure (1991: 283)[11].

1.4.2. The "workshop model" – or "thing-made story"

Faire and *fare* are basic level verbs of creation which evoke a scene essential to human cognitive development and social experience: tool-manufacture and object-making (Donald 1991: 110-113). The scene is parabolically projected onto a wide set of "event-stories"[12] and used as a general cognitive model for performance: the "workshop model."

Performing As Making
Agent As Creator
Acts As Artifacts[13].
Component States As Parts or Chunks Of Substance

When this model is activated, the agentive subject is cast in the demiurgic role of "maker" or "creator" with a number of consequences:

– *Semantic compression* and *event simplification*. Just as a variety of coordinated gestures is required to produce a single artifact, so a variety of related actions is involved in *faire quelque chose* ('doing

---

10. A central tenet of cognitive linguistics is that symbolic structure makes conceptual organization visible. *Faire-* and *fare-* constructions thus lend themselves to conceptual analysis.
11. Langacker has emphasized the relevance of "material substance and energy" to linguistic structure (1991: 283). Both concepts are part and parcel of his definition of the role of "the archetypal agent", i.e. "a person who volitionally initiates physical activity resulting, through physical contact, in the transfer of energy to an external object." (Langacker 1991: 285)
12. "Parabolic projection" and "event-story" are explicit references to Turner (1996: 5-26).
13. "Artifacts", from Latin *arte* 'by means of skill' and *factum* 'something made' are products of human workmanship. The term has been chosen for its anthropological resonance. It consistent with the ontological distinction established in this paper between things existing in their own right and things that have been produced by shaping, modeling, etc. i.e. things produced by some demiurgic or creative force.

458   *Jean-Rémi Lapaire*

something'): *faire le ménage* ('cleaning the house'), *faire un film* ('making a movie'), etc. A single story, built around a single event – someone making / producing something – is used to structure a complex situation. The workshop model fuses and condenses disparate events into a unitary experience.

– *Cognitive roles*. Roles such as those of "maker" or "creator" in the workshop model operate below the conscious level of traditional semantic and thematic roles ("agent", "instigator", "patient", "experiencer", "benefactive, "theme", etc.). In *faire croire* ('to make someone believe something') and *faire rire* ('to make someone laugh'), the grammatical subject is understood to be "the volitional instigator" of deception and mirth. But at a deeper and more *poetic* level [14] of cognition, the subject is also cast as a "creator" of illusion or a "merry-maker."

– *Transitivity effects*. Delexical structures involving verbs of making (see 1.5. below) can be used to impose transitivity on intransitive relations [15]. *Il a fait des excuses* ('He apologized', 'He made an apology'); *Elle a fait l'idiote* ('She misbehaved' or 'She made a fool of herself'); *Nous avons fait des courses* ('We went shopping'). By and large, *faire*-constructions may serve to attribute selected aspects of the "thing-made story" to situations that do not inherently involve a "maker", a creative event carried out volitionally, some direct physical contact or transfer of energy between "maker" and "thing made," etc. as in *Ça fait mal* ('It hurts'), literally "It makes pain."

1.5. *More on delexical structures of "making" in English*

"Delexical structures" are common verb idioms like *have a drink, give a laugh, take a breath*, etc. that "name a complete event" (Sinclair 1990: 147-151). The structures "are highly marginal members of the transitive construction" (Taylor 1989: 212). They are rarely – if ever – passivized:

---

14. From Latin *poeta*, from Greek *poiētēs* 'maker', 'poet', from *poiein* 'to make', 'to create'.

15. *Faire*-constructions exhibit many of the central properties of transitive clauses defined by Langacker (1991 : 302) and Taylor (1989: 206-210).

Act, fact and artifact   459

(13)   *We had a swim.*
       * A swim was had.

Corresponding verbs – when available – are used intransitively:

(14)   a. *We had a swim.*   *We swam.*
       b. *She gave a laugh.*   *She laughed.*

The verbs used in delexical structures belong to a small set of basic-level terms denoting primary body-action stories: *give, have, make, take, do, hold, keep, set.* "Delexical verbs (...) indicate simply that someone performs an action" (Sinclair 1990: 147). They usually take deverbal nouns for object (Taylor 1989: 212). Thus *took* in *We took a walk* codes "action" – not a particular hand gesture ('grasp', 'seize', 'hold' or 'reach') – and collocates with the deverbal *noun* walk.

Make typically occurs in delexical structures expressing "speech actions" and sounds, or describing "change, results, effort" (Sinclair 1990:150-151):

(15)   a. *to **make** an appeal, a claim, a comment, a confession,*
          an enquiry, a promise, a speech, a suggestion...
       b. *to **make** a noise, a sound*
       c. *to **make** an attempt, a change, a contribution, an effort, an*
          impression, progress, a recovery, a start

Quite remarkably, the vast majority of *make*-constructions can be passivized, especially when the object is plural and modified by an intensifying adjective:

(16)   a. *desperate appeals/ attempts / efforts were made.*
       b. *substantial progress has been made.*

This suggests that the "delexical" realizations of *make* are not far removed from its primary "lexical" realizations as a verb of creation:

(17)   a. lexical: 'producing something'
          *They **made** some cakes.* (active)
          *Cakes **were made**.*(passive)

460   *Jean-Rémi Lapaire*

> b. delexical: 'acting', 'effecting', 'performing'
> *They **made** some major changes in the law.* (active)
> *Major changes **were made**.* (passive)

A likely explanation is that delexical *make*-constructions carry the process of event reification to such an extremity that the coded event – although not referring to a "thing" proper (e.g. *changing the law*) – acquires the syntactic properties typical of a noun denoting a "material object" (e.g. *cake*): it can function as direct object in the active construction or subject in the corresponding passive.

2. The relevance of object-making to grammar

> Every language contains terms that have come to attain cosmic scope of reference, that crystallize in themselves the basic postulates of an unformulated philosophy, in which is couched the thought of a people, a culture, a civilization, even of an era. Such are our words 'reality, substance, matter, cause' (...) (Whorf 1956: 61)

The production of tools and artifacts, which is cognitively and anthropologically meaningful [16], still awaits its rightful place in Cognitive and Construction Grammar.

As the *faire-*, *fare* and *make*-structures previously discussed seem to indicate, object-making is a fundamental "body action story," a "humanly relevant scene" [17] that is parabolically projected [18] onto a vast array of event configurations. Yet, Goldberg does not mention the creation of artifacts in her list of culturally basic "event types."

> Languages are expected to draw on a finite set of possible event types, such as that of someone causing something, someone experiencing something, something moving, something being in a state, someone possessing something, something causing a change of state or location, something undergoing a change of state or location, someone experiencing something, and something having an effect on someone. (Goldberg 1995: 39)

---

16. The great cognitive leap achieved by *Homo Erectus* about 1.5. million years ago, was accompanied by the manufacture and use of advanced tools. As M. Donald notes in *Origins of the Modern Mind,* "advanced tools and greater encephalization appeared approximately at the same time" (1991: 114).
17. "Humanly relevant scene" refers to Goldberg's discussion of "argument structure constructions" based on "semantically privileged scenes" of human life (1995: 225-226).

Neither do Lakoff and Johnson in their overview of "basic event-structure metaphors" (1999: 178-194) [19], although they do mention object-making as "a minor causation metaphor" in their analysis of *I made him steal the money* (208-209):

Causing Is Making
Effects Are Objects Made.

As a general rule, topological and force-dynamic concepts – "location", "motion", "paths", "barriers", etc. – have overshadowed other physical concepts like "shape", "matter", "touch", "contact" in the cognitive accounts of event structure given by English-speaking scholars. A likely explanation is that English linguistic usage and Anglo-American culture make certain spatial stories more salient than others, in particular *journey* stories involving "movement of a body through space" (Turner 1996: 33) [20] and *object transfer* stories involving "the manipulation of physical objects" (Turner 1996: 33). [21] *Object production* stories do exist in English too, but are less conspicuous than in French or Italian.

Whatever the degree of centrality and explicitness achieved by the workshop model in French, Italian or English, "stories of making" serve as powerful "mental instruments [22]" that shape basic modal, causal and aspectual notions.

---

18. "Body action story" and "parabolic projection" are borrowed from Turner (1996: 3-9). *"Story* is a basic principle of the mind. Most of our experience, our knowledge, and our thinking is organized as stories. The mental scope of story is magnified by *projection* – one story helps us make sense of another. The projection of one story onto another is parable, a basic cognitive principle that shows up everywhere."
19. Lakoff and Johnson certainly allude to event-reification in their discussion of "the object event-structure metaphor" (1999: 196-198) but the focus is on object-manipulation ("giving", "acquiring", "transferring", "desired objects"), not on object-making as such.
20. "Actors" as "movers" (1996: 39-40). E.g. *She walked right into a dismal job. He left physics to go into medicine.*
21. "Actors" as "manipulators" (1996: 41-42) Ex. *I took the opportunity. Hands off my business! You give me too much trouble.*
22. "Mental instrument", "instrument of thought" are borrowed from Turner (1996: 4-7).

462   *Jean-Rémi Lapaire*

2.1. Dealing with the reality of events: "real facts" as "solid facts"

In English, events[23] or happenings are *things* that *occur*[24], *come about*, *take place, take shape* or *materialize*. In French, *les choses ont lieu* (literally, 'things have location'), *arrivent, se passent, se réalisent, se produisent, se font*[25]. These are fixed form expressions which are indicative of the way human conceptual systems deal with the reality of events (Lapaire 2002: 18-19).

Referring to an event as *a thing that happened* is cognitively meaningful since it allows events to acquire the stable existential properties of material objects. The *thing that happened* becomes as real as any material *thing* we know exists in the world. Reified events enjoy the reality status of solid objects. In court and other legal settings, "*solid* facts" become "*tangible* evidence" by virtue of the cognitive link established between "factivity" and "palpability" (Talmy 2000: 141-149).

> At the concrete level of palpability, an entity (...) is experienced as having real, physical, autonomous existence. (...) With respect to general fictivity, a representation ceived at the concrete level of palpability is generally experienced as factive and veridical. (144)

Other words and phrases can be found that illustrate this fundamental cognitive mechanism. In English the verb *materialize* – from Latin *materia* 'substance' – is used to indicate that "something has become real," thus coding the transition form "virtual" to "actual."

(18)   She ***materialized*** her dream.
        'Her dream came true / became real'.

Here, the speaker unconsciously draws on the cognitive resources of substantiation to perform the conversion of "fictive" into "factive."

---

23. From Latin *eventus* 'a happening', related to *evenire* 'to come out / forth', from *venire* 'to come' + *e[x]-* 'out'.
24. From Latin *occurrere* 'run up to', from *ob-* 'towards' and *currere* 'run'.
25. Literally, [things] "arrive" / "come by"; "pass" / "go by"; "are realized"; "produce themselves" / "get produced"; "make themselves" / "get made."

Act, fact and artifact   463

English speakers also make consistent use of the noun *fact* – from Latin *factum* 'something done', from *factus* 'made', from *facere* 'to make' – to refer to events and situations presented as unmistakably real.

(19) a. *It's a **fact**!*   *In actual **fact**...*   *As a matter of **fact**.*
     b. *The **fact** is that...*   *The **fact** that...*

Unsurprisingly, the same speakers use *substance, substantiate* and *tangible* – from Latin *tangere* 'to touch' – to establish the truthfulness of their claims:

(20) a. *This **substantiates** my claim.*
       'This confirms the validity of my claim'.
     b. *His account is without **substance**.*
       'His account is untrue'.

(21) *You must produce **tangible** evidence / proof of her guilt.*

2.2. Aspect: "finished actions" as "finished products"

French and Italian use the same aspectual idiom to indicate that "something has been done."

(22) a. *C'est **chose faite** !* (Fr.)
     b. *È **cosa fatta**. !* (Ital.)
       It's thing made
       'It's done (and out of the way)'

What is "fully done"[26] is construed as a finished product. As the participles *faite* and *fatta* ('made') indicate, the production phase is over. The artifact is in perfect condition: no part- or piece – is found to be missing.

---

26. The aspectual concept of completion is commonly construed in terms of *fullness* – "fully", "completely" (from Lat. *plere* 'to fill') – or *wholeness*: "totally" (from Latin *totus* 'all'), "entirely".(from Latin *integer*, literally 'untouched', from *in* + *tangere* 'to touch').

464   *Jean-Rémi Lapaire*

In the workshop model for activity, actions are construed as material objects ("things"), component states as component parts, finished activities as finished products. In short:

Activity is a Creative Enterprise
Acts are Artifacts

Some standard grammatical terms describing aspectual notions are based on the same model. They rely on the same conceptual projections and follow the same storyline:

Doers are Makers
Performing is Making
Actions are Objects to be Made
Component States are Parts or Chunks of Substance.

"Perfective" is a case in point. The label is traditionally applied to "actions", "events" or "situations" presented as complete. As the Latin origin of the word suggests, object-making is somehow involved[27], since *perfectus* ('thoroughly') is the past participle form of *perficere* 'to perform', from *per- + facere* 'to make / do.'

Material or aesthetic "perfection" is about wholeness: no mistakes, no faults or damage found. *It's all there.* In the same way, aspectual "perfectiveness" is about actions considered in their processual integrity. *It's all done*, i.e. all the "chunks of doing" that make up the reified process are present.

2.3. Causation or the art of "making things happen"

Prototypical forms of causation are governed by what Langacker calls "the billiard-ball model", defined as "the conception of physical objects moving around in space and impacting other objects, which undergo some reaction due to the force thereby transmitted" (2000: 24).

---

27. Other "stories" exist that deal with the completion of actions. The one most frequently heard is based on a spatial script, which I elsewhere refer to as "the *go*-scenario" (Lapaire 2002: 10-14) : *Performing Is Traveling to a Destination*; *Doers Are Travelers*; *Component States Are Successive Locations*; *Completion Is Arrival at Destination*.

Discrete events are sequentially placed along an "action chain." The first event is construed as the "instigating force" that supplies "the energy input responsible for the occurrence of [the second] process" (1991: 408). But as causal *faire-* and *make*-constructions attest, the "billiard ball model" is not alone. The "workshop model" is also used quite extensively to frame causal relationships.

2.3.1. From "creation" to "causation"

French *faire* and English *make* both function as "verbs of creation" and "verbs of causation."

Creation: 'X produces an object.'
(23)　a. *to **make** cars, furniture, etc.*
　　　b. ***faire** / **fabriquer** des voitures, des meubles, etc.*

Causation: 'X produces an effect.'
(24)　a. *to **make** someone laugh, cry, etc.*
　　　b. ***faire** rire, pleurer, etc. quelqu'un.*

Causation can be voluntary or involuntary, direct or indirect, depending on the coded event and pragmatic factors:

Voluntary causation:　'X intentionally arranges for Y to happen.'
　　　　　　　　　　　Y = desired result
(25)　a. *They **make her die** in the last scene !*
　　　b. *Ils **la font mourir** dans la dernière scène.*

Involuntary causation: 'X unintentionally triggers Y'
　　　　　　　　　　　Y = unintended consequence
(26)　a. *Your dog **makes me laugh**!*
　　　b. *Ton chien **me fait rire** !*

There are some perfectly valid reasons for using verbs of making to code causal relationships:
　　　– the production of artifacts incorporates a causal element: "making" is about "causing to be."

466   *Jean-Rémi Lapaire*

Artifactual: 'X *causes* a material object to exist in the physical world'
Causal: 'X *causes* an event to exist / happen'

– the central cognitive process of event-reification applies to all event-types, including resulting events. Just as material objects can be "made," so results or consequences can be "produced" or "generated."

Artifactual: 'X *produces* an object' 'X *makes* something'
Causal: 'X *produces* a consequence' 'X *makes* something. happen'

2.3.2. A "workshop model" for causation

In "the causal workshop," results are products. French and English make this explicit in a number of set phrases:

(27)   a. *to produce unexpected results*
       b. *produire des résultats inattendus*
(28)   a. *to produce the desired effect*
       b. *produire l'effet désiré*.

The "causal workshop" is a specific realization of the more general "workshop model." As a cognitive construction, it "blends[28]" object-production with causation:

1. Instigating forces (x) – ranging from impersonal "acts of fate" to planned actions involving deliberate human agency – act as *creative forces*: "X makes / produces / creates something"
2. Resultative states or instigated processes are reified and construed as artifacts (or manufactured goods in the industrial version of the workshop).

The blend yields a causal arrangement in which instigators or instigating forces are imaginatively cast in the role of "producers of effects." This model is highly productive in French:

---

28. Throughout this paper, "blend", "blending", "blended space" refer to Fauconnier and Turner's theory of "conceptual integration" (2002: 39-54).

(29) *J'ai **fait tomber** la lampe.*
      I made fall the lamp.
      'I knocked the lamp over'.

(30) *L'inflation a **fait** monter les prix.*
      Inflation has made rise the prices
      'Inflation (has) pushed (the) prices up'.

French also uses *faire*-constructions to express enablement:

(31) ***faire** entrer / sortir quelqu'un*
      to make come in / go out someone
      'to let / show someone in / out'

Equally noteworthy are French delexical faire-structures expressing feeling or perceptual experience in terms of caused / created sensation:

(32) ***faire** mal*
      to make pain
      'to hurt' or 'ache'

2.4. Modality

Construing "acts" as "artifacts" has an impact on the way some basic modal notions are encoded and conceptualized.

2.4.1. "Possibility" as ability to "make it"

In English, *make it* is used to indicate that one can get somewhere in time, meet some challenge or deadline, deal efficiently with some difficult business:

(33) a. *Can you **make it** on Monday?* or *Can you **make Monday?***
      b. *Don't worry! I'll **make** the deadline!*
      c. *I'll never **make it!*** ('Manage to do it').

468   *Jean-Rémi Lapaire*

The grammatical subject has the capacity, ability or potential ("what it takes") to succeed. The "workshop model" described in 2.3. neatly applies to this mixed modal and aspectual configuration in which "doing" is imaginatively construed as a creative endeavor:

Doers Are Creators
Capacity Is Skill
Successful Acts Are Faultless Artifacts

Although the same conceptual resources are available to French speakers, linguistic usage imposes other kinds of lexical realizations and favors different cognitive models – or "stories":

– *venir* ('come') for journeys and appointments:

(34)   *Peux-tu* **venir** *lundi?*

– *être dans les temps* ('to be there in time') for deadlines

(35)   *Ne t'en fais pas! Je* **serai dans les temps** *!*

– *réussir* ('succeed'), *y parvenir, y arriver* ('get there') for difficult jobs:

(36)   *Je n'y* **arriverai** */* **parviendrai** *jamais !*

As (36) shows, French uses the aspectual idioms *y arriver, y parvenir* which evoke a journey model, not a workshop model: *y* ('there') is a locational proform and *arriver* ('arrive', 'get there'), *parvenir* ('reach') are motion verbs that code a successful journey to a destination. In French, success is more a matter of "getting there" than "making it."

2.4.2. Coercion as "manipulation"

English *make* and French *faire* can be used as "manipulation verbs," to use T. Givón's convenient label and neat semantic definition:

Act, fact and artifact 469

[A] human agent manipulates the behavior of another human, *the manipulee*. (...) The complement clause codes the *target event* to be performed by the manipulee. (1991: 151)

As illustrated in (37) below, *make* and *faire* may code attempts at (or actual instances of) "successful manipulation."

(37) a. They **made** me open the closet.
      b. *Ils m'ont **fait** ouvrir le placard.*

The term "manipulation" comes from Lat. *manus* 'hand' – which is cognitively congruent with the workshop model. The agentive subject plays the part of the "manipulator" who metaphorically uses his hands:

— to control the behavior of the manipulee. This is probably the puppet model (or story) that Givón has in mind.

— to supply the power and creative energy necessary for the production of the target event. This is the workshop model (or story) that grammar overtly codes . The "manipulation" expressed by *make* and *faire* rests on the more primitive notion of creation. The "manipulator" – who supplies the energy and acts as a compelling force – is first and foremost a "creator of behavior."

Table 1. Making someone do something.

Cognitive role: maker / manipulator	Target event / behavior
They made	*me-open the closet*

If this interpretation is correct, then the propositional information carried by the complement clause is reified: "They made *that particular thing* (happen)."

2.4.3. "Faire faire"

A final word needs to be said regarding French usage. Manipulative *faire* combines freely with the basic performative *faire* found in ordinary delexical constructions: *faire des excuses* ('to apologize'), *faire ses*

470   *Jean-Rémi Lapaire*

devoirs ('to do one's homework'). This yields and awkward sounding – yet very common – construction, in which *faire* is repeated: *faire faire*. Depending on the situational context, *faire faire* expresses coercion or enablement / assistance. In either case, some form of control is exercised by the subject who *manages* a particular business or *has the matter in hand*.

(38)   *Je lui ai **fait faire** des excuses.*
       'I made him apologize'.
(39)   *J'étais censé leur **faire faire** leur toilette tous les matins.*
       'I was supposed to make them wash in the morning'(coercion)
       or 'help them wash' (enablement / assistance)

3. Concluding remarks

French *faire-* and English *make-* constructions are "windows" open on the experientially based and culturally marked knowledge systems that shape grammar.

The "humanly relevant scene[29]" of substance being touched and modeled to produce artifacts has found a way into the very texture of grammar. Object-making is a primeval, culturally significant "body action-story" that is projected onto a variety of "event stories." The projection has yielded numerous lexical idioms and causal constructions. It has also shaped key aspectual and modal notions.

Casting "doers" as "makers", "creators" or "producers" and construing "performed actions" as "finished products" suggest that some form of "narrative imagining" is at work in grammar. Mark Turner is proven right in his controversial claim that "grammatical structure is established by projection of narrative structure" (1996: 155). Grammar is shaped by "parabolic thinking". In many respects, grammar is "a child of the literary mind.[30]"

---

29. The phrase is once again borrowed from A. Goldberg's discussion of "scenes essential to human experience" – or "basic scenarios" – lying behind "syntactic frames" – or "clause level constructions" (1995: 39-43)
30. "With story, projection, and their powerful combination in parable, we have a cognitive basis from which language can originate. (…) Language follows from these mental capacities (…) Language is the child of the literary mind." (Turner 1996: 168)

The "workshop model" – or "object-making story" – discussed in the present paper also confirms the multi-dimensionality of grammar, which includes an oft forgotten anthropological layer of cognitive organization. The production of artifacts is both a primeval body-action story and a cultural scenario which played a key role in the anatomical, cultural and cognitive emergence of Homo sapiens.

Grammar cannot be reduced to a purely formal, algebraic system of rules, symbols and constructional schemas. Grammar is a "blended space"– in Fauconnier and Turner's sense (2002: 40-48) – where the various "input spaces" of semiotic activity, conceptual ability and socio-cultural experience are "integrated." As any "blend", grammar has developed an "emergent structure", i.e. an organizational structure of its own "that is not copied directly from any input" (48).

Such is the intricacy of the conceptual integration networks of language that it is impossible to draw a sharp line between pure linguistic conceptualization and general cognition. Thus, grammatical and lexical usage reveal the centrality of conceptual *projection* – "metaphoric," "parabolic," "image-schematic," etc. – and conceptual *reification*, both in language-specific conceptualization and, one may assume, general human cognition. This is why grammar can be studied *per se*, just as it can be analyzed in a broader cognitive perspective to gain access to bio-cultural constructs [31] and universal cognitive processes.

Finally, event-reification of the kind discussed in this paper presses the case for what might some day become known as "a cognitive grammar of touch, manipulation and substance." For our sensory-motor interaction with matter shapes virtually every aspect of semantic and grammatical structure. Provocative as this claim may sound, physical matter lies at the heart of grammar.

---

31. In *A Mind So Rare* (2001: xiii-xiv), Donald defines the mind as "a 'hybrid' product of biology and culture" : "Our minds are still very much sealed into their biological containers. But they can do remarkably little on their own. They depend on culture for virtually everything (...) including our basic communicative and thought skills. (...)"
From the standpoint of evolutionary psychology, "culture" is more than just "a set of shared habits, languages or customs that define a population of people." It is "a gigantic cognitive web, defining and constraining the parameters of memory, knowledge and thought in its members, both as individuals and as a group."

472   *Jean-Rémi Lapaire*

References

Donald, Merlin
    1991   *Origins of the Modern Mind.* Cambridge Mass.: Harvard University Press.
    2001   *A Mind so Rare. The Evolution of Human Consciousness.* New York: W.W. Norton & Company.
Fauconnier, Gilles & Mark Turner
    2002   *The Way We Think. Conceptual Blending and the Mind's Hidden Complexities.* New York: Basic Books.
Givón, Talmy
    2001   *Syntax. An Introduction.* Volume 1. Amsterdam/Philadelphia: John Benjamins.
Goldberg, Adele
    1995   *Constructions. A Construction Grammar Approach to Argument Structure.* Chicago/London: The University of Chicago Press.
Heine, Bernd
    1997   *Cognitive Foundations of Grammar.* Oxford/New York: Oxford University Press
Huddleston, Rodney & Geoffrey K. Pullum
    2002   *The Cambridge Grammar of the English Language.* Cambridge: Cambridge University Press.
Jackendoff, Ray
    1993   *Patterns in the Mind. Language and Human Nature.* Hemel Hempstead, Herts: Harvester Wheatsheaf.

Lakoff, George & Mark Johnson
    1999   *Philosophy in the Flesh. The Embodied Mind and Its Challenge to Western Thought.* New York: Basic Books.
Langacker, Ronald W.
    1991   *Foundations of Cognitive Grammar*, Volume 2. Stanford: Stanford University Press.
    2000   *Grammar and Conceptualization.* Berlin/New York: Mouton de Gruyter.
Lapaire, Jean-Rémi
    2002   The conceptual structure of events: the *go-*, *make-* and *get-/give-/have-* scenarios. *Anglophonia* 12/2002: 7-28.
Sinclair, John (Editor-in-Chief)
    1990   *Collins CoBuild English Grammar.* London: Harper Collins Publishers.
Talmy, Leonard
    2000   *Toward a Cognitive Semantics*, Volume 1: Concept Structuring Systems. Cambridge, Massachusetts/London: The MIT Press.
Turner, Mark
    1996   *The Literary Mind.* New York/Oxford: Oxford University Press.
Whorf, Benjamin Lee
    [2000]   *Language, Thought and Reality. Selected writings of Benjamin Lee Whorf.* Edited by John B. Carroll. Cambridge, Massachusetts/London: The MIT Press.

Systemic productivity must complement structural productivity

René Joseph Lavie

Abstract

Linguistic productivity is not just structural productivity (assembly making), it also contains 'systemic productivity' (productive placement within pluridimensional paradigms). An occurrential, dynamic model provides a cognitively founded explanation of systemic productivity.

Keywords: abduction, abductive movement, analogy, Analogical Speaker, grammar, isonomy, linguistic productivity, partonomy, plexus, transitivity, transposition, systemic productivity.

Introduction

Systemic productivity is a dimension of linguistic productivity which has not been well identified. Current theories only grasp it as being in the margins of structural productivity – the latter very much apparent by contrast – and systemic productivity is touched only indirectly, either via morphology, or via syntactic features smuggled in to address some of its consequences: agreement or concord. Either way, systemic productivity is not studied for itself. From this unfortunate elision, there follows, in the first case, stopgap conceptions like improper derivation for example, and in the second case, an inadequate treatment of systemic anomaly, and in both cases, an approach which is categorical, which is not desirable for many reasons.

This article: i) defines systemic productivity, ii) approaches it with analogy, identifying for its treatment analogy transitivity, and analogy transposition, iii) discusses some cognitive issues and some plausibility issues of this proposition.

474   *René Joseph Lavie*

1. Background

In my doctoral thesis [1] I demonstrate the shortcomings of the grammatical approach to modelling or theorising linguistic facts: a stipulative, static [2] set of propositions (a "grammar") will account for a synchronic and nonvariant "language" always with residues. It will never account for variation among speakers, for language learning, and therefore, for language change. In short, the hypothesis "language", even if we understand it as an individual or internal language, is not the best approach to take because a speaker does not learn a language, he just learns how to speak. Therefore the model or theory of what is inside a speaker that enables him to go around with success in the linguistic milieu must, right from the start, incorporate a model of the dynamics along with a model of the static side of his linguistic knowledge. A static-only model or theory will not do.

By 'dynamics' I understand the reception of linguistic material and its interpretation in a situation, its emission still in a situation, and, as a result of these, acquisition and learning, and later, language change. A 'language', as something describable on its own, can only be a historical or social object and is not something which resides in our heads, it is no object the understanding of which would be a prerequisite to understand our linguistic acts.

We need however some assumptions both about the permanent mental traces which support the dynamics in a speaker and about the dynamics themselves. Such assumptions cannot be falsified directly, they can only be indirectly, through their consequences observed in a precise model we can make of them.

The approach consists of three items: i) the static side of the linguistic knowledge which is called 'plexus' because it is meshed, ii) the assumption that the dynamics are abductive in nature and rest on four basic 'abductive movements' which conduct the static knowledge into the dynamics, and iii) a general model of the dynamics, inspired from work in AI (the part of it that stepped away from symbolism and cognitivism),

---

1. Lavie (2003).
2. With 'static' I include Generative Grammars as well. The derivation 'process' which they advocate is deployed in a space which is *not* that of the linguistic dynamics. Generativism has nothing much to say about linguistic dynamics. For a recent statement on this subject, see Jackendoff (2002).

Systemic productivity must complement structural productivity 475

and from results from psycholinguistics. A computer implementation supports the claims made, see Lavie 2003, by supporting prooftests.

The plexus (the static side of the linguistic knowledge) is proper to a speaker. Two different speakers of the same 'language' have two different plexii, which can be extremely variant in their details. This is because the inscriptions in a plexus are a result of experience, including linguistic experience, and we all have different experiences and histories. Nevertheless, I show how 'about' the same utterances can be accepted with 'about' the same cognitive cost despite the fact that detail reasons for accepting them may vary. This reconciles speaker variation with the quasi-normativity of language. The critical step in achieving this reconcilation is *not* to postulate a language. A plexus consists of exemplarist inscriptions, not of abstractions. Actually, it is deemed that neurons are perhaps capable of some amount of abstraction but we do not know which ones with precision, nor how to model them, and so, as a research posture, I try to make the best with a totally flat model: one with no abstractions at all. It turns out that interesting things can be demonstrated within that radical hypothesis.

Other important themes in the conception of a plexus are that inscriptions are analogical [3], that they bear on terms without properties, that terms have no 'relations' but 'analogical copositionings', that a principle of proximality applies among inscriptions (from one inscription, there is a limited set of other inscriptions which can be reached at low cost, and in further steps, more can be reached but it costs more), that contextuality is obligatory by construction (this negates autonomous lexical entries, for example).

A plexus on its own cannot be said to be the linguistic knowledge of a speaker because there is no test procedure to assess such a thing: the linguistic value or import of a plexus is unassessable without the dynamics that may apply to it.

---

3. Recognition of analogy, as static ratios established between terms, *and* as dynamic processes active in the linguistic acts, also has the advantage that it reconnects back to over two thousand years of linguistic thought, from Varro to Householder. The Neogrammarians and Saussure did identify a dynamic analogy, that which "repairs" the paradigms which have ben disturbed by phonetic change. I further claim, and demonstrate in my thesis, that analogy has explanatory power in synchrony, applied to the dynamics of individual speaker's acts. This connects also with empahasis more recently placed on analogy, in the last decades of the 20th century, in psychology (Gentner, Holyoak), in cognitice science, and in linguistics (Lakov, Itkonen).

476   *René Joseph Lavie*

The dynamics are built upon four 'abductive movements' which link the static side of the model to its dynamic side. These are: by transitivity, by transposition, by transfer of constructibility, and by expansive homology. Of these, only the first two are relevant in this paper. The abductive movements specify the elementary computation steps that can be taken in linguistic acts. They are cognitively founded (or foundable). Implementationally, they are more plausible than rules and categories.

In my doctoral dissertation (*ibid.*), I show in some detail in which manner many 'grammatical' properties can be reconstructed as results. The general argument is that grammatical stipulations are consequences of the dynamics, counter to, for example, the generativist claim that elucidating grammatical properties i) is doable, and ii) will help later in explaining the dynamics.

In this picture, linguistic productivity is revisited: there are two productivities actually, the structural one, well-identified, well described, and accounted for to a some extent, and the systemic one, which, in my view, has so far been poorly approached, cognitively speaking.

After this brief overview of my thesis, I will now zoom in and expose in more detail the systemic productivity.

1. Systems as the locus of a specific productivity

The question of linguistic productivity being posed, it is envisioned spontaneously as the ability to utter (and receive) *novel assemblies*. This vision is necessary and is covered in chapter 4 of my dissertation, where I account for it mainly with structral analogy and the abductive movements by constructibility transfer and expansive homology.

But in considering linguistic productivity solely as a question of assemblies, one neglects to see that the placement of a form in a pluridimensional paradigm (that is, a system like the verbal paradigm of a Romance language), is a productive process in itself.

I understand 'placement', in reception, as the assignment of a place in a paradigmatic system to a given form, and in emission, as the attribution of the appropriate form to a given place. The notions 'paradigmatic system' and 'place in a pradigmatic system' are provisory, what follows being a criticism of them; and the conclusion will be precisely that we must produce system *effects* (without reifying the frames that would define the systems), and consequently to produce the corresponding placement *effects*.

Systemic productivity must complement structural productivity **477**

As a first approach, the question of the placement in a system roughly amounts to recuperating the 'semantism' that would be associated with a place in the system. We know what it turns out to be: the mapping between places in systems and their associated meaning (meanings) is contingent and complex. This is true for example, of the 'semantism' of verbal tense, as it is for definitness, number, etc. Contingent and complex as this association may be, it nevertheless has an unescapable function in interpretation, because it helps locate terms that are similar in the sense that they are 'of the same place' and it is exactly via the similarity of their 'locality' or placement that interpretation may deploy its abductive paths.

The domain of systemic productivity encompasses all systems[4], that is, all the tables which may be established in languages so that, for any pair of lines, for any pair of terms picked up from these lines in the same columns, the meaning ratio in this pair is the same as the meaning ratio in another pair picked up in the same lines and in another column. Likewise after premutation of 'line' and 'column'[5].

To begin with, systems are verbal systems and declension systems which are usual. Systems also encompass a vast number of tables which receive less attention because they are less usual or concern fewer forms, like the following ones in French:

S1

la	le
une	un

S2

mieux	pire	plus grand
bien	mal	grand

S3

plus	autant	moins
plus grand	aussi grand	plus petit / moindre
majeur		mineur
supérieur	égal	inférieur

---

4. The notion 'system' is a pretheoretical notion used provisorily. Below it will be abandoned for that of 'systemic productivity', which makes it possible to problematise the dynamics and the cognitve implications of system effects.

5. This last proposition : *Likewise after premutation of 'line' and 'column'* is important. We shall see below that it justifies calling on the abductive movement by transposition.

478   *René Joseph Lavie*

S5
après	suivant
avant	précédent

S5
avant	ensuite	hier	plus tôt	tôt	plus près	recule
	lors, alors	aujourd'hui	en mm temps		à égale dist.	reste sur place
après	auparavant	demain	plus tard	tard	plus loin	avance

S6
dans	dedans	intérieur	entrer
hors (de)	dehors	extérieur	sortir
à côté de	à côté	proximité	passer

S7
vite / rapidement	soigneusement / avec soin	bien
rapide	soigneux	bon

The dimensions of systems are grammatical categories like gender, number, grammatical tense, and person. They may also be a set of what a categorical description would call "lexical class", like the rows of system S7 above which are Adv. and Adj.

2. Explaining systemic producivity

In a small system, systemic productivity may be considered a small problem: speakers learn it by rote and there is nothing more to it. The explanation of ensuing acts of emission and reception would be covered in this way. At the lower extreme, the smallest possible system is a two by two system, that is, a systemic analogy (e.g. *speed* : *fast* :: *abundance* : *much*). The speaker forms a systemic analogy and nothing more: once formed, he can use it.

However, this does not explain the possibility of extention of a system, be it a durable extention by conventionalisation of more forms that append to the system, or by an occurrential extention. One example would be the possibility of metaphors, which is always open.

Neither does this provide a base to the differential process of meaning recuperation.

Systemic productivity must complement structural productivity   479

In a large system, all these reasons still hold to disqualify a 'learning by rote' explanation, but moreover it is just no longer possible to learn by rote, because of the size of the system.

We know that morphology (occasionally syntax) takes over, in the very measure of the system's size, by installing in the overt form some marks (affixal marks for example) which guide the placement of forms in the system. This is an empirical fact. In what does it constitute an explanation that would nullify the need to envisage a properly systemic productivity?

3. An explanation by structural productivity does not suffice

Then, for instance in a verbal system, the attention focuses on a morphological schema like:

verbal base + inflexion → inflected verbal form.

The question of a possible systemic productivity would then be moot because it would be replaced by structural productivity. A replacement as simple as this presents many obstacles.

This schema does not explain the alternation of bases because it does not do justice to a fact like, in Fr.:

irai is to *vais* as *mangerai* is to *mange.*

This schema also fails with groups (conjugation groups, declension groups, etc.). Neither does it apply to forms occupying more than one place in a system[6]: *fais*, in written Fr., is a first person or a second person.

This schema cannot apply to systems S1 to S7 above, which present little or no morphological regularity.

Systemic productivity takes place despite structural anomaly, therefore it cannot be explained by structural dynamics alone.

---

6.   Phenomenon which is sometimes called 'syncretism'.

480   *René Joseph Lavie*

4. Explaining with a dimensional frame

Theories then usually postulate a dimensional frame which underlies the system: they reify the system. For example, in the Fr. verb: a tense-mode dimension, a person dimension, and a number dimension are postulated. The frame is assumed to be given and it is spontaneously presented (this is not always made explicit) as explaining the system and its operation. This analysis is the classical one in pedagogical grammars, but these grammars are intended for speakers who already have a certain command of their language. It is also the analysis made by modern theories (generativism, HPSG, etc.) which renewed it with syntactic features. Forms are assumed to be determined by three features, one for each frame dimension, and the feature values assign a form a place in the system.

As a descriptive means, such a frame is comparatively efficient (with some defects), but is not explanatory.

5. Defects of the frame

The frame does not explain the anomaly of the forms

Syncretism and the alternation of bases remain as formally anomalous residues.

Now, despite formal anomaly, the forms find their place in the frame, and this set operates smoothly: speakers perform placement even when the 'base + inflection' schema cannot support the placement process.

One may object that in French the obligatoriness of the personal pronoun partially compensates for anomaly and syncretism. However, in Spanish, pronouns are not used in current practice and this does not prevent anomaly:

infinitive	pres. ind. 1S	fut. ind. 1S	pret. ind. 1S
ir (go)	*voy* (I go)	*iré* (I shall go)	*fuí* (I went)
ser (be)	*soy* (I am)	*seré* (I shall be)	*fuí* (I was)
hacer (do, make)	*hago* (I do)	*haré* (I shall do)	*hice* (I did)
andar (walk)	*ando* (I walk)	*andaré* (I shall walk)	*anduve* (I walked)
cantar (sing)	*canto* (I sing)	*cantaré* (I shall sing)	*canté* (I sang)

Systemic productivity must complement structural productivity 481

Likewise in Russian, in Basque, and in many other languages with the category person, but eliding personal pronouns, formal anomaly is not an obstacle to systemic productivity.

The frame assumption does not explain the anomalies of the frame itself

Such anomalies are numerous.

- In systems S1-S7 above, there are many unoccupied places. Imperative in French does not have persons 1S, 3S, 3P.
- In Fr., there is no compound past subjunctive, no anterior future conditional, etc. To account for the fact that not all pairs (tense, mode) are attested in French, Gross proposes[7] to substitute tense and mode with a tense-mode category which would *de facto* sanction those of the pairs which are attested. This measure is prudent and wise but it fails to do justice to data like *j'aurais vu* : *je verrais* :: *j'ai vu* : *je vois*. That is to say: between tense and mode in French, there is a partial categorial orthogonality, certainly incomplete, but which is not nothing. Therefore, the theory underlying Gross's decision (and which he leaves non-explicit) misses a 'local generalisation', if one may say so.
- The French definite plural article *les* is neither masculine nor feminine.
- Etc., examples of anomalies of the frame are numerous.

We see that the system of the places itself (the frame) is more a matter of empirical observation than one of postulation[8], and that the systematicities which it offers are partial only; this is the case well before the forms that it hosts are found morphologically regular or not.

The frame does not explain learning

Postulating a multidimensional frame does not explain how children gradually build up a pluridimensional ability either. The reason for this is that

---

7. Gross (1986: 10).
8. That it has a 'contour dentelé' as Milner (1989) would say.

482 *René Joseph Lavie*

experience never shows up as a methodic teacher and one must always make with the availabilities, fragmentary as they may be. The subject must be efficient without a complete system, with at best some systematisations here and there, partial and contingent. So the learner must integrate sparse and heterogeneous data, and positing a frame is simply positing the contrary.

In a large paradigm, speakers never really acquire the same ease in all points of the domain. Even for an educated adult, at its margin (seldom used forms of seldom used irregular verbs) there are hesitations and gaps. For a speaker of French, the tridimensional system of the verb is ideal and its margin never really gets comfortable; either it remains a zone or free variation or, to comply with a norm, the speaker uses a *Bescherelle*.

This not compatible with an explanatory schema like innateness plus parameter setting. In the case under discussion: innateness of paradigm dimensionality plus setting the right dimensions all at once.

Postulating the frame does not explain language evolution

As in any categorical theory, having postulated a frame (the dimensions of which are categories) it is impossible to show how it may undergo progressive alterations and therefore evolve.

The frame is not appropriate because it is partonomic

Finally, postulating a frame requires the forms in it to be attributed properties which are coordinates in the frame (for example : tense-mode, person, number). Doing this would be accepting categories (which we do not want) and would be a handicap in building an isonomic [9] dynamics

---

9. After Koenig (1999), I call 'partonomic' a theory which posits that its components have properties. For example: "all nominals bear case", "finite verbs have tense". Contrasting with partonomy, a theory is 'isonomic' if it does away with properties: it develops uniformly and univocally on a single level. I claim that 'analogical copositionings' of terms plus the four abductive movements mentioned above make such a thing possible. Isonomy is better than partonomy because the 'object-property' schema already contains in itself a defect: it resists accounting for linguistic flexibility and plasticity. Multiplying properties (as does HPSG) or building up an inheritance lattice of categories (as do Constuction Grammars) helps to live with this shortage without actually facing its deep causes.

Systemic productivity must complement structural productivity 483

(which we want). This reason is a general reason but it is an important one in the approach we are taking.

Finally, the frame is not explanatory; some anteceent explanatory mechanism is required

To sum up, if we stick to a pluridimensional frame[10], there is a description problem since real systems often do not even observe it, and it is difficult to explain a verbal system, i) as the contingent product of a history, ii) as learnable, iii) as useable and serviceable for the speaker when the latter does not have an available theory of this verbal system.

As we have not taken advantage of systemic analogy, this particular productivity remains unexplained. There is therefore a productive mechanism which is antecedent to its partial sanctioning by morphology, and it is not suitable to postulate a preexisting frame which would explain how the learning speaker makes the right form-meaning associations.

6. Systemic productivity as the dynamics of systemic analogy

The refusal of syntactic features leads us to seek an explanation by a genuine systemic dynamics, that is, a dynamics which should be exemplarist[11] and isonomic as is that which accounts for structural productivity in Chap. 4 of my doctoral thesis.

This new dynamics is conceptually distinct from structural productivity, but as both operate together, complementing one another, and taking over from one another, it is not always easy to perceive what belongs to each.

The systemic dynamics is based on systemic analogy: we make the assumption that, at some point in his learning history, the young speaker becomes capable of making some analogies like:

va : vais	:: vient : viens
vient : viens	:: est : suis
sommes : suis	:: jouons : joue
sont allés : est allé	:: sont venus : est venu
sont : est	:: sommes : suis

---

10. Which is what syntactic features do.
11. That is: refrain from positing abstractions.

484   *René Joseph Lavie*

These elements of linguistic knowledge are exemplarist systemic analogies. Their number is modest because each has a certain cognitive cost. The young speaker makes a certain number of them, but not a very great number. He does so without the availability of abstractions like 1P, 3P, indicative present, future, singular, plural, verb "aller", verb "venir".

We assume then that these elements can undergo the abductive movement by transposition[12]. This assumption is not theoretically very costly: it is entailed by the definition of systems (cf. *supra*). These elements can also undergo the abductive movement by transitivity[13]. The two movements then permit the unitary analogies above to enter an integrative dynamics. Starting from the initial systemic analogies, this dynamics[14] has the final effect of producing a large number of other analogies by abduction, under conditions which are cognitively more economical.

This progressively renders effects of pluridimensional systems. Naturally, the pluridimensional system 'preexists' the learning speaker; it is obviously not he who establishes it. He is simultaneously the beneficiary of the mother tongue and dependent on it. Gradually, he must comply with it if he wants to understand, to be understood, and to be an esteemed member of his speaking community.

But he does not get hold of a system with three coordinates all at once. It is not a 'take it or leave it' matter. If it were, French would have, as Latin, a perfect infinitive, a supine, an ablative, etc. It is necessary that the conditions of this appropriation allow it to be a progressive and incremental process. It is not the case that it has to be taken to any predefined term except, in constraining pedagogies, the learning of tables that are preestablished and presented as an ideal norm. In a more spontaneous exercise of language, something of the ancestral inheritance reconstitutes itself; the acquired knowledge complies with the inheritance in the very frequented parts of the paradigms and, in the less frequented parts, re-

---

12. Analogy *went : go :: thought : think* transposes into analogy *went : thought :: go : think*; the two inner terms are swapped. Seen as a formal operation, transposition does not hold for any analogy, that is, its result does not always make sense. Here it does. It does in most linguistic pluridimensional paradigms.

13. Roughly stated, the movement by transitivity means that the friends of my friends are also my friends, (although perhaps a little less). A linguistic example is as follows: given the two analogies *went : go :: came : come* and *came : come :: arrived : arrive*, the following analogy can be abducted: *went : go :: arrived : arrive*.

14. Details stand beyond the format of this article.

Systemic productivity must complement structural productivity 485

mains an occasion for hesitations that generate more adventurous abductions, and these in turn generate occasionally variant creations.

The perspective is reverted. A categorial theory would postulate a tridimensional analysis frame, of which it should then have to explain the gaps (defectivity, i.e. unoccupied places, syncretism, alternations, anomaly); it would have nothing to say about the evolution of this frame. Here on the contrary, we start from the acts and from operating mechanisms which are explanatory right from the beginning. Exemplars are primary, as is the abductive computation which uses them; and the possibility of describing the sytem which the young speaker constructs, and in which he becomes productive, is recuperated as an effect of the base dynamics. Adopting a dynamic of this type as an explanatory schema has many advantages, as we can see:

- a plausible discourse about learning becomes possible.
- the progressive way a verbal system is built in its dimensions is better explained.
- room is made for allomorphy, syncretism and groups as a cognitively motivated residue of a regularisation process.
- inflexional morphology is better positioned: it can sanction a pluridimensional system without having to do so entirely and its role is second in time, and causally second, even if, once the language has been learnt, in the adult's knowledge, this role becomes very important.
- the 'failures' in the learning process, or its residues in the margins of the system, make room for its possible evolution.

Systemic productivity is thus based on transitivity and on transposition. It shares transitivity with structural productivity, but transposition is proper to it: structural productivity is not concerned with this movement.

Systemic productivity assumes some hypotheses concerning the inscriptions that support it but they are beyond scope of this paper.

7. Conclusions

Structural productivity does not exhaust linguistic productivity. Besides it, a systemic productivity is recognised as necessary. It has a proper dynamics, and, even if it conjoins very quickly with systemic productivity, it is antecedent to it.

The dynamics of systemic productivity can be constructed within an exemplarist, dynamic model by means of analogy transposition and analogy transitivity, set in the service of an aductive computational view of linguistic acts. This allows us to eschew an explanation by syntactic features and the associated problems of plausibility, learnability, and language change. It provides for a cognitively founded and plausible model of how a speaker does with pluridimensional paradigms.

The recognition of systemic productivity adds system effects and syntactic feature effects to the list of grammar effects which may be rendered by dynamics that are antecedent to grammars.

This is one occasion among others to show how it is not an antecedent grammatical description that conditions the understanding of the dynamics. It is the previous elucidation of the dynamics wich allows us to reconstruct as effects the stipulations of the grammars. The latter may, in a second tense, become the subject of grammatical discourse; but this is second in history and causally second. The grammatical approach to linguistic phenomenology is superseded by a dynamic approach, notably because the latter is cognitively better: it explains better speaker variation, language learning, language change; it is more plausible and makes lesser demands on innateness.

References

Gross, Maurice
    1986   *Grammaire transformationnelle du français, 1 Syntaxe du verbe.* Paris: Ed. Cantilène. 1st publication 1968. Paris: Larousse.

Jackendoff, Ray
    2002   *Foundations of language.* Oxford University Press.

Koenig, Jean-Pierre
    1999   *Lexical Relations* Stanford monographs in linguistics, Center for the Study of Language Publications, Stanford Ca.

Lavie, René Joseph
    2003   Le Locuteur Analogique ou la grammaire mise à sa place. Thèse de doctorat, Université de Paris 10 (Sciences du Langage), 200, avenue de la République, 92001, Nanterre Cedex, France. Available in French and English from Eho Productions, 85, rue de la Roquete, 75011 Paris. http.//infolang.u-paris10.fr/modyco/membres/presentation.cfm?|Dchercher=138

Milner, Jean-Claude
    1989   *Introduction à une Science du Langage.* Paris: Seuil.

Estruturação e lexicalização da causação nos lexemas verbais derivados de *ducere*

António Ângelo Marcelino Mendes

Resumo

A análise da expressão da causação pelos lexemas verbais da família etimológica derivada de *ducere* – aduzir, conduzir, deduzir, seduzir, etc. – mostra que, no Português Europeu, em vez de um padrão básico e unificador de causativos, há diferentes tipos e padrões básicos de estruturação e lexicalização da dinâmica de forças e da causação. A convertibilidade recíproca entre as diferentes categorias do sistema esquemático "Força e Causação", aqui documentadas para o Português Europeu, explica porque enunciados desviantes são efectivamente produzidos e entendidos como causativos por falantes do Português Europeu.

Palavras-chave: categoria simbólica, sistema esquemático, fusão conceptual, dinâmica de forças, tipos semânticos de situações causativas.

1. Causatividade: área crítica do Português Europeu

Como demonstrado em Peres e Móia (1995), a expressão de situações causativas constitui uma das áreas problemáticas do Português. Apesar de apresentarem (b) contrapartidas bem formadas, (a) os enunciados desviantes, exibindo diferentes graus de marginalidade face ao Português Padrão, são efectivamente produzidos e entendidos como causativos por falantes do Português Europeu:

(1)   a. *?Produtos inflamáveis perigam Baixa de Coimbra* (Diário Popular, 25 de Junho de 1986, p. 11, in Peres e Móia, 1995, C172, p. 197);

        b. *Baixa de Coimbra periga devido a produtos inflamáveis* (Peres e Móia, 1995, C172b, p. 197)

(2)   a. *?Publicidade enganadora apreende dentífrico* (Diário de Notícias, 25 de Novembro de 1991, p. 45, in Peres e Móia, 1995, C179, p. 198);

488 *António Ângelo Marcelino Mendes*

    b. *Publicidade enganadora faz apreender dentífrico* (Peres e
    Móia, 1995, C179a, p. 202);

(3)   a. ?*John Major tenta aprovar as suas teses pro-federalistas*
    (O Independente, 21 de Junho de 1991, p. 24, in Peres e Móia,
    1995, C183, p. 203).

    b. *John Major tenta fazer aprovar as suas teses pro-federalistas* (Peres e Móia, 1995, C183a, p. 203).

Esta divergência, sobretudo na formulação de causativas lexicais, é muito familiar aos professores que se esforçam por facultar aos alunos o domínio da variedade mais prestigiante do sistema da língua materna, e suscita diversas questões complementares (Matos, 1999):

– Porque é que as produções dos falantes são desviantes relativamente ao Português Padrão?

– Nestas produções divergentes, os falantes utilizam recursos linguísticos em contradição com o sistema da língua ou consagrados no sistema da língua?

– Porque é que, apesar de gramaticalmente marginais, tais enunciados são entendidos como causativos?

– Que mecanismos de codificação da causatividade foram utilizados?

Nesta comunicação, argumentamos que a análise, documentada em *corpora*, da expressão efectiva da causação pelo uso dos lexemas da família etimológica derivada de *ducere* – aduzir, conduzir, deduzir, seduzir, etc. – mostra que, no Português Europeu, em vez de um único padrão básico e unificador de causativos, existem os diferentes tipos semânticos e padrões básicos de lexicalização da dinâmica de forças e da causação, já amplamente descritos e contrastivamente estabelecidos por Talmy (2000a: ch. 7-8; 2000b: 69-84).

2. O uso dos derivados de -*duz*: categoria ou categorias simbólicas?

O recente dicionário *Houaiss* (2003: 1415-1416) recenseia 256 lemas derivados do interpositivo -*duz*. Tendo em conta que no Português Europeu já não se usa o lexema verbal *duzir*; que na língua latina houve um período em que os prevérbios dos lexemas verbais derivados do étimo de *duzir, ducere*, existiram como morfemas livres e que, actualmente, os lexemas derivados de -*duz* não requerem qualquer esforço construtivo no seu uso, descrever e explicar a inegável coerência semasiológica de tão

Estruturação e lexicalização da causação   489

vasto número de unidades linguísticas confronta-nos com um primeiro problema: são categorias autónomas, ou, pelo contrário, formam um único espaço simbólico que inclui elementos de diversas categorias gramaticais?

Para testar a validade das hipóteses que acabámos de formular, consideremos a série de exemplos (4) a (23). Incluindo usos dos períodos latino, latino-medieval, português arcaico, português antigo e contemporâneo, documenta alguns factos linguísticos relevantes para o nosso teste:

(4)   *Romanos **ad** templa deum **duxere** triumphos (Vergílio),* (citado por OLD, 1982: 576);

(5)   *...easque **ad** urbem **adducere**...* (Cic., Fam., 12.23.2)

(6)   *Primun, ne quam multitudem hominum amplius **trans** Rhenum in Galliam **traduceret*** (Caes., B. Gall, 1.35.3)

(7)   *infirmos variis languoribus **ducebant** illos **ad** eum* (Vulgata, Luc 4, 40, MDPOLIB);

(8)   *stans autem Iesus iussit illum **adduci ad** se* (Vulgata, Luc 18, 40, MDPOLIB);

(9)   *Paro se Ihesu Christo, e mandol **aduzir ante** si* (Bíblia Espanhola 1200), Luc 18, 40, MDPOLIB);

(10)   ***adduc** huc filium tuum* (Vulgata, Luc 9, 41, MDPOLIB);

(11)   ***Adu aqui** to fiio* (Bíblia Espanhola 1200, Luc 9, 41, MDPOLIB);

(12)   *circumcisus aliquis vocatus est non **adducat** praeputium* (Bíblia Espanhola 1200, 1Cor 7, 18, MDPOLIB);

(13)   *Alguno que es llamado circumcidado, no **aduga** prepucio* (Bíblia Espanhola 1200; 1Cor 7, 18; MDPOLIB);

(14)   *Fazam **aduzer** meu corpo p(er) mias custas **a** Alcobaza* (Testamento de D. Afonso II, 1214; reproduzido in Costa, 1977: 313--321)

(15)   *Ai, Santíago, padron sabido, / Vós mi **adugades** o meu amigo!* (Paio Gomes Charinho, sec. XIII, citado por Cidade, 1972: 4-5);

(16)   *E, pois non veo, nem o **dusse** Deus* (D. Afonso Lopes de Baião, sec. XIII, citado por Cidade, 1972: 16);

(17)   *Nen mi **aduz** o meu amigo* (Nuno Peres, sec. XIII, citado por Cidade, 1972:17);

(18)   *Ca, se el m[e] **adussesse*** (Nuno Peres, sec. XIII, citado por Cidade, 1972:17);

(19)   *conde, **enduzido** assim pela rainha...* (Fernão Lopes, Crónica de D. Pedro: 75);

490   *António Ângelo Marcelino Mendes*

(20)   *pelo que **induzindo-se** uns aos outros, começaram a tentar o contramestre* (História Trágico-Marítima: 78).
(21)   *Fisco **deduziu** 20% **do** prémio da lotaria*
(22)   a. **reduzir** *cada linguagem artística à sua especificidade* (CETEMPúblico anotado 1.0)
        b. *A **redução** de cada linguagem artística à sua especificidade*
(23)   a. *o desenvolvimento de uma política global para **reduzir** a insegurança*
        b. *O desenvolvimento de uma política global de **redução** da insegurança* (CETEMPúblico anotado 1.0)

A análise destes exemplos revela os seguintes fenómenos linguísticos: coexistência de unidades de esquema [[PREV]-[DUCO]] e [DUCO] – exemplos (4) a (6) – e muito provável competição semasiológica entre elas; ocorrência simultânea, na mesma frase, do prevérbio e da construção preposicionada, criando uma construção hipercaracterizada – exemplos (5), (6), (8), (9), (11) – que se enraizou no português contemporâneo – exemplo (22); a existência ainda no século XIII de [[DUCO]/ [duss(z)e(i)r]] e seu progressivo desuso – exemplos (14) a (18).

Estes dados tornam plausível a hipótese de uma progressiva competição do espaço semântico [ADUZIR] com o espaço simbólico [[DUCO] / [dusse]] e progressiva afirmação, na língua portuguesa, de um espaço simbólico de esquema geral [[[PRF]-[DUZIR]] / [prf]-[duzir]]].[1]

O modelo de categorização em rede proposto por Langacker descreve e explica o facto de unidades linguísticas em diferentes níveis de esquematicidade partilharem o mesmo valor semântico e o facto de alguns nodos de um rede complexa serem mais salientes que outros para o falante comum, o que obriga o linguista ao esforço de equacionar um determinado significado com toda a rede da categoria. Aplicando este modelo ao nosso objecto de estudo, parece razoável, do ponto de vista da descrição linguística, descrever os lexemas em estudo como uma catego-

---

1. Adoptamos aqui a notação de Langacker (1987: 59): parênteses recto ou polígonos (quadrados e rectângulos) para representar uma estrutura linguística com estatuto de unidade convencional; parênteses curvos ou curvas fechadas (círculos ou elipses) para estruturas ainda sem estatuto de unidade; o indica que se trata de uma unidade simbólica já enraizada; o primeiro membro em maiúsculas representa o pólo conceptual da unidade; o "/" a relação de categorização; o segundo membro, em minúsculas, o pólo fonológico da unidade simbólica.

Estruturação e lexicalização da causação 491

ria complexa e coerente, como uma família lexical resultante de derivações (sobretudo parassintéticas), flexões e composições construídas sobre os morfemas base {DUZ}, {DUC}, {DUT} e {DUÇ}. Nos termos da Gramática Cognitiva, [[DUZ]/[duz]], [[DUC]/[duc]], [[DUT]/[dut]] e [[DUÇ]/[duç]] são as unidades simbólicas mínimas a partir das quais se gera um único espaço simbólico, coerente e específico, que inclui unidades verbais, nominais, adjectivais e adverbiais.

Porém, a possibilidade de representação abstracta como categoria simbólica, na mente do linguista, é condição necessária, mas não suficiente, para estabelecer positivamente o uso e funcionamento efectivos de tais unidades como uma categoria simbólica complexa. Por outras palavras, como demonstrar que a nossa conclusão não está já implícita na nossa assumpção da noção de gramática de uma língua como um inventário estruturado de unidades linguísticas convencionais que originam, por relações de simbolização, categorização e combinação sintagmática ou integração, redes esquemáticas ou categorias simbólicas complexas (Langacker, 1987: 75; 84; 90)?

Podemos, no entanto, testar empiricamente a hipótese da categoria complexa admitindo, de acordo com a nossa assumpção, que se não ocorrerem num *corpus* de uso real do Português Europeu as unidades simbólicas mínimas que originam a rede esquemática, então a hipótese é infirmada.

Para esse teste empírico, recorremos ao *corpus* CETEMPúblico anotado 1.0. Neste *corpus*, encontramos unidades que constituem verdadeiros fósseis linguísticos vivos:

Tabela 1. Unidades simbólicas mínimas no CETEMPúblico anotado 1.0

UNIDADE	CASOS
[DUQUE]/[duke]	559
[DUCHE]/[duʃe]	299
[DUQUESA]/[dukeza]	210
[DUCTILIDADE] /[duktilidade]	14
[DUCTIBILIDADE]/ [duktibilidade]	2
[DÚCTIL]/ [dúktil]	1

A sua semântica só é compreensível caso se admita que o significado básico destes termos – [CONDUZIR] – é simbolizado por [duk(t)]. A verificar-se esta possibilidade, tornar-se-ia evidente que estamos perante uma categoria complexa e explicar-se-ia a coerência semântica de [ducto] e [aqueduto], [viaduto], [gasoduto] ou [oleoduto], pois estas diferentes unidades constituem diferentes nodos de acesso a uma mesma unidade conceptual:

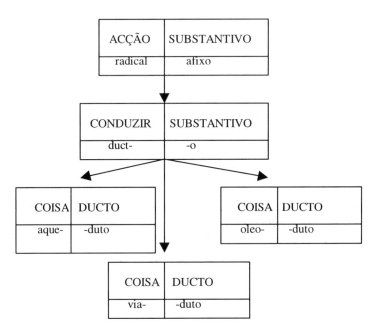

Figura 1. Rede esquemática das unidades derivadas de [[DUCTO]-[ducto]]

Admitir que estas unidades pertencem a uma mesma rede esquemática da qual constituem distintos nodos de acesso respeita o princípio da economia das hipóteses, pelo que, parece-nos, este é um argumento empírico decisivo a favor da hipótese da categoria simbólica complexa.

Um segundo argumento empírico converge com o anterior. O *corpus* CETEMPúblico permite documentar equivalências onomasiológicas entre distintas unidades fonológicas, inclusive de classe gramatical diversa (tabelas 2 e 3).

Estruturação e lexicalização da causação 493

A tabela 2 documenta a gramaticalização de algumas das unidades desta categoria complexa em múltiplos tipos de classes gramaticais, reforçando assim a ideia da existência de uma categoria simbólica complexa gerada a partir de estruturas prototípicas e, adicionalmente, revelando diferentes graus de implantação no sistema da língua (veja-se a ausência de uso adverbial de algumas unidades) e de facilidade de activação. Compare-se, por exemplo, o uso relativo de [DEDUZIR] e [INDUZIR]: apesar de globalmente mais frequente, o uso verbal é de [DEDUZIR] é menor que o de [INDUZIR], verificando-se o oposto nos usos nominal e adjectival.

Tabela 2. Diversidade de unidades gramaticais nos derivados de *-duz.*

Total de casos: 181764	Categorias que a realizam			
LEXEMAS	CASOS	V	N	ADJ	ADV
[ADUZIR]	379	148	112	119	
[CONDUZIR]	22519	12741	9540	238	
[DEDUZIR]	1623	941	550	132	
[INDUZIR]	1132	973	100	59	
[INTRODUZIR]	11986	7809	3978	199	
[MANDUCAR]	11	6	5		
[PRODUZIR]	75280	14845	55673	4750	12
[RECONDUZIR]	1005	708	295	2	
[REDUZIR]	32680	19380	12660	631	9
[REINTRODUZIR]	248	143	105		
[REPRODUZIR]	4354	2409	1702	243	
[SEDUZIR]	2541	1103	1019	415	4
[TRADUZIR]	12806	8656	4104	46	

Por outro lado, a tabela 3 sugere que nem sempre os lexemas verbais são os nodos de acesso mais salientes e reforça a conjectura de que há um conjunto restrito de unidades simbólicas mínimas.

Comparando os dados das duas tabelas anteriores, vemos que os radicais [[DUCT]/[dukt]], [[DUZ]/[duz]], [[DUC]/[duk]], [[DUT]/[dut]] e [[DUÇ]/[dus]] parecem ser as unidades simbólicas mínimas que servem de base para novas variações de base para novas variações e flexões a partir das quais se gera um único espaço simbólico coerente e complexo, com 381 lemas, derivados das cinco unidades mínimas que enumerámos, documentados no *corpus* CETEMPúblico 1.0 anotado.

494 *António Ângelo Marcelino Mendes*

Tabela 3. unidades e radicais mais frequentes no CETEMPúblico anotado 1.0

unidade	casos	unidade	casos
[[pro]-[**duç**]-[ão]]	24486	[[pro]-[dut]-[ivo]]	2609
[[pro]-[**dut**]-[o]]	22868	[[con]-[dut]-[a]]	2464
[[re]-[**duz**]-[ir]]	18465	[[pro]-[dut]-[ividade]]	1805
[[pro]-[duz]-[ir]]	14794	[[tra]-[duz]-[ir]-[se]]	1322
[[con]-[duz]-[ir]]	12417	[[se]-[duz]-[ir]]	1045
[[re]-[duç]-[ão]]	12057	[[in]-[duz]-[ir]]	950
[[pro]-[dut]-[or]]	8676	[[de]-[duz]-[ir]]	874
[[intro]-[duz]-[ir]]	7527	[[se]-[duç]-[ão]]	836
[[tra]-[duz]-[ir]]	7299	[[tra]-[dut]-[or]]	831
[[con]-[dut]-[or]]	4107	[[co]-[pro]-[duç]-[ão]]	765
[[intro]-[duç]-[ão]]	3931	[[re]-[duz]-[ir]-[se]]	685
[[tra]-[duç]-[ão]]	3114	[[re]-[con]-[duz]-[ir]]	672
[[con]-[duç]-[ão]]	2734	[[de]-[duç]-[ão]]	543

Resumindo, a hipótese da categoria simbólica implicava, como vimos, testar a previsão de que as unidades simbólicas mínimas que estariam na origem de tal categoria seriam documentadas no uso real dos falantes. Ora, como acabámos de ver, tal previsão não só não se infirmou empiricamente, como além disso, é corroborada por dados empíricos de natureza morfológica, ocorrência das unidades mínimas previstas; semasiológica, coerência semântica e prototipicidade da categoria; e até onomasiológica: notem-se, por exemplo, as variações onomasiológicas entre [[LIMITAR] / [reduzir]] e [[LIMITAR] / [redução]] nos exemplos (22)-(22.a), e (23)-(23.a). Podemos, portanto, considerar validada, lógica e empiricamente, a hipótese de que os lexemas derivados de *-duz* formam um campo lexical ou categoria simbólica complexa, uma rede esquemática de rotinas cognitivas (entidades e relações) para evocar nos falantes um tipo particular de complexo experiencial, de agora em diante designado por representação cognitiva ou simplesmente CR (Talmy, 2000a: 21).

Na próxima secção exemplificaremos como esta categoria constitui um instrumento linguistico-cognitivo disponível ao falante do Português Europeu para representar cognitivamente e exprimir experiências de movimento e causação em múltiplos domínios: físico, psicológico, social, inferencial, discursivo.

Estruturação e lexicalização da causação 495

3. Representações cognitivas da causação em Português Europeu

Batoréo (2003: 131; 123-126), situando-se no enquadramento teórico da Linguística Cognitiva, e mais especificamente na teoria de Talmy (1983, 1985), elabora e especifica para o Português Europeu a proposta de Talmy sobre os padrões de lexicalização da Deslocação e da Causação.

Quanto ao movimento, conclui que o Português Europeu lexicaliza preferencialmente o padrão em que ocorre a fusão entre a Deslocação e o Percurso – padrão comum a 95% dos verbos espaciais lexicalizados do vocabulário do *Português Fundamental* – embora existam padrões centrados quer na Figura, quer no Fundo, quer ainda no Modo em que a Deslocação é efectuada – o menos produtivo (Batoréo: 2003: 147) – e outros em que esses factores podem surgir individualmente ou coligados. Esta observação é também generalizada pela autora sobre a forma de previsão empírica (Batoréo, 2003: 132): "quando a lexicalização ocorrer fora do padrão principal da fusão da Deslocação com o Percurso, não será muito representativa nem constituirá o padrão espacial dominante".

Relativamente à Causação, Batoréo conclui que a lexicalização no Português Europeu é feita, tal como para o Castelhano, a partir do radical verbal da forma (a) agentiva que refere o respectivo movimento e não das formas (b) incoativa ou (c) estativa, como se documenta neste seu exemplo:

(24)   a. *deitei / sentei (a criança)*
       b. *deitei-me / sentei-me*
       c. *estou deitada / estou sentada*

A análise contrastiva dos exemplos equivalentes em Polaco, Castelhano e Português, para a lexicalização dos nove tipos ou padrões de da causatividade em *break*, o exemplo clássico de Talmy (2000a: 472-473; 2000b: 69-70), permite a Batóreo (2003: 121) concluir que os diferentes padrões de lexicalização da causação, "acabam por ter comportamento 'cruzado' com os paradigmas da lexicalização da Deslocação".

Apesar da unicidade e singularidade da representação cognitiva de cada evento e da enorme variedade de meios disponíveis para a sua expressão linguística, apenas determinados esquemas de evento são linguisticamente codificados num número limitado de padrões frásicos ou esquemas sintácticos. A motivação cognitiva para este fenómeno linguístico é que, aparentemente, percebemos e conceptualizamos certos movimentos complexos com um macro-evento composto de dois padrões esquemáticos de movimentos mais simples, apenas abstractamente separáveis numa relação figura-fundo (Talmy, 2000b: 36; 213). Esta relação de composição, nomeadamente entre um evento principal e um co-evento subordinado, parece traduzir uma limitação cognitiva quanto ao tipo de unidade que pode ser lexicalizada: a máxima estrutura de evento lexicalizável como uma unidade atómica inclui, no máximo, um agente, pelo que uma estrutura de evento composta por mais de um segmento encabeçado por um agente, não pode ser lexicalizada. Esta restrição cognitiva à lexicalização parece ter um papel importante no desenvolvimento diacrónico de causativos e parece reflectir-se de modo sistemático na gramática (Shibatani 2002:3-7,10; Shibatani & Pardeshi 2002: 121). Comparativamente às situações envolvendo um causado passivo ou paciente, sobretudo inanimado, aquelas que envolvem um causado activo ou agente correlacionam-se com expressões formalmente mais elaboradas. Por outro lado, verifica-se uma reorientação da estrutura argumental de modo a acomodar os dois agentes necessários à causativização de verbos intransitivos activos e transitivos, em que o papel do agente na estrutura argumental já está preenchido, nomeadamente através de uma composição entre uma estrutura de evento causador e uma estrutura de evento causado. Finalmente, a hierarquia intransitivos inactivos > intransitivos activos > transitivos reflecte a diferença no esforço requerido ao causador/agente para realizar o evento causado sobre um causado / paciente inanimado ou inanimado ou sobre um causado / experienciador.

Importa, portanto, relembrar os possíveis esquemas conceptuais de evento gramaticalizados no Português Europeu e as estruturas formais que as elaboram e respectivos significados (Silva 2003):

Tabela 4. Sistematização dos padrões de lexicalização de eventos em Português

ESQUEMA CONCEPTUAL	PAPÉIS TEMÁTICOS	PADRÕES SINTÁCTICOS
'acontecer'	Paciente	SUJ-V
'fazer'	Agente - (Paciente)	SUJ-V-(OD)
'experienciar'	Paciente	SUJ-V-OD
'ter'	Possuidor - Paciente	SUJ-V-OD
'mover'	(Ag.) - Paciente-Meta	SUJ-V-(OD)-OBL
'transferir'	Ag. - Pac. - Recipiente	SUJ-V-OD-OI

Estruturação e lexicalização da causação 497

Enquanto codificam esquemas conceptuais de evento, as construções sintácticas possuem um valor semântico próprio, decorrente da elaboração na conceptualização de tais eventos e na sua organização frásica de determinados modelos cognitivos e de três dimensões estruturantes fundamentais : a espacial, a temporal e a causal (Langacker, 2000: 222-233; 297-315; Talmy 2000b: 21-88; 211-261).

A tabela 4 identifica algumas das construções básicas em Português e o respectivo significado (Silva 2003):

Tabela 5. Construções básicas do Português

CONSTRUÇÃO	SIGNIFICADO	ESQUEMA CONCEPTUAL
Transitiva	X age sobre Y	'fazer'
SUJ-V-OD	X experiencia Y	'experienciar'
Ditransitiva	X faz Y ser recebido por Z	'transferir'
SUJ-V-OD-OI		
Movimento Causado	X faz Y deslocar-se para Z	'mover'
SUJ-V-OD-OBL		
Resultativa	X faz com que Y se torne Z	'mudar'
SUJ-V-OD-PRED		

O carácter básico destas construções deriva do facto de as construções intransitivas de objecto indirecto, de movimento e resultativa serem, notoriamente, extensões metonímicas das respectivas construções transitivas.

3.1. A lexicalização da Deslocação e Causação nos derivados de -duz

A semântica verbal nesta categoria é, em termos gerais, descrita como resultante da interacção entre elementos gramaticais e lexicais: elaboração, por um verbo, do esquema conceptual 'mover' através construção do movimento causado, SUJ-V-(OD)-OBL, e o consequente preenchimento dos papéis temáticos de agente, paciente e alvo ou meta; desenvolvimento como sintagma preposicional do complemento direccional da construção; por último, mas não menos importante, incorporação de um prefixo que assinale uma determinada relação numa certa direcção (Cifuentes Honrubia 1999: 151; Talmy 2000b: 56; 103-112;117-119).

498 *António Ângelo Marcelino Mendes*

A título de exemplo, considerem-se os seguintes usos documentados no *corpus* CETEMPúblico 1.0 anotado:

(25) a. *Os gritos da criança alertaram um vizinho que a **conduziu a** uma **clínica** local*

      b. *tomaram a **estrada** que **conduz** a Queluz*

      c. *não creio que seja necessário **conduzi-lo pela mão** como se fosse um indigente*

      d. *No final do treino, **Secretário** apresentou dores e queixas, sendo **conduzido ao** hospital para avaliação médica*

A lexicalização do movimento (espacial ou abstracto) pelos verbos desta categoria simbólica ou campo lexical pode, consequentemente, ser descrita como uma elaboração sobretudo do padrão da fusão (25a,b,d) entre Deslocação e Percurso ou (25d) entre Deslocação e Figura, (25a) entre Deslocação e Fundo ou (25c) entre Deslocação e Modo (Batoréo 2003: 134-138; Cifuentes Honrubia 1999: 151; Talmy 2000b: 51-57).

Todos os usos transitivos que exprimem movimento causado incorporam um sentido causativo, mas usos como (25b) que não especificam um evento independente que faça a Figura mover-se não são habitualmente analisados como fusão de Deslocação e Causa (Choi & Bowerman 1991:87, n. 2), pois esta causatividade inerente é entendida como distinta do conceito de 'Causa' usado na análise da expressão de eventos causais.

Estruturação e lexicalização da causação 499

Tabela 6. Lexicalização da causação nos derivados de *-duz*

TIPOS DE CAUSAÇÃO (Talmy, 2000a: 471-475)	EXEMPLOS DE TALMY (2000b: 69-70)	DERIVADOS DE -DUZ (CETEMPúblico 1.0)
a. Autonomous event (não-causativo)	The vase broke.	(28) a contribuição autárquica **reduz** (em 0,1 por cento)
b. Resulting-event causation	The vase broke from a ball´s rolling into it.	(29) Estes resultados **traduzem** a implantação que a columbofilia dispõe já no nosso país
c. Causing-event causation	A ball´s rolling into it broke the vase.	(30) a despoluição que agora se vai iniciar só **produzirá** benefícios no aquífero dentro de alguns anos
d. Instrument causation	A ball broke the vase (in rolling into it)	(31) Já a autonomia pedagógica tem «**conduzido** a situações pouco recomendáveis»
e. Author causation	I broke the vase in rolling a ball into it.	(32) Será tarefa dos líderes encontrar a forma de «dar um novo impulso» à CIG, **conduzindo**-a para uma fase de negociações
f. Agent causation	I broke the vase by rolling a ball into it.	(33) O estreitamento do mercado comprador internacional, retirou liquidez a certos grupos **reduzindo** o mercado comprador nacional
g. Undergoer causation	I broke my arm when i fell (= My arm broke [on me]...).	(34) os juros **reduziram-se** quatro a cinco pontos percentuais
h. Self-agentive causation	I walked to the store.	(35) Os assaltantes **introduziram-se** na ourivesaria através do andar de cima
i. Inducive causation	I sent him to the store.	(36) César das Neves **conduz-nos** a uma conclusão maior

Recordando, porém, que a relação entre as noções de 'causatividade' e de 'causa' quando aplicadas a um mesmo evento é de hiperonímia (Talmy 2000b: 152; 158), os exemplos (26) e (27) exemplificam o carácter inerentemente causativo dos lexemas verbais derivados de *-duz*. Efectivamente, eles elaboram construções com mais de um argumento, admitem complemento nominal como O.D., admitem um argumento externo como Causador e mostram alternância causativa com formas (parcialmente) idênticas:

500   *António Ângelo Marcelino Mendes*

(26)   a. *César das Neves* **conduz-nos** *a uma conclusão maior.* (CE
            TEMPublico 1.0 anotado)
       b. *César das Neves* **conduziu** *o debate a uma conclusão maior*
       c. *César das Neves* **conduz** [Quem conduz o debate / o carro?].
       d. *César das Neves* **conduziu-se** *(bem no debate).*
       e. *O debate* **conduziu-se** *bem / com calma.*
(27)   a. *Esta técnica* **reduz** *o volume dos resíduos* **a** *um terço* (CE
            TEMPublico 1.0 anotado)
       b. *O volume dos resíduos* **reduz-se** *(com esta técnica)*
       c. **Reduz-se** *o volume dos resíduos (com esta técnica)*
       d. *O volume dos resíduos* **reduz**

Os exemplos (25) a (27) revelam a aptidão da categoria simbólica dos verbos derivados de -*duz* para evocar representações cognitivas da percepção e concepção de eventos de movimento, (25a-d) espacial e objectivo ou (26a, b, d) abstracto. Atestam também (27a-d) a possibilidade de transformar ou interconverter diferentes representações cognitivas do mesmo evento, percebido ou concebido.

Além da lexicalização da deslocação, verifica-se também neste grupo de verbos a lexicalização (tabela 6) de todos os principais tipos de causação estabelecidos por Talmy (2000a: 471-475; 2000b: 67-88)

Dada a impossibilidade de, nesta oportunidade, analisar e documentar em detalhe toda a gama de usos dos verbos derivados de -*duz* como um instrumento para representar cognitivamente a deslocação e causação em múltiplos domínios, centrar-nos-emos agora numa análise de alguns casos exemplares.

Retomemos os exemplos seguintes, extraídos do CETEMPúblico anotado 1.0:

(25)   a. *Os gritos da criança alertaram um vizinho que a* **conduziu a**
            uma **clínica** *local*
       b. *tomaram a estrada que* **conduz a** *Queluz*
(26)   a. *César das Neves* **conduz-nos** *a uma conclusão maior*
       b. *César das Neves* **conduziu** *o debate* **a** *uma conclusão maior*

Estes três exemplos evidenciam uma progressiva atenuação e subjectificação (Langacker 2000: 297-299) na elaboração dos significados de [conduzir] que podemos descrever e interpretar com a ajuda do seguinte esquema:

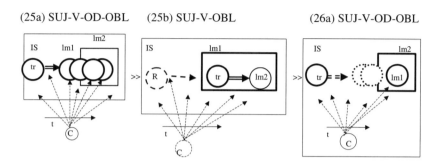

Figura 2. Atenuação e lexicalização da deslocação

O exemplo (25a) elabora o significado da construção do movimento causado – X faz Y deslocar-se para Z –, mas (26a), apesar de revelar a mesma construção sintáctica, incorpora um significado distinto. Quer o agente, quer o paciente são, em ambos os exemplos, animados, e o processo é categorizado pela mesma unidade, pelo que a diferença de significado não parece ser de ordem gramatical ou lexical. Note-se como o percurso objectivo do *trajector* (tr) e *landmark* (lm) são progressivamente convertidos num percurso abstracto e subjectivo do conceptualizador, C. Substituindo a deslocação espacial objectiva (26a) ao longo de um certo tempo objectivo por um recorrido mental dos estádios intermédios do processamento temporal (25b), o conceptualizador, (25b) permanecendo ou (26a) não exterior ao alvo imediato da predicação, abre novas possibilidades semânticas: (25b) codificar um ponto de referência através de um novo complemento preposicional, (25b; 26a, d, e) salientar qualquer dos participantes ou ainda (26a-e) categorizar situações em domínios mais abstractos.

Por outro lado, uma análise comparada dos exemplos (25a), (25c) e (26a) é particularmente interessante pois revela uma integração conceptual de eventos que toma como matriz a coactividade (Talmy 2000b: 251-261): uma primeira agentividade (designada por agente), executando uma actividade particular é associado com uma segunda agentividade (agência), animada ou inanimada, cuja actividade é correlativa da primeira, correlação essa que pode assumir cinco formas: concertação, companhia, imitação, dominação e demonstração.

O co-evento, que consiste na acção especificamente performada pelo agente, é evidente em (25c): X toma Y pela mão e desloca-se, com ele, até Z. Neste caso, tal como na causação directa (Shibatani 2002: 11-16, 90-102), o agente (A) e paciente (P) estão em contacto físico e partilham o mesmo intervalo espacio-temporal (L_1/T_1) e o agente controla intencionalmente a sua actividade de modo a sobrepujar a inércia do paciente. Contudo, não pode agir transitivamente e com controlo pleno sobre o paciente (A→P→)$_{L1/T1}$ como se ele fosse (25a) quase inanimado, pois, tal como na causação indirecta, o paciente é uma segunda agentividade (A'): o causador tem que acompanhar o causado ou até realizar a mesma acção. A correlação entre os dois eventos oscila pois entre a companhia e a dominação e constitui um exemplo de causação associativa (Shibatani, 2002: 100), mais exactamente do sub-tipo acção conjunta:

Figura 3. Acção conjunta / assistida (Shibatani 2002)

Uma vez que o efeito exige um concurso já intencional da agência, A', e o acompanhamento espacio-temporal da actividade de A' pelo agente, A, trata-se de um caso de causação associativa do tipo acção assistida.

Neste tipo de macro-evento (Talmy 2000b: 254-255), o evento-quadro (*framing event*) consiste no estabelecimento da correlação entre a acção do agente e da agência por analogia com o percurso de um objecto relativamente a outro, sendo pois comparável a um movimento causado do tipo [Agente $_A$Mover Figura Percurso Marco]. Consequentemente, o núcleo esquemático (*core schema*) é análogo ao Percurso. Por seu lado, o co-evento é formado pela acção realizada pelo agente e pela relação de suporte entre este co-evento e o evento-quadro.

Em (25a-d), onde domínio básico de conceptualização é o espacial, o evento-quadro é um movimento causado e o co-evento inclui uma relação de suporte particularizada (25c) como modo, (25b) como habilitação ou (25a; d) como subsequência ou resultado.

Porém, em (26a-d) o domínio básico é o temporal e o evento-quadro é a co-actividade dos dois actores, que é codificada como análoga a um percurso. Neste caso, o co-evento é a acção especificamente realizada pelo Agente, *César das Neves*, e a sua relação com o evento-quadro é particularizada como causalmente constitutiva desse mesmo evento.

Comparando (25a) com (26a) evidenciam-se dois tipos distintos de lexicalização do movimento causado. Em (25a), temos um evento-quadro, o percurso da Figura (*criança*) até ao Marco (*clínica local*), fundido com um co-evento cuja relação com o evento-quadro é particularizada como sendo de causação agentiva e co-ocorrente do movimento pelo Agente (*vizinho*). Se o evento-quadro é lexicalizado através da elaboração, pelo radical verbal, da construção do movimento causado, o co-evento é codificado pelo satélite verbal, o afixo *–con*, ou mais exactamente pelo complexo verbal, DUZIR ◂*con*. Diversamente, em (26a), o evento-quadro é a co-actividade de duas agentividades, lexicalizada pelo satélite verbal, na qual a acção executada pelo Agente funciona como demonstração ou como um modelo para a Agência realizar a mesma actividade. O co-evento é, neste exemplo, a acção específica realizada pelo Agente, particularizada como um movimento fictivo causado ou até como uma transferência.

Nestes exemplos, a expressão da causação resulta da interacção entre a semântica do complexo verbal e da construção, não bastando nenhum destes elementos, por si sós, para a produção de tal significação. Em (25a), a lexicalização de DESLOCAÇÃO + PERCURSO é feita através da elaboração da construção pela raiz verbal e o co-evento pelo satélite verbal, mas em (26a), observamos a lexicalização de DESLOCAÇÃO + CO-EVENTO no complexo verbal e a de PERCURSO na elaboração da construção pela raiz verbal.

4. Conclusões

A análise das construções causativas no Português Europeu assume, geralmente, que há expressões causativas e expressões não-causativas e que as diferentes causativas apresentam todas o mesmo padrão semântico-estrutural básico e unificador:

[[X] CAUSAR / FAZER [Y[PREDICADOR] (Z)]]

Consequentemente, as produções marginais são descritas como versões desviantes de um protótipo específico, cujas propriedades prototípicas patenteiam, e são explicadas mais como manifestações de reclassificação lexical (inovação ou impropriedade) do que resultantes do desconhecimento da estrutura sintáctico-semântica das construções utilizadas.

Nesta comunicação mostrámos que os lexemas, não apenas verbais,

504 *António Ângelo Marcelino Mendes*

derivados de -*duz* constituem um campo lexical, uma categoria simbólica complexa e que constituem um bom modelo para investigar, no âmbito do Português Europeu, a estruturação e a representação cognitiva de situações de movimento e causação em múltiplos domínios: físico, psicológico, social, inferencial, discursivo.

A análise de fenómenos documentados em *corpora*, permitiu através deste modelo evidenciar que, em vez da dicotomia usual entre causativo e não-causativo e em vez de um padrão básico e unificador de causativos, há diferentes tipos e padrões básicos de estruturação e lexicalização da causação e do movimento, podendo alguns verbos incorporar um único tipo enquanto outros demonstram uma maior variedade de incorporações. Essa mesma análise permite também argumentar que há, no Português Europeu, diversos mecanismos gramaticais e lexicais (construções, afixação, *construal*, subjectificação, etc.) que interagem em diferentes padrões de lexicalização.

A capacidade de segmentar o evento percebido ou concebido permite interconverter padrões, usar e entender produções divergentes como expressões de situações causativas: em (1a), é a interacção do causativo morfológico (*periga*) com o esquema transitivo "fazer" que torna significativa a construção do meio (*devido a*, em 1b) como causa.

Referências

Batoréo, Hanna
    2003   Inter-sentidos: modo e causa no padrão de lexicalização espacial do Português Europeu. In: Heloísa Feltes (org.), *Produção de sentido: estudos transdisciplinares,* 467-478. São Paulo: Nova Prova Editora.

Choi, S. & M. Bowerman
    1991   Learning to express motion events in English and Korean: the influence of language specific lexicalization patterns. *Cognition* 41: 83-121.

Cifuentes Honrubia, José Luis
    1999   *Sintaxis y semántica del movimiento. Aspectos de Gramática Cognitiva.* Alicante: Instituto de Cultura «Juan Gil-Albert».

Gonçalves, Anabela & Inês Duarte
    2001   Construções causativas em Português Europeu e em Português Brasileiro. *Actas Do XVI Encontro Nacional da Associação Portuguesa de Linguística,* 657-671. Lisboa: APL.

Houaiss, Antônio & Mauro de Salles Villar
    2002   *Dicionário Houaiss de Língua Portuguesa.* Lisboa: Círculo de Leitores.

Langacker, Ronald
    1987   *Foundations of Cognitive Grammar – Theoretical Prerequisites,* Vol. I. Stanford: Stanford University Press.

Estruturação e lexicalização da causação 505

2000   *Grammar and Conceptualization.* Berlin, New York: Mouton de Gruyter.

Matos, Gabriela
1999   Desvio e conhecimento linguístico em construções causativas do Português Europeu. In: Isabel Hub Faria (org.), *Lindley Cintra: Homenagem ao Homem, ao Mestre e ao Cidadão,* 541- 564. Lisboa: Edições Cosmos / FLUL.

Peres, J. Andrade & Telmo Móia
1995   *Áreas Críticas da Língua Portuguesa.* Lisboa: Editorial Caminho.

Shibatani, Masayoshi (ed.)
2002   *The Grammar of Causation and Interpersonal Manipulation.* Amsterdam / Philadelphia: John Benjamins Publishing Company.

Shibatani, Masayoshi & Prashant Pardeshi
2002   The causative *continuum.* In: Masayoshi Shibatani (ed.), *The Grammar of Causation and Interpersonal Manipulation,* 85-126. Amsterdam / Philadelphia: John Benjamins Publishing Company.

Silva, Augusto Soares da
2003   Da semântica da construção à semântica do verbo e vice-versa. In Ivo Castro & Inês Duarte (orgs.), *Razões e Emoção: Miscelânea de Estudos em homenagem a Maria Helena Mateus,* Vol. II, 383-401. Lisboa: Imprensa Nacional-Casa da Moeda.

Talmy, Leonard
2000a   *Toward a Cognitive Semantics: Concept Structuring Systems* (Vol.1). Cambridge, London: MIT Press.
2000b   *Toward a Cognitive Semantics: Typology and Process in Concept Structuring* (Vol.2). Cambridge, London: MIT Press.

Categorías radiales y gramaticalización: sobre construcciones y orden de palabras en español

Xose A. Padilla-García

Abstract

The attempts to explain constructions by Cognitivist Linguistics are usually based on excessively schematic patterns, due to the lexicalist nature of Cognitivism. The aim of this article is double: on the one hand, we will try to prove that word order phenomena work like radial categories. Hence Cognitivism can provide a wide range of interpretations and interesting ideas about them. On the second hand, we wish to state that there exists a deep and significative relationship between Grammar and Cognition, as well as between use and syntax.

Keywords: construcción, dislocación, enunciado, orden de palabras, topicalización, gramaticalización.

1. Introducción

Desde un punto de vista cognitivo, el concepto *construcción* se define como el emparejamiento entre forma y significado (véase Langacker 1991:5 o 1999:13-21; Geluykens 1992; o Golberg 1995). Más concretamente, podemos decir que una construcción es el resultado de relacionar forma y significado de manera no completamente arbitraria ni predecible. Además, como afirman Cuenca & Hilferty (1999), ciertos aspectos de la forma o del significado no se pueden derivar de los componentes de la construcción, ni se pueden atribuir a construcciones diferentes. Es lo que ocurre, por ejemplo, en *ojo de buey* (un tipo de ventana) o en *tocino de cielo* (una clase de dulce).

En una lingüística lexicalista, como la cognitiva, el estudio de las construcciones, como era de esperar, no ha tenido demasiado éxito más allá de pautas altamente esquemáticas (sujeto+predicado, unidades fraseoló-

508   *Xose A. Padilla-García*

gicas [1], etc.). Lo que nosotros pretendemos con este artículo es reivindi-
car que, en el orden de palabras, también es posible aplicar categorías
radiales con ejemplares prototípicos y periféricos, y hablar, además, de
una relación entre uso y sintaxis [2]. Esta última relación nos permitirá
establecer una conexión entre las diversas construcciones que cambian
el orden de palabras y apuntar incipientes procesos de gramaticalización.

A la hora de tratar los cambios de orden de palabras vamos a analizar
tres construcciones fundamentales: (1) los EADs [3], (2) las TOPs [4] y (3)
las DSLs. Veamos cómo son estas tres construcciones desde un punto
de vista formal y semántico-pragmático.

2. Anáfora, catáfora y DSLs

Givón (1971, 79) señaló acertadamente que el camino de la sintactización
va del discurso a la sintaxis. Nosotros vamos a recorrer el trayecto a la
inversa y comenzaremos nuestra exposición por las DSLs, que, como
veremos posteriormente, son la etapa final del proceso de gramaticalización
de una serie de necesidades o estrategias pragmáticas de los hablantes.

Una de las características principales de las DSLs es su vinculación
con los conceptos anáfora y catáfora. Las DSLs se identifican formalmente por la presencia de un elemento desplazado (en español, normalmente, un OD [5]) y un pronombre átono clítico que remite a él de forma
anafórica o catafórica. Este último rasgo nos permite hablar, según los
casos, de DSL a la izquierda:

---

1.   Véase Ruiz Gurillo (2001).
2.   Todo ello debería aparecer en una hipotética *gramática de construcciones*, (véase
     Fillmore, Kay y O'Connor 1988; o Golberg 1995).
3.   DSLs (dislocaciones), TOPs (topicalizaciones) y EAD (enunciados aparentemente
     desordenados).
4.   En muchas ocasiones, hablar del problema terminológico en lingüística es
     definitivamente perder el tiempo. Con esto no pretendemos eludir responsabilidades,
     sino simplemente advertir que términos como DSL, TOP u otros, se utilizan de
     manera diferente según los autores y las teorías, y que, probablemente, no todo el
     mundo estaría conforme, por ejemplo, en llamar DSL a lo que nosotros aquí
     llamaremos DSLs. Y algo parecido ocurriría con las TOPs y, por supuesto, con otros
     muchos términos (principalmente los referidos a la estructura informativa).
5.   Objeto directo.

Categorías radiales y gramaticalización   509

(1)   **A este Daniel**↑ **lo** *he visto yo con dieciséis cubatas en el cuerpo*[6]
      (L.15.A.2)

o a la derecha:

(2)   *C: oiga*↓ *que a mí me* **lo** *han tomao por teléfono* **el pelo**
      (H.25.A.1)

Evidentemente, el desplazamiento se entiende a partir del orden de los elementos del patrón básico que, en español, es SVO[7] (véase Padilla, 2001 y en prensa). Las DSLs situarían el objeto en una posición relevante y no habitual (**OSV**, **OVS**, etc.), una posición que, obviamente, tiene relación, como veremos, con la estructura informativa. Aunque la pausa puede ser más o menos marcada (véase Hidalgo y Padilla, en prensa), el elemento dislocado, sobre todo, el dislocado hacia la derecha, se separa siempre por una pausa o por un tonema ascendente continuativo (véase Hidalgo, 1997).

Este elemento, como hemos visto, suele ser solamente uno (el OD), pero es posible encontrar casos de dislocación doble, es decir, que se desplacen a la vez un OD y un OI[8].

(3)   **A Antonio la casa se la** *compré yo*

Un ejemplo como el anterior, sin embargo, es más normal en formulaciones gramaticales abstractas que en el registro coloquial-conversacional[9].

Aunque su lugar habitual de uso es la conversación coloquial, las DSLs, paradójicamente, no son especialmente frecuentes en español, ni en el registro oral, ni en la lengua escrita. Como muestran nuestros datos (véase Padilla, 2001 y 2002) suponen un 36'6% sobre el conjunto de

---

6. La mayor parte de los ejemplos han sido obtenidos del corpus Val.Es.Co. (2002). (L.15.A.2) indica el nombre concreto de la conversación.
7. Sujeto+verbo+objeto. En euskera o en japonés, por el contrario, es SOV; en malgache, VOS.
8. Objeto indirecto.
9. El corpus SCC es una selección de conversaciones del corpus Val.Es.Co que utilizamos en nuestra tesis (véase Padilla 2001), no hemos encontrado, sin embargo, ningún ejemplo con estas características.

510   *Xose A. Padilla-García*

construcciones que cambian el orden de palabras habitual [10], siendo ampliamente superadas en número y en variabilidad por otras construcciones como las TOPs (que representan un 63'35% del corpus SSC).

3. Las TOPs

Las construcciones que llamamos TOPs tienen en común con las DSLs el desplazamiento de un elemento (separabilidad) de la oración principal a una posición relevante desde un punto de vista informativo. Esta posición (la primera o la última del enunciado), permite hablar también de TOPs a la izquierda:

(4)   D: tus **tortitas**↑ [(RISAS)]
        C: [(RISAS)]§
        A: § **tortitas** no llegué a hacer/// tenía yo allí
        mi cafeter↑/// mi cama↑/ que no logré→/// ¡qué pena!
                        [H.38.A1]

o TOPs a la derecha:

(5)   *B: es un chorizo de mucho [cuidao **ese**]*
                        [H.38.A1]

en función de si el elemento desplazado se sitúa al principio o al final del enunciado.

A diferencia de las DSLs, el constituyente desplazado no se retoma con un clítico y, a diferencia también de ellas, no sólo se desplazan objetos, sino circunstanciales, e incluso sujetos, como en el ejemplo (6):

(6)   *B: **caballeros así** ya no salen*
                [H.38.A1]

Como ocurre con las DSLs, el elemento o elementos desplazados se separan sintácticamente del cuerpo de la oración mediante un tonema,

---

10. Véase Padilla (2001 y 2002). Los porcentajes han sido extraídos del conjunto de construcciones que cambian el orden de palabras (DSLs, TOPs, EADs).

Categorías radiales y gramaticalización 511

pausa o inflexión, más o menos marcada. En ocasiones, de forma opcional, puede aparecer un topicalizador o partícula pragmática que indique que el elemento está topicalizado (por ejemplo: *en cuanto a*[11], *al respecto de, hablando de,* etc.).

(7) ***por lo que se refiere a la*** *natación/ ahora son los mundiales en Barcelona*

(8) ***en cuanto a****l precio de la vivienda espero que estalle pronto la burbuja inmobiliaria*

(9) *B:* ***hablando de*** *mierda/ hay alguien cagando ahí*[12]
[H.38.A1]

Según este criterio, podemos hablar de dos tipos de TOPs (aquellas que llevan topicalizador y aquellas que no lo llevan[13]). En el registro coloquial, son infinitamente más frecuentes aquellas que no tienen topicalizador, puesto que la situación o el contexto permiten obviar la aparición de este elemento.

En algunas lenguas, como el quechua o el japonés, estos topicalizadores (respectivamente *hi* y *wa*) han sufrido un fuerte proceso de gramaticalización o clitización, convirtiéndolos en una especie de morfema de bajo contenido fónico que se utiliza de manera obligatoria. El *wa* japonés del ejemplo (10) podría ser traducido por cualquiera de los topicalizadores que hemos señalado anteriormente (*en cuanto a, al respecto de, hablando de,* etc.[14])

(10) *Kyooto e* ***wa*** *ikimasen desita*
Kioto en cuanto a yo no fui
'en cuanto a <u>Kioto,</u> no fui'

---

11. Véase Padilla (2001)
12. Alusión a algunos paseantes próximos al lugar en que se desarrolla la conversación.
13. Llamamos a las primeras α; y, a las segundas, β.
14. Podría ser traducido también sin topicalizador, ya que en español su aparición no es obligatoria: *a Kioto no fui.*

512   *Xose A. Padilla-García*

Quizás sea necesario hablar, por último, de la mayor complejidad estructural de las TOPs. Esta característica, sin embargo, no significa una mayor cercanía a formas más gramaticalizadas, sino justamente lo contrario. Las TOPs son más difíciles de identificar como tal construcción, porque, como hemos dicho, no sólo la presencia del topicalizador es opcional, sino también por su menor fijación, o por su mayor variabilidad sintagmática [15].

4. Caracterización semántico-pragmática de DSLs y TOPs

Si desde un punto de vista formal(-sintáctico) es necesario separar DSLs y TOPs, desde un punto de vista semántico-pragmático, ambas construcciones están mucho más cercanas [16].

Así, si nos olvidamos de los rasgos formales concretos (presencia o no de clítico), las DSLs y TOPs se parecen bastante desde un punto de vista pragmático. Esta situación se explica porque la primera y la última posición del enunciado están revestidas de un valor pragmático específico (véase Meiran 1994; Padilla 2001) y los elementos, sean dislocados o topicalizados, se colocan siempre en estas posiciones. Estas posiciones, que llamaremos *especialmente relevantes*, están relacionadas con el contexto y con aquello que tradicionalmente se ha llamado funciones informativas (tópico y comentario, tema y rema, foco, etc.).

Utilizamos el término estructura informativa como hiperónimo de dos estructuras distintas (tema/rema y tópico/comentario). Esta decisión deriva de las investigaciones de autores como Halliday (1967), Fant (1984), Padilla (1994 y 96) o Gutiérrez Ordóñez (1997). La primera de ellas correspondería a todo lo relacionado con el contexto anterior (tema/rema, viejo/dado, etc.), y miraría principalmente al oyente; la segunda estaría relacionada con el momento de la enunciación (tópico/comentario, soporte/aporte, etc.), y miraría principalmente al hablante [17].

---

15. Concepto de Lehmann (1995).
16. Esto último, junto a la falta de clíticos, es quizás lo que ha llevado a algunos autores, como afirmamos anteriormente, a utilizar un sólo término para las dos construcciones. Para el inglés, por ejemplo, Geluykens (1992) habla solamente de DSL a la izquierda, utilizando un mismo término para DSL y TOP.
17. Halliday (1967) hablaba de que la estructura T/R mira al hte y de que la estructura dado/nuevo mira al oyte. Nos parece una posición acertada y una descripción correcta de los hechos.

Categorías radiales y gramaticalización   513

DSLs y TOPs a la izquierda sirven en español para introducir elementos en el discurso que se caracterizan por los rasgos [–nuevo] y, secundariamente, [+/-contrastivo]. Lo cual significa que su significado está íntimamente marcado por el contexto y por lo informativo.

El rasgo [–nuevo] afecta a las dos estructuras, ya que, en español, a diferencia del italiano (véase Zamora 2002), del inglés o del francés (véase Geluykens 1992), el elemento dislocado o topicalizado debe haber aparecido ya en el discurso (al menos cuando el elemento desplazado es un OD). En el ejemplo (11) podemos verlo con el constituyente dislocado a la izquierda **los Pryca**, nombre de un supermercado que ha aparecido ya en la intervención del hablante anterior:

(11)   A: [°(en Continente no hay)°]/ en Continente no hay
       S: ¿cómo que no↑/ pos vete **a Pryca**/// en la parte d'arriba de
            Pryca↑ hay/ seGUro/// ese nuevo qu'han abierto↑/// een/ Tres
            Forques[18] ↑// en la parte d'arriba es que es todoo/ ropa/// hay
            dos pisos ¿no has ido nunca?//// (3'') p(ue)s ahí sí que hay
       A: **los Pryca** de Valencia no **loh** conohco
                              (AP80A1)

Aunque en español el elemento dislocado deba ser [-nuevo], su recuperabilidad, sin embargo, puede ser tanto directa (palabra por palabra), como en el caso anterior; como indirecta (derivable del marco de lo dicho en el contexto)[19]. Podemos verlo en el ejemplo (12) en el que se establece una relación entre **coche**, ya aparecido, y **moto**, elemento dislocado a la izquierda:

(12)   J: o sea que hay que pasar por tu **coche** ¿no? paraa
       S: °(¿sí?)°
       J: para picar unos-[20] unos caramelos de anís§
       S: § ¡ah bueno! eso sí
       C: ¿**la moto la** tienes todavía↑ Sergio? (( ))§
                              (AP80A1)

---

18. Barrio de Valencia.
19. En un sentido parecido al concepto inferido de Prince (1975).
20. Suena el timbre; vuelven las dos mujeres (A y L).

514   *Xose A. Padilla-García*

El rasgo [+/-contrastivo] se define como la relación que puede mantener el elemento dislocado con un elemento anterior, al cual le une algún tipo de vinculación semántica, además de una recuperabilidad indirecta. Podemos verlo en la TOP a la izquierda del ejemplo (13) **a dos negros? dirías**[21]:

(13) A: habláis poco ¿eh?[22]
      C: ¿para qué?§
      B: § ¿qué quieres que hablemos/ nano↑[23]?
      D: toma
      B: ¿situación coyuntural↑ oo la política estructural?
      A: de vuestras cosas
      B: puees ayer me tiré a dos **chinos**↓ nano§
      A: § **a dos negros**↓ dirías
      B: ¡yee pasa las papas!/ ¡hostia↑!
              [H.38.A1]

A diferencia del rasgo [–nuevo], no todos los elementos dislocados o topicalizados a la izquierda o a la derecha tienen que ser obligatoriamente contrastivos, por lo tanto, para DSLs y TOPs la contrastividad es siempre, como hemos dicho, un rasgo secundario.

Como consecuencia de la posición del elemento desplazado, las DSLs y TOPs a la derecha tienen un valor pragmático distinto de las DSLs y TOPs a la izquierda. Derivable siempre de la dirección del desplazamiento.

Las DSLs y TOPs a la derecha, llamadas por algunos *afterthoughts* (véase Lehmann 1995) o *ripensamenti* (véase Berretta 1995) o *rematizaciones* (véase Zamora 2002) sirven para añadir una explicación, para completar algo que el hte piensa que no está suficientemente claro, o incluso para solventar problemas de planificación. Podemos verlo en el ejemplo (14):

---

21. Desde el punto de vista (racista) de los dos hablantes del diálogo la relación establecida es algo así como: *personas de raza no blanca.*
22. La conversación se desarrolla en una zona de pinos de El Saler, playa cercana a Valencia, durante la hora de la comida.
23. Fórmula de tratamiento entre jóvenes del País Valenciano.

Categorías radiales y gramaticalización 515

(14) // entonces↓// lo primero↑/ va a ser blanquearme los dientes// que
eso ya me dará un punto↑/ paraa/ intentar no fumar/ o sea si los
tengo blancos que me- aunque no los tengoo/ yo **los** tengo bien↓
(l)os dientes ¿no?/

(AP80A1)

En italiano, además de lo anterior, este tipo de construcciones tienen un
cierto valor de solidaridad, cortesía o familiaridad que falta en español.

(15) *Lo vuoi **un caffè**?*
Lo quiere un café
'¿Quiere un café?' [24]

Si DSLs y TOPs tienen el mismo valor y están motivadas por los mismos
condicionantes pragmáticos, alguien podría preguntarse qué sentido tiene
mantener en una lengua estructuras en lo básico tan parecidas. Para
aclararlo, tenemos que explicar en qué consisten los EADs que, volunta-
ria y conscientemente, hemos dejado para el final.

5. Los EADs

Los EADs son las construcciones más lejanas de la gramática y las que
poseen una estructura más pragmáticamente condicionada. Algunos hablan de anacolutos sintácticos o de enunciados truncados o incompletos.
Veamos unos ejemplos:

(16) D: (RISAS) es NAturaleza (RISAS) ¡hostia! esto estamos→ een
la jungla/ (RISAS)
[H.38.A1]:43

(17) D: [es que→] Casino Royal↓ una mierda↓ hombre↓ eso
[H.38.A1]:581

Los EADs se explican por su vinculación con una situación pragmática concreta y por la voluntad del hte de comunicar por encima de todo,

---

24. Véase Zamora (2002).

516   *Xose A. Padilla-García*

incluso por encima de las reglas sintácticas básicas. Como enunciados, son exclusivos de la conversación coloquial y, paradójicamente, a pesar de lo que pudiera parecer, tampoco son demasiado frecuentes (representan el 10% del conjunto de cambios de orden de palabras, véase Padilla 2001).

Los EADs, a pesar de su escasez, nos dan una pista importante para contestar la pregunta que nos hacíamos anteriormente. Entre los EADs y las DSLs existe un continuo del que las TOPs son un estadio intermedio, y entre cada una de las construcciones existen zonas de transición, ejemplos menos prototípicos, que facilitan una lectura global de las diferentes estructuras que cambian el orden de palabras. Se mantienen las dos, porque son las dos etapas distintas de un proceso global.

Un enunciado como el ejemplo (17) es en realidad una suma de TOPs, a izquierda o derecha, encabezadas por la partícula coloquial *es que*. Existen EADs más o menos cercanos a la gramática en función de factores pragmático-conversacionales como la inmediatez, la situación o las características de los hablantes (nervios, nivel sociocultural, etc.). Las TOPs y DSLs de objeto cumplen una misma función pragmática (situar un objeto con el rasgo [-nuevo] en una posición relevante), pero se separan por la presencia del clítico que sólo aparece en las DSLs. No es tan descabellado pensar, pues, que entre todas ellas exista algún tipo de vínculo (un proceso en marcha). Es posible que esto pueda considerarse arriesgado si partimos de todas las construcciones en conjunto (las que afectan a sujetos, circunstanciales, etc.), pero no, desde luego, si nos centramos en aquellas que desplazan objetos.

6. Visos de gramaticalización

Si partimos, por lo tanto, de una gramática en construcción (véase Hopper (1987); Givón (1979); o Lehmann (1995)), podemos describir la relación que mantienen estos tres tipos de construcciones (principalmente las de objeto) como un claro ejemplo de vasos comunicantes entre pragmática y sintaxis. En el extremo del orden pragmático situaríamos, como decimos, a los EADs y en el extremo del orden sintáctico a las DSLs. Si consideramos las tres construcciones en conjunto, las DSLs serían siempre la última fase, o, dicho de otra manera, las construcciones más gramaticalizadas. La obligatoriedad del clítico correferencial sería una prueba del proceso de convencionalización de la construcción, aquello que se gramaticaliza.

Categorías radiales y gramaticalización 517

Todo el proceso que describimos se concebiría como un proceso cambiante que tiende a fijar estructuras en lo que anteriormente era una estrategia comunicativa (Givón 1979; Hopper 1987) que nace en los EADs.

Figura 1

EADs>TOPs (de objeto)>DSLs

El detonador del proceso de gramaticalización hay que buscarlo en lo que algunos autores llaman *ventajas del automatismo*. Es decir, los elementos funcionales son procesados automática e inconscientemente y las regularidades son un medio para facilitar la producción (véase Cifuentes 2003). Si el hablante produce estructuras más definidas desde un punto de vista gramatical, la atención del oyente se centra, pues, en el contenido proposicional de la expresión. Es decir, el automatismo puede explicar por qué ciertas estructuras llegan a ser obligatorias a pesar del hecho de que ellas, en principio, no serían estrictamente necesarias para la comunicación.

El español estaría, por consiguiente, en un proceso de gramaticalización de estrategias discursivas del que los EADs (los más discursivos) serían la primera fase y las DSLs (las más sintácticas) la última. No es de extrañar que, si existe un proceso, las fases intermedias (las TOPs) sean las más numerosas. De todas formas, con el paso del tiempo las DSLs han aumentado claramente en número. Si comparamos, por ejemplo, lo que ocurre en una conversación coloquial actual con un texto del s. XIII como el *Poema de Mio Cid* (véase Padilla, 2002)[25], el aumento puede cifrarse en casi un 20%.

Tabla 1

	DSL	TOP
PMC	16'7%	83'3%
SCC	36'6%	63'35%

El valor de estos datos aumentaría si al final se llega a probar que este texto es oral o al menos cantado como señalan algunos autores (véase Padilla, 2002). Tampoco debe extrañar la convivencia sincrónica de las

---

25. Véase Padilla (2002).

518   *Xose A. Padilla-García*

distintas fases, pues, algo parecido ha sido documentado para muchos otros procesos de gramaticalización en otros niveles (véase Lehmann, 1995).

El proceso no está, sin embargo, cerrado. Hemos dicho que el rasgo [–nuevo] caracteriza tanto a las TOPs como a las DSLs, esto significa que, en español, las DSLs, a pesar de su cercanía a la sintaxis, tienen una importante vinculación con el contexto. No ocurre esto mismo en italiano (véase Zamora 2002)o en francés (véase Geluykens 1992 o Lehmann 1995). En estas tres lenguas las DSLs pueden comenzar enunciado y el elemento dislocado puede tener el rasgo [+nuevo].

(19)   *Ce l'hai **una fidanzata**?*
        ¿La tienes una novia
        '¿Tienes novia?'
        (Zamora, 2002)

(20)   ***Ces romains*** *ils sont fous*
        (Geluykens, 1992)

(21)   ***Your friend John**, I saw him here last night*
        (Geluykens, 1992)

(22)   **That play**, it was terrible (Geluykens, 1992)

Esto significa, evidentemente, que la última fase a la que aspiran las DSLs es un mayor estado de gramaticalización. Y este grado mayor estaría emparentado con aquello que algunos autores han llamado *conjugación objetiva* (véase Berretta1995; Koch 1994; o Zubizarreta 1999) y que consiste en que el clítico deje de remitir anafórica o catafóricamente para convertirse en un morfema verbal obligatorio (véase Lehmann 1995). De alguna forma, es una manera de independizar la construcción, de gramaticalizarla todavía más separándola del contexto. De hecho, este hipotético estadio futuro podemos verlo ya en algunas construcciones con OI dislocado:

(23)   ***A Mamen le*** *dije que la quería*

(24)   ***A los estuidantes les*** *hablé del inminente estallido de la burbuja inmobiliaria*

Categorías radiales y gramaticalización   519

O incluso en casos en los que es la situación como contexto la que permite la aparición de una DSL. Podemos verlo en el ejemplo (27) en el que los participantes se encuentran en el campo:

(25)   A: ¡ye cuidao con las hormigas! ¿eh?
       D: ¿quiés cocacola↑ no?
       A: síi/ echa// **este tronco lo** mandamos a tomar por culo
       D: [(RISAS)]
                      [H.38.A.1]

Como advertimos en el título de esta comunicación, las construcciones para mover objetos pueden ser vistas, pues, como categorías radiales con miembros más o menos prototípicos. Por lo tanto, en este espacio encontramos no sólo las construcciones ya reseñadas, sino un continuo entre EADs y TOPs y TOPs y DSLs en el que, principalmente en la conversación coloquial, no son anormales los híbridos:

(26)   C: **a esto lo** hemos de (( )) pa que no se caiga
                      [H.38.A.1]

estadio intermedio entre DSL y TOP.

(27)   A: **eso t-** generalmente aa nosotros **lo** tenemos montado ((es))
                      [XP.48.A1]:408

híbrido entre TOP y EAD.

8. Conclusiones

En definitiva, en el proceso que va desde los EADs a las DSLs, podemos establecer un proyecto de gramaticalización de estrategias discursivas que nacen en el uso de los hablantes. Además, todo el proceso puede contemplarse como un espacio categorial flexible en el que los ejemplos se acercan más o menos al prototipo del orden pragmático (más contextual como los EADs) u orden sintáctico (más gramatical como las DSLs) en función del mayor o menor alejamiento del orden del patrón SVO.

520 *Xose A. Padilla-García*

Referencias

Berretta, M.
    1995   Ordini marcati dei constituenti maggiori di frase: una rassegna. In: Linguistica e Filologia 1.
Briz, A., y Grupo Val.Es.Co.
    2000   *¿Cómo se comenta un texto coloquial.* Barcelona: Ariel-Practicum.
Briz, A. y Grupo Val.Es.Co.
    2002   *Corpus de conversaciones coloquiales.* Madrid: Arco-Libros.
Cifuentes Honrubia, J. L.
    1994   *Gramática cognitiva. Fundamentos críticos.* Madrid: Eudema.
    2003   *Locuciones prepositivas: Sobre la gramaticalización preposicional en español.* Alicante: Universidad de Alicante.
Cuenca, M. J.
    1996   *Sintaxi fonamental.* Barcelona: Empúries.

Cuenca, M. J. & J. Hilferty
    1999   *Introducción a la lingüística cognitiva.* Barcelona: Ariel.
Comrie, B.
    1981   *Universales del lenguaje y tipología lingüística.* Madrid: Gredos.
Fant, Lars.
    1984   *Estructura informativa en español. Estudio sintáctico y entonativo.* Uppsala: Acta Universitatis Upsaliensis.
Fillmore, C., Kay, P., & O'Connor, M.C.
    1988   Regularity and idiomaticity in grammatical constructions: The case of *let alone.* In: *Language* 64. 501-538.
Geluykens, R.
    1992   *From Discourse process to Grammatical Constuction.* Amsterdam: Benjamins.
Givón, T.
    1979   From discourse to Syntax: grammar as a procesing strategy. In: *Syntax and Semantics: Discourse and Syntax*, XII. Nueva York: Academy Press.
    1983   *Topic Continuity in Discourse: Quantitative Cross-Language Studies.* Amsterdam: Benjamins.
    1984   *Syntax: A Functional-Typological Introduction.* Amsterdam: Benjamins.
Payne, D. L.
    1992   *Pragmatics of Word Order Flexibility.* Amsterdam: Benjamins Publishing Co.
Golberg, A.E.
    1995   *Constructions: A construction Grammar Approach to Argument Structure.* Chicago: University of Chicago Press.
Greenberg, J.H.
    1966   *Universals of Language.* Cambridge: Mass. MIT
Gutiérrez Ordóñez, Salvador
    1997   *Temas, remas, focos, tópicos y comentarios.* Madrid: Arco Libros.

Categorías radiales y gramaticalización 521

Halliday, M.A.K.
1967   Notes on transitivity and theme in English. In: *Journal of Linguistics* 3:199-244.

Hidalgo, Antonio
1997   *Entonación coloquial. Función Demarcativa y Unidades de Habla.* Valencia: Universitat de València.

Hidalgo, Antonio & Xose Padilla
en prensa   Topicalización y entonación en las unidades conversacionales.

Holan, T.
2000   On Complexity of Word Order. In: TECHNICAL Report: Praga, Universitas Carolina Praguensis.

Hopper, P.J.
1991   On some principles of grammaticization. In: *Approches to grammaticalization*. Amsterdam: Benjamins Publishing Co.

Koch, P.
1994   L'italiano va verso una coniugatione oggetiva? In: Holtus/ Radtke (Hsrg.), 1975-194.

Langacker, R.W.
1987   *Foundations of Cognitive Grammar*, V.1, *Teorical Prerequisites*, Stanford: Stanford University Press.

1991   *Foundations of Cognitive Grammar*, V.2, *Descriptive Application*, Stanford: Stanford University Press.

1999   *Grammar and Conceptualization*. Berlin: Mouton de Gruyter.

2001   Viewing and Experential Reporting in Cognitive Grammar. In: *Linguagem e Cognição*. Braga: U. Católica.

Meiran, N.
1994   Memory: organization. In: *ELL* 5: 2445-2447.

Padilla-García, Xose
1996   Orden de palabras en español coloquial: Problemas previos a su estudio. In: A. Briz, J. R. Gómez Molina, M. J. Martínez Alcalde y grupo Val.Es.Co. (eds.), 343-351. Zaragoza: Pórtico.

2000   El orden de palabras. In: Briz, A. y Grupo VALESCO (ed.), *¿Cómo se comenta un texto coloquial?*, 221-242. Barcelona: Ariel.

2001   Orden de palabras y español coloquial: estrategias sintácticas, semánticas e informativas. In: Actas del *I Congreso Internacional de Análisis del Discurso*, Lengua, Discurso, Texto, Volumen I. Madrid: Visor.

2001b   Análisis pragmático del orden de palabras en enunciados coloquiales. In: *Cuestiones conceptuales y metodológicas de la lingüística*, nº 10 de la colección "Lucus Lingua" (serie anexa a la revista *Moenia*). Santiago: Universidade de Santiago de Compostela.

2001c   El orden de palabras en el español coloquial (tesis doctoral), Valencia: Universitat de València.

2002   Orden de palabras y oralidad en el *Poema (o cantar) de Mio Çid*. In: *Res Diachronicae*. Salamanca: Universidad de Salamanca.

en prensa   *Pragmática del orden de palabras*. Alicante: Universitat d'Alacant.

522   *Xose A. Padilla-García*

Prince, E.
1975   Toward a Taxonomy of Given-New Information. In: P. Cole (ed.), *Radical Pragmatics*. Nueva York: Academic Press.

Ruiz Gurillo, Leonor
2001   *Las locuciones en español actual*. Madrid: Arco-Libros.

Soares da Silva, Augusto (ed.)
2001   *Linguagem e Cognição*. Braga: U. Católica.

Traugott, E. & B. Heine
1991   *Approches to grammaticalization*. Amsterdam: Benjamins Publishing Co.

Traugott, E. & H. König
1991   The semantics-Pragmatics of Grammaticatization Revised. In: E. Traugott & B. Heine, *Approches to grammaticalization*. Amsterdam: J. Benjamins Publishing Co.

Zamora, Pablo
2002   Dislocazioni a destra e a sinistra nell'italiano e nello spagnolo colloquiale parlato: frequenza d'uso, funzione e parametri linguistici. In: *Studi Italiani di Linguistica teorica e applicata* 3.

Zubizarreta, M.L.
1998   *Prosody, focus, and word-order*. Cambridge: MIT Press.
1999   Las funciones informativas: tema y foco. In: *Gramática Descriptiva de la Lengua Española*, 4215-4244. Madrid: Espasa-Calpe.

Count vs mass: prototypes and active zones in nouns

Francisco Rubio Cuenca

Abstract

Nouns have traditionally been classified into countable and uncountable or mass nouns according to some basic criteria such as countability, boundedness, divisibility and real-world reference. To become a member of one of these classes there are some necessary and sufficient conditions that a noun should accomplish according to the above specified criteria. However, in this paper we will try to show that the boundary between the two classes may become blurred and that there are no necessary and sufficient conditions which will include some and exclude others from the category as this would be cognitively unrealistic. Based on the premises set out by R.W. Langacker's active zone tenet –which we conceive as originating on patterns of activation of knowledge features- together with the principles of prototype theory, our analysis will focus on the fact that in a given situation only certain specific features of a noun may be profiled leaving the remaining features backgrounded, and then the noun is used with a mass reference with its characteristic features of homogeneity, contractibility, expandibility, etc. Connecting linguistic and cognitive processes, we may say that a prototypically-count noun may become peripherally a mass noun in a particular context through different stages at different levels: As the conceived entity is entering its context, certain patterns of activation are actuated at a microcognitive level. Then, these activation patterns enhance some specific facets of the entity within specific domains (its active zone) at a cognitive level. Finally, the output of this internal process finds its way into a *contextual slot* within a language structure. The process shares many of the features a linguistic unit acquires through the linguistic process of *grammaticalization*.

Keywords: active zone, contextual slot, count, mass, grammaticalization, pattern of activation, prototype.

1. Introduction

Nouns have traditionally been classified into two main types according to some basic criteria such as countability, boundedness, divisibility and real-world reference: on the one hand we have countable nouns (e.g. *horse,*

524   *Francisco Rubio Cuenca*

chair, boat, idea, etc.) which usually evoke physically or abstractly-bounded objects and can be pluralized; on the other hand, uncountable or mass nouns (e.g. *sugar, water, sea*, etc.) which stand for physical or abstract substance and do not normally accept pluralization. To become a member of one of these classes there are some necessary and sufficient conditions that a noun should accomplish according to the above specified criteria. However, in this paper we will try to show that the boundary between the two classes may become blurred.

We will base our analysis on the premises set out by R.W. Langacker (1991b, 2000) and his *active zone* tenet together with the principles of prototype theory (Lakoff 1987; Kleiber 1990; Givón 1986; Taylor 1995; Tsohatzidis 1990, etc.). Langacker defines an active zone as "those parts or portions of a trajector or landmark that directly participate in a given relation... with respect to the relation in question" (Langacker 1991b: 190). In addition, and following the basic principles for neural networks set out by Rumelhart, McClelland and Smolensky, and the PDP Group (1988a), we conceive active zones as originating on patterns of activation of knowledge features at a neurocognitive level. Therefore, our analysis will focus on the fact that in a given situation only certain specific features of a noun may be profiled leaving the remaining features back-grounded within the overall scope of predication affecting that noun, and then used as a mass noun with its characteristic features of homogeneity, contractibility, expandibility, etc., being thus conceptualized as a substance or an abstract substance.

As for prototyping, nouns may be regarded as prototypically count or as prototypically mass or substance, and there are no necessary and sufficient conditions which will include some and exclude others from the category as this would be cognitively unrealistic. Instead, class inclusion would be a matter of degree conditioned by the *usage event* which triggers specific knowledge structures which are then mapped onto the grammatical structures of the language.

Connecting linguistic and cognitive processes, we may say that a prototypically-count noun may become peripherally a mass noun in a particular context through different stages at different levels: As the conceived entity (in our case, a noun) is entering its *'contextual slot'*, certain patterns of activation are actuated at a microcognitive level. Then, these activation patterns enhance some specific facets of the entity within specific domains at a cognitive level (active zone enhancement). Finally, the output of this internal process finds its way into a given contextual slot within a language structure. The process shares many of the features a linguistic unit acquires through the process of *grammaticalization.*

Langacker exemplifies active zone for processes, that is, for a verb and its arguments, and for atemporal relations, that is, adjectives and adverbs. We will try to demonstrate that this phenomenon also works with nouns in simple noun phrases in Spanish and in noun-noun compound structures in English.

2. Prototypes and the Countability Fallacy

Prototype theory (Rosch 1975; Lakoff 1987) is basic for fully understanding the fallacy of the count-mass dichotomy in nouns. The prototype theory stipulates that countability, among other features of objects, is a matter of degree of centrality within the continuum of the conceptual domain of the prototype schema (Kleiber 1990; Givón 1986). Taking this into account we should rather talk about prototypically countable and prototypically uncountable or mass nouns along a countability scale (as in figure 1), according to the different instantiations of a prototype within the specific frame of a usage event. Depending on its participation on a usage event, a noun which is prototypically countable can be used peripherally as a mass or substance noun and vice versa.

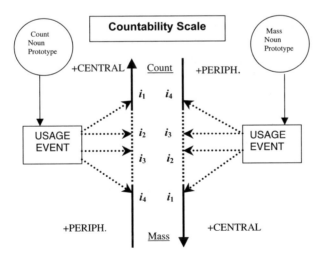

Figure 1. Countability scale according to closeness to prototype.

526 *Francisco Rubio Cuenca*

The scalar character of nouns seems to be a generalized aspect of many languages. In the following sentences we will try to show different occurrences of the noun *coche* (i.e. car) in Spanish vying for different senses of the word within different usage events:

(1) a. *Saca el coche del garage.*
  ("take the car out of the garage")
 b. *¿Vienes en coche o en autobús?*
  ("Are you driving or are you coming by bus?")
 c. *Es demasiado coche para mí.*
  ("That's far too much (of a) car for me")

In (a) and (c) *coche* is the head of a noun phrase, whereas in (b) it is the object of a preposition within a prepositional phrase. Once we extract the three occurrences together with their immediate contextual frame (*el coche, en coche, demasiado coche*), we obtain three differente senses or meanings of the word according to which zone is active in each one of them:

Contextual frame		Active zone elaboration
a. el coche	→	the machine itself (count)
b. en coche	→	a means of transport (mass)
c. demasiado coche	→	the machine as a substance (i.e., its "carness") (mass)

If we talk about prototypicality effects, we would identify the instance of 'coche' in (a) as the most central or most prototypical along the countability scale: one specimen of the object category car, the machine itself as a separable referent grounded for definiteness by the determiner *el*. However, in (b), the noun is used without the singularizing article as it pertains to a prepositional construction [1] which allows just two contextual slots, one for a preposition (*en*) and one for a noun to refer to a car as a 'means of transport'. This is a more abstract or specialized conceptuali-

---

1. We conceive the term *construction* as defined by Kay & Fillmore (1999): "The system for representing both CONSTRUCTIONS and the words, phrases and sentences of the language which they license –which we call CONSTRUCTS-consists of rooted trees whose nodes correspond to feature structures. A construction (e.g. subject-auxiliary inversion construction) is a set of conditions licensing a class of actual constructs of a language (e.g. the class of English inverted clauses, ...)" (Kay & Fillmore 1999: 2,3).

zation of that object, the speaker is not paying attention to a perfectly identifiable kind of car, but to the purpose or main function of the object (ie, transporting people). Prepositional constructions of this type also exist in English specifying a physical object by its function, precluding other identifying features. In Spanish there is a clear difference between *en el coche* and *en coche*: whereas the first prepositional phrase has not been focalized for specific zone activation thus featuring the prototype, the second expression focalizes on one specific zone of the noun's conceptual domain, that which characterizes the car's function as its profiled feature. Following, we have contrasting examples in English:

Prepositional constructions	Prepositional phrases
by bus	*by ...the bus*
at/to church	*a/tin/to ... the church*
in/to bed	*in ... the bed*
in/to hospital	*in/to... the hospital*
at/to school	*at/in/to... the school*

The prepositional construction is an integrated composite unit consisting of two embedded contextual slots which could be represented as

$$[[prep[\underline{\quad}C_n\underline{\quad}]]]_{PC}$$

where C_n stands for a noun in complement or internal-slot position. The construction neutralizes typical count-noun features (i.e., they cannot be pluralized) and blocks other typical syntagmatic features of nouns in general: they do not admit any type of modification or any interfering items between the preposition and themselves, therefore they cannot take part in a nominal structure as they cannot be marked for grounding by external determiner modification, for example.

On the other hand, the prototypical prepositional phrase is a *basic-level* construction[2] and could be represented as a binary [prep]+[nominal] asymmetrical structure consisting of a prepositional slot and a nomi-

---

2. Basic-level constructions have been defined by Michaelis & Lambrecht (1996) as "[constructions] which are invoked by other constructions, impose the fewest formal restrictions on their subparts, and do not subsume other constructions of the same type (Zwicky 1994). Basic-level constructions play a role in the description of formal conflict resolution and in the description of inheritance hierarchies" (Michaelis & Lambrecht 1996: 218).

528   *Francisco Rubio Cuenca*

nal construction, wherein all the participating elements fit into separate contextual slots being affected by the appropriate features admitted by the corresponding slots, which in this case are the standard features for determiners, quantifiers, external and internal modifiers, and head.

$$[[prep][\_\ [D/Q]\_\_[M_o]\_\_\_[[Mi]\boldsymbol{H_n}]\_\_\_[M_o]\_\_\ ]_{NML}]\ _{BPC.}$$

Where:
D/Q = Determiner/Quantifier
M_o = Outer Modifier
Mi = Inner Modifier
H_n = Nominal Head
BPC = Basic-Level Prepositional Construction

Taking all this into account, it is obvious that (b) offers a less central and more peripheral use of the word *coche*. Still, in (b) we are talking about the object as an independent, though abstractly, identifiable entity, thus adopting an ambiguous position between the center and the periphery of the prototype; but if we take into account example (c) in which the noun *coche* is also used without the determiner and directly modified by the intensifier *demasiado* (too much) -two typical features of mass nouns-, so that the difference, at least functionally, between, for example, *demasiado azúcar* (too much sugar) and *demasiado coche* (too much of a car) is neutralized and the nouns *azúcar* and *coche* both share the proper features of mass nouns, the only possible difference would be on their relation to the prototype. While this use of *azúcar* matches the prototype, being central to its conceptual domain, this use of *coche* is rather distant from the count noun prototype, it is, so to say, on the very boundary of its category as a count noun. This is diagrammatically represented in figure 2 below.

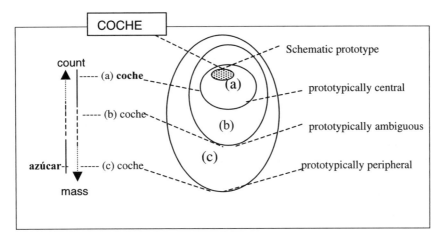

Figure 2. Three conceptualcations of 'coche' in relation of closeness to the prototype.

We can therefore say that in (c) it is only the abstract-substance zone of the [CAR] conceptual domain that has been activated –i.e., its "carness". What is the exact meaning of *coche* here then? Is it too big, too fast, too luxurious, perhaps, too expensive? These are some of the qualities we may find in objects like cars. So we extract from the [CAR] concept only some abstract properties, its abstract substance as an extension of the prototype. Therefore, we have three instances of the same schematic type: one prototypically central (a), one prototypically halfway (b) , and one prototypically peripheral (c).

3. Developing a Contextual Frame for Nouns within N-N Compounds

According to Sweetser (1999) and Bundgaard, Stjernfeld & Ostergaard (2003), mental spaces are situational units made up of a frame and active zone structure. The modifying noun in a noun-noun structure can be treated in the same way as Sweetser treats the A+N modification. In this sense, she follows Langacker's treatment of modification as elaboration of active zones:

> We can say that the noun referentially *profiles* some entity as a member of the appropriate (non-classical) category, while the adjective elaborates some *active*

530   *Francisco Rubio Cuenca*

zone of the entity profiled by the noun... But "active zone" in my expanded sense may include things not mentioned in most previous work: not only parts or aspects of the entity itself, but parts or aspects of the frames associated with it in the complex context of the particular utterance, and even counterparts of the entity in another mental space... (Sweetser 1999: 147).

In this sense, we can say that in the N+N modification, the modifying noun adopts/gets into the "template" of noun pre-modification of which the adjective is the prototypical category. Thus, in the following examples, the noun *window* is conceived from different viewpoints depending on the active zone enhanced by its placement following either an adjective or another noun in premodifying position: constituency, size, location, or functionalities are some of the zones profiled in the different contexts although we may be talking about one and the same object:

glass window → it elaborates the active zone relative to the object's **constituency**

big window → it elaborates the active zone relative to the object's **size**

bathroom window → it elaborates the active zone relative to the object's **location**

open window → it elaborates the active zone relative to the object's **activity/functionality**

Furthermore, I would like to emphasize the importance of what Sweetser calls "complex context of the particular utterance". This context should include reference to cultural and sociological influences together with pragmatic features. This can be shown extremely in the case of novel 'deictic' compounds in which only context and pragmatic inferences make the creation of compounds possible. Hence, you can establish a sharp difference in the semantic relationship between the two components of a compound such as *apple juice*, a permanent, well-established, quite productive (e.g., *orange juice, lemon juice*, etc.) and categorizing relation, and the components of the novel compound *apple chair*, whose understanding will depend on extralinguistic context showing, for example, a particular kind of chair with the drawing of an apple on its back as opposed to other chairs with drawings for other fruits [3].

---

3. The relevance of pragmatic context in the production of novel 'deictic' compounds has already been pointed out by Downing (1977). She exemplified the immediacy of extralinguistic context in the conception of the compound *apple-juice seat* to indicate the seat right in front of the apple juice on a table.

So, if the context is within the frame of a kitchen or a dining-room (or even a nursery), you (or a kid) can perfectly utter the sentence: *Sit on the apple chair. I'll sit on the lemon one.* Here the range of semantic features traditionally attributed to *apple* are useless or rather abstracted from real-world reference in order to explain the valence relationships between the two nouns. The noun *apple* is being temporarily used here as an indexical, as a sort of demonstrative marker. In this case, the meaning of *apple* will be brought forth the very moment both speakers have identified its referent in the pragmatic scenery, that is, the picture of an *apple.* We conceive just an active zone of the entity profiled, basically its shape on a region of bidimensional space. For one thing, there is a mapping of the prototype schema for [APPLE] onto a mirrored image of it.

This is coincident with the *pragmatic function* which Fauconnier (1984) establishes between a real model and its pictured image (ie, in our case, between a real apple and the picture of it)[4]. This pragmatic relation acts as a referential connector by elaborating identification links between both facets of the same psychological entity, the semantic symbolic unit [APPLE]. Once identification has been established, there is an overlap of semantic specifications between the two conceptual frames, that of an apple and that for its image.

Moreover, this pictured representation of an apple, due to its inclusion within the contextual frame for premodification gives prominence to a subregion within the overall domain for [APPLE] which elaborates the landmark for the schematic frame of the corresponding head noun. Thus, a list of semantic variants may be stated for *apple* depending on the semantic nature and valence restrictions imposed by the head. Due to its position as an internal modifier within the contextual frame of a nominal compound, such a subregion characterizes [APPLE] as a physical substance rather than as a physical object. As stated above, this is quite a productive type: *apple juice, apple cake, apple pie, apple crumble,* etc.,

---

4. Fauconnier refers to the model as the activator (déclencheur) and to its image as the target (cible) joined by a pragmatic function (F). He further explains what this pragmatic function should be: "En effet, il y a une relation pragmatique entre un modèle et sa représentation: quelque chose est une image d'autre chose en vertu de perceptions psychologiques, de conventions sociales, de la façon dont elle a été produite, ou d'une combinaison de tels facteurs... Cette relation pragmatique a les propriétés d'une fonction pragmatique de référence, c'est-à-dire, un connecteur (Fauconnier 1984: 26).

532   *Francisco Rubio Cuenca*

will yield different though proximal elaborations of active zones pertaining to the qualitative space represented by the term's general semantic pole [APPLE] [5]. This is the typical conception of a *schema* as conceptualized by Langacker (1987, 1991a) and can be defined as a conceptual representation characterized as a multidimensional *gestalt* encompassing, at least:

(1)   an internal articulation of the object referred to (its qualitative properties and part-whole structure);
(2)   aspects of the natural-ecological frame of the object or the situation referred to;
(3)   the socio-cultural frame of the object or the situation referred to.

According to this, the schematic representation of *apple* would not only include the apple as a complex physical object together with each one of its component parts (ie, the peel, the seed and the flesh) and the apple as an edible substance but also any other conceptualization of an apple however abstract or unlikely it might be (ie, the drawing of an apple, the scent of an apple, or even its metaphoric and symbolic values) as far as there is a zone within the [APPLE] schema's qualitative space triggered by a specific context.

4. Lexical Polysemy: A Path towards Grammaticalization

According to Langacker (1991b: 194-5), the different instances of *coche* and *apple* briefly analysed before would be common types of lexical polysemy, that is, the set of semantic variants made up of the prototype and its extensions offering slightly different senses for the same conceptual schema. Langacker further points out that because of lexical polysemy there may be a change of grammatical category due to shift in predication profiling. Thus, an expression may change from the nominal to the adjectival class, or from the adjectival to the adverbial use, etc [6]. This case of

---

5. Langacker defines a qualitative space as "a set of domains supporting the qualitative characterization of a physical or abstract substance". Langacker conceives a count noun as physically bounded, continuous in its domain of instantiation and qualitatively fragmentary (Langacker 1991a: 27-31).
6. He illustrates lexical polysemy with the term *yellow* which, "for example, can designate either a bounded region in color space, in which case the expression is nominal, or else a relationship of   coincidence between this region and a light

Count vs mass: prototypes and active zone in nouns 533

allegedly inclusive (count-mass) polysemy is also a typical feature of compound noun-noun structures in the English language where we find examples of noncanonical uses of count nouns to refer to substance, whether concrete or abstract, in a premodifying, typically adjectival, position.

Let's analyze a few contrasting examples with couples of nouns alternating positions in a nominal construction: as a head and as a modifier.

(2)   a. *Do you think we can make a wall with these **stones**?*
      b. *Do you think we can make juice from these **oranges**?*
      c. *Will a pair of **apples** be enough for the pie?*

(3)   a. *A **stone** wall surrounds the palace.* ('a wall made from stone')
      b. *Please, have some **orange** juice.* ('a juice made from orange')
      c. *I love **apple** pie.* ('a pie made from/containing apple')

(2) Head noun (H_n) (3) Internal Modifier (M_i)
a. stones (pl. physical object) → → →   a. stone (material)
b. oranges (pl. physical object) → → →   b. orange (substance)
c. apples (pl. physical object) → → →   c. apple (substance)

According to what we see in these examples we may say that there are at least two factors acting as the cause of this shift in reference: at the lowest level of cognition there is a pattern of activation of certain semantic microfeatures triggering a specific zone (in this case, the substantial or material features of the objects) or stimulus at a higher level of cognition on the one hand, and a process of grammaticalization or semantic reanalysis on the other hand (this process is indicated above by a row of right heading arrows).

All this is a cause-and-effect process whose main source of change happens to be the *contextual slot* (internal modifier, nonhead position) in which these nouns are embedded. As they occur in a modifying position before a head noun within a larger noun phrase structure, they acquire both semantic (even pragmatic) and grammatical features endowed to them by their location in discourse. The whole process may be diagrammatically expressed as follows:

---

sensation, in which case the expression is adjectival" (Langacker 1991b: 196). Moreover, Langacker makes a contrast between *yellow* as a count noun and its conceptualization as a substance (Langacker 1991a: 29).

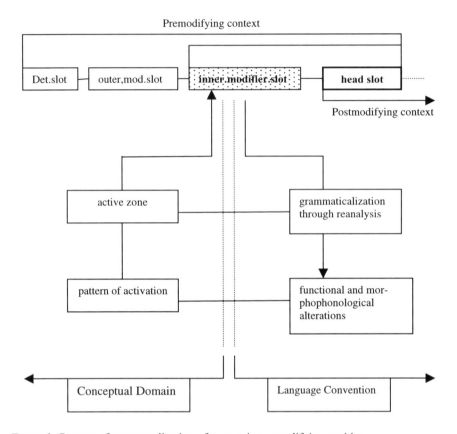

Figure 3. Process of contextualization of a noun in premodifying position.

Needless to say, the positioning of the selected lexical item within the corresponding contextual slot is guided by the principle of linguistic constituency and compositionality at a cognitive level. The semantic integration of linguistic expressions then takes place within a conceptual framework even before they combine syntactically. We may conclude that conceptual integration is prior to grammatical realization or syntactic combination. Completion or specification leading to class inclusion and categorization between the two parts in a compound noun is thus surfaced as a linear redistribution of the corresponding lexical items after their cognitive configuration as integrated concepts.

5. Constructions and Context

What is then a *contextual slot*? A contextual slot corresponds to a specific location within the linearity of a linguistic expression for positioning a given lexical element. Contextual slots are, as it were, 'containers' for language instances or tokens. For example, for the prototype schema [COCHE] or [CAR] above there are three different occurrences of the word 'coche' corresponding to the same lexical item used in different contextual slots. These contextual slots make up different prototypicality frames as if they were milestones on the path from the prototypical concept towards its more peripheral instance and, thus, towards its grammaticalization.

The contextual slot has symbolic implications, that is, it integrates phonological, combinatorial as well as semantic and pragmatic aspects affecting the elements that paradigmatically can fill in the specified position or slot. The integrating nature of a contextual slot contributes to grammatical compositionality and schema embodiment. Thus, we may say that a contextual slot is half way between semantics and syntax. But, what goes into a contextual slot? As observed from figure 4 below, a contextual slot integrates all aspects or basic parameters characterizing a linguistic element within a usage event:

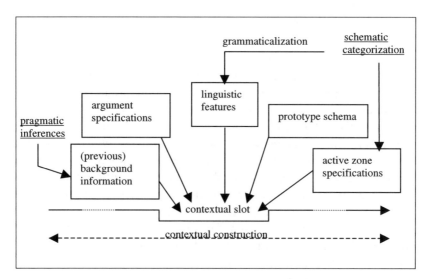

Figure 4. What goes into a contextual slot.

536   *Francisco Rubio Cuenca*

Contextual slots can be autonomous or dependent, basic or accidental. They can also be defined according to the degree of schematicity (ie, from +specific to +general), degree of abstractness (ie, from +concrete to +abstract), degree of complexity (from +simple to +complex), and degree of grammaticality (from +lexical to +grammatical).

Autonomous slots are those locations within the linearity of a linguistic expression for positioning a head. Examples of autonomous contextual slots are:

– A head position for a noun in a nominal expression. [headnoun.slot] $\rightarrow H_n$
– A head position for a verb in a verbal expression.[headverb.slot] $\rightarrow H_v$

Dependent slots are those locations within the linearity of a linguistic expression for positioning a grounding or modifying item, that is, a non-head item. Examples of dependent contextual slots are:

– A determiner position for articles and quantifiers. [det.slot] $\rightarrow D/Q$
– A modifier position for external and internal modifiers (adjs, nouns, etc.). [outer.mod.slot] $\rightarrow M_o,$ [inner.mod.slot] $\rightarrow M_i$

Autonomous slots take basic lexical categories (ie, verbs and nouns) featuring nominal and processual predications in `head.slot` positions. That is, the verb and the noun behave as autonomous categories once they have fitted into an autonomous contextual slot. Hence, a noun is not autonomous or dependent by itself, it is just a pointer to some semantic content: it will be dependent if it fits a modifying position and autonomous if it fits a head position, and not the other way around. Autonomous slots tend to be +generic, +complex and +lexical, whereas dependent slots take basic closed-class categories featuring atemporal predications (ie, adjectives, adverbs, prepositions, conjunctions, etc.) in their corresponding contextual slots. They tend to be +specific, +simple and +grammatical.

A superordinate category will be the *contextual construction*, whose components are a well-entrenched syntagmatic combination of contextual slots working as a composite symbolic form for fitting the language's conventional expressions and grammatical constructions, such as collocations, compounds, idiomatic phrases, etc. The semantic and syntactic relationships between the elements fitting these contextual constructs is asymmetrical, that is, one of them is designated for profiling having the other as the elaboration site of the former. Contextual constructions are normally included in or overlap with higher order syntagmatic structures (such as verb phrases, noun phrases, prepositional phrases, etc.) by

Count vs mass: prototypes and active zone in nouns   537

means of lexical inheritance mechanisms to make up basic-level constructions, which are constructions with the highest level of schematicity. Examples of contextual constructions are prepositional constructions (e.g., *at
church*, *in bed*, etc.) and nominal compound constructions (e.g. *boat-
house*, *living room*, *cooking apple*, etc.), whereas noun phrases (e.g.
the tall girl with blue jeans) and the subject-verb inversion construction
(e.g. *Never will I leave...*) are examples of basic-level constructions.

6. Grammaticalization Changes

Grammaticalization has been defined by Tornel Sala (2000:86) as "la
adquisición de una unidad lingüística de un contenido gramatical o más
abstracto, o bien, el paso de una unidad de contenido gramatical a otro
contenido más gramatical". Tornel, as other scholars (Heine and Reh
1984; Sweetser 1988; Heine, Claudi and Hünnemeyer 1991; Talmy 2000),
conceives grammaticalization as a process with a set of specified consequences affecting the linguistic features of the lexical items concerned:

> Efectivamente, como se verá más adelante, la gramaticalización de cualquier
> elemento lingüístico no sólo supondrá el "viaje" desde un significado léxico a un
> significado gramatical o abstracto, también, como consecuencia icónica del fenó-
> meno, la pérdida o transformación de dicho contenido léxico, se refleja en la
> modificación categorial de la unidad misma, en sus capacidades selectivas y en su
> progresiva pérdida de autonomía como palabra independiente, así como en la dis-
> minución de su sustancia fónica (erosión) (Tornel Sala 2000: 86).

So, how does grammaticalization affect noun-noun compounds? It is
the modifying noun which suffers the main structural and conceptual
shifts due to its novel dependent position in the construction where it goes
through functional, morphological, phonological and semantic changes (see
table 1 below for a summary of changes):

(i) – Functional changes: there is a shift from the more lexical and prototypical function of a noun –that of a head in a nominal construction- to the
more peripheral and grammatically-oriented function of modifier.
(ii) – Morphological changes: The modifying noun is neutralized as for
pluralization, derivation and grounding (it does not accept articles or determiners). These features are otherwise attributed to the compound as a
whole.

538   *Francisco Rubio Cuenca*

(iii) – Phonological changes: In compounding the modifying noun is normally stressed against a nonstressed head due to both a shift in focus of attention and semantic integration. Remember that the linguistic convention of some languages like English concerning word order stipulates that new, as opposed to given, information should come first within the normal flow of discourse, that is, novel data are always focalized or given prominence by inserting the corresponding lexical items within prominent contextual slots.

(iv) – Semantic changes: As it occupies the contextual slot of prototypical premodifiers (ie, adjectives), the premodifying noun acquires the typical semantic features of adjectives: there is a shift from a previous objectual, preeminently lexical reference, (as, following Langacker, a noun typically profiles a thing, or a region in some domain) to a more abstract, semantically devoid reference, that of an atemporal relation. From conceptualizing an object with a clear, separable referent in the real world, towards depicting a property, a mere quality of the head noun, the modifying noun specifies and subcategorizes the semantic nature of its head. Thus, its class or category inclusion task endows it with a grammatical flavour that it did not have as an independent noun. And this last feature also contributes to its grammaticalization, the fact that it loses autonomy as a noun, the same as other grammatically-biased elements of language, such as adjectives (as they are always dependent on noun or noun referent), adverbs (mostly dependent on verbs), prepositions (closed-class items dependent on their –usually nominal- complements), etc.

Table 1. Grammaticalization changes from head to modifying position.

Change Type	Position: [headn.slot]	Position: [Mi.slot]
Functional	N[+lexical]	Mod[+grammatical]
Morphological	+Pl, +Aff, +Det	-Pl, -Aff. -Det
Phonological	-stress	+stress
Semantic	autonomous, objectual	dependent, relational

As an example we can take the noun *orange* and look closely at its changes. We may recall examples (2b) and (3b) for the purpose of our analysis here:

(2)   b. *Do you think we can make juice from these oranges?*
(3)   b. *Please, have some orange juice.*
            ('a juice made from orange')

Count vs mass: prototypes and active zone in nouns 539

[ORANGE](2)b

- NP Head: *She hates [[sweet]$_{Mo}$ [oranges]$_{Hn}$]$_{NML}$.*
- Count: *How many oranges can you eat?*
- Pluralizable: *Oranges are good for your health.*
- Accepts determiners and/or quantifiers: *I'll have [[those]$_D$ [big]$_Q$ [oranges]$_{Hn}$]$_{NML}$.*
- Accepts postmodification: *The oranges [from the fridge]$_{PP}$ are nicer.*
- Normally stressed: *I love 'ORanges.*
- Functionally autonomous (as participant within the argument structure of a process).
- Concrete as for scope of predication (you can grow, cut out, squeeze, peel, slice, eat, ... an orange, typical processes affecting unprocessed food such as fruit or vegetables).
- Figured out (profiled) (it is selected as the trajector against background-ed entities, such as atemporal relations or processual predications).
- Prototypically central: *This is an orange.* (it makes reference to the basic category).
- Generic for categorization (it is a valid representative of the whole category)
- Holistic reference (it conceptualizes the object as a whole, a self-defining *gestalt*).

[ORANGE'] (3)b

- NP iModifier: *Have [some]$_{Q1}$ [more]$_{Q2}$ [[orange]$_{Mi}$ [juice]]$_{Hn}$]$_{NML}$,* please.
- Mass: *How much orange(-extracted) juice can you drink?*
- Non pluralizable: **three oranges juice.*
- Does not accept determiners or quantifiers:
  *my that orange juice. (ie, "my juice made from that orange")
- Does not accept postmodification:
  *the orange from the fridge juice is nicer. (ie., "the juice made from the orange from the fridge")
- Normally stressed in compound combinations: *'ORange , juice*
- Functionally dependent (enhancing a quality or property of the entity acting as participant within argument structure).
- Abstract as for scope of predication: you can **grow, *eat, ?cut out, ?peel, ?slice, squeeze ... an orange* (for extracting juice), typical proc-

540 *Francisco Rubio Cuenca*

esses affecting unprocessed food such as fruit or vegetables, only one of which is designated for profiling.
- Backgrounded (base) (it acts as the elaboration site for the entity acting as its head).
- Prototypically peripheral (it makes reference to a particular substructure of the basic category: its substance, its nectar).
- Specific for categorization (it makes its head more specific within its category, ie, a particular kind of juice).
- local reference (it refers to the object (an orange) by enhancing some substructure or zone of the basic category [ORANGE] within the quality space of the profiled entity (juice)).

From this, we may conclude that each construction has a bunch of idiosyncratic semantic and morphosyntactic features not found in similar expressions. These features are to be found in the construction as a composite whole, in the contextual slots "opened" by the construction itself, and in the constructs or elements which paradigmatically may occupy those slots. In the nominal compound construction, the role of the modifier is critical for characterizing this structure as a symbolically integrated unit. The modifying noun remains "trapped" within the immediate scope of predication of its head and may be neither morphologically altered nor externally modified. External modification otherwise affects the compound as a whole: form and meaning are therefore immanent to and inseparable from this type of construction.

7. Concluding remarks

The traditional classification of nouns into count and mass fail to characterize a noun as a participant within a usage event. There are no necessary and sufficient conditions that will include some and exclude others, as class inclusion is a matter of degree of centrality in relation to a prototype schema. Therefore, nouns may be regarded as prototypically count or prototypically mass depending on their position within the linearity of discourse context, that is, on their inclusion in a particular *contextual slot*. Class inclusion consists of a process which is triggered at a microcognitive level (computational domain) by means of a *pattern of activation* of knowledge features. At a cognitivel level (conceptual domain), some spe-

Count vs mass: prototypes and active zone in nouns   541

cific facets of the entity concerned are profiled (active zone). The output for this process finds its way into a given contextual slot within a language's particular structure (language convention). The underlying cognitive process surfaces into the grammar of the language in the form of a variety of linguistic phenomena.

In the case of a n-n compound structure, the noun in premodifying position acquires semantic, pragmatic and grammatical features different from its use within the head noun contextual slot. Grammaticalization, reanalysis and lexicalization are typical compounding processes experienced by the internal modifier in a compound structure: throughout these processes, the modifying noun suffers many structural and conceptual shifts: it shares formal and functional features with adjectives – the prototypical modifier – and mass nouns, such as homogeneity, continuity and unboundedness. However, it also comprises features such as focalization, abstractness and syntagmatic blocking, typical of premodifying nouns in the [inner.premod.slot] position.

We therefore may conclude that traditional grammatical categories should be reassessed under cognitive and microcognitive perspectives and their consequences for the language convention. Context, in its wider sense – including pragmatic inferences together with features from the social-cultural frame affecting language events and participants –, stands out as the basis for class inclusion and linguistic categorization. We must make a radical distinction between a grammatical construction or a lexical element and the real-world situations and objects they may refer to. Objects always differ from the mental image schemas speakers of a particular language have of them. Language is conceptualized as a reflection of reality and not the other way around.

References

Bundgaard, Peer F., Frederik Stjernfelt & Svend Ostergaard
    2003   Water-proof fire stations? Semantic schemata and cognitive operations involved in compound formation. Submitted to *Cognitive Linguistics.*
Craig, Colette (ed.)
    1986   *Noun, Classes and Categorization.* Amsterdam: John Benjamins.
Downing, Pamela
    1977   On the creation and use of English compound nouns. *Language* 53: 810-842.
Givón, Talmy
    1986   Prototypes: between Plato and Wittgenstein. In: Colette Craig (ed.), *Noun, Classes and Categorization,* 77-102. Amsterdam: John Benjamins. Amsterdam.

542   *Francisco Rubio Cuenca*

Fauconnier, Gilles
    1984   *Espaces Mentaux*. Paris: Les Editions de Minuit.
Heine, B. & M. Reh
    1984   *Grammaticalization and Reanalysis in African Languages*. Hamburg: Helmut Buske.
Heine, B., U. Claudi & F. Hünnemeyer
    1991   *Grammaticalization: A Conceptual Framework*. Chicago: University of Chicago Press.
Jannsen, Theo & Gisela Redeker (eds.)
    1999   *Cognitive linguistics: Foundations, scope and methodology*. Berlin/ NewYork: Mouton de Gruyter.
Kay, Paul & Charles J. Fillmore
    1999   Grammatical constructions and linguistic generalizations: The *What's X doing Y?* construction. *Language* 75-1: 1-33.
Kleiber, Georges
    1990   *La sémantique du prototype. Catégories et sens lexical*. Paris: Presses Universitaires de France.
Lakoff, George
    1987   *Women, Fire and Dangerous Things: What Categories Reveal about the Mind*. Chicago: University of Chicago Press.
Langacker, Ronald W.
    1983   *Foundations of Cognitive Grammar,* Indiana: Indiana University Linguistics Club.
    1987   *Foundations of Cognitive Grammar*, vol. 1, *Theoretical Pre-requisites*. Stanford, CA: Standford University Press.
    1991a   *Foundations of Cognitive Grammar*, vol. 2, *Descriptive Application*. Stanford, CA: Standford University Press.
    1991b   *Concept, Image and Symbol. The Cognitive Basis of Grammar*. Berlin/ New York: Mouton de Gruyter.
    2000   *Grammar and Conceptualization*. Berlin/New York: Mouton de Gruyter.
Michaelis, Laura A. & Knud Lambrecht
    1996   Toward a construction-based theory of language function: The case of nominal extraposition. *Language* 72-2: 215-247.
Rosch, Eleanor
    1975   Family resemblances: studies in the internal structure of categories. *Cognitive Psychology* 8: 573-605.
Rumelhart David E. & James L. McClelland
    1988a   *Parallel Distributed Processing : Explorations in the Microstructure of Cognition. Volume 1. Foundations.* D.E. Rumelhart, J.L. McClelland and the PDP Research Group, Eds. Cambridge, MA: MIT Press.
    1988b   *Parallel Distributed Processing : Explorations in the Microstructure of Cognition.Volume 2. Psychological and Biological Models.* D.E. Rumelhart, J.L. McClelland and the PDP Research Group, Eds. Cambridge, MA: MIT Press.

Sweetser, Eve E.

1988   Grammaticalization and semantic bleaching. *Berkeley Linguistic Society* 14: 389-404. University of California, Berkeley.

1999   Compositionality and blending: semantic composition in a cognitively realistic framework. In: Theo Jannsen and Gisela Redeker (eds.) *Cognitive linguistics: Foundations, scope and methodology*, 129-161. Berlin/NewYork: Mouton de Gruyter.

Talmy, Leonard

2000   *Toward a Cognitive Semantics. Vol.1: Concept Structuring Systems.* Massachussets : The MIT Press.

Taylor, John R.

1995   *Linguistic Categorization: Prototypes in Linguistic Theory.* Oxford: Clarendon Press. Second Edition.

Tornel Sala, José.L.

2000   *Gramaticalización y vectores lingüísticos. Las perífrasis verbo-nominales.* Alicante: Editorial Club Universitario.

Tsohatzidis, Savas L. (ed.)

1990   *Meanings and Prototypes: Studies in Linguistic Categorization.* Oxford: Routledge.

Pragmasyntax: Towards a cognitive typology of the attention information flow in Udi narratives

Wolfgang Schulze

Abstract

The present paper starts with the assumption that linguistic knowledge encompasses cognitive routines of syntactic organization that are grounded in the articulated or perceived linearization of world experience. Accordingly, features like word order, preferences in handling clausal actants (or referents) in co-paradigmatization with their behavioral properties, referential tracking, framing and pragmatic variation constitute the attention information flow (AIF) as expressed in language use. The ensemble of AIF features is termed Pragmasyntax, which is said to be part of the routinized and entrenched linguistic knowledge just as other domains of grammar. In my paper, I will illustrate this usage-based approach with the help of data stemming from two narratives in Udi, a Southeast Caucasian (Lezgian) language from Azerbaijan. I will show that albeit the two texts at issue stem from two different dialects and from two different time layers, they nevertheless reveal the basic AIF features of Udi, just as they allow accounting for variations in terms of language change. The analysis also aims at designing the first draft of a cognitive grammar of the AIF organization embedded into a more general framework of Linguistic Constructivism.

Keywords: Cognitive Typology, Pragmasyntax, Attention Information Flow, Udi.

1. Worlds and Cognition

Cognitive approaches to language that are related to Radical Constructivism (see Schulze 1998) generally assume that linguistic structures are conditioned by a causal chain that goes far beyond the horizon of overt linguistic features and paradigms. Crucially, such approaches have to start with the hypothesis that there is no true 'starting point' in this chain, which by itself would entail both aspects of a *causa efficiens* and of a *causa finalis*. Rather, we should describe different horizons of motivation, which are grounded in the general interactional ontology of cognition: By this I

546   *Wolfgang Schulze*

mean that the phylogenetically conditioned and ontogenetically reinforced dynamic structure of cognition is based on the vital functions of the well-known Perception Action Cycle:

> ... directed behaviors of animals comprise continuous cyclic relations between the detection of information and the performatory and exploratory activities that serve, in significant part, to facilitate that detection and which, in turn, are guided and shaped by it (Swenson & Turvey 1991: 319).

Accordingly, the dynamic structure of Cognition emerges from at least three basic features: energy, experience and communication (imitation ~ mirroring). Note that we have to treat these three features as representing a dynamic gestalt with by itself recursive properties. For instance, experience entails communication, and energy both presupposes and guarantees experience and communication. In this sense, we can reformulate the quote given above as follows:

> The ontology of Cognition is marked by Cognition centered, energetic processes of World-Cognition Communication resulting in Experience to safeguard the energetic process (and hence cognition) itself.

Naturally, this description strongly oversimplifies the matter. Here, I cannot elaborate the claim made made above, which – by itself – has to be read in terms of both phylogenetic and ontogenetic parameters. Nevertheless, it is important to stress that the three features mentioned at issue entail further aspects that are related to the senso-motoric grounding of both experience and communication. For instance, it is a standard hypothesis that experience is strongly grounded in vision, although we also have to take into account the other sensoric domains, especially the auditive and tactile domains.

Crucially, the recursive nature of the Perception Action Cycle conditions that interactional experience becomes entrenched and develops into a storage-based strategy to communicate with the world. Quite in accordance with the Zipf law (see Zipf 1949), storage- or memory-based interaction importantly contributes to the reduction of energetic efforts, which again conditions a reduction of the actual "attention" towards a world stimulus: A new stimulus is thus not experienced by itself, but always in terms of memory recursion (see Schulze 2001a). This observation that is related to the well-known Menon Paradoxon can be summarized as follows:

The *actual* construing reaction upon a World Stimulus (WS) ($\Rightarrow \bar{w}\bar{s}_\alpha$) happens in activating 'analogies' (mirroring) of $\bar{w}\bar{s}$ stored in memory (µ) ($\Rightarrow \bar{w}\bar{s}_\mu$).

The reduction of experiential attention towards an actual World Stimulus becomes even more apparent, if we include the feature of communication: Here, the individual Cognition has to take into account the fact that the communicative reaction upon an actual World Stimulus can only be successful (in the sense of the Perception Action Cycle), if it refers to an adequate, memory stored experience of the interacting cognition. In other words: The communication-based reaction upon a World Stimulus is marked for attentional features that rely on the hypothesis of shared knowledge and shared attentional strategies.

This assumption also illustrates a functional asymmetry between stored and actual experience. According to the framework underlying the present analysis (Grammar of Sycenes and Secarios, see Schulze 1998 for details), this asymmetry can be formalized as follows:

(1)

This formula (elaborated in more details in Schulze 2001b and Schulze 2003) says that the actual reaction upon a World Stimulus ($\bar{w}\bar{s}_\alpha$) takes place in terms of a inflated version ($\bar{w}\bar{s}_\mu + X$) of the corresponding stored reactional scheme ($\bar{w}\bar{s}_\mu$). The inflation process represents the basically metaphorical nature of cognitive processes. It can be summarized in the following dictum:

   The Present is a Metaphor of the Past.

The stronger the asymmetry between stored experience and actual reaction becomes, the more the actual reaction acquires idiosyncratic properties, or the more dissimilar it becomes to the stored reactional type, compare the two variants in (2) and (3):

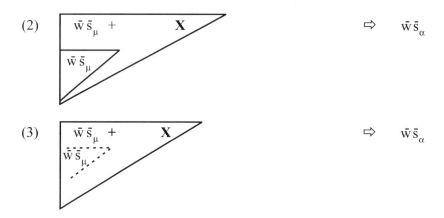

Obviously, the degree of asymmetry between stored experience and the actual construing reation upon a World Stimulus depends from both inherent properties of the communicated World Stimulus and conventions. In other words: The degree to which an individual cognition introduces idiosyncratic or "new" elements in communicating a World Stimulus is also governed by collective routines entrenched during language acquisition and language practice. This aspects adds the feature of habitualization and hence diachrony to the complex of attentional attitude towards a World Stimulus.

Habitualization also plays an crucial role with respect to the degree to which a given World Stimulus seems communicable to an individual cognition. From a linguistic point of view, a World Stimulus is processed in the following way:

> A World Stimulus is communicatively reacted upon in terms of a recursion that relates the gestalt of the given World Stimulus to both stored analogies of experiencing the World Stimulus and constructional patterns that have emerged from the communication of these stored analogies.

The asymmetry mentioned above can find its linguistic expression at different layers. From the point of view of Cognitive Typology as elaborated in the framework of a Grammar of Scenes and Scenarios (GSS), the lexical domain represents the most variable tool to process differences between a stored reactional pattern and the actual reaction. On the other hand, both syntax and linear phonology seem to show the highest degree of entrenchment which thus show up as invariant segments in the communication of a World Stimulus.

Reconstructing the knowledge system of linguistic practice hence best starts with those components that entail a high degree of invariance. In the second part of my paper, I relate this approach to the question of syntactic organization. After a brief consideration of the underlying concept of "Pragmasyntax", I will present the results of a corresponding analysis that I have carried out for Udi, a marginal Lezgian language in the Eastern Caucasus.

2. Pragmasyntax

As it has been said above, the concept of "Pragmasyntax" is grounded in the GSS framework. It refers to the routinization of clausal architecture with respect to the organization of information relevant features. Accordingly, Pragmasyntax describes those structural parts of an utterance gestalt that are related to information processing (in its broadest sense). GSS argues that the architecture of information 'templates' as expressed in utterances represent a major aspect of the paradigmatization of linguistic knowledge. Therefore, it seems plausible to start with aspects of Pragmasyntax to reconstruct this knowledge type. Among the many features that are relevant for the organization of the information 'content' of an utterance, the following aspects are relevant in the given context:

The syntactic organization of sentences / clauses according to the Attention Information Flow (AIF): The AIF can be defined as the paradigmatic architecture to linguistically construe a stimulus input or World stimulus (experiential, memory-based or verbal). The Attention Flow represents the process of qualifying and segmenting an input event according to (sensation based and habitualized (or: entrenched)) cognitive patterns ("diairesis" in terms of GSS). Here, Information Flow is defined as the process of constructing a linguistic 'event-image' in terms of a presentational simulation of the stimulus input in accordance with the linguistic knowledge of a speaker. The following schema gives a rudimentary picture of the AIF:

(4)

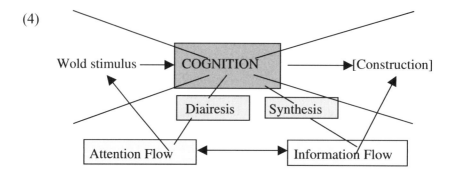

The AIF is grounded in the so-called Phrasal Information Space (PhIS). Roughly speaking, a PhIS can be equaled to a sentence-like utterance. It is marked for the ensemble of information units that produce the gestalt of the utterance in correlation with the experienced gestalt of the World stimulus. Usually, the PhIS is organized according to standard templates or constructional patterns (that not necessarily have a symbolic value by themselves). It contains – among others – information about the gestalt experience of a World stimulus, its salient features as they become apparent in the actance topology of an utterance, its relation to individual and collective discourse and world knowledge, the activation mode of the relevant memory base (assertive, modal etc.), and the degree of involvement and commitment of the speaker. (5) lists some basic features of the linguistics of PhIS:

(5) Linguistic Factors of the AIF (= PhIS Topology) [selection]
  Linearization > Word order
  Commitment: Pathic organization (sympathic <> antipathic)
  Figure-Ground metaphorization / Assessment of actancy
  Assessment of inference > phoric type ~ masking routines

Note that again we have to start with a mutually depending complex of cognitive experiential routines. Most of the PhIS templates are activated on a "poiematic" basis: By this is meant that a major part of the linguistic knowledge and practice of a speaker is normally inaccessible to manipulation (see Schulze 1998: 94-114). It represents tacit albeit not "unconscious" knowledge and is opposed to "pragmatic" dimensions that refer to those parts of the linguistic knowledge that can be used to manipulate, refine, or reduce the patterns of the AIF and the structure of the PhIS. Such pragmatic processes are termed "Pragmatic Intervention" in GSS.

Pragmasyntax of Udi narratives   551

From a linguistic point of view, much of what can be subsumed under the label "Pragmasyntax" is expressed by positional and relational strategies. In addition, the referential (or: semantic) quality of the 'actance topology' (that is the "scene of actants" in a PhIS) plays an important role in a pragmasyntactic typology. Before turning to the internal properties of a Phrasal Information Space, it should be noted that the way external "World stimuli" are constructed by cognition as processable information units depends from a great number of parameters. As I have said above, most of them are coupled with cognitive routines related to the Perception Action Cycle (PAC) and with entrenched schemas, basic level concepts, idealized cognitive models etc. resulting from the PAC. In addition, the "Inner World/Outer World" interface (to put it into popular albeit problematic terms) is marked by structural Mirror Schemas that are scaled along the well-known constructional parameters "icon, symbol, and symptom": Some parts of the constructional "model" to communicatively react upon a World stimulus copy substantial or structural properties of the stimulus (icons) whereas other parts prefer either a symbolized reaction (symbols) or an inferential strategy (symptoms). Symbolized reactions usually result from different types of metaphorical mapping (in its broadest sense) and establish a growing "distance" from iconic reactions. Finally, symptomatic reaction schemas presuppose the "existence" of iconic/symbolic constructional reactions upon a stimulus.

It should be noted that according to this framework, there is no principal difference between the "substantial" representation of reaction schemas (in terms of articulatory schemas) and a "structural" representation (in terms of entrenched models of relational properties). In other words: A 'structural' representation can likewise mirror the complexity of a World stimulus in terms of iconic reactions, symbolization (plus metaphorization), or symptom related hypotheses. Following standard assumptions in language typology, it can be claimed that the opposition "substance" vs. "structure" represents nothing but the two poles of a experiential (and constructional) scale that is organized according to the two features "degree of articulation entrenchment" and "quantity of gestalt properties": Accordingly, a "structure" is characterized by a relatively high degree of *gestaltschärfe* but is associated with fewer articulatory specifications (basically prosodic). On the other hand, "substance" is often less pronounced for its gestalt properties, but is more explicit with respect to its articulatory routines. Relational morphology is then seen as being located "in-between" the two poles: It shares its representational domain with "structures", but shares its "articulatory" routines with "substance".

As has been said above, the framework underlying the present analysis (GSS) hypothesizes that the linguistic knowledge of a speaker results from the entrenched paradigmatization of communicative experience. Accordingly, linguistic knowledge cannot be described in terms of standard linguistic paradigms as long as the speaker has not acquired a language with the help of such meta-linguistic descriptors. Many such descriptors are nothing but heuristic approaches to language structure that may be valid from a systematic point of view, that however are rarely to be retrieved from individual linguistic practice. A way out of this problem is to assume that much of what a speaker does when speaking is based on tacit knowledge: In this sense, linguistic categorization is seen as a "real" mode of information processing normally not accessible to standard speakers. However, it can likewise be assumed that linguistic knowledge is partially recoverable by speakers, especially when specifying idiosyncratic reactional types or when manipulating the standard way of communicatively reacting upon a World stimulus. It is this second perspective that is taken in the present paper. Therefore, it is hypothesized that a major goal of the usage-based modeling of language is to reconstruct the "real" linguistic knowledge of a speaker as it shows up in language production, but not in paradigms set up for heuristic purposes.

Usage-based models of language are usually related to corpus linguistics (in its broadest sense). Accordingly, the process of entrenchment is thought to be correlated with the degree to which experience is reiterated (in a more or less similar way) and with the degree to which the processing of this experience takes place in similar "ways". Naturally, frequency can never serve as an argument *per se* for entrenchment, because frequency heavily depends on the gestalt properties of the World stimulus that is processed. Frequency thus shows up as an effect rather than as a condition: Basically, an entity is frequent only if it includes some kind of "salient" value. Nevertheless, frequency can by itself emerge as a specific value: An entity is likely to be processed with an index mark "frequent", if it is frequently experienced, regardless whether the inherent properties justify its frequent use or not.

If we apply these considerations to the concept of "Pragmasyntax", we can assume that frequency plays a crucial role with respect to the question, which domains are more strongly entrenched and hence more "grammatical" than others. The pragmasyntactic organization of an utterance heavily depends from whether or not both the speaker and the hearer are "used" to its information structure or not. In order to recon-

Pragmasyntax of Udi narratives   553

struct the linguistic knowledge of a speaker as documented in text production, it hence seems reasonable to refer to the most frequent structural types.

3. The Pragmasyntax of Udi narratives

As has been said above, Syntax in grounded in the entrenchment of
strategies to communicatively react upon complex World Stimuli. Basically, Syntax guarantees the linearization of properties of a World Stimulus
that are indexed as "communicatively salient" during the experience of
the Stimulus. In other words: Syntax transforms a multidimensional gestalt
or a sequence of gestalts into a more or less explicit linear sequence of
utterable features. Syntax thus entails both structural and substantial properties that are distributed in accordance with the entrenched linguistic
practice of a speaker. The transformation of a multidimensional gestalt
into a linearized sequence naturally conditions a contortion of the original
gestalt. Instead, the linearized sequence gains gestalt properties of its own
that are entrenched as constructional "templates" and associated with
more or less explicit functional values.

For sake of brevety, I cannot elaborate here the whole universe of
syntactic gestalts. I will confine myself to some of those features that
show up the analysis of two short narratives from Udi. Udi is a endangered language spoken in Nothern Azerbaijan (in Nizh and Oguz, the
former Vartashen) and Eastern Georgia (Okt'omberi) by some 4.000
people (see Schulze 2001c: 3-13, Schulze (in press) for details). Udi is a
marginal representative of the Southeast Caucasian (Lezgian) family, ty-
pologically marked for moderate agglutination and for a strong morpho-
pragmatic component. (6) lists some of the typological features of the
language:

(6)   **Referential Domain**
      Case system: Abs, Erg, Ben, Gen, Dat, Locatives)
      Number: Singular vs. Plural (vs. Collectives))
      Referentialization: Overt; Conversion
      Overt Definiteness (O, case) / Indefiniteness (numeral 'one')
      Communicative Reference: 2/2
      Anaphoric Reference: Deictic; Reflexive
      Deictic Reference: Prox vs. Med vs. Dist (monocentric)
      Qualification (Attributes): Unmarked
      Echoes: Floating Focus Clitic (Personal, Bipolar), S=A; demoted S, demoted A;
      Localization: Case, Postpositions

554 *Wolfgang Schulze*

Relational Domain:
Tense: Tripartite (Past◇Pres◇Fut)
Mood: Epistemic < Deontic
Valence: Causative, Anticausative, Mediopassive, 'Expressive'
Subordination: Participles, Converbs
Localization: Preverbs (petrified)
Referentialization: Masdars
Relational derivation: Incorporation (Light Verbs)
Copula: a) Overt; b) usurped (AGR-clitics)
Serialization: TM, Aspect, Aktionsart

Constructional Patterns
Relational Primitives (RP): S(ubjective); A(gentive); O(bjective)
Case: Ergative (Nouns), Tripartite (Deictic Pron.), Accusative (Pers. Pron.)
Agreement: Accusative (echoes)
IO-Domain: Clustered with O
Demotion/Promotion Types:
   Split-S (Abs > Dat) [sensation verbs] [Vartashen]
   Fluid-S (Abs > Erg) [emphasis, control]
   Split-A (Erg > Dat) [verba sentiendi] [Vartashen]
   Fluid-A (Erg > Dat) [Potential; restricted] [Vartashen]
   Fluid-O (Abs > Dat) [Indef/def]
Possessive: Case based (genitive)
Reflexive: (Pro)Nominal
   LD vs. SD [partial]
   Trigger: EMPATHY < SALIENT < S=A
Word order:
   Clausal: S=A-{IO-}O-V ~ S=A-V-{IO-}O
   NP Internal: AttrN; GenN (~ NGen:Ref)

Focal Strategies
Standard Focus: Overt (Floating Agreement Clitics, FAC): Bipolar
Constituent vs. Verbal (Event) Focus
Natural Focus: Q, NEG, ADH, HYP
Constraint: Event-Focus with Factitive Future, Modal
Additive Focus: Overt (enclitic)
Contrastive Focus: Overt (enclitic)
Possession Focus: Possessor vs. Possessum Focus (Overt: Case / FAC)
Positional Focus:
   Unmarked: Preverbal Focus Field;
   Marked: Clause Initial, Clause Final

Junction
Coordination: a) Overt (particles); b) Juxtaposition
Subordination
   SS: Participles, Converbs, Relative Clauses, Masdars
   DS: Converbs (relational case frame)
   Masdar (referential case frame)
   Position: SUB:SS:REL (overt): Head – REL
        SUB:SS – MATRIX
        SUB:DS – MATRIX ~ MATRIX – SUB:DS

Pragmasyntax of Udi narratives 555

The two texts under consideration stem from different dialects and are of different age, see the overview in (7) Nevertheless, they seem comparable because they represent the "typical" style of Udi narratives. Both texts are of nearly equal length. They do not refer to historical events or to other types of idiosyncratic events, but have anecdotic character. The overall architecture roughly corresponds to the standard scheme that has the positive protagonist being involved in a 'dramatic' event from which (s)he escapes under guidance of a helper (see Propp 1928). But whereas the tale "King and Shepherd" (K&S) reflects a more traditional "sujet" (a king being confronted to a lower-class personage), the plot in the tale "The Walking Sieve" (WS) is embedded into the "everyday life" of the speech community. In other words: WS is more "situational" than K&S. The following table informs about the general properties of the two texts (the two texts are given with full glosses on http://www.lrz-muenchen.de/~wschulze/2_texts.pdf):

(7)

	K&S	WS
Name	King & Shepherd (*Pačšağq'an naxrči*)	Walking Sieve (*Tarak'ala xaxal*)
Source	Dirr 1904:84-6	Keçaari 2001:125-6
Date	~ 1900	~ 2000
Dialect	Vartashen	Nizh
Type	Native (Oral)	Native (Oral)
Seize (Tokens)	271	275
Seize (Types)	169	230
Redundancy Rate (Type ./. Token) (Max = 0, Min = 1)	0.62	0.84
Textual Units ('Paragraphs')	40	47
Numbers of PhIS	70	79
Number of Matrix Clauses	59	56
Number of Subordinations	11	23
Words per PhIS (WpPhIS)	3.87	3.48
Complexity rate (SUB per MATRIX) (Max = 1, Min = 0)	0.19	0.41
Bound Morphology	336	398
Morphemes per Word (MpW)	1.24	1.45
Morphemes per PhIS (MpPhIS)	4.80	5.57
Tense Frame	Past (~ Present)	Past
Overt Local Frames	20	20

556   *Wolfgang Schulze*

Here, I cannot comment upon all features listed in (7). But it should be noted that the Nizh text (WS) is marked for a greater redundancy rate with respect to the distribution of lexical types and lexical tokens. This fact can be correlated to the above mentioned degree of memory recursion: The Nizh text obviously relies on already uttered forms much more than the Vartashen text. This aspect goes together with a higher complexity rate of the Nizh text: accordingly, nearly every second matrix clause is marked for background information given in a joint subordination. In the Vartashen text, such background information is rarely given at all.

The overall hypothesis put forward in the present analysis concerns the claim that Udi has undergone a "modernization" process that can be related to the impact of Western communicative styles (handed over to the Udi communities via Russian and Azeri). (8) lists some of the relevant hypotheses:

(8)   Since the last 100 years, Udi has undergone a process of ‚modernization' (adoption of a Western communicative style, here via Azeri and Russian)
Modernization has resulted in a greater communicative variance.
Reduction of and changes in the traditional pragmasyntactic patterns.
Stronger presence of factors related to Pragmatic Intervention (PI)
Reduction of referential explicity
Implementation of stronger inferential strategies
Process has not yet reached a state that would render older variants of Udi linguistic knowledge and practice obsolete.

In this sense, it can be argued that the Nizh narrative is more "modern" than the Vartashen one, including a higher degree of communicative variance, a lower degree of "straightforwardness", and – in more general terms – a slightly lower degree of using traditional pragmasyntactic patterns. From this we can infer that the linguistic knowledge of an average Nizh speaker today has changed in a way that renders older stories less parsable then say fifty years ago. However, dialect differences and preferences also play an important role in order to account for the differences between the two texts. On the other hand, it can also be shown that the two stages of Udi as documented by the texts are marked for a number of common features. This again illustrates that the process of modernization has not yet reached a dimension that would allow speaking of two different linguistic knowledge systems.

In the present section, I will put forward some arguments in favor of these hypotheses. Nevertheless, the reader should not expect to arrive at a complete picture of the matter: It has to be born in mind that the following typology is selective and not nearly as representative. It does not take into account diastratic features as they may have shown up in the "style" of the original narrators. In addition, the analysis depends from the type of texts under consideration: It may well be that other types (including dialogs, longer narratives, songs etc.) will bring us to (slightly) different conclusions. The method applied in the present study simply starts with the hypothesis that differences become best observable if we take data from "the extremes" rather than considering material of very close provenience. Nevertheless the data should be comparable (and should thus be marked for a *tertium comparationis*): It makes little sense to compare, say, Vartashen Udi religious songs of the early 19th century to news-style reports from modern Nizh.

3.1. Basic topology

The basic information structure of a text can (among others) be related to the following structural domains: Intrada (or "Intro"), general background information (referring to general scripts), frame settings, and a series of actual stances that are marked for referential tracking (continuous and switch). In addition, quotations may break up the information flow and create a narrative layer "within" the narrative itself. The two stories at issue reflect this basic layer as follows:

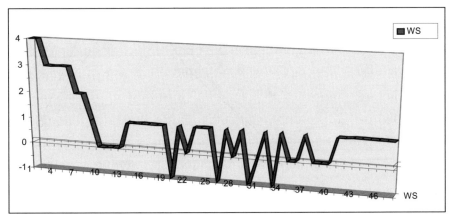

Diagram 1. The basic structural layers of WS
 (Vertical: 4 = INTRO, 3 = BACKGROUND, 2 = FRAME, 1 = SWITCH, 0 = CONT, -1 = QUOTE; Horizontal: Number = Textual unit ('paragraph'))

558 Wolfgang Schulze

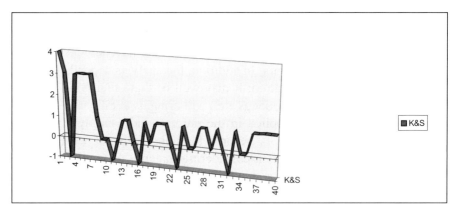

Diagram 2. The basic structural of K&S

Although K&S exhibits a slightly different pattern in the initial section of the story, it comes clear that both stories show a rather similar topology. The main difference is given by the relatively high degree of switch reference sequences in WS, compare Diagram 3, which lists the frequencies of the individual features for the two texts:

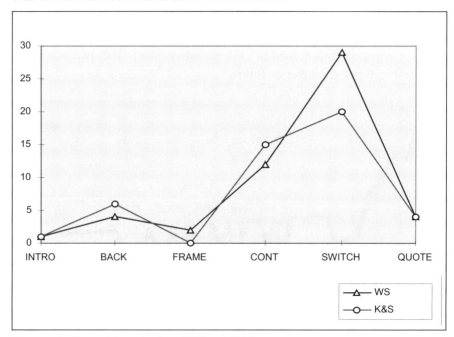

Diagram 3. Textual Organization of WS and K&S

Pragmasyntax of Udi narratives   559

The greater number of switch structures in the Nizh text can be related to a more communicative style expressed by this tale: The speaker allows the hearer to take different empathic perspectives, whereas in K&S, the hearer is strongly oriented to the three main protagonists. Accordingly, we can expect that WS is marked for more overt anaphoric elements than K&S (see below).

3.2 Textual Landmarks

According to the GSS framework, ever utterance reflects a diairesis process (see section 1) that singles out potential "points of reference" (or: "landmarks") in which an event stimulus is grounded. The number of referential units isolated from the gestalt stimulus depends on a number of factors most of which are related to more general mechanisms of interacting with the "outer" world. Likewise, aspects of long term / short-term memory storage play a crucial role as well as discourse and world knowledge. In Pragmasyntax, two different types of isolating landmarks can be distinguished: First, textual landmarks, that is the number of landmark types that show up in the totality of a narration. Second, phrasal landmarks, that is the number and types of landmarks that are involved in the formulation of a PhIS. The number of textual landmarks is relatively high in both texts:

(9)   Number of Landmarks
       K&S: 114 tokens (38 types) = 42.06 % of all textual tokens
       WS: 107 tokens (49 types) = 38.90 % of all textual tokens

Note that in order not to complicate the picture, I have not taken into account the question to which degree a given landmark has textual referential properties. In both texts, the six most frequent landmarks cover roughly the half of all landmarks: In K&S, the six most frequent landmarks cover 66 out of 114 landmark tokens (57.89 %), whereas in WS there are 45 out of 107 landmark tokens (42.05 %). Still, there is a significant difference between the two texts: In K&S, there are two landmarks ('king' and 'boy/son') that dominate the whole story. In WS, however, there is no such 'peak' in the distribution of landmarks:

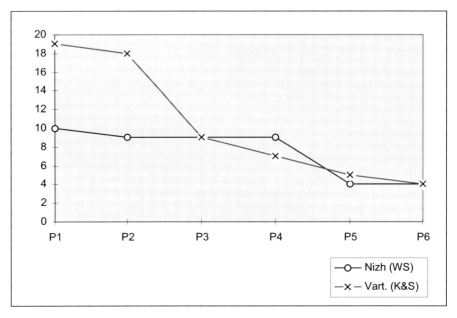

Diagram 4. Frequency of main protagonists

3.3. PhIS internal structures

With in a single PhIS, pragmasyntactic features show up at different levels. Basically, we have to deal with the following aspects:

(10) 1) General morphosyntactic layout and distribution of functional domains;
      2) Word order features;
      3) Referential setting;
      4) Deictic and reflexive strategies;
      5) Focal strategies.

Obviously, all these "domains" are interrelated and derived from more general principles of clausal organization. Still, is seems useful to discuss these domains separately for heuristic reasons.

3.3.1. General morphosyntactic layout

From a typological point of view, Udi is a dependent marking language. Morphology is present to a degree that allows labeling the language modestly agglutinating. This comes true from the figures (7) above: In K&S, the overall ratio of morphemes per word is 1.24, as opposed to 1.45 in Nizh[1]. The higher ratio in the Nizh text is conditioned by the greater number of morphemes that appear in the text (K&S 336 morphemes, WS 398 morphemes). The fact that we can observe in Modern Nizh Udi a stronger tendency towards morphological explicitness is related to basically two features: a) The TAM system of Nizh is more complex than that of Vartashen; b) In Nizh, the focal particle -al plays a more pronounced role than in Vartashen (see below). In sum, the following picture emerges:

(11)

	Vartashen (1900) %		Nizh (2000) %	
AGR:PIVOT	17,56	59	14,07	56
ANAPH (+ Refl)	2,38	8	3,77	15
CONJ (then)	2,68	9	0,75	3
FOCUS (-al)	1,19	4	4,52	18
INDEF	7,14	24	2,51	10
LOCATIVES	6,25	21	5,03	20
REF. Marker	1,79	6	5,03	20
REL. Marker	8,33	28	6,28	25
RP A	3,87	13	2,51	10
RP IO/O	11,01	37	8,54	34
RP S	8,63	29	9,30	37
SUBJ	3,87	13	0,00	0
TAM	20,83	70	22,11	88
VALENCE	4,17	14	11,06	44
DERIVATION (Plural)	0,30	1	4,52	18
TOTAL		336		398

It comes clear that in Nizh, the relational domain is more elaborated than in Vartashen: In Nizh, 33.57 % of the morphological inventory is used to manipulate verbal (or: relational) concepts, as opposed to only 25 % in Vartashen. The Nizh preference for the manipulation of the relational domain goes together with a less fixed arrangement of the referential domain, see above. In other words: WS gives us the impression as if the "event" becomes more important than its protagonists, whereas in the traditional Vartashen style, events are 'grouped' around their protagonists.

This hypothesis is supported by another aspect: Both texts are characterized by a certain amount of inferred structures that are not overtly coded in the text itself. Such inferential structures may concern scripts and frames as well as 'masked' actants/referents or verbs/relations (see

562   *Wolfgang Schulze*

Schulze 1998: 457-511). Here, I only take into consideration "masked" referents and relations, that is structures the presence of which is understood because of the presence of another lexical unit. As for this type of inference, the two texts at issue differ considerably:

(12)

	Overt	Overt %	Inferred	Inferred %	Total	Total %
A	14	6.97	22	50.00	36	14.69
Av	8	3.98	0	0.00	8	3.27
CONJ	10	4.98	0	0.00	10	4.08
IO	3	1.49	0	0.00	3	1.22
L	30	14.93	1	2.27	31	12.65
O	22	10.95	10	22.73	32	8.98
S	32	15.92	8	18.16	40	16.33
SUBJ	11	5.47	0	0.00	11	4.49
V	71	35.32	3	6.82	74	30.20
	201		44		245	

Overt and inferred units in K&S

(13)

	Overt	Overt %	Inferred	Inferred %	Total	Total %
A	17	9.04	22	32.35	39	15.23
Av	10	5.32	0	0.00	10	3.91
IO	2	1.06	0	0.00	2	0.78
L	20	10.64	0	0.00	20	7.81
O	28	14.89	6	8.82	34	13.28
S	32	17.02	31	45.59	63	24.61
V	79	42.02	9	13.24	88	34.38
	188		68		256	

Overt and inferred units in WS

The first observation relates to the overall percentage of inferred units in the two texts: In WS, 26,56 % of all units are 'masked', as opposed to just 17,96 % in K&S. Hence, we can describe a greater preference for masking strategies in Modern Nizh which again hints at a greater 'communicative' support. The second observation concerns the internal preference for the role of masked referents: Whereas in K&S, every second masked unit functions as an Agentive, it is the Subjective that is the preferred target for masking strategies in WS. On the other hand, the Objective domain is less accessible to such strategies in WS than in K&S, see Diagram 5.

Pragmasyntax of Udi narratives 563

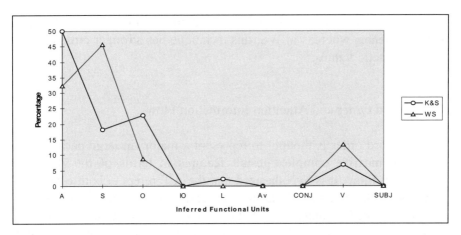

Diagram 5: Inferred Functional Units in K&S and WS

The fact that in WS, the O domain is less accessible to inferential strategies, is also documented by the use of the zero-anaphor: Although the overall distribution of covert pronominalization is basically alike in the two texts, the O domain is exempted from this strategy in WS:

(14)

Clause external role	Zero-Anaphor					
	WS			K&S		
	A	S	O	A	S	O
Adressee	1	1	0	6	0	0
Anonymous	1	0	0	4	1	0
Ego	3	0	0	0	0	0
Given topic	2	1	0	10	2	2
New topic	1	0	0	0	0	1
Pivot	18	9	0	4	5	0
Total	**26**	**11**	**0**	**24**	**8**	**3**

The distribution of zero-anaphora in K&S and WS

Also note that in WS, there is a strong preference to resume a referential topic in pivotal position with the help of a zero-anaphor, whereas in K&S, this is frequently done by doubling the referent. On the other hand, zero-anaphors are especially frequent with Given Topics disregarding their position in the preceding text. A possible generalization seems to be that in

K&S, zero-anaphora are strongly related to features of empathy and textual salience, whereas in WS, this technique has stronger cross-clausal, hence syntactic values.

3.3.2. Word Order and Attention Information Flow

In GSS, word order is thought to represent a major (in large parts iconic) "tool" to linearize complex gestalt features in terms of the Attention Information Flow. It is hypothesized that the AIF refers to both conceptual properties of the units resulting from diairesis and their behavioral properties in the *gestalt* arrangement. Although there is a great variation among the entrenched types of ordering, it can be claimed that a prototypical AIF is organized in the following way: The initial "field" is marked for "high attention" (resulting in a high information value), followed by a field that allows "cognitive relaxation" (lower information value, high inferential properties). The 'end field' qualifies for additional information, but still entails inferential options. In individual conventions of diairesis, this template can be rearranged to a considerable degree. Perhaps the most crucial point is that many such conventions allow a PhIS-like "pre-field" that is marked for a higher attention/information value than the original initial field (resulting in focal clefts and pseudo-clefts). On the other hand, in some conventions, the ordering of linearized gestalt entities is coupled with the conceptual 'domain' they represent: For instance, relational structures (e.g. verbs) may prefer the final position opening a pre-verbal 'field' of relatively high attention/information.

In Udi, the most prototypical correlation is as follows:

(15)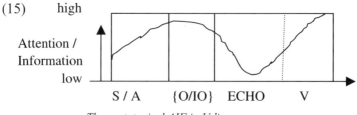

The prototypical AIF in Udi

Accordingly, there are at least two structural focus fields: initial and pre-verbal. As for the two texts, the initial field shows the following preferences:

Pragmasyntax of Udi narratives 565

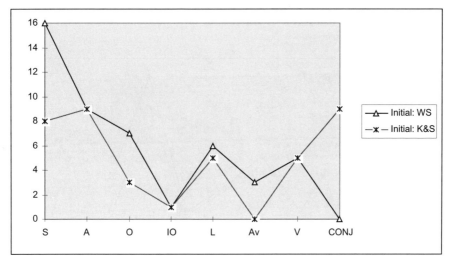

Diagram 6. Distribution of functional units (initial position)

The diagram confirms the overall picture: In WS, there is a strong preference for the S=A cluster to be placed in the initial position of the AIF, whereas in K&S, initial S is less frequent. As for the final position, the following picture emerges:

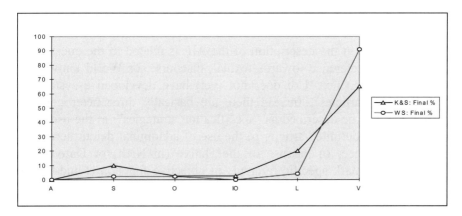

Diagram 7. Distribution of functional units (final position)

In WS, nearly every PhIS ends in a verb (91 % as opposed to 65 % in K&S). In K&S, referents especially in Locative and Subjective function may qualify for the final position, which is extremely rare in WS. On the other hand, the distribution of functional units is rather even with respect to the medial position:

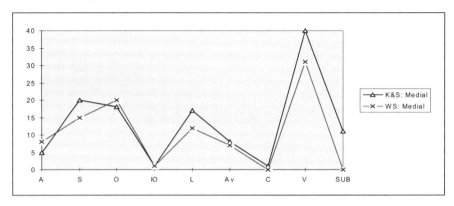

Diagram 8. Distribution of functional units (medial position) in KS and W&S

From this we can conclude, that in Modern Nizh, there is a strong tendency towards positional stability. Most likely, this fact is related to the impact from Modern Azeri.

3.3.3. Definiteness / Indefiniteness

A crucial point in the description of the AIF is related to the question to which degree reference towards textual, discourse, or World knowledge is marked in the text. Udi does not (yet) have developed a systematic paradigm of "articles". Instead there are basically three heterogeneous means that can be described as "specification strategies": a) the use of *sa* 'one' as an "indefinite" article; b) the use of adnominal deictic terms for definite reference; c) the use of the Dative (in Nizh) or Dative2 (in Vartashen) to mark specific referents in objective function (Fluid-O, see section 1.3). These three techniques can all be related to the dichotomy "Given/New Topic":

(16)   **New Topic:**
         Introduction of a referent that is thought to play a role in the ongoing event cluster
         Marker: *sa* or ∅
         Given Topic:
         A textually, cognitively, or habitually/culturally known referent.
         Marker: Adnominal deixis, Dative(2) for referents in O function, Possessors

Pragmasyntax of Udi narratives 567

No Topic (= αTop):
Referent that is not 'tracked' at all in the ongoing event cluster.
Marker: *sa* (rare), ∅

It should be noted that some types of referents are "naturally" related to one of these topic types. For instance, Speech Act participants are always related to Given Topic marking strategies in Udi, whereas mass nouns are usually related to New Topic. In sum, the two texts at issue show the following distribution:

(17)		WS		K&S	
New Topic	*sa* 'one' ~ ∅	4	*sa* 'one ' ~ ∅	10	
Given Topic	∅ ~ POSS	89 (O: 22)	∅ ~ POSS	82 (O: 19)	
	(O: DAT)		(O: DAT2) ~ DX		
No Topic	∅	3 (O: 1)	∅	23 (O: 3)	

Topic marking in WS and K&S

This distribution illustrates that in K&S, there is a strong tendency to produce αTop structures, which help to "set the scene" and to frame the reported event. In WS, this technique is rare. Obviously, the narrator has relied much upon the hearer's inferences about scene settings and frames. Again, we can observe the stronger 'communicative' orientation of WS as opposed to K&S. On the other hand, K&S makes much more use of the indefinite marker *sa* which is nearly inexistent in Nizh. The use of *sa* is correlated with the presence of adnominal deictic terms to indicate definiteness, a technique that again is alien to WS.

3.3.4. Deictic and reflexive strategies

As has been said in the preceding section, K&S occasionally applies adnominal deictic terms to mark definiteness. Roughly, 10 % of all referential tokens are marked for deixis. Quite in accordance with what can be found in other Vartashen narratives, the text K&S usually applies the Proximal (*me*). In Vartashen Udi, the Proximal is strongly associated with features of positive empathy ("sympathy"), which can also be seen from the present text: Here, it is basically the main protagonist (the shepherd's son) who is marked by the Proximal. The Medial (*ka*) is used especially if a Given Topic in embedded into a multireferential scene or if it appears in

568   *Wolfgang Schulze*

'direct speech' (or in quotation). In the Nizh text, the adnominal deixis is not used at all (the only exception *me k'oya* 'in this house', 'at home' should be described as a stereotypical formula).

The picture changes if we consider deictic anaphora: Here, K&S shows just four examples (three of them endophoric, one exophoric), a number too small to allow any conclusion. In the Nizh text, there are eleven occurrences (nine endophoric, two exophoric). Contrary to K&S, WS refers to the Distal nearly exclusively. From this we can infer that in Nizh, the tendency towards the 'stabilization' of a 'third person' pronominal form is much more pronounced than in Vartashen.

Reflexive anaphoras are used in both texts to indicate cross-referenced possessors. In most instances, we have to deal with cross-clausal (long distance) reflexives, which usually refer to a referent loaded with "sympathy" (in a metaphorical sense). Nevertheless, the number of reflexive constructions is comparatively low. In the speech of many Udis, the reflexive pronoun *ič* tends to be used as an overall cross-referentializer, as long as the cross-referenced entity represents the "main protagonist". The restricted use of this constructional pattern in the two stories may be related to the fact that they do not represent an inter-individual discourse, but rather memorized event sequences.

3.3.5 Focus strategies

Above, it has been said that Udi is heavily dominated by strategies to mark focal properties of a referent. Such strategies belong to the paradigm of "Pragmatic Intervention", although they tend to become strongly routinized. There are at least three types of focal strategies in Udi:

(18)   1) Agreement based focus (Floating Agreement Clitics, FAC)
        2) Particle based focus
        3) Focal Word Order ('Focus field')

Agreement based focus is expressed with the help of floating agreement clitics that have a bipolar character: They focus their host and cross-reference a specific actant (which again can occasionally be the host itself). The two texts show the following host types:

Pragmasyntax of Udi narratives 569

(19)

WS					K&S				
ADV	1				ADV	1			
NEG	2				NEG	2			
		A	2				A	1	
		O:def	2				O:def	1	
REF	19	LOC	6		REF	15	LOC	2	
		S=O:ind	7				S=O:ind	10	
		PP	2				PP	1	
ADJ	0				ADJ	3			
MOD	0				MOD	1			
Q	4				Q	0			
V	30				V	37			
TOTAL	56				TOTAL	59			

Focus hosts in WS and K&S

Although the two texts are too short to allow final conclusions, it should nevertheless be noted that in K&S, there is a stronger preference to use verbs as the host of Focus clitics (see (20)). This tendency is confirmed by a great number of other texts. In Nizh, we can observe the tendency to link the clitic to a preceding constituent more mechanically than in Vartashen. This again would illustrate the tendency to use Agreement clitics in a more entrenched way than in Vartashen. (20) summarizes these aspects:

(20)

	Nizh	Vartashen		
Referential	19	33,93 %	15	25,42 %
Relational	30	53,57 %	37	62,71 %
Modifying	3	5,35 %	7	11,86 %
Q	4	7,14 %	0	0,00 %

Basic host types

In case a non-verbal host is chosen, the preferred position of this host is the pre-verbal focus field as long as other constraints do not apply. If we take the beginning of a PhIS as a point of reference, we can describe the following distributional patterns:

570 *Wolfgang Schulze*

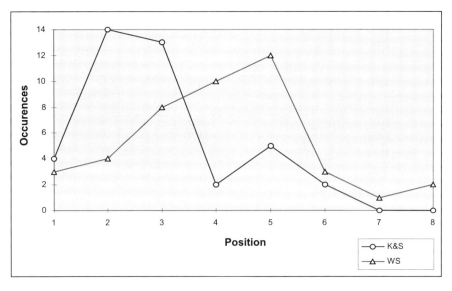

Diagram 9. First occurrence of an agreement-based focus particle

In Nizh, there is a strong tendency to position a focused host nearer to the "right", whereas in Vartashen, these hosts frequently occur towards the beginning of a PhIS. This tendency reflects a less 'open' function of clitic focus in Nizh: If we assume that the initial segments of a PhIS are marked especially for units related to Given Topic, we can say that Agreement focus has in Nizh become more strongly coupled with New Topic segments. In Vartashen, this condensation in function seems not to have taken place yet.

This shift is correlated with a more pronounced pre-verbal focus field in WS. Such fields are typical for a number of Turkic languages and hence we can assume that the Nizh preference for pre-verbal focus at least in parts stems from the adoption of Azeri pragmasyntactic routines. The pre-verbal focus field competes with two other focus fields, one opening a "pragmatic slot" at the beginning of an utterance, the other one placed at the end of the utterance. Historically, the initial field had specialized to host referential units marked by a relational function whereas the final field preferably hosted locatives and adverbs. Another correlation was Initial = Focused Given Topic, Final = Focused New Topic. The language of K&S in parts still reflects this pattern, whereas it has considerably changed in Nizh, compare:

(21)

	WS			K&S		
	Initial	Preverbal	Final	Initial	Preverbal	Final
S	0	0	0	0	0	3
O	0	16	2	0	14	1
L	6	8	1	2	14	6
IO	1	1	0	0	0	0
Av	4	7	1	1	5	1
CONJ	0	0	0	6	0	0
TOTAL	11	32	4	9	33	11

Focus fields in WS and K&S.

The great number of Locatives and Adverbs in WS that are placed in the initial focus field illustrates that the language is on its way to open this slot to peripheral constituents to a greater extent than it is given for K&S. On the other hand, K&S makes use of conjunctions that are preferably placed in the initial focus field. In fact, a typical feature of Modern Nizh is the use of adverb-like elements or locatives in the function of conjunctions. Hence, we can correlate the weak presence of standard conjunctions to the tendency of using adverbs and other clause modifying elements in junction-like functions. On the other hand, Nizh has nearly completely given up the PhIS-final focus field, which is typical for many Vartashen utterances. Diagram 10 summarizes the distributional patterns in the two texts:

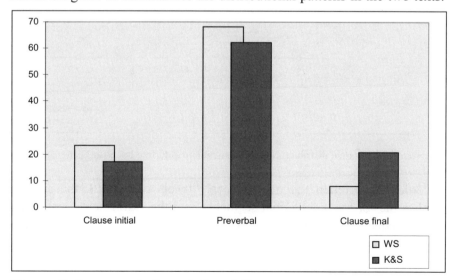

Diagram 10. Percentage of referents in focus fields

The rearrangement of focal strategies in Nizh also becomes apparent from the use of the "additive" (or: emphatic) focal particle -*al*. This particle can attach to any kind of host. Nevertheless, it is the modern dialect of Nizh that makes extensive use of this particle whereas it is more restricted in Vartashen. In K&S it is documented only five times, as opposed to eighteen occurrences in KS. The -*al*-particle typically prefers its host to be in the first position of a clause and hence is related to "Wackernagel's Position" (ten occurrences). Still, it should be noted that in WS, the particle cannot be termed a Wackernagel particle, because it may also be attached to a host in second position (eight occurrences). Consequently, we can describe some kind of "division of labor" between the two morphological focusing techniques in Nizh:

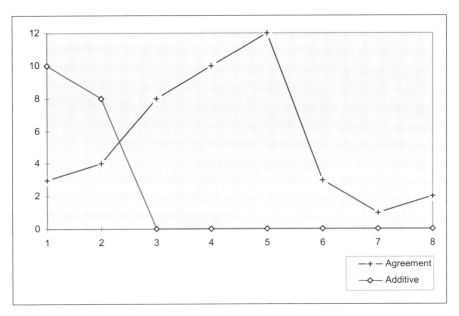

Diagram 11. Positional distribution of Agreement and Additive Focus in Nizh

In order to maintain the overall focal "level" of a PhIS, the speaker applies the -*al*-focus for initial segments, and the Agreement focal clitics for subsequent segments. This type of phrasal organization is rather unusual in Vartashen.

4. Summary

The analysis presented in my paper has aimed at the description of a crucial part of Udi linguistic knowledge as it shows up in two texts from two different dialects and two different time layers. The fact that I have singled out just one aspect, namely that of Pragmasyntax, conditions that many parameters that are central for the organization of Udi linguistic practice could not be touched upon. In addition, it has to be taken into account that even those pragmasyntactic features that are elaborated in my paper can only be fully understood if we analyze them in their complex paradigmatic, semantic, and syntactic settings. For instance, the system of Focal Agreement clitics also entails features of semantic "roles", grounding strategies (subject assignment), and relation based splits all of which I could not consider in this paper. Nevertheless it could have been shown that the Pragmasyntax of the modern variety of Nizh considerably differs from that of Vartashen. The fact that I have chosen two stories that relate two different event clusters did not allow dwelling upon the question of whether speakers from Nizh and Vartashen use the same diairesis techniques. However, the analysis given here suggests that Nizh speakers today tend to construct a gestalt experience on a stronger "relational" basis than Vartashen speakers from the late 19th century. The higher number of zero-anaophora and verb related procedures illustrate this point. In construing the communicative gestalt of a stimulus, Nizh speakers seem to rely more strongly on interactional features. They refer to parameters of discourse and World knowledge to a much higher degree than Vartashen speakers hundred years ago. To put it into simple terms: The actual speech of Nizh seems to be much more "pragmatic" than that of 19th century Vartashen Udi. The reason for this shift can be seen in an overall tendency to "modernize" the language, that is to accommodate it to a communicative style as propagated by Western traditions.

The paper has also tried to show that the diagnostic tools applied to the Udi data can be used at a larger scale to reconstruct the pragmasyntactic knowledge of speakers in a speech community. Naturally, in my paper I could apply these tools to selective data only. Many of the claims and tools have to be refined once they are applied to massive corpora. Nevertheless, I hope to have demonstrated that Cognitive Typology has not necessarily to end up in a mere perspective that would start with just a few data and would build a huge "house of interpretation" around these data.

574   *Wolfgang Schulze*

References

Dirr, Adolf
    1904   Grammatika udinskogo jazyka. *SMOMPK* XXXII:1-101.
Kechaari, Georgi
    2001   *Orayin.* Bakı: Azərbaycan Dövlət Nəşriyyatı
Propp, Vladimir Ja.
    1928 [1988]   *Morfologija volšebnoj skazki.* Moskva: Labirint.
Schulze, Wolfgang
    1998   *Person, Klasse, Kongruenz. Fragmente einer Kategorialtypologie des einfachen Satzes in den ostkaukasischen Sprachen. Vol. 1: Die Grundlagen.* Munich: Lincom Europa.

    2001a   *Selbstlernen und Selbstreflexion: Grundlagen einer Emergenz-Theorie der sprachlichen Interaktion.* Munich Working Papers in Cognitive Typology 1. Munich: IATS.

    2001b   *Grammatik und Metapher.* http://www.lrz-muenchen.de/~wschulze/grammet.pdf

    2001c   *The Udi Gospels. Annotated text, etymological index, lemmatized concordance.* Muncih: Lincom Europa.

    2003   Invariance, Selfsimilarity, and Metaphorization. To appear in: Linda Thornburg et al., *Papers of the Theme Session on Metonymy and Metaphor in Grammar*, ICLC 8 (Logroño 2003).

    In press   Towards a History of Udi. Bayram Balci & Gilles Authier (eds.). *Papers of the 2003 Istanbul Round Table on the languages of the Caucasus.* Istanbul: IFEA.
Swenson, Rod & Michael Turvey
    1991   Thermodynamic Reasons for Perception-Action Cycles. *Ecological Psychology* 3(4): 317-348.
Zipf, George K.
    1949   *Human Behavior and the Principle of Least Effort.* Cambridge, MA: Addison-Wesley.

Cultural determinations of causation

Augusto Soares da Silva

Abstract

Cognitive Semantics has further explored the idea that we think and speak about causation in terms of "cognitive/cultural models". The paper explores some cultural aspects of conceptualization (Western) of causation, focusing on the analytic causative constructions in Portuguese and in English. One of these aspects is 'force', either as a "forced motion metaphor" (Lakoff & Johnson 1999), or in terms of "force dynamics" (Talmy 1988, 2000). Based on the Talmy model, the semantic patterns expressed by the causative verbs are analyzed, beginning with the fundamental opposition between 'making' and 'letting' and keeping in mind the family of causal meanings of each of these verbs. Besides the force interaction, the folk model of cause sees the world in terms of the 'naturalness' of things and course of events and causation as interfering in the "natural course of things". It also conceives causation as an attribution of 'responsibility' and refers to another folk theory that considers reasons as causes and causal reason as a model of rationality. After that, one verifies that the grammar of causative constructions – even more complex in Portuguese – reveals itself in the way we conceive our interaction with each other and with the world in the form of causal "action chains" (Langacker 1991, 1999). The conceptual factors of the three infinitival complement constructions of Portuguese are briefly analyzed, which represent a more elaborate continuum of integration of the causing and the caused event and also of causee autonomy and causer control. Finally, the divergences of elaboration of causation between English (the greater lexical elaboration of causal human interaction) and Portuguese (the greater grammatical elaboration of the event integration and the greater coherence of the 'letting' causation) are interpreted in terms of (as types of) cognitive salience.

Keywords: causation, causative constructions/verbs, cognitive/cultural model, cultural specificity, event integration, folk theory, force dynamics, grammaticalization, letting, making, manipulation, metaphor, reason, responsibility, salience.

576   *Augusto Soares da Silva*

1. Introduction

The conceptualization of cause, causality or causation is a fundamental aspect of human cognition. It is one of the most basic aspects of the way we conceive and construct coherence in the world we live in, and in our interpersonal relationships. It is precisely because of this that the study of causation and its different linguistic forms of expression brings about serious problems, beginning immediately with the definition of the concept itself. The traditional (generativist) linguistic notion of causation is assumed as an unanalyzable concept and, at least implicitly, as an objective feature of the world. But, there have been various reformulations of this concept, mainly in the framework of Cognitive Linguistics. We can point out, among others, those of Talmy (1988, 2000) in terms of "force dynamics", of Langacker (1987, 1991, 1999) in the form of "action chains", of Lakoff & Johnson (1980, 1999) as "direct manipulation" and "forced motion" metaphor, of Johnson (1987) in terms of "image schemas", of Brandt (1998) and Østergaard (1998) in the context of a morphodynamic and cognitive semiotics. All of these re-elaborations converge in that causation is a *mental* construction, grounded in *experience* and includes various causal concepts *prototypically* structured.

These reformulations of causation reveal efficient cognitive models, that is, individually idealized systems of knowledge about reality, which can even differ from individual to individual, but which one expects will be collectively shared by many people. Cognitive models depend on the culture in which a person grows up and lives; they ultimately depend on, and are determined by, *cultural models* or *folk theories*. Though cognitive models and cultural models are, thus, just two sides of the same coin (Ungerer & Schmid 1996: 50), the cultural component of the conceptualization of causation is not always duly made explicit in these studies. Two examples of cultural exploration of causation are the work of Wierzbicka (1998) and of Bernárdez (2001). Both suggest that certain non-Western peoples do not conceptualize causation in the same way as we know it and that different languages may show different levels of semantic and grammatical elaboration of causal relationships.

In this study, we intend to explore some cultural aspects of Western conceptualization of causation, focusing on Romance languages, particularly Portuguese, and on Germanic ones, particularly English. Of the

Cultural determinations of causation   577

various forms of expression of causation, we will only take up the analytic (or periphrastic) causative constructions – those whose causal predicate (the verb representing the causing event, like *make* or *let*) expresses the pure notion of cause (or other closely related notions), without more specific lexical content, therefore being conceptually dependent on the effected predicate (Kemmer & Verhagen 1994: 117). The contribution of this study is necessarily modest, insofar as it is not based on duly developed cross-linguistic research, though it incorporates and brings together results of our earlier studies on 'letting causation' (Soares da Silva 1999, 2000, 2003a,b, in press a,b,c).

2. Causation as forced motion

As Lakoff & Johnson (1980, 1999) have tried to demonstrate, we tend to conceptualize abstract domains in terms of concrete and immediately accessible domains, and, therefore, through conceptual metaphors. Because of its quite complex and abstract nature, 'cause' or 'causation' is one of those notions we tend to understand metaphorically through easier to grasp experiential domains (already somewhat polemic is Lakoff's & Johnson's (1999) radical position that our understanding of 'cause' and other abstract concepts is necessarily metaphorical). Lakoff & Johnson (1999: chap. 11) explain that we metaphorically understand causation in terms of *forced motion* of one object by another, from one location to another.[1]

In fact, the forced-motion metaphor speaks well of our cognitive and folk model of cause/causation. Besides, and as we will see later, other causation explanations in the framework of Cognitive Semantics have been developed based on the notions of force and movement. However, the forced-motion model doesn't say everything about how human beings

---

1. Other causation metaphors – among which is found the primary metaphor "causes are forces" – along with metaphors of change and event structure, are explored. Prototypical causation is direct manipulation (Lakoff & Johnson 1980: chap. 14; Lakoff 1987: 54-55), that is, the volitional, direct application of physical force to an object that results in motion or other physical change in it. This spatial prototype is extended to other domains, resulting, from that, the general concept of causation.

578   *Augusto Soares da Silva*

think and speak of causation. Firstly, there are other cognitive and cultural aspects on how we understand cause and causation, as we will try to show later on. Secondly, this causation model is not a universal one. Bernárdez (2001) points out other possibilities of conceptualization of cause and causation in relation to 'temporal precedence', 'accompaniment', 'possession and location' and finds some of these cultural alternatives in Navajo and in Samoan.

3. Force dynamics and causation

In a seminal study in Cognitive Semantics, Talmy (1988) – slightly reviewed in Talmy (2000) – developed a theory on a fundamental cognitive system which he called *force dynamics*. Talmy proposes this system as "a generalization over the traditional linguistic notion of 'causative'", which permits the analyzing of 'causing' into "finer primitives" and set it within a framework that also includes 'letting', 'hindering', 'helping' and still further notions.[2] In this framework, we will first analyze the fundamental opposition between 'making' and 'letting' in Portuguese and in English and we will, then, see other analytical causative verbs.

3.1.   Two types of causation: 'making' vs. 'letting'

Causative verbs/constructions express different semantic types of causation and include not only the 'making' (in a metalinguistic sense) but also the 'letting' causation. The first linguistic studies of causality hardly ever acknowledge this opposition and the 'letting' type – Nedjalkov & Silnitsky (1973) mention the *permissive* causation as opposed to *factitive* causation. In Cognitive Linguistics, see, besides Talmy (1988), Talmy's (1976) classification of semantic types of causation, Verhagen's & Kemmer's (1997; Kemmer & Verhagen 1994; Verhagen, this volume) distinction

---

2.   Jackendoff (1990) adopts Talmy's model and introduces new parameters in the force-dynamic configurations. Østergaard (1998) introduces the notion of 'gradient', considering it more primitive than the one of 'force', for it does not imply a contact between entities, but it only refers to directions and changes of direction.

between *direct* ('making') and *indirect* ('letting') causation and Brandt's identification (1998) of four schemas of causation.

Let's compare sentences (1) and (2) with the causative verbs *fazer/ make* and *deixar/let*, followed by an infinitive. They both profile the energy input or instigating force, codified in the main subject, responsible for the occurrence of the complement event. As a matter of fact, it is this schematic meaning that is shared by all (analytic) causative constructions, as Langacker (1991: 408) points out. This causal schema is better understood in the framework of Talmy's (1988) *force-dynamic* model: both verbs/constructions involve dynamics between two (physical or non-physical) opposing forces; this opposition, real in (1) and potential in (2), is between a stronger entity, encoded by the subject of the verb, and a force-exerting entity – therefore, a focal entity –, existing in a certain way and with a tendency either for rest (1) or for motion, more generally, change (2). Talmy calls these two entities *Antagonist* and *Agonist* respectively (they are the causer and the causee respectively).

(1) a. *O João fez a Maria sair.*
         John made May leave.
     b. *O João fez cair o livro.*
         John made the book fall.
     c. *A doença faz reflectir a Maria.*
         The illness made Mary think.
     d. *O vento fez correr a água.*
         The wind made the water flow.
(2) a. *O João deixou a Maria sair.*
         John let Mary leave.
     b. *O João deixou cair o livro.*
         John let the book fall.
     c. *A doença deixa a Maria reflectir.*
         The illness let Mary think.
     d. *A tampa deixa passar a água.*
         The lid lets the water come out.

The fundamental difference between the causatives *fazer/make* and *deixar/let* becomes clear in the same force-dynamic framework. With *fazer/make*, the stronger entity, the Antagonist or causer, applies a (concrete or abstract) force against the tendency of the second entity, the Agonist or causee, while with *deixar/let* the Antagonist fails to exert a force that might interfere with the disposition of the Agonist. Consequently, the resultant of the force opposition for the Agonist is the opposite of its intrinsic force tendency in *fazer/make* (that is, the Agonist undergoes some change), but it is the same in *deixar/let*. In this way, Mary, the book and the water have a tendency, in (1), to remain in the place or state in which they found themselves, but their resulting state is movement or change, due to the Antagonist's action, which acts as an engine. On the contrary, in (2), they have a tendency towards movement or change of state and, therefore, they continue, because the Antagonist does not act as a barrier.[3] *Fazer/make* thus involves (positive) impingement and profiles a (more) direct force interaction or causation, while *deixar/let* involves non-impingement and profiles a (more) indirect (or rather, negative) force interaction or causation.

The force-dynamic interpretation shows that, in our folk model of causation, not only the causes are metaphorically conceptualized as forces, but there is also an interaction scenario in which an entity has a natural force tendency and will manifest it unless overcome by impingement with a more forceful object from outside (Talmy 1988: 58). *Fazer/make* and other semantically close verbs lexicalize better than *deixar/let*, because, in our Western culture, we have a causation metaphor in which causing is making and the effects are objects made (Lakoff & Johnson 1999: 208).

Let's look at some particular features either of the causer or of the causee (see Bernárdez (2001) for the Spanish causative constructions). As one can see in examples (1) and (2), with both causative verbs, the causer does not have to be human or even animate, though prototypically human, but it must always be a controller (literal or figurative/abstract), in the sense of being able to impinge on the causee and overcome its tendency. That is why (3a) and (4a) are impossible. But the same ab-

---

3. Note that the Agonist of the construction with *fazer/make* may have a tendency towards movement and, in that case, the Antagonist will act as a barrier (cf. *The policeman made the driver stop*), like the Agonist of the construction with *deixar/let* may have a tendency to rest and, in that case, the Antagonist fails to act as an engine (cf. *John let Mary alone*).

Cultural determinations of causation   581

stract causer is felicitous in cases, like *the silence made/did not let Mary think*, in so far as it is able to affect the mental and psychological state of the causee. With both verbs, the causer has to be stronger than the causee, even if it is in the sense of (being able) to influence the causee in some way, as it happens in these examples or in *the child made/let its father return home*. The big difference is that, with *fazer/ make*, the causer does something that goes against the causee's tendency, therefore realizing a prototypical action, while, with *deixar/let*, the causer does not do anything against the causee's tendency.

(3)   a.   * *O silêncio fez cair a Maria.*
           * *The silence made Mary fall.*
       b.   ?? *A Maria fez subir o livro.*
           ?? *Mary made the book go up.*
(4)   a.   * *O silêncio deixou cair a Maria.*
           * *The silence let Mary fall.*
       b.   ?? *A Maria deixou subir o livro.*
           ?? *Mary let the book go up.*

On the other hand, both verbs can be used only when the causee manifests an intrinsic force tendency (either for motion or for rest) and when that disposition is also seen as *natural* in some way. It is this condition of the naturalness of the caused action/state that makes (3b) and (4b) infelicitous (only possible in the sense of 'Mary had/let someone else lift the book' or in a context of magic), since the natural movement of the book is falling and not going up (contrary to a balloon, for example). With *fazer/make*, one also adds, generally, the condition of the causee having to be controller of its own development; it is precisely in that quality that the stronger controller (the causer) overcomes the causee's control. However, examples, like (1b), in which the causee does not have any control over itself, are possible, probably because of the naturalness of the caused event. In any case, (1b) is not a prototypical instance of causative *fazer/make*, contrary to (1a). This restriction of the causee's control also happens with *deixar/let*, but only in the strictly permissive sense and in relation to the permitted event, explaining the oddity of cases, like **let* ('permit') *someone sneeze*. Also in relation to *deixar/let*, one can add that, prototypically, the causee acts voluntarily and con-

582   *Augusto Soares da Silva*

sciously and also for its own benefit. For that same reason, (2b) is less typical than (2a).

There is a slight difference of preferential perspective of the focal force between the two causative verbs. With *fazer/make*, the causee's control of itself is focused on, so that, for this situation to be altered, the causer has to act against the tendency, the interest, the purpose or the will of the causee. That is how the English causative *make* and the prototypical Portuguese causative *fazer* (and its Romance equivalents) imply that the causee begins to act against its will or to exist in a way contrary to its intrinsic tendency. With *deixar/let*, the natural disposition of the causee is focused on, so that, for the latter to be able to follow its own natural course, the causer has to simply refrain from interfering with the causee or let it free or even "let things go".

3.2. *The semantic complexity of causative* fazer/make *and* deixar/let *and other analytic causatives*

Both the Portuguese causatives *fazer* and *deixar* and the English causatives *make* and *let* are quite complex concepts. The analysis of their semantic complexity goes largely beyond the limits of this study. We will only mention some elements of systematization.

The Portuguese *fazer* ('do', 'make') and the English *make* function as creation verbs, verbs of (physical) causation and verbs of interpersonal manipulation. The Portuguese *fazer* causative has a broader range of use than the English *make* causative or the French *faire* causative. It may refer to different degrees of coercive force or "binding strength" (Givón 1980), like 'force, oblige', 'make', 'have' and also an unintended causative sense of 'cause'. Example (5) may be interpreted both in an agentive sense, more or less coercive, and also in the sense of unintended causation (in which case it is acceptable to introduce the sentence with *sem querer* 'accidentally').

(5)   *A Maria fê-   lo   voltar a   casa.*
       Mary   made him go   home

An identical cluster of senses has the Spanish causative *hacer*. The Italian causative *fare* has an even vaster range of use, from the more

Cultural determinations of causation 583

coercive causation to some uses of 'letting'. On the other hand, the French causative *faire* differs from its Romance cognates for having a smaller scale of binding force. As we shall see further on (section 6), it is the Portuguese *fazer* that has a wider range of grammatical causative constructions.

The English causative *make* is also not a simple concept. Wierzbicka (1998) distinguishes a half a dozen or so semantically distinct interpersonal *make* constructions depending on the nature of the causer and of nature of complement, among other factors. These constructions are labeled 'making' + (something) 'happen' (to someone), (someone) 'feel', 'think', 'want', 'cry' and 'do' (something). Applying these distinctions to the Portuguese causative *fazer*, we would have quite a larger number of semantically distinct constructions.

On the other hand, English presents an onomasiological variation of 'causing' that Portuguese and the other Romance languages do not have. This variation includes, besides *make*, the verbs *have, get* and *cause* and all these causative verbs are semantically complex. These causatives, particularly when used on an interpersonal level, are distinct from each other through the causer's control/manipulation – direct control in *make*, mediated control in *have* and non-control in *cause*; the causer's power or authority over the causee in *make* and *have*, but not in *get* – and through the causee's resistance, reluctance or (un)willingness – the causee is acting against its will in *make*, but not in *have* or in *get*.

The Portuguese verb *deixar* – and also its cognates (Spanish *dejar*, French *laisser*, Italian *lasciare*) – exhibits a wide and diversified range of senses, which cluster in two main groups equivalent to the English verbs *leave* and *let* (Soares da Silva 1999, 2003b). Both *deixar* in the sense of 'let' and *let* have three principal meanings, namely 'not prevent', 'let go, release' and 'allow, permit', respectively exemplified in (7)-(9) – (7b) and (8b) are Talmy's (1988) examples. The first meaning expresses a 'passive' attitude of the main subject, while the other two express an 'active' attitude.

(7)   a.   *O João pôs-se a fazer disparates, e eu deixei-o fazer.*
             John started fooling around and I let him do it.
       b.   *The plug's staying loose let the water drain from the tank.*

584 *Augusto Soares da Silva*

(8)　a.　*O João deixou o pássaro voar (abrindo a gaiola).*
　　　　John let the bird fly out (by opening the birdcage).
　　b.　*The plug's coming loose let the water flow from the tank.*
(9)　　　*O João pediu-me para ir ao cinema, e eu deixei-o ir.*
　　　　John asked me if he could go to the cinema and I let him go.

The 'not prevent' sense (7), particularly when it involves an agent, such as in (7a), is the prototypical meaning of the Romance verb *deixar, laisser*, etc. + infinitive 'let' and probably also of the English verb *let*. The 'let go' sense (8) is the diachronic prototype of the Romance verb. The third meaning (9) clearly involves the normative notion of giving permission. The first sense involves a force dynamics of non-occurrence of impingement (absence of barrier), as we described it in the previous section, while the second consists in the cessation of impingement (removal of barrier).

Notice that the causative meaning continues in another construction, in which the causee or Agonist is conceived non-dynamically, as in the previous examples, but statically, as in (10).

(10)　*O João deixou a Maria em paz / o assento livre.*
　　　John left Mary alone/in peace / the seat free.

In this case the English verb is no longer *let* but *leave*. But in Romance languages the verb is the same; only the syntactical construction of its complement differs: a verbal complement when the verb has the meaning of 'let' and a nominal complement when the verb has the meaning of 'leave'. The fundamental difference between the two groups of meanings of the Romance verb is therefore that, in the first case ('let'), the Agonist is disposed to motion, while in the second ('leave'), it is disposed to rest.

There exists, in Portuguese, still another analytic causative with identical grammatical behavior as *fazer* and *deixar* – it is the verb *mandar*. The Portuguese verb *mandar* has two meanings, namely 'send' and 'order'. The *mandar* 'order' causative expresses a force-dynamic configuration similar to that of *fazer*: both profile a strong influence exerted by the causer onto the causee. They differ in outcomes or "success parameter" (Jackendoff 1990: 132): *fazer*, at least in the coercive sense,

Cultural determinations of causation 585

has a successful outcome, while the outcome of *mandar* is undetermined, as illustrated in (11)-(12).

(11) *Fi-   lo   ir embora, ?/* mas ele não foi.*
     I made him go away,   but he didn't go
(12) *Mandei-o ir embora, mas ele não foi.*
     'I ordered him to go away, but he didn't go.'

That is so say, *mandar* is a non-implicative verb; it is a 'try-cause' verb. In addition, as a directive verb of command, *mandar* involves an interaction that is necessarily interpersonal, and thus, imposes restrictions of intentionality both on the main subject and on the complement subject.

There are other causative verbs that express either interpersonal coercive causation (or necessity) in a higher degree of coercion than *make/fazer*, like the English *force* or the Portuguese *obrigar/forçar*, or interpersonal inducive causation, like the Portuguese *conduzir* 'drive', *induzir* 'induce', *levar* 'lead' (also see the group of verbs studied by Mendes, this volume). These verbs constitute a distinct syntactic category – all take an infinitival complement with the preposition *to/a* – and, also contrary to the former, they did not grammaticalize for the expression of causation (the exception is *levar* 'lead').

3.3. System of force-dynamic patterns for the causation category

Talmy (1988) elaborates a system of force-dynamic patterns based on four dimensions:
(i)   the Agonist's intrinsic force tendency toward motion vs. toward rest;
(ii) change over time vs. non-change; in other words, shifting (onset) force opposition (start/cessation of impingement) vs. steady-sate (extended) force opposition (continuation/non-occurrence of impingement);
(iii) impingement ('causing') vs. non-impingement ('letting'): the Agonist's resultant state of activity is the opposite of its intrinsic force tendency in 'causing', while being the same in 'letting';
(iv) the stronger entity: Antagonist vs. Agonist.

Figure 1 systematizes four force-dynamic patterns with a stronger Antagonist (or, instead, eight patterns if we include the distinction between toward motion and toward rest applied to the Agonist's force tendency). These patterns are diagrammed in agreement with Talmy's (1988) symbolic conventions[4] and are exemplified in analytic causative verbs.

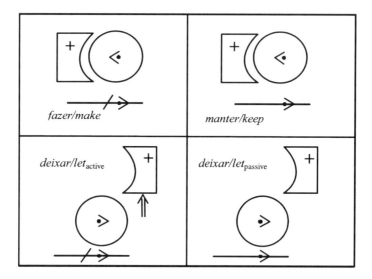

Figure 1. Force-dynamic patterns

'Causing' and 'letting' are, for Talmy, the two fundamental force-dynamic patterns with a stronger Antagonist and both should be included in the general concept of 'causation'. Each one comprises four patterns, resulting from distinctions (i) and (ii), namely, in Talmy's terms, 'onset causing/letting of motion' – Talmy considers the latter as prototypical

---

4. The circle represents the Agonist and the concave figure the Antagonist; + : the stronger entity; > / ● : intrinsic force tendency toward motion/rest; ⎯⎯→ : resultant of the force interaction is motion; ⎯●⎯ : resultant of the force interaction is rest. Shifting patterns are indicated with an arrow for the Antagonist's motion into or out of impingement, and a slash on the resultant line separating the before and after states of activity.

forms of 'causing' and 'letting' –, 'onset causing/letting of rest', 'extended causing/letting of motion', and 'extended causing/letting of rest'. Beyond other linguistic forms, verbs, like the English *make* or the Portuguese *fazer* and the English *keep* or the Portuguese *manter/guardar* instantiate, respectively, the onset or shifting patterns and the extended or steady-state patterns of 'causing', while the patterns of 'letting' are instantiated in verbs, like the Portuguese *deixar* or the English *let/leave*. Force-dynamic configurations with a weaker Antagonist include 'hindering', 'helping', 'leaving alone', 'trying', which already deviate from the general concept of causation. All these force-dynamic patterns are grounded in the domain of physical force, but are projected in the psychological, social, moral and mental domains.

As Lyons (1977) pointed out, a contrast between four terms gives rise to orthogonal and antipodal oppositions. Figure 2 shows these oppositions and, at the same time, makes explicit the aspectual and causative values associated with the four force-dynamic patterns and lexicalized in the indicated aspectual and causative verbs.

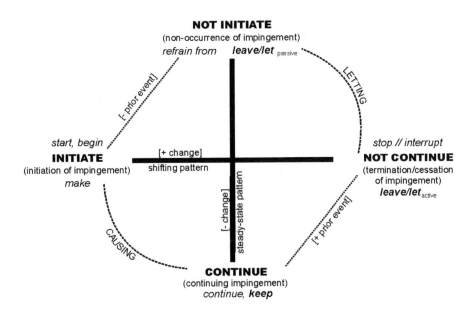

Figure 2. System of aspectual and causative oppositions

588   *Augusto Soares da Silva*

Thus, *keep* is antipodally opposed to the 'passive' or steady-state *let/leave* but is orthogonally opposed to the 'active' or shifting *let/leave*, with which it shares the features of anteriority and non-completion of the event, and of *make*, with which it has in common the feature of implementation of the event. The two categories of *leave* and *let* are opposed orthogonally: they have in common the sense of 'suspension/interruption' and are distinguished by the fact that the 'active' *let/leave* is a dynamic suspension (of an event in progress) and the 'passive' *let/leave* is a static suspension (of an event that has not yet been initiated). Other oppositions and similarities can also be established between the four poles. Between *keep* and the 'passive' *let/leave*, which are absolutely opposed to each other, there is an aspectual similarity: non-change or, positively, continuity or permanence. The correlative is that *let/leave* and *make* are absolutely opposed, having in common the feature of change, or negatively, non-continuity. We can see that the category 'letting' includes the static pole of non-initiation and the dynamic pole of non-continuation, while the category 'causing' includes the diametrically opposed and perpendicularly crossed poles – the static pole of continuation and the dynamic pole of initiation.

3.4. Some remarks on Talmy's force dynamics model

Before continuing, some observations may be made about Talmy's (1988, 2000) force dynamics model. Firstly, the prototypical domain of 'letting' and 'leaving' in Romance languages and, we believe, in many other languages, at least European ones, is not that of physical interaction but of psycho-social interaction, as a result of a shift of prototypes: the forces and barriers of letting/leaving dynamics are prototypically human agents. And the prototypical 'keeping' also involves agency: it is human agents who directly or indirectly best preserve something in good conditions. Secondly, although the non-occurrence of impingement (the steady-state or non-preventive 'letting') may be considered as conceptually *derivative* or *extended* in the context of physical forces, Portuguese and other Romance languages clearly show that this is the prototypical dynamics of 'let'. *Mutatis mutandis*, the same can be said about 'keeping' as a category of "extended causation": our perceptive system directly captures both change and constancy. Thirdly, as to the Agonist's intrinsic

Cultural determinations of causation 589

force tendency, the opposition between towards motion and towards rest is clearly (and semasiologically) elaborated by the two groups of meanings of the Romance verb corresponding to *let* and *leave*. Fourthly, the comparison between 'leaving/letting' and 'keeping' leads us to consider another force-dynamic factor, which we will make clear further on (section 4): its naturalness as a (regressive) tendency for change and as a (progressive) tendency for non-change.

4. Causation as intervention in the natural course of things

Both *fazer/make* and *deixar/let* and other causative verbs suggest the same *interventionist* cultural model of causation. As Von Wright (1971) pointed out, the concept of causation presupposes intervention in the "natural course of events". This intervention determines an alteration in the natural course, thus enabling a situation in the world to either change or to persist.

This model encompasses, therefore, two forms of intervening in or *manipulating* the natural course of things, and, in this way, establishes a (canonical) relationship of causality. One form consists in making (or leading) a certain entity to change into a new state or way of existing, more concretely, making someone do something or making something happen. This form of intervention/causality involves change. It is lexicalized by *fazer/make* and its synonyms. The other form consists in making a certain entity maintain the same state or way of existing. This form of intervention/causality does not involve change. It is lexicalized by *keep/manter*. Principally the first form shows that intervention/causation/ manipulation is the art of 'making things happen', involving what Lapaire (this volume) characterizes as a *workshop model*.

The *deixar/letting* category lexicalizes precisely the negation of intervention in the natural course of events: things continue as they were (the Agonist continues to exist in the same way as it did before) as a result of the non-interference of the Antagonist.

Besides the two ways of intervening in the natural course of things and the possibility of not intervening in that course, there are still two ways of not altering a certain situation, therefore permitting a certain entity or event to continue to exist in the same way it existed before. These ways correspond to 'letting' and 'keeping'. Let's see, very briefly,

590   *Augusto Soares da Silva*

this latter opposition and verify that 'leave things as they are' and 'keep things as they are' testify to radically different construals of the same real-world situation (for a detailed analysis, see Soares da Silva in press b).

(13) a. *O João deixou o tesouro na gruta.*
          John left the treasure in the cave.
      b. *O João deixou a Maria em paz.*
          John left Mary alone/in peace.
(14) a. *O João manteve/guardou o tesouro na gruta.*
          John kept the treasure in the cave.
      b. *O João manteve a Maria calma.*
          John kept Mary quiet.

Both in (13) and in (14), the opposition of forces is steady and the resultant of the force opposition is the same. Exactly like the opposition between 'making' and 'letting', the crucial difference is that *manter/ keep* involves impingement (steady attachment), while *deixar/leave-let* involves non-impingement (steady detachment). Consequently, the result- ant of the force opposition for the Agonist is the opposite of its intrinsic force tendency in *manter/keep*, but it is the same in *deixar/leave-let*.

Both *deixar/leave-let* and *manter/keep* can be used when the Ago- nist's disposition is also seen as *natural* in some way. In neutral contexts, it is less normal/typical to say examples (15) and (16) than (13) and (14) respectively.[5]

(15) a. *O João deixou o tesouro fora da gruta.*
          John left the treasure out of the cave.
      b. *O João deixou a Maria inquieta/na dúvida.* (*deixar* 'not to alter')
          John left Mary unquiet/in doubt. (*leave* 'not to alter')
(16) a. *O João manteve o tesouro fora da gruta.*
          John kept the treasure out of the cave.
      b. *O João manteve a Maria nervosa.*
          John kept Mary in a state of nervous tension.

---

5. These sentences are of course normal in specific contexts. Putting aside specific contextual factors, it will also be more normal to say *leave/keep the seat free* than *leave/ keep the seat occupied*, given that seats are unoccupied most of the time.

But there is an essential difference in the natural tendency of the Agonist in this same steady-state pattern. In the category 'keeping', the Agonist's present natural tendency towards motion or towards rest is a tendency towards change – predetermined by the natural course of things and opposed to its primary tendency – and it is a regressive tendency (prototypically, a degradation). In the category 'leaving/letting', the Agonist's present natural tendency towards motion or towards rest is a tendency to permanence and is therefore progressive, a tendency towards continuing to exist in "freedom".

In short, the underlying "ideology" of the 'letting/leaving', 'keeping' and 'making' constructions can be characterized as follows:

A. Things will continue to exist in the same way that they do, if a stronger exterior force (X)
   (i) does not interfere with their natural course, that is, if X *leaves* them as they are (or if X *lets* them go);
   (ii) interferes with their natural course, that is, if X *keeps* them as they are.

B. Things will not continue to exist in the same way that they do, if a stronger exterior force (X)
   (i) interferes with their natural course, that is, if X *makes* them move into a different state;
   (ii) interferes with their natural course, that is, if X *keeps* them as they are.

More generally, the whole underlying ideology of the causative constructions can be characterized by the folk postulate "Things are as they are unless someone interferes". This postulate underlies both the *deixar/let-leave* construction and the *fazer/make* construction (Bernárdez (2001) refers to it only in relation to the former construction).

5. Causes, reasons and responsibility

We saw that one of the essential properties of causation is 'force'. One other property, also metaphorically constructed, is 'responsibility': the causative construction has the function of assigning responsibility to an external agent (Pederson 1991). That is why we conceptualize metaphorically reasons as causes (Lakoff & Johnson 1999: 216). Davidson (1963) had already argued that the reason for an action is also its cause (at least, under certain specifications). It is the metaphor "reasons are causes" that leads us to see the world as rational, that leads us to believe that "what happens happens for a reason". This is one of the ways we conceive rationality. *Causal reason* assumes that actions or statements can be understood as being coherently caused or motivated. In this view, an event whose cause cannot be accounted for is irrational in that it "doesn't make any sense" (Shore 1996: 169).

Let us see how the analytic causative constructions reveal these cognitive and cultural aspects of causation. Using Wierzbicka's (1988: 237-255) formula of describing the semantics of causation, the *fazer/ make* + infinitive construction can be described by the following general formula: "X did something, Y did V (or Y happened) because of that" or "Y did V (Y happened)" *because* "X did something". For the *deixar/let* + infinitive construction, the general formula is: "X didn't do something, Y did V (or Y happened) because of that" or "Y did V (Y happened)" *because* "X didn't do something". The interesting fact is, when we apply these formulas to specific uses and we substitute the causative verb by a causal clause, what is featured in many of the *because* clauses are not really causes, but reasons. Besides, sometimes, the cause or reason of the resulting event is not found only in what the main subject did or did not do; at other times, the relationship between the two events goes beyond the notion of causation. Obviously, the causal interpretation is clearer at the purely physical level of interaction than at the intentional level, and also clearer with the causative *fazer/make* than with the causative *deixar/let*. Indeed, *deixar/let* involves a non-canonical and complex causation. Let us briefly examine this conceptual complexity of 'letting' causation (see Soares da Silva 2000, in press a, for a more detailed analysis).

To three meanings of *deixar/let*, identified in examples (7)-(9), correspond three specific types of letting causation.

A. *non-interventive* or *non-preventive* causation, expressed by *deixar/let* 'not prevent' and other verbs of non-preventing, which ascribes to the agent, who does nothing to stop or prevent an already ongoing event, *total* responsibility for that event. In other words, "Y did (kept doing) V" or "Y happened" *because* "X didn't do something" and only because of that. Applying this formula to examples (7) above, and thus replacing the causative verb by a causal clause, we have:

Cultural determinations of causation 593

(17) a. *John went on saying foolish things because I did nothing to stop him.*[6]
     b. *The water drains because the plug was loose.*

B. *unblocking* causation, expressed by *deixar/let* 'let go, release' and other freeing-exemptive verbs, which ascribes to the agent (the one who removes the blockage) primary and total responsibility for the subsequent event: "Y does (will do) V" or "Y happens (will happen)" *because* "X no longer does something (i.e. no longer prevent)". Returning to examples (8):

(18) a. *The bird flew out because John opened the birdcage.*
     b. *The water flows because the plug came loose.*

C. strictly *permissive* causation, expressed by *deixar/let* 'allow, permit' and other strictly permissive verbs, which ascribes to the agent that makes permissible a future event the primary responsibility for that event, as well as for its social and moral legitimization. Furthermore, this causation also stresses the causee's will to perform the action: "Y does (will do) V", *because* "X doesn't do (does not oppose to) or does/says (permits, authorizes) something to Y", and *because* "Y wants to do that". Applying this formula to example (9):

(19) *John goes (will go) to the cinema because his father permits/ authorizes him to go and because (for some reason) he wants to go to the cinema.*

John could have done something else despite his father's permission, and therefore the *real* cause for his going to the cinema has to be found in other circumstances. Therefore, in this third case, the causal relationship between the two events is more indirect and complex than in the previous examples, or rather, it involves something else other than the notion of causation. In fact, what the Antagonist does is not so much cause the action as legitimize it socially and morally. It is therefore on the normative plane that these things come to pass. In contrast, what the

---

6. John's action is certainly also due to his own will or eventually other circumstances, but the speaker is ignorant of this here.

594 *Augusto Soares da Silva*

Antagonist does (stops preventing) or does not do (refrains from preventing) in the other two cases is viewed as *the* cause of the action taking place. In these cases, things happen on the causal plane, around a possible action by the Antagonist who is perceived as a factor in a causal chain. This means that *deixar/let* elaborates a fundamental distinction between 'let' as a codification of 'cause' (causal let) and 'let' as a codification of 'norm' (normative or deontic let).

It is convenient at this point to clarify two points. First, the strictly causal interpretation of examples (7) and (8) and of the paraphrases (17) and (18) is obviously more evident in the physical domain, as in (7b, 8a, b) or in a sentence like *John let the stone fall* in the same non-preventing and unblocking senses. Even so, we may still distinguish between cases which involve purely physical forces, as in Talmy's (1988) examples (7b) and (8b), and others. In (7b) and (8b), the causal relation is more direct; for this reason, (17b) and (18b) are perfect paraphrases of (7b) and (8b). What is interesting, therefore, is that the causal interpretation that is applied to examples (7b, 8a, b) is also possible in an interaction between two agents, not in (9), but in (7a) or in *John let the thief run away* (also in the non-preventing and unblocking senses). Surely there are qualitative differences, as Østergaard (1998: 801) points out, between physical letting and intentional letting. Similarly, there are differences between causation in the physical domain and causation in the mental and social domains: causal relations within the mental world, as Croft (1991: 167) and Verhagen & Kemmer (1997) have pointed out, are viewed as complex and indirect, "in that the absence of immediate (telepathic) connections between minds only allows relations between minds *via* the 'detour' of the physical world" (Verhagen & Kemmer 1997).[7] But it is also true that there are differences between human interaction of the non-preventing type and human interaction that is strictly permissive, and that permissive causation is more indirect and complex than interpersonal non-preventive causation. This suggests that, more important than the distinction between physical and non-physical letting causation (Østergaard 1998) is

---

7. Mental causation involves situations in which mental events such as perceiving, remembering, making decisions etc. play a causal role in the physical world. According to Davidson (1963), Østergaard (2000) develops the idea that mental causation involves a desire to bring something about and a belief that this or that action will bring it about.

the distinction between causal (on both the physical and intentional levels) and normative letting.

Secondly, 'let' involves not only (physical) causes but also reasons; rather, it involves reasons more than it involves causes. Moreover, the cases in which the subject (the Antagonist) is not the agent, such as (7b), (8b) or *The curtain lets the light pass through*, are, in the Romance languages at least, peripheral (and interpreted as metaphoric extensions of constructions with a human subject). Therefore, the differentiation between causality and (moral) responsibility is more useful than the rather vague distinction between *direct* and *indirect* causation.

'Enablement' and 'permission' are, therefore, other important schematic notions involved in *deixar/let* and other verbs of 'letting' and in close relationship with causation.

Various diachronic data show that the strictly permissive meaning is a metaphorical extension of causation and motion senses (see Soares da Silva, in press a, for a detailed analysis).[8] In various Indo-European and non-Indo-European languages, it is formed from 'leave'. In Romance languages, particularly in the Latin *laxare* 'loosen, slacken' – from which *deixar* and its Romance equivalents formed – and other Latin permissive verbs (mainly *sinere* and *permittere*, with the original meaning of 'let go' and 'send through'), it results from a (metonymic-)metaphoric extension of 'let go'.

An issue that seems pertinent is to know what 'letting causation' is and what it reveals about the conceptualization of causation and of other notions. As I tried to show in other studies (Soares da Silva 2000, 2003b, in press a), the (schematic) notion of 'letting' involves a blend of different key notions, like causation, enablement, permission, negation. More than "indirect causation" (Verhagen & Kemmer 1997), what seems to better characterize 'letting' and 'letting causation' is the notion of *negative causation*, in the sense that the Antagonist does not exert a force that may impinge, or exerts a force in order to stop impingement, on the natural disposition of the Agonist. It is precisely because of this non-interference, this *negative* act, that the Agonist is "left free" to follow its

---

8. However, the opposite semantic development is also possible and, besides, it can also be verified between verbs of 'letting': for example, the German *lassen* and the Dutch *laten* (Verhagen & Kemmer 1997) are examples of an extension that goes from a letting/permissive causation to a coercive causation.

596   *Augusto Soares da Silva*

own natural course. We conceive that someone is made a "causer" and "responsible" not only through what he does, but also through what he does not do or allows to be done; not only through actions, but also through omissions or abstentions. Negation is in fact an essential feature of the semantics of 'letting'. Both *let* and, more comprehensively, the Romance verb (*deixar, laisser*) categorize the *negative* option: either opting for acting *no more*, or choosing *not* to act.[9]

6. Grammar of causative constructions and culture

Let us, now, see the (analytic) causative constructions, taking *construc-tions* in the sense of "form-meaning correspondences that exist inde-pendently of particular verbs" (Goldberg 1995: 1). Romance languages present greater grammatical elaboration of analytic causatives than other languages. In consistent studies carried out within the framework of Cognitive Grammar, Achard (1998: chap. 3) demonstrates the semantic parallelism between causation and perception verbs/constructions in French, and the conceptual determination of their complex (and tradition-ally problematic) grammatical variation. We tried to show the same thing in Soares da Silva (in press c) in relation to Portuguese, which has additional elements – namely an original variation between the inflected and uninflected infinitive – that make these constructions even more complicated, and also cognitively richer. Let us see, very briefly, the Portuguese case.

There are in Portuguese not two but three infinitival complement constructions that make use of the causative verbs *fazer* 'make', *man-dar* 'order' and *deixar* 'let' (and the verbs of perception *ver* 'see' and *ouvir* 'hear'). These constructions are presented in (a), (b) and (c) of (20)-(21).[10]

---

9. The concepts of letting thus permit the creation of another world comprising negative "realities" (in the real world there are no negative situations).

10. The Portuguese inflected infinitive agrees in person and number with the subject. The inflected infinitival forms are made up of the uninflected infinitive form, plus the following subject-agreement (suffixal) morphemes: *-ø* (1sg), *-(e)s* (2sg), *-ø* (3sg), *-mos* (1pl), *-des* (2pl), *-m* (3pl). The inflected infinitive is an old and typical phenomenon of the Portuguese language, and it almost always appears when the infinitive has an overt subject. The case marking on the logical subject of the infinitive is most visible when the latter is a third person pronoun (clitic or non-clitic).

Cultural determinations of causation 597

(20) a. *A Maria fez/mandou/deixou os miúdos (eles/*-os)*
correrem
Mary   made/ordered/let   the children (they/*-them)
run- INFL.INF-3PL
  b. *A Maria fez/mandou/deixou os miúdos   (-os)   correr*
Mary   made/ordered/let   the children (-them)   run-INF
  c. *A Maria fez/mandou/deixou correr os miúdos   (-os correr)*
Mary   made/ordered/let   run-INF the children (-them run-
INF)
'Mary made/let the children run / ordered the children to run.'
(21) a. *A Maria fez/mandou/deixou os miúdos (eles) lerem*
esse livro.
Mary   made/ordered/let   the children (they) read-INFL.INF-
3PL that book
  b. *A Maria fez/mandou/deixou os miúdos (-os)   ler*
esse livro.
Mary   made/ordered/let   the children (-them) read-INF
that book
  c. *A Maria fez/mandou/deixou ler   esse livro aos miúdos*
(-lhes ler esse livro).
Mary   made/ordered/let   read-INF that book   to the children
(-them read that book)
'Mary made/ordered/let the children (to) read that book.'

The main verb may be immediately followed by either the logical
subject of the infinitive, as in (20a, b) and (21a, b), or by the infinitive, as
in (20c) and (21c). But in the first case, there is a difference between the
inflected infinitive (20a, 21a) and the uninflected infinitive (20b, 21b).
I will hereby label these three syntactical structures as VSV (20a, 21a),
VOV (20b, 21b) and VV (20c, 21c) constructions. In addition to this
variation in word order, there is another issue that is also connected with
the logical subject of the infinitive, namely the variation in case marking.
The non-alteration of case marking of the logical subject of the infinitive
(nominative) is what gives rise to the VSV construction (20a, 21a), while
the VOV (20b, 21b) results from its codification as the accusative or
direct object of the main verb. The VV construction encodes the logical
subject of the infinitive as accusative (the direct object of the complex
predicate) when the embedded clause is a one-participant or intransitive

598   *Augusto Soares da Silva*

clause (20c), and as a dative (indirect object of the complex predicate) when the embedded clause is a transitive clause (21c).

VSV, VOV and VV represent three different stages in a continuum of independence/integration of the complement event with respect to the main event: from greater independence of the complement event and less event integration in VSV to less independence of the complement event and greater event integration in VV. VSV and VOV are, therefore, biclausal structures, while VV is a monoclausal structure.

VSV, VOV and VV involve different focal prominence assignments within the complement scene, or in terms of Langacker's Cognitive Grammar, impositions of different *profiles* on the same *base*. The determining factor for the choice of a particular construction is essentially which entity of the complement clause is construed as *initially salient* (the initial target of the force, or the landmark of the main verb); this will be either the complement event as a whole, or the main participant in that event (the logical subject of the infinitive).[11] In fact, it is the capacity of the logical subject of the infinitive to be considered as *energy source* for the infinitival event that motivates VOV (and VSV) and it is the incapacity of the same subject to be recognized as such that determines VV.

Very briefly, VSV (20a, 21a) takes the whole of the complement event as the target of the force (the landmark of the main verb). It thus profiles an indirect relationship between the two events with (force) interaction between the two trajectors (two energy sources). VOV (20b, 21b) construes the main participant of the subordinate event as the specific target of the force (the landmark, object or *theme* of the main verb), but at the same time, recognizes it as a valid energy source and therefore also profiles an indirect relationship between the two events, although with a more direct interaction between their trajectors. The main subject interacts directly with the raised object, which is taken as *reference point*. VV (20c, 21c) construes the main participant of the complement event as the internal argument (theme or experiencer/recipient) of a single complex verb and thus profiles a single activity/process with a single trajector exerting control over the event as a whole.

---

11. More specific factors include: the semantic properties of the main and subordinate verbs and their subjects; degree of grammaticalization and lexicalization; and discursive, and even syntactic, conditioning factors.

Cultural determinations of causation 599

From VSV to VV a change occurs that could be described in Langacker's (1999: chap. 10) terms as a progressive process of *attenuation in subject control*: the logical subject of the infinitive gradually loses control over its own activity. This gives rise to a greater degree of grammaticalization of the main verb in the VV structure, typical in a process of this kind.

VSV, VOV and VV constructions reveal some aspects of our folk conception on how we interact with each other and with the world. Exactly how Langacker (1991: 13) brilliantly characterized it in terms of *billiard-ball model*, we think about the world being populated by discrete physical objects, which move through space, make contact with each other, and participate in energetic interactions. The energy exchange takes the form of an *action chain*, in which a first object (the agent) begins the energy and a last object (the patient) receives that energy and, consequently, undergoes a change.

All the analytic causative constructions codify three aspects of this energetic interaction: (i) a more inductive indirect interaction/causation (in contrast to the direct contact causation of the synthetic causatives and the transitive clause); (ii) the schematic way the initiator of the energy or causer induces an action; (iii) the induced action developed by the causee with some degree of (energy source) agentivity, resistance, and independence.

The different analytic causative constructions existing in the Romance languages and, more extensively, the three Portuguese infinitival constructions elaborate different levels of independence/integration of the two subevents, different levels of autonomy (agentivity) of the causee and of control (responsibility) of the causer. VV represents the most *synthetic* (direct and immediate) way of constructing causation involving a two-verb structure. The Portuguese construction VSV represents the most *analytic* (indirect and mediate) way of constructing causation between a non-specific causing event and a temporally bounded caused event. And, VOV represents the most *interactive* way of constructing causation between two energy sources.

Combining these meanings of the causative constructions with the meanings of the causative verbs that participate in them, one would expect *fazer* to select the VV construction and *deixar* the VOV (and VSV) construction. One would also expect the monoclausal construction VV to be reserved to codify the direct physical causation and the biclausal

600   *Augusto Soares da Silva*

constructions VOV and VSV to be reserved to codify the inducive causation, proper to human interaction. Such a thing, however, does not happen, as one can already verify through examples (20)-(21). And, the more surprising fact is that *fazer*, contrary to all its Romance counterparts, also takes VOV (and VSV). In fact, there is greater flexibility in the combinations of causative verbs and constructions in Portuguese than in the other Romance languages. Let us see one more example of this flexible interaction.

(22) a. *Bush fez regressar os seus marines ao Iraque.* (VV)
     b. *Bush fez os seus marines regressar/em ao Iraque.* (VOV/VSV)
       'Bush made his marines return to Iraq.'
(23) a. *Bush deixou regressar os seus marines ao Iraque.* (VV)
     b. *Bush deixou os seus marines regressar/em ao Iraque.* (VOV/VSV)
       'Bush let his marines go back to Iraq.'

In both (22a) and (23a), the return of the marines to Iraq is viewed as directly induced by Bush, which means that he acted (in 22a) or did not act (in 23a) against the intrinsic tendency of the marines. Bush is thus viewed as having complete responsibility for their return, which means that the marines' activity is not profiled, hence the VV construction. In (22b) and (23b), Bush is also responsible for the return of the marines to Iraq, but now this return is viewed as also dependent upon the marines, upon the cessation of their resistance and capacity to initiate that forced process in (22b), or on their initial will in wanting the process to go ahead (requesting permission) in (23b). In other words, the agentive role of the causee is now profiled and its active intervention in the induced/authorized event is specified, which requires VOV-VSV.

Unlike *fazer, mandar* and *deixar*, other causative verbs occur in only one construction: verbs like *obrigar* 'oblige', *forçar* 'force', *incitar* 'incite', *convencer* 'convince', *autorizar* 'authorize', *conduzir* 'drive', *induzir* 'induce', *levar* 'lead' select an infinitival complement preceded by the preposition *a* 'to', with the uninflected or inflected infinitive, as in (24). This VO*a*V construction is closer to VOV than VSV: the subject of the prepositional infinitive has to be marked in the accusative; and, for that same reason, VO*a*V profiles, as VOV, a more direct interaction between causer and causee. On the other hand, VO*a*V profiles a greater

Cultural determinations of causation 601

distance between causing event and resulting event, iconically expressed in the preposition *a*.

(24) *A Maria obrigou/levou   os miúdos (-os)   a ler/lerem*
          o livro.
    Mary   forced/encouraged the children (-them) to read-INF/-INFL.
    INF-3PL   the book
    'Mary forced/encouraged the children to read the book.'

The causative verbs under analysis also occur, though less frequently, followed by a finite (subjunctive) complement clause, introduced by the complementizer *que* 'that', as illustrated in (25).

(25)   *A Maria fez com/mandou/deixou que os miúdos   corressem*
       Mary   made /ordered /let   that the children   ran-SUBJ
       'Mary made/let the children run / ordered the children to run.'

The *que* construction encodes the greatest possible independence of the complement event, that is, one degree above the VSV construction (compare 27 to 20a). It also marks conceptual distancing (iconically) and reflects a holistic, abstract and atemporal construal of the complement event (see Langacker's 1991: 439-449). In the inflected infinitival complement construction (VSV), the subordinate event is also construed holistically and even presents some *grounding* predication (though less than in the subjunctive clause), but not abstractly or atemporally. And why the subjunctive inflection? As Achard (1998: chap. 6) notes, the subjunctive indicates that the complement clause is not considered in relation to reality, but to a more circumscribed mental space, relevant only to the main subject. The causative verbs are exclusively compatible with the subjunctive complement, which is in keeping with the fact that its complement is not part of reality but results from the energy input of the main subject.

7. Causation, cultural specificity, and salience

Wierzbicka (1998) points out that cross-linguistic divergences in the elaboration of causation are very considerable and tempt us to ask whether they are related in any way to cultural interests and preoccupations. Among European languages, Wierzbicka concludes, English shows a greater differentiation at the level of interpersonal analytic causatives, thereby revealing more attention to causation in human interaction and, in particular, to the interplay of causation and volition. Goddard (1998: 291) observes that it is tempting to speculate that the wealth of human interaction causatives in English is linked with the Anglo-Saxon cultural emphasis on the autonomy and rights of the individual.

We can verify an interesting contrast of lexical/grammatical elaboration of causation between English and Romance languages. On the one hand, English presents a greater lexical elaboration of causal human interaction: see English *make, have, get* and other analytic causatives *versus* Portuguese *fazer* or French *faire*. On the other hand, Romance languages, particularly Portuguese, show a greater grammatical elaboration of the conceptual structuring of the caused event: see the three infinitival complement constructions of Portuguese (two in the other Romance languages) *versus* only one in English (and in the other Germanic languages). Besides this, Portuguese presents greater semantic coherence of what one can call 'letting' causation (the same can be said of Spanish and Italian, but not so much of French and Rumanian; see Soares da Silva 2003a) and greater flexibility in the relation between causative verbs and constructions. Could these linguistic differences have something to do with any cultural difference? It is very difficult to answer without more extensive studies.

However, it is worth interpreting these differences in the context of one of the greatest innovations of cognitive semantics – the study of *salience* phenomena –, namely in terms of different types of lexicological salience (identified by Geeraerts 2000) and of grammatical salience. The concept of 'interpersonal causation/manipulation' has a greater degree of *onomasiological* salience in English than in the Romance languages. The concept of 'letting causation' has a greater degree of *semasiological* salience in the Romance languages than in English. The relation between cause and effect (both taken as events) has a greater degree of *perspectival* salience (perspectival attention to different parts of the causative episode) – and also a greater degree of *structural* salience (or distinctiveness) – in the Romance languages, especially in Portuguese, than in English.

8. Conclusion

In this brief analysis of the semantics and grammar of the analytic causative constructions in the Romance and Germanic languages, in particular Portuguese and English, we were able to verify that causation is a basic and complex cognitive phenomenon, culturally constructed and determined. Causation is grounded on a folk model (or on various ones) about the nature of cause and of the relation between cause and effect, of interaction between each other and with the world, of the natural course of things, of causal rationality.

Our Western folk model of causation underlying analytic causative constructions integrates various conceptions:

(1)   it sees causes as forces and causation in a scenario of force interaction in which an entity has a natural force tendency and will manifest it unless overcome by another stronger entity;

(2)   it sees the world in terms of naturalness of things and courses of events and causation as intervention or absence of intervention in the "natural course of things";

(3)   it sees the world as rational, rationality as causal reason and the authors/causers of acts and non-acts as morally responsible for what they do and for what they do not do;

(4)   it conceives differences in the relation between causing event and caused event and in the structuring of the caused event, which represent a continuum of integration of caused and causing events and of autonomy of the causee and control of the causer.

Two basic patterns of lexicalization and grammaticalization of this "folk theory" of causation exist, which correspond to the constructions 'making + infinitive' and 'letting + infinitive'. The former construction is prototypical, suggesting another aspect of the same folk model – that causing is making and the effects are objects made. The latter is a negative counterpart of the former; it codifies a model of negative causation, a creation of another world – a world of "negative realities".

Portuguese and English differ in the degree of lexical elaboration of causal human interaction (greater in English) and in the degree of grammatical elaboration of event integration and of the caused event (greater in Portuguese). These and other differences in the way of conceptuali-

604 *Augusto Soares da Silva*

zing and expressing causation between these and other European languages involve phenomena of semantic and cognitive salience.

Finally, vaster and more profound cross-linguistic studies of causative expressions, either on the lexical level or on the grammatical one, are necessary to (un)confirm these cultural determinations of causation and to see their coherence with other salient features of the respective cultures.

References

Achard, Michel
    1998   *Representation of Cognitive Structures. Syntax and Semantics of French Sentential Complements*. Berlin: Mouton de Gruyter.

Bernárdez, Enrique
    2001   Cultural determination of cause-effect. On a possible folk model of causation. *Circle of Linguistics Applied to Communication* 6. http://www.ucm.es/info/circulo/no6/bernardez.htm

Brandt, Per Aage
    1998   Domains and the grounding of meaning. In: José L. Cifuentes Honrubia (ed.), *Estudios de Lingüística Cognitiva*, 467-478. Alicante: Universidad de Alicante.

Croft, William
    1991   *Syntactic Categories and Grammatical Relations: The Cognitive Organization of Information*. Chicago and London: The University of Chicago Press.

Davidson, Donald
    1963   Actions, reasons, and causes. *Journal of Philosophy* 60: 685-700.

Geeraerts, Dirk
    2000   Salience phenomena in the lexicon. A typology. In: Liliana Albertazzi (ed.), *Meaning and Cognition: A multidisciplinary approach*, 79-101. Amsterdam: John Benjamins.

Givón, Talmy
    1980   The binding hierarchy and the typology of complements. *Studies in Language* 4: 333-377.

Goddard, Cliff
    1998   *Semantic Analysis. A Practical Introduction*. Oxford: Oxford University Press.

Goldberg, Adele E.
    1995   *Constructions. A Construction Grammar Approach to Argument Structure*. Chicago: The University of Chicago Press.

Jackendoff, Ray
    1990   *Semantic Structures*. Cambridge, Mass.: The MIT Press.

Johnson, Mark
    1987   *The Body in the Mind. The Bodily Basis of Meaning, Imagination, and Reason*. Chicago: The University of Chicago Press.

Cultural determinations of causation   605

Kemmer, Suzanne & Arie Verhagen
1994   The grammar of causatives and the conceptual structure of events. *Cognitive Linguistics* 5: 115-156.
Lakoff, George
1987   *Women, Fire, and Dangerous Things: What Categories Reveal about the Mind.* Chicago: The University of Chicago Press.
Lakoff, George & Mark Johnson
1980   *Metaphors We Live By.* Chicago: The University of Chicago Press.
1999   *Philosophy in the Flesh: The Embodied Mind and its Challenge to Western Thought.* New York: Basic Books.
Langacker, Ronald W.
1987   *Foundations of Cognitive Grammar*, Volume 1: *Theoretical Prerequisites.* Stanford: Stanford University Press.
1991   *Foundations of Cognitive Grammar*, Volume 2: *Descriptive Application.* Stanford: Stanford University Press.
1999   *Grammar and Conceptualization.* Berlin/New York: Mouton de Gruyter.
Lapaire, Jean-Rémi
this volume Act, fact and artifact. The "workshop model" for action and causation.
Lyons, John
1977   *Semantics.* Cambridge: Cambridge University Press.
Mendes, António Ângelo Marcelino
this volume Estruturação e lexicalização da causação nos lexemas verbais derivados de *ducere*.
Nedjalkov, Vladimir P. & G.G. Silnitsky
1973   The typology of morphological and lexical causatives. In: F. Kiefer (ed.), *Trends in Soviet Theoretical Linguistics*, 1-32. Dordrecht: Reidel.
Østergaard, Svend
1998   Verbal coding of dynamic processes. In: José L. Cifuentes Honrubia (ed.), *Estudios de Lingüística Cognitiva*, 789-803. Alicante: Universidad de Alicante.
2000   Mental causation. Paper presented at the Winter Symposium "Structures of Causal Meaning". Center for Semiotic Research, Aarhus, 27–29 January 2000.
Pederson, Eric W.
1991   Subtle Semantics: Universals in the Polysemy of Reflexive and Causative Constructions. Ph.D. dissertation, University of California at Berkeley.
Shore, Bradd
1996   *Culture in Mind: Cognition, Culture, and the Problem of Meaning.* Oxford: Oxford University Press.
Soares da Silva, Augusto
1999   *A Semântica de DEIXAR: Uma Contribuição para a Abordagem Cognitiva em Semântica Lexical* [The Semantics of the Portuguese Verb *Deixar*: Towards a Cognitive Approach in Lexical Semantics]. Lisboa:

606 *Augusto Soares da Silva*

	Fundação Calouste Gulbenkian and Fundação para a Ciência e a Tecnologia.
2000	The "letting" causation: Evidence from Portuguese. Paper presented at the Winter Symposium "Structures of Causal Meaning". Center for Semiotic Research, Aarhus, 27-29 January 2000.
2003 a	La structure sémantique de 'laisser' dans les langues romanes. In: Fernando Sánchez Miret (ed.), *Actas del XXIII Congreso Internacional de Lingüística y Filología Románica*, vol. III, 441-456. Tübingen: Max Niemeyer Verlag.
2003 b	Image schemas and category coherence: The case of the Portuguese verb *deixar*. In: Hubert Cuyckens, René Dirven and John R. Taylor (eds.), *Cognitive Approaches to Lexical Semantics*, 281-322. Berlin/New York: Mouton de Gruyter.
in press a	Verbs of letting: Some cognitive and historical aspects. In: Nicole Delbecque and Bert Cornillie (eds.), *Causation and Motion*. Amsterdam: John Benjamins.
in press b	'Leave vs. keep things as they are' from a force dynamic perspective. In: Andrea Graumann, Peter Holz and Martina Plümacher (eds.), *Towards a Dynamic Theory of Language. Studies in honour of Wolfgang Wildgen*. Bochum: Universitätsverlag Dr. N. Brockmann.
in press c	Imagery in Portuguese causation/perception constructions. In: Barbara Lewandowska-Tomaszczyk and Alina Kwiatkowska (eds.), *Imagery in Language. In honour of Professor Ronald W. Langacker*. Frankfurt/Main: Peter Lang.

Talmy, Leonard

1976	Semantic causative types. In: Masayoshi Shibatani (ed.), *Syntax and Semantics 6: The Grammar of Causative Constructions*, 43-116. New York: Academic Press.
1988	Force dynamics in language and cognition. *Cognitive Science* 12: 49-100.
2000	Force dynamics in language and cognition. In: Leonard Talmy, *Toward a Cognitive Semantics*, Vol. I: *Concept Structuring Systems*, 409-470. Cambridge, Mass.: The MIT Press.

Ungerer, Friedrich & Hans-Jörg Schmid

1996	*An Introduction to Cognitive Linguistics*. London and New York: Longman.

Verhagen, Arie

this volume	Language, culture, nature: exploring new perspectives.

Verhagen, Arie & Suzanne Kemmer

1997	Interaction and causation: Causative constructions in modern Standard Dutch. *Journal of Pragmatics* 27: 61-82.

Von Wright, Georg H.

1971	*Explanation and Understanding*. London: Routledge and Kegan Paul.

Wierzbicka, Anna

1988	*The Semantics of Grammar*. Amsterdam: John Benjamins.
1998	The semantics of English causative constructions in a universal-typological perspective. In: Michael Tomasello (ed.), *The New Psychology of Language. Cognitive and Functional Approaches to Language Structure*, 113-153. London: Lawrence Erlbaum Associates.

A new look at negative raising

Anne M. Sumnicht

Abstract

In certain bi-clausal constructions it has been observed that negation in the upper clause has its effect in the lower clause. For example, *I don't believe he went*, is typically meant as an assertion of what the speaker believes; what is negated is the lower clause content. This phenomenon, restricted to a limited number of complement taking predicates (CTPs), has been referred to as negative raising, or here as negative displacement (ND). The topic has eluded satisfying explanation given that treatments have either concentrated on characterizing ND predicates in terms of a small number of semantic features which alternately under and over generate the list of ND predicates, or they have paid scant attention to the lexical features of ND predicates and have thus failed to make important generalizations. Instead, I propose an account of ND that relies on both the lexical semantics of CTPs as well as the speech act (especially representations) level semantics surrounding the occurrence of ND. In brief, I find that ND is a possible interpretation on negation of a CTP when that CTP meets two basic requirements; first, it must have the role at the speech act level of an illocutionary force indicator (Searle 1969, Diessel & Tomasello 2001), and second, it must be out of focus relative to the lower clause content and thus not a target for negation. Here, I depart from the conclusions of D&T and Thompson (2002) who claim such CTPs are always out of focus. I find that a CTP may be either in or out of focus depending on a number of lexical and contextual factors which I suggest play a role in directing attention towards or away from the CTP.

Keywords: negative raising, displacement, negation, speech act, focus, representation.

1. Introduction

Negative raising, or more theory neutrally, negative displacement (ND), is a phenomenon that occurs for some complement-taking predicates and can be described as a departure from iconicity in which negation occurring in the upper clause of a bi-clausal sentence applies to the event or situation described by the lower clause. For example, (1a) in typical use is

608   *Anne M. Sumnicht*

not a denial that the speaker has engaged in and is now asserting a thought; rather it is an assertion that it is not the case that John likes apples. Thus, (1a) is roughly equivalent in meaning to (1b) where negation is in the lower clause.

(1)   a. *I don't think that John likes apples.*
       b. *I think that John doesn't like apples.*

Why such an interpretation should be possible, let alone the norm for certain predicates (*think, believe, suppose, expect, reckon* are typical examples) is not immediately apparent and the question involves at least two separate issues. 1) What motivates the placement of negation in the upper clause when its effect is felt in the lower clause? and 2) Why doesn't negation apply in the upper clause where it is located syntactically? Here I take up only the second of these issues and explore an explanation that is based on both the lexical and speech act level semantics of ND utterances.

To begin to get a handle on the semantics of ND predicates, we might note as a first pass that most predicates which allow ND tend to be roughly classifiable as predicates of propositional attitude, that is, predicates which express something about speaker feelings or attitudes towards some expressed event. While there is something highly relevant about this observation, it is not an adequate characterization of ND predicates given that there are cases of propositional attitude predicates which don't allow negative displacement, for example in (2).

(2)   *Suzy doesn't know that the sky is blue.*

Although *know* is a typical propositional attitude verb, in this example negation does not apply to the embedded content, *the sky is blue,* but does apply to the verb *know* and so is interpreted as a denial that Suzy is aware of some fact that the speaker supposes is true.

Further, there are a number of predicates which are not classifiable as propositional attitude predicates but which do form bi-clausal structures in which negation in the upper clause is interpreted as applying in the lower clause. An example of this kind of predicate is *happen* which may occur in a phrase such as (3).

(3)   *He didn't happen to see me.*

Here, as is the case with more typical ND predicates, negation appears in the upper clause, but what is negated is the embedded event, *see me*. As with (1), this example can also be paraphrased as *He happened not to see me*, with negation in the lower clause, and have roughly the same meaning as the original.

Clearly then, the notion of propositional attitude is inadequate for characterizing ND predicates, but at a more fundamental level, the whole idea of there being a class of ND predicates is misleading given that it's possible to find contexts in which even 'good' (prototypical) ND predicates do not allow negative displacement. To illustrate this consider the case of *think* in what we might call a contrastive context, as in (4a).

(4)   a. *I don't **think** that he's here* (bold indicates stress).
        b. *I **think** he's not here.*

In this example, *think* is being contrasted with other greater or lesser states of commitment to something's being the case and the negation is interpreted as denying that a particular degree of certainty is in effect. We can easily note that (4a) is not a case of negative displacement by observing that (4b) is not a valid paraphrase of the sentence.

Historically, difficulties have arisen both in circumscribing the class of ND predicates and in assigning membership to that class. The first difficulty has been largely the result of trying to delineate the class in terms of some already recognized (non factive verbs of propositional attitude (Lakoff, R)) or overly simplified (mid-scalar deontic or epistemic predicates (Horn, 1979)) semantic features which either over or under generate the inventory of ND predicates. The second difficulty has arisen as a result of the false assumption that any lexeme that *can* function as an ND predicate must always do so. Instead, what I propose is that negative displacement is a possible interpretation on negation that can occur if the right set of factors involving semantics at both the lexical and communicative or speech act level are present.

In particular, the explanation for negative displacement that I wish to develop draws on these 4 premises: 1) that ND predicates can all be classified as *lexical illocutionary force indicators* (a term derived in part from Searle's (1969) and later Diessel and Tomasello's (2002) notion of illocutionary force indicators (IFIs), linguistic features which help to specify the speech act type 2) When a lexical IFI is used, a competi-

610   *Anne M. Sumnicht*

tion for focus (attentional saliency) arises between its semantic content and the represented content expressed by the lower clause. 3) lexical IFIs vary in the kind of semantic content they provide and certain content tends to garner greater attentional saliency than other content. Significantly, as Thompson (2002) has demonstrated through conversational analysis, a large number of main clause predicates which provide epistemic, evidential and evaluative information (a class subsuming a large number of ND predicates) are often not in focus. 4) In an utterance containing asserted (focal) and non-asserted content, non-asserted content is pragmatically understood as being outside the scope of negation (Vallduví 1990). Thus, negation is seen as applying to or targeting only the focus content of an utterance.

Taken together, these ideas lead to a different kind of explanation of negative displacement in which ND predicates are not taken to be a fixed and determinate category, but rather are predicates, all classifiable as lexical illocutionary force indicators, which, in context, have a low degree of attentional saliency and thus are not understood as targets of negation. Such lack of saliency may be the default, that is, a predicate may prototypically or habitually fail to contribute attention-worthy information to the utterance (and this quality should be assessable in other contexts besides negation), however it is also possible that a predicate which normally does not attract attention may in certain cases do so and thus fail to allow negative displacement (as with the contrastive use of *think* given in (4) above).

2. Representative Speech Acts

As Searle (1976) describes it, a speech act is a communicative unit, that is it is a chunk of speech which is situated within a particular context and is uttered with intent to make contact with a hearer in one of a number of ways including informing him of some state of affairs, inducing him to act, or requesting information. The notion of the speech act as a cognitively real category thus presupposes a commitment to the idea of language as a tool of communication. In this capacity then, utterances (illocutionary acts) are uttered with the intent to produce responses (perlocutionary effects) in listeners. There are certainly a very large number of possible perlocutionary goals that a speaker might have, indeed every utterance can perhaps be said to be uttered in the service of a different specific goal, given its ultimate role in meeting some particular need, yet it also seems clear that these goals can be grouped into categories which, to some extent, are encoded by conventionalized linguistic structures.

What a number of linguists (Austin, Searle, Risselada, Perez) have attempted to do then is to determine the mapping between linguistic form and perlocutionary intent and recognize a limited number of speech act types. At the most basic or schematic level, in terms of the specificity of the goal, are three speech act types which Searle (1969) has labeled representatives, directives and interrogatives and which he describes as varying primarily in terms of their illocutionary point, such that representatives have the goal of informing some hearer about a state of affairs, directives have the point of influencing the hearer to perform some designated action, and interrogatives have the point of soliciting information from the hearer. In English, these goals tend to be realized linguistically via a particular sentence type (declarative, imperative and question respectively) each of which has a stereotypical linguistic pattern consisting of word order, intonation, stress, morphological marking and the use of particular lexical items (ex., *wh* words, or *do* for questions).

Naturally, this mapping is not absolute given that a sentence type normally used for one speech act function may be pressed into service for other functions as well. Consider this classic example of an indirect speech act.

(5)   *Can you pass the salt (please)?*

This statement has a clear conventionalized interpretation as a request for action (directive function) but it is expressed via a question instead of an imperative sentence type.

As a separate matter is the fact that components of a particular sentence type pattern can be somewhat mixed and matched to create new effects. That is, while (5) considers the case of a question sentence type, bearing all the usual markers of a question, being used for imperative purpose, it can also happen that markers normally associated with one sentence type are mixed with the features of another sentence type. For example, (6) has the word order characteristic of the declarative sentence type but the insertion of a *wh* phrase and the application of the characteristic question intonation (indicated by the question mark), would tend to mark (6) as having an interrogative function. Similarly (7), if uttered with the intonation typical of the imperative sentence type, may

612   *Anne M. Sumnicht*

be intended or understood as an order to leave rather than a simple act of imparting information.

(6)   *You want to do what?*
(7)   *We don't want your kind around here!*

Thus, what emerges is the following scenario: each sentence type is strongly (but not irrevocably) associated with a particular communicative function and the concept of a sentence type is possible because there exists a prototypical pattern or set of linguistic features such that each feature in the pattern is fairly highly correlated with every other feature in that pattern.

In Searle's terms, these features are things such as word order, stress, and intonation and he refers to them as *illocutionary force indicators* (IFIs) because together they serve to indicate what illocutionary act the speaker is performing in the utterance of a sentence.

Missing from Searle is a discussion of the role of propositional attitude type expressions in the speech act, which you will recall are predicates such as *think, believe, know, suppose and guess* which have been viewed as conveying speaker attitudes towards some expressed proposition. Diessel and Tomasello (2001) however, have recognized these sorts of predicates as another type of illocutionary force indicator. Instead of speaking in terms of propositional attitude, however, they consider all complement-taking predicates (CTPs) and distinguish from them a particular group of predicates that they claim are used performatively, in contrast to assertively. Although their notion of assertiveness has something to do with assertiveness as it used by information structure theorists (Koktová, 1986), i.e. the state of being the new information or focus content of an utterance, their view of the performative/assertive distinction is not based solely on what is in or out of focus. Instead they state that a performative verb is one which "does not express the main proposition of the whole utterance; rather, it addresses a specific aspect of the interaction between the interlocutors." To restate this main point, we might say that a certain number of CTPs have as their main function the role of contributing to the recognition of a speech act type and the elaboration or qualification of the nature of that speech act. The term performative CTP thus designates a group of predicates that are substantially the same as propositional attitude predicates, but does so by defining them in terms of their role in the speech act.

I adopt the term *lexical illocutionary force indicator* to refer to generally the same predicates D&T refer to as performative CTPs, but I classify them as such solely in terms of their illocutionary function in the utterance and not in terms of focus. The inclusion of the word *lexical* is used to distinguish these CTPs from other IFIs such as intonation and word order. Lexical IFIs are, I claim, predicates whose main purpose is to provide information about the relationship between a speaker and the speech act he is engaged in. In the case of representative speech acts, where the communicative purpose of the act is to relay some claim or prediction to a hearer, the lexical IFI has the role of elaborating the circumstances surrounding the speaker and claim he is making.

In the following section I give what I hope is a reasonable start at listing some of the main dimensions of meaning surrounding representative speech acts and which underlie the meanings of specific lexical IFIs.

3. Dimensions of Representation

At some level, we are aware that any representation carries with it an evaluation of reality on the part of the speaker. For example, the utterance of bare assertions like those in (14) are understood to be claims about what the speaker believes to be true about the world and not objective fact.

(14) a. *He left an hour ago.*
b. *Jill is going to be here.*
c. *OJ is guilty.*
d. *Everybody is good.*

The primary difference between what is conveyed by the sentences in (14) and what is conveyed by those in (15) lies not in the content, but the quality of the representation.

(15) a. *I believe he left an hour ago.*
b. *I'm certain Jill is going to be here.*
c. *I'm convinced OJ is guilty.*
d. *Joe supposes everybody is good.*

614   *Anne M. Sumnicht*

While the bare assertions of (14) are uninformative with respect to the origins of and circumstances surrounding the claim, including the source of the claim, the degree to which it is accepted as fact, or how the information was obtained, the sentences in (15) all contain an additional predicate which provides some of this information. Yet, these sentences remain acts of representation where the lower clause expresses the claim or prediction being made. The predicate in the upper clause serves primarily to clarify the relationship between claimant and claim, and this can be considered a lexical IFI.

In the examples in (15), each claim is attributed to a particular person who is the subject of the lexical IFI. In English, it is even possible for the speaker to adopt the viewpoint of another person, as in (15d), and express his or her beliefs. In addition to attaching the claim to a particular person, these IFIs may provide other information as well. (15a) and (15b), for example, suggest different levels of attachment to or belief in the claim made, and (15c) conveys a particular route of information acquisition – some kind of mental deliberation resulting in the acceptance of some state of affairs. In the remainder of this section, I identify a number of dimensions of information that comprise this relationship and with respect to which the meaning of a lexical IFI can be characterized.

3.1. Who is responsible for the claim?

In speaking of responsibility for a claim, I refer to who is regarded as relaying or reporting the claim to the hearer and not necessarily who is responsible for its truth. In a bare assertion such as (14a) *He left an hour ago*, the speaker is responsible for transmitting a claim to the hearer. In this case, however, the role of the speaker as the party responsible for the claim is viewed highly subjectively (Langacker 1991: 93), that is, although the speaker must be the source of the claim, he does not place himself saliently within the scene by acknowledging his claim as the product of his own mental processes. By so doing, he uses a kind of rhetorical device which may communicate that the claim is readily obvious to any observer, or that the claim is not just the opinion of an individual but fact (the generally held belief of all).

On the other hand, the use of certain lexical IFIs requires that the claimant be specifically named. For example, in (15a), when the verb

A new look at negative raising 615

believe is present in the matrix clause, it becomes necessary to overtly attach the claim to some person, in this case, the speaker himself. Thus, whatever other function it may have, a verb such as *believe* has at least the function of providing a venue for the originator of the claim to be named. Although (15a) exemplifies the case where speaker and claimant are the same person, it is possible that anyone else may fulfill this role. In English, at least, it is possible for the speaker to adopt the viewpoint of another conceptualizer and report on his mental state. (15d), *Joe supposes everybody is good*, demonstrates this possibility. In this case we would want to say that Joe is responsible for the claim that everybody is good.

3.2. Evidential information

Evidential information concerns how the evidence for making a claim or prediction was acquired. Roughly, sources of evidence may be divided into two categories, evidence from external sources and from internal sources. External evidence refers to information originating from outside the mental world of the speaker, that is, not directly perceived by or calculated by the speaker. Internal evidence includes information gained from a claimant's own perceptual system or arrived at through his own processes of reasoning or computation. (16) and (17) provide examples of external evidence.

(16) *Jack said/told me that the movie was pretty good.*
(17) *I heard the movie was pretty good.*
(18) *Supposedly/apparently the movie was pretty good.*

In (16), the claim that the movie was pretty good can be considered the responsibility of the speaker in the case where it is the speaker's intent to inform the hearer about the movie and not about Jack's actions[1]. Responsibility for the truth of the claim being transmitted is, however, being foisted onto another person, Jack. The phrase *Jack said X* can be seen

---

1. To clarify the difference, consider (16) as the answer to one of two questions 1) How is the movie? or 2) What did Jack say? The former would solicit an answer with the desired interpretation.

616   *Anne M. Sumnicht*

as providing external evidential information. The speaker is not adopting the claim as his own, but he *is* passing it along as information. In (17), likewise, the speaker indicates an external (though unnamed) source for his information.

Adverbial expressions such as *supposedly,* or *apparently* are also often used to indicate an external source of information. What is commonly implied in a sentence like (18) is that the speaker is passing along information learned from another source but which the speaker himself can't directly verify.

Internal sources of evidence consist of information perceived through the senses or of information arrived at through one's own calculations or computations. For example, a number of verbs of perception exist which make clear the sensory modality through which some claimed state of affairs is arrived at.

(19)   *I think you put too much basil in the soup.*
(20)   *It tastes/smells/looks like you put too much basil in the soup.*

In both (19) and (20), the speaker relays his opinion that the hearer put too much basil in the soup. However, while (19) remains neutral with respect to the source of evidence, (20) clarifies that that information was gained through the sense of taste, smell or vision.

A person might also arrive at a particular conclusion about the state of the world due to internal processes of computation, calculation or reasoning. A number of expressions exist to express knowledge gained in these ways as well.

(21)   a. *I decided/concluded that people are basically good.*
       b. *John calculated /determined/figured out that Jill would be in Utah by now.*
(22)   a. *I was convinced he was telling the truth.*
       b. *He convinced me he was telling the truth.*
       c. *He convinced me that people are basically good.*

The predicates in (21a), for example, express acts of internal reasoning and decision making. Likewise, John, in (21b) may have used a calculator or other tool to help him perform his calculations, but, because he is ultimately responsible for producing and trusting in the result, his commitment to his claim can be said to derive from an internal mental process.

A new look at negative raising   617

A similar argument can be made for acts of persuasion or convincing. Although some other person may have been involved in presenting evidence or arguing for a point, as in (22b&c) to be convinced is to decide internally that something is right. To illustrate that this is so consider the following comparison:

(23) a. *He convinced me that people are basically good *but I don't think they are.*
      b. *He said/told me/ suggested that people are basically good, but I don't think they are.*

In (23a), it is clear that the speaker is acknowledging the effort of some third party in bringing him to a state of acceptance of a claim, but this is still a case of internal evidence as demonstrated by the fact that it is impossible for the speaker to refute this claim. This contrasts with (23b), where the speaker reports a claim, but holds another person accountable for its truth. Clearly the speaker in this case does not have to buy into the claim since he is able to refute it in the next sentence.

3.3. Epistemic status

The epistemic status of a representation concerns the firmness of the claimant's commitment to it as truthful or accurate. As I will use the term, epistemic does not refer to what is mathematically probable in contrast to what is reasoned in other ways (such data would constitute evidential information from my perspective). Rather, I use the term epistemic status to refer to how firmly a person believes that some claim is true. For example, *likely* may suggest a particular manner of gaining evidence, namely a probability calculation based on other knowledge about a person or situation, but it also denotes a particular epistemic status, or firmness of belief in a proposition that contrasts with *possible* or *certain*. We have evidence for a scalar ordering of representative predicates along the epistemic dimension by observing that certain sequences of representative predicates are viable in one direction, but not the other. For example, *It's possible it's raining, but I don't think so* or *I think it's raining, but I'm not sure* are semantically felicitous, while **I think it's raining but it's not possible*, or **I'm sure it's raining, but I don't think so* are not.

618   *Anne M. Sumnicht*

3.4. Evaluation

Another feature of a representation that may be evoked through linguistic means is the claimant's emotional attitude, or *evaluative stance* towards the represented event. Often this is expressed through the use of adverbial or adjectival expressions as in:

(24)   a. *Happily/as luck would have it, Jill found a job.*
      b. *Unfortunately, we missed our flight.*
      c. *We missed our goddamned flight.*

What is conveyed by these adverbs or adjectives is the speaker's opinion about whether what transpired was good or bad, happy or sad, or evocative of some other emotional state. This is fairly evident in the case of the adverbials in (24a) and (24b), but it also the case for *goddamned* in (24c). Note that it is not the flight itself which is being cursed. Rather, *goddamned* expresses the speaker's emotional state (anger) in reaction to the reported event.

Certain verbs may also be used to convey something of speaker emotion. *Suppose*, for example, in a sentence like (25), when uttered with extra emphasis on *he*, and a bit of a sneer, effectively conveys speaker disdain for the represented event.

(25)   *I suppose **he**'s coming.*

Contrast (25) with *I think he's coming*, which is neutral with respect to speaker attitude or emotional state.

3.5. Situation with respect to prior expectation

Perhaps as a subcategory of the evaluative dimension just discussed, part of the representation may also include how a represented event compares to prior expectations.

(26)   a. *He happened to come.*
      b. *As it turned out, he came.*
      c. *Surprisingly/amazingly/wonder of wonders/against all odds he came.*
      d. *As expected, he came.*

While (26a) and (26b) suggest that the speaker did not have any particular prior expectation about the state of affairs claimed, (26c) and (26d) illustrate language that can be used to convey that the speaker did have some kind of prior expectation that was either violated (26c), or confirmed (26d).

3.6. Accessibility of evidence

A final dimension of representation that I wish to bring up might be called *accessibility of evidence*, since a number of expressions seem to have the function of pointing out that the evidence needed to support some claim is accessible to the hearer. Examples are given in (27).

(27) *It's obvious/apparent/evident that Favre is injured.*

3.7. Summary

I have listed here a number of dimensions that might be considered aspects of a representation. Each of these dimensions characterizes some part of the contextual landscape underlying a representation but it is not necessary that any of this information be expressed. We might think of representations as varying in terms of what aspects of this landscape are highlighted and which are ignored. The bare assertions of (14), for example, might be viewed as the least specified or elaborated kind of representations, while those representations containing lexical IFIs, fill in more of the representational landscape along one or more dimensions.

4. Focus

Both Diessel and Tomasello (D&T 2001) and Thompson (2002) make similar sorts of claims with respect to the way CTPs which convey epistemic or evaluative information are viewed, namely that such CTPs are not in focus in the sentences in which they occur. Recall that D&T split out a class of CTPs which they say are used performatively and which "address a specific aspect of the interaction between interlocutors" and have a much looser conceptual connection to the embedded

620   *Anne M. Sumnicht*

content which directly expresses a represented state of affairs. They thus mark as a category those predicates which by function are substantially similar to what I refer to as lexical IFIs, but which they define in terms of whether or not they are used assertively (that is in focus) in an utterance.

What I have claimed is that the performative CTPs of D&T are essentially the same as what I am calling lexical IFIs. This should be fairly non-contentious given that D&T also speak of their performative CTPs as illocutionary force indicators. What I take slight issue with is the characterization of all such predicates as performative (rather than assertive). In fact, as I will soon show, lexical IFIs may be either focal or non-focal in an utterance and this depends on both lexical and contextual factors.

Thompson also examines CTPs which express the epistemic, evidential or evaluative stance of a speaker towards the contents of the embedded clause. Her claim is that such predicates (again, a group of predicates substantially similar to D&T's performative CTPs or my lexical IFIs) are erroneously referred to as 'main' clause predicates because they are in fact not in focus as used in conversation. She has demonstrated that this is the case through conversational analysis, in which she found that participants in conversations were reacting to the embedded rather than matrix clause content of utterances. For example.

(28)   Joanne: *Yet **he's still healthy**...*
        Lenore: *I don't know **how healthy he is.***   (Thompson 2002)
(29)   (talking about birthday candles)
        Kevin: *I think **they're relightable**.*
        Wendy: ***they are.***   (Thompson 2002)

According to Thompson these conversational snippets indicate behavioral evidence pointing to what is psychologically in focus in an utterance.

While I consider this data important, and trust that it is very often true that epistemic, evidential and evaluative CTPs are non focal in the utterance, I suggest a further refinement. Thompson's corpus also contains cases such as the following in which it does seem to be the matrix clause content that is at issue and being reacted to in the dialog.

(30)   (the following was uttered by a single speaker)
        I don't—
        My- my feeling is,
        I'm trying to,

A new look at negative raising 621

..I think,
..what I wanna do,
is—
..my- my.. point of wanting to push this retreat...

(31) 1ˢᵗ speaker: *I don't think we'll be taking the end tables to*
                         Bulgaria.
       2ⁿᵈ speaker: *..I'm sure we will not.*

In (30), for example, the speaker seems to be struggling to find just the right way to qualify some claim (that he never quite gives voice to in this excerpt). Clearly in the speaker's mind, the CTP in each one of this series of false starts expresses content that creates tension (an unresolved issue), that triggers a reaction (search for a substitute phrase) and therefore must be considered focal. Likewise, (31) provides an attested example of something like example (4), which illustrated the contrastive use of a CTP. Whatever the speaker intended as the focus content of his utterance, it's clear that the hearer took issue with the epistemic status of the proposed state of affairs and reacted to *that* rather than the state of affairs itself, which was conveyed by the embedded clause.

Thus, I argue that lexical IFIs are not necessarily always out of focus in an utterance. In fact, certain generalizations can be made about when a CTP is or is not likely to be in focus and these are examined in the following section.

4.2. Negation and Focus

In information structure theory, a distinction is made between what is topic and what is focus information in a sentence where topics are generally bits of known, background information that provides a frame of reference against which some focus or new information is viewed. Understanding what is in focus in a sentence is often critical for various kinds of interactions. As Koktová (1986) maintains, for example, sentence adverbials (including negation) are seen as applying to only the focus content of a sentence. Vallduví (1990) echoes this idea in saying that negation can have scope over an entire sentence but is felt to apply to only some portion (the focus content) of it.

What I suggest in this work is that bi-clausal representations which contain a lexical IFI in the matrix clause and a claimed state of affairs in

622   *Anne M. Sumnicht*

the embedded clause, create two potential attractors for negation. As D&T observe, the conceptual connection between IFI and claim is loose, and each component has a different role in the sentence. Thus, the meaning imparted by each is potentially negatable to different effect. As I have argued, lexical IFIs may or may not be focal in an utterance, and their tendency to be focal varies in strength according to the information they provide (a synopsis of these claims follows in the next section). My central claim then is that an ND interpretation on negation results when the matrix clause predicate is less focal than the embedded clause content.

There is nothing particularly remarkable about the idea of negation located in one place in a sentence having its effects felt elsewhere. For example in a mono-clausal sentence such as John didn't read Mary's dissertation, negation has to be located on the verb but could apply anywhere else in the sentence, and stress could be used to make it apparent how negation was to be interpreted, as the sentences in (32) demonstrate.

(32)   a.   ***John*** *didn't read Mary's dissertation.*
       b.   *John didn't read **Mary's** dissertation.*
       c.   *John didn't read Mary's **dissertation**.*

In these examples, it is stress that indicates what is in focus in the utterance and therefore the target of negation. In the case of bi-clausal representations, I will suggest other means by which focus can be determined. Some of these rely on stress also (contrastive vs. neutral *think*, for example), and some rely on the relative informativeness of the IFI.

4.3. Factors influencing focality of lexical IFI

In general, an IFI will tend to be focal as it presents information above and beyond what might be considered the default or neutral case. It is easiest to discuss what I mean by this in terms of the different dimensions of representation laid out in section 3. In this section I will point out some of the key means for determining whether or not an IFI will be focal in an utterance.

First of all, in the case of the epistemic dimension, it seems to be the case that when epistemic information is provided by the lexical IFI, it will be focal. This is easiest to see for predicates such as *sure* and *possible* which clearly evoke the scalar nature of epistemic commitment and thus make a particular claim in the epistemic dimension.

A new look at negative raising   623

(33) a. *I'm sure he'll be there.*
   b. *It's possible he'll be there*
   c. *I think he'll be there.*
   d. *I **think** he'll be there.*

(33a), for example, which contains the IFI *sure* conveys a high degree of epistemic commitment to the embedded prediction, *he'll be there*. This represents a departure from the default case, which could be said to be an expression of no particular degree of epistemic commitment to what is being represented. (33b), likewise departs from this default by expressing an especially low level of epistemic commitment. By contrast, (33c) really illustrates the neutral case. Although *think* can be used in the contrastive sense, as it is in (33d), without special intonation, it's not at all clear that any particular level of epistemic commitment is really being claimed. Thus, construal becomes quite important. The more *think* is viewed as having a place on a scale of epistemic commitment, the more attention it commands and the more likely it is to be a target for negation. We've already noted that it is only the neutral sense of *think* that allows ND, and not the contrastive sense. This is exactly what we should expect, however. Contrastive *think*, in essence, is more informative than neutral *think* along the epistemic dimension.

Along the same lines, predicates which express a particular prior expectation for or particular claim about the accessibility of, or particular evaluative stance towards the lower clause content will tend to be focal, while those which remain neutral in these regards will not.

focal
(34) a. *Surprisingly, he didn't win the race.*
   b. *It's obvious he didn't study.*
   c. *I'm glad Carol didn't get sick.*

Non-focal
(35) a. *He happened not to win the race./ It turned out he didn't win the race.*
   b. *He didn't study.*
   c. *Carol didn't get sick.*

Once again, it is the predicates which make particular claims, and thus offer substantial information in the utterance, that do not allow ND inter-

624   *Anne M. Sumnicht*

pretations (see 36a-c) while predicates such as *happen* which are quite neutral with regard to any of the dimensions of representation discussed, do allow ND (see 36d).

(36) a. *Not surprisingly he won the race*
      b. *It's not obvious he studied.*
      c. *I'm not glad Carol got sick.*
      d. *He didn't happen to win the race/ It didn't turn out that he won the race.*

Finally, and importantly, it should be observed that predicates which profile perfective mental or physical processes (Langacker 1987: 254-262), that is, processes which change over time, are always in focus in the utterance. When such predicates are negated, negation always has the effect of canceling or denying the process profiled by the predicate. (37) gives some examples of predicates which can be considered lexical IFIs but which are also perfective. As shown in (38), these do not allow ND.

(37) a. *I was told/ He convinced me/ They said that the movie was worth seeing.*
      b. *I calculated/concluded/decided that he wouldn't be here before dawn.*

(38) a. *I wasn't told/ He didn't convince me/ They didn't say that the movie was worth seeing.*
      b. *I didn't calculate/conclude/decide that he would be here before dawn.*

5. Conclusions

To sum up, what I have proposed is that negative displacement is an interpretation on negation which occurs when the predicate in the upper clause of a bi-clausal representation is non-focal in the utterance. This can happen when the predicate has the role of a lexical illocutionary force indicator (in the D&T sense) in a representative speech act. That is, the predicate must have as its primary semantic role, the elaboration of various sorts of background information related to the relationship between the speaker and the claim he is making. In section 3, I composed a list of several dimensions of representation which indicate some of the types of information provided by lexical IFIs.

I have further suggested that a bi-clausal representation, which contains a lexical IFI in the upper clause, contains two potential attractors for negation, that are in a sense, in competition for attracting negation. Depending on the type of information provided by the IFI, the IFI may have a greater or lesser degree of attentional saliency compared to the embedded, or represented content. Only if the IFI is less focal than the embedded content, will an ND interpretation result.

As a final note, although this work considers ND only within representative contexts, it is my expectation that a similar sort of analysis will eventually be extended to ND in directive speech acts as well.

References

Austin, J.L.
1975   *How to do things with words.* First published Oxford: Clarendon Press. [1962].

Diessel, Holger and Michael Tomasello
2001   The Acquisition of Finite Complement Clauses in English: A Corpus-based Analysis. *Cognitive Linguistics* 12(2): 97-141.

Horn, Lawrence
1979   Remarks on Neg-raising. *Syntax and Semantics. Volume 9. Pragmatics.* Edited by Peter Cole. New York, San Francisco, London: Academic Press.

Koktová, Eva
1986   Remarks on the semantics of sentence adverbials. *Journal of Pragmatics* 10: 27-40.

Langacker, Ronald W.
1987   *Foundations of Cognitive Grammar Volume I.* Stanford, CA: Stanford Press.
1991   *Foundations of Cognitive Grammar Volume II.* Stanford, CA: Stanford Press.

Lakoff, R.
1969   A syntactic argument for negative transportation. *Papers from the fifth regional meeting of the Chicago Linguistic Society.* Edited by Robert I. Binnick, Alice Davison, Georgia M. Green and Jerry L. Morgan.

Perez Hernandez, Lorena
2001   *Illocution and Cognition: A Constructional Approach.* Spain: La Rioja. Universidad de La Rioja Servicio de Publicaciones. Remarks on the semantics of sentence adverbials. *Journal of Pragmatics* 10: 27-40.

626   *Anne M. Sumnicht*

Risselada, Rosalie
   1993   *Imperatives and other directive expressions in Latin A Study in the Pragmatics of a Dead Language*. Amsterdam: J.C. Gieben.

Searle, John R.
   1969   *Speech Acts An Essay in the Philosophy of Language*. Cambridge: Cambridge University Press.
   1976   A Classification of Illocutionary Acts. *Language in Society* 5: 1-23.

Thompson, Sandra A.
   2002   Object Complements and Conversation Towards a Realistic Account. *Studies in language* 26(1): 125-164.

Vallduví, Enric
   1990   Information Structure and the Scope of Sentential Negation. *Proceedings of the Sixteenth Annual Meeting of the Berkeley linguistics Society General Session and parasession on the Legacy of Grice*. Kira hall, Jean-Pierre Koenig, Michael Meacham, Sondra Reinman, and Laurel A. Sutton (eds.), Berkeley Linguistics Society.

Dissimilation in Mösiehualį (Tetelcingo Nahuatl) A Cognitive Grammar perspective

David Tuggy

Abstract

In Mösiehualį obstruents dissimilate to *h* before identical or closely similar non-continuant obstruents (stops and affricates). The details of how this works out are complex, and it is very difficult to describe the alternation for all cases in a single statement of the rule. Stops behave differently from affricates, which behave differently from fricatives. Different speech-style restrictions or permissions apply to different cases. In a positive exception in some people's speech, dissimilation takes place before a fricative. These data are problematical for a theory which assumes that since the same sort of thing is going on in these alternations they must be subsumed in one statement.

Cognitive grammar would analyze this as a family of related generalizations (schemas). Schemas can coexist at different levels, and positing the highest-level generalization does not entail that all its sub-cases are necessarily of equal status, much less that they are excised from the grammar. Differing restrictions or permissions can be stated at the appropriate lower levels. In the positive exception, the highest-level generalization, uncharacteristically, acts productively, adding its sanction to that provided by other, closely-related, subpatterns.

Thus Cognitive grammar leads one to expect, and makes it easy to describe, the kind of structure this dissimilatory process in Mösiehualį exhibits.

Keywords: phonology, Cognitive Grammar, dissimilation, Nahuatl, Mösiehualį, generalization.

1. Introduction

In Mösiehualį obstruents are pronounced *h* before identical or closely similar non-continuant obstruents (stops and affricates).[1] A good many

---

1. Mösiehualį is the variety of Nahuatl spoken in the town of Tetelcingo, Morelos, and in the adjoining *colonias*, Colonia Cuauhtémoc and Colonia Lázaro Cárdenas. It has also been referred to as Tetelcingo Nahuatl and Tetelcingo Aztec. It is noteworthy for having converted the length distinction, so elusive in Nahuatl generally, into an easily

628   *David Tuggy*

alternations conform to this generalization, but the details of how it works out are somewhat complex. In particular it is difficult to describe the alternation for all cases in a single statement of the rule.

2. The data

2.1. Stop dissimilation

Many Mösiehuali̠ verbs of canonical shape ...VCV lose their final V in certain morphological environments, including those exemplified in the last three columns of Tables 1 and 2. Thus the stem *nēsi* 'appear' loses its final *i* in the forms *onēs*, *onēski*, and *nēstika*.[2]

---

perceptible difference of tenseness or diphthongization, as well as for its pervasive systems of honorific marking. The data discussed here were collected by the author during the 1970's. Standard references for Mösiehuali̠ include Brewer and Brewer (1962), Pittman (1954, 1961) and Tuggy (1979a, 1981a, 1981b). Web pages on Mösiehuali̠, including recordings, an explanation of the phonemic system, and a fairly extensive text, are available at www.sil.org/~tuggyd.

Mösiehuali̠ data are represented here in an orthography in which "length" on vowels is represented by the macron and most other symbols are compatible with IPA standards. As is usual for Nahuatl, there are four vowels, *i*, *e*, *a*, and *o*, plus "length", and *o* functions as the high back vowel. "Long" *ī* is pronounced [i], *i* is [ɪ]. The other "short" vowels are pronounced as in Spanish (or IPA); *ē* is ['e], *ā* is [ɔ^a], and *ō* is [u]. The language name, if written in this orthography, would be Māsēwali. The complex obstruents t^s, t^ʃ, t^l, and k^w are all phonemic units, and the first three are completely voiceless. w is pronounced as a labial fricative ([β] or [ɸ]) when it precedes front vowels, and it (and other resonants) devoice syllable-finally or following a voiceless segment. The "saltillo" *h* is [h] in Tetelcingo rather than [ʔ] as in Classical Nahuatl; as usual in Nahuatl it is restricted to syllable-final position except in a few reduplicated forms and in loan words. Nasals, *w* and *h* disappear (are deleted) word-finally. The symbol ʃ is used instead of the Americanist *š* or the traditional *x*. The maximal permitted syllable pattern is CVC, with CV the preferred syllable. Stress is uniformly penultimate. Voiced stops and certain other sounds generally occur only in loan words.

2. The prefix *k-/ki-* marks a third person singular object, which for convenience is glossed 'him' when human, 'it' otherwise. Third person singular subject (marked with a zero prefix) is similarly glossed 'he'. 'You' means second person singular unless otherwise indicated. The prefix *o-* is somewhat optional on past tense verbs; it is required on otherwise monosyllabic forms (and stressed, of course, in that case), required or strongly expected on short verbs, and often omitted on longer ones (thus *onēs*/ **nēs* 'he appeared' *okitē* / **kitē* 'he prepared him a steam-bath', but !*okitēnki* / *kitēnki* 'they fixed him a steam bath', either *kimatki* or *okimatki* 'they realized/learned

Table 1.

	he __s	he __ed	they __ed	he is __ing
appear	*nẽsi*	*onẽs*	*onẽski*	*nẽstika*
know it	*kimati*	*okimat*	*okimatki*	*kimahtika*
cut it	*kiteki*	*okitek*	*okitehki*	*kitektika*

The stem *mati* 'know (something)' similarly loses its final *i* to produce the truncated form *mat* in the forms *okimat* and *okimatki*. The stem in *kimahtika* is the same except that there is an *h* in the position where the final *t* would have been expected. This is the case, of course, where the following consonant is a *t*. I.e., we should have expected *kimattika, but *kimahtika* is pronounced instead. Similarly, *teki* 'cut' loses its final *i*, and the expected form *tek* shows up in *okitek* and *kitektika*, but in the form meaning 'they cut it', where *okitekki would be expected, *okitehki* is pronounced instead.

The pattern is clear in these cases: a stop is pronounced *h* when it is followed by an identical stop. I will call this general pattern Dissimilation. At least this part of the pattern is completely general in Mösiehualị: you never find a *tt* or *kk* combination, and every place where you would expect one from the shapes of combined morphemes, you get *ht* or *hk*.[3]

The other stop in Mösiehualị is *p*, but there are no cases that I know of where a morpheme ending in *p* immediately precedes one beginning in *p*. We might suppose that the combination *pp* would produce *hp*, and indeed the word 'once, immediately', which in Classical Nahuatl and some other dialects is *seppa* or *sappa*, is *sahpa* in Mösiehualị.[4] However, there is another pattern that interferes here, which shows up in the following data.

---

it', and *mokʃipahpãkak* / *??omokʃipahpãkak* 'he washed his (own) feet.' Honorific status is glossed by H after the designation of the honored person, and morpheme-by-morpheme glosses are given in square brackets.

3. The stem 'see' in Classical Nahuatl was *itta*; in Mösiehualị it is *ihta*. This indicates a historical application of the process, but there is no synchronic evidence in Mösiehualị for this being *itta.

4. The example is not a clear one; there is nothing in Mösiehualị to indicate that the first morpheme of *sahpa* would be *sap—the form is best thought of as an irregular combination of *sẽ/sen* 'one' (a morpheme which shows other irregularities as well) with *–pa* 'times'. (Cf. footnote 3.)

630   *David Tuggy*

Table 2

	he __s	he __ed	they __ed	he is __ing
turn it over	*kikʷepa*	*okikʷek*	*okikʷehki*	*kikʷektika*

The verb stem *kʷepa* loses its final vowel by truncation in the same forms that we had seen for *mati* and *teki* in Table 1. One would expect the form *kʷep* to appear as a result, but instead, in the forms 'he turned it over' and 'he is turning it over' the form *kʷek* appears instead. This pattern is general: syllable-final *p*'s do not occur, and in clear cases such as these where one would be expected, you get a *k* instead.[5] In the form 'they turned it over', following this rule, we should expect **okikʷekki*, the form is pronounced *okikʷehki*. This exception is of course motivated by the Dissimilation pattern, which stipulates that every time you expect *kk* you will get *hk*.[6] Thus these data confirm Dissimilation again, in a somewhat surprising way.

Stops dissimilate not only before identical stops, but also before a complex affricated or labialized stop at the same point of articulation. This can be seen in the data in Tables 3 and 4.

Table 3

	he __s	he __ed	they __ed	he is __ing	you H __ yourself
know self	*mīʃmati*	*omīʃmat*	*omīʃmatki*	*mīʃmahtika*	*timīʃmahtˢ īnowa*
cut self	*moteki*	*omotek*	*omotehki*	*motektika*	*tomotektˢ īnowa*

The stem *īʃmati* 'know (someone), be acquainted with (someone or something)' is built on *mati* 'know (something)', so the first four forms

---

5. Many Spanish speakers in different parts of Latin America pronounce the word *Pepsi(-Cola)* as *peksi*, so I tend to think of this pattern as the "Peksi-Cola rule".
6. In traditional terminology, the Peksi-Cola rule *feeds* Dissimilation. Both rules are, of course, fed by the truncation rule. I will not be discussing in this paper how "rule-ordering" should be handled under CG, though the idea can be gleaned from the relationships of the particular cases of the stem Truncation rule (Figure 8) and those of Dissimilation in Figures 6 and 7.

   It would be interesting to find a clear case of a basic *pp* sequence, but I have little or no hope of it. I would expect that it would surface as *kp*, by the Peksi rule *bleeding* Dissimilation, but of course if Dissimilation is given priority it would be *hp*.

Dissimilation in Mösiehuali   631

listed are much the same as those in Table 1, the differences being the substitution of *mo-/m-* 'self' for *k-/ki-* 'him, her, it' and the addition of *ī̵-* 'eye, face'.[7] The honorific reflexive suffix *-tˢīnowa* is another of the suffixes which condition the use of the truncated form of the verb stem, and here, where we should expect *timī̵ʃmattˢīnowa, the form is pronounced with *htˢ* instead of *ttˢ*. This of course makes sense: phonetically at least *tˢ* begins with the same stop sound as *t*, so it is no surprise that, as far as dissimilation is concerned, *ttˢ* counts the same as *tt*.

I would expect the same pattern to show up with *ttʃ* and *ttˡ* combinations, but I do not have data to show that it in fact does so. (Syllable-final *t*'s are hard to come by, except in truncated forms like *(ī̵)mat*, and none of the verb suffixes that condition truncation begin with *tʃ* or *tˡ*.)

The data in Table 4 show a similar pattern for *k* and *kʷ*: the prefix combination which means 'you subject, he/she/it object', is normally *ti-k-* when it precedes a stem beginning in V or CV. But where this would lead you to expect *kkʷ, as in the form meaning 'you like him/it', you get *hkʷ* instead. Clearly, as *tˢ* functioned to condition the dissimilation of *t*, *kʷ* does it for *k*.

The dissimilation of *kk to *hk* is again confirmed in the form *tihkowiya* 'you buy it for him/her'

Table 4

	you __ him/it	he __s you	he __s me
want/love	*tikneki*	*mitˢneki*	*nǣtʃneki*
buy (it) for	*tihkowiya*	*mitˢkowia*	*nǣtʃkowia*
like[8]	*tihkʷalihta*	*mitˢkʷalihta*	*nǣtʃkʷalihta*

2.2. Affricate dissimilation

In the last two columns of Table 4 the prefixes *mitˢ-* 'you sg. object' and *nǣtʃ-* 'me' are exemplified. The final affricates of these prefixes also dissimilate under certain conditions, as exemplified in Table 5.

---

7. *ī̵-mati* [eye/face-know] may mean either 'know by eye', or 'know the face of'.
8. *kʷalihta* is [*kʷal-ihta*] 'good-see'.

632   *David Tuggy*

Table 5

	you __ him/it	he __s you	he __s me
kick	*tikteriksa*	*mitˢteriksa*	*nēᵗteriksa*
invite	*tiktˡalwiya*	*mitˢtˡalwiya*	*nēᵗˡalwiya*
do (it) to	*tiktˡīwiliya*	*mihtˡīwiliya*	*nēhtˡīwiliya*
shout to	*tiktˢahtˢiliya*	*mihtˢahtˢiliya*	*nēhtˢahtˢiliya*

Clearly the affricates *tˢ* and *tˡ* dissimilate before each other, but not before *t* or *tˡ*. Expected **tˢtˢ* and **tˡtˢ* both become *htˢ* in the forms *mihtˢahtˢiliya* and *nēhtˢahtˢiliya*, and expected **tˢtˡ* and **tˡtˡ* both become *htˡ* in the forms *mihtˡīwiliya* and *nēhtˡīwiliya*

Unfortunately, I do not have any forms with *tˡ* preceding *t*, *tˡ*, *tˢ*, or *tˡ*,[9] so I do not know how *tˡ* would behave in those environments.

One might also wonder how the remaining complex consonant, the labialized *kʷ*, would behave. Here the evidence is clear: like *p*, *kʷ* is pronounced *k* in syllable-final position, except when it precedes a *k*, in which case, as Dissimilation would predict, the cluster is pronounced *hk*. (Presumably **kʷ kʷ* would be pronounced *hkʷ* as well.) These facts are illustrated in Table 6.

Table 6

	shut self in
he __s	*motˢahtˢakʷa*
he __ed	*motˢahtˢak*
they __ed	*motˢahtˢahki*
he is __ing	*motˢahtˢaktika*
you H __	*tomotˢahtˢaktˢīnowa*

2.3. Fricative dissimilation

As the examples in Table 7 indicate, the sibilant affricates *tˢ* and *tˡ* do not change before the sibilant fricatives *s* and *ʃ*.

---

9. From a historical perspective this is not terribly surprising: *tˡ* arose from proto **t* / __ **a*, and only appears syllable finally where a historically occurring vowel (almost always *a*) was deleted. There are not many such cases.

Dissimilation in Mösiehuali̱ 633

Table 7

	you __ him/it	he __s you	he __s me
bear	*tikʃîkowa*	*mitˢʃîkowa*	*nǣtˡʃîkowa*
receive	*tikseliya*	*mitˢseliya*	*nǣtˡseliya*

However, as the following data indicate, the converse is not true. *s* changes to *h* before *tˢ* in such forms as *momihtˢī* 'your H cat' (Table 8) or *tētlanekilihtˢī* 'his HH will' (Table 9), and *ʃ* does so before *tˡ* in *îhtˡn̄ˡîltik* 'reddish' and *îhtˡikāwak* 'somewhat strong' (Table 10).

Table 8

	your __	your H __
sandal	*mokak*	*mokaktˢī*
cat	*momis*	*momihtˢī*
dough	*moteʃ*	*moteʃtˢī*

Table 9

his H will	*tētlanekilis*[10]
his HH will	*tētlanekilihtˢī*
he does it	*kitˡīwa*
he does his H will	*tētlanekilistˢīwa*

---

10. The stem *tla-neki-lis* is [unspecified.object-want-nominalizer]. One degree of honorific status is expressed by the possessive *tē-* 'his H', and another degree is added by the honorific suffix *-tˢī* (which appears in Table 8 on second person honorific possessive forms, and also is a component of the honorific reflexive suffix *–tˢīnowa* which we have seen repeatedly starting with Table 3.)

634   *David Tuggy*

Table 10

	(adjective)	(adjective)-ish
gray	*neʃtik*[11]	*īʃneʃtik*[12]
red	*tʲīˡtɬtik*	*īhtʲīˡtɬtik*
strong	*tˡikâwak*	*īhtˡikâwak*
green	*ʃoʃoktik*	*īʃʃoʃoktik*
soft	*selik*	*īʃselik*
black	*tlīltik*	*īʃtlīltik*

However, as the data also indicate, those are the only places where these changes take place. *s* is not pronounced *h* before *tˡ* (*tētlanekilistˡīwa* in Table 9), nor does *ʃ* before *tˢ* (*moteʃtˢī* in Table 8), and *ʃ* does not change when a sibilant fricative rather than an affricate follows (*īʃʃoʃoktik* and *īʃselik* in Table 10).[13]

Neither *s* nor *ʃ* changes before *t* or *tl*. We have already seen this in the forms *nēstika* from Table 1, and *neʃtik* and *īʃtlīltik* from Table 10; the *stˡ* combination shows up unambiguously in words such as *sekʷistˡi* (*sekʷi-s-tˡi* [be.cold-nominalizer-absolutive]) 'volcano, Popocatépetl'.

2.4. Optionality and differences related to speech styles

The data patterns as described hold for a normal, careful speech style. However, in other speech styles things get a bit mushy.

In a very, perhaps exaggeratedly, careful speech style, some speakers suppress the dissimilation of affricates and fricatives. Cases where the

---

11. *neʃ-tik* is [ash-adj]. *tʲī-tʲīl-tik* is [reduplication-chile-adj] 'chile-colored'. *tlīl-tik* is [soot-adj]. *ʃoʃoktik* is also complex, with the root *ʃo-* having something to do with greenness or unripeness, but the pieces are more difficult to identify with certainty. *tˡikâwak* and *selik* are also complex.

12. The prefix *īʃ-* means 'eye/face', and may in this usage be thought of as meaning 'gray to the eye' or 'superficially (on the face of it) gray'. Some of these forms also can mean things like 'gray-faced' or 'red-faced'. In any case, *īʃ-* is productively used with adjectives to designate a mitigated or lessened degree of the quality named. Its phonological similarity to the English suffix *–ish* is purely coincidental.

13. I do not have collected, as opposed to constructed, examples of *s* before *s* or *ʃ*. But the forms *tētlanekilisselia* 'he accepts his H will' and *tēkualanilisxīkowa* 'he bears his H anger' indicate that the same pattern would hold of *s*: it does not change before either *s* or *ʃ*.

Dissimilation in Mösiehuali̱ 635

first consonant is a fricative are most commonly suppressible, with cases of ʃ more so than cases of *s*; those where it is an affricate are less so, and those where it is a stop are not at all: stops always dissimilate. Thus *īhtʃīᵗʃīltik* (Table 10) can, in very careful speech, be pronounced *īʃtʃīᵗʃīltik*, and *momihtˢī* (Table 8) can, though it is less likely to, be pronounced *momistˢī*, with somewhat more difficulty *nēhtˢahtˢiliya* or *mihtˢahtˢiliya* (Table 5) can be *nētˢtˢahtˢiliya* or *mitˢtˢahtˢiliya*, but it is quite impossible for *kimahtika* or *(o)kitehki* (Table 1) to be pronounced *kimattika* or *(o)kitekki*. The distinction makes sense in that homorganic fricative-affricate or affricate-affricate combinations are easier to pronounce un-ambiguously than stop-stop or stop-affricate combinations: with the stops you are faced with a choice whether to use length, release between the stops, or just swallow up the first stop. (Different dialects of Nahuatl use all of these tactics.) The standard patterns of Mösiehuali̱ do not tell speakers how to do this.

Cases where the first consonant is a fricative are most commonly suppressible, with cases of ʃ more so than cases of *s*; those where it is an affricate are less so, and those where it is a stop are not at all. This indicates that separate specifications of obligatoriness need to be included for the different sub-cases of the rule.

In fast speech an ʃ before *tˢ* may be dissimilated: thus *moteʃtˢī* 'your H dough' (Table 8) may be pronounced *motehtˢī*, though the latter part of the *h* is likely to be assibilated so as to nearly be an ʃ.

In even reasonably fast speech the *h* in the combination *īhtʃ* may be so palatalized that it is virtually an ʃ. Thus e.g. *īhtʃīᵗʃīltik* or *īhtʃikāwak* from Table 10 can be pronounced nearly (if not entirely) *īʃtʃīᵗʃīltik* or *īʃtʃikāwak*. This I take not to be a suppression of Dissimilation, but an assimilatory process conditioned by the surrounding [+high] environment, that partially if not completely undoes the effect of Dissimilation. Essentially, the tongue blade is not lowered after the *ī* during the pronunciation of *h* and then raised again for the ʃ release of *tʃ*; it remains near the palate and begins to anticipate the "grooved" shape of the ʃ, so that the *h* takes on the articulatory and phonetic characteristics of an ʃ.

There is some degree of variation regarding these rules within the community. In particular, the issues discussed in the last few paragraphs regarding speech styles mean that some people (for whom more careful speech is normal) will talk a bit differently than others (who in the same sort of situation will talk less carefully or more quickly).

636   *David Tuggy*

2.5   *A positive exception*

For some speakers a rather surprising case of dissimilation turns up. The combination $t^s\!\int$ is pronounced $h\!\int$. This is documented in the texts in Brewer and Brewer 1968, where the word *timijxicoa*, which would be *timih∫īkowa* in our orthography, means 'I/we put up with you'. It occurred with that spelling 8 times in one text and once in another. This is clearly *ti-mit^s-∫īkowa* [we/I-you-bear]. This is an extension of Dissimilation beyond anything discussed above, to operation before fricatives. Yet other native speakers of Mösiehuali rejected such a pronunciation at least for careful speech.

This constitutes a "positive exception"; not a case where the rule was supposed to apply but didn't, but rather a case where the rule should not apply but apparently does so anyway. Positive exceptions are more serious than negative exceptions, indicating that a rule is not general enough. Marginal as this pronunciation is, it may be seen as bearing heavily on the analysis. If the rule is relaxed enough to allow this exception, it would be very hard, if not impossible, to do this without predicting many other cases which are clearly wrong. For instance, one would likely predict that *nēt^{l}seliya* (Table 7) should be pronounceable as *nēhseliya*, which it is not, or that *ts* or *t∫* sequences should become *hs* and *h∫*, which they do not.

3. One rule, or many?

It seems intuitively clear that, in some sense at least, the same thing is happening in all these cases. In each case an obstruent is becoming *h* before a similar obstruent which is or contains a stop (i.e. the conditioning obstruent must be [-continuant]: you do not get an *h* arising from this process before the fricatives *s* or *∫*.)

On the other hand, the different subcases of the generalization behave differently in crucial ways. *t* dissimilates before either *t* or *t^s* (and quite certainly would before *t^l* and *t^l* if the case came up); *t^s* and *t^l*, however, dissimilate before themselves or each other but not before *t*. *s* dissimilates before *t^s*, but not before *t^l* or *t*, and similarly *∫* dissimilates before *t^l*, but not before *t^s* or *t* or *t^l*. Furthermore, the dissimilation is obligatory for stops, but somewhat suppressible in very careful speech for affricates, and more so for the fricatives.

If one attempts to formulate the rule in the classical tradition of generative grammar one comes up with a monstrosity of a rule such as the following:[14]

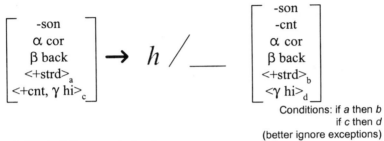

Figure 1. Dissimilation as a single rule

The rule says that an obstruent ([-son], the "candidate segment") will become h when it precedes a non-continuant obstruent (the "environmental segment"), under the following conditions: (1) The two obstruents must agree in coronality ([α cor]) and velarity [β back][15]. (2) If the candidate segment is strident, then the environmental segment must also be strident, and (3) If the candidate segment is a continuant (not a stop or an affricate) then the two segments must agree in palatality ([γ hi]).

This much complexity is necessary in order to accommodate the clear, careful speech cases. And the formulation does not make it easy to express the differences with regard to speech styles, which apply differently in the different sub-cases. Much less does it allow for the positive exception noted in section 2.5 .

We are faced, then, with a dilemma. (a) We can opt for one rule with the unhealthy and awkward complexities noted, or (b) We can separate the rule into subrules, one for stops, one for affricates, and one for fricatives, for instance. This buys us the ability to state relatively easily for each subcase the optionality facts, and allows us to avoid the theoreti-

---

14. Adapted from Tuggy (1979b), where it was discussed in connection with the angle-bracket notation. The feature [strd] must be held to characterize s, $\int$, t^s, and $t^\int$, but not t^j, for these rules to work as written. Yet by some definitions t^j is strident. Perhaps the feature should be [+sibilant], or a combination of [+delayed release, -lateral]. Such quibbles about the definitions of features are somewhat beside the point here.
15. Labiality [β lab] would have done as well. The point is to keep k from becoming h before p (*ikpak* 'on top of it' cannot be pronounced **ihpak*.)

638　*David Tuggy*

cally ugly angle brackets. These rules are first given with lists of phonemes, and then in the feature-based notation that would be the basis for
generalizing to something like the rule in Figure 1. In Figure 2.a the
unattested environmental segments are parenthesized: the feature-based
version predicts that they would condition Dissimilation.

a. $\begin{bmatrix} t \\ k \\ p \end{bmatrix} \rightarrow h / \_\_ \begin{bmatrix} (t^f, t^t) \\ t, t^s \\ k, k^w \\ (p) \end{bmatrix}$
　　b. $\begin{bmatrix} -son \\ -strd \\ \alpha\ cor \\ \beta\ back \end{bmatrix} \rightarrow h / \_\_ \begin{bmatrix} -son \\ -cnt \\ \alpha\ cor \\ \beta\ back \end{bmatrix}$

Figure 2. Stop Dissimilation

a. $\begin{bmatrix} t^s \\ t^f \end{bmatrix} \rightarrow h / \_\_ \begin{Bmatrix} t^s \\ t^f \end{Bmatrix}$
　　b. $\begin{bmatrix} -son \\ -cnt \\ +strd \\ (\alpha\ cor) \\ (\beta\ back) \end{bmatrix} \rightarrow h / \_\_ \begin{bmatrix} -son \\ -cnt \\ +strd \\ (\alpha\ cor) \\ (\beta\ back) \end{bmatrix}$

Condition: suppressible in
very careful speech

Figure 3. Affricate Dissimilation

a. $\begin{bmatrix} s \\ f \end{bmatrix} \rightarrow h / \_\_ \begin{bmatrix} t^s \\ t^f \end{bmatrix}$
　　b. $\begin{bmatrix} -son \\ +cnt \\ (+strd) \\ (\alpha\ cor) \\ (\beta\ back) \\ \gamma\ hi \end{bmatrix} \rightarrow h / \_\_ \begin{bmatrix} -son \\ -cnt \\ +strd \\ (\alpha\ cor) \\ (\beta\ back) \\ \gamma\ hi \end{bmatrix}$

Conditions: suppressible in careful speech
If [+hi], more easily suppressible
[γ hi] condition may not hold in fast speech

Figure 4. Fricative Dissimilation

One might also (and might as well) make a rule to describe the positive
exception noted in 2.5 . This is given in Figure 5:

a. $t^s \rightarrow h / \_\_ \int$
　　b. $\begin{bmatrix} -son \\ -cnt \\ +strd \\ (\alpha\ cor) \\ (\beta\ back) \\ - hi \end{bmatrix} \rightarrow h / \_\_ \begin{bmatrix} -son \\ +cnt \\ +strd \\ (\alpha\ cor) \\ (\beta\ back) \\ + hi \end{bmatrix}$

Condition: Not allowed by all speakers.

Figure 5. t^s-Dissimilation before ∫

Dissimilation in Mösiehualï   639

In the b. versions of these rules, I have put between parentheses feature specifications that would not have to be written, given the inventory of phonemic segments in Mösiehualï, but which will hold true. There are no non-coronal stridents and no fricatives other than *s* and *ʃ* (unless you count *h*), so once you specify stridency you can ignore coronality and velarity, and if you have a fricative you can count on it being strident.

But leaving those features emphasizes the similarity, which translates in this model into the high degree of redundancy, among the rules. As was often noted, in the tradition of generative grammar such redundancy is a sign that a generalization is being lost. By stating the rule in three or four places instead of one, you lack any clear statement that the same basic thing is going on in all these cases.

It is one of those cases where it would be nice to have your cake and to eat it too.

4. A Cognitive grammar perspective

Cognitive grammar (CG) says no one can deny you the right to have your cake and eat it too, at least in this kind of scenario.

The problem in the reasoning above is simply "the assumption, on grounds of simplicity, that particular statements (i.e. lists) must be excised from the grammar of a language if general statements (i.e. rules) that subsume them can be established. [...]". This assumption Langacker has labeled the rule/list fallacy (1987:29).

> It is fallacious because it assumes that one is forced to choose between rules and lists: the options are posed as **rules alone** vs. **lists alone**. ... There is in reality a third choice, however, namely **both rules and lists**. ... General statements and particular statements can perfectly well coexist in the cognitive representation of linguistic phenomena, just as we learn certain products by rote in addition to mastering general procedures for multiplication. To the extent that this is so, an accurate linguistic description claiming psychological reality must contain both rules expressing generalizations and specific forms learned as fixed units, even if the specific forms accord fully with the rules. When the principle of economy is appropriately applied to linguistics, simplicity cannot be sought at the expense of factuality, nor can brevity be equated with the capturing of significant generalizations.
>
> Because [CG] rejects the rule/list fallacy ..., the ability to predict exactly which forms a rule applies to is not seen as an overriding concern; the grammar specifies a rule's range of applicability directly and explicitly, by listing estab-

640   *David Tuggy*

lished expressions (even if regular) together with whatever generalizations they
support (i.e. patterns and subpatterns described at different levels of abstraction.

Langacker 1987:42, 50

So, for CG, the answer to the dilemma posed in the last section is to keep
all five rules and then some. The data support the general Dissimilation
pattern and the particular subpatterns for stops, affricates, and fricatives,
so we posit them all. In fact, for CG, we would include many particular
words or standard combinations of morphemes in which the patterns
show up. As long as the particular words, morpheme combinations, patterns and subpatterns are in fact standard, entrenched in speakers' minds
and conventionalized through usage, they coexist with each other.

The result is a vast interlocking network of particular lexical items
(which on the CG view are themselves generalizations, patterns extracted
from particular usage events), related to each other via more abstract
patterns corresponding to sub-rules at different levels, up to the level
which we might recognize as a rule in traditional terms. The exact inventory of such structures that are entrenched may differ from one speaker
to the other, but the redundancy built into the network is one of the
mechanisms that mean that slight differences of that sort need not matter
very much.

The remainder of this paper consists in a brief examination of a few
representative structures from this interlocking network.

4.1. Lexical items and standard morphemic collocations

A good many of the words where the effects of Dissimilation are seen
are probably mastered by virtually all Mösiehuali̱ speakers, and many
others are probably mastered by most. (*o*)*kitehki* 'they cut it', for instance, I would suppose to be mastered by nearly all, and *kimahtika* by
the great majority (Table 1). For a speaker for whom they are both
established, we would posit configurations like those in Figure 6.

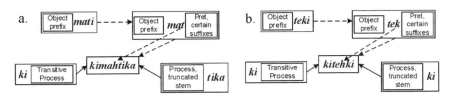

Figure 6

For a form to be analyzable means, in CG, that different aspects of its structure are *sanctioned* or *categorized* by other, independently existing structures. Sanction is of two types. Direct sanction, in which the expectations embodied in the sanctioning structure (the *schema*) are all fulfilled in the target structure, is represented by a solid-line arrow from the schema to the target. In Figure 6.a the word *kimahtika* is represented as sanctioned directly by *ki-* and *-tika*. In partial sanction there are conflicting specifications between the schema and the target. The canonically-shaped stem *mati* sanctions the truncated form *mat*, but their specifications conflict, so it is only partial sanction. Similarly the truncated *mat* sanctions *kimahtika*, but only partially, since the *t* and the *h* are different. The same sort of thing happens in 6.b: *kitehki* is sanctioned directly by *ki-* and *-ki*, but only partially by *tek*, which in turn is sanctioned only partially by *teki*. Note in particular that the partialness of the sanction relationships between *mat* and *kimahtika*, and *tek* and *kitehki*, lies in a relationship between the final stop in the one form and the *h* in the other; a second arrow of partial schematicity is drawn to draw attention to this fact. (All these relationships of full or partial schematicity are summaries over a set of smaller-scale correspondences and comparisons.)

The set of a structure's sanctioning schemas constitutes its *structural description* (Langacker 1987:393, 428-433). "To say that [A] and [B] are component structures with respect to [C] is equivalent ... to saying that [A] and [B] are invoked to categorize certain facets of [C]." (1987:466).

Although we have discussed two full words, it is probably even more true that standard collocations of morphemes within those words are likely to be entrenched in all speakers' minds. Thus probably most speakers have *kimahtika* entrenched in their minds, but even more certainly they have *mahtika* entrenched. Sanctioning relationships from *mat* and *-tika* would enter into (and largely constitute) its structural description, and it itself would directly sanction *kimahtika*. Similarly *tehki* is sanctioned by *tek* and *ki*, and sanctions *kitehki*. This is represented in Figure 7.a

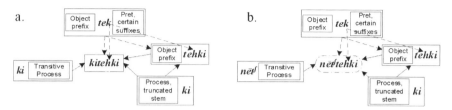

Figure 7

The redundancy of this arrangement is clear, and the concomitant robustness of it is noteworthy (the structure is strong even if not all the pieces are activated): but to the extent that all these pieces and their relationships are in fact learned by speakers of Mösiehuali̱, they should be in the grammar (/lexicon) of the language.

The same sort of arrangement accounts for productive usages as well. Supposing (as may well be the case) that *nēʼ/tehki* 'they cut me' is not a common enough word to have been mastered in its own right, the sanction it receives from the complex of established structures, including *nēʼ-* 'me' and *tek, tehki*, and *-ki*, guarantees its understandability and well-formedness. This is diagrammed in 7.b; the novel status of *nēʼ/tehki* is represented by the interrupted line and rounded corners of the box enclosing it.

4.2. Two rules: Truncation and nascent Dissimilation

As more forms are factored in, in which the same sort of difference obtains between a schema and a target structure, a higher-level (more abstract) schema may be extracted to sanction the difference. Figure 8 shows such a schema sanctioning the difference between a non-truncated and a truncated stem. The *mati - - → mat* and *teki - - → tek* structures are abbreviations of those already presented in Figure 6; the pattern CVCV - - → CVC is at the same time (a) a generalization extracted from them, (b) the cognitive record of their commonality, and (c) a sanctioning structure, a pattern placing these particular deformations and similar deformations of other stems within the pale of what is expected (systemically motivated) in Mösiehuali̱. This is the CG equivalent of a rule truncating verb stems. The existence of the schema in speakers' minds does not preclude the particular forms (*mat, tek*, etc.) being mastered in their own right, rather it records or embodies the fact of their systemic motivation. And, as the sanctioning arrow from the schema to the dotted-line, rounded-cornered box labeled "etc." indicates, the schema can be used (at least potentially) to sanction truncation in new as well as established cases.[16]

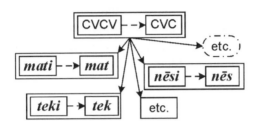

Figure 8

Figure 9 shows schemas extracted in the same manner from the cases of partial sanction of truncated stems pronounced with a final *h*. These schemas are the equivalents of rules $t \dashrightarrow h / \_\_ t$ (9.a) and $k \dashrightarrow h / \_\_ k$ (9.b).

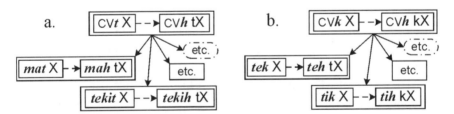

Figure 9

Note that by writing $t \dashrightarrow h$ and $k \dashrightarrow h$ I have made a sort of hybrid between the CG notation and the classical generative phonology notation. This was purposeful: the CG explanation, I believe, gives the proper way to interpret the relationship between the "underlying" or "input" form and the "output" form in generative phonology in such cases as these.[17] It is

---

16. Most newly coined verbs that I knew of were in a different class which did not suffer this truncation rule.
17. By saying "the proper way" I do not mean "the only proper way". In particular, any time there is a relationship from A to B, particularly one of partial schematicity, one should consider whether the converse relationship from B to A might not be equally

644   *David Tuggy*

not a relationship of production, as the input/output metaphor implies, such that the output *h* is totally dependent on the input *t* or *k* for its existence. Rather it is one of extension (=partial schematicity): the *h* is seen as an environmentally conditioned variant, a kind of warped or deformed *t* or *k* which appears in a particular kind of surroundings. Many rules from generative phonology continue to be useful under CG if understood in this way. I find this reassuring: the CG model is telling me that generative phonology was far from completely wrong, and I have come to consider it a criterion for truth in a model, that it tells me what was right, as well as what was wrong, about the models it supersedes.

4.3   Higher-level Dissimilation schemas

This process of abstraction can go on for several levels higher. Figure 10.a is an abbreviation for the topmost schema of 9.a, and similarly 10.b for the topmost schema of 9.b. A similar schema for t - - $\rightarrow h$ / __ t^s is represented in 10.c; like 9.a = 10.a it is a generalization from particular cases of alternation which are not represented in the diagram. 10.c is perhaps subsumed under the higher-order schema in which t dissimilates before delayed-release coronals. This schema may perhaps sanction rules t - - $\rightarrow h$ / __ t^l, and / __ t^l, but those rules are only putative or hypothetical; there are no specific forms from which directly instantiate them. In any case, 10.c, together with 10.a, is subsumed under the schema 10.d, a rule of t-Dissimilation. 10.d in turn, together with 10.e, the k-Dissimilation rule, is subsumed under 10.g, which is the Stop Dissimilation rule, equivalent to Figure 2.[18]

---

    or more important generally or for some specific purposes. Thus the same alternation might simultaneously support an epenthetic analysis by taking the forms without a segment as standard and those with it as target, or a deletion analysis by taking the forms with the segment as standard and those without it as target. This point is illustrative, but the illustration has a special application to Mösiehuali̱ in particular (Tuggy 1981b, 1997).

18. "S" 'stop' in this diagram is, like "C" 'consonant' or "V" 'vowel', an abbreviation for a more substantive characterization which for brevity and convenience' sake we won't go into here. The same goes for "F" 'fricative' and "O" 'obstruent' in Figure 11. "X" has its traditional meaning: 'something (unspecified)'.

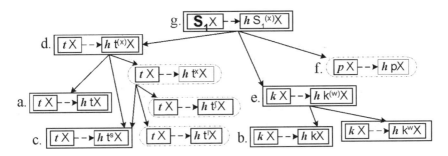

Figure 10

10.g would also sanction a rule $p \dashrightarrow h / \_\_ p$ (10.f), but again this is only a putative or hypothetical rule: there are no data which would allow for it to be already established in people's minds.

In the same way, the affricate dissimilation rule 11.h (= Figure 3) is extracted from lower-level $t^s \dashrightarrow h$ and $t^ʃ \dashrightarrow h$ rules which themselves are schemas extracted from more specific examples, and thus also the fricative dissimilation rule 11.i (= Figure 4).

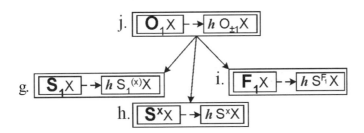

Figure 11

11.g (= 10.g), 11.h and 11.i are in turn subsumed under a yet higher-level schema, 11.j, which is the equivalent of the single Dissimilation rule of Figure 1.

Figure 11, then, represents, for the clearly established cases, the CG answer to the questions posed in Section 3. It is not a matter of either 11.i or 11.g-i, but "all of the above". But Figure 11 is built on lower sub-generalizations such as those in Figure 10, and they in turn are built on yet lower sub-generalizations and actual forms such as those in Figure 9.

4.4. Higher-level schemas need not be the whole story

What happens to all the angle brackets and awkward specifications? Essentially they disappear. That is, they are specified at the appropriate lower levels, which means that they do not need to be stated in their entirety at every higher level. 11.j can safely content itself with saying "an obstruent is pronounced *h* before a similar obstruent", because the lower levels of the system specify exactly which obstruents, what counts as appropriate similarity in each case, and so forth. It is typically not the case that such higher-level schemas as 11.j will be the most active in sanctioning of any new forms; rather those new forms will conform to the specifications of the more specific schemas that sanction them more completely.[19] And as long as the repetition of already established forms is at issue, well, their specifications are already fully specified.

But nothing prevents 11.j from being used to sanction something outside of the range of its lower-level subschemas. Such a case is that of the positive exception mentioned in Section 2.5, in which some people pronounce *tˢ* as *h* before *ʃ*. At the time of this innovation, something like the configuration of Figure 12 would have been present in the innovators' minds.

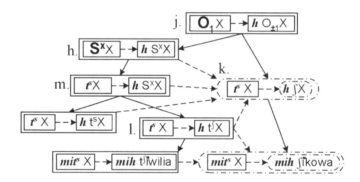

Figure 12

---

19. Langacker (1987:431-433) advances the claim (thoroughly natural given other of CG's basic tenets) that "low level schemas generally predominate...greater specificity (finer 'grain') enables a routine [= structure] to articulate with the target in many more points of detail, each contributing to its level of activation when the specifications match."

12.j (= 11.j) directly sanctions the novel (not-yet-established) schema t^s - - → h / __ $\int$ (12.k = Figure 5), which in turn sanctions the novel specific form *mihʃīkowa*, just as the established schema t^s - - → h / __ t^j (12.l) sanctions the established specific form *mihtʲīwilia*. 12.k also receives partial sanction from its neighbors, most strongly 12.l (from which it differs only in the detail of whether the conditioning segment has a stop in it or not) but also from other structures including 12.m, the rule of (normal) t^s Dissimilation, and from 12.h (= 11.h), the rule of Affricate Dissimilation. All this sanction means that the new rule and new form are a much less extreme innovation in Mösiehuali̱ than they might be otherwise. And as they receive repeated usage, thereby becoming entrenched and conventionalized, they shift the boundaries of the linguistic system.

The sanction provided by 12.j is therefore not irrelevant, but neither is it such that one must automatically grant every conceivable instantiation of the pattern equal status in the language. The established forms and patterns that coexist with it have other sources of sanction to legitimize them.[20] 12.j exists and expresses the commonality of all the dissimilations, but it is relieved of the burden of being the whole story.

One final clarification: the CG position does not imply that any and every structure will have low-level schemas more influential than a higher-level schema. The kind of structure represented in Figure 13 can perfectly well exist. The schema at the top of this structure is highly entrenched and cognitively salient, whereas any subschemas are much less so, and any and every specific example of the top schema can be produced and will be automatically acceptable. (This sort of structure, for instance, often characterizes allophonic processes. Even there, however, subtle gradations of preference often obtain.) This is the type of structure that will behave most like a classical rule was expected to: this time the schema is very nearly the whole story.

---

20. Including *self-sanction*, which is a perfectly proper way to view the fact that any established conventional linguistic structure is *ipso facto* part of the language.

648 David Tuggy

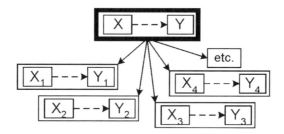

Figure 13

The difference is that CG sees this as a limiting case, not as the norm. Many rules are in some degree like Dissimilation in Mösiehualị, summaries over well-established subrules, and their story is not complete unless the subrules are taken into account as well as the schema.

5. Conclusion

The dissimilatory processes of Mösiehualị do not lend themselves to easy characterization by one single statement.

CG, on independent grounds, posits that such processes are schemas which are abstracted from more specific structures, and that many levels of schemas may coexist. There does not need to be one single statement of dissimilation which tells the whole story: it is quite to be expected that certain facets of where dissimilation does or does not take place will be reflected directly in the sub-structures and not in the highest sanctioning schema.

Mösiehualị Dissimilation fits such a model very well.

References

Brewer, Forrest & Jean G. Brewer
    1962   *Vocabulario mexicano de Tetelcingo, Morelos*. Serie de vocabularios indígenas Mariano Silva y Aceves No. 8. México: Instituto Lingüístico de Verano.
Brewer, Forrest & Jean G. Brewer (eds.)
    1968   A collection of texts, by various authors, in Tetelcingo Nahuatl, and a concordance of those texts, produced at the University of Oklahoma Computing Center.

Dissimilation in Mösiehual̲i̲ 649

Langacker, Ronald W.
1979   *Modern Aztec grammatical sketches*. Summer Institute of Linguistics
            Publications in Linguistics, No. 56, Vol. II. Dallas: Summer Institute
            of Linguistics and University of Texas at Arlington.
1987   *Foundations of Cognitive grammar. Vol. I, Theoretical prerequisites.*
            Stanford: Stanford University Press.
1991   *Foundations of Cognitive grammar. Vol. II, Descriptive application.*
            Stanford: Stanford University Press.
Pittman, Richard S.
1954   *A grammar of Tetelcingo (Morelos) Nahuatl.* Lg. 30 Vol. I Supple-
            ment. Language Dissertation No. 50.
1961   The phonemes of Tetelcingo (Morelos) Nahuatl. In: *A William Cam-*
            eron Townsend en el XXV aniversario del ILV, 643-651. México: In-
            stituto Lingüístico de Verano.
Tuggy, David.
1979   Tetelcingo Nahuatl. In: Langacker, ed., 1-140.
1979b   On angle brackets. *Linguistic Notes from La Jolla* 7.106-122b. La Jolla,
            CA: University of California at San Diego Linguistics Department.
1981   The transitivity-related morphology of Tetelcingo Nahuatl: an explo-
            ration in Space grammar. Ph.D. dissertation, Department of Linguis-
            tics, University of California at San Diego.
1981b   Epenthesis of *i* in Classical and Tetelcingo Náhuatl: Evidence for mul-
            tiple analyses. *Texas Linguistic Forum* 18:223-277.
            On line [2003]: www.sil.org/~tuggyd/1981Epenthesis/epenth.htm.
1997   Rule-governed allomorphy can be suppletive also. *Work Papers of the*
            Summer Institute of Linguistics at the University of North Dakota,
            Volume 41. On line: http://www.und.nodak.edu/dept/linguistics/wp/
            1997Tuggy.PDF.

Prototypical transitivity revisited[1]

Victoria Vázquez Rozas

Abstract

In this article, a point of view based on the linguistic usage has been adopted in order to achieve a review of the concept of prototypical transitivity. After analyzing the traditionally accepted ideas on the notion, we set up arguments based on the acquisition and the frequency of use of the transitive construction that lead to a new interpretation of the prototype. This prototype, that responds to the characteristics of the clauses relatively low in transitivity, is supported by the most recent studies on the perception of the causality, that put aside the classical idea of exclusively physical causation and incorporate the psychological or intentional causality to the human cognitive model. The communicative perspective reinforces, also, the discoursive prevalence of the new usage-based prototype.

Keywords: transitivity, prototype, usage-based, causation.

When comparing the different caracterizations of the transitive prototype that are found in the bibliography, what comes to our attention is a wide accord about the properties of the prototypical transitivity (cf. Lakoff 1977: 244; Delancey 1987; Langacker 1991: 301-302; Kemmer 2003: 96, etc.).

A list with the semantic traits of the canonical transitive construction was offered by Taylor (1995: 206-207):

a) Events with two participants –subject and direct object– are described.
b) The two participants are clearly individuated.
c) The agent (subject) initiates the event.
d) The agent acts with conscience and volition, and controls the event. The agent is human.

---

1. A larger version of this paper will be published in Nicole Delbecque (ed.): *Data-based approaches to transitivity, motion and causation*. Berlin: Mouton de Gruyter.

652   *Victoria Vázquez Rozas*

e) The patient receives the effects of the action made by the agent.
f) The patient suffers a perceptible change of state as a consequence of the event.
g) The event is punctual.
h) There is direct physical contact between the agent and the patient.
i) The event is causative.
j) The agent and the patient are contrasting entities.
k) The event is real.

The characterization of the canonical transitivity seems to be based on the traditional definition of the transitive clauses as those in which "the action passes from an agent onto a patient". The examples usually provided in the description of the transitive prototype obey to this traditional definition.

The traditional definition as well as the most usual examples in the bibliography let us identify a group of verbs as typical transitive predicates. Lakoff (1977: 244) offers examples with *kill, hit* and *break*. Tsunoda (1985: 387) includes *kill, destroy, break* and *bend* among the prototypical transitive verbs. Andrews (1985: 68), who defines the "primary transitive verbs" as "the class of two-argument verbs taking an Agent and a Patient", gives as examples *kill, eat, smash*. Croft (1990: 60-61) considers as prototypical the verbs of "ingestion, manipulation, creation of objects, and force-motion, location" and the verbs of destruction. Levin (1999) distinguishes the "core transitive verbs" opposite to the "noncore transitive verbs", and among the first ones she includes *kill, cut, destroy, break, open*. And García-Miguel (forthcoming) cites the verbs *kill, break, move* and *kick*.

In addition, the homogeneity in the coding, both interlinguistically and intralinguistically, seems to be the syntactic criterion to identify the prototypically transitive predicates. The idea is summarized in the following words by Croft (1990: 53): "ideal events are expressed in basically the same way across languages, while the non-ideal events are expressed in different ways across languages and even within languages"

But it occurs that languages show contradicting results. That is to say, the results of the comparison notably vary depending on which languages are taken into account. According as the number of languages compared grows, the group of verbs considered prototypically transitive reduce, and so the examples brought forward by the researchers are few and always the same.

According to the cognitive grammar, the concept of the human experience that underlies the transitive coding is causation. That is to say, the

Prototypical transitivity revisited 653

transitive construction would be used for the symbolic expression of the notion of causation. In order to represent the causal event coded through the transitive construction, different models which are compatible with each other have been constructed within the cognitive grammar. For example, Langacker's "billiard-ball model", Talmy's "force dynamics" and Croft's "causal chains". Although these models are shaped from the purely physic causation, their authors observe that not all the transitive constructions profile an event that is characterized by a transfer of physical energy between an agent and a patient. The solution is to admit different degrees of 'metaphorical extension' of the transitive construction to non-archetypical situations, that is, from physical interactions to interactions of psychological and social type.

After reviewing the most widely accepted ideas about the transitive prototype, now we are going to look towards certain aspects of the configuration of transitive clauses which have not been taken into account in the papers cited in the last paragraphs. We will adopt a perspective that fits in an 'usage-based model' of the language. According to this model, the linguistic system known by the users is the result of sequential processes of abstraction from the concrete uses (cf. Barlow & Kemmer 2000).

On the one hand, the usage-based models give a great significance to the role of the learning from the use in the acquisition of the language by the child. On the other hand, these models atribute an essential prominence to the frequency parameter, due that the frequency determines the level of 'entrenchment' –the term is from Langacker– of a unit or a linguistic construction.

The research carried out on the acquisition of the grammar by authors like Tomasello (1992), Lieven, Pine & Baldwin (1997) and Pine, Lieven & Rowland (1998) let us consider that the beginning of the multiword language in the child is founded in specific constructions of the particular lexical items:

> In other words, children do not utilize schematic categories such as [VERB] or schematic constructions such as the transitive construction [SBJ VERB OBJ] in their early acquisition, whether these schematic structures are innate or not. Instead, children begin with very low level generalizations based around a single predicate and a single construction in which that predicate occurs, and only later in acquisition learn more schematic categories and constructions. (Croft & Cruse forthcoming: chapter 11, page 24).

654   *Victoria Vázquez Rozas*

The study of Ninio (1999) on Hebrew and English is a valuable contribution to our knowledge on the acquisition of the transitive construction. The author shows that the first verbs used by the children in the V-O pattern are not prototypically transitive verbs, but they are stative verbs like *want* and *see*.

There are also some grammaticalization processes that involve these 'generic' or light transitive verbs. Verbs like *take, carry, put, get, have, give, want*, etc. give rise to transitivizer morphemes in different languages. In addition to this, the verbs which usually take part in complex predicates VERB-OBJECT, as illustrated in (1)-(5) in the handout, are low transitive verbs with a generic meaning[2]:

(1)   *Siempre hay que **tener cuidado** con ellos* (Sonrisa: 278, 35).
       'You always have to be careful with them'
(2)   *Para ser boticario no **hace falta** saber leer* (Coartada: 11, 11).
       'to be an apothecary there is no need to know how to read.'
(3)   *Con estas memeces yo no **me he dado cuenta*** (Hotel: 31, 6).
       'With these absurdities, I haven't noticed.'
(4)   ***Pasé revista** acelerada a sus respectivos historiales* (Laberinto: 59, 9).
       'I fastly reviewed their respective records.'
(5)   *En este tipo de relaciones no hay que **tomar partido*** (Hotel: 76, 14)
       'We don't have to opt for a side in this type of relationship.'

So then, both the processes of acquisition and grammaticalization aim for the same group of verbs as the representative of the core concept of transitivity.

Ninio observes, nevertheless, that this group of verbs don't fit into the Hopper & Thompson's (1980) high transitivity notion, in which the identification generally assumed between high transitivivity and prototypical transitivity is questioned.

---

2. The textual examples are from the corpus called ARTHUS (Archivo de Textos Hispánicos de la Universidad de Santiago 'Archive of Hispanic Texts of the University of Santiago). The information on the most frequent verbs in fixed constructions VERB-OBJECT come form the Syntactic DataBase (BDS, "Base de Datos Sintácticos) made from the analysis of the cited corpus under the direction of Prof. Guillermo Rojo. For more information vid. http://www.bds.usc.es

Prototypical transitivity revisited 655

Besides the acquisition data, the frequency of use is also a very relevant factor in an usage-based approach to the transitivity notion.

In table 1 below, we can see the 20 most frequent verbs in the SUBJECT-PREDICATE-DIRECT OBJECT construction, according with the data from a large syntactic DataBase of contemporary Spanish (see footnote 2):

Table 1. Most frequent verbs in the transitive pattern with percentages of the pattern over the total of the verb.

Verb	Frequency	% of the pattern over the total of cases of verb
Tener 'have'	4810	83.52%
Hacer 'do/make'	2806	51.34%
Saber 'know'	2404	78.41%
Ver 'see'	2285	62.93%
Creer 'believe'	1551	81.03%
Querer 'want'	1165	90.38%
Mirar 'look'	871	67.89%
Decir 'say'	883	31.01%
Pensar 'think'	792	54.10%
Conocer 'know'	782	92.98%
Dar 'give'	745	23.51%
Recordar 'remember'	644	77.78%
Oír 'hear'	565	60.95%
Buscar 'look for'	549	88.69%
Esperar 'wait'	523	70.11%
Encontrar 'find'	469	42.52%
Llevar 'take'	463	32.74%
Tomar 'take'	453	59.68%
Sentir 'feel'	445	39.45%
Leer 'read'	404	75.51%

As we can see, they are verbs that shape clauses that are away from the transitive prototype. It is important to point out that among these twenty most frequent verbs none of the usually cited in the descriptions of the arquetypical transitivity appear, and that the first verb considered prototypically transitive – the verb *matar* 'kill' – is not found until the 39th position.

We have to admit that, with regard to Spanish, the data from our corpus challenge the pervasiveness of the high transitive clauses in the discourse.

656   *Victoria Vázquez Rozas*

The findings of Thompson & Hopper (2001) confirm the marginal role of the high transitive clauses in the discourse and let us conclude that "the most frequent kind of clause used by speakers in everyday conversational interactions is one that is low in Transitivity" (p. 39).

From what has been claimed in the previous paragrahs, it seems that prototypical transitivity is no longer a synonym of 'high transitivity' but of 'low transitivity', at least in what is refered to some of the components of the notion, as Ninio (1999) established. Now, the acquisition and usage data brought forward are only signs of which clauses are prototypical and which ones are not, but do not constitute by themselves the foundation of this prototypicality. Next we will propose a cognitive and communicative basis for the alternative transitive prototype that is defended here.

As it has been seen above, the notion that underlies the classical interpretation of the transitive prototype is the notion of physical causation. This mechanical view of causality doesn't establish distinctions in the way of acting of the animate entities and the inanimate ones. In fact, Langacker's 'billiard-ball model' and Croft's 'causal chains' make the physical causality prevail above the psychosocial interactions, and justify this last ones as 'metaphorical extensions' of the physical transitive prototype. The psychological base of this conception of transitivity rests on the traditional trends of developmental psychology, represented by authors like Piaget (1927) and Michotte (1946), who defended a purely physical perception of the causal relation by the child.

As opposed to this point of view, in the last few years different authors have upheld a different vision of the children's conceptualization of the causality. The conclusion of these studies is that babies process differently the human and physical information and are sensitive to the differences between the way people and inanimate objects act.

Spelke et al. (1995) observe that one of the first notions of baby's knowledge about the physics of movement of inanimate objects is the 'contact principle': "objects act upon each other if and only if they touch" (p. 49). But the contact principle is not applied equally to all the perceptible entities, due that the animate entities withdraw from it. Humans and also animals own perception mechanisms that permit them to detect and respond to other entities at distance. People manifest intentions, they make plans and they follow goals, and can influence in actions and cognitive states of other people simply through verbal and non verbal communication without having to fall back on immediate physical contact.

In the same vein, Premack & Premack (1995) defend two conceptions of causality, one *physical*, that occurs "when an object launches another

Prototypical transitivity revisited   657

by contacting it" (p. 191), and another one *intentional* or psychological, that is produced "when one object either moves by itself or affects the movement of another without contacting it" (p. 191). These authors are clearly against the piagetian theory of causality when they state that "the infants earliest encounter with cause is in the psychological domain and occurs the moment that an infant attributes intention to a goal-directed object" (p. 191).

The conclusion that comes out from the aforementioned studies is that the causality principle can receive a psychological interpretation of intentional character different from the physical facet in which most of the approaches to the prototypical transitivity are based on. Particularly, the idea claimed by Premack & Premack (1995) that the psychological causality is prior to the physical causality in the child's development gives a cognitive basis to the data of linguistic production reported before, and it seems to be congruent with the information on transitive verbs most frequently used in textual corpora.

From the functional perspective in which this research is carried out, it is necessary to make reference also to the communicative basis of the notion of transitivity.

In Hopper & Thompson (1980) this basis rested on the textual distinction between the background and the foreground, a distinction recognizable mainly in the narrative discourse. The background is incidental or marginal with respect to the foreground, which includes the core aspects of the discourse and provides the text with structural coherence. A highly transitive expression corresponds to the foreground, in such a way that high transitivity would be the grammatical sign of a higher discoursive prominence, that at the same time would reflect the cognitive salience of the codified event (cf. Delancey 1987: 56).

Nevertheless, there are no sound arguments that support the attribution of a greater cognitive importance to the events expressed through the highly transitive clauses opposite to the low transitive ones. On the contrary, both the acquisition data and the data of textual frequency lead us to think that the relatively low transitive clauses are the ones that configurate the more relevant cognitive model.

At this point, we should turn our attention towards the type of discourse that constitutes the primordial manifestation of the linguistic activity: the spontaneous conversation. Like it has been seen before, Thompson & Hopper (2001) observe that the English conversational discourse shows very low indexes of transitivity. The reason of this bias towards low transitivity is the communicative function of clauses. Thompson & Hopper

658   *Victoria Vázquez Rozas*

confirm that the "Clauses of low Transitivity are far more useful in the intersubjective interpersonal contexts that make up most of our talking lives" (2001: 52).

Certainly, the colloquial conversation has as its main aim the expression of the subjectivity of the speakers and not the impartial report of the physical interaction between the world entities. Conversation is a mechanism for the self-expression more than for the objective description of the physical reality that surrounds us. Evidently, human beings are interested in the actions and the processes that are developed in the world, but above all what is interesting for us is the way that actions and processes affect us, and that affection is more frequent in the psychosocial realm than in the material one.

References

Andrews, Avery
    1985   The major functions of the noun phrase. In: Timothy Shopen (ed.), *Language typology and syntactic description.* Vol. I: *Clause structure*, 62-154. Cambridge: Cambridge University Press,.

Barlow, Michael & Suzanne Kemmer (eds.)
    2000   *Usage-based models of language.* Stanford: Centre for the Study of Language and Information.

Croft, William
    1990   Possible verbs and the structure of events. In: Savas L. Tsohatzidis (ed.), *Meanings and prototypes : Studies in linguistic categorization*, 48-73. London: Routledge.

Croft, William & D. Alan Cruse
    forthcoming   *Cognitive linguistics.* Cambridge: Cambridge University Press. http://lings.ln.man.ac.uk/Info/staff/WAC/WACpubs.html

Delancey, Scott
    1987   Transitivity in grammar and cognition. In: Russell S. Tomlin (ed.), *Discourse Relations and Cognitive Units*, 53-68. Amsterdam/Philadelphia: John Benjamins.

García-Miguel, José Mª
    forthcoming   Clause structure and transitivity. In: Dirk Geeraerts and Hubert Cuykens (eds.), *Handbook of Cognitive Linguistics*.

Hopper, Paul & Thompson, Sandra A.
    1980   Transitivity in grammar and discourse. *Language* 56: 252-299.

Kemmer, Suzanne
    2003   Human Cognition and the Elaboration of Events: Some Universal Conceptual Categories. In: Michael Tomasello (ed.), *The New Psychology of Language*, vol. 2, 89-118. Mahwah, New Jersey: Lawrence Erlbaum.

Prototypical transitivity revisited   659

Lakoff, George
1977   Linguistic Gestalts. *Papers form the Thirteenth Regional Meeting, Chicago Linguistic Society*, 236-287. Chicago: Linguistic Society.

Langacker, Ronald W.
1991   *Foundations of Cognitive Grammar. Vol II: Descriptive Application.* Stanford: Stanford University Press.

Levin, Beth
1999   Objecthood: An event structure perspective. *Proceedings of Chicago Linguistic Society 35, vol. I: The Main Session*, 223-247. Chicago: Chicago Linguistic Society / University of Chicago.

Lieven, Elena V. M., Julian M. Pine & Gillian Baldwin
1997   Lexically-based learning and early grammatical development. *Journal of Child Language* 24: 187-219.

Michotte, Albert
1946   *La perception de la causalité.* Louvain: Institut Supérieur de Philosophie.

Ninio, Anat
1999   Pathbreaking verbs in syntactic development and the question of prototypical transitivity. *Journal of Child Language* 26: 619-653.

Piaget, Jean
1927   *La causalité physique chez l'enfant.* Paris: Librairie Félix Alcan.

Pine, Julian, Elena V. M. Lieven & Caroline Rowland
1998   Comparing different models of the development of the English verb category. *Linguistics* 36/4: 807-830.

Premack, David & Ann James Premack
1995   Intention as psychological cause. In: Dan Sperber, David Premack & Ann James Premack (eds.), *Causal cognition. A multidisciplinary debate*, 185-199. Oxford: Oxford University Press.

Spelke, Elizabeth S., Ann Phillips & Amanda L Woodward
1995   Infants' knowledge of object motion and human action. In: Dan Sperber, David Premack & Ann James Premack (eds.), *Causal cognition. A multidisciplinary debate*, 44-78. Oxford: Oxford University Press.

Talmy, Leonard
2000   Force dynamics in language and cognition. In: Leonard Talmy, *Toward a cognitive semantics*, vol. I, 409-470. Cambridge, Massachusetts: The MIT Press. (revised version of "Force dynamics in language and cognition". *Cognitive Science* 12: 49-100 [1988]).

Taylor, John R.
1995   *Linguistic categorization. Prototypes in linguistic theory.* Oxford: Oxford University Press.

Thompson, Sandra A. & Paul J. Hopper
2001   Transitivity, clause structure, and argument structure: Evidence from conversation. In: Joan L. Bybee & Paul J. Hopper (eds.), *Frequency and the emergence of linguistic structure*, 27-60. Amsterdam: John Benjamins.

Tomasello, Michael
1992   *First verbs: A case study of early grammatical development.* Cambridge: Cambridge University Press.

Tsunoda, Tasaku
1985   Remarks on transitivity. *Journal of Linguistics* 21/2: 385-96.

The position of the adjective in Portuguese: centre and periphery of the adjective class

Mário Vilela and Fátima Silva

Abstract

This paper proposes an approach to Portuguese adjectives based on the principles of cognitive linguistic theory. Opposite to traditional descriptions, the focus on the study of this category turns, following Lakoff (1982, 1987), into the principles of its own categorisation. Since the categorisation of the adjective is centred on the prototypical properties of the whole class, it is possible to establish a distinction between two major groups within it, according to the degree of proximity to the prototype: nuclear or prototypical adjectives, and peripheral or non-prototypical adjectives. A large number of examples will illustrate this classification, that is based on the typology proposed by Dixon (1977, 1982), and will highlight the contribution of the cognitive insight to a more consistent description of the adjective, namely with respect to the adjective's position in Portuguese.

Keywords: Typology of adjectives, prototypical position of the adjective, semantics, syntaxes.

1. Introduction

A great part of the ancient grammarians did not distinguish the adjectives from the substantives: both belonged to only one class, which was named *nomen* or *ónoma*. In fact, while the Greek Diónisos from Tracia named the adjective *ónoma epítheton*, which became *nomina adiectiva* in the later Latin tradition, Port-Royal's Grammar (1660) only presented one definition of *noms substantives* [substantive nouns] and *noms adjectifs* [adjective nouns], and it was not until the 18th century, when grammars had became more seriously involved in the study of national languages, that the distinction between adjectives and substantives came to light (Beauzée, 1767). Still, many grammars kept both categories indistinct until the 19th century.

The general criteria assigned to the distinction of these two categories have not always been exempt from indecision or even confusion. In the Indo-European languages, the chiefly criterion has almost always been morphological features. The substantives were characterised by categories of case, number and gender, whereas the adjectives were defined by the same categories by referring to the substantives they modified.

Traditional grammars, however, introduced a semantic criterion to characterise adjectives consisting of highlighting the typical features of the category, which are denoted by the related noun, such as the ability to express a given way to be, and a certain quality of a being or of an object. By considering only the prototypical features (or functions) of each class, this characterisation left behind the grammatical and the semantic functions that indicate the existence both of intermediate domains and of a significant number of exceptions.

More recently, different types of definition were proposed to describe the adjectives. The distributionalism, for instance, proposed a structural definition of grammatical categories that accounted for commutation and context, but it led to too broad – it included not only determiners but also determinative adjectives – or too strict descriptions. In generative grammar, the highest point of the adjective's description was reached by Chomsky (1970), who extended the principle of compositionality to the categories V, N, Adj. and P, reducing the different possible combinations to two features: **V** [+V, -N]; **N** [-V, +N]; **Adj.** [+V, +N]; **P** [-V, -N]. Since these categories were treated as primitives, the definition of the adjective consisted merely in a set of all the syntactic rules of a language in which the adjective may occur. This treatment may, in an elegant way, describe the hard nucleus of this category, but it leaves out many facts related to it.

Opposite to these theories, Cognitive Linguistics claims that, instead of discussing the criteria for its description, the study of the adjective should focus on the principles of its own categorisation, being able to answer to such questions as: Which are the prototypical properties of an adjective? Under which conditions does a sequence become ungrammatical due to the adjective position with respect to its related noun?

2. Prototypical properties of the adjectives

A large part of the adjectives derives from other classes. For that reason, this class, more than any other class, presents an internal structure unfolded in a small closed nucleus – the prototypical nucleus – and in a broad set of units, always available to be extended by means of affixes. This set is also defined by intermediate degrees which become farther and farther away from the prototypical centre. Hence, we may consider that:

i) Prototypical adjectives are morphologically simple

Denominal adjectives, which are derived from nouns, for example, are either synchronically transparent (*soarista* [Soares' supporter], *ministerial* [ministerial], *camoneano* [related to Camões]) or diachronically transparent (*fraterno: irmão* [brotherly: brother], *mensal: mês* [monthly: month], *nocturno: noite* [nightly: night]).

ii) Prototypical adjectives are semantically unidimensional and, by that, gradable

Since nuclear adjectives configure a unique, simple, seamless and coherent concept, they may be graded by means of adverbs or suffixes, without compromising their degree in the scale to which they belong:

(1) *Um homem alto / muito alto / altíssimo* [a tall man / a very tall man / an extremely tall man] **versus** *Um decreto ministerial / *muito ministerial / *ministerialíssimo* [a ministerial decree / *a very ministerial decree/ * an extremely ministerial decree] [1]

This criterion is strictly related to the need for morphological simplicity. Or, as the adjective *ministerial* [ministerial] keeps the whole semantic complexity of the nominal concept *ministro* [minister], it can not be graded.

So, nuclear adjectives have a minimal intension and a large extension.

---

1. Most examples are extracted from Fonseca (2000) and Júdice (2003).

664   *Mário Vilela and Fátima Silva*

iii)   Prototypical adjectives are syncategorematic (Martin, 1986:248)

In fact, *um pequeno elefante* [a small elephant] is not *um animal pequeno* [a small animal] and *o grande esquilo* [the big squirrel] is never *um grande animal* [a big animal], whereas *um elefante cinzento* [a grey elephant] and *um esquilo cinzento* [a grey squirrel] are also *animais cinzentos* [grey animals]. Therefore, *pequeno* [small] is syncategorematic: its interpretation depends on the context. This dependency implies the existence of a more standardised (prototypical) instance of comparison, as shown by such adjectives as:

(2)   *Pequeno* [small], *grande* [big], *bom* [good], *mau* [bad], *velho* [old], *alto* [tall], *novo* [young], *belo* [beautiful], *and feio* [ugly]

It does not mean that syncategorematic adjectives can not occur independently with an abstract meaning, but, in such cases, they refer to an encyclopaedic knowledge which enables a specific contextual interpretation. The communicative function of these adjectives consists in the interrelation with their cognitive frame: the substantive. For this reason, nuclear adjectives depend on the substantive that they modify for their own interpretation.

iv)   Prototypical adjectives belong to the semantic class of properties

Although the feature 'property' is considered a generic feature of the adjective class, only nuclear adjectives represent, in strict sense, 'properties', as their typical structure confirms:

[N] + [Adj.]
What is [N] like?
[Adj.]

This evidence comes from the adjective postposition and shows that this category is supported by the substantive and that, in general, the feature 'property' is related to the adjective function.

The position of the adjective in Portuguese   665

(3)   a. *Os estios são longos.* [Summers are long.]
       b. *Como são os estios?* [What are summers like?]
       c. *Longos.* [Long.]

This is not possible with other adjectives lacking this prototypical feature, as it is the case of *mental [mental]*:

(4)   a. *Ele é um doente mental.* [He is a mental patient.]
       b. *Como é o doente?* [What is the patient like?]
       c. **Mental.* [*Mental.]

In such cases, the questioning scheme should follow another pattern:

(5)   a. *Ele é um doente mental.* [He is a mental patient.]
       b. *Que espécie de doente é que ele é?* [What kind of patient is he?]
       c. *Mental.* [Mental.]

    v)   Prototypical adjectives are either attributive or predicative

While attributive use characterises chiefly nuclear adjectives, for it admits all the typical tests to the adjective, their predicative use is not restricted to nuclear adjectives, but it is also displayed by other types of adjectives.

3. Adjective's characterisation based on the feature 'position'

Adjective's position is one of the most important features of its characterisation. It is more related to semantics and pragmatics than to syntaxes. Since typical adjectives may occur either before or after the substantive they modify without being ungrammatical, they used to be considered bi-semantic, for they were thought to belong to two different semantic classes.

Yet, several questions must be raised with respect to this feature. Do all the adjectives admit such double position? Is this group of adjectives larger than it has been supposed up until now?

666 *Mário Vilela and Fátima Silva*

Although the answer to these questions presumes usually either a restrictive 'yes' or 'no', or that *tertium non datur, there* is a broad range of possibilities. This analysis is commonly supported by the use of relational adjectives that are independent from all kinds of context:

(6) *Um domínio* ambiental/ * *Um ambiental domínio* [An environmental domain/ *A domain environmental]

(7) *Uma máquina* futebolística / *Uma futebolística máquina* [A football machine / *A machine football]

(8) *Quero um café* descafeinado / *Quero um descafeinado café* [I want a decaffeinated coffee / *I want a coffee decaffeinated]

But the most pertinent question will be to know whether it is possible to find contexts in which the ungrammatical mark (*) could be erased from more than one combination:

(9) *Este muito pouco* ambiental *domínio, que é o de os políticos ocultarem os seus rendimentos e prebendas* [This very little environmental domain, that consists in the fact that politicians hide their incomes and prebends]

(10) *Esta* futebolística *máquina, que se chama Figo, estará em vias de deixar Madrid?* [Will this football machine, whose name is Figo, be about to leave Madrid?]

(11) *Este* descafeinado *café – que nem é café nem deixa de ser – só serve para tingir a água chilra!* [This decaffeinated coffee – that neither here nor there is coffee – is of no use but to dye dishwater]

Such sequences indicate that the acceptability of prenominal relational adjectives does not depend on syntactic but on semantic criteria, and that the unacceptability of this position is related to the possibility of accessing the interpretation of the adjective. That is, any sequence N +Adj. or Adj. + N depends on the context in which the sentence is produced. Therefore, the more marked the restriction of a combination is – i.e. the more marked a certain position is – the stronger its contextual framing should be.

Prototypical adjectives are syntactically free with respect to their position. With regard to the remaining adjectives, the more they divert from the prototypical centre, the more the context will need an accurate framing to

The position of the adjective in Portuguese 667

allow their interpretation. For this, relational adjectives within a specialised language will require a very strict context to be able to be pre-posed:

(12) *O Presidente da República repreendeu os agentes da Justiça no caso da pedofilia. Esta bem* presidencial *reprimenda só peca por ser tardia.* [The President blamed lawmen for the case of paedophilia. The only blameworthy thing of this very presidential dressing-down is the fact of being too late.]

(13) *Mesmo um simples ponto* matemático *é difícil de definir, é que o* matemático *ponto foge a algumas regras lógicas.* [Even a simple mathematical dot is difficult to define, because the mathematical dot escapes some logical rules.]

Whether it is stylistically valid or not, the interpretation of these sentences is clear and proves that the rules underlying the position of a relational adjective are not of the same nature as the rule by which a plural mark is displayed in the end of a word in Portuguese, since it is the only position allowed in such cases.

The fact that some adjectives admit more easily both positions, whereas others require more strict contexts to be semantically appropriate, results from semantic restrictions. Although a NG may seem unacceptable because of the adjective position, this unacceptability is due to the fact that the marked position of the adjective blocks its interpretation, and not to syntactic restrictions. It means that it is always possible for any adjective to be pre-posed as long as the choice of a different position is motivated and, therefore, validated by the context, as shown by the following example:

(14) *A sociedade* civil *está pronta para assumir as suas responsabilidades na questão do segundo canal de TV. Esta* civil *sociedade estará disponível para assumir os custos desse segundo canal?* [The civil society is ready to assume its responsibilities with respect to the TV Channel 2. Is this civil society available to assume the costs of that channel?]

In such cases, the interpretation must be established by means of pragmatics and encyclopaedic knowledge. Yet, it is obvious that there are several syntactic restrictions with respect to the adjective's position:

668   *Mário Vilela and Fátima Silva*

– When the group N+Adj. has an internal complement, the prenominal position is locked:

(15) *Um mês bom para algo/ *Um bom para algo mês* [A good month for something / *A good for something month]
(16) *Tectos negros de sujidade/ *Negros de sujidade tectos* [Black ceiling from dirt / *Black from dirt ceiling]
(17) *Um estudante feliz consigo/ *Um feliz consigo estudante* [A happy student with himself / *A happy with himself student]

– The modification by a prenominal adjective is not compatible with its gradation by means of an adverb:

(18) *Muito escuros óculos* [*Very dark glasses]
(19) *Muito fatal mulher* [*Very fatal woman]

– Adjectives of *mero* type do not admit postposition:

(20) *Um mero acidente / *Um acidente mero* [A mere accident / *An accident mere]
(21) *Poucos homens / *Homens poucos* [Few men / *Men few]

There are also restrictions in several expressions representing fixed expressions that were established by either free or imported combinations, such as:

(22) *Grã-Bretanha, Grande Muralha, Real Academia Espanhola, altas patentes militares, alto-falante, novos-ricos, ácido sulfúrico, ácido úrico, soda cáustica...* [Great Britain, Great Wall, Royal Academy of Spain, high ranks, loudspeaker, nouveau rich, sulphuric acid, uric acid, caustic soda...]

Furthermore, the interpretation of bi-semantic adjectives relating to people or to an integrated concept (namely *pobre homem* and *homem pobre [poor man]*, *pobre infeliz* and *infeliz pobre* [poor wretch], *pobre diabo* [poor fellow], *mau grado [in spite of]*, *novos-ricos* [nouveau rich], *alta noite* and *noite alta* [great night and at dead of night])

The position of the adjective in Portuguese 669

stands between the limits, not always very clear, of a compound word and a full lexical word.

4. Types of adjectival modification

Opposite to verbs and substantives, whose analysis may be restricted to their own characteristics, the adjective can not be treated by itself since its centre is the substantive it modifies.

The main verifiable feature in the analyses made so far with respect to the sequences Adj.+N or N+Adj. is the principle of compositionality by which lexical units are considered a set of necessary and sufficient features. Yet, there is a slit between the main definable features of a word and the encyclopaedic linguistic knowledge required by the *designatum* of this word. For that very reason, we consider that the meaning of a unit is included in a complete, stable and context independent set of features. The absolute relation between the substantive and the adjective is the only relation that corresponds to the principles of compositional analysis, and may be exemplified by such sequences as:

(23) *Prédios novos* [New buildings]
(24) *Chuvadas recentes* [Recent rainfalls]

This kind of relation demonstrates that a NG modified by the adjective constitutes an intersection between the intension of a substantive and the intension of an adjective. Consequently, the adjective only corresponds to the complete meaning of a NG when there is an absolute interpretation that implies the addition of the definition both of the substantive and of the adjective. Yet, this is the exception, not the rule, because, in most cases,

---

2. In fact, the well-known example of *pequeno elefante* [small elephant], which is not a *pequeno animal* [small animal], shows that encyclopaedic knowledge plays an important role in the determination of the concept *pequenez* [smallness] with regard to this animal.
3. Vendler (1968) states that the adjective may be linked to the noun in two ways:
    – The property represented by the adjective may be simple and independent of the noun's intension to which it is linked by addition $\Rightarrow$ adjective absolute;
    – The same property may be related to the sense of the modified noun in a much more specific way $\Rightarrow$ adjective relative (or synthetic).

670   *Mário Vilela and Fátima Silva*

the substantive and the adjective convert to a new and complex concept, that represents much more than the addition of the semantic features from the two elements.

Traditionally, the explanation of how the meanings of the substantive and of the adjective combine is based on the argument that the adjective has the general function of choosing a partial set, to which applies the semantic features of the adjective, among the possible referents of the noun. Consequently, there would be a unique and always equal sort of semantic connection between the adjective and the noun. The detours to this exclusive sort of connection would be explained by *deixis* and pragmatics.

Still, this is valid only for a small part of all the possible adjectival modifications of the substantive. In the majority of cases, the contextual and encyclopaedic knowledge of the speaker and the conceptual nature of the connection between N and Adj. take part into the construction of the global meaning of a NG modified by an adjective. Yet, the disjunction between linguistics and encyclopaedia is not easy to achieve.

With respect to the first factor, the constant failure to put an accurate interpretation on the functioning of dimensional adjectives suffices to prove its relevance [2]. Although we agree with some of the statements of Vendler (1967, 1968) about the characterisation of the adjectives, we do not follow this author with respect to the distinction between absolute and relative adjectival modification, due to the possibility of misunderstanding between relative modification and relational adjectives. To avoid this danger, we prefer Taylor's (1992) denomination, and thus we distinguish between absolute and synthetic modification [3].

But, above all, we should keep in mind that most of the adjectives – or even all – admit more than one reading. In fact, it is a question of a specific reading, on which depends the kind of its connection to the noun, rather than the consideration of an inherent property of an isolated word.

The NG constitutes a 'composite term' [4] with the absolute adjective. In composite expressions, predicates are not true unless the predication of their components is true, as shown in:

(25)   a. *X é um Saab preto.* [X is a black Saab.]
     b. *X é um Saab.* [X is a Saab.]
     c. *X é preto.* [X is black.]

---

4. Quine (1960:1039).

The position of the adjective in Portuguese   671

So, the adjective *preto* [black] has an absolute interpretation.

Thus, a different interpretation must be assigned to the adjective *senhorial* [lordly], for instance, because, opposite to the previous adjective, the specific meaning of this one will be lost if disconnected from the substantive it is related to.

Yet, this is not the only reason that justifies the fact that *branco* [white], *preto* [black] or *azul* [blue], are seen as inherently absolute adjectives, since they also admit synthetic readings, namely in the following expressions:

(26)   *Magia branca* [white magic]; *capacete azul* [peace-keeping force]; *mercado negro* [black market]

In the expression *garrafa térmica* [thermos flask], the interpretation of the adjective is also strictly connected with its related substantive in such way that we may predicate that *X é uma garrafa* [a flask], but not that *X é térmica* [thermos].

In the absolute use of the adjective, the modified substantive is considered an entity within taxonomy – the property of the substantive is valid to all its hyperonyms, as illustrated by:

(25)   d. *Um Saab azul é um carro azul.* [A blue Saab is a blue car.]
       e. *Um Saab azul é um meio de transporte azul.* [A blue Saab is a blue means of transport.]
       f. *Um Saab azul é um objecto azul.* [A blue Saab is a blue object.]

Opposite to this example, the meaning of the adjective in the NG *um universo senhorial* [a lordly universe] is not similar to its meaning in *maneiras senhoriais* [lordly manners] or even *aspecto senhorial* [a lordly look], exactly for the same reason that the adjective *térmico* [thermos] is not similar in such expressions as *empresa térmica* [thermal enterprise] and *objecto térmico* [thermic object].

The test to distinguish absolute from synthetic interpretation is based on this opposition.

The semantic relation between the adjective and the substantive corresponds to a typical connection by means of a copula in a predicative use. Therefore, the interpretation of that kind of NG does not demand for any further information than the one included in the meaning of the

672   *Mário Vilela and Fátima Silva*

adjective and of the substantive. It is a conjoint intersection that usually admits the possibility of a paraphrase by a relative clause.

The following expressions exemplify this property of absolute uses:

(27)   *[Dentro das] velhas casas: casas que são velhas* [Inside the old houses: houses that are old]
(28)   *A pele branca: pele que é / está branca* [A fair skin: a skin that is fair]
(29)   *Um amigo bom, um amigo que é bom* [A good friend: a friend that is good]

Still, there are several exceptions regarding the absolute reading, as shown by the following expressions:

(30)   *Um bom amigo: um amigo que é bom* [A good friend: a friend that is good-natured]
(31)   *Um pobre diabo que nasceu não se sabe quando* [A poor guy that nobody knows when he was born]

In dimensional adjectives, the interpretation depends on the meaning of the substantive, on which the adjective position does not have necessarily to have any kind of influence, as seen in:

(32)   *Longas invernias* **or** *invernias longas* [Long hard winters]
(33)   *Velhas criadas* **or** *criadas velhas* [Old maids or aged maids]
(34)   *Homem grande* **or** *grande homem* [Big man or great man]

Modal adjectives such as *mero* [mere], *falso* [fake], *verdadeiro* [true], *suposto* [supposed], *pressuposto* [pressupposed], require a synthetic reading. For example, *um falso Vieira da Silva* [a fake Vieira da Silva] is something *falso* [fake], but not *um Vieira da Silva* [a Vieira da Silva]; *uma mera suposição* [a mere supposition] is a *suposição* [a supposition].

It is not always easy to know whether it is a synthetic or an absolute modification:

(35)   *Homem honesto* [honest man (absolute reading)] **versus** *honesto homem* [Man honest (relative reading?)]

The position of the adjective in Portuguese   673

(36)   *Um autêntico político* [A true politician (synthetic reading?)] ***and***
       um político autêntico [a genuine politician (absolute reading?)]
(37)   *Pessoa nova* [young person (absolute reading)] ***and*** *nova pessoa*
       [New person (synthetic reading?]
(38)   *Ideia nova* [new idea (absolute reading)] ***and*** *nova ideia* [New
       idea (synthetic reading)]

Adjectives in prenominal position do not always imply a synthetic
interpretation. Whenever there is a synthetic reading, the adjective is
related to the inherent property of the substantive it modifies in a very
specific way. That is, it does not modify any individual as a referent but
merely the substantive's intension[5].

Besides the absolute and the synthetic readings, we should consider
the relational reading. Usually, it refers to denominal adjectives whose
interpretation mostly depends on the substantive that underlies them.
Their paraphrase consists in a description by means of a proposition or an
actual expression containing the base noun:

(39)   *Serviço* meteorológico*: serviço que tem a ver com a meteorolo-
       gia* [Weather forecast: a forecast saying what the weather is
       expected to be like in the near future]

In contrast with the absolute reading, either the synthetic, or the relational reading, require an encyclopaedic knowledge for the appropriate
interpretation of the adjective:

(40)   *Centro comercial: 'espaço destinado ao comércio, mas em que
       há várias lojas...'* [Shopping centre: a group of shops   built to-
       gether in one area]
(41)   *Produto comercial: 'produto destinado ao [grande] comércio'*
       [Commercial goods: goods produced in large quantities]
(42)   *Homem provinciano: 'homem sem primores de educação'*
       [Countryman: man who is considered to be mild-mannered]

---

5. Bolinger (1967) distinguishes "referent-modifying" (as synthetic) from "reference-
   modifying" (as absolute).

674   *Mário Vilela and Fátima Silva*

Although the relational interpretation may be considered a special kind of the synthetic interpretation, it is much more easily schematised than the latest. Consequently, relational adjectives always represent the transcategorisation of an entity from an entity of other categories, specially the substantive. They are not meant to point out to any property but to establish a connection with the concept defining their related substantive. Furthermore, even when they assume other adjectival function, they keep most of its original semantic features [6].

5. The marked position of the adjective

Since the adjectives constitute an open category, they are a very productive class. In fact, not only do they take new entities from other word classes, but they also represent a shortcut to propositions of predicative meaning, because they allow an easy interpretation of its meaning owing to the speaker's encyclopaedic, situational and grammatical knowledge.

Effectively, it is easy to establish the meaning of the following expressions:

(43)   *Obra camoneana: (escrita por) Camões* [Camões's work: work done by Camões]
(44)   *Boletim meteorológico: que dá informações sobre meteorologia* [Weather forecast: report giving information about the weather]
(45)   *Mulher ordinária: que está fora da ordem estabelecida* [A vulgar woman: a woman who has not the qualities thought to be proper of a woman]
(46)   *Mulher extraordinária: que ultrapassa o normal modo de ser das mulheres em geral* [Remarkable woman: a woman who has extremely appreciated and not ordinary qualities]

Beyond the situational context and the semantic nature of the adjective and of the substantive, sequencing plays an important role. It follows two main patterns (Adj.+N and N+Adj.) with respect to which it is important to determine how will the information be codified.

---

6.   Taylor (1992).

The position of the adjective in Portuguese 675

Although several theoretical explanations seem to be possible[7], the most frequent has been the assumption that both prenominal position and postposition have a specific and stable semantic interpretation. The solution pointed out by Romance languages in order to explain this question was based on the principle that the postposition of an adjective corresponds to an objective meaning, whereas its prenominal position implies an emotional, or subjective, and vague meaning[8].

Assuming that linguistic knowledge is organised in cognitive categories, having an internal structure consisting of a central prototype and a certain number of fewer and more reduced representatives, it is easily understood that, if two representatives of a certain category are equally distant from the centre, they will contrast between themselves. Therefore, the more distant an element is from the centre, the more marked it will be (Rosch, 1973, 1978).

Since the marked position implies the existence of a larger number of contextual constraints, it was to be expected that the unmarked position was more frequent, less specific and less limited, and that it played a wide range of functions. It was also reasonable to think that both positions would not overlap. Yet, this is not what really happens, since while postposition admits all kinds of relation (including emotional and vague interpretation), the prenominal position seems to perform a more strict semantic-pragmatic function. Note that specially (or solely) the absolute and the relational readings are hardly viable within the sequence Adj.+N. So, this sequence is clearly more strict, as it should be the marked position.

These statements raise two further questions: Does this description corresponds to the accurate analysis of the adjectives' position? Would it be possible to accept the existence of a certain gradation?

---

7. In order to consider the variables in the adjective position in several Romance languages, see Radatz (2001).
8. Several authors subscribe this principle which is expressed through equivalent terms:
    - A-N $\Rightarrow$ referent modifying / N-A$\Rightarrow$ reference modifying (Bolinger, 1967);
    - A-N $\Rightarrow$ Aktualisierung der Intension des Substantifs / N-A $\Rightarrow$ Reduktion der Extension des Substantivs (Hilty, 1998);
    - A-N $\Rightarrow$ Spezifizierens / N-A $\Rightarrow$ Charakterisierens (Oesterreicher, 1989, 1996).

676   *Mário Vilela and Fátima Silva*

The following examples may be helpful in finding an answer:

(47)   *Um simples empregado **versus** um empregado simples* [A mere employee versus a simple-minded employee]
(48)   *Pessoal doméstico **versus** *doméstico pessoal* [Domestic servants versus *servants domestic]
(49)   *Uma planície imensa **versus** uma imensa planície* [An immense plain]
(50)   *Um mero acidente **versus** *um acidente mero* [A mere accident versus *an accident mere]
(51)   *Pedras preciosas **versus** preciosas pedras* [Precious stones versus valuable stones]
(52)   *Rosto branco de lábios demasiado vermelhos **versus** rosto branco de *demasiado vermelhos lábios* [A fair face with too red lips versus a fair face with lips too red]

Anyway, both positions seem possible as long as context is appropriate:

(53)   *Uma resolução* ministerial ***versus** *uma ministerial resolução* [A ministerial decision versus *a decision ministerial]
(54)   *Boletins* meteorológicos ***versus** *meteorológicos boletins* [Weather forecasts versus *forecasts weather]

In fact, in the two previous examples, the prenominal position of the adjective becomes plausible because of the context:

(55)   *O ministro da saúde reenquadrou os Centros de Saúde. Esta* ministerial *resolução veio criar mais problemas do que resolver.* [The Health Minister has reorganised the health Centres. This ministerial decision brought more problems than solutions.]
(56)   *Os nossos meteorólogos, às vezes, até acertam, mas os seus* meteorológicos *boletins são uma peça televisiva de algum efeito.* [Our meteorologists hit the mark from time to time, but their weather forecasts are a television program with a certain effect.]

The position of the adjective in Portuguese 677

6. Adjectives' classification

The adjective class must be ranged according to its syntactic and semantic properties. The inherent features of the words, the features occurring in specific contexts by means of synsemantic processes or metonymic and metaphorical transfers, and the secondary and symbolical meaning deriving from context, are also important.

Firstly, we will characterise semantically the adjectives which occur in the predicative position, as a result of their postnominal position, and, afterwards, we will present a semantic description of the adjective category based on the prenominal position.

Our main reference is the classification that Dixon (1977, 1982)[9] proposes to adjectives in English. Since his topology does not correspond to functional classes in Romance languages, we will also follow Radatz (2001) with respect to his work into these languages.

So, considering the prototypical properties of the adjectives, and also the fact that, because of those properties, they may be used either predicatively or attributively, we propose their division according to the following semantic classes: adjectives of dimension, adjectives of description, evaluative adjectives, colour adjectives, relational adjectives, and other peripheral adjectives.

6.1. Adjectives of dimension

The adjectives of dimension[10] constitute the main class of the adjectives, and are defined as a closed class mainly consisting of primitive forms. They imply a 'standard' referring to certain objects whose basis is a general knowledge of the world (and frequently the knowledge of a specific culture) that may be inferred from the situation. The accurate

---

9. Considering the semantic behaviour of the adjective in several languages, Dixon divides this category into ten classes: 1. Dimension: big, great, short, thin. 2. Physical Property: hard, strong, clean, sick. 3. Speed: quick, fast, slow, sudden. 4. Age: new, old, young, modern. 5. Colour: white, black, red, crimson. 6. Value: good, bad, odd, strange. 7. Difficulty: easy, difficult, tough, simple. 8. Qualification: definite, possible, normal, correct. 9. Human Propensity: angry, happy, eager, clever. 10. Similarity: like, unlike, similar, different.

10. It is a closed class that includes types 1., 2. and 3. of Dixon's topology.

678   *Mário Vilela and Fátima Silva*

interpretation of these adjectives depends on the substantive that stands up for it cognitively. Also, they are basically syncategorematic, for they are compositionally connected to the substantive functioning as its reference point.

For instance, the dimension *grande-pequeno* [big-small] that may apply to every object is based on a standardised or prototypical value which is believed to represent the usual grandeur of the representative of the whole class. In fact, these adjectives evaluate a partial set of the members of a certain class with respect to the standardised and specific value of its related class. This is why they correspond to a fuzzy value within a more or less pre-established range.

As bipolar adjectives, they usually present antonymic pairs:

(57)   *Grande/pequeno* [big/small], *alto/baixo* [tall/short], *curto/comprido* [short/long], *profundo/(pouco) profundo (or baixo)* [deep/(little) deep (or shallow)]

Although their value is fuzzy, they may be settled in an objective way, since they are ranged in a certain point of a dimensional scale. Therefore, while the adjectives *velho/novo* [old/new] represent a relative concept measurable in days, years, minutes and seconds, *grande/pequeno* [big/small] have a spatial dimension, measurable in metres, kilometres, centimetres.

In general, in Romance languages, these adjectives occur both in pre and postnominal position, although the first position tends to be more frequent. Such adjectives as *pequeno* [small], *grande* [big], *velho* [old], *novo* [new], *antigo* [ancient] and *moderno* [modern], have a very small intension and a broad extension, which explains their highest frequency among the adjectives. They also designate real properties which are seen as fundamental to place things in time and in space.

Several adjectives belonging to this class are also included in other physical classes, namely those of *temperatura* [temperature] – *quente/frio* [hot/cold], *and dureza* [solidity] – *duro, fresco, mole* [hard, fresh, soft].

Besides, this class of adjectives is scarcely used for measurable grandeur when compared to its use in the metaphorical transposition of physical dimensions into other conceptual frames. The case of *grande* [big, great...] is enough to confirm this statement:

The position of the adjective in Portuguese   679

(58)   a. *Uma obra de grande vulto* [A work of great importance]
       b. *Uma grande capacidade para...* [A great ability for...]
       c. *Um grande volume de tráfego* [A large amount of traffic]
       d. *Um grande apreciador de Pessoa* [He is a great admirer of Pessoa]
       e. *Uma pessoa de grande alma/espírito* [He has a great soul]
       f. *Um grande bebedor de vinho* [He is a heavy wine drinker]
       g. *As grandes cidades da Europa* [The big cities of Europe]

In fact, none of these uses of the adjective may be measured in metres, although the last example could be thought to involve a certain idea of measure, even if related to the number of the cities' inhabitants or their economical status.

6.2. Adjectives of description

The adjectives of description[11] are even fuzzier than the adjectives of dimension. Some of their most typical representatives are *triste* [sad], *contente* [glad], *alegre* [cheerful]. Since they do not admit any measurement and they present a very indefinite boundary, they may be modified by means of equally fuzzy complements:

(59)   *Ele está muito triste / extremamente triste / tristíssimo* [He is very / extremely sad]
(60)   *O rio corre num ritmo manso / muito manso* [The river flows with a smooth / very smooth rhythm]
(61)   *Pintassilgos muito gordos / magros* [Very fat / thin goldfinches]
(62)   *Tempestade de céu muito limpo / limpíssimo* [Storm in a very / extremely clear blue sky]

Opposite to the previous adjectives, these adjectives can not be numbered and have a bigger intension, resulting in an increase of its units from an intensional point of view. Furthermore, this class admits the prenominal position and presents a latent possibility to become an open class. In fact, it may include those adjectives which conventionally belong

---

11. These adjectives are integrated into classes 7., 9. and 10. of Dixon's topology.

680   *Mário Vilela and Fátima Silva*

to the group of relational adjectives, but were metaphorically turned into descriptive adjectives:

(63)   *Colossal* [colossal], *gigantesco* [gigantic], *pitoresco* [pictur-esque], *dantesco* [dantesque], *pidesco* [Pide like], *simiesco* [simi-an]

Otherwise, whenever relational adjectives have specific features of real adjectives, they merge into the class of descriptive adjectives, as shown by:

(64)   *Senhoril (ar)* [lordly look], *primaveril* [vernal], *comercial* [com-mercial], *lendário* [legendary]

Because of the importance of these adjectives to the narrative--descriptive texts, they are the most frequent subclass occurring in the textual production of a language.

6.3. Evaluative Adjectives

The adjectives of valuation [12] do not represent any property objectively visible of the noun they qualify, but only a subjective reaction of the speaker to the entity denoted by the substantive. So, opposite to former adjectives, they do not refer to the object range but rather to the speaker. For this, their description depends on the speaker and on his speech act. Besides, the property of the qualified noun is such as though it should be the own object's property.

Examples like *bonito* [beautiful] or *feio* [ugly] are always subjective, as the following proverb shows:

(65)   *Quem o feio ama bonito lhe parece.* [Beauty is in the eye of the beholder.]

---

12. These adjectives are integrated into class 6. of Dixon's topology.

The position of the adjective in Portuguese 681

These adjectives are endocentric and syntactically free:

(66) *Um filme terrível / o filme é terrível / um filme que é terrível /
um terrível filme* [A terrible movie / the movie is terrible / which is terrible]

(67) *Uma figura austera* **and** *uma austera figura* [An austere person and an austere appearance]

(68) *Pessoa de sorriso vago* [A wandering smile person]

This class consists of a certain number of variants whose choice depends on the nature of the qualified noun:

Negative*: mau, feio, terrível, abominável, horrível, aterrador, austero, grave* [mean, ugly, terrible, abominable, horrible, frightening, austere, serious]

Positive: *bom, belo, lindo, agradável, magnífico, suave, doce* [good, beautiful, pretty, pleasant, magnificent, soft, tender]

Concerning their gradability, they are ranged into two subclasses: one admits gradation while the other one does not:

(69) *?Muito abominável / ? muito magnífico* [?Very abominable / ?very magnificent]

(70) *Muito mau / feio / agradável / feíssimo / agradabilíssimo* [Pretty bad / ugly / pleasant / extremely ugly / extremely pleasant]

The impossibility of gradation relies on the complex semantics involving the speaker's emotions and feelings. As descriptive adjectives, adjectives of valuation constitute potentially an open class, owing to the import of adjectives from other classes by means of metaphor or meronymy, as illustrated by the following expressions:

(71) *A* clubística *atitude dos deputados impede a verdade de vir ao de cima.* [The extremely fan club behaviour of deputy prevents truth from coming to light.]

(72) *Se Cavaco Silva ganhar as eleições, passaremos a ter em Belém uma* esfíngica *figura e não um Presidente.* [If Cavaco Silva wins the election, we will be having in Belém a sphinx-like figure rather than a President.]

682   *Mário Vilela and Fátima Silva*

7. Peripheral adjectives or non prototypical adjectives

In contrast with prototypical adjectives, which are a more or less homogeneous class, peripheral or non prototypical adjectives are much different, although they have all in common the lack of, at least, one of the defined prototypical properties of nuclear adjectives. This group includes colour adjectives, relational adjectives, modal adjectives, and a residual class of adjectives.

7.1. Colour adjectives

Owing to the fact that they are morphologically simple and unidimensional, i. e., they designate a property and admit a predicative use, colour adjectives are close to nuclear adjectives. Thus, they also present two features that are clearly specific of substantives – they are neither syncategorematic nor gradable, and they do not occur in antonymic pairs[13]. Since only the prenomial position admits gradability and the possibility of synthetic reading, these adjectives do not occur in this position unless they have become fossilised or they present a very strong contextual (usually metaphorical) motivation.

Yet, in Portuguese, it is possible to verify the existence of synthetic uses, and, therefore, the prenominal position, as in the example:

(73)   *Verdes prados, branca neve, flor do verde pino, a verde Irlanda* [Green prairies, white snow, green pine flower, the green Ireland]

In fact, on the one hand, these adjectives refer to an inherent quality of their related substantives, in such way that they are typical representatives of *verde* [green] and *branco* [white]. On the other hand, their use in certain exclamatory expressions may be considered equivalent to a gradation, as it is shown by:

---

13. While the adjectives *branco* [white] and *preto* [black] establish an antonymous pair: *coisas a preto e branco* [things in black and white], *revista a preto e branco* [a black and white magazine], the adjective *cinzento* [grey] should be included in this group as an intermediate entity: *pessoa cinzenta* [a grey person].

The position of the adjective in Portuguese   683

(74) *Que* verde *manto de relva nos espera!* [What a green grassland is in front of us!]

(75) *Quanto* negro *luto espera a humanidade com esta guerra injusta!* [What a dark mourning is waiting for humanity because of this unfair war!]

Nevertheless, we believe that colour adjectives lose, in such contexts, their primary properties, becoming bipolar descriptive adjectives, especially when used with a metaphorical value:

(76) *Os nossos* verdes *anos já vão longe.* [Our young days are long gone.]

(77) *Uma* verde *juventude dos nossos políticos pode enterrar o país na miséria.* [The immaturity of our young politicians may sink our country into misery.]

(78) *Uma* negra *manhã nasce todos os dias para as crianças do Iraque.* [A dark morning is burning every morning for Iraqi children.]

In this domain, there are phraseologies deriving from absolute uses, namely:

(79) *Riso amarelo* [yellow smile], *raça amarela* [yellow race], *pele vermelha* [red skin], *colarinho branco* [white-collar], *capacetes azuis* [peace-keeping soldiers], *óculos escuros* [sunglasses], *magia negra* [black magic]

7.2. Relational Adjectives (denominal or pseudo-adjectives)

The class of relational adjectives is very uniform and easily distinguishable from nuclear adjectives from a morphological, syntactic and semantic point of view.

Morphologically, they are mono-morphematic since they are mostly derived from substantives and scarcely from verbs and other word classes. Whenever they derive from verbs or other classes, the relation between the adjective and its related entity is totally opaque, because the base words, for example adverbs, are not employed in that way.

In Portuguese, the examples of this use are almost exclusively restricted

684   *Mário Vilela and Fátima Silva*

to the adverb *hodierno* [hodiernal], although there are more abundant cases pointing out to an origin that is not visible at present:

(80)   *Hora matutina* [early hour], *experiência hodierna* [present experience], *horário nocturno/diurno* [day/night time], *reunião vespertina* [an evening meeting], *vida áulica* [courtier life], *riqueza hídrica* [hydraulic richness], *brilho ebúrneo* [ivory brightness]

Furthermore, relational adjectives are specially frequent in terminology and specialised languages where they frequently create erudite and popular terms:

(81)   a. *Semanário – hebdomadário* [weekly]
        b. —————————*laboral* [labour —————————]
        c. *Citadino – urbano* [civic - urban]
        d. —————————*ocular* [—————————ocular]

There are even several suffixes strictly related to these derivations:

   -al: *laboral* [labour], *semanal* [weekly], *mensal* [monthly], *anual* [annual], *ministerial* [ministerial]
 -ário: *semanário* [weekly], *diário* [daily], *hebdomadário* [hebdomadal], *legionário* [legionary]
  -ico: epidérmico [epidermis-like], *geométrico* [geometrical], *matemático* [mathematical]
   -el: *ministeriável* [able to become minister], *presidenciável* [able to become president], *admirável* [admirable]

The fact that the adjectives constitute an open class is due to this subclass of adjectives that allows, for instance, the formation of adjectives from proper names of a person, a people or a place:

(82)   *Camoneano* [related to Camões], *pessoano* [related to Pessoa], *portuense* [belonging to Oporto], *lisboeta* [belonging to Lisbon], *pacence* [belonging to Beja], *flaviense* [belonging to Chaves], *calipolense* [belonging to Vila Viçosa], *albicastrense* [belonging to Castelo Branco], *italiano* [Italian], *português* [Portuguese], *francês* [French], *espanhol* [Spanish]

The position of the adjective in Portuguese 685

Thus, there are some suffixes in Portuguese that enable the adjective formation from substantives. They are, however, descriptive and not relational adjectives:

-***esco***: *dantesco* [dantesque], *picaresco* [burlesque], *gigantesco* [gigantic], *pitoresco* [picturesque], *grotesco* [grotesque], *quixotesco* [quixotic], *simiesco* [simian], *pidesco* [related to Pide]
  -***il***: *infantil* [childish], *senhoril* [lordly], *pueril* [puerile], *senil* [senile]
-***ino***: *divino* [divine], *citadino* [civic], *citrino* [citrus]
-***oso***: *formoso* [handsome], *curioso* [curious], *meticuloso* [meticulous], *famoso* [famous]
-***ico***: *cirúrgico* [surgical], *litúrgico* [liturgical]

For that reason, there are pairs (erudite-popular) semantically distinct:

(83) *Musculoso* [muscular] *(adjective of qualification)* **and** *muscular* [muscular] *(relational adjective): homem musculoso* [muscleman] *and lesão muscular (*lesão musculosa)* [muscular lesion] *atleta musculoso* [muscular athlete]

(84) *Senhoril* [lordly] *(adjective of description or valuation)* **and** *senhorial* [lordly] *(relational adjective): casa senhorial* [lordly house] *and atitude senhoril* [lordly attitude]

Semantically, these adjectives do not have neither the unidimensionality nor the intension of nuclear adjectives, since they show the same effects of their related substantives. They, therefore, have a minimal extension and a maximal intension. Besides, the modification performed by a relational adjective in the substantive that it modifies is exactly of the same nature of the one performed by the substantive:

(85) *Decreto ministerial = do ministro* [Ministerial decree = from the minister]

(86) *Veto presidencial = do Presidente* [Presidential veto = from the President]

So, it is a relation between two substantives, rather than a relation between a quality and a substantive:

686   *Mário Vilela and Fátima Silva*

(87) *Reforma* ministerial = *uma reforma dos ministros* = *uma reforma que diz respeito aos ministros* [Ministerial reform = reform of the ministers = reform concerning the ministers]

Because these adjectives establish a connection between two substantives and they do not attribute qualities, they are far from prototypical adjectives. Although they are, for that reason, also known by pseudo-adjectives, some of their features, namely the possibility of being synthetically interpreted, convert them to adjectives.

Syntactically, they are characterised by several restrictions. In fact, though they admit an attributive function, they have restrictions regarding predicative use and gradation:

(88) a. *?Esta intervenção militar é cirúrgica, dizem eles.* [?This military intervention was surgical, they said.]
b. *?Esta intervenção militar foi muito cirúrgica.* [?This militar intervention was very surgical.]

Besides, they can not be expanded with adjectives from other subclasses:

(88) c. *?Uma intervenção cirúrgica e necessária* [?A necessary and surgical intervention]

And they can not be the answer to a question starting by *how:*

(88) d.*Como foi a intervenção?* [How was the intervention?]
e.*Rápida / perigosa / ??cirúrgica* [Quick / dangerous / ??surgical]

Since these adjectives do not refer to properties, the question raised must refer to their inclusion into a class, and, therefore, they ought to be introduced by *what kind of:*

(88) f. *Que espécie de intervenção foi esta?* [What kind of intervention was it?]
g. *Foi uma intervenção cirúrgica.* [It was surgical.]

Although relational adjectives may be used as evaluative adjectives, they never become relational. The prenominal position of a relational

The position of the adjective in Portuguese 687

adjective means that it should account not for a relational, but a descriptive use:

(89) *A sua aristocrática atitude foi muito elogiada.* [His / Her aristocratic attitude was deeply praised.]

On the other hand, whenever the context admits this interpretation, the pre-posed relational adjective is transcategorised into a descriptive or an evaluative adjective. Besides, if that use becomes frequent, such interpretation may become conventional. That is the case of several proper names:

(90) *Draconiano* [draconian], *sádico* [sadic], *quixotesco* [quixotic], *dantesco* [dantesque]

and also the case of certain adjectives that were lexicalised:

(91) *Maternal* [maternal], *paternal* [paternal], *simpático* [nice], *civil* [civil], *popular* [popular]

7.3. Other peripheral adjectives

Modal adjectives [14] do not qualify the substantive, but designate the possible ways in which the substantive is categorised (for example, a negative point of view - *falso* [false]). Also, they do not indicate any property, they may be used in prenominal position, they are not gradable, and sometimes they behave as postarticles. *Autêntico* [authentic], *verdadeiro* [true], *puro* [pure] are some examples of modal adjectives.

Besides, there are several adjectives, known by *mero* type, that present very strict restrictions: they only occur in prenominal position and, were they to be used in postnominal position, they would not admit any gradation. *Mero* [mere], *suposto* [supposed], *pressuposto* [presupposed], *futuro* [future] are included in this subclass:

---

14. Bolinger (1967:18) calls them «reference-only adjectives».

(92) *Um futuro ministro / um ministro futuro / *um muito futuro ministro* [A future minister / *a very future minister]
(93) *Um suposto ladrão / um ladrão suposto / *um muito suposto ladrão* [A supposed thief / *a very supposed thief]

8. Conclusion

Considering the prototypical features of the adjective class, we may state that there is a real prototypical centre and also two subclasses very close to this centre, hierarchically ranged in the following order: adjectives of dimension, adjectives of description, and adjectives of valuation. These adjectives are not bi-semantic. That denomination results from a misunderstanding based on the presupposition that they admit both pre and postnominal position. Yet, in Romance languages, this is only a complementary possibility of escaping from ambiguity, because the sequence Adj. + N usually implies the conventional synthetic reading. This is only viable when the adjective is lexematically included in a certain class of adjectives that may be put into that subclass by means of the context or the situation.

Peripheral adjectives are differently more or less distant from the nucleus: in first place come adjectives of colour, and then relational adjectives.

Considering the position variation, we confirmed that prenominal position:

- is a marked position, being characterised by many restrictions and by a strong stylistic accent;
- does not involve any kind of restriction to dimensional adjectives and adjectives of valuation;
- seems to be the most common position when the speakers narrate, being, for that reason, the most typical in written language.

Besides, whereas nuclear adjectives do not lose their prototypical features whatever their position, the prenominal position of peripheral adjectives shows that there was a change in its subclass towards the nucleus, and that we always account for a marked stylistic use in that position.

References

Bartning, Inge
    1980   *Remarques sur la Syntaxe et la Sémantique des Pseudo-adjectifs Dénominaux en Français.* Stockholm: Almqvist & Wiksell.

Bhat, Darbhe N. Shankara
    1994   *The Adjectival Category: Criteria for Differentiation and Identification.* Amsterdam/Philadelphia: Benjamins.

Bierwisch, Manfred & Ewald Lang (eds.)
    1989   *Dimensional Adjectives: Grammatical Structure and Conceptual Interpretation.* Berlin: Springer.

Bolinger, Dwight
    1967   Adjectives in English: attribution and predication, *Lingua* 18: 1-34.

Casteleiro, João Malaca
    1981   *Sintaxe Ttransformacional do Adjectivo.* Lisboa: INIC.

Chomsky, Noam
    1970   Remarks on nominalization. In: Jacobs, Roderick & Peter Rosenbaum (eds.), *Readings in English Transformational Grammar,* 184-221. Waltham: Ginn.

Delomier, Dominique
    1980   La place de l'adjectif en français: bilan des points de vue et théories du XXe siècle. *Cahiers de Lexicologie* 37 : 5-24.

Dixon, Robert M. W.
    1977   Where have all the adjectives gone?. *Studies in language* 1: 19-80.
    1982   *Where have all the adjectives gone?.* Berlin: Mouton de Gruyter.

Fonseca, Joaquim
    1993   Funções sintácticas e funções semânticas do adjectivo em português. In: Joaquim Fonseca, *Estudos de Sintaxe-Semântica e Pragmática do Português,* 7-32. Porto: Porto Editora.

Fonseca, Rubem
    2000   *Agosto.* São Paulo : Companhia das Letras.

Goes, Jan
    1999   *L'Adjectif: entre Nom et Verbe.* Paris/Bruxelles: Duculot.

Júdice, Nuno
    2003   *A Ideia do Amor e Outros Contos.* Lisboa: Dom Quixote.

Lakoff, George
    1982   *Categories and Cognitive Models.* Berkeley: University of California.
    1987   *Women, Fire, and Dangerous Things: What Categories Reveal about the Mind.* Chicago/London: The University of Chicago Press.

Martin, Robert
    1986   Le vague et la sémantique de l'adjectif: reflexion sur l'adjectif antéposé en français. *Quaderni di Semantica: Rivista internazionale di semantica teorica e applicata* 7: 246-263.

Mateus, Maria Helena Mira, Ana Maria Brito, Inês Duarte, Isabel Hub Faria, Sónia Frota, Gabriela Matos, Fátima Oliveira, Marina Vigário & Alina Villalva.
    2003   *Gramática da Língua Portuguesa.* Lisboa: Editorial Caminho.

Quine, Willard
    1960   *Word and Object.* Cambridge: MIT.
Radatz, Hans-lngo
    2001   *Die Semantik der Adjektivstellung. Eine Kognitive Studie zur Konstruktion «Adjektiv + Substantiv» im Spanischen, Französischen und Italienischen.* Tübingen: Niemeyer.
Taylor, John
    1989   *Linguistic Categorization: Prototypes in Linguistic Theory.* Oxford: Clarendon.
    1992   Old problems: adjectives in cognitive grammar. *Cognitive Linguistics* 3(1): 1-35.
Vendler, Zeno
    1968   *Adjectives and Nominalization.* The Hague/Paris: Mouton.
Waugh, Linda
    1977   *A Semantic Analysis of Word-Order: Position of the Adjective in French.* Leiden: Brill.